VEGETARISCHE KÜCHE

Rezepte für fleischlose Tage

VEGETARISCHE KÜCHE

Rezepte für fleischlose Tage

Von Rose Elliot

Unipart-Verlag • Stuttgart

Genehmigte Lizensausgabe für
UNIPART VERLAG GMBH
Remseck bei Stuttgart, 1996

Aus dem Englischen übertragen
von Maria Mill und Gertraud Bletschacher

Fotos: Nick Carman
Illustrationen: Claire Davies

ISBN 3 8122 3363 0

Abbildung Titelseite
Menü für eine Sommerfest (S. 152–153): Eiskalte Rote Beete-Suppe mit Dill (Rezept S. 138) – Warmes Kräuter-Zwiebel-Brot (Rezept S. 328) – Gemischter Blattsalat (Rezept S. 54) – Pinienkernroulade mit Spargelfüllung (Rezept S. 237) – Zucchini mit Kräutern und neue Kartoffeln – Champagnersorbet mit Walderdbeeren (Rezept S. 283)

DANKSAGUNG
Ich möchte allen meinen Dank ausdrücken, die zur Entstehung dieses Buches beigetragen haben. Meiner Agentin Vivienne Schuster sowie Joan Clibbon und Robin Wood von Collins, die mir die Gelegenheit gaben, es zu schreiben, und mich bei dem Projekt unterstützten. Ein besonderes »Dankeschön« an meine Redakteurin Helen Dore, die meine Intentionen uneingeschränkt teilte und mir half, sie zu verwirklichen, und die mir auch zu mancher köstlichen Rezeptidee verhalf; Dank ebenso an Felicity Jackson für ihre Hilfe bei den Layouts und der praktischen Gestaltung des Buches; an Barbara Dixon, meine Redakteurin, die unzählige Stunden intensiv am Manuskript gearbeitet hat und viele Flüchtigkeitsfehler verbesserte; an Janet James, Art Director, die meine Vorstellungen zur Konzeption des Buches phantasievoll umsetzte, und an Jillian Haines für ihre harte Arbeit und ihr Durchhaltevermögen; auch an Nick Carman für seine kreativen, vorzüglichen Fotos und sein Talent, die Fototermine zu einem Vergnügen zu machen (und einen besonderen Dank an Nicks Assistenten Edward Allwright, der so viele Aufgaben und meist alle gleichzeitig erledigte und außerdem einen ausgezeichneten Kaffee kochte); an die Hauswirtschaftlerinnen Judy Bugg und Janice Murfitt, die dafür sorgten, daß die Speisen so attraktiv aussahen und so gut schmeckten (und besonderen Dank an Judy, die Stunden damit verbrachte, ungewöhnliche Zutaten und Lebensmittel, die gerade keine Saison hatten, für den Zutaten-Teil aufzutreiben); und meinen speziellen Dank an D. MacLean von der Dornock Farm, Crieff, für seine Hilfe und die bereitwillig erteilten Informationen bezüglich des Kartoffelkapitels in diesem Buch; an meine Töchter Margaret und Claire, die mir beim Ausprobieren der Rezepte halfen, sowie an meinen Mann Robert und meine Tochter Katy für ihr Verständnis und ihre Unterstützung während der Realisierung des Projekts.

Vorwort

»Schreibst du ein Buch zum Anschauen oder eines, das die Leute wirklich benutzen?« fragte mich eine Freundin, als ich ihr einige der Fotos beschrieb, die wir für dieses Buch gemacht hatten.

Ich sagte, ich hoffe sehr, daß es ein praktisches Buch würde, das auch als Nachschlagewerk dienen könne, um die benötigten Zutaten zu finden und selbst nach den Rezepten zu kochen. Gleichwohl solle es aber ebenso ein schönes Buch werden, in dem man mit Vergnügen blättert und die Abbildungen betrachtet.

Ein Kochbuch wird geschrieben, um benutzt zu werden; ich hoffe, daß *Das internationale vegetarische Kochbuch* Anstoß gibt zu positiven Erfahrungen beim Einkaufen wie beim Kochen und, nicht zuletzt, zu vielen unvergeßlichen Mahlzeiten - besonders dann, wenn Sie Nicht-Vegetarier sind. Voraussetzung sind keine speziellen Kenntnisse, nur Ihr Wunsch, etwas Neues auszuprobieren, und ich hoffe, Sie finden etwas, das Ihnen schmeckt.

Viel Vergnügen beim Kochen und Genießen!

Inhalt

Angaben zu den Maßeinheiten 8
Kleines Glossar 8
Einführung 9
Nährstoffe und Ernährung 10
Küchenzubehör 25
Der Einsatz der Tiefkühltruhe 26
Der Einsatz des Mikrowellenherdes 28
Präsentation und Weinauswahl 29

ZUTATEN

Nüsse und Samen 34
Hülsenfrüchte 38
Getreide 42
Pasta/Teigwaren 46
Blattgemüse 52
Kohlgemüse 56
Schotengemüse und Gemüsemais 60
Sprossengemüse 62
Zwiebelgewächse 64
Wurzelgemüse 66
Knollengemüse 68
Fruchtgemüse 72
Gurken und Kürbisse 74
Pilze und Trüffeln 78
Meeresgemüse 80
Äpfel, Birnen und Trauben 82
Steinobst 86
Beerenobst und Rhabarber 88
Tropische und exotische Früchte 90
Melonen 94
Zitrusfrüchte 96
Trockenobst 100
Milch, Eier, Milch- und Sojaprodukte 104

Käse 109
Kräuter 114
Gewürze 120

Rezepte

Suppen 128
Vorspeisen 140
Salate 154
Saucen 170
Gemüse-Beilagen 180
Gemüse-Hauptgerichte 192
Gerichte mit Hülsenfrüchten 206
Eier- und Käsegerichte 214
Gerichte mit Nüssen 230
Getreidegerichte 240
Teigwarengerichte 250
Pasteten und Gemüsekuchen 260
Nachspeisen 278
Kuchen und Torten 302
Teegebäck 320
Brot und Brötchen 326
Sandwiches und Snacks 332
Marmeladen, Gelees, Chutneys und Pickles 338
Konfekt 344

Spezielle Menüs

Sonntags-Brunch 14–15
Frühlingsparty 22–23
Sommerfest 152–153
Schnelles, einfaches Abendessen 178–179
Mittagessen am Familientisch 204–205
Mittsommer-Hochzeit 228–229
Vegetarisches Barbecue 248–249
Herbstparty 276–277
Weihnachtsmenü 318–319
Mittagessen für Kinder 336–337

Register 346

Angaben zu den Maßeinheiten

Benutzen Sie zum Abmessen von Flüssigkeiten einen Meßbecher, der in Liter (l) und Milliliter (ml) markiert ist.

Die hier verwendeten Eier stammen von Hühnern aus Freilandhaltung und haben immer Standard-Gewichtsklasse 3 (mittelgroße Eier).

Als dieses Buch gerade erschien, empfahl das Ministerium für Landwirtschaft, Fischerei und Ernährung in Großbritannien, Klarsichtfolie nicht im Mikrowellenherd zu verwenden, da man festgestellt hatte, daß einige der Weichmacher in der Plastikfolie während des Garens in die Lebensmittel eindringen können.

Ofentemperaturen

Die in diesem Buch angegebenen Ofentemperaturen gelten für konventionelle Kochherde. Bei Heißluftöfen muß im allgemeinen die Ofentemperatur reduziert und die Backzeit verkürzt werden. Schlagen Sie die entsprechenden Angaben bitte in der Gebrauchsanleitung des Herstellers nach.

Temperatur	*Elektroherd (°C)*	*Gasherd (Stufe)*
	70	
	80	
	100	
Sehr wenig warm	110	
	120	
	140	
Wenig warm	150	
Warm	170	1
Mittel	180	2–3
Recht heiß	190	3
Heiß	200	3–4
	220	4–5
	230	5
Sehr heiß	250	6

Mengenangaben

1 gestrichener Standardeßlöffel (EL) = etwa 15 ml
1 gestrichener Standardteelöffel (TL) = etwa 5 ml
1 Portion = Zutatenmenge des jeweiligen Rezeptes

✿ bei den Überschriften zu Rezepten und Rezeptvarianten = Gerichte ohne Molkereiprodukte und Eier

Kleines Glossar

Beignet (franz. beigne = Ohrfeige) Krapfen; Gemüse oder Früchte werden durch Backteig gezogen und in Fett schwimmend ausgebacken, wobei sie (wie die Wange nach einer Ohrfeige) anschwellen

Bouchée Französische Blätterteigpastetchen

Bouquet garni Kräuter- oder Gewürzsträußchen zur Verfeinerung von Brühen, Suppen und Saucen (Zusammenstellung S. 118), im 17. Jahrhundert von einem französischen Koch erfunden

Cassis Französischer Branntwein/Likör aus schwarzen Johannisbeeren

Cassoulet Französisches Eintopfgericht aus weißen Bohnen und verschiedenen Fleischsorten; Spezialität der Gascogne

Charlotte Englische Süßspeise, die Ende des 18. Jahrhunderts kreiert und nach Königin Charlotte, der Gemahlin Georgs III., benannt wurde; eine (zylindrische) Charlottenform wird mit Löffelbiskuits oder Waffeln ausgekleidet und mit Cremes, Fruchtpürees, Eis, Schlagsahne usw. gefüllt und nach dem Erstarren der Füllung gestürzt

Chester (Cheshire) Englische Käsesorte, die nur auf dem Kontinent als Chester bezeichnet wird

Clafouti Französischer Kirschkuchen

Coulis Konzentrierter Saft oder Püree, zum Beispiel von Tomaten, als Grundlage für Suppen und Saucen

Croustade (Krustade) Kartoffelmasse (Duchessemasse), Reis-, Grieß- oder Nudelmasse in einer Hülle aus Blätter-, Pasteten- oder Mürbeteig in Becher- oder Tortenform; Spezialität der Provence

Dariole Becherpastete, der Timbale vergleichbar; Ragouts und Pürees werden in kleinen glatten Darioleförmchen zubereitet (auch für Eierstich, Aspik, Gelee u.a. geeignet)

Dolmas Gefüllte Weinblätter; griechische und türkische Spezialität

Duxelles Püreeartige Deck- oder Füllsauce zum Überkrusten; Füllsauce für Pasteten

Feuilleté Blätterteiggebäck

Fines herbes (franz. = feine Kräuter) Mischung aus gehackten frischen Kräutern, wie Petersilie, Kerbel, Schnittlauch, Basilikum, Thymian, Estragon u.a.

Fleurons (franz. fleurir = schmücken) Kleine Blätterteiggebäcke in Halbmond- oder Dreiecksform zur Garnierung von Speisen

Fondant Schmelzglasur (konzentrierte Zuckerlösung); Fondants sind Speisen, die leicht auf der Zunge zergehen, etwa Bonbons

Kebab (Kebap, Kabab) Am Spieß gebratene Hammelfleischstückchen; türkische Spezialität

Mamaliga Maisgrieß, mit Butter und etwas Salzwasser gekocht; rumänisches und serbisches Nationalgericht

Piccalilli Englisches Senfgemüse; Pickles aus Gurken, Blumenkohlröschen, Silberzwiebeln u.a. in aromatischer Senfsauce (S. 124)

Pilaw Orientalisches Reisgericht mit Hühner- oder Hammelfleisch

Profiteroles Winzige Windbeutel aus ungesüßtem Brandteig, mit feinem Püree gefüllt; Einlage für klare Suppen

Tempura Japanische Garmethode, bei der die Zutaten erst durch leichten Eierteig gezogen und dann im Fett schwimmend ausgebacken werden

Einführung

Dieses Buch ist das Ergebnis über 20jähriger Erfahrung mit vegetarischer Küche und dem Erfinden, Ausprobieren und Vorführen vegetarischer Rezepte. Während dieser Zeit konnte ich mit Vergnügen beobachten, wie das Interesse an dieser Art zu kochen immer stärker zunahm und sich eine fast dramatische Entwicklung zum Vegetarismus hin vollzog.

Ich meine, daß die vegetarische Küche inzwischen den Kinderschuhen entwachsen und eigenständig geworden ist. Sie umfaßt ebenso Gerichte aus aller Welt, die weder Fleisch noch Fisch verwenden, wie Naturkost, makrobiotische Speisen und eigene charakteristische Rezepte. Dabei finden so unterschiedliche Zutaten wie Tofu und Vollweizennudeln, Tempeh und Reisnudeln, indische Gewürze und Meeresgemüse, Hülsenfrüchte und exotische Früchte zu einer glücklichen Verbindung - wobei das einzige Kriterium darin besteht, daß Fisch und Fleisch, welcher Art auch immer, nicht verwendet werden. Das Resultat ist eine vielfältige, bunte Mischung, die ich in diesem Buch vorstellen möchte.

Einer der schönsten Aspekte beim Kochen ist der, daß es sich dabei um eine lebendige Kunst handelt; neuartige Zutaten, neue Rezepte, eine Handvoll Kräuter hier, eine Messerspitze Gewürz dort, eine ungewohnte Zutat - das alles zündet neue Ideen, regt die Kreativität an. Die Ideen sind in einem ständigen Prozeß der Veränderung und Entwicklung begriffen, genauso wie unsere Einkaufs- und Eßgewohnheiten.

Als ich dieses Buch schrieb, war es mein Ziel, die nötigen Informationen, die Rezepte und Methoden der vegetarischen Küche so darzustellen, daß sowohl Anfänger als auch erfahrene Köche und Köchinnen, die Neues ausprobieren wollen, etwas damit anfangen können. Für strenge Vegetarier, die auch Milchprodukte und Eier ablehnen, habe ich ebenfalls viele Rezepte aufgenommen; sie sind mit einem ✿ markiert. Und, wo immer möglich, wurden von Standardrezepten streng vegetarische Varianten angegeben. Es spricht alles dafür, daß streng vegetarisches Essen genauso aufregend und köstlich wie vegetarische Kost sein kann.

Was mich zu diesem Buch inspirierte, war - wie es bei begeisterten Köchen so oft der Fall ist - der Markt. Als ich Woche für Woche meine Einkäufe erledigte, entdeckte ich die zunehmende Vielfalt wunderbarer, ja häufig seltsamer und fremdartiger Zutaten, die wachsende Auswahl an Früchten, Gemüsen, Nüssen, Bohnen, Kräutern und Gewürzen.

Sie alle waren ein Geschenk des Himmels für die vegetarische Küche, die so sehr von den Rohzutaten sowie den Kräutern und Gewürzen zum Aromatisieren abhängt. Notwendig waren Informationen darüber, wie man sie identifizieren, lagern, zubereiten und kochen kann. So entstand der Zutaten-Teil dieses Buches, aus dem sich dann ganz folgerichtig der Rezept-Teil entwickelte, in dem detailliert beschrieben wird, wie man die Zutaten verwendet.

Obwohl ich hoffe, daß dieses Buch als Nachschlagewerk dient, habe ich mich doch entschlossen, die Anmerkungen, Tips und Methoden auf die Randspalten, neben die entsprechenden Rezepte, zu stellen und sie nicht in einem eigenen Kapitel zusammenzufassen. Auf diese Weise stehen sie genau dort, wo man sie benötigt. Ich hoffe, daß auch Sie diese Regelung praktisch und praktikabel finden werden.

Das Buch beginnt mit Informationen über die vegetarische und die streng vegetarische Küche, vom Standpunkt der Ernährungslehre betrachtet, sowie mit Vorschlägen für die Planung ausgewogener, gesunder und sättigender Mahlzeiten, die auch gut schmecken. Das Thema der Menü-Planung wird durch das ganze Buch hindurch weitergeführt, sowohl in den »speziellen Menüs«, die in regelmäßigen Abständen vorgestellt werden, als auch in den Menüs, die ich auf Vorschlag meines Verlegers häufig in die Randspalten aufnahm. Ich hoffe, daß Inhalt und Konzeption des Buches Ihre Zustimmung finden.

Nährstoffe und Ernährung

In der vegetarischen Ernährung werden Fleich, Fisch und Geflügel durch Gerichte ersetzt, die auf Gemüsen und Kräutern, Getreide und Nudeln, getrockneten Bohnen und Linsen, frischen Früchten und Nüssen basieren, wobei Milchprodukte und Eier eingeschlossen sein können oder nicht. Viele Leute leben gern ausschließlich vegetarisch, essen jedoch zeitweise gelegentlich auch Fleisch und Fisch: Sie sind Halb-Vegetarier. Andere stellen ihre Ernährung ganz auf vegetarische Kost um, manche gehen noch weiter und verzichten auf Milchprodukte ebenso wie auf Eier und werden zu strengen Vegetariern. Welche Ernährungsweise man auch wählt, jede kann die Nährstoffe beinhalten, die man für seine Gesundheit benötigt. Tatsächlich entdecken viele Menschen, daß sich ihr Gesundheitszustand verbessert, wenn sie vegetarisch leben.

Gesunde Ernährung

Untersuchungen in verschiedenen Teilen der Welt haben gezeigt, daß Menschen, die hauptsächlich nichtraffinierte Lebensmittel mit einem hohen Anteil an Ballaststoffen und niedrigem Zucker- und Fettgehalt essen, nicht so leicht von bestimmten Krankheiten, wie hohem Blutdruck, Herzkrankheiten, Divertikulose (Darmentzündung), Darmkrebs und Diabetes, befallen werden. Experten sind sich darin einig, daß eine gesunde Ernährung reich an Ballaststoffen und arm an Fett, Zukker und Salz sein müsse. Diese Art der Ernährung war in Europa vor der Industrialisierung und der Massenerzeugung von Lebensmitteln allgemein üblich. Im Gegensatz zu landläufigen Vorstellungen wurde Fleisch von der Mehrheit der Bevölkerung nicht in großen Mengen verzehrt; die Grundlage der Ernährung waren vielmehr verschiedene Getreide- und Gemüsesorten. Die vegetarische Kost, bei der Getreide, Hülsenfrüchte und Gemüse eine so wichtige Rolle spielen, ist also gar nicht so weit entfernt von dem, was unsere Vorfahren aßen.

Der Schlüssel dazu liegt in einer vernünftigen Menü-Planung, die auf einer reichen Auswahl von frischen, unbehandelten Lebensmitteln beruht.

Proteine

In jeder Körperzelle ist Protein (Eiweiß) enthalten, das für ein gesundes Wachstum, für die Zellregeneration und -neubildung sowie für den Schutz gegen Infektionen lebenswichtig ist. Der tägliche Mindestbedarf an Eiweiß ist jedoch gering, und auch für einen Vegetarier ist es nicht schwierig, genügend Proteine zu sich zu nehmen. Die Haupt-Proteinlieferanten sind für Vegetarier die folgenden:

- ☐ MOLKEREIPRODUKTE: Käse, Milch und Milchprodukte, wie etwa Joghurt; Eier
- ☐ NÜSSE UND SAMEN, wie Mandeln, Cashewnüsse, Haselnüsse, Paranüsse, Walnüsse, Pinienkerne, Pekannüsse und Erdnüsse; Sonnenblumenkerne, Sesamsamen und Kürbiskerne
- ☐ HÜLSENFRÜCHTE, wie getrocknete Erbsen, Bohnen und Linsen, auch Sojabohnen und Sojaprodukte
- ☐ GETREIDE und GETREIDEPRODUKTE, wie Reis, Hafermehl, Vollweizenmehl, Nudeln

Komplementär-Proteine

Protein besteht aus etwa 20 chemischen Stoffen, den sogenannten Aminosäuren. Acht davon sind besonders wichtig, weil der Körper sie nicht selbst bilden kann. Diese nennt man essentielle Aminosäuren. Manche Lebensmittel, zum Beispiel Eier und Hafermehl, enthalten diese Aminosäuren im fast richtigen Verhältnis, so daß der Körper sie sofort verarbeiten kann. Andere Lebensmittel, vor allem getrocknete Bohnen und Linsen sowie die meisten Getreidesorten, enthalten sie nicht in diesem, dem Körper angemessenen Verhältnis. Das ist jedoch kein Nachteil, weil sich bei der Verdauung die Aminosäuren aller gleichzeitig verzehrten Nahrungsmittel vermischen und der Körper sie im richtigen Verhältnis wieder zusammenfügt. Wenn also ein Protein bezüglich der Aminosäuren nicht ausgewogen ist, besteht die Möglichkeit, daß der Mangel durch ein anderes Nahrungsmittel, das bei der gleichen Mahlzeit verzehrt wird - zum Beispiel durch Kartoffeln, Gemüse oder die Milch im Kaffee oder Tee –, ausgeglichen werden kann.

Die Proteine der obengenannten vier Gruppen ergänzen sich gegenseitig, so daß man dem Körper mehr Protein zuführt, wenn man bei der gleichen Mahlzeit Lebensmittel aus zwei oder mehreren dieser Gruppen verzehrt, etwa eine Linsensuppe mit einem Vollweizenbrötchen kombiniert. Das ist nicht schwierig, und selbst wenn Sie die Proteine nicht auf diese Weise kombinieren, besteht kaum die Gefahr des Proteinmangels, es sei denn, Sie halten sich an eine Hungerdiät.

Kohlenhydrate

Kohlenhydrate braucht der Körper zur Energiegewinnung. Man findet sie in Stärke und Zucker – beide sind in Getreide, Mehl und Mehlprodukten, wie Brot, Keksen und Kuchen, enthalten –, ebenso in Honig, Marmeladen und eingemachtem Obst. Auch Kartoffeln sind ein guter Kohlenhydratspender, während die meisten Gemüsesorten (vor allem Hülsenfrüchte), Milch und Nüsse nur kleine Mengen aufweisen. Viele Kohlenhydrate enthalten im natürlichen unraffinierten Zustand auch Faser- oder Ballaststoffe. Das bedeutet, daß der Körper während der Verdauung den Zucker nach und nach aus den Fasern ziehen kann, wodurch ein stetiger Energiestrom gewährleistet ist.

Fette

Fette und Öle waren seit den Anfängen der Geschichte ein grundlegendes Lebensmittel – die Ägypter gewannen sogar Öl aus Rettich. Es gibt zwei Fettlieferanten: Tiere und Pflanzen. Die einzigen tierischen Fette, die in der vegetarischen Ernährung verwendet werden, sind jene, die man im Eigelb, der Milch und Milchprodukten, wie Sahne, Butter und Käse, findet. Die restlichen Fette sind pflanzlichen Ursprungs, und zu ihnen zählt eine Auswahl von Ölen und die daraus hergestellten Produkte, in erster Linie Margarine und gehärtete Pflanzenfette. Fette können, je nach ihrer spezifischen chemischen Struktur, gesättigt, ungesättigt oder mehrfach ungesättigt sein.

Gesättigte Fette sind jene, die bei Zimmertemperatur fest sind. Chemisch betrachtet sind alle ihre »Bindungen« mit Wasserstoffatomen gefüllt. Die meisten tierischen Fette sind gesättigt, und es wird vermutet, daß sie den Blutfettspiegel erhöhen. Von ungesättigten Fettsäuren wird angenommen, daß sie sich in bezug auf den Blutfettspiegel neutral verhalten: Sie senken ihn nicht, erhöhen ihn aber auch nicht. Olivenöl ist ein Beispiel für eine ungesättigte Fettsorte, und in Ländern, wo es viel verwendet wird, wie etwa in Italien und Spanien, kommen Herzkrankheiten sehr viel seltener vor als in Ländern, wo gesättigte Fette bevorzugt werden.

Mehrfach ungesättigte Fette sind bei Zimmertemperatur ganz flüssig. Sie könnten viele Wasserstoffatome an sich binden. Zahlreiche Pflanzenöle, darunter Sonnenblumen-, Mais- und Sojaöl, sind mehrfach ungesättigt, und man nimmt an, daß sie dazu beitragen, den Blutfettspiegel zu senken. Mehrfach ungesättigte Fette können etwas härter und den gesättigten Fetten etwas ähnlicher, aber nicht chemisch identisch produziert werden, wenn man einige der Bindungsarme mit Wasserstoffatomen füllt. Dieser Vorgang wird Hydrierung oder Härtung genannt und bei der Herstellung von Margarine und harten Pflanzenfetten angewandt. Fette, die auf solche Weise gehärtet wurden, können dem Körper jedoch mehr schaden als die natürlichen gesättigten Fette.

Die ungesättigten Fette werden im allgemeinen als die gesündesten betrachtet. Dies ist jedoch ein komplizierter Sachverhalt, und es gibt viele Experten (mit denen ich übereinstimme), die das Naturprodukt Butter dem raffinierten Lebensmittel Margarine vorziehen. Die meisten maßgeblichen Fachleute sind sich allerdings darin einig, daß wir unseren Gesamtfettverbrauch unbedingt reduzieren müssen. Obwohl zur Aufrechterhaltung der Gesundheit nur eine kleine Menge Fett notwendig ist, verzehren die Menschen in den entwickelten Ländern zuviel Fett und vor allem solche Fettarten, die der Körper nicht braucht. Ein großer Teil davon wird in Form »versteckter Fette« aufgenommen durch Lebensmittel wie Pasteten, Knabbergebäck, Kekse, Schokolade und Kuchen. Manche Lebensmittel, etwa Milch, können insofern in die Irre leiten, als ihr Prozentsatz an Fett zwar gering ist, sie jedoch in so großen Mengen konsumiert werden, daß die Fettzufuhr sehr hoch sein kann. Die Fettsorte, die der Körper benötigt, findet man in kaltgepreßten ungesättigten Ölen, Sonnenblumenkernen und ungesättigten Margarinesorten. Davon abgesehen, halte ich es für wichtig, sich bewußt zu werden, wieviel Fett man tatsächlich verzehrt, und es dort zu reduzieren, wo man es am wenigsten vermißt. Getreide und Getreidegerichte, Nudeln, Hülsenfrüchte, Obst und Gemüse sind fettarm, und wenn man großzügige Mengen dieser Nahrungsmittel in seinen Mahlzeiten verwendet, wird sich die Fettaufnahme von selbst reduzieren.

Zucker

Raffinierter Zucker liefert Energie – und das ist auch schon alles. Er enthält keine Ballaststoffe, die regulieren, mit welcher Geschwindigkeit er vom Körper aufgenommen wird, noch irgendwelche Vitamine oder Mineralstoffe. Zucker liefert »leere Kalorien«. Echter Rohrzucker – vor allem der klebrige Melassezucker – enthält dagegen einige Mineralstoffe, Vitamine und Spurenelemente. Honig hat zwar ebenfalls keine Ballaststoffe, besteht jedoch aus einer Zuckerart, die vom Körper langsam aufgenommen wird. Alle Süßmittel, auch Honig, sollten nur in geringen Mengen verzehrt werden. Achten Sie darauf, daß Sie sich ganz bewußt für bestimmte zuckerhaltige Speisen, zum Beispiel für ein Lieblingsdessert, entscheiden, und nicht gewohnheitsmäßig oder gedankenlos Zucker in Kaffee, Tee und Corn-flakes streuen. Die meisten Rezepte in diesem Buch enthalten nur wenig Zucker, doch es werden auch einige »süße Schlemmereien« für gelegentliche Gelüste angeführt, die, meiner Meinung nach, überhaupt nicht schaden können – im Gegenteil, sogar empfohlen werden sollten, damit man nicht rigide und fanatisch wird, wenn man sich meist ohnehin gesund ernährt und auf die Ausgewogenheit der Nährstoffe achtet.

Faser- oder Ballaststoffe

Faser- oder Ballaststoffe kommen nur in Früchten und Gemüsen vor; es sind die holzartigen, harzigen und Zellulose-Bestandteile, die ihre Struktur ausmachen. Milchprodukte enthalten keine Faserstoffe, Fleisch und Fisch auch nicht, obwohl sie eine zähe Textur besitzen. Faserstoffe sind notwendig für die Funktionsfähigkeit des Verdauungstraktes und daher von größter Wichtigkeit für die Gesundheit des Körpers. Die typische vegetarische Ernährung ist von Natur aus reich an Ballaststoffen. Gute Lieferanten sind Erbsen und Bohnen (sowohl getrocknet wie frisch), die meisten Gemüsesorten, besonders Kohl, Möhren, gebackene Kartoffeln, Spinat und Gemüsemais; Haferflocken und andere Vollgetreideflocken sowie Vollkornprodukte, etwa Vollweizenbrot; Trockenfrüchte, besonders Aprikosen; frisches Obst, vor allem Äpfel, Bananen, Brombeeren und Himbeeren. Nehmen Sie mindestens ein ballaststoffreiches Lebensmittel in jede Mahlzeit auf.

Mineralstoffe und Spurenelemente

Eisen Eisen ist lebenswichtig für die Herstellung der roten Blutkörperchen, und Eisenmangel in der Ernährung kann zu Anämie führen. Auf das Vorhandensein dieses Nährstoffs muß man achten, obwohl auch hier gilt, daß eine ausgewogene vegetarische Kost genügend Eisen bereitstellt. Eisen ist in allen Hülsenfrüchten enthalten, besonders in Linsen und Sojabohnen; in Getreidekörnern und in Vollkornprodukten, wie in Vollweizenbrot und -nudeln; in Nüssen und Samen, besonders in Pistazien, Kürbiskernen und Sesamsamen; in dunkelgrünen Blattgemüsen und Trockenfrüchten, von denen besonders Aprikosen und Pflaumen (sowie Pflaumensaft) reiche Eisenlieferanten sind. Auch Meeresgemüse, Bierhefe, Melasse, Weizenkeime und Eigelb sind gute Eisenspender.

Zink Das Spurenelement Zink spielt eine wichtige Rolle für ein gesundes Wachstum und bei der Heilung von Krankheiten, für die sexuelle Reifung und Fortpflanzung sowie bei der Verdauung von Proteinen und Kohlenhydraten. Zinkmangel zeigt sich häufig in Form von weißen Flecken auf den Fingernägeln und manchmal in Hautproblemen. Wahrscheinlich besteht auch ein Zusammenhang zwischen Zinkmangel und den Ernährungskrankheiten *Anorexia nervosa* (Appetitlosigkeit) und *Bulimia* (Heißhunger). Vollgetreide scheint eine gute Zinkquelle zu sein, ebenso Hülsenfrüchte, doch all diese Nahrungsmittel enthalten auch eine Pflanzensäure, die Zink bindet, so daß dieses nicht ganz vom Körper aufgenommen werden kann. Es ist nicht bekannt, in welchem Ausmaß dies geschieht, und einiges weist darauf hin, daß sich der Körper schnell an die Pflanzensäure gewöhnt, wenn man Vollgetreide regelmäßig ißt. Wenn Brot mit Hefe hergestellt wird, so scheint der Gärungsprozeß ebenfalls die Wirkung der Pflanzensäure abzuschwächen. Auch die Zugabe von Vitamin C zu Teig trägt dazu bei.

Die besten Zinklieferanten für Vegetarier und strenge Vegetarier sind Weizenkeime, Hafermehl, Erdnüsse und Bierhefe, und für diejenigen, die Milchprodukte essen, auch Käse und Magermilch. Getrocknete Feigen sind eine gute Quelle ebenso wie Nüsse und Samen (besonders Sesamsamen und Kürbiskerne), Gemüsemais und Erbsen. Kleine Mengen findet man zudem in den meisten grünen und gelben Früchten und Gemüsen, zum Beispiel in Spinat, Spargel und Mango.

Calcium Calcium ist wichtig für die Bildung gesunder Knochen und Zähne und für die normale Funktionsfähigkeit von Knochen, Nerven, Muskeln und des Herzens. Die besten Lieferanten sind Käse, Milch und Milchprodukte. Andere gute Quellen sind Hülsenfrüchte, besonders Sojabohnen und Sojamehl; Eier; Trockenfrüchte, besonders Feigen; Mandeln, Sesamsamen und Sesampaste (Tahina), Sonnenblumenkerne; die meisten dunkelgrünen Gemüse, besonders Brunnenkresse und Broccoli; Bierhefe, Carob (Johannisbrotsamen) und Melasse. Meeresgemüse, vor allem Hijiki, Arame und Wakame (S. 81), sind sehr reich an Calcium, und der japanische Bancha-Zweig-Tee, der in japanischen Spezialitätengeschäften und in einigen Naturkostläden erhältlich ist, bietet eine weitere gute Quelle. Vollweizenmehl und -brot enthält kleine Mengen Calcium, es ist jedoch nicht bekannt, wieviel der Körper davon aufnimmt, weil ja auch hier die Pflanzensäure wirkt.

Bei einer ausgewogenen vegetarischen Diät, bei der auch Käse und Milch verzehrt wird, ist es unwahrscheinlich, daß Calciummängel auftreten. Strenge Vegetarier und Vegetarier, die sehr selten Molkereiprodukte zu sich nehmen, müssen möglichst viele der genannten calciumreichen Lebensmittel in ihre Ernährung einbeziehen.

Magnesium Magnesium wird für viele wichtige Körperfunktionen benötigt, unter anderem für den Kohlenhydratstoffwechsel. Es kommt in zahlreichen Lebensmitteln vor und nimmt durch Erhitzen keinen Schaden; allerdings ist es wasserlöslich und geht somit verloren, wenn man die Gemüsekochflüssigkeit wegschüttet. Ein reiner Magnesiummangel ist sehr selten und kann höchstens als Folge einer Krankheit oder dort vorkommen, wo ganz allgemein Nahrungsmangel herrscht. Die besten Magnesiumlieferanten sind Nüsse und Samen, Vollgetreide und Vollgetreideprodukte, Trockenfrüchte, Hülsenfrüchte, besonders Sojabohnen, Bierhefe, frisches Obst und Gemüse.

Jod Dieses Spurenelement ist wichtig für das gute Funktionieren der Schilddrüse. Die verläßlichsten Jodlieferanten sind Meeresgemüse und jodiertes Meersalz. Meersalz enthält Jod, das jedoch bei längerer Lagerung mit der Zeit verlorengeht. Seetangtabletten sind ebenfalls eine gute Jodquelle.

Vitamine

Vitamin A Vitamin A *(Retinol)* wird benötigt für eine gesunde Haut, gesunde Augen, Haare, Nägel und Schleimhäute sowie als Schutz gegen Infektionen. Es kommt in Milchprodukten, Eiern und Margarine vor, in allen dunkelgrünen und einigen gelben Gemüsesorten, und zwar als Carotin, eine Substanz, die der Körper in Vitamin A umwandeln kann. Möhren sind eine besonders reiche Carotinquelle, auch Aprikosen (frisch, in Dosen und getrocknet). Pflaumen, Kantalupen, rote Paprikaschoten, Spinat, Petersilie und Brunnenkresse sind ebenfalls gute Lieferanten. Bei einer normalen vegetarischen Ernährung, die auf frischem Obst und Gemüse basiert, ist es sehr unwahrscheinlich, daß Vitamin-A-Mangel auftritt.

Vitamine der B-Gruppe Die B-Vitamine sind wichtig für den Stoffwechsel, für das Funktionieren des Nervensystems, die Bildung der roten Blutkörperchen und für viele andere lebenswichtige Funktionen. Sie kommen in Vollgetreide und in Vollkornprodukten, wie Vollweizenbrot und -nudeln, vor. Weizenkeime, Bierhefe und Hefe-Extrakte sind weitere ausgezeichnete Vitamin-B-Lieferanten, genauso wie Nüsse und Samen, Eier, getrocknete und frische Erbsen und Bohnen, grüne Blattgemüse, Kartoffeln, Avocados, getrocknete und frische Früchte.

Die besten Quellen für Vitamin B_1 *(Thiamin)* sind getrocknete und frische Erbsen und Bohnen, besonders Sojabohnen und Sojamehl, Weizenkeime, Orangen, Trockenobst, Sonnenblumenkerne und Paranüsse.

Milch ist eine Hauptquelle für Vitamin B_2 *(Riboflavin)*, und daher sollten strenge Vegetarier und Vegetarier, die nicht viele Milchprodukte zu sich nehmen, darauf achten, daß sie häufig Lebensmittel essen, die viel von diesem Vitamin enthalten: grünes Blattgemüse, Champignons, Sojabohnen und Sojamehl, Nori (S. 81), Mandeln, Pflaumen und frische Datteln.

Auch auf die verschiedenen Formen von Vitamin B_3 *(Niacin)* sollten Vegetarier achten; es kommt in den obengenannten Nahrungsmitteln vor, doch einige der reichsten Quellen sind Champignons, getrocknete Pfirsiche, Damaszener Pflaumen, Sesamsamen und Sonnenblumenkerne.

Eine angemessene Versorgung mit Vitamin B_6 *(Pyridoxin)* ist wichtig während der Schwangerschaft, und Studien haben belegt, daß es auch prämenstruelle Spannungszustände teilweise abbauen kann. So hat man den besten Grund, Avocados zu essen, da diese besonders gute B_6-Lieferanten sind, ebenso wie Bananen, Korinthen, Rosinen und Sultaninen, Sonnenblumenkerne sowie Sojabohnen und Sojamehl.

Folsäure ist ein weiteres wichtiges B-Vitamin, vor allem während der Zeit der Schwangerschaft. Neben den obengenannten Quellen sind grüne Blattgemüse reich an diesem Vitamin, besonders Endivienarten und Kopfsalat; ebenso Avocados, Orangen, Mandeln und Walnüsse. Bis zu 50% der Folsäure kann durch Hitze zerstört werden, so daß es offensichtlich besser ist, diese Lebensmittel roh zu verzehren. Vitamin B_{12} kommt in Milchprodukten, Eiern, Bierhefe und gegorenen Lebensmitteln vor sowie in Alfalfasprossen und Meeresgemüsen. Für Vegetarier, die keine oder selten Milchprodukte essen, kann es angeraten sein, ein Vitamin-B_{12}-Präparat einzunehmen, wenn sie nicht großzügige Mengen der obengenannten Lebensmittel verzehren.

Vitamin C Vitamin C *(Ascorbinsäure)* schützt gegen Infektionen, beschleunigt Heilungsprozesse, das Wachstum und die Regeneration des Gewebes und ist für die Eisenaufnahme notwendig. Es kommt in vielen Früchten und Gemüsen vor, und eine ausreichende Vitamin-C-Zufuhr ist für Vegetarier in der Regel kein besonderes Problem. Besonders gute Quellen sind grüne Blattgemüse, Tomaten, Paprikaschoten, Kartoffeln, schwarze Johannisbeeren, Kiwis, Erdbeeren, Papayas, Kantalupen und Orangen.

Fortsetzung des Textes Seite 16

Salz

Wir alle brauchen eine kleine Menge Natrium, das den Hauptbestandteil des Tafelsalzes ausmacht. Weil den Lebensmitteln jedoch bei der Bearbeitung, beim Kochen und bei Tisch Salz zugesetzt wird, nehmen die meisten von uns etwa die zwei- oder dreifache Menge zu sich, als gesund wäre. Zuviel Salz kann hohen Blutdruck verursachen, der wiederum für Herzattacken und -infarkte anfälliger machen kann. Der Verzehr natürlicher, faserreicher Lebensmittel, etwa frischer Gemüse, Hülsenfrüchte und Getreide, bei gleichzeitig sparsamer Verwendung von Salz kann zum Schutz vor diesen Krankheiten beitragen. Ich persönlich verwende lieber Meersalz in kleinen Mengen als Salzersatzstoffe oder Salze auf Kaliumbasis. Auch die Verwendung von frischen Kräutern, Zitronensaft und Gewürzen vermindert das Bedürfnis nach Salz. Es ist erstaunlich, wie schnell man sich an den Geschmack von weniger gesalzenen Speisen gewöhnt.

MENÜ

Sonntags-Brunch

Für 8 Personen

Gratin Dauphinois
190

Pilze in Sahne mit Blätterteig
272

Pipérade
215

Kompott aus Trockenobst
103

Die Vorbereitungen für diesen Brunch können in der Hauptsache schon am Vorabend erledigt werden, so daß man am Sonntagmorgen ausschlafen kann, wenn man sich danach fühlt. Vergessen Sie nicht, den Gratin Dauphinois rechtzeitig in den Ofen zu stellen. Schieben Sie ihn in den kühlsten Teil des Ofens (oder herausnehmen und warm halten), wenn Sie schnell die Teigblätter für die Pilze in Sahne backen; diese können am Vorabend ausgestochen und über Nacht im Kühlschrank aufbewahrt werden. Auch das Kompott aus getrockneten Früchten kann bis zur letzten Minute im Kühlschrank bleiben.

Die Gemüse für die Pipérade bereitet man ebenfalls schon am Vorabend zu. In letzter Minute müssen Sie dann nur noch die Teigblätter backen, die Pilze aufwärmen und die Pipérade fertig zubereiten, sobald die Gäste eingetroffen sind. Als Getränk kann man würzige Bloody Mary anbieten: Tomatensaft wird mit Salz, Pfeffer, Zitronensaft und je einem kräftigen Schuß Worcestersauce (wählen Sie eine vegetarische, ohne Anchovis-Extrakt) und Tabasco gewürzt und dann in hohen Weingläsern mit Eis und Wodka serviert. Noch besser wäre ein Bucks Fizz, der zu gleichen Teilen aus frischgepreßtem Orangensaft und Champagner gemischt wird, oder ein Cocktail auf der Basis von Apfel- oder Orangensaft.

Vitamin D Vitamin D wird benötigt für die Calciumaufnahme, die ihrerseits für starke, gesunde Knochen und Zähne wichtig ist. Es kann durch Hitze nicht geschädigt werden, kommt jedoch nur in sehr wenigen Lebensmitteln vor. Die reichsten Quellen sind Margarine, Magermilchpulver, Mager- und Kondensmilch, Eier und mit Vitamin D angereichertes Frühstücksgetreide. Wenn Sie Sojamilch verwenden, sollten Sie sich für eine entscheiden, die Vitamin D enthält; lesen Sie die Packungsaufschrift. Meeresgemüse sind die einzigen Gemüse mit Vitamin-D-Gehalt.

Bei weißhäutigen Menschen wird Vitamin D auch durch die Einwirkung des Sonnenlichts auf die Haut gebildet, dies trifft jedoch nicht auf dunkelhäutige Menschen zu, so daß diese unter Vitamin-D-Mangel leiden können, wenn sie es sich nicht durch ihre Ernährung zuführen. Vitamin-D-Präparate sind überall erhältlich, und manche Experten empfehlen diese für jedermann, besonders aber für Kinder und alte Leute (die nicht so häufig ins Freie kommen). Vitamin D ist, in großen Mengen eingenommen, giftig. Wenn Sie also ein Präparat einnehmen, so überschreiten Sie nie die empfohlene Dosierung, und vergewissern Sie sich auch, ob ein Multivitaminpräparat, das Sie vielleicht einnehmen, Vitamin D enthält.

Vitamin E Vitamin E wird für die Elastizität der Gewebe, für die allgemeine Vitalität und für Heilungsprozesse benötigt sowie für die gesunde Funktion des Herzens und der Arterien. Es kann auch die Fruchtbarkeit steigern und zur Vermeidung von Bluthochdruck beitragen.

Vitamin E kommt in sehr vielen Lebensmitteln vor. Vitamin-E-Mangel ist daher sehr selten, vor allem bei vegetarischer Ernährung, die im allgemeinen große Mengen dieses Vitamins enthält. Durch Hitzeeinwirkung wird es nicht wesentlich geschädigt, wohl aber durch die Weiterverarbeitung und durch lange Lagerzeiten. Die besten Lieferanten sind kaltgepreßtes Maisöl, Weizenkeime, Nüsse und Samen, besonders Mandeln, Haselnüsse, Erdnüsse und Erdnußbutter, Avocados, Brombeeren und Bataten (Süßkartoffeln). Gute Quellen sind auch Eier, alle Vollgetreide, Hülsenfrüchte und grüne Blattgemüse.

Vitamin K Vitamin K wird für den Eiweißstoffwechsel und für die Blutgerinnung benötigt. Es wird von den Darmbakterien hergestellt und kommt auch in grünen Blattgemüsen vor sowie in Blumenkohl, Tomaten, Eigelb, Erbsen und Bohnen, Kartoffeln, Möhren, Meeresgemüse und Alfalfasprossen. Man nimmt an, daß es durch Garprozesse nicht geschädigt wird. Eine vegetarische Diät deckt den Vitamin-K-Bedarf ausreichend, besonders wenn man täglich einmal grünes Blattgemüse serviert.

Soll man Vitaminpräparate einnehmen oder nicht?

Die Meinungen sind geteilt: Einige vertreten die Auffassung, daß man in der heutigen Zeit der Umweltverschmutzung und des Kunstdüngers Vitaminpräparate als Schutz benötige; andere behaupten, daß die Einnahme solch konzentrierter Dosen unnatürlich sei und einer gesunden Vollwerternährung widerspreche. Und daß niemand wisse, wie gut diese Vitaminpräparate eigentlich vom Körper aufgenommen würden.

Ich selbst nehme keine Vitaminpräparate, obwohl ich glaube, daß sie in bestimmten Fällen nützlich sein können, wenn man beispielsweise gesunde Lebensmittel nicht in den nötigen Mengen zu sich nehmen kann und daher nicht genügend Vitamine und Mineralstoffe erhält (etwa bei launischen Kindern, bei älteren Leuten, nach einer Krankheit oder während schneller Wachstumsperioden).

Für ältere Leute und kleine Kinder, die nicht häufig ins Freie kommen, ist ein Vitamin-D-Präparat zu empfehlen (s. links). Hefetabletten sind nützlich, wenn Sie nicht genügend Lebensmittel zu sich nehmen können, die Vitamin B enthalten, aber Sie müssen schon eine ganze Handvoll davon einnehmen, wenn Sie eine Wirkung erzielen wollen. Vitamin B_{12} ist empfehlenswert für Vegetarier, die keine oder wenig Milchprodukte verzehren. Ich habe sehr viel Vertrauen in die Fähigkeit des gesunden Körpers, sich an die ihm zugeführten Lebensmittel anzupassen (immer vorausgesetzt, daß diese natürlich und unbearbeitet sind) und die Nährstoffe entsprechend zu verwerten. Ich glaube auch, daß bei einer gesunden und abwechslungsreichen Ernährung der Körper anzeigt, ob er etwas Wichtiges vermißt, indem er nämlich Phantasien von einem bestimmten Essen projiziert, das diejenigen Nährstoffe enthält, die ihm gerade mangeln. Hören Sie also auf Ihren Körper.

Der Wert der Sojabohne

Sojabohnen und Sojamehl sind reiche Nährstoffquellen, doch meiner Meinung nach ist es sehr schwierig, sie wirklich schmackhaft zuzubereiten. Sojabohnensprossen sind jedoch köstlich und eignen sich ausgezeichnet als knackige Zutat zu Salaten, pfannengerührten Gerichten und Sandwiches. Man kann sie leicht zu Hause keimen lassen (S. 207), so daß man immer einen ausreichenden Vorrat besitzt.

Versuchen Sie gelegentlich einen Salat aus Sojasprossen, Alfalfasprossen, feingeschnittenem Kopfsalat, gehackten Tomaten, geraspelten roten Beten und Möhren, die man in eine Schüssel schichtet und mit einem dicken Klecks Mayonnaise garniert.

Sahnige Sojamilch (S. 106) und Tofu (S. 108), die man problemlos selbst zubereiten kann, sind weitere Möglichkeiten, Soja zu sich zu nehmen und auch die Geschmacksnerven zu befriedigen.

Die Planung vegetarischer Mahlzeiten

Wenn man sich auf vegetarische Ernährung umstellt oder vegetarische Menüs ausprobieren will, ist es wahrscheinlich am einfachsten sich vorzustellen, was man normalerweise essen würde, und dann das Fleisch- oder Fischgericht durch ein vegetarisches Hauptgericht zu ersetzen: Nuß- oder Linsen- statt Fleischküchlein; gedämpfter Gemüsepudding statt Steak und Kidneypudding; eine pikante Nuß- oder Linsenpastete statt Hackbraten. Sobald Sie das Hauptgericht geplant haben, können Sie die Gemüsebeilagen und gegebenenfalls eine Sauce dazu auswählen.

Bei der vegetarischen Ernährung kann man entweder den konventionellen Tagesablauf von Frühstück/gehaltvollere Mahlzeit/leichteres Essen einhalten, oder man nimmt mehrere leichte Mahlzeiten zu sich, was immer einem mehr zusagt. Ich meine, daß es für jeden, der sich für gesunde Ernährung interessiert - ob er nun Fleisch ißt oder sich vegetarisch ernährt -, ratsam ist, sich über den täglichen oder gar wöchentlichen Fettverzehr Gedanken zu machen; eine fettreiche Mahlzeit, etwa ein Käseflan, sollte mit einer fettarmen Mahlzeit, etwa einem gemischten Salat mit Zitronendressing oder einem Teller gedämpfter Gemüse mit gehackten frischen Kräutern, ausgeglichen werden. Ich persönlich finde, daß man das Frühstück leicht fettfrei gestalten kann - ich bevorzuge dazu frisches Obst und schwachen Tee -, und dies läßt Spielraum für den Rest des Tages. Ein anderes fettarmes Frühstücksgericht könnte zum Beispiel ein Müsli aus Vollgetreide mit fettarmer Milch (oder Sojamilch) oder Vollweizentoast mit Honig sein.

Vegetarische Ernährung während der Schwangerschaft

Idealerweise sollte die Vorbereitung auf die Schwangerschaft mehrere Monate vor der Zeugung beginnen, und zwar nicht nur für die künftige Mutter, sondern auch für den Vater, da die Gesundheit des Babys von der Ernährung beider abhängt. Während dieser Vorbereitungszeit sollte man nicht die Pille nehmen, sondern eine andere Verhütungsmethode anwenden, da sich die Pille auf die Fähigkeit des Körpers, die Vitamine B_2, B_6, B_{12} und Folsäure sowie Zink und Eisen umzuwandeln, negativ auswirkt. Sorgen Sie dafür, daß Ihre Ernährung viele Lebensmittel beinhaltet, in denen diese Vitamine vorkommen (s. oben), und erwägen Sie, Vitamin-D- und B_{12}-Präparate einzunehmen, wenn Sie wenig Molkereiprodukte verzehren. Essen Sie viele Lebensmittel, die reich an Vitamin E sind, und nehmen Sie Meeresgemüse oder Verdickungsmittel auf der Basis von Seetang in Ihren Speiseplan auf (S. 18), wann immer möglich, denn sie enthalten Jod und andere Spurenelemente; oder nehmen Sie zwei- bis dreimal pro Woche Seetangtabletten ein.

Typischer Tagesplan für gesunde vegetarische Ernährung

Frühstück

Orangen- oder Grapefruitsaft
Vollgetreide-Müsli mit Milch und Rosinen
Vollweizentoast mit Honig oder Marmelade

oder

Frisches Obst der Saison
Tee, Kaffee oder Kräutertee

Mittagessen

Salat-Sandwiches

oder

In der Schale gebackene Kartoffeln (S. 190) mit geraspelten Möhren und Brunnenkresse

oder

Ein Salat aus feingeschnittenem Kopfsalat, gehackten Tomaten, geraspelten Möhren und roten Beten, Sojasprossen, gehackten Nüssen

oder

Ein Teller Porree-Kartoffel-Suppe (S. 134) und Vollweizenbrot

oder

Hummus (S. 144) mit Crudités (S. 143) oder Pita-Brot
Apfel
Tee, Kaffee oder Kräutertee

Abendessen

Grüne Tagliatelle mit Linsensauce (S. 252)
Grüner Salat mit Avocado und frischen Kräutern
Aprikosen-Orangen-Creme (S. 282)
Tee, Kaffee oder Kräutertee

Zwischenmahlzeiten

Vollweizenbrot
Nüsse
Frische und getrocknete Früchte

Es ist ebenfalls ratsam, den Alkoholkonsum einzuschränken oder ganz einzustellen und auf das Rauchen zu verzichten.

Während der Schwangerschaft und Stillzeit muß sehr viel stärker auf eine gesunde Ernährung geachtet werden. Zusätzliches Eisen, Folsäure und andere B-Vitamine sowie Vitamin A, C, D und E werden benötigt, auch 50% mehr Calcium als gewöhnlich. Man kann sich diese Stoffe zuführen, indem man eine Extraportion Käse oder Joghurt verzehrt oder zusätzlich 1 l Magermilch oder mit Calcium angereicherte Sojamilch trinkt. Es ist auch möglich, größere Mengen rein pflanzlicher, calciumhaltiger Kost zu sich zu nehmen, wie etwa Broccoli, Grünkohl, getrocknete Feigen, Mandeln, Sesamsamen, Sojabohnen und Sojamehl, Arame und Hijiki. Auch mit zwei Glas sahniger Mandelmilch (S. 238) kann man zusätzliches Calcium aufnehmen, ebenso reichlich B-Vitamine, Eisen und andere Mineralstoffe.

Wenn Sie Bierhefe mögen, so wäre der tägliche Verzehr von 15 g eine bequeme Art, die Vitamin-B-Zufuhr zu steigern. Streuen Sie sie über Ihr Müsli, oder rühren Sie sie unter einen Fruchtsaft. Diese Menge enthält auch die zusätzliche Dosis Vitamin B_1, B_2, B_3, B_6 und Folsäure, die der Körper während Schwangerschaft und Stillzeit benötigt, sowie Eisen, Zink, etwas Calcium und Magnesium, wobei sie nur 46 Kalorien hat.

Eine ausgewogene vegetarische Ernährung ist wahrscheinlich von sich aus reich genug an den Vitaminen A, C und E, um den zusätzlichen Bedarf während der Schwangerschaft zu decken. Will man jedoch sichergehen, so kann man täglich ein Stück Melone, eine zusätzliche Orange, eine halbe Tasse Orangensaft, eine große Banane oder eine Extraportion grünes Gemüse zu sich nehmen, um sich noch mehr Vitamin A und C zuzuführen, oder den Salat mit kaltgepreßtem Maisöl anmachen, um den Vitamin-C-Bedarf zu decken.

Nährstoffreiche Lebensmittel

Bestimmte Lebensmittel sind besonders reich an einer ganzen Anzahl von Nährstoffen, und es lohnt sich, sie so häufig wie möglich in den Speiseplan miteinzubeziehen. Zu ihnen zählen:

- ☐ HÜLSENFRÜCHTE, *besonders Sojabohnen, Sojasprossen, Sojamehl*
- ☐ VOLLGETREIDE, *besonders Hafermehl und Hirse; Vollweizenmehl und -brot; Nudeln; Weizenkeime*
- ☐ NÜSSE, *besonders Pistazien, Mandeln, Paranüsse, Haselnüsse und Walnüsse*
- ☐ SAMEN, *wie etwa Sonnenblumenkerne, Kürbiskerne, Sesamsamen und Sesampaste*
- ☐ FRISCHES OBST, *besonders Äpfel, Bananen, Orangen, Datteln, Brombeeren, Erdbeeren, Kantalupen, Kiwis, Mangos, Papayas*
- ☐ TROCKENOBST, *unter anderem getrocknete Pfirsiche*
- ☐ GEMÜSE, *besonders frische Erbsen, Bohnen, Gemüsemais; Pilze, Avocados, Alfalfasprossen; Kartoffeln, Tomaten, Möhren, rote Paprika und Bataten*
- ☐ DUNKELGRÜNE BLATTGEMÜSE, *besonders Broccoli und andere Kohlsorten; Endivie*
- ☐ MEERESGEMÜSE, *besonders Hijiki und Nori*
- ☐ BIERHEFE *und* HEFE-EXTRAKT
- ☐ MILCH *und* KÄSE

Vegetarische Ernährung für Säuglinge

Während der ersten sechs Lebensmonate stellt die Muttermilch alle Nährstoffe bereit, die ein Baby braucht, und im Idealfall sollte feste Nahrung auch vorher nicht gegeben werden. Man kann dem Baby allerdings, im Alter von vier Monaten, vorsichtig etwas feste Nahrung anbieten, falls es mit der Muttermilch nicht mehr zufrieden zu sein scheint, auf keinen Fall aber früher. Der Grund dafür liegt im noch nicht ganz entwickelten Verdauungssystem des Säuglings, so daß ein allzu frühes Füttern mit fester Nahrung zu allergischen Reaktionen führen kann; darüber hinaus braucht das Baby die körperliche Nähe der Mutter und die emotionale Befriedigung, die mit dem Stillen verbunden ist.

Fangen Sie damit an, dem Baby einen halben Teelöffel Frucht- oder Gemüsepüree zu geben, und zwar vor oder nach einer seiner Hauptmahlzeiten; die Mittagszeit eignet sich dazu häufig am besten. Man kann gekochte oder rohe Früchte und Gemüse verwenden: zerdrückte Avocados, reife Bananen, reife Pfirsiche oder Mangos; sehr fein geriebene rohe Äpfel, Birnen oder Möhren; oder gekochte und pürierte Möhren oder Kartoffelbrei. Diese ersten Löffelchen sollen den Säugling an die Konsistenz fester Nahrung gewöhnen.

Sobald das Baby gut auf diese kleinen Mengen fester Nahrung eingestimmt ist, kann man die Menge allmählich steigern, so daß es nach etwa 14 Tagen schon zwei Eßlöffel Püree verzehrt. Bei Babys, die älter sind als sechs Monate, kann auch schon etwas Brot in die Mahlzeit gerührt werden: Man verwendet entweder Vollweizenbrot oder, wenn dies zu Durchfall führt (was geschehen kann), Grahambrot und entfernt die Krusten.

Wenn der Säugling zunehmend feste Nahrung zu sich nimmt, braucht er nicht mehr soviel Milch, so daß er im Alter von etwa acht Monaten ganz natürlich eine der Stillzeiten aufgeben wird. Sie können dann den Frucht- und Gemüsepürees zusätzliches Eiweiß zugeben, um sie anzureichern. Probieren Sie es mit gekochten zerdrückten Bohnen, zerdrücktem, abgetropftem Tofu, gekochten und pürierten Linsen, Tahina, Erdnußbutter, natriumarmem Hefe-Extrakt, feingemahlenen Nüssen und Samen, Weizenkeimen, Bierhefe, Hüttenkäse, fettarmem Weißkäse (etwa Quark), Joghurt, Hartkäse und Eigelb, das man unter ein heißes Gemüsepüree rühren sollte, damit es in der Hitze etwas gart.

Allmählich können Sie die Mengen erhöhen, die Sie als feste Mahlzeit zugeben. Wenn man möchte, kann man es auch einmal mit einer pikanten Mahlzeit versuchen, zum Beispiel mit pürierten Linsen oder zerdrückten gekochten Gemüsen mit etwas zusätzlichem Protein und danach einem Dessert aus feingeriebenem frischem Obst, Joghurt oder Eiercreme. Sobald sich das Baby einmal an feste Kost gewöhnt hat, reicht es wahrscheinlich, sein Essen zu einem groben Brei zu zerdrücken.

Feste Nahrung kann auf gleiche Weise auch vor oder nach den anderen Stillzeiten des Tages eingeführt werden, so daß diese allmählich ebenfalls abgeschafft werden können. Wenn der Säugling etwa neun Monate alt ist, wird er vielleicht nur noch abends vor dem Schlafengehen gestillt. Lassen Sie Ihrem Kind dieses Vergnügen solange wie möglich; es ist wichtig für seine Bindung zu Ihnen und zur emotionalen Befriedigung, die ihm das Saugen gibt. Das Baby wird das Saugen spontan aufgeben, sobald es dazu bereit ist; manchmal geschieht dies relativ früh, etwa im Alter von einem Jahr, doch häufig brauchen Säuglinge länger dazu. Meine Tochter Claire, zum Beispiel, konnte es erst an ihrem zweiten Geburtstag aufgeben.

Lebensmittel, die aus der Hand gegessen werden, beispielsweise Brotstreifen, Zwiebäcke, ein roher Apfel oder eine Möhre, kann man ab dem neunten Monat geben; sie können eine Hilfe sein, wenn das Baby Zähne bekommt. Lassen Sie das Baby nie allein mit diesen Lebensmitteln; falls es sich einmal verschlucken und würgen sollte, so ziehen Sie ihm das Bröckchen mit dem kleinen Finger aus dem Mund, oder halten Sie das Kind mit dem Kopf nach unten, während Sie ihm leicht auf den Rücken klopfen.

Bald ist festzustellen, daß das Baby kleine Mengen von dem verzehren kann, was die ganze Familie ißt. Achten Sie darauf, daß die Speisen nicht zu stark gewürzt sind, weder mit Salz noch mit Gewürzen, weil dies die Nieren des Säuglings zu sehr belasten würde. Vielleicht kann man von diesen Speisen etwas für das Baby abzweigen, bevor sie gewürzt werden.

Besonders zu vermeiden sind auch Lebensmittel, die Konservierungsstoffe, Lebensmittelfarbe und andere chemische Zusatzstoffe enthalten, sowie fettreiche Nahrungsmittel, etwa bestimmte Gebäcksorten und in Fett ausgebackene Speisen.

Achten Sie auch auf die Menge an Ballaststoffen; da vegetarische Ernährung von Natur aus reich an Ballaststoffen ist, sollten Sie dafür sorgen, daß das Kind auch konzentriertes Eiweiß zu essen bekommt, wie es in Ei, Käse, Erdnußbutter oder Tahina, gemahlenen Nüssen, Joghurt oder Bierhefe enthalten ist.

Vegetarische Ernährung für Kinder

Eine ausgewogene vegetarische Ernährung kann all die Nährstoffe bereitstellen, die Kinder für ihr Wachstum brauchen. Mängel würden sich äußern in verzögertem Wachstum, Teilnahmslosigkeit, Appetitlosigkeit, Mangel an Energie, der langsamen Verheilung von Schnitten und Wunden, in Rissen und Blasen um den Mund und Mundgeschwüren. Solange sie gesund und voller Energie sind und gut wachsen, ist es fast sicher, daß sie die Nährstoffe bekommen, die sie brauchen. Es ist jedoch wichtig, die Ernährung der Kinder sorgfältig zu überwachen und darauf zu achten, daß sie reich an den lebenswichtigen Nährstoffen ist.

Nur wenigen Eltern gelingt es, ihre Kinder aufzuziehen, ohne sich an einem bestimmten Punkt über deren Ernährung Sorgen zu machen. Eine meiner Töchter war so wählerisch beim Essen, daß ich mich manchmal fragte, wie sie es schaffte, einigermaßen gesund zu bleiben. Doch wir überwanden diese Phase. Ich habe sie dazu überredet, Vitamintabletten zu nehmen, und ich meine, daß Vitamintabletten, die unter anderem die Vitamine B_{12} und D enthalten, gut geeignet sind, das Gewissen der Eltern in bezug auf die Ernährung ihrer Kinder zu erleichtern. Meiner Meinung nach ist es am besten, sie essen zu lassen, was sie mögen - vorausgesetzt, daß das, was sie zu sich nehmen, einigermaßen gesund ist -, statt sie zu zwingen, das zu essen, was Sie für richtig halten. Für die meisten Nährstoffe gibt es viele unterschiedliche Quellen, und wenn ein Kind ein Lebensmittel nicht mag, so findet man gewöhnlich leicht eine Alternative.

Versuchen Sie, für die Ernährung der Kinder möglichst viele Zutaten mit hohem Nährstoffgehalt zu verwenden, achten Sie darauf, daß alle Speisen möglichst frisch und schonend zubereitet sind. Beobachten Sie genau, welche Zucker- und Fettmengen sie verzehren, und sorgen Sie dafür, daß immer genügend gesunde Knabbereien im Haus sind, wie Obst, Vollweizenbrot, Nüsse und Trockenfrüchte oder Crudités, Käsewürfel, Lieb-

Lieblingsgerichte für Kinder

Kinder haben ihren eigenen Geschmack, doch die folgenden Gerichte sind bei Kindern allgemein beliebt:

Brunnenkressesuppe (S. 130)

Gelbe Linsensuppe (S. 134)

Porree-Kartoffel-Suppe (S. 134)

Käse-Kräuter-Dip (S. 143)

Roter Kidneybohnensalat (S. 157)

Englischer Cole Slaw (S. 161)

In der Schale gebackene Kartoffeln (S. 190)

Gefüllte Kartoffeln (S. 191)

Kartoffel-Käse-Auflauf (S. 200)

Pikanter Linsenauflauf (S. 213)

Schweizer Käsefondue (S. 217)

Käse-Petersilien-Küchlein (S. 217)

Hefepizza (S. 218)

Spaghetti bolognese vegetariana (S. 253)

Grüne Tagliatelle mit Linsensauce (S. 252)

Käse-Makkaroni (S. 257)

Französischer Zwiebelflan (S. 261)

Pikanter Chester-Zwiebel-Kuchen (S. 265)

Schokoladentöpfchen (S. 279)

Alle Eissorten, besonders Schokoladeneis (S. 280), das darüber hinaus auch gesund ist

Frischer Fruchtsalat (S. 286)

Siruptorte nach alter Art (S. 294)

Ländlicher Apfelkuchen (S. 294)

Gedämpfter Pudding (S. 298)

Pfannkuchen (S. 299)

Alle Biskuitkuchen, besonders schnelle Minikuchen (S. 310)

Parkin (S. 308)

lingsjoghurtsorten, um sie von Süßigkeiten und Kartoffelchips fernzuhalten. Man sollte sie Wasser oder mit Wasser verdünnten ungesüßten Fruchtsaft trinken lassen statt gesüßte Limonaden. Wenn Sie etwas Zeit haben, sollten Sie versuchen, das Essen appetitlich anzurichten; ich habe festgestellt, daß meine jüngste Tochter Claire immer dann besser ißt, wenn ich ihr das Essen auf einem Teller dekorativ anrichte oder in einem kleinen Auflaufförmchen backe. Zum Abendessen liebt sie eine Platte, auf der all ihre Lieblingsspeisen angeordnet sind: Käsewürfel, dünne Apfelscheiben, einige mit Mandeln gefüllte Datteln, ein paar knackige Salatblätter, einige Möhrenstäbchen. Manchmal richte ich einen Salat oder ein belegtes Brot in Form eines Gesichts an, mit Haaren aus geraspelten Möhren, einem Mund aus Tomate usw. Wenn Sie sich diese Mühe machen, sollten Sie vermeiden überzureagieren, wenn Ihr liebevoll gemeintes Angebot zurückgewiesen wird. Meiner Erfahrung nach ist dies aber selten der Fall.

Vegetarische Ernährung für Teenager

Wie bei jüngeren Kindern ist es auch hier besser, solche Gerichte anzubieten, die bevorzugt werden, statt einen Konflikt zu riskieren. Manche Teenager wollen vielleicht etwas anderes probieren und essen dann lieber Fleisch oder sogenannte wertlose Lebensmittel, wenn sie von zu Hause nur das gesunde vegetarische Essen kennen. Falls sie sich von Hamburgern und Pommes frites ernähren wollen, so versuchen Sie sie dazu zu bewegen, ein Vitaminpräparat zu nehmen. Sie sollten auch immer einige Imbiß-Leckereien vorrätig haben, etwa Äpfel, Nüsse, Vollweizenbrot oder -kuchen, die sie gern mögen. Je entspannter die Atmosphäre ist, um so schneller werden sie entdecken, was ihnen wirklich schmeckt, und dann ihre eigenen Entscheidungen treffen können.

Während dieser schnellen Wachstumsphase können Teenager, besonders Jungen, großen Appetit entwickeln; sie konsumieren Riesenmengen an Brot, Nudeln, Reis und Kartoffeln und erhalten damit auch eine gesunde Ernährung. Versuchen Sie, möglichst viele nährstoffreiche Lebensmittel anzubieten; Soja ist besonders gut geeignet, wenn Ihre Kinder das mögen, vielleicht in Form von Tofu, mit einer natürlich fermentierten Sojasauce von guter Qualität beträufelt. Zu den schnellen Zwischenmahlzeiten, die bei dieser Altersgruppe beliebt sind, gehören Vollweizenbrote mit Erdnußbutter oder Tahina, vielleicht mit Sojasprossen belegt, oder Pita-Brote, die mit roten Kidneybohnen, Salat und anderen Zutaten, die sie mögen, gefüllt sind; beliebt sind auch vegetarische Küchlein (S. 210, 232) oder vegetarische Frikadellen als Fertiggerichte, die mit einem Brötchen und vielleicht mit gebackenen Bohnen serviert werden können.

Auf der anderen Seite ist die Schlankheitsdiät ein wichtiges Thema, mit dem sich Teenager, und besonders die Mädchen, beschäftigen. Dieses Problem kann man mit einer vegetarischen Diät auf gesunde Weise lösen (s. unten). Achten Sie darauf, daß die Ernährung von Teenagern, besonders von Mädchen, reich an Eisen ist. Zink ist ebenfalls wichtig, denn Zinkmangel wird mit den Ernährungskrankheiten *Anorexia nervosa* und *Bulimia* in Verbindung gebracht. Es wäre sehr vernünftig, große Mengen zinkreicher Lebensmittel (die auch reich an Eisen sind), wie Erdnüsse, Gemüsemais und Käse, in die Ernährung von Teenagern aufzunehmen.

Eine vegetarische Diät zur Gewichtsabnahme

Der Schlüssel für eine erfolgreiche Reduzierung des Körpergewichts liegt darin, eine Diät zu finden, die zu Ihrem Lebensstil paßt und beibehalten werden kann, sobald man schlank geworden ist; sonst besteht die Gefahr, daß man ständig ab- und wieder zunimmt. Ich kenne Leute, die dramatisch an Gewicht verloren haben, als sie Vegetarier wurden. Die Kombination von sich ergänzenden Nahrungsmitteln und der hohe Ballaststoffgehalt vegetarischer Kost scheint es ihnen erleichtert zu haben.

Wenn die Ernährung auf Vollgetreide und Hülsenfrüchten basiert, mehr frisches Obst und Gemüse gegessen, gleichzeitig Fett und Zucker reduziert werden, dürfte es schwierig sein, nicht abzunehmen. Sie könnten sich zum Beispiel an den Vorschlägen des *Typischen Tagesplans für gesunde vegetarische Ernährung* (S. 17) orientieren und etwa für das Müsli Magermilch verwenden oder das Brot nur dünn mit Butter bestreichen; verwenden Sie Hefe-Extrakt, Senf oder Magerquark als Brotaufstrich, wenn Sie mittags Sandwiches essen, oder bereiten Sie die Suppe mit möglichst wenig Fett zu. Machen Sie Salatsaucen aus Joghurt oder aus einer Joghurt-Mayonnaise-Mischung. Die Hauptmahlzeit bereitet man ebenfalls mit möglichst wenig Fett zu und serviert dazu einen Blattsalat, der mit Zitronensaft angemacht ist. Viele der Hauptgerichte in diesem Buch eignen sich für eine Diät; besonders empfehlenswerte finden Sie rechts aufgelistet.

Eine Methode, die ich bevorzuge, basiert auf dem Prinzip, Obst von anderen Lebensmitteln zu trennen und eiweißhaltige Nahrungsmittel nicht mit Kohlenhydraten zu mischen. Essen Sie bis zum Mittag nur Obst, und warten Sie danach mindestens eine Stunde, bevor Sie etwas anderes essen. Als Mittagessen kann man ebenfalls Obst wählen (falls man schnell abnehmen will) oder einen großen Salat mit etwas Brot oder einer Kartoffel, ebenso eine Suppe oder ein Salat-Sandwich, jedoch kein Protein. Die Abendmahlzeit kann Eiweiß oder Kohlenhydrate enthalten, jedoch nicht beides. Drei Stunden nach anderen Lebensmitteln kann man wieder Obst essen.

Fortsetzung des Textes Seite 24

Hauptgerichte für eine Schlankheitsdiät

Diese Rezepte sind relativ kalorienarm. Mit einer großen Portion leicht gegartem Gemüse oder einem Salat mit Zitronendressing serviert, helfen Sie Ihnen abzunehmen:

Dicke Maissuppe (S. 135), mit der halben Fettmenge zubereitet

Gelbe Linsensuppe (S. 134)

Zucchini mit einer Füllung aus Möhren, Ingwer und Mandeln (S. 193)

Gefüllte Tomaten (S. 195)

Gefüllte Auberginen à la provençale (S. 192)

Pfannengerührtes süß-saures Gemüse mit Mandeln (S. 199)

Bunter Gemüseauflauf (S. 200)

Gemüse-Curry (S. 202) mit Naturreis

Linsen-Pilz-Gratin (S. 207)

Chili con carne vegetariana (S. 208)

Pikante Linsenküchlein (S. 210)

Linsen-Kartoffel-Pastete (S. 210)

Pikanter Linsenauflauf (S. 213)

Hefepizza (S. 218)

Spanisches Omelett (S. 220)

Spinatroulade mit Frischkäse und rosa Pfefferkörnern (S. 224)

Pikanter Käseauflauf (S. 226)

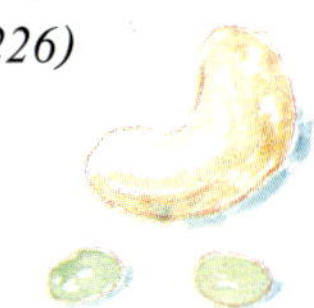

Cashewnußbraten (S. 230)

Reispilaw mit Aprikosen, Rosinen und Pinienkernen (S. 242)

Paella vegetariana (S. 243)

Hirsepilaw mit Nüssen und Rosinen (S. 245)

Graupeneintopf (S. 246)

Couscous mit würzigem Kichererbsen-Stew (S. 247)

Spaghetti bolognese vegetariana (S. 253)

Grüne Tagliatelle mit Linsensauce (S. 252)

Fusilli colbuchi mit Auberginen-Wein-Sauce (S. 255)

MENÜ

FRÜHLINGSPARTY

Für 6 Personen

Champignon-Kräuter-Terrine
mit Melba-Toast
146

Paella vegetariana mit Artischocken
243

Gemischter grüner Salat
mit Guacamole-Dressing
54 und 144

Glasierte rote Obsttorte
292

Dies ist ein Menü für eine entspannte, formlose Party, das die frischen Geschmacksnuancen des Frühlings kombiniert. Die Vorbereitung ist nicht besonders aufwendig. Die Champignon-Kräuter-Terrine und die glasierte rote Obsttorte können schon im voraus zubereitet werden. Auch den Melba-Toast kann man schon einen Tag vorher rösten – obwohl es nicht lange dauert, den Toast zuzubereiten – und dann in Folie einwickeln, damit er knusprig bleibt. Servieren Sie Guacamole als Salatdressing und garnieren Sie es mit gehackten Tomaten, Zwiebeln und Chilischoten. Das Hauptgericht Paella ist nicht besonders aufwendig, aber köstlich und schaut sehr attraktiv aus, wenn man es aus der Pfanne serviert, in der es auch gegart wurde, falls diese präsentabel ist; andernfalls füllen Sie die Paella vor dem Servieren in eine vorgewärmte niedrige Schüssel.

Wählen Sie einen Wein, der zum legeren Charakter des Essens paßt; ich würde zu einem spanischen tendieren und einen Rioja wählen, oder entscheiden Sie sich für einen halbtrockenen Weißwein, der genug Charakter hat, um es mit den Geschmacksnuancen der Paella aufzunehmen – ein Chenin blanc oder ein junger Riesling wäre vielleicht eine gute Wahl.

Schnelle Hauptgerichte

Pistou (S. 136) aus Dosen-Bohnen mit warmen Brötchen und einigen Crudités (S. 143),

Käse-Kräuter-Dip (S. 143), Hummus (S. 144) oder Roquefortdip (S. 146) mit Crudités (S. 143), Pita-Brot und Obst

Griechischer Salat (S. 168) mit krustigem Brot und frischem Obst

Gedünstete Frühlingsgemüse (S. 181), Ratatouille (S. 187) oder Peperonata (S. 186) mit Naturreis

Gefüllte Kartoffeln (S. 191) mit Salat, Tomate, Gurke und geraspelter Möhre

Pfannengerührtes süß-saures Gemüse mit Mandeln (S. 199) und Naturreis

Bunte Limabohnen (S. 206), Butternudeln oder Vollweizenbrot

Roter Kidneybohnentopf (S. 206) mit in der Schale gebackenen Kartoffeln (S. 190)

Felafel in Pita-Taschen (S. 208)

Gebackene Eier (S. 214), Pipérade (S. 215) oder Omelett (S. 220)

Käsesoufflé (S. 222) mit Prinzeßbohnen

Pikanter Oliven-Champignon-Kuchen (S. 226) mit grünem Salat

Schneller pikanter Nußbraten (S. 235) mit Kartoffelpüree und Tiefkühl-Erbsen

Paella vegetariana (S. 243)

Klassischer Risotto (S. 244)

Grüne Fusilli mit Champignons und Sahne (S. 251)

Tagliatelle mit Gorgonzola und Walnüssen (S. 250)

Grüne Tagliatelle mit Linsensauce (S. 252)

Käse-Makkaroni (S. 257)

Grüne Taglioni mit Tomatensauce und Auberginen (S. 254)

Sommerliche Linguine (S. 255)

Schnelle Brotpizza (S. 334)

Vegetarische Ernährung für ältere Menschen

Der Kalorienbedarf nimmt im Alter ab, es sei denn, man ist außergewöhnlich aktiv und verbraucht entsprechend viele Energien. Unser Bedarf an Nährstoffen ist jedoch so hoch wie immer, und es ist deshalb wichtig, solche Lebensmittel auszuwählen, die uns diese Nährstoffe möglichst konzentriert zuführen, ohne jedoch zuviel Kalorien zu beinhalten.

Eiweiß wird für das Wachstum und die Regeneration des Gewebes benötigt, Vitamin A und C für den Widerstand gegen Infektionen und für die allgemeine Vitalität, Vitamin D für gesunde Knochen; Vitamin E, das manchmal scherzhaft auch das Jugend-Vitamin genannt wird, für die Beweglichkeit der Gelenke und Gewebe und Vitamin B für das Nervensystem und die Bekämpfung von Streßfolgen.

Manchmal - bei Appetitlosigkeit oder Unwohlsein - kann man nicht soviel essen, wie für die Zuführung notwendiger Nährstoffe wünschenswert wäre. So ist es für ältere Vegetarier oft sinnvoll, Multivitaminpräparate einzunehmen. Auch Lebensmittel, die konzentrierte Nährstoffquellen darstellen, sollten häufig gegessen werden, zum Beispiel Nüsse und Nußpasten, Käse, Eier, Sojamehl, Tofu, Magermilchpulver, Tahina, Bierhefe, Hefe-Extrakt und Weizenkeime.

Milch ist ebenfalls zu empfehlen, weil der Körper sie leicht aufnimmt. Sie ist zudem reich an wertvollen Nährstoffen, besonders an Calcium und Vitamin B_2. Man kann sie darüber hinaus anreichern, indem man etwas Magermilchpulver unterrührt.

Wenn das Essen von Salaten Ihnen Mühe macht, so können Frucht- und Gemüsesäfte ein guter Ausweg sein, doch achten Sie in jedem Fall darauf, daß Sie auch genügend Ballaststoffe verzehren, indem Sie Vollweizenbrot, Suppen, gebackene Bohnen und Pellkartoffeln oder Kartoffeln, die in der Schale gebacken werden, in ihren Speiseplan einbeziehen.

Falls Sie für nur eine oder zwei Personen kochen und eine kleine Tiefkühltruhe besitzen, ist es günstiger, ein komplettes Gericht für mehrere Personen zuzubereiten und verbleibende Mengen portionsweise einzufrieren. Viele vegetarische Gerichte lassen sich gut einfrieren (S. 26); wenn Sie außerdem über ein Mikrowellengerät verfügen, können Sie in kurzer Zeit ein oder zwei Portionen aufwärmen (S. 28).

Suppen sind besonders angenehme und wärmende Mahlzeiten, und sie sind leicht zuzubereiten. Eine Linsensuppe beispielsweise ist sehr schmack- und nahrhaft, und Sie können sie so dick machen, wie Sie wollen. Wenn man sie mit etwas Vollweizenbrot und frischem Obst, Gemüsesaft oder einem kleinen Salat serviert, ergibt sich eine komplette Mahlzeit, die besonders Ihrer Vitalität zugute kommt.

Küchenzubehör

Die Ausrüstung, die man für die vegetarische Küche benötigt, ist bescheiden und wahrscheinlich in den meisten Küchen vorhanden. Das Wichtigste ist ein wirklich gutes scharfes Messer, ohne das keine Köchin und kein Koch auskommen. Ich benutze für die üblichen Arbeiten, wie Gemüse putzen oder Julienne-Streifen schneiden, ein spitz zulaufendes rostfreies Küchenmesser. Das praktischste Allzweckmesser ist ein Messer mit einer 13 cm langen Schneide, aber ein kleines Schälmesser ist auch sehr handlich. Darüber hinaus benötigt man einen Wetzstahl, um die Messer zu schärfen. Genauso notwendig wie ein gutes Allzweckmesser ist ein kleines spitz zulaufendes rostfreies Küchenmesser oder Officemesser, das man für das Schneiden von Früchten, wie Äpfeln, Birnen, Pfirsichen, Mangos und Avocados, verwendet; diese könnten nämlich einen metallischen Geschmack annehmen, wenn sie mit einem Stahlmesser geschnitten werden. Empfehlenswert wäre auch noch ein großes Palettmesser mit Wellenschliff, das bei Konditorarbeiten oder etwa beim Filieren von Orangen gute Dienste leistet.

Ein solides dickes Holzbrett zum Hacken der Zutaten ist ein weiteres unverzichtbares Küchenutensil. Achten Sie darauf, daß es mindestens 2,5 cm dick ist und nicht weniger als 40 × 30 cm mißt. Es kann auch als Teigbrett dienen.

Unerläßlich ist ein Gerät zum Mahlen von Nüssen und Samen. Man kann dazu eine kleine Handmühle, eine elektrische Kaffeemühle oder einen Mixer verwenden, die beste Anschaffung wäre jedoch eine Küchenmaschine, weil sie sehr vielseitig einsetzbar ist. Wenn Sie sich eine neue zulegen, lohnt es sich, die größte zu kaufen, die man sich leisten kann.

Stößel und Mörser sind nützlich und praktisch, wenn man ganze Gewürze zerstoßen will. Ein schwerer Stößel aus Keramik mit einer nicht zu kleinen Schüssel ist besser geeignet als ein hölzerner, der nicht schwer genug ist und den Geschmack der Zutaten absorbiert.

Wenn Sie Kochtöpfe und Backformen auswählen, so kaufen Sie die besten, die Sie sich leisten können, denn speziell in diesem Fall erhält man für den Preis einen entsprechenden Gegenwert. Gute Töpfe und Formen halten ein Leben lang, und es ist ein Vergnügen, sie zu benutzen; billige dagegen verursachen nur Ärger. Ich bevorzuge schwere Edelstahlkochtöpfe; Gesundheitsexperten raten von Aluminium ab, weil man annimmt, daß schädliche Aluminiumspuren in die Speisen gelangen können. Gußeisentöpfe und -pfannen sind nicht nur schön, sie lassen sich auch gut benutzen; der einzige Nachteil ist ihr Gewicht, besonders wenn sie voll sind.

Allgemein ist zum Braten eine Bratpfanne mit einem oberen Durchmesser von etwa 28 cm am besten geeignet, für Pfannkuchen eine niedrige Pfanne mit geschwungenem Rand von etwa 20 cm Durchmesser. Wenn Sie häufig Omeletts backen, wäre zu überlegen, eine eigene Pfanne dafür vorzusehen; sie sollte etwa 13–15 cm Durchmesser haben.

Ein Dampfkochtopf spart Zeit und Energie und ist zur Zubereitung von Suppen und Eintöpfen praktisch.* Aus gesundheitlichen Gründen ist ein Dampfkochtopf aus Edelstahl zu empfehlen.

Wenn Sie gern pfannengerührtes Gemüse zubereiten, wäre eine chinesische Wok eine praktische Anschaffung. Ein Gerät mit ebenem Boden kann auf dem Gas- wie auf dem Elektroherd verwendet werden. Die Wok sollte etwa 35 cm im oberen Durchmesser haben und Holzgriffe besitzen.

Zu den besten Backformen gehören die beschichteten, obwohl ich meine, daß man sie trotzdem, wie üblich, auslegen und fetten muß. Achten Sie auch hier auf solides, schweres Gerät; das gilt vor allem für Backbleche, da die billigen, dünnen sich sehr schnell verziehen. Eine Springform ist ebenfalls empfehlenswert.

Von den Auflaufformen sind diejenigen am praktischsten, die Temperaturextreme am besten aushalten, so daß man sie aus dem Kühlschrank oder der Tiefkühltruhe nehmen und sofort in den Ofen stellen kann. Die französischen glasierten Tonformen, die in verschiedenen Größen und schönen Erdfarben erhältlich sind, gehören zwar nicht in diese Kategorie, doch sie sind ziemlich preisgünstig, und es macht Spaß, sie zu benutzen. Auch die weißen Keramikformen von etwa 30 cm Durchmesser sind für viele Gerichte sehr gut geeignet.

Andere praktische und zeitsparende Utensilien sind ein gutes, solides Durchschlagsieb aus Metall zum Abgießen von Nudeln und Gemüsen; ein Haarsieb aus Metall und zusätzlich eines aus Nylon oder ein Tamis zum Passieren feiner Früchte und Gemüse; eine aufstellbare Küchenreibe mit verschieden großen Schneidemessern; eine wirklich scharfe Küchenschere, vielleicht noch ein Satz Meßlöffel und ein 1 l-Meßbecher, auf dem Milliliter und Gramm markiert sind.

Zu den brauchbaren, aber nicht unbedingt notwendigen Utensilien gehören ein Spritzbeutel aus Nylon mit einer großen glatten und einer mittelgroßen Sterntülle, ein Parisienne-Ausstecher und eine Zitronenpresse.

---

*Hinweis d. dt. Red.: Es gibt inzwischen Schnellkochtöpfe mit Schonstufe und Siebeinsätzen, so daß Gemüse auch im Dampf schonend gegart werden können.

Der Einsatz der Tiefkühltruhe

Das Tiefkühlgerät hat für die vegetarische Küche genauso viele Vorteile wie für die konventionelle: Es kann Zeit und Geld sparen helfen. Vielleicht ist es für Vegetarier sogar noch nützlicher, weil all unsere Hauptgerichte aus frischen, unbehandelten Zutaten zubereitet werden. Es lohnt sich daher, die doppelte Menge zu kochen und die Hälfte einzufrieren oder einige der Bestandteile eines Lieblingsgerichts einzufrieren, etwa Tomatensauce, Pfannkuchen, Brotkrumen für Füllungen, geriebenen Käse und gekochte Hülsenfrüchte. Es ist auch praktisch, eine Auswahl von fertigen Tiefkühlprodukten, die man gern ißt, vorrätig zu halten.

Lebensmittel, die sich einfrieren lassen

- ☐ *Frisches Obst und Gemüse*
- ☐ *Gekochte Hülsenfrüchte*
- ☐ *Molkereiprodukte mit einem Fettgehalt von über 40%*
- ☐ *Suppen, pikante Aufläufe und Pasteten, Saucen*
- ☐ *Kuchen, Plätzchen und Brot*

Lebensmittel, die sich nicht einfrieren lassen

- ☐ *Blattsalate, rohe Tomaten*
- ☐ *Hartgekochte Eier, rohe Eier in der Schale (rohes Eigelb und Eiweiß lassen sich getrennt einfrieren; dabei wird der Dotter nicht hart)*
- ☐ *Molkereiprodukte mit einem Fettgehalt von weniger als 40%*
- ☐ *Speisen, die stark mit Knoblauch oder Sellerie gewürzt sind, da Knoblauch Faulgerüche entwickeln kann und der Selleriegeschmack sehr viel intensiver wird*
- ☐ *Gerichte, die gekochte Kartoffeln enthalten, da diese zäh werden (Kartoffelpüree bereitet dagegen keine Probleme)*

Vorratshaltung

Tiefkühlprodukte des Lebensmittelhandels Tiefkühlprodukte, die ich besonders praktisch finde, sind eingefrorene Erbsen (besonders feine Erbsen und Zuckererbsen) und grüne Bohnen. Mit eingefrorenen Himbeeren und Schlagsahne läßt sich im Handumdrehen eine exquisite Nachspeise zubereiten.

Selbstgekochte Tiefkühlgerichte Die meisten vegetarischen Gerichte lassen sich problemlos einfrieren. Bereiten Sie entweder die doppelte Menge zu, und frieren Sie eine Portion ein, oder kochen Sie einmal einen ganzen Nachmittag, um die Tiefkühltruhe aufzufüllen.

Suppen, Aufläufe und Eintöpfe lassen sich gut einfrieren, doch man sollte dann weder Knoblauch noch Sellerie zum Würzen verwenden. Frieren Sie die Gerichte in Behältern ein, die groß genug sind, daß sich die Speisen noch ausdehnen können. Für das Auftauen sollte man viel Zeit einkalkulieren: 6–8 Stunden für eine Menge, die für 4–6 Personen reicht. Auch die meisten Gemüse- und Hülsenfruchtgerichte können als Gefriergut aufgehoben werden, etwa Ratatouille (S. 187) oder roter Kidneybohnentopf (S. 206).

Pikante wie süße Kuchen und Pasteten lassen sich ebenfalls gut einfrieren, am besten vor dem Backen; erst kurz bevor man sie backt, sollte man die Dampflöcher einstechen. Für einen besonderen Anlaß kann man zum Beispiel die Champignonpastete in Blätterteig (S. 270) einfrieren.

Besonders gut lassen sich Küchlein und Kroketten in der Tiefkühltruhe aufbewahren. Man setzt sie zunächst auf ein Tablett oder ein Backblech und friert sie ein, bis sie hart sind; dann werden sie verpackt. Es lohnt sich, etwa die pikanten Linsenküchlein (S. 210), Erdnußküchlein (S. 232), Käse-Petersilien-Küchlein (S. 217) und Felafel in Pita-Taschen (S. 208) einzufrieren, auch die Nußbällchen in Tomatensauce (S. 238).

Spinat-Lasagne (S. 256) und Gnocchi alla romana (S. 227) – vor dem Backen eingefroren – sind besonders praktisch für die Vorratshaltung. Nuß- und Linsenbraten gelingen mühelos, wenn man sie zu drei Viertel gart, abkühlen läßt und dann einfriert; nach dem Auftauen gart man sie nochmals 30 Minuten. Von den Nachspeisen eignen sich Käsekuchen, Eis, Sorbets, Obstkuchen und -torten (wie erwähnt) gut zum Einfrieren, auch Kuchen, Plätzchen, Brötchen und Brote. Brot und Brötchen schmecken besonders köstlich, wenn man sie vor dem

Einfrieren schon anbackt und nach dem Auftauen nochmals backt.

Zutaten Es ist sehr praktisch und zeitsparend, wenn man einige der häufig verwendeten Zutaten in der Tiefkühltruhe vorrätig hält, auch Saucen und andere Ingredienzen, die man ständig benötigt, um Gerichte schnell zuzubereiten oder zu vervollkommnen.

Fond kann man in ¼ l-Mengen einfrieren. Zitronensaftreste lassen sich in Eiswürfelbehältern ebenfalls einfrieren.

Für überzählige Eigelbe und Eiweiße gibt es viele Verwendungsmöglichkeiten. Rühren Sie eine Prise Zukker oder Salz in jedes Eigelb (je nachdem, ob sie es für ein süßes oder für ein pikantes Gericht verwenden wollen), um es zu stabilisieren; dann die Eigelbe und Eiweiße separat in Eiswürfelbehältern einfrieren.

Es ist auch günstig, Saucen, die man gern mag und viel verwendet, im Tiefkühlgerät vorrätig zu haben, etwa frische Tomatensauce (S. 170), italienische Tomatensauce (S. 171) oder Sauce Soubise (S. 173), Béchamelsauce (S. 175) und Käsesauce (S. 175).

Gekochte Hülsenfrüchte (S. 40) können in 350 g-Portionen verpackt und eingefroren werden, ebenso gebackene Crêpes. Legen Sie Pergamentpapier zwischen die Crêpes, bevor Sie sie einfrieren, so daß man sie einzeln herausnehmen kann, wenn man sie verwenden will.

Flanböden kann man unbesehen auf Vorrat backen (S. 266) und dann einfrieren, so daß sie stets zur Hand sind für eine schnelle Mahlzeit, etwa mit Gemüsen und einer cremigen Sauce oder einer leichten Eiermischung.

Gehackte Petersilie, frische Brotkrumen und geriebener Käse können in Plastiktüten eingefroren werden. Sonstige Käsereste können Sie reiben und ebenfalls in die Tüte geben.

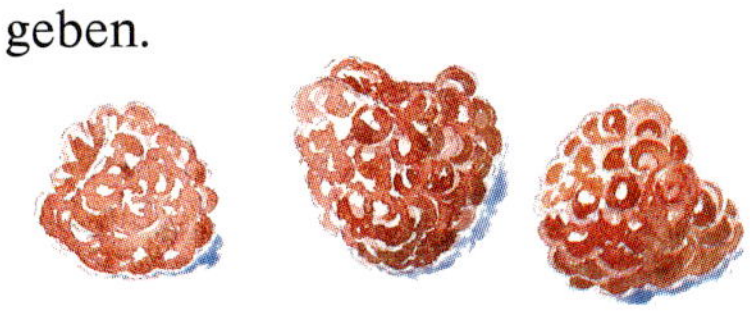

Spezielle Tips

Frieren Sie nur Lebensmittel und Gerichte von guter Qualität ein; falls sie heiß sind, abkühlen lassen, gut verpacken und möglichst bald einfrieren.

Die Lebensmittel müssen sorgfältig verpackt werden, zum einen, um sie zu schützen, zum anderen, damit Nahrungsmittel mit starkem Aroma dieses nicht an andere Speisen abgeben.

Lassen Sie genug Raum, damit flüssige Produkte sich ausdehnen können.

Beim Verschließen von Plastiktüten darauf achten, daß möglichst viel Luft abgesaugt wurde.

Beschriften Sie jedes Paket mit Inhaltsangabe, Einfrierdatum und der Anzahl der Portionen.

Maximalzeiten für das Einfrieren von Lebensmitteln

Plätzchen, Kekse	*3 Monate*
Brot	*3 Monate*
Butter	*6 Monate*
Kuchen, einfach oder mit Buttercreme	*3 Monate*
Käse	*6 Monate*
Sahne	*3 Monate*
Eier (Eigelb und Eiweiß getrennt)	*6 Monate*
Früchte, gezuckert	*9 Monate*
Früchte, ungezuckert	*3 Monate*
Speiseeis	*3 Monate*
Margarine	*5–6 Monate*
Gemüse	*6–9 Monate*
Pikante vegetarische Gerichte	*3 Monate*

Gemüse einfrieren

Um das bestmögliche Resultat zu erzielen, müssen Gemüse vor dem Einfrieren blanchiert werden. Waschen und putzen Sie es wie üblich. Füllen Sie einen großen Topf mit Wasser, und bringen Sie es zum Kochen. 500 g vorbereitetes Gemüse in einen Drahtkorb geben und in das kochende Wasser tauchen.

Sobald das Wasser wieder kocht, auf die Uhr schauen: Blattgemüse brauchen 2–3 Minuten, ebenso Erbsen und Bohnen; Broccoli, kleine Blumenkohlröschen, kleine Möhren, Rosenkohl, Zucchinis; Maiskolben benötigen je nach Größe 7–10 Minuten. Anschließend sofort aus dem Wasser heben und die blanchierten Gemüse unter fließendem kaltem Wasser abschrecken, bis sie ganz erkaltet sind. Gut abtropfen lassen, dann verpacken und sofort einfrieren.

Zum Einfrieren frischer Kräuter vergleiche Seite 118.

Obst einfrieren

Gesunde, unbeschädigte Früchte können roh, gezuckert oder in Sirup eingefroren werden. Für den Sirup erhitzt man 350 g Zucker in ½ l Wasser, bis sich der Zucker aufgelöst hat; den Sirup dann abkühlen lassen.

Weniger perfekte und leicht beschädigte Früchte können wie üblich gegart (S. 84), gesüßt und dann eingefroren werden; reife weiche Früchte, wie Erdbeeren, Mangos und Pfirsiche, können Sie roh pürieren, süßen und dann einfrieren. Etwas Zitronensaft verhindert, daß die Früchte ihre Farbe verlieren.

Obst für die Marmeladenherstellung kann bis zum Einkochen in der Tiefkühltruhe aufbewahrt werden.

Der Einsatz des Mikrowellenherdes

Der Mikrowellenherd ist ein weiteres zeitsparendes Gerät, das für die schnelle Zubereitung eines Gerichts, zum Auftauen und zum raschen Aufwärmen zubereiteter Gerichte eingesetzt werden kann. Die Gerichte, die zum Einfrieren empfohlen wurden, können sehr gut im Mikrowellenherd aufgewärmt werden, sofern sie in Behältern eingefroren wurden, die mikrowellenfest sind.

Die Leistung von Mikrowellengeräten

Die Stromstärke von Mikrowellenöfen reicht von 500 bis 700 Watt. Bei einigen Typen gibt es verschiedene Stufeneinstellungen, und zwar von »Warm« bei 100 Watt über »Auftauen« bei 230 Watt bis zu »Volle Stärke« bei 600–700 Watt. Ich persönlich glaube, daß diese verschiedenen Einstellungen keinen besonderen Vorteil darstellen; die einzigen, die man wirklich braucht, sind »Auftauen« und »Volle Stärke«. Ich halte es jedoch für sehr vorteilhaft, einen Ofen zu besitzen, in dem Mikrowelle, konventioneller Backofen und Grill kombiniert sind. Ein solches Modell ist zwar teurer, doch es liefert ausgezeichnete Backergebnisse, weil man das schnelle Garen in der Mikrowelle mit dem Bräunen, das heißt den Vorteilen des üblichen Backofens, verbinden kann.

Geschirr für Mikrowellengeräte

Wählen Sie niedrige Schüsseln, am besten runde oder ovale, die aus Keramik oder hitzebeständigem Glas bestehen; spülmaschinenfestes Geschirr eignet sich meist auch für den Mikrowellenherd. Geschirr aus Metall oder mit Verzierungen aus Metall sollte nicht verwendet werden, auch ist nicht zu empfehlen, die Speisen mit Alufolie abzudecken.

Mit Mikrowelle garen

Verteilen Sie die Speisen so zum Rand der Schüssel hin, daß die dicksten Teile außen liegen; die Zutaten nicht aufhäufen. Manche Gerichte sind während der Garzeit umzurühren, was dazu beiträgt, daß sie gleichmäßig erhitzt werden. Viele Speisen müssen nach dem Garen eine Weile im Mikrowellengerät verbleiben (gewöhnlich etwa 5 Minuten), damit die Hitze sie ganz durchdringen kann. Je mehr Lebensmittel gegart werden, um so länger ist die Garzeit. Wenn man pikante Gerichte oder Gemüse zubereitet, gart das Essen schneller, wenn es abgedeckt ist, ein Teller eignet sich gut dazu, gleichzeitig wird er vorgewärmt, so daß man das Gericht auch darauf servieren kann.

Gemüse garen im Mikrowellenherd auch nicht schneller als beim konventionellen Kochen oder Dämpfen, doch sie behalten ihre frische Farbe; Qualität und Geschmack werden gut bewahrt, weil man nur sehr wenig Wasser verwendet. Sie lassen sich am besten garen, wenn man sie in ziemlich kleine Stücke schneidet, auf einen großen Teller legt und mit Wasser beträufelt, wobei man etwa 3 EL auf 500 g Gemüse berechnet.

Hülsenfrüchte können ebenfalls im Mikrowellenofen zubereitet werden. Wenn man dadurch auch nicht viel Zeit spart, so garen sie doch sehr gut. Falls notwendig, weicht man sie wie gewöhnlich ein (S. 40), gibt sie dann in eine flache Schüssel und gießt so viel kochendes Wasser hinzu, daß es etwa 1 cm über den Hülsenfrüchten steht. Rote Kidneybohnen sollte man einweichen und 10 Minuten bei starker Hitze kochen, bevor man sie in den Mikrowellenherd stellt. Halbierte rote Linsen und grüne oder braune Linsen müssen nicht eingeweicht werden; nur mit reichlich Wasser auffüllen, rote Linsen 10 Minuten und die anderen Sorten 20 Minuten kochen, danach jeweils 10 Minuten stehenlassen. Es empfiehlt sich, die Linsen zwei- oder dreimal während der Garzeit umzurühren. Eingeweichte Augenbohnen, Cannellinibohnen und kleine weiße oder schwarze Bohnen brauchen 20–30 Minuten und müssen dann 10 Minuten stehen; eingeweichte Kichererbsen benötigen 30–40 Minuten und müssen ebenfalls 10 Minuten stehen. Rote Kidneybohnen, schwarze Bohnen und Limabohnen werden alle vorher eingeweicht, die roten Kidneybohnen zunächst, wie beschrieben, 10 Minuten bei starker Hitze gekocht. Dann läßt man alle Sorten 45–50 Minuten garen und anschließend 15 Minuten stehen.

Nudeln und Reis können im Mikrowellenherd gegart werden, obwohl man auch hier nur wenig Zeit spart. Man gibt 250 g Spaghetti, Makkaroni oder ähnliche Nudelsorten in eine geeignete Schüssel und fügt gut ½ l kochendes Wasser sowie 1 EL Öl hinzu; unbedeckt in 12–17 Minuten, je nach Sorte, *al dente* kochen. Für 250 g Lasagne verwendet man 1 l kochendes Wasser und 1 EL Öl und kocht sie 10–12 Minuten; danach 2 Minuten stehenlassen.

Um Reis zu kochen, 250 g Reis in eine tiefe Schüssel geben, gut ½ l kochendes Wasser und 1 walnußgroßes Stück Butter oder ungehärtete Pflanzenmargarine hinzufügen; abdecken. Weißer Langkornreis benötigt eine Garzeit von 12–17 Minuten, Naturreis von 20–25 Minuten; danach jeweils 5 Minuten stehenlassen.

Präsentation und Weinauswahl

Essen zuzubereiten, das anderen schmeckt, und es dann mit ihnen zu genießen, darin liegt für mich der ganze Sinn des Kochens; in diesem Geiste wird auch eine einfache Mahlzeit zu einem Fest.

Eine perfekt geplante Einladung zum Essen kann ein Vergnügen sein, doch manchmal macht cin improvisiertes Essen, das man im Handumdrehen beim Schwatzen in der Küche gezaubert hat und mit einem einfachen Tafelwein serviert, noch mehr Spaß. Die Art der Gerichte und der Grad der Förmlichkeit, mit der sie serviert werden, hängt sehr vom persönlichen Geschmack, den Umständen, den Gästen, dem Anlaß und der verfügbaren Zeit ab.

In diesem Buch werden immer wieder Menü-Vorschläge für verschiedene Anlässe gemacht, und es gibt noch viel mehr Möglichkeiten der Kombination. Das Wichtigste dabei ist, daß Sie Lebensmittel wählen, die Sie mögen und die Sie gut zubereiten können; wenn Sie besondere Lieblingsgerichte haben, dann zögern Sie nicht, sie wiederholt zu kochen, Ihre Freunde freuen sich wahrscheinlich schon darauf, sie wieder zu genießen - zumindest geht es mir mit den Spezialitäten meiner Freunde so.

Wählen Sie Gerichte, mit denen Sie keine Probleme haben, dann können auch Sie die Party genießen. Eine kalte Vor- oder Nachspeise - oder beides -, die im voraus zubereitet werden kann, läßt mehr Zeit für das Hauptgericht und vermindert den Streß. Auch eine einfache Gemüsebeilage, etwa grüne Bohnen oder grüner Salat, erleichtert die Vorbereitung.

Die Bewirtung von Gästen ist sehr viel anregender geworden, seit so viele interessante Zutaten in den Läden erhältlich sind. Exotische Früchte und Gemüse sind auch ein gutes Konversationsthema. Probieren Sie ein neues Rezept oder eine neue Zutat erst aus, bevor Sie sie ihren Freunden vorsetzen, damit Sie wissen, ob das Gericht gelingt, und Sie sich sicher sein können, wirklich etwas Gutes zu servieren.

Ich glaube, jeder ist etwas nervös, wenn er andere zum Essen einlädt; wird das Essen gelingen, wird es ihnen schmecken - hat man etwas vergessen oder die Kochzeiten falsch kalkuliert? Es sind verschiedene Punkte zu beachten, wenn man sichergehen will, daß alles so perfekt wie möglich abläuft. Vergleichen Sie dazu die nebenstehende Liste. Und dann, wenn Sie alles so sorgfältig wie möglich vorbereitet haben, rate ich Ihnen, sich selbst zu entspannen.

Checkliste für die Planung eines ausgewogenen Essens

Wenn Sie ein Essen planen, so vergewissern Sie sich, ob Sie folgendes bedacht haben:

- ☐ *Kontrastierende Farben bei jedem Gang und innerhalb der ganzen Mahlzeit; vermeiden Sie es, mit einer Rote Bete-Suppe anzufangen und mit einem Kompott aus roten Früchten aufzuhören*
- ☐ *Vielfalt bei der Auswahl verschiedener Gerichte; vermeiden Sie, daß mehrere Gänge beispielsweise auf Obst, Teigwaren oder Nüssen basieren*
- ☐ *Kontrastierende Konsistenzen: zum Beispiel ein knuspriger, fester Nußbraten mit einem glatten Möhrenpüree; eine cremige Suppe, die von einem knusprigen Hauptgericht gefolgt wird*
- ☐ *Ausgewogenheit der Geschmacksnuancen; vermeiden Sie beispielsweise, zu Beginn eine mit Minze gewürzte Suppe zu reichen und mit Minzeis die Mahlzeit zu beschließen*
- ☐ *Speisen in verschiedenen Formen: Servieren Sie nicht eine kastenförmige Pastete und anschließend einen kastenförmigen Nußbraten, dem dann vielleicht auch noch eine Schokoladenroulade folgt; planen Sie Ihre Gerichte so, daß es runde und quadratische Formen gibt, ebenso Einzelportionen und große Schüsseln*

Die Präsentation des Essens

Garnieren Sie sparsam, mit frischen Zutaten und den Gerichten angemessen. Im allgemeinen verwende ich zum Garnieren eher Zutaten, die auch im Gericht vorkommen, als eine völlig neue Zutat, es sei denn, sie ist besonders dekorativ. Gutes Essen spricht für sich selbst und braucht nicht viel Garnierung. Statt ein Hauptgericht, wie Linsenküchlein oder eine Nußpastete, ziemlich sinnlos mit Tomaten- oder Zitronenscheiben zu garnieren, ist es bestimmt viel besser, einen frischen, leichten Salat, etwa einen Tomaten-Basilikum-Salat (S. 73), dazu zu servieren, welcher der Mahlzeit Farbe verleiht und außerdem gut schmeckt.

Gehackte frische Kräuter, die man auch im Gericht verwendet, können als Garnierung über die Speisen gestreut werden. Es ist sehr praktisch, wenn man einen Kräutergarten mit einer reichen Auswahl an Kräutern besitzt, doch heute verkaufen auch Supermärkte kleine Päckchen oder Sträußchen mit mehreren Kräutersorten.

Spankörbe und -tabletts und Holzschüsseln eignen sich gut für die Präsentation. Ein großes rundes Spantablett, das mit Blättern ausgelegt ist, ergibt eine ausgezeichnete Unterlage für Crudités oder Dips, auch für eine heiße Auflaufform, die man direkt aus dem Ofen auf das Tablett stellen kann. Kleine Körbe oder Holzschüsseln, die man vielleicht mit bunten Papierservietten auslegt, können warme Brötchen aufnehmen, eignen sich aber auch gut für Salate, die man mit den Fingern essen kann; besonders Kinder mögen das.

Oder benutzen Sie ausgehöhlte Früchte und Gemüse als Behälter für Speisen. Zitronen, rote, grüne und gelbe Paprika, Markkürbisse und Gurken können auf phantasievolle Weise verwendet werden und so der Mahlzeit mehr Farbe geben. Die Schalen von Früchten, wie Ananas, Orangen, Grapefruit und Melonen, eignen sich als Gefäße für Fruchtsalate, Eiscremes oder Sorbets und verleihen der Speise eine zusätzliche Geschmacksnuance.

Ordnen Sie die Speisen so an, daß immer eine Farbe dominiert, statt die Farben zu mischen. Die Pyramidenform eignet sich zum Beispiel gut, um gefüllte Weinblätter (S. 141), Profiteroles (S. 314) oder frisches Obst zu präsentieren.

Meist sind es die kleinen Extras, die den Effekt erzielen: zum Beispiel Crudités oder Früchte auf frischen (eßbaren) Blättern oder auf zerstoßenem Eis; Eis in einem Wasserkrug; ein Strauß Blumen auf dem Tisch sowie Kerzen, die ein romantisches Licht verbreiten und Mängel mildern (Mängel, derer Sie sich wahrscheinlich sehr bewußt sind, die Ihre Freunde hingegen wahrscheinlich nicht einmal bemerken). Ein Eiskübel sorgt dafür, daß der Wein während des Essens kalt bleibt. Wenn Ihre Tischdecken, Servietten, Kerzen und Blumen farblich harmonieren, so wird auch dies positiv zur allgemeinen Atmosphäre beitragen.

Die Auswahl des Weins

Wein erhöht das Vergnügen an jeder Mahlzeit und verleiht ihr einen festlichen Charakter. Ein Essen, bei dem Speisen und Weine perfekt aufeinander abgestimmt sind, gehört vielleicht mit zu den größten Genüssen des Lebens.

Erreichen kann man diese Abstimmung von Speisen und Wein nur durch Experimentieren: Probieren Sie ein Gericht mit mehreren Weinen, und finden Sie heraus, wie beides aufeinander wirkt. Trinken Sie den letzten Schluck des Weins vom Hauptgang zur Nachspeise, und Sie werden wissen, was ich meine: Die Süße des Desserts läßt den Wein sehr sauer schmecken. Dieser Wein würde jedoch wahrscheinlich ausgezeichnet mit einem milden Käse, wie jungem Cheddar oder Fontina, harmonieren (ein guter Grund, den Käse vor der Nachspeise zu servieren). Ein süßer Dessertwein dagegen würde sehr gut zur Nachspeise passen.

Wenn man mehr als einen Wein reicht, ist es üblich und vernünftig, mit dem jüngeren oder weniger guten Wein anzufangen; gehen Sie von einem jungen, leichten Wein zu einem stärkeren, charaktervolleren Wein über, und beenden Sie die Mahlzeit mit einem kräftigen Dessertwein. Als allgemeine Regel gilt, daß man den Weißwein vor dem Rotwein serviert; eine Ausnahme bilden die süßen weißen Dessertweine, die die Mahlzeit beschließen.

Bei der Auswahl der Weine zu einem Essen sollte man versuchen, eine Balance zwischen beidem herzustellen. Leichte Weine passen zu leichten Gerichten, scharfe, eventuell mit Zitrone gewürzte Speisen brauchen als Gegengewicht einen kräftigen, intensiven Wein, etwa einen Sauvignon.

Milde oder gar leicht süße Speisen, wie die meisten Gemüse, verlangen einen Wein mit vollerem Aroma, etwa einen Chardonnay oder Chenin blanc, während sich zu Gerichten mit vielen Geschmacksnuancen oder einem kräftigen, fast fleischigen Geschmack ein robuster, kräftiger Wein besser eignet, der ein Gegengewicht dazu bildet, jedoch wiederum auch nicht so gut ist, daß er von der Würze des Gerichts gemindert wird; junge fruchtige Rotweine sind hier ideal.

Zu manchen Gerichten schmeckt keine Weinsorte besonders gut. Eine scharfe Vinaigrette ist ein Beispiel dafür, vielleicht sollte man in diesem Fall etwas Wein der Salatsauce zusetzen.

Die reichliche Zugabe von Zitronensaft, kräftige oder scharfwürzige Kräuter und geschmacksprägende Gewürze (wie Fenchel oder Rosmarin sowie indische Gewürze), Artischocken, Brie und Camembert (die den Wein etwas seltsam schmecken lassen), Mayonnaise und Sahnesaucen (die den Gaumen überziehen) sind weitere Beispiele für Speisen, die einen guten Wein nicht voll zur Geltung kommen lassen.

Weine zu vegetarischen Gerichten

Bei einem besonderen Anlaß muß man schon für den Aperitif den richtigen Wein wählen. Idealerweise sollte dieser den Appetit anregen und die Gäste auf das Essen einstimmen. Am liebsten reiche ich als Aperitif (neben Champagner, dem Nonplusultra, der alle vor einem besonderen Essen in eine unvergleichliche, festliche Stimmung versetzt) leichte, trockene bis halbtrockene Weißweine, wie etwa einen Chenin blanc, einen trokkenen Vouvray oder Muscadet, einen Silvaner oder Riesling. Ein trockener Wermut, etwa ein Chambery, mit viel sprudelndem Perrier-Wasser serviert, gehört ebenfalls zu meinen bevorzugten Aperitifs. Weinkenner meinen, daß man zu Getränken vor dem Essen am besten einfache ungesüßte Plätzchen, etwa Cracker, serviert; ich mag dazu jedoch auch saftige salzige schwarze Oliven.

Zu vielen vegetarischen Gerichten auf Gemüsebasis bilden leichte, fruchtige und nicht zu trockene Weißweine die richtige Ergänzung, vor allem, wenn das Gericht auch Nüsse enthält, die oft einen leicht süßen Geschmack besitzen. Ein Wein aus der weißen Chenin-Traube, wie etwa ein trockener Vouvray, ein Anjou oder - einer der besten, bei dem Säure und Fruchtigkeit sehr ausgewogen sind - ein Savennières, ist ideal. Letzterer

eignet sich besonders gut, wenn das Gericht mehrere Gemüsearten enthält.

Auch Chardonnay-Weine mit ihrem zarten, apfelähnlichen Geschmack passen gut zu Nuß- und Gemüse-Hauptgerichten: zum Beispiel ein Mâcon, ein Pouilly-Vinzelles oder ein Pouilly-Fuissé, ein weißer Burgunder oder ein Chablis; vielleicht ebenfalls ein kräftiger kalifornischer Chardonnay.

Andererseits können auch leichte, junge, fruchtige Rotweine, eventuell ganz wenig gekühlt, sehr fein zu diesen Hauptgerichten schmecken, etwa der Saumur Champigny, ein Côtes du Rhône, Gamay de Touraine, Saint Aubin oder Beaujolais-Villages. Auch ein Brouilly mit seinem abgerundeten fruchtigen Aroma wäre möglich.

Als Ergänzung zu Speisen mit starkem Kräutergeschmack oder zu einer Nußpastete wäre ein Châteauneuf-du-Pape die richtige Wahl oder ein Wein aus Syrah-Trauben von der nördlichen Rhône, wie etwa ein Cornas, Saint Joseph, Côte Rôtie oder Crozes-Hermitage; oder ein Rotwein von der Loire, wie ein Chinon-Bourgueil oder Saint-Nicolas-de-Bourgueil, mit ihrer himbeerartigen Blume, oder ein Fleurie. Kalifornische Rotweine sind im allgemeinen kräftig und von guter Qualität.

Zu italienischen Nudelgerichten, wie Spinat-Lasagne (S. 256) und grünen Tagliatelle mit Linsensauce (S. 252) oder Fusille colbuco mit Auberginen-Wein-Sauce (S. 255), ist ein italienischer Rotwein zu empfehlen: ein Chianti classico, Barolo oder Barbaresco; oder ein Côte Rôtie oder ein Cabernet Sauvignon aus Frankreich.

Wenn es darum geht, Weine für die Nachspeise auszuwählen, gelten die gleichen Prinzipien. Fruchtsalate und Kompotte mit intensivem Geschmack passen nicht sonderlich gut zu Wein. Wenn sie jedoch mit einem Fruchtlikör aromatisiert sind, kann man gutgekühlten Cointreau oder einen anderen Likör dazu reichen. Auch zu Speiseeis ist Wein gewöhnlich kein guter Begleiter, weil es den Gaumen unempfindlich macht, obwohl mir auch schon einmal ein guter süßer deutscher Dessertwein zu selbstgemachtem Himbeereis vorzüglich gemundet hat. Der Wein muß süßer sein als die Nachspeise, damit er nicht sauer schmeckt.

Zu heißen Obstsoufflés, wie beispielsweise dem heißen Soufflé mit schwarzen Kirschen (S. 290), bildet ein süßer Wein eine gute Ergänzung - leisten Sie sich eine möglichst gute Qualität, etwa eine deutsche Beerenauslese oder Auslese, einen Sauternes, Barsac oder Montbazillac. Diese süßen Weine passen auch zu Paschka (S. 288), der Aprikosen-Orangen-Creme (S. 282) und dem Kompott aus Trockenobst (S. 103), im letzten Fall vor allem dann, wenn man die Früchte in etwas süßem Wein ziehen läßt - ein Sauternes wäre dazu ideal. Ein gekühlter süßer Wein, ein Obstgeist oder -likör kann ein Sorbet gut ergänzen, etwa eisgekühlter Williamsbirnengeist zu Birnensorbet (S. 282) oder zu Champagnersorbet (S. 283) - Champagner!

Zutaten

Die feine Küche beginnt mit den guten und feinen Zutaten, und das Ziel dieses Kapitels ist es, ein Führer zu sein, mit dessen Hilfe man unter den bekannten Lebensmitteln die besten aussuchen wie auch einige der unbekannteren und exotischen Zutaten identifizieren und verwenden kann. So findet man hier Obstsorten vom Apfel bis zum Rambutan; Gemüse von Kartoffeln bis zum Krummhalskürbis; und Hülsenfrüchte von den kleinen weißen Bohnen bis zu schwarzen Kichererbsen und Urdbohnen; sowie eine internationale Auswahl an Nüssen und Getreiden. Die Abschnitte über Pilze und Trüffeln, Meeresgemüse und Käsesorten stellen weitere Köstlichkeiten vor, ebenso den wundervollen Reichtum an Nudeln, von den winzigen Steline und Convighi piccoli bis zu den größeren Tortellini, Cappelletti und Ravioli … die alle ein Fest vegetarischer Genüsse versprechen.

◁ ***Frische Eßkastanie (Marone)***

Getrocknete Eßkastanie (Marone) ▷

Glasierte Marone ▽

Chinesische Wasserkastanie ▽
Sie ist eigentlich keine Nuß, sondern eine Knolle mit knuspriger Konsistenz

Eßkastanie △
Die süße Eßkastanie wird seit Jahrtausenden in Südeuropa kultiviert, wo sie viel in süßen wie auch in pikanten Gerichten Verwendung findet

Nüsse und Samen

Nüsse und Samen gehören zu den ersten Lebensmitteln, die der Mensch verzehrte, und sie sind überall auf der Welt Bestandteil von traditionsreichen Rezepten. Viele Nuß- und Samensorten, zum Beispiel Walnüsse, Haselnüsse und Sesamsamen, sind gute Öllieferanten. Sie können auch zu Pasten verarbeitet, etwa zu Erdnußbutter, oder zu einem Mehl vermahlen werden. Die meisten Nüsse und Samen sind ausgezeichnete Nährstofflieferanten, besonders für Eiweiß, Eisen, Calcium und die B-Vitamine. Die Nährstoffe variieren von Sorte zu Sorte, und wenn man alle als Zutaten verwendet, kann man sicher sein, sich ausgewogen zu ernähren.

Paranuß ▽
Paranüsse sind die Samen eines gewaltigen Baumes, der wild im tropischen Dschungel Südamerikas wächst; sie besitzen eine weiche Konsistenz

△
Haselnuß
Eine der kultivierten Haselnußsorten mit länglichen Früchten, auch Lambertsnüsse genannt

Macadamia- oder Australnuß ▽
Eine köstliche Nuß mit zarter Konsistenz, die aus Australien stammt, jetzt aber auch im Süden der Vereinigten Staaten, in Südafrika, der Karibik, im Mittelmeerraum und in Hawaii kultiviert wird

Cashewnuß ▽
Die Cashewnuß stammt aus Brasilien und wächst in einem Kern, der von einem giftigen Öl umgeben ist, am unteren Ende einer apfelartigen Frucht

Pistazie ▽
Frucht eines kleinen Baumes, der in Asien beheimatet ist und in Süditalien, dem Vorderen Orient und in Kalifornien, Texas und Arizona wächst

Pinienkern ▽
Pinienkerne sind die Samen verschiedener Pinienarten; schon die alten Römer und die nordamerikanischen Indianer kannten sie

Haselnuß △
Die Haselnuß wächst in Europa, Asien und Amerika; sie wurde sicher schon während der Bronzezeit von unseren Vorfahren verzehrt

Pekannuß ▽
Sie ist der Walnuß verwandt und stammt aus Nordamerika, wo sie meist für Kuchen und Torten verwendet wird

Mandel △
Mandeln stammen ursprünglich aus dem Mittelmeergebiet. Von allen Nußsorten spielen sie weltweit in der Gastronomie die größte Rolle; besonders in der Konfektherstellung und beim Backen werden sie viel verwendet

◁ ***Walnuß***
Die Walnuß ist in Südosteuropa beheimatet; das Haupterzeugerland ist Frankreich, doch man findet sie auch in West- und Innerasien, China, Australien, Neuseeland, Südafrika und Südamerika

Sesamsamen ▽
Getrocknete Samen einer Ölpflanze, die wahrscheinlich aus Afrika stammt, doch seit alten Zeiten schon in Indien und China kultiviert wird

Erdnußbutter ohne Zusatzstoffe ▽
In glatter oder leicht körniger Form erhältlich

Kürbiskern ▽
Samen einer großen amerikanischen Kürbisart, der besonders reich an Mineralstoffen ist

Tahina △
Paste aus Sesamsamen mit kräftigem Nußgeschmack

Alfalfasamen ▽
Samen kleiner, zarter Gemüsesprossen; im Mittelmeerraum beheimatet

Sonnenblumenkern ▽
Samen der Sonnenblume, die in Peru beheimatet ist, aber in vielen Teilen der Welt wächst

Mohnsamen △
Kann farblich von Graublau bis Cremefarben variieren

▽ ***Kokosstreifen***

Erdnuß △
Die Erdnuß stammt aus Südamerika und ist, botanisch betrachtet, eine Hülsenfrucht, wobei die äußere Schale die Schote darstellt

Feste Kokoscreme ▽

Kokosraspel △

Kokosnuß ▽
Frucht der Kokospalme, die überall in Südostasien wächst und Bestandteil vieler tropischer Gerichte ist

Tiger- **oder** ***Chufanuß*** △
Chufanüsse stammen aus dem Mittelmeerraum (Portugal) und sind eigentlich die getrockneten Knollen eines Schilfgrases

Mischung aus gehackten Nüssen △

Nüsse und Samen

Auswahl und Aufbewahrung

Nüsse schmecken am köstlichsten, wenn man sie direkt aus der Schale verzehrt. Wegen ihres hohen Ölgehalts werden sie nach dem Schälen schnell ranzig, weshalb man sie nur in kleinen Mengen und in Läden mit raschem Umschlag kaufen und, falls möglich, in Kühlschrank oder Tiefkühltruhe aufbewahren sollte; sie können auch in luftdicht verschließbaren Gläsern oder Dosen aufgehoben, müssen aber schnell verbraucht werden.

Vor- und Zubereitung

Geschälte Nüsse können ganz, gehackt, in Blättchen und gemahlen verwendet werden. Der Geschmack einiger Arten, zum Beispiel von Haselund Erdnüssen, kann durch Rösten verbessert werden; durch den Röstvorgang wird auch die äußere Haut entfernt. Zum Rösten gibt man die Nüsse in einer Schicht auf ein Backblech und backt sie etwa 20 Minuten bei 180 °C (Gas Stufe 2-3), bis sich die Häute leicht abreiben lassen und die Nüsse darunter goldbraun sind. Abkühlen lassen, dann die Häute mit einem sauberen Tuch abreiben, indem man sie zwischen den Handflächen rollt (oder nicht entfernen).

Nüsse hackt man am besten, indem man sie auf ein festes Brett gibt und sie mit einem scharfen Messer zerkleinert, wobei man das Messer in einem Halbkreis bewegt. Um Nußblättchen, etwa aus Mandeln oder Paranüssen, herzustellen, die Nuß fest auf das Brett halten und mit dem Messer in dünne Scheiben schneiden. Nüsse können in der Küchenmaschine, im Mixer, in einer elektrischen Kaffeemühle oder in einer Handmühle fein (entsprechend der Konsistenz gemahlener Mandeln), mittelgrob (wie mittelgrob gemahlener Kaffee) oder grob (entsprechend der Konsistenz von feinen Haferflocken) gemahlen werden.

Man kann Nüsse für süße und pikante Gerichte sowie als Knabberei verwenden. Sie können zu Nußmilch, zarten Cremes, Pasten, Dips und Suppen verarbeitet, als Dickungsmittel für Saucen und Aufläufe, als Zutat zu Risottos, Pilaws, gefülltem Gemüse und zu Salaten verwendet werden, gleichfalls zum Bestreuen von Puddings, Gratins, Kuchen und Broten.

CASHEWNUSS *Anacardium occidentale*
Cashewnüsse sollten weiß und rundlich sein und einen leicht süßen, milden Geschmack besitzen. Man kann sie ganz (roh wie geröstet), halbiert oder in Stücken kaufen, die am billigsten sind. In der vegetarischen Küche lassen sie sich für süße ebenso wie für pikante Gerichte verwenden.

CHINESISCHE WASSERKASTANIE *Eleocharis tuberosa*
Dies ist die Knolle eines Riedgrases, das in China, Japan und Indien kultiviert wird. Sie wird in Scheiben geschnitten und als Gemüse verwendet; außerhalb von Asien wird sie meist in Dosen verkauft.

ERDNUSS *Arachis hypogaea*
Erdnüsse gehören in der vegetarischen Ernährung zu den besten Eiweiß-, Eisen- und Niacinlieferanten. Sie sind mit Schale, geschält und roh, geröstet und mit oder ohne Haut erhältlich. Man kann sie auch selbst rösten und enthäuten (wie für Mandeln beschrieben). Gesalzene und geröstete sowie trockengeröstete Erdnüsse sind ebenfalls im Handel, natürlich auch Erdnußbutter, die eine glatte oder körnige Konsistenz haben kann.

Aus Erdnüssen läßt sich eine ausgezeichnete dicke Sauce herstellen, die man zu Salaten und leicht gegarten Gemüsen serviert: geröstete Erdnüsse im Mixer oder in der Küchenmaschine pürieren, und zwar mit Chilischote, Knoblauch, frischem Koriander nach Geschmack und so viel Milch, Kokosmilch oder Brühe, daß man eine dicke Sauce erhält.

ESSKASTANIE (MARONE) *Castanea sativa*
Die Eßkastanie enthält mehr Stärke und weniger Öl und Eiweiß als die anderen Nüsse, obwohl sie reich an B-Vitaminen ist. Wählen Sie feste Kastanien mit schöner, glänzender Haut. Aus Maronen kann man Suppen herstellen, sie lassen sich Gemüsegerichten, zum Beispiel Rotkohl (S. 180), Pasteten oder dem traditionellen vegetarischen Weihnachtsbraten (S. 233) zufügen; man kann sie zum Füllen von Kohlblättern verwenden oder sie mit Rosenkohl servieren. Püriert und gesüßt, ergeben Eßkastanien die Grundlage köstlicher Nachspeisen.

Mit getrockneten Kastanien kann man Zeit sparen, doch ihre Konsistenz ist weniger mehlig als die frischer Kastanien. Getrocknete Kastanien sollten wie Hülsenfrüchte (S. 40) eingeweicht und gekocht werden, sie lassen sich dann genauso wie frische Maronen in den Rezepten verwenden, wobei 1 Teil getrocknete Kastanien 3 Teilen frischen Kastanien entspricht. Ganze Maronen und Maronenpüree in Dosen (natur oder gesüßt) eignen sich gut für die Vorratshaltung, während die mit Zucker oder Sirup haltbar gemachten GLASIERTEN MARONEN eine schöne süße Leckerei oder eine attraktive Garnierung ergeben.

HASELNUSS *Corylus avellana, C. maxima, C. colura*
Die kultivierten Haselnußsorten sind Veredelungen der Haselnußarten, die in Nordeuropa, Südeuropa und im Vorderen Orient wild wachsen. Kommerziell spielen besonders die großfrüchtigen, sogenannten LAMBERTSNÜSSE eine Rolle, die aus Italien, Spanien und der Türkei eingeführt werden. In Spanien sind Haselnüsse auch unter dem Namen Barcelona-Nüsse bekannt. Es ist schwierig, die verschiedenen Arten nach der Ernte noch auseinanderzuhalten. Man kann sie mit Schale kaufen, ohne Schale, doch ansonsten unbehandelt, ganz und enthäutet sowie gemahlen.

Haselnüsse werden hauptsächlich zum Backen und zur Konfektherstellung verwendet und eignen sich auch gut für die vegetarische Küche, da sie den niedrigsten Fettgehalt haben, reichlich Vitamin E liefern und eine schmackhafte Zutat für Füllungen, Küchlein und Pasteten darstellen.

KOKOSNUSS *Cocos nucifera*
Kokosnüsse kann man ganz kaufen, und Sie sollten das Schwappen der Kokosmilch hören, wenn Sie sie schütteln. Achten Sie darauf, daß die »Augen« trocken aussehen und nicht schimmelig oder ranzig riechen. Um die Kokosnuß zu öffnen, zwei der Augen mit einem Spieß durchstechen und die Flüssigkeit in einen Krug ablaufen lassen. Dann die Kokosnuß waagerecht in beiden Händen halten und fest auf eine Stein- oder Betonfläche schlagen, um sie auseinanderzubrechen. Das Fleisch mit einem scharfen Messer aus der Schale schneiden, raspeln oder hacken, je nachdem, wofür man es benötigt. Kokosmilch ist ein erfrischendes, nahr-

haftes Getränk; sie eignet sich gut zum Aromatisieren von Gemüse.

Das Fruchtfleisch der Kokosnuß kann frisch geknabbert oder in Salaten, Obst- und Gemüsemischungen verwendet werden. Es ist auch getrocknet (ohne Abb.), als feste Kokoscreme, geraspelt oder in Streifen erhältlich. Kokosnußprodukte lassen sich im Kühlschrank, in der Tiefkühltruhe oder in einem luftdicht verschließbaren Glas aufbewahren, müssen aber schnell verbraucht werden.

MACADAMIA- oder AUSTRALNUSS *Macadamia ternifolia*
Sie wird gewöhnlich geröstet und leicht gesalzen verkauft, besitzt einen köstlichen, feinen Geschmack und ist sehr teuer. Am besten reicht man sie »pur« als Knabberei zu Getränken oder verwendet sie in einem Salat, wo man ihren Geschmack und ihre zarte Konsistenz wahrnehmen kann.

MANDEL *Prunus dulcis*
Mandeln sind besonders reich an Eiweiß, Eisen, Calcium und Vitamin B_2. Es gibt zwei Arten, die süßen und die bitteren. Bittermandeln sind klein und enthalten Blausäure. Sie werden nie roh gegessen, sondern zu Essenzen und Likören verarbeitet.

Süße Mandeln sind mit Schale, als ganze, blanchierte Mandeln (geschält und abgezogen) sowie als Blättchen, Splitter (ohne Abb.) und gemahlen erhältlich. Am besten ist es, unblanchierte Mandeln zu kaufen und sie selbst zu blanchieren: die Mandeln in einen kleinen Topf geben, mit kaltem Wasser bedecken und 2 Minuten kochen. Abtropfen lassen und zwischen den Fingern drücken, so daß sie aus der Schale springen.

Mandeln werden wahrscheinlich am häufigsten für die Konfektherstellung und beim Backen verwendet. Doch man kann sie ebenso blanchieren, dann rösten, salzen und als Knabberei anbieten; auch in pikanten Hauptgerichten schmecken sie ganz köstlich (S. 238). Schließlich und endlich kann man eine besonders gute Milch aus ihnen herstellen (S. 238).

PARANUSS *Bertholletia excelsa*
Paranüsse sind reich an Fett, Protein, dem B-Vitamin Thiamin (B_1) und Magnesium. Sie besitzen eine weiche Konsistenz und einen feinen Geschmack, so daß sie sich ausgezeichnet zum Rohessen in Müslis und Salaten oder als Füllung für Datteln eignen. Obwohl sie in der traditionellen Küche nicht viel verwendet werden, kann man schmackhafte Pasteten und Küchlein aus ihnen herstellen.

PEKANNUSS *Carya illionoensis*
Pekannüsse können mit oder ohne Schale gekauft werden. Man verwendet sie gewöhnlich für die Konfektherstellung und für Süßspeisen. In der vegetarischen Küche stellen sie eine wertvolle Geschmackszutat dar, die in Salaten und heißen pikanten Nußgerichten sehr gut schmeckt.

PINIENKERNE *Pinus pinea*
(ohne Abb.)
Pinienkerne sind die eiweißreichsten Nüsse, werden immer geschält verkauft, sind cremefarben und besitzen einen feinen »Piniengeschmack«. Sie können im Naturzustand weiterverwendet oder bei mittlerer Hitze im Backofen oder unter dem Grill geröstet werden. In den pinienbestandenen Landes in Frankreich verfeinern sie Omeletts, aber noch verbreiteter sind sie in der spanischen und der italienischen Küche sowie im Nahen Osten. Pinienkerne ergeben auch eine ausgezeichnete Garnierung für viele Obst- und Gemüsegerichte und lassen sich zu feinen Nußgerichten verarbeiten.

PISTAZIE *Pistacia vera*
Pistazien kann man mit oder ohne Schale kaufen. Man verzehrt sie als Knabberei oder als bunte Garnierung auf süßen und pikanten Gerichten. Sie sind reich an Eisen.

TIGER- oder CHUFANUSS
Cyperus esculentus sativus
Dieser getrocknete Wurzelstock besitzt einen süßen, mandelartigen Geschmack. Man kann die Nuß roh knabbern oder eine cremige Milch daraus herstellen (S. 238).

WALNUSS *Juglans regia*
Walnüsse sind mit und ohne Schale, halbiert und in Stücken erhältlich. Kaufen Sie frische Walnüsse, da die älteren manchmal bitter sind. Ihr kräftiger Geschmack eignet sich gut für pikante Nußgerichte, vor allem, wenn man sie mit einer milderen Nußsorte, etwa Cashewnüssen, kombiniert. Walnüsse schmecken gut in Salaten, zu Nudeln und in süßem Gebäck.

ALFALFASAMEN *Medicago sativa*
Bestreuen Sie Brot vor dem Backen mit Alfalfasamen. Sie können die Sprossen auch selbst ziehen (S. 207) und sie als Zutat zu Salaten verwenden. Alfalfasprossen sind reich an Nährstoffen, unter anderem an Eiweiß, Vitamin C und B-Vitaminen.

KÜRBISKERN *Cucurbita pepo*
Kürbiskerne sind reich an Nährstoffen, besonders an Eiweiß, Eisen und Zink und können gesalzen oder ungesalzen gekauft werden. Man verwendet sie ganz in pikanten Reis- und Gemüsegerichten sowie Müslis. Ihre Sprossen fügt man Salaten und Pfannengerichten zu; aus gemahlenen Kürbiskernen lassen sich Küchlein und pikante Braten zubereiten.

MOHNSAMEN *Papaver somniferum*
Mohnsamen kann auf Brote, Salate oder Nudeln gestreut oder Kuchen und pikanten Gerichten zugefügt werden, was den Speisen einen angenehm nussigen Geschmack verleiht. In Indien wird er gemahlen und zum Andicken von Currys verwendet.

SESAMSAMEN *Sesamum indicum*
Sesamkörner sind reich an Vitamin B_3, Eisen und Zink; normalerweise sind sie weiß, doch sie können, je nach Sorte, auch braun, rot oder schwarz sein. Leicht geröstet, schmecken sie besonders köstlich. Man kann sie süßen und pikanten Krümelkrusten hinzufügen, auf Brot streuen oder mit Salz vermahlen (S. 237). Sesamsamen läßt sich auch in Form der pastenartigen beigefarbenen oder braunen Creme verwenden, die TAHINA genannt wird. Tahina wird in der Küche des Vorderen Orients sehr viel verwendet, zum Beispiel in Dips wie Hummus (S. 144), die die vegetarische Küche ungemein bereichern. Sesamsamen wird ebenfalls – mit Zucker und Honig – zu dem orientalischen Konfekt Halwa verarbeitet.

SONNENBLUMENKERN
Helianthus annuus
Sonnenblumenkerne kann man ganz, gesalzen oder ungesalzen kaufen und zu Füllungen, Salaten und Aufläufen verwenden oder wie Nüsse mahlen. Ihr Geschmack wird durch leichtes Rösten verbessert. Man kann sie auch keimen lassen (S. 207). Sie sind eine natürliche Quelle vieler Nährstoffe, vor allem Vitamin B_1, B_6 und Kalium.

Grüne halbierte Schälerbse ▽

◁ *Gelbe halbierte Schälerbse*
Halbierte Erbsen, das heißt getrocknete Erbsen, die geschält wurden, können grün oder gelb sein und kochen relativ rasch; sie müssen nicht vorher eingeweicht werden

Pigeonerbse △
Pigeonerbsen kommen ursprünglich aus Afrika, werden aber in vielen wa Ländern angebaut und sind eine wic Hülsenfrucht der karibischen Küche

Hülsenfrüchte

Hülsenfrüchte sind die Samen schotentragender Pflanzen aus der Familie der Leguminosen, und sie stellen überall auf der Welt seit Jahrtausenden ein Grundnahrungsmittel dar. Eine Zeitlang galten sie als schwerverdaulich und zeitaufwendig in der Zubereitung. Heute weiß man wieder ihren kräftigen Geschmack und ihren gesundheitlichen Wert zu schätzen. Sie sind reich an Protein, Eisen, Calcium und B-Vitaminen. Sie enthalten viele Ballaststoffe, aber praktisch kein Fett, was sie zum idealen Nahrungsmittel der Ernährungsexperten macht. Hülsenfrüchte sind billige Lebensmittel und können, wenn man sie gut zubereitet, überaus köstlich schmecken.

Kichererbse und Kichererbsenmehl ▽

Getrocknete Erbse △
Diese Erbsen werden für Erbsensup verwendet; nach dem Kochen sind s weich und haben einen leicht süßlic Geschmack

Schwarze Kichererbse ▽

Lima-, Mond- oder *Riesenbohne* △
In Südamerika beheimatet, wird sie vor al auf Madagaskar und in den USA angebau

Azukibohne ▽
Samen einer buschigen einjährigen Pflanze, die in China beheimatet ist. Azukibohnen sind eine beliebte Zutat in der chinesischen und japanischen Küche

Rote Linse ▽
Rote Linsen sind eigentlich braune Linsen, deren äußere Schale entfernt wurde

Puylinse △
In Frankreich beliebte Linsensorte; manche halten sie für die schmackhafteste

Halbierte Urdbohne ▷
Urdbohnen sind wahrscheinlich in Indien beheimatet; sie sind ganz und halbiert erhältlich

Braune Linse ▽
Schmackhafte Linsensorte, die ganz gekocht wird; allerdings muß man sie sorgfältig waschen und verlesen

Grüne Linse △
Grüne Linsen haben einen pikanten Geschmack und teilen sich nicht während des Kochens

△ *Enthülste halbierte Mungobohne*

Urdbohne △

Augenbohne ▽
Augenbohnen stammen aus Afrika und sind in Südamerika und Indien sehr stark verbreitet. Es gibt etwa 50 Arten, manche mit dem schwarzen »Auge«, andere ohne

Schwarze Bohne △
Schwarze Bohnen sind eines der Grundnahrungsmittel in Mittel- und Südamerika; beim Kochen werden sie breiig

Dicke* oder *Saubohne △
Sie ist die Urbohne, die seit der Steinzeit kultiviert wird; sie kann blaß- bis mittelbraun sein. Vor allem im Nahen Osten und in Italien ist sie beliebt, wo sie auch als »il carne del povero« – »das Fleisch des armen Mannes« – bekannt ist

Lima-* oder *Butterbohne ▷
Die getrockneten Limabohnen sind immer flach und nierenförmig; sie können auch, wie hier, ziemlich klein sein

Pinto-* oder *Wachtelbohne △
Pintobohnen, die aus Indien stammen, werden auch Gunga-Erbsen und Toor Dal genannt

Kleine schwarze Bohne ▽

Saatplatterbse △
Saatplatterbsen stammen aus dem Nahen Osten, wo sie sehr viel gegessen werden

Borlottibohne △
Borlottibohnen, auch als »rose coco«-Bohnen bekannt, sind die wahrscheinlich beliebtesten getrockneten Bohnen der italienischen Küche

Flageoletbohne △
Die Flageoletbohne ist eine unreife kleine weiße Bohne; sie besitzt einen feinen Geschmack

Kleine weiße Bohne ▷
Die kleinen weißen Bohnen sind sehr wahrscheinlich in Guatemala und Südmexiko beheimatet; in England kennt man sie vor allem als »gebackene Bohnen«

Mungobohne △
Mungobohnen werden vor allem in China und Indien angebaut, wo sie auch als Mung Dal bekannt sind. Sie sind die Bohnen, aus denen Bohnensprossen gezogen werden

Sojabohne* und *Sojamehl △
Die Sojabohne stammt aus Ostasien und wird n China seit Jahrtausenden kultiviert. Wegen hres hohen Proteingehalts ist sie dort auch ls »Fleisch ohne Knochen« bekannt. Sie wird zu ielen Produkten weiterverarbeitet, unter anderem u Sojamehl, Saucen und Würzpasten

Cannellinibohne △
Die großen cremefarbenen Bohnen sind vor allem in der italienischen Küche sehr geschätzt

Rote Kidneybohne △
Rote Kidneybohnen gehören zu den verbreitetsten Bohnensorten; sie werden vor allem in der südamerikanischen und karibischen Küche viel verwendet

Hülsenfrüchte

Auswahl und Aufbewahrung

Hülsenfrüchte halten sich viele Jahre, sie werden jedoch mit der Zeit trokkener und härter. Kaufen Sie daher kleine Mengen schöner, glänzender Hülsenfrüchte, die weder staubig noch feucht sind, noch Schimmelbefall zeigen. Bewahren Sie sie in einem luftdicht verschließbaren Behälter auf.

Vor- und Zubereitung

Die Zubereitung von Hülsenfrüchten ist einfach: waschen, einweichen (bei manchen Arten ist dies nicht notwendig) und in reichlich Wasser kochen. Wenn Sie Hülsenfrüchte schwerverdaulich finden - das ist für manche Leute ihr einziger Nachteil -, so kann sorgfältige Zubereitung und gründliches Kochen, wie auch das Kochen der Hülsenfrüchte im offenen Topf, sie besser verdaulich machen.

1 *Waschen* Die Hülsenfrüchte in einer Schüssel mit kaltem Wasser hin und her bewegen, dann in einem Durchschlagsieb abtropfen lassen. Bei der Verwendung brauner Linsen kleine Schmutzklümpchen und Steinchen herauslesen und entfernen.

2 *Einweichen* Die Hülsenfrüchte in eine tiefe Schüssel geben und mit Wasser auffüllen, so daß sie bedeckt sind. Etwa 6–8 Stunden oder über Nacht einweichen, dann abtropfen lassen und nochmals abspülen.

Oder die gewaschenen Hülsenfrüchte in einen großen Topf geben, wie vorher mit Wasser bedecken und 2 Minuten kochen. Dann von der Kochstelle nehmen, abdecken und 1 Stunde stehenlassen. (Das hat diesselbe Wirkung wie das längere Einweichen in kaltem Wasser.) Abgießen, abspülen und kochen, wie im folgenden beschrieben.

3 *Kochen* Die Hülsenfrüchte in einen großen Topf umfüllen, sie wieer mit kaltem Wasser auffüllen, so daß sie bedeckt sind, und zum Kochen bringen. Rote Kidneybohnen müssen zunächst 10 Minuten bei starker Hitze gekocht werden, damit alle Enzyme abgetötet werden, die unter Umständen Magenbeschwerden verursachen könnten. Bei anderen Bohnensorten ist dies nicht notwendig. Dann die Temperatur reduzieren und die Hülsenfrüchte unbedeckt köcheln lassen, bis sie weich sind (s. Übersicht).

Einweich- und Kochzeiten für Hülsenfrüchte

Hülsenfrüchte können nach Belieben bißfest oder weichgekocht werden

Alle Linsensorten, Mungo- und Augenbohnen; halbierte Schälerbsen	ohne Einweichen in 25 - 40 Minuten weich kochen
Flageoletbohnen	wie beschrieben einweichen und 30 - 60 Minuten kochen
Andere Erbsensorten sowie Kichererbsen	wie beschrieben einweichen und 1 - 1½ Stunden kochen
Sojabohnen	wie beschrieben einweichen und 1½-2 Stunden kochen

Manchmal werden Hülsenfrüchte einem Auflauf zugefügt, zu einem Eintopf oder einer Suppe verarbeitet; dies geschieht nach dem Einweichen und vor dem Kochen; danach köcheln lassen, bis sie weich sind. Hülsenfrüchte würzt man besser erst nach dem Kochen, damit das Salz nicht eventuell die Außenseite zäh macht, was verhindert, daß sie innen richtig garen.

Falls man unter Zeitdruck steht, sind Hülsenfrüchte aus der Dose, die in großer Auswahl erhältlich sind, ein guter Kauf.

AUGENBOHNE *Vigna unguiculata*
Diese hübschen kleinen Bohnen, die viele Kinder besonders mögen, besitzen einen leicht nussigen Geschmack und haben den Vorteil, daß sie ohne Einweichen in etwa 40 Minuten weich kochen. Man kann sie für Eintöpfe, Salate und Aufläufe verwenden.

AZUKIBOHNE *Phaseolus angularis*
Azukibohnen garen relativ schnell und besitzen einen leicht süßlichen Geschmack. Man kann sie statt Linsen in jedem beliebigen Suppen-, Salat-, Auflauf- oder Küchleinrezept verwenden. Es lassen sich auch Bohnensprossen daraus ziehen (S. 207).

BORLOTTIBOHNE *Phaseolus vulgaris*
Borlottibohnen können genauso verwendet werden wie alle anderen Sorten der Kidneybohnen-Familie; sie sind auch eine schmackhafte Zutat zu einem gemischten Bohnensalat.

CANNELLINIBOHNE *Phaseolus vulgaris*
Cannellinibohnen passen gut zu Nudeln und ergeben, mit einer frischen Kräutervinaigrette, einen würzigen Salat. Falls Sie Geflügel- oder Fischrezepte vegetarisch abwandeln wollen, so läßt sich das Fleisch durch Cannellinibohnen ersetzen wie auch durch alle anderen weißen Bohnen.

DICKE oder SAUBOHNE *Vicia faba*
Dicke Bohnen sind meist als Konserve oder tiefgefroren im Handel. Getrocknete dicke Bohnen besitzen einen ziemlich starken, erdigen Geschmack. Sie werden vor allem im Vorderen Orient viel verwendet. Ich finde ihre feste Schale nachteilig, doch wenn man die Bohnen in der Küchenmaschine gründlich zerkleinert und mit Olivenöl, Knoblauch, Zitrone und Petersilie vermischt, ergeben sie einen schmackhaften Dip.

ERBSE, GETROCKNETE *Pisum sativum*
Getrocknete Erbsen werden vor allem zu Suppen, Eintöpfen und Erbsenpüree verwendet.

FLAGEOLETBOHNE *Phaseolus vulgaris*
In Frankreich ist diese Bohnensorte sehr beliebt. Durch ihre frische Farbe und ihren feinen Geschmack eignen sich Flageoletbohnen besonders gut als Gemüsebeilage (einfach kochen und mit Butter und frisch gemahlenem Pfeffer servieren) oder als Salat.

KICHERERBSE *Cicer arietinum*
Kichererbsen gibt es als ganze Frucht, darunter auch eine schwarze Sorte, halbiert, als Mehl und in Dosen zu kaufen. Sie zeichnen sich durch besonderen Wohlgeschmack aus. Ihre Kochzeit variiert je nach Sorte von 30 Minuten bis zu 3 Stunden. Kichererbsen schmecken köstlich, wenn man sie nach dem Kochen in Knoblauch-

butter schmort oder mit Mayonnaise und leicht gegartem Gemüse vermischt. Kichererbsen sind Bestandteil vieler traditioneller Gerichte, darunter Felafel (S. 208) und Hummus (S. 144) aus dem Vorderen Orient sowie Couscous aus Nordafrika (S. 247).

LIMA-, MOND-, RIESEN- oder BUTTERBOHNE
Phaseolus lunatus oder *P. limensis*
In frischem Zustand meist als Limabohne, getrocknet manchmal als Butterbohne bekannt. In Europa ist die getrocknete Form verbreiteter. Diese schmackhafte Bohnensorte besitzt eine mehlige Konsistenz und kann Geschmacksnuancen gut aufnehmen.

Eine schnelle Art, Limabohnen zu servieren, wäre ein Gericht mit Sahne und Champignons: 250 g in Scheiben geschnittene Champignons in 25 g Butter oder ungehärteter Pflanzenmargarine 3–4 Minuten anbraten, dann den abgetropften Inhalt von 1 Dose Limabohnen (etwa 425 g) hinzufügen und zusammen mit 300 g Kaffeesahne und 2 EL Zitronensaft erhitzen. Abschmecken, dann mit Paprika, Pfeffer und gehackter Petersilie bestreuen und servieren.

LINSE *Lens esculenta*
Es gibt verschiedene Linsensorten. Die verbreitetsten sind die kleinen BRAUNEN LINSEN, die dunklen grüngrauen PUYLINSEN, die größeren ganzen GRÜNEN LINSEN und die halbierten ROTEN LINSEN. Linsen können ohne vorheriges Einweichen gekocht werden, obwohl das Einweichen die Kochzeit etwas verkürzt. In der Küche der Mittelmeerländer und des Nahen Ostens werden Linsen zur Zubereitung von Suppen, Eintöpfen, Aufläufen, Nudelsaucen (S. 253) und Salaten (S. 158) verwendet und in Indien zu scharfwürzigen Dals verarbeitet. Sie bilden einen guten Ersatz für Hackfleisch. Ganze Linsen kann man auch keimen lassen (S. 207); sie werden dann schön saftig.

MUNGOBOHNE *Phaseolus aureus*
Mungobohnen sind klein, rund und gewöhnlich grün, obgleich es auch einige schwarze und gelbe Arten gibt. Man kann sie ebenfalls enthülst und halbiert kaufen, dann sind sie goldgelb. Als Sprossen sind sie sehr saftig und eignen sich gut für Pfannengerichte und Salate.

PIGEONERBSE *Cajanus cajan*
Pigeonerbsen finden in vielen afrikanischen, karibischen und indischen Gerichten Verwendung, sind jedoch bei uns kaum erhältlich.

PINTO- oder WACHTELBOHNE
Phaseolus vulgaris
Diese Bohnen kann man wie rote Kidneybohnen verwenden (S. 157). Sie schmecken gut in Aufläufen; gemischten Bohnensalaten verleihen sie einen zusätzlichen Farbakzent.

ROTE KIDNEYBOHNE
Phaseolus vulgaris
Rote Kidneybohnen gehören zu den vielseitigsten Hülsenfrüchten; sie sind getrocknet und in Dosen erhältlich. Man sollte sie vor der Weiterverwendung immer erst 10 Minuten bei starker Hitze kochen. Sie lassen sich zu dem mexikanischen Gericht »Frijoles refritos« verarbeiten; dabei werden gekochte Bohnen wie ein großer Kartoffelkuchen gebacken. Oder man macht daraus einen köstlichen westindischen Eintopf, indem man sie mit Möhren, Zwiebeln, Knoblauch und Thymian kocht und zuletzt ein walnußgroßes Stück feste Kokoscreme hinzufügt.

SAATPLATTERBSE *Lathyrus sativus*
Obwohl sie im Nahen Osten sehr beliebt sind, sind Saatplatterbsen meines Erachtens am wenigsten günstig für die Verwendung in der hiesigen Küche, weil ihre Haut so zäh ist. Doch wie dicke Bohnen (s. oben) kann man sie mit Hilfe der Küchenmaschine zu einem guten Dip verarbeiten.

SCHÄLERBSE, GELBE und GRÜNE, HALBIERTE *Pisum sativum*
Die halbierten Schälerbsen kochen schnell und können zu einem feinen Püree verarbeitet werden, das man zu Gemüse serviert. Man kann auch gelbe und grüne Schälerbsen mischen, weich kochen und sie mit einer Zitronen- oder Minzevinaigrette zu einem köstlichen Salat anmachen. Erbspüree ist ein preiswertes und sättigendes traditionelles englisches Gericht (S. 207).

SCHWARZE BOHNE *Phaseolus vulgaris*
Diese schmackhaften Bohnen werden für die amerikanische schwarze Bohnensuppe verwendet und, zusammen mit Reis, für das spanische Gericht »Mohren und Christen«. Sie eignen sich auch gut für vegetarische Aufläufe, als saftige und schmackhafte Füllung für die vegetarische Moussaka (S. 212) oder für einen gemischten Bohnensalat.

SOJABOHNE *Glycine max*
Sojabohnen besitzen einen intensiven Geschmack und brauchen kräftige Gewürze, wie Curry, Tomaten und Knoblauch, damit sie gut schmecken. Ich finde sie als Sprossen in Salaten und Pfannengerichten am besten.

Aus Sojabohnen werden viele Produkte hergestellt, wie etwa die Würzpaste Miso, Sojasauce, Tempeh, Sojamilch und Tofu, die in anderen Kapiteln dieses Buches beschrieben werden.

Sojamehl ist reich an Protein, arm an Kohlenhydraten und Stärke und läßt sich daher nicht zur Herstellung einer weißen Sauce verwenden, obwohl man es unter pikante Saucen rühren kann, um sie mit Nährstoffen anzureichern und etwas zu dicken. Sojamehl wird manchmal gewöhnlichem Mehl zugesetzt, um den Teig zu verbessern, und zwar im Verhältnis 8 (Mehl) : 1 (Sojamehl).

URDBOHNE *Phaseolus mungo*
Urdbohnen sind die halbierte und geschälte Version einer schwarzen Bohnensorte; sie sind etwa halb so groß wie Erbsen und werden am besten ohne vorheriges Einweichen gekocht. Urd Dal wird für die Zubereitung von Dosas, den knusprigen Pfannkuchen Südindiens, verwendet.

WEISSE BOHNE, KLEINE
Phaseolus vulgaris
Dies sind praktische Allzweckbohnen, die andere Aromen gut aufnehmen. In Frankreich bereitet man aus ihnen das beliebte und sättigende Cassoulet sowie Pistou (S. 136). In den USA werden kleine weiße Bohnen ebenfalls für ein traditionelles Gericht verwendet, den »Boston Baked Beans«. Um dieses Gericht zuzubereiten, 250 g kleine weiße Bohnen, wie oben beschrieben, fast weich garen, dann abgießen und zu 1 Portion italienischer Tomatensauce (S. 171) geben, die jedoch nicht mehr gekocht wird, nachdem man die Tomaten zugegeben hat. 1–2 EL braunen Rohrzucker (Barbados) hinzufügen, dann bei 160 °C (Gas Stufe 1–2) 2–3 Stunden backen, bis die Sauce dick ist und von den Bohnen absorbiert wurde; ab und zu umrühren. Mit warmem krustigem Brot servieren.

Getreide

Getreidekörner sind die Samen der kultivierten Gräser und das wichtigste Grundnahrungsmittel der Welt. In der vegetarischen Küche spielen sie eine zentrale Rolle, sie werden als Proteinlieferanten betrachtet und häufig mit anderen Komplementär-Proteinen, wie Samen, Nüssen, Hülsenfrüchten und Milchprodukten, kombiniert, um dem menschlichen Körper die maximale Menge an verwertbarem Protein zuzuführen (S. 10). Getreidekörner liefern in natürlichem, unverarbeitetem Zustand nicht nur Eiweiß und Kohlenhydrate, sondern auch Eisen, Zink, Calcium und B-Vitamine sowie reichlich Ballaststoffe.

Langkorn-Naturreis ▽
Gute gesunde Allzweck-Reissorte für pikante Gerichte

Kurzkorn-Naturreis △
Naturreissorte, die für Nachspeisen verwendet wird

◁ ***Naturreisflocken***

Buchweizenmehl △
In der Sowjetunion werden die Blinis – köstliche Hefepfannkuchen – traditionel mit Buchweizenmehl hergestellt

Rundkorn-Naturreis ▽
In der makrobiotischen Küche beliebt

Buchweizen* oder *Kascha △
Buchweizen ist der Samen eines Knöterichgewächses; es gibt ihn ungeröstet und als geröstete Kascha

▽ ***Ungeschälter Basmatireis***

Rundkornreis ▽
Polierte Reissorte, die zu einer cremigen Konsistenz kocht

Hirse △
Hirse ist der Samen eines zähen einjährigen Grases; sie wird in Afrika und Asie viel gegessen und in der Sowjetunion als Stärkelieferant geschätzt

Polierter Basmatireis ▽
Besonders aromatischer Langkornreis mit dünnen, spitz zulaufenden Körnern

Hirseflocken ▽

Hirsemehl △
Hirse enthält keinen Kleber

Amerikanischer Langkornreis ▷

Wildreis ▽
Wildreis ist keine Getreideart, sondern der Samen eines Wassergrases; die langen schwarzen Körner sind etwas zäh und besitzen einen nußartigen Geschmack

Vollreismehl ▽
Vollreismehl erhält man durch das Vermahlen des ganzen Reiskorns; es eignet sich für kleberfreie Backwaren

Reismehl ▽
Reismehl ist polierter gemahlener Reis

Italienischer Arborioreis △
Diese Reissorte benötigt man für den echten italienischen Risotto

eizenmehl
smahlungsgrad 85%)
zenmehl, bei dem ein
der Kleie ausgesiebt,
Weißmehl, das wieder
Weizenkeimen und
angereichert wurde

ebleichtes △
ßmehl

isgrieß △
hroteter Mais

izenschrot △
bgeschrotete
zenkörner, die
Müslimischun-
zufügen und auf
laibe streuen
n

izenflocken △
ze Weizenkörner
den ausgewalzt, um
lach zu drücken und
it leichter verzehr-
zu machen

***Vollweizenmehl* (100%)** ▽
Es wird durch Vermahlen des ganzen Weizenkorns gewonnen und besitzt daher den vollen Kleieanteil; Zusatzstoffe sind nicht erlaubt

Grobes Maismehl oder Polenta ▷
Grundnahrungsmittel in Norditalien, wo man Polenta, einen dicken Maisbrei, daraus zubereitet

Feines Maismehl △
Maismehl gewinnt man durch Vermahlen von Maiskörnern; es ist kleberfrei

Bulgur △
Lebensmittel des Vorderen Orient, das man durch Vorkochen, Schälen und Schroten von Weizen erzeugt

△ ***Weizenkörner***
Beim Weizen unterscheidet man Winter- und Sommerweizen

Weizenkeime △
Der Keim ist das Herz des Korns und enthält die meisten Nährstoffe

▽ ***Kleie***
Äußere, ballaststoffreiche Hülle des Getreidekorns, die beim Vermahlen zu Weißmehl entfernt wird

Mais △
Mais ist in Mexiko beheimatet und gehört zu den wichtigsten Getreidearten der Welt

Couscous, Weizengrieß △

Grieß △
Grobes Mehl, das aus Hartweizen hergestellt wird; als Vollweizen- und weißer Grieß erhältlich

Haferflocken △
Haferkörner, in Dampf teilweise gegart, ausgewalzt und flachgedrückt

Roggenmehl △
In Nord- und Mitteleuropa wird es viel verwendet für die Herstellung von schweren dunklen Brotsorten und Knäckebrot

Gerstenkörner △
Als ganze Körner kann man sie gekocht als Pilaw oder als Salat essen

▽ ***Couscous, Vollkorn***

Gerstenmehl △

Gerstenflocken ▽

Mittelgrobes Hafermehl ▷
Durch Vermahlen der Körner hergestellt

◁ ***Roggenkörner***

Roggenflocken ▽

Graupen △
Geschliffene Körner der Gerste, die aber immer noch mehr Ballaststoffe enthalten als Naturreis

Haferkörner △

▽ ***Grobe Haferflocken***

Getreide

Auswahl und Aufbewahrung

Ganze Getreidekörner halten sich ungefähr ein Jahr, doch ihre Qualität verschlechtert sich; idealerweise sollte man sie daher frisch kaufen und innerhalb von 6 Monaten verbrauchen. Geschrotetes Getreide sowie Getreideflocken und Mehle halten sich 3-6 Monate. Hafer - mit Ausnahme von vorverarbeiteten Haferflocken, wo die Enzyme durch Erhitzen zerstört wurden - läßt sich wegen seines hohen Ölgehalts nicht besonders gut aufbewahren. Kaufen Sie nur kleine Mengen und verbrauchen Sie sie in wenigen Wochen. Hafermehl sollte süß und nicht ranzig oder bitter riechen. Weizenkeime - besonders die beste, unstabilisierte Art, die frei von Zusatzstoffen ist - verderben sehr schnell; bewahren Sie sie im Kühlschrank auf und verbrauchen Sie sie innerhalb von 3-4 Wochen. Die anderen Getreide- und Mehlsorten werden in luftdicht verschließbaren Behältern an einem kühlen, trockenen Ort gelagert.

Vor- und Zubereitung

Weizen-, Hafer-, Gersten- und Roggenkörner werden wie Hülsenfrüchte eingeweicht und gekocht; man kann sie dann mit einem Dressing anmachen oder mit Gemüsen vermischen und zu Küchlein, Braten oder Eintöpfen verarbeiten. Getreideflocken, wie grobe Haferflocken und grobgeschroteter Weizen, sind eine knusprige Zugabe zu Müslimischungen oder selbstgebackenem Brot; Haferflocken und grobe Haferflocken können gemischt werden, wenn man besonders knusprige Flapjacks (S. 320) machen möchte.

BUCHWEIZEN *Fagopyrum esculentum*
Buchweizen ist kleberfrei und ein natürlicher Rutinlieferant, eine Substanz, die von Naturheilpraktikern zur Behandlung von Krampfadern und hohem Blutdruck eingesetzt wird. Man kann ihn in Form von gerösteten (Kascha) und ungerösteten Körnern sowie als Mehl kaufen. Der geröstete Buchweizen eignet sich besser zum Kochen und bildet die Grundlage des russischen Gerichts Kascha. Man kann es statt Reis zu Gemüsegerichten servieren, und es paßt gut zu stark gewürzten winterlichen Speisen. Buchweizen kocht man, indem man ihn mit der doppelten Volumenmenge Wasser in einen Topf gibt und etwa 10 Minuten köcheln läßt, bis die Körner gerade weich sind und das Wasser vollständig aufgesogen ist. Butter oder ungehärtete Pflanzenmargarine sowie Salz und Pfeffer und vielleicht etwas zerdrückten Knoblauch hinzufügen.

Buchweizenmehl wird zur Zubereitung von Pfannkuchen (S. 299) verwendet. Für den Teig nimmt man je zur Hälfte Buchweizenmehl und Weizenmehl und serviert die Pfannkuchen dann mit Butter, schwarzer Olivenpaste (S. 258) und Sauerrahm.

BULGUR
Bulgur (auch: Burghul) ist ein geschroteter Weizen, der leicht zuzubereiten ist und zusammen mit Gemüsen, Nüssen, Rosinen und Hülsenfrüchten einen ausgezeichneten Pilaw ergibt; mit reichlich gehackter frischer Petersilie und Minze kann man den beliebten arabischen Salat Tabbouleh daraus zubereiten (S. 159). Um Bulgur zuzubereiten, die Körner in eine Schüssel geben - für 1 Person 50-100 g berechnen -, mit kaltem Wasser auffüllen, so daß die Körner bedeckt sind, und etwa 30 Minuten weichen lassen. Dann abgießen und mit 1 EL Olivenöl, eventuell Zwiebeln oder anderen Gemüsesorten, wie gehackte rote Paprikaschoten und Champignons, die man vorher 10 Minuten im Öl angebraten hat, in einen Topf geben; mit Salz und frisch gemahlenem schwarzem Pfeffer würzen und 5 Minuten bei schwacher Hitze umrühren, bis der Weizen heiß ist. Oder den Weizen in eine geölte Auflaufform geben, abdecken und 15-20 Minuten bei Mittelhitze (180 °C/Gas Stufe 2-3) backen, bis er heiß ist.

COUSCOUS
Couscous wird hergestellt durch die Weiterverarbeitung von Grieß zu kleinen Kügelchen; es gibt ihn als einfachen und Vollkorn-Couscous. Er ist leicht zuzubereiten: den Couscous auf einem großen Teller verteilen und mit Salzwasser beträufeln, man rechnet gut ½ l Wasser und ½ TL Salz auf 500 g Couscous (eine Menge, die für 4-5 Personen reicht). Die Körner zwischen den Fingern reiben, um ihr Zusammenhaften zu verhindern, dann 15-20 Minuten stehenlassen, damit sie das Wasser aufsaugen. Den Couscous

Reis perfekt kochen

Es gibt zwei Methoden, Reis zu kochen, und beide haben ihre Anhänger. Ich finde, daß beide gleich gut sind.

Die einzige Reissorte, die man waschen muß, ist der Basmatireis: in ein Sieb geben und unter fließendem kaltem Wasser abspülen, bis das Wasser klar bleibt.

Immersionsmethode
Einen großen Topf zur Hälfte mit Wasser füllen, zum Kochen bringen und 1 TL Salz hinzufügen. Den Reis hineingeben, pro Person 50 g berechnen, wenn der Reis als Beilage serviert werden soll, oder bis zu 100 g, wenn er das Hauptgericht darstellt. Unbedeckt köcheln lassen, bis die Reiskörner weich sind, wenn man darauf beißt. Den Reis in einem Sieb abtropfen lassen und unter fließendem kaltem Wasser abspülen, um Stärkereste zu entfernen.
Dann wieder in den Topf geben und bei schwacher Hitze etwa 5 Minuten trocknen lassen; dabei mehrere Male mit einer Gabel umrühren, damit er nicht anhaftet. Oder den Reis in eine niedrige feuerfeste Schüssel geben und unbedeckt etwa 10 Minuten in den Backofen (170 °C/Gas Stufe 2) stellen, bis er trocken ist.

Absorptionsmethode
Bei dieser Methode muß man sowohl den Reis wie auch das Wasser abmessen, und es empfiehlt sich, dafür dasselbe Gefäß zu verwenden, etwa eine große Tasse. Geben Sie beispielsweise 1 Tasse Reis in den Topf, fügen Sie 2 Tassen Wasser und etwas Salz hinzu. Zum Kochen bringen, dann abdecken und die Hitze soweit wie möglich reduzieren. Den Reis köcheln lassen, bis er weich ist und das Wasser vollständig absorbiert wurde. Dann leicht mit einer Gabel umrühren.
Oder den gekochten Reis im Backofen fertig garen (wie oben).

in einen Dampfeinsatz oder in ein Metallsieb geben und auf einen Topf mit kochendem Wasser oder über einen würzigen Eintopf setzen (S. 247) und etwa 15 Minuten dämpfen lassen, bis er heiß ist.

GERSTE *Hordeum vulgare*
Gerste ist in Form ganzer Körner, als leicht geschälte GRAUPEN (die ich praktischer finde), als Flocken und Mehl erhältlich. Graupen werden häufig Suppen und Eintöpfen zugefügt, um diese anzudicken und anzureichern; man kann auch einen preiswerten schmackhaften Eintopf daraus herstellen (S. 246).

GRIESS
Grieß ist die Grundzutat für die sehr schmackhaften italienischen Gnocchi alla romana (S. 227) und kann auch zu den köstlichen Käse-Petersilien-Küchlein (S. 217) verarbeitet werden, einer Gnocchi-Variante. In Indien und im Nahen Osten wird Grieß für die Herstellung feiner süßer Nachspeisen verwendet und kann auch Kuchen- oder Plätzchenteig zugefügt werden.

HAFER *Avena sativa*
Hafer enthält mehr von dem Vitamin H *(Biotin)* - das Haut- und Schleimhautentzündungen verhindert - und mehr Fett als Weizen; er gehört auch zu den besten Ballaststofflieferanten (S. 12) und ist kleberfrei. Hafer ist in Form von ganzen Körnern, als feines, mittelgrobes und grobes Mehl zur Zubereitung von Porridge und Haferkuchen (S. 322) sowie als Haferflocken und als Schmelzflocken erhältlich. Der traditionelle Porridge aus Hafermehl läßt sich schnell zubereiten: für 2 Personen gut ½ l Wasser und 1 TL Salz zum Kochen bringen, dann nach und nach 50 g mittelgrobes Hafermehl einrühren. 25-30 Minuten köcheln lassen und von Zeit zu Zeit umrühren.

Wenn es sehr schnell gehen soll, den Porridge aus Haferflocken zubereiten: für 2 Personen 50 g Haferflocken mit gut ¼ l Wasser und ½ TL Salz in einen Topf geben. Bei mittlerer Hitze etwa 2 Minuten rühren, bis er eingedickt ist. Falls der Porridge zu dick sein sollte, noch etwas Wasser unterrühren.

Haferflocken bilden die Grundlage von Müslimischungen. Ein einfaches Müsli läßt sich herstellen, wenn man 250 g Haferflocken mit je 100 g Rosinen und Nüssen vermengt. Nach Geschmack können auch andere Vollgetreideflocken, getrocknete Früchte und Nüsse zugefügt werden.

HIRSE *Panicum miliaceum*
Hirse ist die eiweiß- und eisenreichste Getreideart. Man kann sie in Form von Körnern, Flocken oder Mehl kaufen; sie ist kleberfrei. Die Körner können zu schmackhaften Pilaws (S. 245) und Küchlein verarbeitet werden; aus den Flocken kann man einen cremigen Frühstücksbrei kochen, der sich besonders für diejenigen eignet, die gegen Kleber allergisch sind.

MAIS *Zea mays*
Mais ist in ganzen Körnern - zur Herstellung von Popcorn - und als grobes oder feines Maismehl erhältlich; es gibt auch Maisgrieß, der zur Zubereitung von Porridge, Puddings und Broten verwendet wird. Obwohl Mais in Italien und Südamerika als Grundnahrungsmittel gilt, ist er wegen seines Mangels an Vitamin B_3 nicht unbedingt zu empfehlen. Maismehl wird in den Vereinigten Staaten zu Fladenbrot, in Italien zu Polenta und in Rumänien zu Mamaliga verarbeitet.

REIS *Oryza sativa*
Obgleich es viele Reissorten gibt, kann man sie doch in zwei Hauptarten einteilen: in LANGKORNREIS, bei dem das Korn vier- bis fünfmal so lang wie breit ist, und KURZ- oder RUNDKORNREIS, bei dem das Korn, wie die Bezeichnungen verraten, kurz und gerundet ist. Bei den Langkornsorten, zu denen der AMERIKANISCHE LANGKORNREIS und der BASMATIREIS mit seinen dünnen, spitz zulaufenden Körnern und seinem besonders feinen Geschmack gehören, kleben die Körner nach dem Kochen weniger zusammen, so daß sie sich besonders für Pilaws und Reissalate eignen, bei denen man eine lockere Konsistenz vorzieht. Die runden kurzen Reiskörner quellen beim Kochen mehr auf und kleben zusammen. Zu diesem Typus gehört der italienische ARBORIOREIS, RUNDKORNREIS und KURZKORN-NATURREIS, der in der makrobiotischen Küche sehr beliebt ist und sich gut als Beilage zu japanischen Gerichten eignet. Viele Reissorten sind als Naturreis erhältlich - bei diesem Reis wurde nur die nicht eßbare äußere Hülle entfernt - oder aber als polierter Reis, der ganz weiß und weniger nährstoffreich ist. Auch Naturreisflocken, Reismehl und Vollreismehl sind im Handel.

Für den traditionellen britischen Reispudding gibt man 25 g Rundkornreis in eine gebutterte Auflaufform und rührt gut ½ l Milch und 2 EL hellbraunen Rohrzucker ein. Eine Vanilleschote oder einige Tropfen Vanille-Extrakt dazugeben und mit Butterflöckchen bestreuen. Im Backofen 2½-3 Stunden bei 170 °C (Gas Stufe 2) backen; dabei die Haut nach etwa 30 Minuten durch Umrühren zerreißen; nach 1 Stunde erneut umrühren.

ROGGEN *Secale cereale*
Roggen ist in Form von ganzen Körnern, Flocken und Mehl (weißes und Vollkornmehl) erhältlich sowie als Schrot, mit dem man Brotlaibe bestreuen kann. Er enthält keinen Kleber und wird daher gewöhnlich mit Weizenmehl vermischt. Roggen wird in Amerika auch zur Herstellung von Whisky verwendet.

WEIZEN
Triticum vulgare, compactum, durum
Weizen ist in vielen Formen erhältlich, unter anderem als ganze Körner, Weizenschrot, Weizenflocken und Mehlen mit verschiedenen Ausmahlungsgraden. Weizenkeime und -kleie, die beim Vermahlen zu Weißmehl entfernt werden, sind ebenfalls erhältlich. Je nach Klebergehalt des Mehls unterscheidet man »weiches« und »hartes« Mehl. Kleber ist die eiweißreiche Substanz, die elastisch und klebrig wird, wenn das Mehl mit Wasser und Hitze in Berührung kommt. Mehl aus kleberreichem Hartweizen wird gern für die Herstellung von Brot und Blätterteig verwendet, weil man einen festen, elastischen Teig daraus herstellen kann (wenn auch »weicher« Weizen ein besser schmeckendes Brot ergibt). Weißmehl eignet sich für lockere Kuchen, Brötchen und helles Kleingebäck mit zarter Konsistenz.

WILDREIS *Zizania aquatica*
Wildreis, der reich an Eiweiß ist und einen eigenartigen, leicht rauchigen Geschmack besitzt, verleiht einer Mahlzeit den Hauch des Besonderen. Er kann allein nach der Absorptionsmethode oder zusammen mit Naturreis gekocht werden, wobei man einen Teil der Reismenge durch Wildreis ersetzt (linke S.).

Pasta/ Teigwaren

Pasta bedeutet im Italienischen Teig und ist die Kollektivbezeichnung für alle Teigwaren, wie Spaghetti, Makkaroni, Ravioli, Vermicelli usw. Obwohl auch in anderen Teilen der Welt, etwa in China, Spanien, Griechenland und Israel, traditionell Nudeln hergestellt und gegessen werden, steht Italien hierin zweifellos an der Weltspitze; die Italiener haben Hunderte unterschiedlicher Nudelformen entwickelt. Weiße ebenso wie Vollkornnudeln liefern Ballaststoffe (Vollkornnudeln natürlich mehr) und enthalten beträchtliche Mengen an Protein, Eisen und B-Vitaminen.

◁ ***Frische Taglioni, natur* und *grüne***

Bunte Rigatoni ▽

▽ ***Getrocknete grüne Fettuccine***

▽ ***Penne rigate***

◁ ***Rigatoni***
Die Rillen dieser köstlichen Nudeln nehmen Sauce gut auf

Makkaroni ▽

Spiralmakkaroni ▽

◁ ***Penne zite***
Röhrenförmige kurze Nudeln, die es geriefelt und glatt gibt

Hörnchen,
◁ ***Vollweizen* und *natur*** ▽

▽ ***Kurze Makkaroni, natur***

△ ***Kurze Makkaroni, Vollweizen***

Ditalini ▽

△ ***Schnellkoch-Makkaroni***
Makkaroni gibt es in einer Vielzahl von Größen, Längen und Formen – eine Allzwecknudel

Ditali ▽
Kleine Nudeln für Suppen und Eintöpfe

Vermicelli ▽
Die dünnsten Nudeln, aus denen zusammen mit Kichererbsen, Knoblauch und Olivenöl das berühmte Gericht »Tuone e lampo« (Donner und Blitz) entsteht

Mezzi canneoni △

Fusilli colbuchi ▽
Eine besonders attraktive Nudelsorte, an der die Sauce wegen der Spiralform gut haftet

Fusilli ▷
Es gibt sie getrocknet und frisch in verschiedenen Farben

Farfalle ▷
Nudelschleifen oder -schmetterlinge, besonders gut mit Gemüsen, entweder warm oder als Salat
▽

Fiochetti ▽

Farfalline ▽
Kleine Schmetterlinge, die in klaren Suppen hübsch aussehen und die besonders Kinder mögen

Lumache ▽
Diese »Schneckenhäuser« eignen sich gut zum Füllen, etwa mit Ricotta, Knoblauch und frischen Kräutern; dazu serviert man Tomatensauce

Vollweizennudeln in Blattform △
Man kann sie zu Aufläufen geben oder einfach mit Olivenöl und Gewürzen oder auch mit einer Sauce servieren

Pasta gibt es als Weizen- und Vollweizennudeln, je nachdem welches Mehl dafür verwendet wurde; sie können auch mit Gemüsepürees in verschiedenen Farben gefärbt sein. Die zahlreichen Formen und Größen bestimmen im wesentlichen ihre Verwendung als Suppen oder Gemüsenudeln. Die Bezeichnungen können verwirrend sein, weil oft die gleiche Form unter mehreren verschiedenen Namen bekannt ist, und in Italien verändern sich diese Bezeichnungen häufig von Region zu Region! Pasta kann man getrocknet und zunehmend auch frisch kaufen. Getrocknete Nudeln enthalten in der Regel Eier – auf der Packung steht dann *all' uovo*; frische Nudeln enthalten immer Eier. Frische gefüllte Teigwaren, wie Ravioli und Cappelletti, findet man zunehmend mit vegetarischen Füllungen, beispielsweise mit Spinat und Ricotta.

Cannelloni ▽
Große Nudelröhren, die gewöhnlich gefüllt, mit Sauce übergossen und gebacken werden

Pipe rigate △
Eine weitere Nudelsorte, an der die Sauce gut haftet

Grüne Lasagne mit gewelltem Rand ▽

Lasagne natur ▽

Grüne Lasagne ▽

Schnellkoch-Vollweizen-Lasagne ▷
Zum Schichten oder Umwickeln von pikanten Mischungen, die dann gebacken werden

Conchiglie rigate, Vollweizen ▽

***Conchiglie rigate* (zwei Größen)** △
Muschelförmige Nudeln; eine weitere Sorte, die sich gut mit einer Sauce oder in einem Salat mit cremigem Dressing servieren läßt

▽ *Glasnudeln*
Feine Nudeln, die man nur wenige Minuten einweichen muß und dann pfannengerührten Gemüsen zufügen kann; man kann sie auch fritieren, bis sie knusprig sind
Getrocknete Eiernudeln ▷
Frische Eiernudeln ▽
Frische feine Eiernudeln ▷
Getrocknete Vollweizennudeln ▷
Reisnudeln ▽
△ *Frische, leicht geölte Eiernudeln*
Cappelletti ▽
Reis-Bandnudeln ▽
Ravioli ▷
Diese Ravioli sind mit Spinat und Ricotta gefüllt und in verschiedenen Größen erhältlich
Conchiglie △
Hübsche muschelförmige Nudeln
Convighi piccoli ▽
Winzige Suppennudeln, die in vielen interessanten Formen erhältlich sind
◁ *Tortellini*
Ein weiteres Beispiel für Nudeln mit vegetarischer Füllung; natur und grün erhältlich
△ *Anelli* ▷
◁ *Steline*
Grüne △ *Ravioli*

Pasta/Teigwaren

Nudeln sind schnell und leicht zuzubereiten, ein billiges und köstliches Nahrungsmittel, das den Magen füllt und wärmt. Man kann viele appetitanregende Gerichte daraus herstellen.

Auswahl und Aufbewahrung

Getrocknete Nudeln von guter Qualität sollten sich hart und glatt anfühlen und nach dem Kochen einen köstlichen Weizengeschmack besitzen. Bewahren Sie sie an einem kühlen, trockenen Ort auf. Frische Nudeln sollten frisch riechen und aussehen und leicht glänzen. Man bewahrt sie im Kühlschrank auf und verbraucht sie möglichst innerhalb von 24 Stunden.

Pasta herstellen

Nudeln kann man ohne Schwierigkeiten selbst machen, und wenn Sie sie mögen und auch gerne kochen, so lohnt die Arbeit. Der Teig kann mit der Hand ausgerollt werden, ein besseres Ergebnis erzielt man jedoch mit einer Nudelmaschine. Die handbetriebenen bestehen aus Rollen, die durch eine Kurbel bewegt werden, und eignen sich ausgezeichnet, um Haushaltsmengen herzustellen; für größere Mengen gibt es elektrische Nudelmaschinen.

Um 350 g Nudeln herzustellen - die für 4 Personen reichen -, 200 g Hartweizengrieß mit ½ TL Salz in eine Schüssel geben. Nach und nach 2 geschlagene Eier einarbeiten und einen elastischen Teig zubereiten. Die Rollen der Nudelmaschine auf die breiteste Position einstellen. Ein Teigstück von etwa der Größe eines Eies aufnehmen, mit den Händen flach drücken und durch die Maschine drehen. Das Teigstück dreimal falten, dann wieder durch die Maschine geben. Diesen Vorgang sechs- bis siebenmal wiederholen, bis der Teig glatt und seidig ist, dann beiseite legen und den Vorgang mit dem restlichen Teig wiederholen; die Stücke in der richtigen Reihenfolge auslegen. Als nächstes die Rollen eine Stufe enger einstellen und die Teigstücke wieder durchrollen lassen, jedoch nur einmal und ohne sie zu falten. Den Vorgang dreimal wiederholen und die Rollen jedesmal enger stellen. Die Nudelteigstücke halbieren, falls sie zu lang werden, so daß man nicht mehr mit ihnen arbeiten kann; die Teigplatten mit der Hand abstützen, wenn sie aus der Maschine kommen, damit sie keine Falten werfen oder zusammenkleben.

Wenn Sie Lasagne, Cannelloni oder Ravioli herstellen wollen, die Rollen auf die zweitengste Position einstellen und den Teig nochmals durch die Maschine drehen. Er kann dann, wie gewünscht, zurechtgeschnitten und ohne weiteres Trocknen oder Kochen sofort für pikante Aufläufe weiterverwendet werden. Bei Ravioli die Hälfte der Teigplatten auf der flachen Arbeitsfläche ausbreiten und kleine Häufchen einer pikanten Masse (z. B. 250 g Schichtkäse mit 100 g geriebenem Cheddar und 30 g geriebenem Parmesan vermischt) in 3 cm-Abständen darauf verteilen. Die Fläche um die Häufchen herum mit geschlagenem Ei bestreichen, dann die restlichen Teigplatten darauflegen und um die Häufchen sowie an den Rändern zusammendrücken, damit möglichst wenig Luft eingeschlossen bleibt. Den Teig zwischen den Häufchen mit einem Teigrädchen durchschneiden. Die Ravioli auf die leicht bemehlte Arbeitsfläche legen und 30 Minuten trocknen lassen. Sie dann in einen großen Topf mit kochendem Wasser geben und 4-6 Minuten kochen. Abgießen, in eine vorgewärmte Servierschüssel geben und mit heißer Tomatensauce übergießen.

Für die Herstellung von Tagliatelle die Teigstücke durch eine der Schneiderollen drehen, dann die Nudeln auf einem sauberen, leicht bemehlten Tuch ausbreiten oder um ein Holzstück oder einen anderen sauberen Gegenstand wickeln und etwa 1 Stunde trocknen lassen. Dann die Nudeln, wie beschrieben, in nur 2-3 Minuten *al dente* kochen.

Vor- und Zubereitung

Frische und getrocknete Nudeln brauchen keine weitere Zubereitung vor dem Kochen.

Bei einem Hauptgericht aus Nudeln pro Person 100-175 g frische oder getrocknete Nudeln berechnen, bei einer Nudelvorspeise entsprechend weniger. Für je 100 g Nudeln benötigt man etwa 1¼ l Wasser. Das Wasser in einem großen Topf zum Kochen bringen. Man kann dem Kochwasser Salz zusetzen, und zwar ½-1 TL pro 100 g Nudeln, doch ich mische lieber etwas Meersalz unter die gekochten und abgetropften Nudeln. Sobald das Wasser sprudelt, die Nudeln zugeben.

Wenn man lange gerade Nudeln, wie Spaghetti, ins Wasser gibt, sie wie einen Blumenstrauß in der Hand halten, die Enden ins Wasser tauchen, so daß die Nudeln noch herausragen; die Enden, wenn sie weich werden, nach und nach biegen und die trockenen Nudelteile immer weiter ins Wasser drücken. Wenn die Nudeln ganz unter Wasser sind, kurz umrühren, dann im teilweise abgedeckten Topf kochen lassen, bis sie weich sind. Die Kochzeit variiert von Sorte zu Sorte; kleinere Nudeln garen schneller, und frische Nudeln sind in etwa 5 Minuten fertig. Auf der Packung ist die Kochzeit angegeben, doch kontrollieren Sie schon während des Kochens, da sie von Paket zu Paket variieren kann und sogar vom Wetter beeinflußt wird.

Um zu prüfen, ob die Pasta gar ist, in eine Nudel beißen, sie sollte weich, aber noch etwas fest sein, so daß man sie zwischen den Zähnen spürt: Sie muß *al dente* (bißfest) sein. Sobald dieses Stadium erreicht ist, die Nudeln von der Kochstelle nehmen und sofort abgießen. Am besten stellt man dazu ein Metalldurchschlagsieb in den Abguß und gießt die Nudeln hinein. Das Sieb etwas schütteln, damit das Wasser gut abtropft, dann die Nudeln wieder in den heißen Topf geben.

Mit etwas Olivenöl oder einem walnußgroßen Stück Butter, reichlich frisch gemahlenem schwarzem Pfeffer und etwas Meersalz (wenn man dies nicht bereits dem Kochwasser zugegeben hat) wieder auf den Herd stellen. Die Nudeln mit einer Gabel oder einem Löffel vorsichtig umrühren, so daß sie ganz mit Butter oder Öl überzogen werden. Sofort in einer gut vorgewärmten Schüssel servieren.

Getrocknete Lasagne kann wie beschrieben gekocht werden; dann abgießen und über die Ränder des Siebs drapieren, damit sie nicht zusammenkleben; sie sind dann fertig, um mit

Kochzeiten für Nudeln

Sehr dünne, kleine Nudeln	5-9 Minuten
Größere Nudeln, lange Röhren	10-20 Minuten
Frische Nudeln	2-3 Minuten

einer schmackhaften Füllung und einer Sauce in eine Auflaufform geschichtet zu werden. Man kann sie auch getrocknet in die Form schichten. In diesem Fall die Füllung und die Sauce etwas flüssiger machen, damit die Nudeln die zusätzliche Flüssigkeit beim Backen aufsaugen können.

Frische Lasagne braucht vorher nicht gekocht zu werden; doch auch hier sollte man zusätzliche Flüssigkeit einkalkulieren, weil die Nudeln beim Garen noch etwas aufgehen.

Pasta servieren

Die zahlreichen Nudelsorten, die heute im Handel sind, eröffnen viele Serviermöglichkeiten.

Die kleinsten, dünnsten Sorten, wie CONVIGHI PICCOLI, FARFALLINE und VERMICELLI, eignen sich gut für Suppen und zu leicht gebratenem Gemüse, wie für Pasta primavera (S. 251), während an den geriefelten und muschelförmigen Nudeln, wie RIGATONI, PENNE, PIPE und CONCHIGLIE RIGATE, die Sauce sehr gut haftet.

LASAGNE und MAKKARONI werden mit Saucen zu Aufläufen verarbeitet (S. 256, 257), und auch viele der kleineren Nudelsorten, wie MEZZI CANNEONI, eignen sich ebenfalls zum Backen, etwa im Vollkornnudelauflauf mit Champignons (S. 252).

Die großen Nudelröhren, wie CANNELLONI und RIGATONI, kann man füllen, und zwar mit gehackten gemischten Gemüsen oder mit nur einer Gemüsesorte, etwa Spinat, und dann wie Lasagne in einer Sauce backen.

Auch kleinere Nudelarten, wie TORTELLINI, RAVIOLI und CAPPELLETTI, werden gefüllt - Käse und Nüsse eignen sich gut dazu - und dann in Wasser, Brühe oder Tomatensauce gekocht.

Lange Nudeln - SPAGHETTI, SPAGHETTINI, LINGUINE, TAGLIATELLE und FETTUCELLE - schmecken köstlich, wenn man sie einfach mit Butter oder Sahne, frisch gemahlenem schwarzem Pfeffer, gehackten frischen Kräutern und geriebenem Parmesan serviert. Zahlreiche Saucen passen ebenfalls gut dazu, zum Beispiel Linsensauce (S. 252) oder Auberginen-Tomaten-Sauce (S. 254).

Viele Nudelsorten gibt es jetzt in verschiedenen Farben, etwa mit Tomate oder Spinat eingefärbt. Diese bunten Nudeln können sehr attraktiv aussehen, wenn man sie mit einer farblich abgestimmten Sauce serviert. Kinder mögen besonders die BUNTEN RIGATONI oder FUSILLI mit einer Champignonsauce (S. 251).

Es gibt viele Arten von EIERNUDELN, und meist werden sie in chinesischen Gerichten verwendet. Sie werden häufig frisch, zu Knäueln zusammengerollt oder getrocknet zu eckigen Kuchen zusammengepreßt, angeboten. Man kann sie als Suppennudeln verwenden oder nach dem Kochen mit Gemüse in der Pfanne braten.

REISNUDELN werden in langen Strängen verkauft. GLASNUDELN sind etwas heller in der Farbe und transparent. Beide Sorten werden für Suppen, Pfannengerichte und zum Fritieren verwendet.

Schnelle Nudelgerichte

Nudeln mit frischen Kräutern
1-2 EL gehackte frische Kräuter zusammen mit Butter oder Olivenöl zu den gekochten Nudeln hinzufügen. Estragon und Basilikum schmecken ganz köstlich.

Nudeln mit Sahne
Etwas Crème double unter die heißen gekochten Nudeln rühren; pro Person 2 EL berechnen.

Nudeln mit Avocado
Eine kleine reife Avocado schälen und hacken und zu den heißen abgetropften Nudeln hinzufügen.

Nudeln mit Nüssen
Gehackte Walnüsse schmecken ausgezeichnet zu heißen gekochten Nudeln. Grobhacken und zu den abgetropften, in Butter geschwenkten Nudeln hinzufügen. Mit etwas untergerührter Sahne kann man dieses Gericht noch verfeinern.

Nudeln mit Bohnen und schwarzen Oliven
Während die Nudeln kochen, in einem zweiten Topf den Inhalt von 1 Dose Cannellinibohnen aufwärmen. Bohnen und Nudeln abgießen und beide mit etwas zerdrücktem Knoblauch, 1-2 EL Olivenöl und einigen ganzen schwarzen Oliven vermischen.

Nudeln mit Kichererbsen
Bei diesem italienischen Lieblingsgericht gekochte und abgetropfte Kichererbsen, zerdrückten Knoblauch und etwas Olivenöl zu den heißen abgetropften Nudeln hinzufügen.

Nudeln mit Croûtons
Während die Nudeln kochen, pro Person 1 Scheibe Vollweizenbrot abschneiden, die Krusten entfernen und das Brot in ganz kleine Würfel (5 mm) schneiden. Die Croûtons in Olivenöl braten, bis sie rundum knusprig und goldbraun sind. Auf Küchenkrepp abtropfen lassen. Die Croûtons zu den heißen Nudelportionen hinzufügen.

Nudeln mit Zwiebeln
Mit der Zubereitung beginnen, wenn man das Nudelwasser aufsetzt, damit die Zwiebeln Zeit zum Weichgaren und Karamelisieren haben. Für eine Person ½-1 große Zwiebel berechnen; schälen und in Scheiben schneiden. 1 walnußgroßes Stück Butter oder ungehärtete Pflanzenmargarine in einem Topf zerlassen, die Zwiebeln hinzufügen und 10 Minuten braten; dann etwas Salz, Pfeffer und Zucker dazugeben und weitere 5-10 Minuten braten, bis die Zwiebeln goldbraun, aber nicht verbrannt sind. Die heißen Zwiebeln unter die gekochten abgetropften Nudeln rühren.

Nudeln mit frischer Tomatensauce
Heiße Spaghetti oder Nudelspiralen mit frischer Tomatensauce (S. 170) servieren; mit reichlich gehacktem frischem Basilikum bestreuen. Man kann auch einige Briewürfel unter die Nudeln mischen, die in der Wärme schmelzen und ganz köstlich schmecken.

Süße Nudeln
Für ein süßes Nudelgericht, das in Italien populär ist, die Nudeln weich kochen - etwas weicher als gewöhnlich -, abtropfen lassen und (bei 350 g Nudeln, die für 4 Portionen reichen) 3 EL Zucker, 40 g Butter und 75 g geschmolzene Schokolade von guter Qualität hinzufügen. Gut vermischen und sofort servieren.

Blattgemüse

Die knackigen und erfrischenden Blattgemüse regen den Appetit an und reinigen den Gaumen. Viele davon kennt man schon seit Jahrhunderten – Senfsprossen und Kresse wurden bereits von den alten Griechen und Römern gegessen. Heute gibt es eine große Auswahl an diesen Gemüsen, und die Salatzubereitung ist zu einem Vergnügen geworden. Manche Blattgemüse, wie Brunnenkresse, Kopfsalat und Spinat, eignen sich auch hervorragend für Suppen. Blattgemüse enthalten Vitamin A, Calcium, Eisen, Ballaststoffe und Chlorophyll, die, wenn man das Gemüse roh verzehrt, den Körper vor Krankheiten schützen.

Eichblattsalat ▷
Die Form der Blätter gab dieser Salatsorte ihren Namen

Eissalat* oder *Eisbergsalat △
Eissalat ist sehr fest, und die Blätter besitzen eine wunderbar knackige Textur

Batavia △
Eine breitblättrige Endiviensorte mit dem charakteristischen bitteren Geschmack

Romana, Cos-* oder *Bindesalat ▷
Romana besitzt einen besonders feinen Geschmack; die kleineren Blätter eignen sich gut für Dips

Feldsalat △
oder *Rapunzel*
Blätter einer kleinen zähen Pflanze, die in vielen Teilen der nördlichen Hemisphäre wild gedeiht

Krause Endivie ▽
Mit ihren runzligen, ausgefransten Blättern und dem etwas bitteren Geschmack ergeben diese Endiviensorten, hier Lollo rosso und Frisée, einen attraktiven Kontrast zu anderen Salatzutaten

◁ ***Radicchio***
Wegen seiner roten Blätter ein vielseitig verwendbares Salatgemüse, mit dem man dekorative Farbkontraste erzielen kann und das sich besonders für attraktive Garnierungen eignet

Mangold ▽
Die dicken weißen Stengel schmecken köstlich, wenn man sie mit den Blättern zusammen kocht; man kann sie aber auch allein kochen und servieren

Sauerampfer △
Sauerampfer besitzt einen scharfen, fast zitronenartigen Geschmack; die zähe ausdauernde Pflanze wächst in Europa wild

Brunnenkresse ▷
Mit ihrem scharfen, durchdringenden Geschmack und ihrer dunkelgrünen Farbe bildet Brunnenkresse einen schönen Kontrast zu anderen Blattgemüsen in einem grünen Salat

Weinblätter ▷
Die zarten Blätter des Weinstocks ergeben eine köstliche eßbare Hülle für Füllungen

Spinat ▷
Spinat ist eines der vielseitigsten Blattgemüse; man kann ihn roh als Salat oder gekocht als Gemüse verwenden

Grüner Salat (Kopfsalat) ▽

Kresse △
Mild und saftig; Kresse ist besonders bei Kindern beliebt

Blattgemüse

Zutaten für einen gemischten grünen Salat

- ☐ Blattsalat (alle Sorten)
- ☐ Krause Endivie
- ☐ Chicorée
- ☐ Kresse
- ☐ Feldsalat
- ☐ Zarte Spinatblätter
- ☐ Sauerampfer, Rauke und einige zarte Blätter Brunnenkresse (da sie einen scharfen Geschmack hat, reichen wenige Blätter)
- ☐ Frühlingszwiebeln, rohe Zwiebelringe
- ☐ Sellerie, Salatgurke, Fenchel, grüne Paprika, Avocado, jeweils in dünne Scheiben oder Streifen geschnitten
- ☐ Frische Kräuter
- ☐ Löwenzahn (sammeln Sie ihn mit Bedacht nur an den Stellen, wo weder Hunde noch Autos hinkommen und wo auch nicht gegen Schädlinge gespritzt wird; nehmen Sie nur die zarten Blätter aus der Mitte, und waschen Sie sie sehr sorgfältig)
- ☐ Gehackte Walnüsse oder Haselnüsse

Auswahl und Aufbewahrung

Diese Gemüse müssen so frisch wie möglich gekauft werden; sie sollten knackig sein und etwas feucht aussehen, also nicht welk oder trocken. Am besten ist es, wenn man sie sofort verwendet, doch im Gemüsefach des Kühlschranks halten sie sich 2-3 Tage.

Vor- und Zubereitung

Blattgemüse, besonders Kopfsalat, werden oft mit Fungiziden gespritzt, so daß sie gründlich, aber vorsichtig in reichlich kaltem Wasser gewaschen werden müssen. Alle äußeren oder beschädigten Blätter und harten Strünke entfernen. Zarte Blattgemüse, wie Kopfsalat, eher zerzupfen als schneiden, und wenn man sie roh ißt, sorgfältig in einer Salatschleuder oder mit einem weichen Tuch trocknen. Viele Blattgemüse schmecken auch gedünstet und eignen sich gut für Suppen.

BRUNNENKRESSE
Nasturtium officinale
Brunnenkresse eignet sich für Salate, Suppen und Saucen und kann auch zu pfannengerührten Gemüsen hinzugefügt werden (S. 181). Früher sammelte man wilde Brunnenkresse; heute wird sie kultiviert, und das Verzehren wilder Brunnenkresse ist nicht ratsam, da sie verseucht sein kann.

Brunnenkresse muß gründlich gewaschen werden und hält sich in einer Plastiktüte im Gemüsefach des Kühlschranks 2-3 Tage.

Eine intensiv grüne Brunnenkressesauce sieht wunderbar aus und schmeckt auch so, besonders zu Gemüsemousses und -terrinen oder zu einem weißen Nußbraten: für 4 Personen 1 kleine Zwiebel schälen, feinhacken und in 15 g Butter oder ungehärteter Pflanzenmargarine 10 Minuten glasig dünsten. 5 EL trockenen Weißwein und 1 EL Weißweinessig hinzufügen und kochen, bis die Flüssigkeit reduziert und sirupartig ist. In der Zwischenzeit 2 Bund Brunnenkresse hacken, davon zwei Drittel zu der reduzierten Zwiebelmischung hinzufügen und gut ½ l helle Gemüsebrühe (S. 129) dazugießen. Bei starker Hitze sprudelnd kochen, bis die Flüssigkeit auf ein Drittel reduziert ist. Die restliche Brunnenkresse hinzufügen und im Mixer oder in der Küchenmaschine pürieren. 4 EL Crème double unterziehen und wieder erhitzen, jedoch nicht aufkochen lassen. Mit Salz und Pfeffer nach Geschmack würzen und 15 g Butter oder ungehärtete Pflanzenmargarine unterrühren.

EICHBLATTSALAT *Lactuca sativa*
Dieser schöne Salat hat einen leicht bitteren Geschmack. Er eignet sich ausgezeichnet als Zugabe zu grünen Salaten, aber man kann ihn auch allein anmachen. Besonders gut schmeckt er mit einem Walnußdressing und Ziegenkäse (S. 150).

ENDIVIE, BATAVIA und ESKARIOL
Cichorium endivia crispum
Endiviensalate lassen sich hauptsächlich in zwei Gruppen einteilen: die mit runzligen, gekräuselten Blättern und die breitblättrigen. Alle haben einen erfrischenden, leicht bitteren Geschmack. Endivie ist besonders reich an Folsäure (S. 13).

FELDSALAT oder RAPUNZEL
Valerianella locusta
Feldsalat besitzt einen feinen Geschmack und stellt, besonders im Winter, ein vielseitiges Salatgemüse dar.

GARTENKRESSE, SENFSPROSSEN und KRESSEKRAUT (ohne Abb.)
Lepidum sativum und *Sinapis alba*
Die Kresse, die man häufig im Handel antrifft, ist nicht die traditionelle Mischung aus Senfsprossen und Kressekraut, sondern wird aus Rapssamen gezogen. Diese Rapskresse hat einen milden Geschmack, den besonders Kinder mögen. Alle Arten von Senfsprossen und Kresse bilden eine schmackhafte Zugabe für Salate und eignen sich auch gut zum Garnieren.

GRÜNE BLATTSALATE *Lactuca sativa*
Grüne Blattsalate sind alte Kulturpflanzen und wahrscheinlich die beliebtesten Salatgemüse. Man kann die einzelnen Sorten allein oder mit anderen Zutaten servieren; in feine Streifen geschnitten, ergeben sie eine gute Füllung für Sandwiches oder eine Grundlage für andere Salatzutaten; große Blätter kann man um köstliche Füllungen schlagen. Feste Salatherzen lassen sich genauso wie Sellerie (S. 182) dünsten; die äußeren Blätter ergeben eine ausgezeichnete Suppe (S. 131) oder verleihen Erbsen einen feinen Geschmack, wenn man sie à la française (S. 183) kocht.

Es gibt viele verschiedene grüne Blattsalate; zu den wichtigsten gehören die folgenden:

GRÜNER SALAT
Von runder oder etwas abgeflachter Form. Man unterscheidet sehr knackige Salate, wie etwa den EIS- oder EISBERGSALAT und die weichblättrigen Sorten, das heißt die Art, die bei uns gemeinhin als KOPFSALAT bezeichnet wird. Er ist der mit Abstand beliebteste Salat. Im Winter verwendet man am besten die Außenblätter, da sie mehr Vitamin C und Chlorophyll enthalten. Bei Freilandsalat sollten sie entfernt werden.

ROMANA, COS- oder BINDESALAT
Auch Römischer Salat genannt, mit langen wohlschmeckenden Blättern, die keinen festen Kopf bilden. Wohl der Blattsalat, der am besten schmeckt. Er ist eigentlich eine Variante des Kopfsalats.

PFLÜCKSALAT
Auch bei dieser Salatsorte bilden die Blätter kein festes Herz, und man kann sie im Bedarfsfall einzeln abtrennen, während die Pflanze im Garten weiterwächst. Die Blätter sind gewöhnlich sehr zart; von diesem Salat gibt es auch rötliche oder bräunliche Sorten.

RADICCHIO *Cichorium intybus*
Diese rotblättrige Endiviensorte, eine italienische Züchtung, besitzt einen leicht bitteren Geschmack. Der Bitterstoff wirkt günstig auf Verdauung und Blutgefäße. Radicchio eignet sich gut als Zugabe zu Blattsalaten und als attraktive Garnierung. Man kann ihn auch dünsten.

RAUKE oder SENFKOHL
Eruca sativa
(ohne Abb.)
Die Rauke wird manchmal als Kraut klassifiziert; sie besitzt einen scharfen, würzigen Geschmack. Wenige Blätter geben einem grünen Salat ein besonderes Aroma.

SAUERAMPFER *Rumex acetosa*
Einige Sauerampferblätter verfeinern einen grünen Salat geschmacklich, und etwas Sauerampfer im Spinat gibt diesem die gewisse Schärfe. Pürierter Sauerampfer ist eine gute Beilage zu einem Nußbraten und ergibt auch eine erfrischende Suppe. Mit Sauerampfer kann man einen warmen Blattsalat auf köstliche Weise variieren: gemischte grüne Salatblätter - interessante Sorten, wie Sauerampfer, Rauke, Löwenzahn und Spinat verwenden - in eine Schüssel geben. Einige Vollweizenbrotwürfel in Butter oder Olivenöl braten, so daß man knusprige Croûtons erhält. Dann, unmittelbar vor dem Servieren, die Croûtons und das Fett, in dem sie gebraten wurden, über die Salatblätter gießen, schnell vermischen und sofort servieren. Bis zum 18. Jahrhundert war es üblich, Sauerampfer mit Zucker und Essig zu einer grünen Sauce zu zerstampfen, und in einigen Teilen Yorkshires/Großbritannien wird diese Sauce auch heute noch zubereitet. Gekochter Sauerampfer sollte nicht zu oft und nicht in zu großen Mengen verzehrt werden, weil er sehr viel Oxalsäure enthält.

Spinat richtig kochen

Für 4 Personen 1 kg Spinat berechnen. Den Spinat gründlich waschen, indem man ihn zwei- oder dreimal in eine große Schüssel mit Wasser gibt und verliest, bis das Wasser sauber bleibt. Zähe Stiele entfernen; entweder wegwerfen oder hacken und in einen Topf geben, der 1 cm hoch mit Wasser gefüllt ist. 2 Minuten kochen, dann den Spinat dazugeben. Wenn man die Stiele nicht mitverwendet, den Spinat sofort ohne Wasser in den Topf geben - das Wasser, das noch an dem Spinat haftet, reicht aus. Den Spinat beim Kochen im Topf zusammendrücken. Ein Fischmesser eignet sich gut dazu, wenn man es so hält, daß man mit der Schneide den Spinat gleichzeitig hackt. Den Topf zur Hälfte bedecken und den Spinat etwa 7 Minuten kochen; dabei den Spinat mit dem Fischmesser ab und zu hacken. Den Spinat in einem Sieb gut abtropfen lassen und mit einem Löffelrücken das Wasser herausdrücken. Dann wieder in den noch heißen Topf geben. 1 walnußgroßes Stück Butter oder ungehärtete Pflanzenmargarine, 1 kräftige Prise Salz und frisch gemahlenen schwarzen Pfeffer, vielleicht noch einen Hauch geriebenen Muskat hinzufügen. Spinat nimmt eine ganze Menge Butter auf; es liegt an Ihnen, wieviel Sie verwenden wollen.

SPINAT
Spinaca oleracea und
MANGOLD
Beta vulgaris, var. *Cicla*
Köstliche dunkelgrüne Blattpflanzen, die man roh und, in Streifen geschnitten, Salaten zufügen kann; man kocht und serviert sie auch als Gemüsebeilage wie als Hauptgericht. Der mittlere Stiel des Mangolds ist besonders schmackhaft; entweder in Stücke schneiden und einige Minuten in wenig Wasser kochen, bevor man die Blätter hinzufügt, oder in lange Streifen schneiden und separat kochen und servieren.

Spinat ist besonders reich an Vitamin A, Eisen und Calcium, enthält aber wie Sauerampfer Oxalsäure, die sich hemmend auf die Fähigkeit des Körpers auswirkt, bestimmte Mineralstoffe zu absorbieren. Man sollte daher gekochten Spinat nicht öfter als zweimal pro Woche essen; manche Naturkostexperten glauben jedoch, daß die Oxalsäure in rohem Spinat nicht dieselbe Wirkung hat. Man sollte ihn auch stets nach der Zubereitung verzehren und nicht aufwärmen, da sich sonst das in Spinat enthaltene Nitrat in das gesundheitsschädliche Nitrit umwandeln kann.

Spinat ist frisch, gefroren - eine gute Alternative zu frischem Spinat - und in Dosen erhältlich; Dosenspinat ist jedoch nach meiner Meinung weniger zu empfehlen.

SEESPINAT (ohne Abb.), der wild entlang der Küste wächst, ist eine wilde Spinatsorte. Man kann ihn sammeln und wie Spinat verwenden; er hat einen ausgezeichneten, natürlich-salzigen Geschmack.

WEINBLÄTTER *Vitis vinifera*
Weinblätter werden in vielen Weinanbauländern als eßbare Hüllen für andere Lebensmittel verwendet; Dolmades, Weinblätter mit Hammelfleisch- und Reisfüllung, sind vielleicht das bekannteste Beispiel. Sie besitzen einen köstlichen, beinahe zitronenartigen Geschmack.

Wenn frische junge Weinblätter erhältlich sind, so müssen sie ein paar Minuten in kochendem Wasser blanchiert werden, damit sie etwas weich werden, bevor man eine pikante Füllung darin einwickelt (S. 141). Konservierte Weinblätter müssen vor der Weiterverarbeitung gründlich in warmem Wasser abgespült werden, um das Salz zu entfernen.

Weinblätter werden auch zum Würzen eingelegter Gemüse verwendet.

WINTERKRESSE
Barbarea verna
(ohne Abb.)
Diese Pflanze sieht aus und schmeckt fast wie Brunnenkresse, sie hat auch ein ähnlich intensives Aroma, doch sie wächst nicht am Wasser. Sie ist als Würze vielseitig in Salaten und Suppen verwendbar.

Kohlgemüse

Kohl gibt es in vielen Sorten und Größen, von den kleinen Rosenkohlröschen bis zu großen Kohlköpfen, die für eine ganze Familie reichen; von den knolligen Kohlrabi bis zum schönen roten Broccoli. Die Farbskala reicht von blassem, grünlichem Weiß bis zu Burgunderrot, und die Kohlsorten umspannen alle Jahreszeiten, auch wenn manche Sorten – speziell Weiß- und Rotkohl – traditionsgemäß als Herbst- und Wintergemüse gelten. Sie sind gute Vitamin- und Mineralstofflieferanten, besonders von Vitamin A, B und C, und enthalten auch beträchtliche Mengen an Eisen, Calcium, Phosphor, Natrium und Magnesium. Darüber hinaus liefern sie, roh gegessen, Enzyme, die vorbeugend und heilend wirken. Kohlgemüse sind wohlschmeckend und kalorienarm.

Grünkohl △

◁ ***Rosenkohl***
Diese Kohlsorte soll erstmals im 13. Jahrhundert um Brüssel angebaut worden sein

Pak-Choi △
oder *Chinesischer Blätterkohl*
Chinesische Kohlsorte mit einem knackigen saftigen Stiel und angenehm schmeckenden Blättern; Pak-Choi wächst sehr schnell und eignet sich ideal für Pfannengerichte

Broccoli △

Kohlrabi ▷
Die Blätter des Kohlrabi sind eßbar, doch eigentlich wird er wegen seiner Wurzel gezüchtet, die einer Rübe ähnelt und einen feinen Kohlgeschmack besitzt

Blühender Pak-Choi △

Roter Broccoli △
Broccoli ist eigentlich eine Blumenkohlart, die, wie hier, einen festen Kopf bilden, aber auch aus einzelnen Sprossen bestehen kann

Grüner Blumenkohl ▷
Dieses wundervolle Gemüse ist eine der Blumenkohlsorten, die in Europa angebaut werden

Blumenkohl △
Blumenkohl stammt wahrscheinlich aus dem Orient und ist in Europa erst seit dem 18. Jahrhundert heimisch; er besitzt einen feinen Geschmack

◁ ***Wirsingkohl***
Wirsing ist mit seinen tiefgefurchten Blättern eine besonders schöne Kohlsorte, die auch einen ausgezeichneten Geschmack besitzt

Winterkohl ▽

Früher Weißkohl △

Rotkohl △
Diese Kohlsorte hält sich besonders gut; Rotkohl schmeckt ausgezeichnet, wenn man ihn raspelt und als Salat anmacht oder langsam dünstet

Weißkohl △
Dieser feste Kohlkopf läßt sich besonders leicht schneiden und eignet sich gut für Krautsalate, etwa den englischen Cole Slaw

Blätter- oder Schnittkohl △
Blätterkohl ergibt eine gute Gemüsebeilage mit einem reinen, erfrischenden Geschmack

Chinakohl △
Chinakohl ist eine erfrischende, knackige und doch saftige Gemüsesorte, die sich für Salate wie auch für Pfannengerichte eignet

Kohlgemüse

Kohl stellt ein Grundlebensmittel der vegetarischen wie der konventionellen Küche dar und kann, wegen der unterschiedlichen Wachstums- und Erntezeiten der einzelnen Sorten, das ganze Jahr über als Suppe, Salat und Hauptgericht serviert werden. Gut zubereitet, ist er als Beilage anderen Gemüsesorten durchaus gleichrangig.

Auswahl und Aufbewahrung

Wählen Sie schöne, frische Blätter, die weder welk zusammengefallen sind noch braune faulige Flecken zeigen. Bei Blumenkohl, Weißkohl, Rosenkohl oder ähnlichen Sorten sollte man darauf achten, daß die Köpfe und Röschen fest sind. Kohl muß an einem kühlen Ort aufbewahrt werden. Er sollte so schnell wie möglich verbraucht werden, obgleich ich festgestellt habe, daß sogar die empfindlicheren Sorten, wie Broccoli, Blätterkohl und Blumenkohl, sich ohne weiteres mehrere Tage im Kühlschrank aufbewahren lassen.

Vor- und Zubereitung

Das Gemüse in Salzwasser waschen; das Salz wirkt dabei als natürliches Desinfizierungsmittel. Die harten Stiele und zähen äußeren Blätter entfernen. Die Art der Zubereitung bestimmt, wie gut oder schlecht sich Kohl verdauen läßt - und sie ist wirklich nicht schwierig. Die folgenden Punkte sollten dabei beachtet werden:

- □ Die Blätter so klein wie möglich schneiden, damit sie schnell garen.
- □ Gerade soviel Kochwasser verwenden, daß das Gemüse nicht anhaftet: Es sollte etwa 1 cm hoch stehen.
- □ Den Topf bedecken, damit das Gemüse, das nicht mit Wasser bedeckt ist, im Dampf gart.
- □ Kochen, bis das Gemüse soeben weich ist - das dauert oft nur 4 Minuten oder, bei feinen Sorten wie Pak-Choi oder Chinakohl, sogar noch kürzer.
- □ Gut abtropfen lassen und nach Wunsch Gewürze und andere Zutaten hinzufügen. Ich persönlich gebe gern etwas Meersalz zu, frisch gemahlenen schwarzen Pfeffer und, falls das Gemüse nicht als Beilage zu einem sehr fetten Gericht serviert wird, etwas Butter. Weitere Vorschläge auf der rechten Seite.

BLÄTTERKOHL und KOPFKOHL
Brassica oleracea
Das ganze Jahr über kann man die eine oder andere Kohlsorte kaufen. Im Frühjahr ergibt BLÄTTER- oder SCHNITTKOHL, feingeschnitten und leicht gegart, eine gute Gemüsebeilage mit einem reinen, erfrischenden Geschmack.

WINTERKOHL, eine weitere frühe Kohlsorte, kann auf ähnliche Weise zubereitet werden oder läßt sich auch, wenn er schön fest ist, zu einem Salat verarbeiten; dazu wird er in feine Streifen geschnitten und mit Zitronensaft und Olivenöl oder einer Vinaigrette angemacht.

WEISSKOHL ist das ganze Jahr über erhältlich und eignet sich als Gemüsebeilage wie auch zu Salaten, etwa einem Cole Slaw (S. 161) oder einem bunten Krautsalat (S. 162).

Besonders feste Weißkohlköpfe lassen sich raspeln und feinschneiden, was sie für Salate ideal macht.

Gehackter gekochter Weißkohl ist eine der Hauptzutaten der russischen Hefeteigpastete Kulibiak. Um eine einfache Version dieser Pastete herzustellen, 1 kg feingehackten gekochten Weißkohl, 1 große gebratene Zwiebel, 250 g in Scheiben geschnittene und gebratene Champignons, 2 hartgekochte Eier, 4 EL gehackte Petersilie, die abgeriebene Schale und den Saft von ½ unbehandelten Zitrone sowie reichlich Salz und frisch gemahlenen schwarzen Pfeffer vermischen. Mit Blätterteig bedecken (S. 271), im heißen Ofen bei 220 °C (Gas Stufe 4-5) 40 Minuten backen und mit Sauerrahm-Kräuter-Dressing (S. 156) servieren.

ROTKOHL schmeckt fein, wenn man ihn langsam mit Zwiebeln und Butter dünstet (S. 180) und als Beilage serviert, ist aber auch als Hauptgericht mit gekochten Kastanien und einem Schuß Rotwein zu gebackenen Kartoffeln mit Sauerrahm sehr schmackhaft. Feingeschnittener Rotkohl sieht in Salaten attraktiv aus.

WIRSINGKOHL ist als Beilage wie als Hauptgericht, ausgehöhlt und gefüllt, gut geeignet. Man kann auch die einzelnen Blätter füllen, etwa mit einer pikanten Masse aus zerdrückten gekochten Kastanien und angebratener Zwiebel oder mit gekochtem Reis, Nüssen und gehackten Kräutern; die Kohlrouladen werden in eine niedrige Auflaufform gelegt, mit etwas kräftig gewürzter Brühe oder einer Sauce - zum Beispiel mit italienischer Tomatensauce (S. 171) oder pikanter Kokosnußsauce (S. 177) - übergossen und etwa 30 Minuten bei Mittelhitze gebacken.

BLUMENKOHL und
GRÜNER BLUMENKOHL
Brassica oleracea
Blumenkohl schmeckt köstlich, wenn er nicht überkocht ist. Meiner Meinung nach ist es am besten, wenn man ihn in Röschen zerteilt und diese so beschneidet, daß alle etwa dieselbe Größe haben. Nur 4-5 Minuten kochen, bis der Blumenkohl gerade weich, aber noch etwas knackig ist, dann abgießen. Wenn man Blumenkohl so zubereitet, braucht er kaum weitere Gewürze, obwohl etwas geriebene Muskatnuß, geriebener Käse oder eine frische Tomatensauce (S. 170) gut dazu passen. Eine der schmackhaftesten Methoden, Blumenkohl zuzubereiten, ist die indische mit reichlich Gewürzen (S. 185).

Um Blumenkohl mit Käsesauce, ein klassisches vegetarisches Gericht, zuzubereiten, leicht gekochte Blumenkohlröschen mit einer gut gewürzten Käsesauce (S. 175) mischen, mit Brotkrumen bestreuen, mit Butterflöckchen belegen und backen oder grillen, bis das Gericht durch und durch heiß und oben schön knusprig ist.

Rohe Blumenkohlröschen eignen sich gut zum Eintunken in Dips.

BROCCOLI *Brassica oleracea*
Broccoli, manchmal als »Spargel des armen Mannes« bezeichnet, ist eines der nährstoffreichsten Gemüse. Er enthält sehr große Mengen an Vitamin A, Folsäure und Calcium und ist daher für Vegetarier besonders wertvoll.

Bei der Zubereitung von Broccoli die zähesten Teile der Stiele entfernen. Dann die Stiele teilen, wenn sie nicht sehr zart sind, damit sie genauso schnell garen wie die zarteren Röschen. Oder die Stiele entfernen, in Julienne-Streifen schneiden (S. 184) und 1-2 Minuten im Wasser kochen, bevor man die Röschen hinzufügt.

Broccoli läßt sich gut pfannenbraten, wobei sich seine frische grüne Farbe intensiviert. Mit Ingwer und Mandeln gemischt, ergibt er eine feine Gemüsebeilage. Um diese zuzubereiten, 750 g Broccoli waschen, die Broccoliköpfe in kleine Röschen zerteilen und die Stiele garen. Ein kleines Stück frische Ing-

Kohl mit Phantasie zubereiten

Probieren Sie diese Zutaten zu heißem, leicht gegartem Kohl:

- ☐ Knoblauchbutter
- ☐ Zerdrückte Wacholderbeeren oder Koriandersamen
- ☐ Gehackte frische Petersilie, Koriander oder Dill
- ☐ Sauerrahm, Kümmel und 1 Prise Paprikapulver
- ☐ Apfelpüree und 1 Prise gemahlene Nelken
- ☐ Kümmel und zerlassene Butter
- ☐ Gehackte gebratene Zwiebeln
- ☐ Gehackte Frühlingszwiebeln oder Schnittlauchröllchen
- ☐ Enthäutete, gehackte Tomaten und etwas gehacktes Basilikum (oder frische Tomatensauce; S. 170)
- ☐ Geriebener frischer Ingwer
- ☐ Geriebene Muskatnuß

werwurzel schälen und feinreiben. Etwa 2 EL Olivenöl in einer großen Pfanne oder einer Wok erhitzen, den Broccoli, Ingwer, etwas Salz und frisch gemahlenen schwarzen Pfeffer hinzufügen. 3 Minuten pfannenrühren, bis der Broccoli durch und durch heiß und etwas weich geworden ist. Mit 30 g Mandelblättchen bestreuen und servieren.

Broccoli schmeckt gut, wenn man ihn einfach mit zerlassener Butter übergießt oder ihn mit einer Vinaigrette anmacht und abkühlen läßt. Für einen besonderen Anlaß ist er köstlich mit einer Sauce hollandaise (S. 176) oder mit Sahne und gerösteten Mandeln; oder mit frischer Tomatensauce (S. 170). Broccoli eignet sich auch als Flanbelag (S. 262) und harmoniert gut mit anderen Sorten in gemischtem gedünstetem Gemüse (S. 181).

CHINAKOHL *Brassica pekinensis*
Chinakohl ist sehr zart und daher geeignet als Salat oder als Zutat für Blattsalate. Ein erfrischender Salat aus Chinakohl und Bohnensprossen sowie einem süß-sauren Dressing wird folgendermaßen zubereitet: 175 g frische Bohnensprossen in kaltem Wasser einweichen, während man die anderen Zutaten vorbereitet. 1 EL klaren Honig, 3 EL Sesamöl oder Olivenöl, 2 EL Sojasauce und frisch gemahlenen schwarzen Pfeffer in einer großen Schüssel vermischen. Ein etwa 2,5 cm langes Stück geschälte und feingeriebene frische Ingwerwurzel gut unterrühren. Dann 350 g feingeschnittenen Chinakohl und 2 grobgeraspelte Möhren dazugeben und im Dressing wenden. Die Bohnensprossen abtropfen lassen, in die Schüssel geben und gut vermengen.

Will man Chinakohl gegart servieren, so schneidet man ihn in feine Streifen, brät ihn 2–3 Minuten in der Pfanne, bis er durch und durch heiß ist. Gehackte Zwiebeln, zerdrückter Knoblauch, geriebener frischer Ingwer, abgeriebene unbehandelte Zitronenschale und gehackte frische Kräuter passen gut zu Chinakohl. Man kann ihn auch in Sesamöl braten und mit einem Schuß Sojasauce und einer Handvoll gerösteter Sesamsamen servieren.

GRÜNKOHL *Brassica oleracea*
Grünkohl bildet keinen festen Kopf. Er sollte gut gewaschen werden, da sich oft Erde und Steinchen an den Stielen anlagern. Grünkohl ist besonders reich an Calcium und B-Vitaminen und war früher ein wichtiges Wintergemüse in Europa, obwohl er für manchen Geschmack ziemlich intensiv ist. Er schmeckt gut, wenn man ihn sehr jung pflückt oder kauft, feinschneidet (alle zähen Stiele werden entfernt) und weich kocht, dann gut abtropfen läßt und mit Butter und frisch gemahlenem schwarzem Pfeffer serviert oder mit einer cremigen Sauce, die eventuell mit 1 Prise Muskat gewürzt ist.

KOHLRABI *Brassica oleracea*
Kohlrabi ähnelt einer Rübe mit Kohlgeschmack, und die Blätter können wie Grünkohl gekocht werden. Die Wurzel kann man in Würfel oder Streifen schneiden und weich kochen. Kohlrabi eignet sich gut für eine Wurzelgemüse-Julienne (S. 184), der sie einen interessanten Farb- und Geschmackskontrast verleiht.

PAK-CHOI oder
CHINESISCHER BLÄTTERKOHL
Brassica chinensis
Diese chinesische Kohlart ist besonders in der fernöstlichen Küche beliebt. Man kocht und bereitet sie zu wie Chinakohl. BLÜHENDER PAK-CHOI kann auf dieselbe Weise gegart werden und sieht auch dekorativ in Salaten und als Garnierung aus. Chinesisches Sauerkraut wird aus Pak-Choi hergestellt und ist in chinesischen Läden erhältlich, wie auch der getrocknete Pak-Choi (ohne Abb.), der eingeweicht werden muß und dann Suppen und Eintöpfen zugefügt werden kann.

ROSENKOHL *Brassica oleracea*
Kleine feste Röschen sind am besten; es dauert zwar länger, sie zuzubereiten, doch es lohnt sich. In der Regel schneidet man die Röschen am Stielende kreuzweise 5 mm tief ein; ich persönlich halbiere sie vor dem Kochen (oder schneide sie, falls sie groß sind, sogar in Viertel), was ich von meiner Mutter lernte. Auf diese Weise garen sie schneller, und ich finde auch, daß sie besser schmecken und schöner aussehen, wenn man ihre gelbe Innenseite sieht.

Für welche Methode man sich auch entscheidet, Rosenkohl benötigt nur eine kurze Garzeit (2–4 Minuten) in sehr wenig Wasser; von der Kochstelle nehmen, bevor die Röschen ganz gar sind, da sie nach dem Abtropfen in der eigenen Hitze weitergaren.

Rosenkohl ist nur wenig gekocht und einfach serviert am besten; für einen besonderen Anlaß kann man ihn mit Sahne und geriebenem Muskat zubereiten. Gekochte Eßkastanien – frische oder ganze Maronen aus der Dose – sind eine schmackhafte (in England auch eine traditionelle) Weihnachtsbeilage zu Rosenkohl. Junge zarte Rosenkohlröschen kann man auch feinschneiden und mit Rosinen und gehacktem Apfel oder mit geraspelten Möhren und gehackten Datteln zu einem Salat anmachen. Wenn sie nicht mehr ganz frisch sind, lassen sie sich immer noch zu einem feinen, blaßgrünen Püree verarbeiten.

Um ein Püree zuzubereiten, 750 g Rosenkohl waschen, putzen und etwa 10 Minuten in sprudelndem Salzwasser kochen, bis die Röschen weich sind. Gut abtropfen lassen, dann im Mixer oder in der Küchenmaschine pürieren. Das Püree wieder in den Topf geben, 15 g Butter hinzufügen und bis zu 150 g Kaffeesahne unterrühren, bis man eine weiche Masse erhält. Mit Salz, frisch gemahlenem schwarzem Pfeffer und frisch geriebener Muskatnuß würzen, dann wieder leicht erhitzen und sofort servieren.

Schotengemüse und Gemüsemais

Viele Schotengemüse spielen in der Gemüseküche eine doppelte Rolle, zum einen als junge frische Gemüse, wie hier, zum anderen als getrocknete Lebensmittel. Dicke Bohnen, Prinzeßbohnen, Erbsen und Gemüsemais findet man in getrockneter Form auch unter den Hülsenfrüchten und Getreiden (S. 40, 44). Wenn man sie leicht kocht, bereichern sie die Mahlzeit durch ihre Farbe, ihre Konsistenz und wertvolle Ballaststoffe. Sie enthalten darüber hinaus viele Nährstoffe und oft mehr Proteine als die meisten Frischgemüse sowie beträchtliche Mengen an Vitamin A, B und C.

Schnitt-* oder *Stangenbohne ▽

Maiskölbchen* oder *Babymais ▽
Diese unreifen Kölbchen können frisch oder eingelegt gekauft werden

Maiskolben (Gemüsemais) △
Mais ist in Mexiko beheimatet und gehört – neben Reis und Weizen – z den wichtigsten Getreidepflanzen der Welt

Feine Erbse △

Dicke* oder *Saubohne ▷
Dicke Bohnen gehören zu den ältesten Kulturpflanzen; sie werden in Europa und Asien seit der Steinzeit angebaut

Erbsenschote △
Erbsen sind eines der ältesten Lebensmittel, und es gibt Hunderte von Erbsensorten; man nimmt an, daß sie aus dem Nahen Osten stammen

Zuckererbse* oder *Mangetout △
Die zarten Schoten werden auch Kaiserschoten genannt; sie werden ganz gegessen

Grüne Bohne ▽
Eine kurze, dicke Variante der Prinzeßbohne; sie wird hauptsächlich in Frankreich und Kenia geerntet

Prinzeßbohne △
Diese Kidneybohnen stammen wahrscheinlich aus Guatemala und waren schon bei den Azteken beliebt, vor allem in getrockneter Form; als sie nach Europa kamen, war vor allem die grüne Variante bekannt

Okraschote △
Okraschoten stammen aus Afrika, werden aber in vielen heißen Ländern angebaut; in der Karibik, Indien und im Vorderen Orient sind sie sehr verbreitet. Okra ist eine wichtige Zutat des kreolischen Gumbo

Schotengemüse und Gemüsemais

Auswahl und Aufbewahrung

Wählen Sie frische, knackige Schoten aus; Erbsen, Bohnen und Okra sind am besten, wenn die Schoten klein sind. Auch Maiskolben sollten jung und zart sein: Ziehen Sie die Hüllblätter etwas ab und prüfen Sie, ob die Körner blaßgelb und glänzend sind. Diese Gemüsesorten halten sich an einem kühlen Ort etwa 1 Tag, im Kühlschrank jedoch 2-3 Tage.

Vor- und Zubereitung

Vergleiche die Erläuterungen zu den einzelnen Gemüsesorten.

DICKE oder SAUBOHNE
Vicia faba
Dicke Bohnen können auf zwei verschiedene Arten zubereitet werden. Wenn sie jung und zart und die Schoten nicht viel größer als Prinzeßbohnen sind, schmecken die Schoten ausgezeichnet; einfach die Enden abschneiden, in gleichmäßig große Stükke schneiden und in wenig sprudelndem Wasser weich kochen. Abgießen und mit gehackter Petersilie und Butter oder in einer Sahnesauce servieren.

Später, wenn die Schoten zu zäh zum Verzehren sind, die Bohnen herauslösen und in kochendem Wasser weich kochen. Falls die Häute der Bohnen zäh sind, kann man sie ablösen, so daß die hellgrünen Bohnenkerne zum Vorschein kommen.

Ältere Saubohnen können zu einer guten Suppe verarbeitet werden. Wenn man sie im Mixer oder in der Küchenmaschine mit Olivenöl und Zitronensaft püriert, erhält man einen ausgezeichneten blaßgrünen Dip, den man auf große flache, in Olivenöl gebratene Champignons häufen oder einem Salat aus Kopfsalatblättern und geraspelten Möhren zufügen kann.

ERBSENSCHOTE *Pisum sativum*
Wenn Sie Erbsen nicht selbst im Garten anbauen, ist es schwierig, frische zu erhalten, die ebenso gut schmecken wie gefrorene, die zur idealen Zeit geerntet und innerhalb weniger Stunden nach dem Pflücken eingefroren wurden. Einfach die Erbsen aus den Schoten lösen und in wenig kochendem Wasser in etwa 4 Minuten gerade weich kochen. FEINE ERBSEN, eine kleine zarte süße Erbsensorte, brauchen nur etwa 1-2 Minuten. Abgießen und mit gehackter Minze und etwas Butter servieren. Erbsen bilden eine farbig-dekorative Zugabe zu vielen Gemüse- und Reisgerichten.

MAISKOLBEN (GEMÜSEMAIS)
Zea mays
Maiskolben haben einen angenehm süßen Geschmack, eine schöne goldgelbe Farbe und eine feste Konsistenz. Ideal wäre es, Maiskolben unmittelbar vor dem Kochen zu pflücken, da der Zucker in den Körnern sich sofort nach dem Schneiden in Stärke umzuwandeln beginnt und sie zäh macht. Wenn man Maiskolben frisch kauft, sollte man die Hüllblätter zurückziehen und prüfen, ob die Körner blaßgelb und glänzend sind. Um sie zuzubereiten, die Hüllblätter und die seidigen Fäden entfernen, dann die Stielenden abschneiden. Den Mais in ungesalzenem Wasser 3-5 Minuten kochen. Er ist gar, wenn sich ein Korn leicht vom Kolben lösen läßt. Mit Butter und Meersalz servieren.

Maiskolben sind eine schmackhafte Vorspeise oder Zwischenmahlzeit für Leute, die gute Zähne haben oder denen es nichts ausmacht, wenn sie sich beim Essen die Hände schmutzig machen. Die Körner geben Salaten Farbe und können auch zu Küchlein (S. 238) verarbeitet werden. Maiskörner kann man in Dosen kaufen, obwohl sie dann aufgrund des Zuckerzusatzes meist zu süß schmecken.

MAISKÖLBCHEN oder BABYMAIS: Die unreifen Kölbchen sind frisch oder eingelegt erhältlich; sie sehen hübsch aus in Salaten, Gemüsetöpfen und pfannengerührten Gerichten.

OKRASCHOTE *Hibiscus esculentus*
Okraschoten, die auch als Gumbos oder Ladyfingers bekannt sind, besitzen eine interessante klebrige Textur und einen feinen Geschmack. Wählen Sie kleine, feste Schoten und schneiden Sie das Stielende ab. Sie schmecken köstlich, wenn man sie mit Kümmel und Koriander zubereitet (S. 186); sie eignen sich auch gut als Zutat zu Gemüsetöpfen, Currys und würzigen Reisgerichten.

PRINZESSBOHNE *Phaseolus vulgaris*
Prinzeßbohnen sind eine der köstlichsten Gemüsesorten, von der es viele Arten gibt, darunter die gewöhnlichen GRÜNEN BOHNEN. Man schneidet einfach die Enden ab und entfernt gegebenenfalls die Fäden (die Bohnen sind am besten, wenn sie sehr jung sind und noch keine Fäden haben).

Die Bohnen können ganz oder in kürzere Stücke geschnitten und gekocht werden. In möglichst wenig kochendem Wasser (½ cm hoch) im geschlossenen Topf weich, das heißt bißfest kochen. Die Kochzeit hängt von der Dicke der Bohnen ab: Sehr dünne brauchen nur etwa 2 Minuten, andere bis zu 10 Minuten. Abtropfen lassen und ohne weitere Zutat oder mit etwas Butter und frisch gemahlenem schwarzem Pfeffer servieren. Ein wenig Zitronensaft und geröstete Mandeln passen auch sehr gut dazu.

Wenn man heiße Prinzeßbohnen mit einer Vinaigrette und frischen Kräutern serviert und dann abkühlen läßt, ergeben sie eine gute Vorspeise oder einen Salat. Mit anderen Gemüsen gemischt, erhält man einen vegetarischen Salade Niçoise (S. 169).

SCHNITT- oder STANGENBOHNEN
Phaseolus coccineus
Schnittbohnen stammen aus Südamerika. Sie sind die Bohnensorte, die in Europa am weitesten verbreitet ist. Falls Sie welche anbauen, so pflücken Sie sie, bevor sie zu lang werden; sie sind köstlich, solange sie jung und zart sind. Die Enden und gegebenenfalls die Fäden an den Seiten entfernen. Schnittbohnen werden gewöhnlich in dünne diagonale Streifen geschnitten. Wie Prinzeßbohnen kochen und servieren. Wenn Sie große Mengen Schnittbohnen ernten, verarbeiten Sie sie einmal zu Chutney oder Piccalilli, dem englischen Senfgemüse.

ZUCKERERBSE oder MANGETOUT
Pisum saccaratum
Bei dieser Erbsensorte verzehrt man auch die Schoten. Zuckererbsen besitzen einen köstlich süßen Geschmack und sind, wenn man sie richtig zubereitet, von knackiger Konsistenz: frische junge Schoten auswählen, die Enden abschneiden, dann 1-2 Minuten in wenig sprudelndem Wasser kochen, damit sie durch und durch heiß und etwas weich werden. Abgießen und sofort servieren. Man kann sie auch Pfannengerichten hinzufügen. Rohe Zuckererbsen eignen sich gut als Crudités zu Dips.

Sprossengemüse

Sprossengemüse werden von altersher hochgeschätzt und haben daher eine lange Anbautradition. Diese Gruppe umfaßt einige der köstlichsten Gemüsesorten, wie Spargel, Artischocken, Chicorée, Bambussprossen und Palmenherzen. Sie sind wunderbar geeignet für ein Essen zu einem besonderen Anlaß oder, in kleinen Mengen verwendet, um einfache Gerichte zu verfeinern. Auch die weniger erlesenen Sprossengemüse, zum Beispiel Stangensellerie und Fenchel – durch den Schutz vor Sonnenlicht während des Wachstums werden sie hell und saftig –, sind mit ihrem reinen, erfrischenden Geschmack und ihrer knackigen Substanz gekocht wie roh köstlich. Sie alle enthalten Vitamine und Minerale.

Artischocke ▷
Gekocht haben diese Riesendisteln einen feinen Geschmack, ob heiß oder kalt serviert

Spargel △
Spargel ist die kultivierte Form einer Lilienart und gilt als Delikatesse. Er wächst in Europa seit über 2000 Jahren

Bambussprosse △
Die Spitzen verschiedener Bambusarten werden auf fernöstlichen Märkten frisch verkauft, aber auch fast überall konserviert

Fenchel ▽
Dieses Sprossengemüse ist dem Stangensellerie ähnlich; es hat federartige Blätter und einen leichten Anisgeschmack, man kann es gekocht und roh verwenden

◁ ***Stangen-, Stauden- oder Bleichsellerie***
Es gibt zwei Arten dieses vielseitigen, knackigen Gemüses: grüne und weiße Stangen

Chicorée ▷
Knackiges Gemüse mit leicht bitterem Geschmack

Palmenherz ▷
Mark der sprießenden Blattstiele bestimmter Palmenarten; Palmenherzen haben einen erlesenen Geschmack

Sprossengemüse

Auswahl und Aufbewahrung

Wählen Sie feste, knackige Exemplare. Spargel, der welk aussieht, feuchte oder trocken verschrumpelte Enden hat, sollten Sie meiden. Spargel ist im Gemüsefach des Kühlschranks oder an einem kühlen Ort aufzubewahren.

Vor- und Zubereitung

Vergleiche die Erläuterungen zu den einzelnen Gemüsesorten.

ARTISCHOCKE *Cynara scolymus*
Sehr zarte junge Artischocken können geputzt als Zutat zu einer Kasserolle aus Sommergemüsen verwendet und 20-30 Minuten leicht gekocht werden, bis sie weich sind.

Für die meisten Artischocken ist allerdings mehr Vorbereitung notwendig: den Stiel abbrechen und dabei alle faserigen Teile aus dem Blütenboden entfernen. Mit einem scharfen Messer oder einer Küchenschere die Blattenden abschneiden, dann die Blätter von der Mitte zur Seite hin abbrechen, bis die weichen inneren Blätter und das sogenannte Heu sichtbar sind. Das Heu mit einem Teelöffel sorgfältig entfernen, dann die Artischocken kalt waschen. Das Innere mit Zitronensaft beträufeln und das Gemüse bis zur Zubereitung in angesäuertem Wasser liegenlassen.

Wasser in einem großen Topf (nicht aus Aluminium) zum Kochen bringen, die Artischocken hineingeben und 30-40 Minuten kochen, bis sich ein Blatt leicht ablösen läßt. 1 EL Zitronensaft oder Weißweinessig kann dem Wasser zugegeben werden. Die Artischocken sorgfältig abtropfen lassen und heiß mit zerlassener Butter und Zitronensaft oder mit Sauce hollandaise (S. 176) servieren, kalt mit einer Vinaigrette (S. 154). Gekochte Artischocken soll man nicht länger als 24 Stunden aufbewahren, da sich ein Giftstoff bilden kann, der eventuell Magenverstimmungen hervorruft.

Möchte man nur die Böden zubereiten, entfernt man Stiel und Heu, um das Herz sichtbar zu machen; dann schneidet man alle Blätter unmittelbar oberhalb des Bodens ab und schließlich auch die Blätter, die sich um den Boden herum befinden. Die Artischockenböden in kochendem Wasser garen, bis sie weich sind. Sie können mit einer Sahnesauce bestrichen oder mit gemischtem Gemüse belegt werden. Man kann sie auch kalt mit einem schmackhaften Dip servieren.

Artischockenherzen erhält man auch in Dosen. Sie sind eine vielseitige Zutat und sollten in keinem Vorratsschrank fehlen; man kann sie gut in Gemüsesalaten, Kasserollen und Risottos verwenden.

BAMBUSSPROSSEN *Bambusa vulgaris*
Sogar in China und Japan zieht man konservierte Bambussprossen häufig den frischen aus praktischen Gründen vor. Sie bewahren ihre Knackigkeit auch gut, wenn man sie abgetropft Pfannengerichten beigibt oder kalt in einem Salat verwendet.

CHICORÉE *Cichorium intybus*
Chicorée, knackig und leicht bitter im Geschmack, ist eine würzige Ergänzung zu einem grünen Blattsalat und schmeckt auch geschmort gut. Man rechnet 1 Chicoréestange pro Person, wenn man ihn als Salat reicht, 2 für ein gekochtes Gericht. Alle äußeren beschädigten Blätter entfernen. Das untere Ende der Stange abschneiden, dann mit der Messerspitze den bitteren Kern herausstechen. Gut mit kaltem Wasser abspülen, aber nicht im Wasser liegenlassen, da dies den bitteren Geschmack verstärken kann. Man bereitet ihn so wie Stangensellerie zu oder verwendet ihn roh als Salat.

FENCHEL *Foeniculum vulgare*
Man rechnet 1 kleine Fenchelknolle pro Person oder 1 größere für 2 Personen. Den Fenchel putzen und waschen, halbieren oder vierteln.

Für die Zubereitung den Fenchel schmoren, als Zutat in Frühlingsgemüsemischungen (S. 181) oder in Kasserollen verwenden. Eine andere Möglichkeit ist, ihn gedünstet mit italienischer Tomatensauce (S. 171) zu servieren oder ihn mit Sahne und etwas geriebenem Käse goldbraun zu überbacken. In Scheiben geschnittener oder gehackter Fenchel schmeckt erfrischend zusammen mit geraspelten Möhren in einem Salat (S. 162); man kann ihn auch mit gewürfelter Salatgurke mischen und zu einem grünen Salat geben.

PALMENHERZ *Sabal palmetto*
Frische Palmenherzen werden gewöhnlich gekocht, bis sie weich sind, und heiß mit zerlassener Butter oder kalt mit Mayonnaise (S. 155) oder einer Vinaigrette (S. 154) gegessen. Konservierte Palmenherzen können genauso serviert werden; probieren Sie sie, in kleine Scheiben geschnitten, mit gewürfelter Avocado oder jungen Champignons und einem Vinaigrettedressing vermischt.

SPARGEL *Asparagus officinalis*
Im wesentlichen gibt es drei Spargelsorten: grünen, weißen und violetten. Kenner sind sich nicht einig, welche Sorte den besten Geschmack hat.

Man rechnet etwa 250 g Spargel pro Person. Den Spargel sorgfältig waschen, besonders um die Spitzen herum, die Sand enthalten können. Dann jede einzelne Stange biegen, bis sie bricht - an der Stelle, wo sie zäh und holzig wird. Mit einem scharfen Messer oder einem Kartoffelschäler die Stange von unterhalb des Kopfes bis zum Ende hin abschälen, dabei nach unten hin dicker schälen.

Wenn man keinen speziellen Spargeltopf besitzt, benutzt man am besten einen Dampfkochtopf, oder man stellt die gebündelten Spargelstangen in einen Kochtopf, der bis zu einer Höhe von etwa 2,5 cm kochendes Wasser enthält; mit einer Folie die Spargelspitzen abdecken. Ob auf die eine oder andere Art, der Spargel muß jedenfalls 10-15 Minuten garen, bis er richtig zart ist. Heiß mit zerlassener Butter oder Sauce hollandaise servieren, kalt mit Vinaigrette.

Konservierter Spargel hat zwar nicht den Geschmack oder die Beschaffenheit des frischen, eignet sich aber zum Garnieren.

STANGEN-, STAUDEN- oder BLEICHSELLERIE *Apium graveolens*
Stangensellerie verleiht Gemüsekasserollen einen ganz besonderen köstlichen Geschmack und ergibt eine ausgezeichnete Suppe. Die Staude in einzelne Stangen aufbrechen, soweit wie nötig putzen und dann gründlich in kaltem Wasser waschen.

Stangensellerie kann geschmort oder kleingehackt und roh gemischten Salaten zugefügt werden. Die zarten Stangen schmecken gut mit Dips oder, mit Rahmfrischkäse oder einer pikanten Creme verziert, als Canapés. Knackiger Stangensellerie paßt auch ausgezeichnet zu Käse, besonders zu Stilton und vergleichbaren Sorten.

Zwiebelgewächse

Zwiebelgewächse, wegen ihrer aromatischen Eigenschaften wertvoll für die vegetarische Küche, enthalten nützliche, aber keine außergewöhnlichen Mengen an Mineralien und Vitaminen (Vitamin A sogar nur sehr wenig). Ihr Gesundheitswert liegt vor allem in ihren natürlichen antibiotischen Wirkungskräften und darin, daß besonders Zwiebeln und Knoblauch bei beständigem Verzehr, roh wie gekocht, dazu beitragen, den Cholesterinspiegel zu senken und Fettablagerungen in den Blutgefäßen zu verhindern. Porree, der ähnlich der Zwiebel das verdauungsfördernde Lauchöl enthält, und Schalotten haben ein feines Aroma und einen süßlichen Geschmack, weniger scharf als der der Zwiebel.

Gemüsezwiebel △
Diese großen Zwiebeln haben den mildesten Geschmack

Silberzwiebel △
Diese kleinen Zwiebeln kann man ganz und in Pickles verwenden

Frühlingszwiebel △
Zarte, junge Zwiebeln, die geerntet werden, bevor sie reifen

Rote Zwiebel ▷
Wegen ihrer Farbe besonders gut geeignet für Garnierungen

Schalotte △
Zwiebelart, bei der die einzelnen Zwiebeln in Bündeln wachsen; Schalotten können rund oder oval geformt sein

◁ ***Porree* oder *Lauch***
Hat ein ausgezeichnetes Aroma und einen leicht süßlichen Geschmack; roh wie gekocht verwendbar

Haushaltszwiebel △
Unübertroffen als geschmacksverleihende Zutat in der vegetarischen Küche, werden Zwiebeln im allgemeinen Nußbraten, Küchlein und allen Arten von pikanten Speisen beigegeben

Zwiebelgewächse

Auswahl und Aufbewahrung

Zwiebelgewächse sollen hell und knackig aussehen, die Knollen fest sein. Zwiebeln, die keimen, feucht wirken, weich sind oder moderig riechen, sind nicht zu empfehlen. Porree und Frühlingszwiebeln bewahrt man am besten an einem kühlen Ort auf, vorzugsweise im Kühlschrank, und verbraucht sie innerhalb von 1-2 Tagen. Zwiebeln halten sich mindestens 1 Woche, wenn sie an einem kühlen, trockenen Ort aufbewahrt werden.

Vor- und Zubereitung

Vergleiche die Erläuterungen zu den einzelnen Sorten.

PORREE oder LAUCH *Allium porrum*
Porree muß sorgfältig gewaschen werden, da er Sand enthalten kann. Zuerst schneidet man die Wurzeln und die grünen Blätter oben bis zu etwa 2,5 cm über den weißen Teil ab. Dann schlitzt man den Porree an einer Seite von oben nach unten auf und spült ihn unter fließendem kaltem Wasser; dabei teilt man die Schichten vorsichtig, ohne die Form des Porrees zu zerstören. Man kann ihn nun entweder ganz lassen, in kürzere Stücke oder in feine Ringe schneiden, um ihn dann roh in einem Salat zu servieren.

Wenn man den Porree ganz lassen will, schneidet man das Wurzelende etwa 2,5 cm tief kreuzweise ein und stellt die Stange 30-60 Minuten mit den Wurzelenden nach unten in einen hohen Wasserkrug. Danach wird der Sand als dunkle Flecken sichtbar, und man kann an den entsprechenden Stellen einen kleinen Einschnitt machen und den Sand mit kaltem Wasser herausspülen.

Porree eignet sich gut als Beigabe zu Gemüsekasserollen und Currygerichten, gekocht und heiß serviert als Gemüsebeilage, als ganze Stange ebenso wie geschnitten oder püriert. Ich meine, am besten dämpft oder dünstet man ihn etwa 10 Minuten, bis er weich ist, in einem zugedeckten Topf, der 2,5 cm hoch Wasser enthält. Er kann auch in Olivenöl oder Butter gegart werden, oder man schmort ihn leicht und läßt ihn dann in Rotwein oder heller Gemüsebrühe garen.

Ich mag gekochten Porree sehr gern kalt als ersten Gang, mit etwas gehackter Petersilie, nachdem man ihn, noch heiß, in ein wenig gut gewürzter Vinaigrette angemacht hat. Eine etwas kunstvollere, aber leicht vorzubereitende Präsentation ist eine Porree-Terrine: den gekochten, abgetropften und passend zugeschnittenen Porree in einen etwa 500 g fassenden Behälter legen. Fest nach unten drücken, mit mehreren Schichten Küchenkrepp belegen und nochmals fest nachpressen. Die Terrine einige Stunden kühl stellen und dann 1 Stunde vor dem Servieren in das Gefrierfach geben, so daß sie fest genug ist, um sich leicht schneiden zu lassen. Aufschneiden und Vinaigrette darübergießen.

ZWIEBEL *Allium cepa*
Es gibt viele Zwiebelsorten; sie reichen farblich von Weiß und Gelb zu Abschattierungen von Violett und Rot und größenmäßig von winzigen Knollen bis zu großen Exemplaren mit bis zu 500 g Gewicht. Zwiebeln variieren auch sehr in ihrer Intensität; einige Sorten schmecken mild und süßlich, während andere äußerst scharf sind. Sogar dieselbe Sorte kann je nach Jahreszeit im Geschmack variieren, von mild zu stark oder umgekehrt.

Zwiebeln bereitet man vor, indem man die Wurzel und den Stiel abschneidet und die äußeren Häute entfernt. Die Zwiebeln waschen, dann je nach Bedarf hacken oder in Scheiben schneiden. Wenn man die Zwiebeln nicht sofort verarbeitet, läßt man sie möglichst nicht im Wasser liegen; man schmort sie vielmehr in ein wenig Öl oder Butter oder wickelt sie in Folie ein. Zwiebeln werden in vielen vegetarischen Gerichten zur Aromatisierung verwendet. Sie eignen sich auch gut für Salate, roh und in Ringe geschnitten, oder für einen köstlichen Kuchen.

SILBERZWIEBELN sind etwas schwierig zu schälen, aber wenn man sie oben und unten abschneidet, dann mit kochendem Wasser bedeckt und 5 Minuten darin liegenläßt, sollte man sie leicht häuten können.

Eine schnelle, ausgezeichnete Methode, um eingelegte Zwiebeln zuzubereiten, ist die folgende, mit der man aber möglichst nur kleine Mengen verarbeiten sollte, da sich die Zwiebeln nicht länger als etwa 4 Monate halten: Die gehäuteten Silberzwiebeln in Gläser geben, dabei über jede Schicht Einmachgewürz streuen; man rechnet 1 gehäuften EL für ein großes Glas. Dann die Gläser mit Malzessig auffüllen und darauf achten, daß die Zwiebeln vollständig bedeckt sind. Mit einem luftdichten, essigresistenten Deckel verschließen und an einem kühlen, trockenen, dunklen Ort mindestens 8 Wochen aufbewahren, bevor man sie mit Käse ißt.

FRÜHLINGSZWIEBELN sind eine attraktive Verzierung und gute Beigabe für Salate oder Crudités, und sie sind ausgezeichnet in einem Pfannengericht oder leicht gegarten Gerichten mit gemischten Gemüsen. SCHALOTTEN *(Allium ascalonicum)* können immer dann verwendet werden, wenn man einen feinen Zwiebelgeschmack erzielen will; sie eignen sich auch zum Einlegen. Geschält werden sie wie Silberzwiebeln.

Die Schärfe der ROTEN ZWIEBELN kann variieren; manche sind ziemlich mild, aber das ist nicht immer der Fall.

GEMÜSEZWIEBELN, mild im Geschmack, sind ideal als Salatzutat, aber auch zum Kochen; sie schmecken ebenso ausgezeichnet gebacken mit einer schmackhaften Füllung. Um gefüllte Zwiebeln für 4 Personen zuzubereiten, wäscht man 4 große Gemüsezwiebeln, schält sie jedoch nicht. In einen großen Topf mit Wasser geben und 20 Minuten köcheln lassen, bis sie weich, aber nicht ganz durchgekocht sind. Abtropfen und abkühlen lassen, dann die Wurzelenden entfernen und die Zwiebeln horizontal in Hälften schneiden. Aus jeder Hälfte den mittleren Teil bis auf 3 oder 4 Zwiebelschichten entfernen, um einen Hohlraum für die Füllung zu schaffen. Die Zwiebeln in einer eingefetteten flachen, feuerfesten Schüssel anordnen. Den Backofen auf 180 °C (Gas Stufe 2-3) vorheizen.

Die Zwiebeln können mit einer Kräuterfüllung (S. 239), mit einer der Nußbratenmassen (S. 230) oder einem ungewöhnlichen Süß-Sauer-Gemisch gefüllt werden: dafür zuerst den Mittelteil der Zwiebel kleinhacken, dann 4 Makronen zerdrücken und zu der Zwiebelmasse geben; 75 g Vollweizen-Brotkrumen, ¼ TL gemahlenen Zimt für jede Zwiebel, Gewürznelken und Muskatnuß, 2 geschlagene Eier, 50 g geriebenen Parmesan und 25-50 g Sultaninen hinzufügen. Würzen, die Masse in die Zwiebelhöhlen füllen, mit Butterflöckchen bestreuen und ohne Deckel 30 Minuten überbacken. Eine scharfe Käsesauce paßt gut dazu.

Wurzelgemüse

Nahrhaft, aufwärmend und sättigend, waren Wurzelgemüse lange Zeit wegen ihrer ausgezeichneten Haltbarkeit und ihres günstigen Preises ein Grundnahrungsmittel im Winter. Radieschen, Möhren und rote Bete bringen Farbe in die Mahlzeiten, während Pastinaken und Steckrüben geschmort und gebraten ausgezeichnet schmecken. Sie enthalten nützliche Mengen an Eisen, Calcium, Eiweiß und B-Vitaminen; Möhren gehören zu den reichsten Vitamin-A-Lieferanten. Wurzelgemüse nehmen Aromen gut auf und können zu schmackhaften Suppen, Schmor- und Eintopfgerichten verarbeitet oder für Salate verwendet werden.

Daikon ▷
Diese Rettichsorte ist in der japanischen Küche beliebt

Rote Bete ▷

◁ ***Radieschen***

Rettich ▽
Es gibt zahlreiche Rettichsorten; sie können die Größe von Murmeln oder von Grapefruits haben, rund oder länglich sein und in der Farbe von Weiß und Rot bis Schwarz variieren

◁ ***Große Klette***
Beliebt in der makrobiotischen Küche

Weißer Rettich ▷

Möhre ▷
Stammt von der wildwachsenden Möhre ab

◁ ***Weiße Kohlrübe***
Weiße Kohlrüben sind größer als Steckrüben und haben keine Furchen

Steckrübe △
Eine der ältesten eßbaren Feldfrüchte Europas; Steckrüben variieren in Form und Größe, und die Haut kann weiß oder grün sein, auch einen Anflug von Violett haben; das Fleisch ist weiß, saftig und scharf

Schwarzwurzel △
Feines Wurzelgemüse mit spargelähnlichem Geschmack

Pastinake △
Wurzel mit süßlichem, unverkennbarem Geschmack; sie wurde in der mittelalterlichen Küche gewöhnlich für Nachspeisen und Leckereien verwendet

Sellerie △
Selleriesorte mit knollenartiger Wurz

Wurzelgemüse

Auswahl und Aufbewahrung

Suchen Sie frische, feste Wurzelgemüse aus, die keine Anzeichen von Runzeln aufweisen. An einem kühlen, trockenen Ort aufbewahren; empfindlichere Wurzeln, wie Rettiche, bewahrt man am besten im Kühlschrank auf, und wenn Platz vorhanden ist, lege ich auch Möhren in den Kühlschrank.

Vor- und Zubereitung

Rettiche und zarte junge Möhren, Steckrüben und rote Bete müssen nur geputzt, ältere Gemüse geschabt werden. Sellerie, Steckrüben, weiße Kohlrüben, Pastinaken und ältere rote Bete sollte man, wenn man sie roh verwendet, ziemlich dick schälen. In gleich große Stücke schneiden, in einen Topf legen, mit kaltem Wasser bedecken und zum Kochen bringen, dann leicht köcheln lassen, bis sie weich sind. Abtropfen lassen und das Kochwasser für eine würzige, nahrhafte Brühe aufbewahren; das Gemüse dann würzen, Butter oder ungehärtete Pflanzenmargarine, kleingehackte Kräuter und vielleicht einen Spritzer Zitronensaft hinzufügen. Schwarzwurzeln und rote Bete (letztere erfordern eine Kochzeit von 1-2 Stunden, je nach Größe), kocht man auf dieselbe Art, bis sie weich sind. Dies ist der Fall, wenn sich die Haut leicht ablösen läßt.

DAIKON *Raphanus sativus*
Daikon hat einen etwas scharfen Geschmack, der etwa zwischen Steckrübe und Rettich liegt. Er kann aufgeschnitten und Wurzelgemüsemischungen oder Pfannengerichten beigegeben, gewürfelt oder geraspelt und mit Salatzutaten kombiniert werden; oder man verwendet ihn, wie beim japanischen Blütensalat (S. 164), als besonders attraktive Verzierung.

GROSSE KLETTE *Arctium lappa*
Ein zähes Wurzelgemüse mit unverkennbarem Geschmack - etwas für Kenner! Es sollte geputzt, dünn in Scheiben geschnitten und 30-40 Minuten gekocht werden, bis es weich ist. Man kann es aber auch Gemüseeintöpfen beigeben.

MEERRETTICH *Armoracia rusticana*
(ohne Abb.)
Vergleiche Seite 124.

MÖHRE *Daucus carota*
Eines der nützlichsten und nahrhaftesten Gemüse. Köstlich roh wie gekocht, sind Möhren wertvoll für Salate, Suppen, Eintöpfe und Kasserollen, eignen sich gut zum Servieren mit Dips und sogar für Kuchen (S. 306). Junge Möhren können unzerkleinert gekocht, größere in dünne Scheiben oder Julienne-Streifen (S. 184) geschnitten, fein- oder grobgeraspelt, mit einem Kartoffelschäler der Länge nach in Streifen geschnitten oder »geschnitzt« (S. 182) werden. Einfach gekocht, als Gemüsebeilage, schmecken Möhren gut mit einer Würze aus gehackter Petersilie, Kümmel oder Anis.

PASTINAKE *Pastinaca sativa*
Pastinaken können wie Kartoffeln geröstet, gekocht und gestampft oder püriert, einer Julienne aus gemischten Wurzelgemüsen (S. 184) zugefügt, in einer Wintersuppe verarbeitet oder Eintöpfen beigegeben werden.

RADIESCHEN und RETTICH
Raphanus sativus
Dünn geschnittene Radieschen und Rettiche bilden eine farbenprächtige und würzigscharfe Ergänzung zu Salaten - probieren Sie einmal, wie sie zu gekochtem, abgekühltem Zuckermais und etwas gehackter Frühlingszwiebel schmecken. Radieschen, die möglichst noch ihre grünen Blätter haben sollten, sind eine gute Beigabe für eine Crudités-Auswahl, und Radieschenblüten oder -rosetten lassen sich leicht für eine Garnierung herstellen (S. 164).

ROTE BETE *Beta vulgaris*
Rote Bete ist gewöhnlich rot, wenngleich auch weiße und goldfarbene Sorten angebaut werden. Wenn man rote Bete zum Kochen vorbereitet, bricht man die Blätter, soweit diese noch vorhanden sind, bis auf etwa 18 cm von der Wurzel ab; die Haut nicht einschneiden oder anstechen, da die Farbe sonst beim Kochen leicht ausläuft. Die Blätter können gleichfalls gekocht werden und schmecken wie Spinat. Gekochte rote Bete kann man als Salat, mit Vinaigrette angemacht, servieren, mit anderen Zutaten, zum Beispiel mit Äpfeln und Sellerie, in einem Meerrettich-, Sauerrahm-, Joghurt- oder Mayonnaisedressing mischen. In der Sowjetunion und Polen wird aus ihnen Borschtsch zubereitet und zusammen mit Buchweizen serviert (S. 44) - ein gutes, preiswertes und sättigendes Essen! Junge gekochte rote Bete schmeckt gut mit Butter, schwarzem Pfeffer und ein wenig Orangensaft und geriebener Orangenschale. Rote Bete kann man auch roh essen: schälen, raspeln, mit einer gleichen Menge geriebenem Apfel und einigen Rosinen mischen oder mit Zwiebelringen und Vinaigrette zu einem sehr gesunden Salat anmachen, der angeblich Fettablagerungen im Körper auflöst.

SCHWARZWURZEL *Scorzonera hispanica*
Gekocht und heiß mit Sahne und Parmesan serviert oder kalt mit Vinaigrette oder Mayonnaise, ergibt dieses Gemüse einen schmackhaften ersten Gang. Es kann ebenso in Ausbackteig oder in Ei und Semmelbröseln gewendet und gebraten werden, bis es knusprig ist; mit Zitronenscheiben servieren. Auch konservierte Schwarzwurzeln sind erhältlich.

SELLERIE
Apium graveolens, var. *rapaceum*
Dieses köstliche Wurzelgemüse mit dem Aroma von Stangensellerie schmeckt sowohl roh wie auch gekocht gut. Wenn man es roh serviert, schneidet man es in feine Julienne-Streifen oder raspelt es grob, dann mischt man es mit einer gut gewürzten Vinaigrette (S. 154). Sellerie kann 1 Minute in kochendem Wasser blanchiert werden, bevor man die Salatsauce hinzufügt. Gekochter Sellerie, gemischt mit der gleichen Menge Kartoffeln, ergibt ein feines Püree.

STECKRÜBE *Brassica rapa*
Steckrüben können auf die gleiche Art wie weiße Kohlrüben zubereitet werden. Ganz junge Steckrüben eignen sich zum Glasieren mit Butter und Zucker (S. 183). Das Kraut, das wie Spinat gegessen wird, ist ein äußerst nahrhaftes, sehr würziges Gemüse.

WEISSE KOHLRÜBE *Brassica napus*
Weiße Kohlrüben haben einen süßlichen Geschmack, nehmen aber auch andere Aromen gut auf und eignen sich für Kasserollen, gewürfelt als Bestandteil eines Salats aus Wurzelgemüsen oder für ein Püree zusammen mit Möhren oder Kartoffeln. Roh, grobgeraspelt und mit Mayonnaise und gehackten Datteln angemacht, ergeben sie einen guten Salat.

Knollengemüse

Knollengemüse - botanisch handelt es sich dabei um Wurzeln, die mit den Winternahrungsvorräten der Pflanze angereichert sind - schließen Kartoffeln ein (sie übertreffen die Weizenernte auf der ganzen Welt, was Umfang und Wert anbelangt), Bataten und Yams, die für alle tropischen Gebiete von Bedeutung sind, und feinwürzige Topinamburs. Da Knollengemüse gewöhnlich in ziemlich großen Mengen verzehrt werden, können sie eine wichtige Nährstoffquelle sein, weil sie Eisen, Eiweiß und Vitamin C enthalten. Außerdem kann man sie zu einigen ganz besonders preisgünstigen und dennoch köstlichen Gerichten verarbeiten.

Kartoffel
Als der Welt bekanntestes Gemüse wurde die Kartoffel, die zu der Familie der Nachtschattengewächse gehört, seit Jahrhunderten im Westen Südamerikas verspeist, bevor sie in anderen Teilen der Welt Beliebtheit erlangte

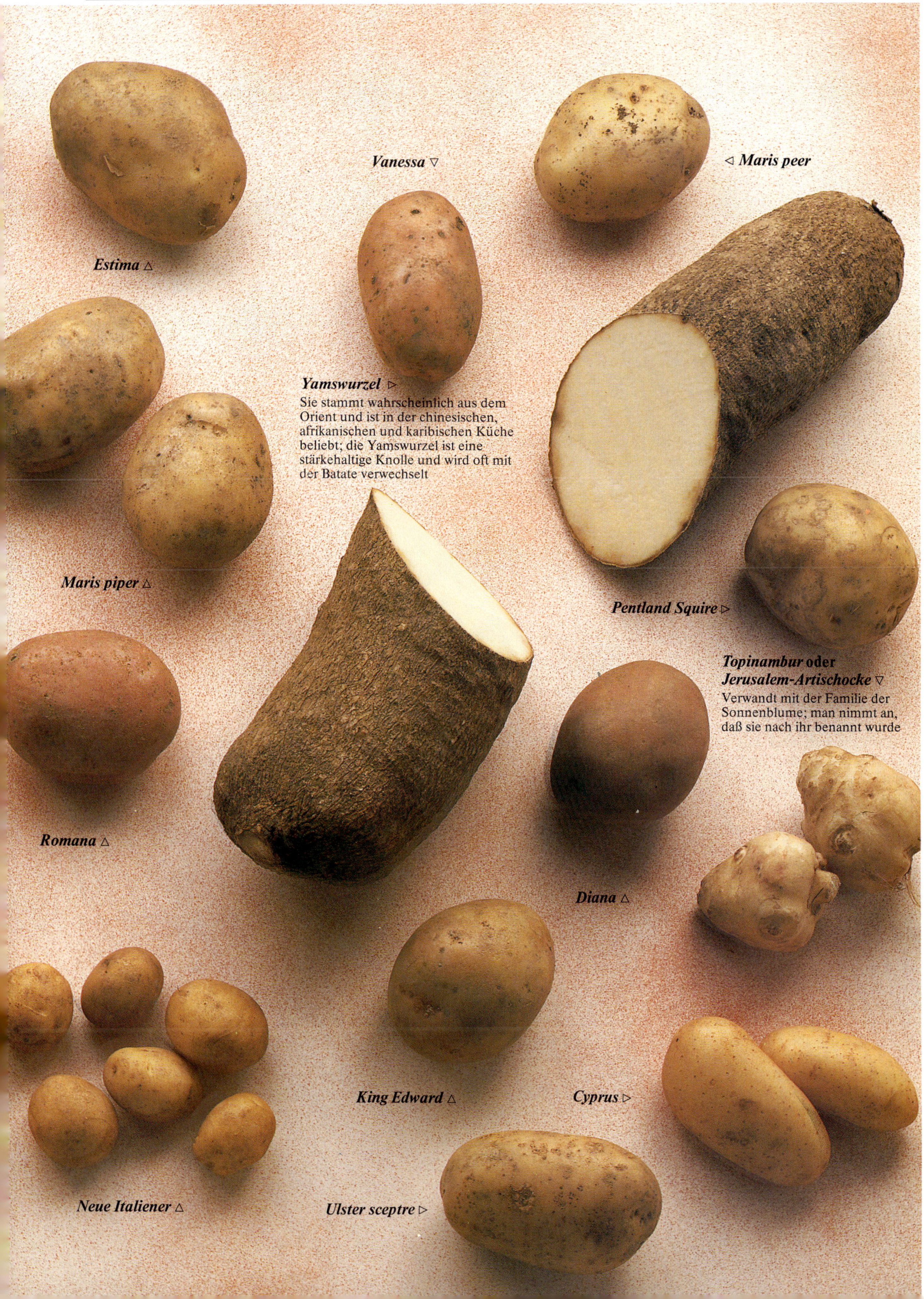

Yamswurzel ▷
Sie stammt wahrscheinlich aus dem Orient und ist in der chinesischen, afrikanischen und karibischen Küche beliebt; die Yamswurzel ist eine stärkehaltige Knolle und wird oft mit der Batate verwechselt

Topinambur* oder *Jerusalem-Artischocke ▽
Verwandt mit der Familie der Sonnenblume; man nimmt an, daß sie nach ihr benannt wurde

Knollengemüse

Auswahl und Aufbewahrung

Wählen Sie feste Knollen, die keine Runzeln oder feuchten Stellen aufweisen. Sie sollten etwa von gleicher Größe und ebenmäßiger Form sein und eine trockene Haut besitzen (vorgewaschene Kartoffeln halten sich nicht so gut wie ungewaschene). Wenn Sie Topinamburs kaufen, suchen Sie welche mit nicht allzu vielen knorrigen Teilen aus - es vereinfacht das Schälen! An einem kühlen, trockenen, dunklen Ort aufbewahren.

Vor- und Zubereitung

Vergleiche die Erläuterungen zu den einzelnen Sorten.

BATATE *Ipomeoa batatas*
Als Mitglied der Familie der Windengewächse hat die Batate süßes, mehliges Fleisch. Es gibt zwei Hauptarten, eine mit gelbem Fleisch und trockener Konsistenz, die andere mit süßem, weißem Fleisch und einer eher wäßrigen Beschaffenheit. Die Schalen variieren in der Farbe und können weiß, rot oder violett sein. Bataten können ziemlich groß werden, und normalerweise ist es möglich, sie stückweise zu kaufen.

Sie können gekocht, geröstet, gebraten oder püriert werden und schmecken besser mit etwas süßem Gewürz: Zimt, Muskatnuß, gemahlenen Gewürznelken oder Piment. Bataten sind auch köstlich, wenn sie in der Schale gebacken und mit Butter gereicht werden. In den USA werden sie gekocht, kandiert und als traditionelle Beilage zum »Thanksgiving«-Mittagsmahl serviert.

Die vielleicht hübscheste (aber nicht unbedingt die schlankmachendste) Art ist es, sie mit Butter und braunem Zucker glasiert zu servieren: Man kocht sie einfach vor, gibt sie in eine flache Kasserolle und bestreut sie mit Butterflöckchen und braunem Zucker. Bei ziemlich hoher Temperatur etwa 40 Minuten im Ofen überbacken, bis sie goldbraun und glasiert sind. Oder bereiten Sie sie nach dem Rezept für glasierte Möhren (S. 182). Auf eine dieser Arten zubereitet, ergeben sie eine ausgezeichnete Beilage für einen Mandelbraten (S. 230) oder andere Nußgerichte zu einer besonderen, festlichen Herbstmahlzeit.

KARTOFFEL *Solanum tuberosum*
Als ein sättigendes Hauptnahrungsmittel, reich an Vitamin C und Kalium, das auch noch nennenswerte Mengen an hochwertigen Proteinen enthält, werden Kartoffeln zu einigen der delikatesten und billigsten Gerichte überall auf der Welt verarbeitet.

Gelegentlich unterscheidet man grob zwischen »speckigen«, das heißt festkochenden Arten, die feucht sind, sogar leicht durchsichtig nach dem Kochen, und »mehligen« Sorten, die eine trockene, weiche Konsistenz haben. In der Regel eignen sich festkochende Kartoffeln am besten für Salate und zum Braten und mehlige für Pürees, zum Kochen und zum Backen in Folien. Es gibt jedoch mehrere Arten, die recht vielseitig sind.

Neue Kartoffeln schmecken gut, wenn man sie nur bürstet und samt Schale kocht, bis sie weich sind, und sie dann heiß mit Butter und gehackten Kräutern serviert oder kalt mit Vinaigrette anmacht. Reifere Kartoffeln können gebürstet und gekocht, in der Schale gebacken oder vor dem Verzehr geschält werden.

Pellkartoffeln oder in der Schale gebackene Kartoffeln, so gegart, daß ihre Schalen knusprig sind (S. 190), mit Butter, Sauerrahm oder verschiedenen Aufstrichen serviert, dazu ein Salat, sind eine meiner bevorzugten, schnell und einfach zuzubereitenden Mahlzeiten.

Sogenannte Bircher-Kartoffeln, eine »Erfindung« des Schweizer Arztes Bircher-Benner (s. auch Bircher-Müesli, S. 240), sind besonders beliebt bei Kindern: mittelgroße Kartoffeln bürsten, der Länge nach halbieren und mit der Schnittseite nach unten auf ein geöltes Backblech legen. Im heißen Ofen bei 220 °C (Gas Stufe 4-5) etwa 45 Minuten backen, bis die Oberseite weich und die Unterseite goldbraun und knusprig ist.

Eine andere köstliche Art, Kartoffeln zuzubereiten, besteht darin, gut abgebürstete, mittelgroße Exemplare in etwa 3 mm dicke Scheiben zu schneiden und sie überlappend, wie Dachziegel, auf einem eingefetteten Backblech anzuordnen. Die Kartoffeln mit Olivenöl einpinseln, mit gehacktem Thymian oder Rosmarin und ein wenig zerdrücktem Knoblauch bestreuen und im heißen Ofen bei 220 °C (Gas Stufe 4-5) goldbraun und knusprig zu überbacken.

Eines meiner bevorzugten Kartoffelrezepte ist ein Püree: Die Kartoffeln werden so lange püriert, bis sie sehr locker und cremig sind, und zwar mit heißer Milch oder, bei besonderen Gelegenheiten, mit Sahne, Butter oder ungehärteter Pflanzenmargarine und einer guten Würze aus Salz und frisch gemahlenem Pfeffer. Kartoffelbrei kann man als Belag für eine vegetarische »Sheperd's Pie« (Auflauf aus Hackfleisch und Kartoffelbrei) verwenden, und ein eventueller Rest kann zu knusprigen Kartoffelküchlein gebacken werden - ein guter, schneller Imbiß für Kinder, besonders, wenn man einige geriebene Nüsse beigibt. Ich beginne die meisten Suppen damit, daß ich eine Zwiebel und ein oder zwei Kartoffeln zusammen in Butter anbrate und dann die anderen Gemüse hinzufüge: Die Kartoffel dickt die Suppe ein und gibt ihr Substanz. Ich denke, Kinder mögen lieber eine einfache Kartoffelsuppe ohne andere Gemüse, außer mit ein wenig Zwiebelaroma, verrührt zu einem weichen, sahnigen Püree.

Jede Landesküche hat ihre eigenen Kartoffelgerichte: »Hashed Browns« aus den USA (S. 191), Rösti aus der Schweiz (S. 189) und Gratin Dauphinois aus Frankreich (S. 190), um nur einige zu nennen.

Kartoffeln erhält man frisch oder gefroren in Form der allgegenwärtigen Pomme frites, konserviert und auf verschiedene getrocknete und pulverisierte Arten.

Kartoffelmehl ist ein leichteres, gesünderes Eindickungsmittel für Saucen als Mehl und Butter; es eignet sich auch gut zur Herstellung von klaren Früchtesuppen, wie etwa die kalte Himbeersuppe (S. 137).

Hinweis d. dt. Red.: Bei uns sind besonders folgende Kartoffelsorten im Handel:

- ☐ Bintje: mittelfrühe Sorte; mehlig-festkochend, außerordentlich vielseitig einsetzbar, geeignet für alle Zubereitungsarten, besonders für Püree
- ☐ Clivia: mittelfrühe Sorte (begrenzt lagerfähig); festkochend, als Salat-, Salz- und Bratkartoffel geeignet
- ☐ Datura: mittelspäte bis späte Sorte (Einkellerung möglich); mehlig-festkochend, geeignet als Salzkartoffel und für Pürees
- ☐ Desirée: mittelfrühe Sorte (gut lagerfähig); mehlig-festkochend, für Püree,

Klöße und Knödel sowie für Eintöpfe geeignet

- □ Grata: mittelfrühe Sorte; festkochend, besonders geeignet für Pommes frites und andere fritierte Kartoffelgerichte
- □ Hansa: mittelfrühe Sorte (Einkellerung möglich); festkochend, als Brat-, Pell- und Salzkartoffel sowie für rohe Klöße geeignet
- □ Hela: sehr frühe Sorte; festkochend, als Salzkartoffel geeignet
- □ Irmgard: mittelfrühe Sorte; mehlig-festkochend, als Salzkartoffel und für Eintöpfe geeignet, auch für Knödel und Klöße
- □ Maritta: späte Sorte (besonders gut für die Einkellerung zu verwenden); als Salzkartoffel, für Pürees und Klöße aus gekochten Kartoffeln geeignet
- □ Nicola: mittelfrühe Sorte; festkochend, als Salzkartoffel geeignet
- □ Saskia: frühe Sorte; mehlig-festkochend, als Salz- oder Pellkartoffel, auch für Pommes frites geeignet
- □ Sieglinde: frühe Sorte; festkochend, als Salatkartoffel, für Pommes frites und Bratkartoffeln sowie für Klöße aus rohen Kartoffeln geeignet

Wie man Röstkartoffeln und Pommes frites zubereitet

Röstkartoffeln

Den Backofen auf 230 °C (Gas Stufe 5) vorheizen, gleich große Kartoffeln schälen - man rechnet etwa 750 g für 4 Personen - und sie in Hälften oder Viertel schneiden. Die Kartoffeln 5 Minuten vorkochen.

In der Zwischenzeit in einen Bräter gerade soviel Öl geben, daß der Boden bedeckt ist (nicht mehr als 3 mm hoch). Das Öl im Ofen erhitzen.

Die Kartoffeln abtropfen lassen. Sorgen sie dafür, daß das Öl und die Kartoffeln kochend heiß sind; am besten stellt man den Bräter auf die Gasflamme oder auf die Wärmeplatte, während man die heißen Kartoffeln hineingibt; aber halten Sie Abstand, da das Öl zischt und spritzt. Die Kartoffeln im Öl wenden, den Bräter zurück in den Ofen stellen und dann die Kartoffeln 45-60 Minuten überbacken, bis sie goldbraun und knusprig sind; nach etwa 30 Minuten wenden. Sollten die Kartoffeln gar sein, bevor Sie mit Ihren Vorbereitungen fertig sind, schalten Sie den Ofen auf 170 °C (Gas Stufe 2) herunter, aber decken Sie die Kartoffeln nicht zu, da sie sonst weich werden. Trocknen Sie sie vor dem Servieren sorgfältig mit Küchenkrepp ab.

Pommes frites

Es gibt zwei Methoden, knusprige Pommes frites herzustellen. Eine davon ist, die Pommes frites bei 190 °C (Gas Stufe 3) in Öl zu fritieren, bis sie weich, aber nicht gebräunt sind, dann das Öl auf 195 °C zu erhitzen und durch ein letztes schnelles Eintauchen die Pommes frites braun und knusprig werden zu lassen. Die andere Art ist, sie so lange in Öl zu fritieren, bis sie knusprig und braun sind.

Ich persönlich wende die erste Methode an, wenn ich eine große Menge an Pommes frites zubereite, weil ich alle zur gleichen Zeit halb garen kann, um sie dann kurz vor dem Servieren schnell portionsweise zu braten. Ich wende die zweite Methode an, wenn ich eine kleine Menge zubereite.

Schneiden Sie die Kartoffeln in 1 cm dicke Scheiben, dann in 1 cm breite Streifen; mit kaltem Wasser abspülen und vor dem Fritieren gut trockentupfen.

TOPINAMBUR oder
JERUSALEM-ARTISCHOCKE
Helianthus tuberosus

Topinamburs können entweder vor oder nach dem Kochen geschält werden. Wenn man sie vorher schält, muß man die kleineren Auswüchse mit abschälen. Die geschälten Wurzeln direkt in kaltes Wasser zusammen mit einem Spritzer Zitronensaft geben, damit ihre Farbe erhalten bleibt. Oder man wäscht sie schnell, kocht sie und zieht die Haut mit einem kleinen scharfen Messer nach dem Kochen ab.

Topinamburs haben einen unverkennbaren Geschmack, der an Artischocken erinnert (daher die Bezeichnung Jerusalem-Artischocke), sind aber nicht so fein. Sie schmecken gut, wenn man sie zu einem cremigen Püree zerkleinert, kalt mit Vinaigrette oder heiß mit Butter und gehackter Petersilie serviert. Sie ergeben auch eine milde Wintersuppe (S. 128) und passen gut zu frischer Tomatensauce. Wenn man das Gericht zusammenstellt, bereitet man zuerst die Tomatensauce (S. 170) vor. Während diese gart, schält man etwa 750 g Topinamburs und schneidet sie in gleich große Stücke. In einen Topf mit 15 g Butter, 4 EL Wasser und etwas Salz geben. Zudecken und bei mittlerer Hitze etwa 20 Minuten kochen, bis sie richtig weich sind. Die Knollen abtropfen lassen, die frische Tomatensauce darübergießen und servieren.

YAMSWURZEL *Dioscorea rotundata, D. cayenensis*

Yamswurzeln sind ein Hauptnahrungsmittel in Westafrika und in der Karibik. Sie haben eine braune, holzige Schale, und ihr Fleisch ist feucht und süß. Es gibt sie in einer Vielzahl von Formen und Größen; gewöhnlich werden sie genau wie Süßkartoffeln zubereitet. Man kann Kasserollen aus ihnen machen, sie kochen und mit würzigem Mischgemüse servieren. Sie nehmen andere Aromen gut an.

Man kann sie auch statt Kartoffeln für Kartoffelsalat verwenden: die Yamswurzeln schälen und vierteln; etwa 15 Minuten kochen, bis sie weich sind, abtropfen und abkühlen lassen, dann würfeln. Die weitere Zubereitung folgt den Kartoffelsalatrezepten (S. 166).

Yamswurzeln schmecken auch gut geschält, aufgeschnitten und zubereitet wie Bratkartoffeln.

Fruchtgemüse

Ursprünglich in tropischen und subtropischen Ländern beheimatet, bieten sich Fruchtgemüse in leuchtenden Farben dar, haben eine saftige Konsistenz und intensive, manchmal scharfe Aromen. Sie sind nahrhaft – Avocados sogar ganz außerordentlich, weil sie reich an Eiweiß und den Vitaminen E und B_6 sind (das besonders Frauen benötigen), während rohe Paprikaschoten einen hohen Anteil an Vitamin C aufweisen; grüne Paprikaschoten enthalten zweimal und rote viermal soviel Vitamin C wie Orangen. Fruchtgemüse sind das ganze Jahr über erhältlich, aber im Sommer ist das Angebot besonders reichhaltig.

◁ *Tomate*
Sie hat ein unverzichtbares Aroma; man kann sie auf verschiedene Arten zubereiten, sie ist immer köstlich

Aubergine △
Ursprünglich in Form und Farbe Eiern ähnlich (daher ihr zweiter Name Eierfrucht). Heute sind Auberginen eher glänzend, ein gutes Stück größer als Eier und haben eine violette Haut

Fleischtomate △
Diese großen Tomaten sind ideal als Behälter für Füllungen und für Salate

Cocktail-* oder *Kirschtomate △
Junge Cocktailtomaten sind eine hübsche Ergänzung für Salate und Kasserollen, sie können auch ausgehöhlt und mit Magerquark oder einem Dip gefüllt werden.

Kenia-Chili ▽

Avocado ▷
Frucht eines Immergrüns; Avocados variieren in der Farbe von Grün mit gelben oder rötlichen Flecken bis zu fast Schwarz und können rund oder birnenförmig sein

Paprikaschote △
Paprikaschoten sind zunächst grün und werden dann beim Reifen am Strauch gelb oder rot; auch sehr dunkle, fast schwarze Paprikaschoten sind erhältlich

Peperoncini ▽

Chilischote △
Es gibt verschiedene Arten, sie variieren in der Schärfe von mild zu feurig und farblich von Grün (Peperoni) zu Gelb oder Rot

Fruchtgemüse

Auswahl und Aufbewahrung

Auberginen, Paprikaschoten und Tomaten sollten leuchtend und fest aussehen und keine Anzeichen von Trockenheit oder Verfärbung aufweisen. Sie variieren ziemlich in Form und Größe. Suchen Sie also welche aus, die für Ihre Zwecke passen. Wählen Sie ebenmäßige Paprikaschoten oder mittelgroße Auberginen, wenn Sie sie füllen wollen. An einem kühlen Ort aufbewahren - ideal ist das Gemüsefach des Kühlschranks. Wenn Sie eine Avocado aussuchen, wählen Sie eine, die leichtem Druck standhält, oder kaufen Sie eine harte und lassen Sie sie 1 Woche bei Zimmertemperatur reifen. Reife Avocados halten sich 1-2 Tage im Kühlschrank.

Vor- und Zubereitung

Vergleiche die Erläuterungen zu den einzelnen Sorten.

AUBERGINE oder EIERFRUCHT
Solanum melongena, var. *esculentum*
Auberginen entwässert man gewöhnlich, bevor man sie kocht, um den bitteren Saft herauszuziehen: in Würfel oder Scheiben schneiden, mit Salz bestreuen und 30 Minuten in einem Sieb abtropfen lassen, bevor man sie mit kaltem Wasser abspült, mit Küchenkrepp trocknet und somit gebrauchsfertig macht. Ich muß gestehen, daß ich mir nicht immer diese Mühe mache, bin jedoch nie auf eine bittere Aubergine gestoßen. Aber das Entwässern verhindert, daß die Aubergine beim Braten zuviel Öl aufsaugt.

Auberginen werden in der Regel mit Haut zubereitet, wenngleich man sie auch schälen kann, wenn man sie für Gerichte wie Parmigiana (S. 202) verwendet. Die Auberginen in runde Scheiben, kurze Streifen oder Würfel schneiden. Zum Füllen sollten sie der Länge nach halbiert und die Schnittflächen kreuzweise eingeschnitten werden, ohne daß man dabei die Haut verletzt. In die Schnittstellen drückt man Salz und läßt die Auberginen 30 Minuten zum Entwässern liegen. Das Fleisch wird dann weich sein und kann mit einem kleinen Messer oder einem Teelöffel herausgekratzt werden.

Auberginen schmecken ausgezeichnet mit einer Füllung (S. 192), in Eintöpfen und Kasserollen, wie zum Beispiel im Kichererbseneintopf auf orientalische Art (S. 211), und in Dips (S. 145). Ich mag sie auch gern geschält und in Streifen geschnitten, in einen leichten Ausbackteig getunkt, fritiert, mit Zitronenscheiben, mit Sauerrahm und einem Kräuter-Dressing (S. 156), als Hauptgericht oder Vorspeise serviert.

AVOCADO *Persea americana*
Am besten benutzt man ein rostfreies Edelstahlmesser, um Avocados zu schneiden, da Stahl einen metallenen Geschmack hinterlassen kann. Mit ihrem delikaten, butterweichen Fleisch schmecken Avocados köstlich mit einer guten Vinaigrette oder gefüllt, heiß oder kalt serviert. Man kann sie Salaten beigeben (S. 163), zu delikaten Kuchen verarbeiten, einem cremigen Dip (S. 144) oder einer gekühlten Suppe (S. 138) beimischen.

Avocadofleisch verfärbt sich nach etwa 1 Stunde. Man kann dies verhindern, indem man es mit Zitronensaft beträufelt. Wenn man einen Dip länger aufheben muß, steckt man den Avocadokern hinein (vor dem Servieren des Dips entfernen!) und deckt ihn mit einer Folie ab. Das erhält die Farbe. Desgleichen verfärbt eine Avocadohälfte sich nicht, wenn man den Stein nicht entfernt, sie mit Folie bedeckt und über Nacht im Kühlschrank aufbewahrt. Es gibt auch junge Avocados ohne Stein; sie sind dekorativ, wenn man sie zum Garnieren oder für Salate in Ringe schneidet.

CHILICHOTE *Capsicum annuum*
Chilischoten variieren in der Schärfe, und als allgemeine Richtlinie gilt: je kleiner die Schote, desto schärfer. PEPERONCINIS sind ziemlich süß und nur mäßig scharf. KENIA-CHILLIES sind ziemlich scharf und schmecken köstlich als Vorspeise, wenn man sie in Öl brät und mit Salz bestreut. Scharfe Chillies sollten zurückhaltend verwendet werden. Eine ist reichlich für ein Gericht, das für 4-6 Personen gedacht ist. Sieht das Rezept eine kleingehackte Chilischote vor, schneidet man sie auf und entfernt die Kerne unter fließendem Wasser. Bringen Sie sie nicht in Berührung mit den Augen oder der Haut, da der Saft der Chilischote Reizungen hervorrufen kann, und waschen Sie hinterher Ihre Hände gut. Getrocknete rote Chillies verwendet man für Chutneys und Pickles.

PAPRIKASCHOTE *Capsicum annuum*
Wegen ihrer leuchtenden Farben und ihres frischen Geschmacks sind Paprikaschoten sowohl roh, in Salaten, als Teil einer Crudités-Auswahl und als Garnierung, gut verwendbar, wie auch gekocht in Kasserollen, Pfannengerichten und Gemüsemischungen. Entkernte Paprikaschoten bieten einen ausgezeichneten Behälter für Füllungen. Wenn man Paprikaschoten zubereitet, schneidet man am Stielende eine dünne Scheibe ab. Die Kerne entfernen und auch die verstreuten unter fließendem kaltem Wasser herausspülen. Man verwendet die Schoten ganz für ein Füllung oder schneidet sie in Ringe, Streifen oder Würfel.

Wenn man die äußere Haut entfernen will, um die Paprikaschote halb gar für einen Salat zu verwenden, legt man sie auf den heißen Grill, wendet sie von Zeit zu Zeit, bis die Haut verkohlt ist, Blasen wirft und sich leicht ablösen läßt. Haut und Kerne unter fließendem kaltem Wasser abspülen. Getrocknete Paprikaschoten können eine gute Würze für Kasserollen sein.

TOMATE *Lycopersicon esculentum*
Es gibt viele Tomatensorten, von der ganz kleinen COCKTAILTOMATE bis zur großen FLEISCHTOMATE. EIERTOMATEN (ohne Abb.), die viel im Mittelmeerraum angebaut werden, haben einen besonders intensiven, süßen Geschmack und ergeben ausgezeichnete Saucen und Salate.

Man verwendet Tomaten mit oder ohne Haut, je nach Rezept. Sie lassen sich häuten, wenn man sie mit kochendem Wasser übergießt und 1 Minute liegenläßt; dann trocknet man sie und schreckt sie mit kaltem Wasser ab. Mit einem kleinen, scharfen Messer wird die Haut abgezogen.

Manchmal wird in Rezepten vorgeschlagen, die Tomaten zu entkernen, aber ich mache das sehr selten, da soviel von der Tomate verlorengeht, besonders die gallertartige Masse um die Kerne herum, die ein wertvoller löslicher Ballaststoff ist. Wenn man für 4 Personen Tomatensalat zubereitet, schneidet man etwa 750 g Tomaten in Scheiben, gibt sie in eine flache Schüssel, beträufelt sie mit 1-2 EL Olivenöl und bestreut sie mit Salz, frisch gemahlenem schwarzem Pfeffer und gehacktem Basilikum. 1 kleine, in Ringe geschnittene Zwiebel kann ebenfalls hinzugefügt werden.

Gurken und Kürbisse

Unter der Bezeichnung Kürbis faßt man die Mitglieder einer weitverzweigten Familie fruchttragender Gemüse zusammen, die verschiedene Arten – Flaschen- und Markkürbisse, Zucchini und Gurken – umfaßt. Kürbisse gehören zu den ältesten Gemüsefamilien der Welt; sie sind zwar kalorienarm, aber nicht besonders nahrhaft, wenngleich die Sorten mit gelbem Fleisch Carotin und nützliche Mengen an Vitamin A und Ballaststoffe enthalten. Zu den Kürbisgewächsen zählen ebenfalls Melonen (S. 94), die jedoch nicht Umfang und Gewicht der Kürbisse erreichen.

Schlangengurke ▷
Sie hat einen köstlichen, leichten Zitronengeschmack, kann aber manchmal bitter sein

Gemüsegurke △
Sie wird häufig eingelegt

Zwiebelkürbis ▷
Gehört zu den Winterkürbissen und hat wohlschmeckendes Fruchtfleisch

Birnenkürbis ▽
Hat ziemlich festes, goldfarbenes Fleisch und ergibt ein ganz ausgezeichnetes Püree

Salatgurke △
Sie sollte fest sein und eine leuchtende Schale haben; sie gehört zu den erfrischendsten Gemüsen

Gartenkürbis △
Er hat leuchtend goldfarbenes Fleisch und eignet sich gleichermaßen für süße und saure Gerichte

Chinesische Wintermelone ▷
Sie kann verwendet werden wie der Markkürbis

◁ ***Butterblumenkürbis***
Ist dem Turbankürbis ähnlich

◁ ***Hokidokürbis***
Als Gemüse und für Suppen geeignet

Eichelkürbis ▽
Ein besonders brauchbarer Kürbis, da er halbiert und in der Schale gebacken werden kann

◁ ***Krummhalskürbis***
Hat helles, grünlich-weißes Fleisch und einen feinen Geschmack

Zucchini ▷
Sie schmecken am besten, wenn sie nicht länger als 10–15 cm sind; leicht gegart, sind sie köstlich

Markkürbis △
Eine ausgereiftere From der Zucchini mit feinem Geschmack

Turbankürbis ▽
Kann wie der Gartenkürbis verwendet werden

Spaghettikürbis ▷
Eine Art Markkürbis mit faserigem Fleisch, das gekocht wie Spaghetti aussieht

Gurken und Kürbisse

Gurken

GURKE *Cucumis sativus*
Gurken gehören zu den ersten und erfrischendsten Gemüsen, die vom Menschen angebaut wurden; sie waren bei dem römischen Kaiser Tiberius so beliebt, daß er sogar im Winter nicht auf sie verzichten wollte. Verschiedene Gurkensorten sind erhältlich, darunter SALAT- und GEMÜSEGURKEN.

Auswahl und Aufbewahrung

Gurken sollten fest und jung sein und eine leuchtende, glänzende Schale haben. Sie müssen an einem kühlen Ort, vorzugsweise im Kühlschrank, aufbewahrt und innerhalb weniger Tage verwendet werden.

Vorbereitung und Verwendung

Die Schale sollte vor der Verwendung gut abgebürstet oder entfernt werden, wenn die Gurken, wie häufig üblich, gewachst oder gespritzt sind. Die Gurke kann aufgehobelt, in Scheiben geschnitten oder für Salate gewürfelt werden. Sie ist besonders gut in einem süß-sauren Dressing, bestehend aus ein wenig Essig, frischem Dill und weißen Senfkörnern, oder zubereitet auf eine Weise, wie sie im Nahen Osten üblich ist, nämlich mit Joghurt oder Sauerrahm und gehackter Minze (S. 167). Man kann Gurken auch zur Verzierung verwenden, Kegelformen aus ihnen bereiten, die eine appetitanregende Füllung für eine Cocktailknabberei enthalten, oder in Streifen schneiden und mit einem schmackhaften Dip servieren.

Kalte Gurken-Joghurt-Suppe (S. 138) ist eine aparte Vorspeise für eine Sommermahlzeit. Erstaunlicherweise sind Gurken auch gekocht eines der köstlichsten Gemüse, wenn man sie in einem geschlossenen Topf in Butter mit etwas Fenchel- oder Dillsamen und einem Lorbeerblatt leicht schmort, bis das Fruchtfleisch goldfarben und fast durchsichtig ist.

Gurken kann man auch füllen und backen: Nehmen Sie ein schönes Gurkenstück von etwa 20 cm Länge, entfernen Sie die Schale, kratzen Sie die Gurkenkerne heraus und füllen Sie den Hohlraum mit einer Mischung aus feingehackten Walnüssen, Zwiebeln, Tomaten und Knoblauch. In einer gut ausgebutterten Kasserolle bedeckt etwa 45 Minuten bei mittlerer Hitze im Ofen backen und mit einem Sauerrahm-Kräuter-Dressing (S. 156) servieren.

In Dill eingelegte Gurken sind fast überall erhältlich und als pikante Zutat für Salate und Sandwiches verwendbar. Kleine frische Gurken kann man selbst einlegen (S. 342).

Kürbisse

Kürbisse gibt es in verschiedenen Formen, Farben und Größen, aber man kann sie grob in Sommer- und Wintersorten einteilen. Sommerkürbisse haben eine weiche Schale - angeblich sind sie zum Verzehr zu alt, wenn man die Schale nicht mit dem Fingernagel durchbohren kann - und wäßriges Fruchtfleisch, während Winterkürbisse eine harte Schale und festeres, eher mehliges Fleisch besitzen. Wegen dieser harten schützenden Schale wurde der Winterkürbis zum Vorratsgemüse, das man in der Zeit, bevor es Kühlschränke gab, für den Winter aufbewahren konnte.

Auswahl und Aufbewahrung

Die feineren Sommerkürbisse sollten fest, doch zart sein und eine weiche, glänzende Schale haben. Sie müssen an einem kühlen Ort, vorzugsweise im Kühlschrank, aufbewahrt und innerhalb weniger Tage verbraucht werden. Die robustere Wintersorte sollte glänzend und hart sein und keinen Makel aufweisen. Als grobe Richtlinie kann gelten: 500 g Sommerkürbis oder 1 kg Winterkürbis für jeweils 4 Personen.

Vor- und Zubereitung

Vergleiche die Erläuterungen zu den einzelnen Sorten.

GARTENKÜRBIS *Cucurbita pepo*
Der Gartenkürbis mit seiner runden Form, goldorangefarbenen Schale und ebensolchem Fleisch sieht wahrscheinlich interessanter aus, als er schmeckt. Er kann aber zu einer ausgezeichneten sämigen Suppe verarbeitet werden, die an einem kühlen Herbsttag mit heißem Knoblauchbrot köstlich schmeckt. Natürlich ist er ein traditioneller Bestandteil der »Thanksgiving«-Feierlichkeiten in den USA, und zwar als würziger Kürbiskuchen (S. 292), und eines der beliebtesten Gemüse in Australien. Am liebsten mag ich ihn in eine flache Auflaufform geschichtet mit Knoblauchbutter, mit Semmelbröseln bestreut und im Ofen überbacken oder mit etwas frisch gemahlenem Ingwer und Knoblauch zubereitet und dann püriert. TURBANKÜRBIS, BIRNENKÜRBIS und EICHELKÜRBIS, HOKIDOKÜRBIS, HUBBARD (ohne Abb.), ZWIEBELKÜRBIS UND BUTTERBLUMENKÜRBIS können auf ähnliche Weise zubereitet werden.

MARKKÜRBIS *Cucurbita pepo*
Markkürbisse und größere Arten der Sommerkürbisse schmecken am besten, wenn die Schale so weich ist, daß man sie mitessen kann; sie können dann in kleine Würfel geschnitten werden. Wenn die Kerne sehr weich sind, kann man sie zusammen mit dem Fruchtfleisch kochen, wenn nicht, sollte man sie herauskratzen. Markkürbisse können genauso wie Zucchini zubereitet werden (die Zubereitungsart mit Butter und Öl paßt für Markkürbisse besonders gut, da sie sie weich und durchsichtig werden läßt und ihnen eine schöne goldbraune Farbe verleiht). 1 feingehackte Schalotte, etwas frisch gemahlener Ingwer oder zerdrückter Knoblauch eignet sich zur zusätzlichen Aromatisierung. Markkürbis, auf diese Art zubereitet, schmeckt gut mit einem knusprigen Belag aus gerösteten Cashewnüssen. Béchamelsauce (S. 175) mit gehackten Kräutern ergänzt einen einfach zubereiteten Markkürbis - gedämpft, bis er gerade weich ist - vorzüglich.

Wenn man die Kerne entfernt, sind Markkürbisse ausgezeichnete Behälter zum Füllen; man höhlt sie entweder von einem Ende her aus oder halbiert sie der Länge nach, oder schneidet sie kreuzweise in Segmente und setzt sie auf der Unterseite auf. Ein Markkürbis, der am Stamm reifen konnte, kann zu einem würzigen Chutney oder zu dem traditionellen Lieblingsgericht der Engländer, Markkürbis mit Ingwermarmelade, verarbeitet werden. Cottagebewohner aus Warwickshire pflegten solche Markkürbisse mit Bändern zu schmücken, sie im Herbst an Dachsparren aufzuhängen und bis Weihnachten aufzuheben.

Unterschiedlich kleine Sommerkürbisse, wie zum Beispiel die hübschen kleinen PATTY PANS (ohne Abb.), sollten samt Schale gekocht werden, bis sie weich sind. Man schneidet sie dann oben ab, fügt ein wenig Butter und Gewürz hinzu und kratzt das Fleisch mit einem Löffel heraus. Die CHINESISCHE WINTERMELONE und der KRUMMHALSKÜRBIS können wie Markkürbisse zubereitet werden.

SCHLANGENKÜRBIS
Tricosantes cucumerina (ohne Abb.)
Dieser ungewöhnlich aussehende, grüne Kürbis stammt aus Südostasien und Australien, und obwohl er manchmal in den USA und in Europa angebaut wird, ist er nicht leicht erhältlich. Er wird viel in der indischen vegetarischen Küche verwendet, ist von fester Beschaffenheit und hat einen ausgezeichneten Geschmack. Den weißen Flaum auf der Schale kann man entfernen, wenn man den Kürbis mit grobem Salz abreibt. Er wird ungeschält gekocht und schmeckt köstlich in leicht gewürzten Gemüse- und Currygerichten. Der Schlangenkürbis wird manchmal mit dem an beiden Enden spitz zulaufenden FLASCHENKÜRBIS (ohne Abb.), einer viel zäheren Kürbissorte, verwechselt.

SPAGHETTIKÜRBIS *Cucurbita pepo*
Er hat faseriges Fleisch, das gekocht wie Spaghetti aussieht (aber wie Markkürbis schmeckt). Den Kürbis halbieren oder vierteln, ohne ihn zu schälen, dann kochen, bis das Fleisch weich ist und herausgekratzt werden kann. Das Fruchtfleisch in ein wenig Butter oder Olivenöl wenden und vor dem Servieren würzen.

ZUCCHINI *Cucurbita pepo*
Diese kleinen Markkürbisse, die grün oder goldfarben sein können, sind von höchster Qualität, wenn sie höchstens 10-15 cm lang sind. In diesem Stadium sind sie zart und haben ein Fruchtfleisch, das auf der Zunge fast zergeht; man braucht nur die Enden abzuschneiden. Sie können im Ganzen gegart werden, in Scheiben oder in streichholzkurze Streifen geschnitten oder grob zerkleinert werden. Einige Rezepte schlagen vor, Zucchini wie Auberginen zu entwässern (S. 73); dies kann hilfreich sein, wenn man beabsichtigt, sie in Butter zu schmoren, da es sie weniger saugfähig macht. Am liebsten bereite ich Zucchini zu, indem ich sie entweder in einem Gemüsedampfkochtopf dünste oder in einem tiefen zugedeckten Topf koche, in dem das Wasser nur 1 cm hoch steht, so daß der größte Teil der Zucchini aus dem Wasser ragt und im Dampf gart. Sobald die Zucchini gerade weich sind (nach 2-4 Minuten), läßt man sie abtropfen und gibt grobes Meersalz, frisch gemahlenen schwarzen Pfeffer, frisch gehackte Kräuter - Petersilie, Minze, Estragon oder Basilikum - und ein wenig Butter zu. Oder man serviert die Zucchini mit einer frischen Tomatensauce (S. 170). Zucchini kann man auch in Butter oder Öl in einem zugedeckten Topf bei niedriger Hitze garen. Sie sind dann zwar sehr schmackhaft, aber ein bißchen fett.

Zucchini schmecken ausgezeichnet zusammen mit Zwiebeln, Knoblauch, Paprikaschoten und Tomaten als Ratatouille (S. 187). Provenzalische Zucchini mit Tomatengratin sind ein köstliches leichtes Abend- oder Mittagessen: Aufgeschnittene Zucchini (1 kg für 4 Personen) werden in Butter leicht gebraten, mit frischer Tomatensauce (S. 170) in eine flache, feuerfeste Form geschichtet und mit einer Mischung aus Semmelbröseln und geriebenem Käse bestreut. Dann überbackt man sie 30-40 Minuten bei mittlerer Hitze.

Für ein anderes ausgezeichnetes provenzalisches Gericht, Reis-Zucchini-Gratin, kocht man zunächst 250 g Naturreis. Dann 1 große Zwiebel und 4 gewürfelte Zucchini in 2 EL Öl braten, bis sie gar sind; den Reis mit 50 g geriebenem Käse, 1 Ei und Gewürzen zugeben. In eine Auflaufform geben, mit geriebenem Käse bestreuen und bei 180 °C (Gas Stufe 2-3) 45 Minuten überbacken.

Größere Zucchini sind eine gute Basis für schmackhafte Füllungen; außerdem bilden Zucchini immer eine angenehme Ergänzung für Gemüsepilaws und Kasserollen. Am besten gibt man sie gegen Ende der Garzeit zu, damit sie nicht verkochen.

Falls erhältlich, sind ZUCCHINIBLÜTEN ein besonderer Genuß, wenn man sie in einen leichten Ausbackteig tunkt und fritiert oder mit einer Nußbratenmasse (S. 230) füllt und backt.

Koch- und Servierideen für Winterkürbis

- ☐ Der Winterkürbis ergibt ein ausgezeichnetes Püree: dämpfen, bis er weich ist, dann zu einer cremigen Masse schlagen; mit Salz, Pfeffer und Knoblauch würzen. Schmeckt gut zu einem knusprigen Haselnußbraten oder zu Küchlein.
- ☐ Für eine gehaltvollere Version schmort man den gewürfelten Kürbis leicht in Butter, bis er weich ist, zusammen mit einer aufgeschnittenen Zwiebel, etwas Knoblauch und gemahlenem Ingwer; dann püriert man ihn.
- ☐ Winterkürbisse und besonders Gartenkürbis ergeben eine ausgezeichnete, cremige, goldfarbene Suppe. Man rechnet 1 kg Gartenkürbis, um für 6 Personen eine Suppe zuzubereiten: Schale und Kerne entfernen, das Fleisch würfeln. 2 große Zwiebeln in 25 g Butter 10 Minuten braten, dann den Gartenkürbis und 2 zerdrückte Knoblauchzehen zugeben und weitere 5 Minuten braten. 1 l Wasser hinzufügen und etwa 20 Minuten köcheln lassen; pürieren, 150 g Kaffeesahne zugeben und würzen. Schmeckt köstlich mit Petersilie bestreut oder mit knusprigen Croûtons.
- ☐ Alle Winterkürbisse nehmen Geschmacksstoffe gut an und werden noch besser durch Knoblaucharoma und starke Gewürze: Ingwer, Currypulver, Piment, Chili, Zimt, Kardamom.
- ☐ Gartenkürbis oder jeder andere Kürbis schmeckt ausgezeichnet überbacken. Man rechnet pro Person 500 g Gartenkürbis (mit Schale und Kernen gewogen): schälen und in etwa 1 cm große Würfel schneiden. In gewürztem Mehl wenden, reichlich gehackte Petersilie und zerdrückten Knoblauch hinzufügen, dann in eine gut ausgefettete Kasserolle geben, mit Butterflöckchen bestreuen oder mit Öl einpinseln und bei niedriger Temperatur (170 °C/ Gas Stufe 2) 2-2½ Stunden überbacken, bis die Oberfläche knusprig und der Gartenkürbis weich ist.
- ☐ Eine ungewöhnliche Nachspeise: Gartenkürbis in Orangensirup. Für 4 Personen schält und schneidet man etwa 1½ kg Gartenkürbis auf und läßt ihn etwa 10 Minuten in einem Sirup aus gut ¼ l Wasser, 100 g Zucker und abgeriebener unbehandelter Orangenschale mäßig kochen. Gekühlt servieren.

Pilze und Trüffeln

Wildwachsende Pilze sind lange Zeit dazu verwendet worden, Mahlzeiten interessanter und nahrhafter zu machen. Doch ob wildwachsend oder gezüchtet, Pilze gehören zu den nützlichsten geschmacksverfeinernden Zutaten der vegetarischen Küche. In größerer Menge verwendet, sind sie sättigend und kräftigend. Auch vom ernährungswissenschaftlichen Standpunkt aus betrachtet, haben sie einige Vorzüge: Sie haben einen hohen Gehalt an Eiweiß, Mineralstoffen und Kohlenhydraten und sind ungewöhnlich reich an Vitamin B_2 und B_3, für deren Aufnahme besonders Vegetarier Sorge tragen müssen.

Frischer Shiitake ▽
Diese chinesischen und japanischen Pilze müssen jung gesammelt und gegessen werden, sonst werden sie zäh

Steinpilz ▽
Er gehört zu den köstlichsten Pilzen; man findet ihn im Sommer und Herbst in Buchen- und Eichenwäldern

Austernpilz ▽
Ein Pilz, der auf Baumstümpfen wächst und zunehmend auch gezüchtet wird

Champignon de Paris ▽
Der erste Zuchtpilz, der in Paris Ende des 18. Jahrhunderts angebaut wurde

Getrockneter Shiitake △

Seitling ▽
Ein attraktiver Pilz mit feinem Geschmack

Pfifferling △
Er hat die Farbe und das Aroma von Aprikosen; man findet ihn in Laubwäldern

Junger Champignon ▽
Zart und fein im Geschmack

◁ ***Schwarze Trüffel***
Schwarze Trüffeln, aus dem Périgord in Frankreich

Eingelegte Pilze
Pilze sind auch eingemacht erhältlich, aber Geschmack und Beschaffenheit der meisten sind nicht gut

Egerling △
Ein Zuchtpilz mit bräunlichem Hut

Weiße Trüffel △
Die hier abgebildeten sind konserviert und innen nicht so weiß wie frische

Großer flacher Zuchtchampignon ▽
Ausgezeichnet zum Braten, Grillen und Füllen

Austernpilz △ ***(eingelegt)***

◁ ***Morchel***
Die Morchel muß man sorgfältig waschen

△ ***Pfifferling (eingelegt)***

◁ ***Kleiner Zuchtchampignon***
Intensiver im Geschmack als junge Champignons

▷ ***Junger Pfifferling (eingel***

Steinpilz △ ***(eingelegt)***

Funghi porcini △
Italienische Bezeichnung für Steinpilze; die hier abgebildeten sind getrocknet

Chinesischer Strohpilz △
Ein sehr schmackhafter Pilz, de außerdem den Konservierungsvorgang gut übersteht

Getrocknetes Holzohr △
Chinesischer Pilz; nach dem Einweichen ist er gelatineartig

Pilze und Trüffeln

Auswahl und Aufbewahrung

Wildwachsende Pilze findet man in Wäldern und auf Wiesen, wenn man Glück hat oder weiß, wo man suchen muß. Frisch kommen sie heute nur noch selten auf den Markt; manchmal kann man sie bei Gemüsehändlern und auf Märkten kaufen, aber das Angebot ist gewöhnlich schwankend: Man greift am besten schnell zu, wenn sie erhältlich sind und man sie sich leisten kann! Das Angebot an Zucht- oder Kulturpilzen ist groß; sie werden das ganze Jahr über gehandelt. Wenn Sie Zuchtpilze kaufen, meiden Sie bräunlich aussehende. Wählen Sie Pilze, die köstlich riechen und frisch aussehen und mit einem leichten Flaum überzogen sind. Schnell verbrauchen; sie halten sich nicht lange, obwohl man sie kühl und trocken 1-2 Tage aufbewahren kann.

Vor- und Zubereitung

Wildwachsende Pilze sollten sorgfältig gewaschen - ich wasche auch Zuchtpilze - und zähe Teile herausgeschnitten werden. Bei Wiesenchampignons sollte die oberste Hautschicht entfernt werden.

Die meisten Pilze schmecken am besten, wenn man sie - falls notwendig - in Scheiben schneidet und einfach etwa 5 Minuten in Butter leicht brät, bis sie gar sind. Sollten Pilze während des Bratens viel Flüssigkeit absondern, gießt man diese entweder ab oder bewahrt sie auf, um damit eine Suppe oder Sauce zu würzen; oder man dickt sie ein, indem man eine kleine Menge mit Wasser verrührtes Stärkemehl dazugibt. Am besten aber läßt man die Pilze bei hoher Temperatur weitergaren, bis die ganze Flüssigkeit absorbiert ist; das dauert etwa 20-30 Minuten. Köstlich schmecken sie auch gefüllt, in Pasteten, Kuchen oder roh in Salaten.

Pilze in Sahnesauce bereitet man wie beschrieben vor; man rechnet 1 kg frische Pilze für 4 Personen: in 25 g Butter bei hoher Temperatur 20-30 Minuten braten, bis die ganze Flüssigkeit absorbiert ist; dann fügt man 150 g Crème double hinzu, würzt mit Salz, frisch gemahlenem schwarzem Pfeffer, ein wenig Zitronensaft und etwas geriebener Muskatnuß.

AUSTERNPILZ *Pleurotus ostreatus*
Die elfenbeinfarbenen Austernpilze sind eine Neuzüchtung. Sie wachsen auf Holz, haben einen breitkrempigen Hut, saftiges Fleisch und einen aromatischen Geschmack nach Waldpilzen. Mit ihrer festen Konsistenz eignen sie sich besonders als Zutat für Kasserollen; man verwendet sie wie Zuchtpilze.

CHINESISCHER STROHPILZ
Volvariella volvacea
Chinesische Strohpilze sind klein und haben eine kegelförmige Kappe. Sie werden in Reisfeldern auf Reisstroh kultiviert. Man erhält sie getrocknet und in Dosen; sie sind eine schmackhafte Zutat für Gemüsepfannengerichte.

HOLZOHR *Auricularia polytricha*
Diese recht zähen Pilze werden in chinesischen Gerichten verwendet. Vor Gebrauch 30 Minuten in kochendem Wasser einweichen. Am besten schmecken sie in Suppen.

MORCHEL *Morchella esculenta* und *M. vulgaris*
Dieser schmackhafte Pilz enthält in seiner wabenartigen Kappe häufig Sand und manchmal Insekten, so daß man die Kappe am besten abschneidet und in Salzwasser wäscht. Es lohnt sich, getrocknete Morcheln zu kaufen (wenn man genügend Geld hat): 30 Minuten in heißem Wasser einweichen, abgießen und das Einweichwasser zum Kochen aufbewahren. Die Morcheln gut abwaschen, kleinhacken und zu Kasserollen, Suppen und Saucen geben, um einen köstlichen, intensiven Pilzgeschmack zu erzielen.

PFIFFERLING *Cantharellus cibarius*
Der trompetenförmige Pfifferling hat festes, gelbliches Fleisch und schmeckt köstlich in Kasserollen. Er hat einen leichten Pfeffergeschmack und bleibt bißfest, wie lange man ihn auch kochen läßt.

SEITLING *Pleurotus ostreatus*
Dieser feinwürzige Pilz kann ähnlich wie der Pfifferling zubereitet werden.

SHIITAKE *Lentinus edodes*
Frische Shiitake können aufgeschnitten, gebraten und Reisgerichten, Eintöpfen und Pfannengerichten beigegeben werden. Getrocknete Shiitake in kochendem Wasser 30 Minuten einweichen, dann abtropfen lassen und kleinhacken. Das Einweichwasser für das Gericht verwenden oder als Brühe aufbewahren.

STEINPILZ *Boletus edulis*
Steinpilze, auch Herrenpilze genannt, haben unter ihren Kappen Röhrchen anstelle der üblichen Lamellen. Steinpilze schmecken köstlich, wenn man sie wie oben beschrieben zubereitet; sie sind aber auch eine ausgezeichnete Zutat in Kasserollen.

Italienische FUNGHI PORCINI sind getrocknete Steinpilze. Sie sind zwar ziemlich teuer, doch schon einige wenige, gemischt mit Zuchtpilzen, einer Gemüsekasserolle beigegeben, bewirken einen ausgeprägten Geschmack. Nur waschen, dann nach Belieben verwenden.

TRÜFFEL, SCHWARZE und WEISSE
Tuber melansporum und *T. magnatum*
Schwarze Trüffeln sind sehr teuer; sie werden kleingehackt und Gerichten zur Aromatisierung zugefügt. Weiße Trüffeln werden roh in feine Scheibchen geschnitten und auf Gerichten verteilt, um diesen einen exquisiten Geschmack zu verleihen. Konservierte Trüffeln haben nicht das Aroma und den Geschmack von frischen.

WIESENCHAMPIGNON
Agaricus campestris (ohne Abb.)
Wiesenchampignons haben einen wunderbaren, ausgeprägten Pilzgeschmack, der viel intensiver ist als der von Zuchtpilzen. Köstlich schmecken sie einfach gebraten oder als Duxelles, für die man feingehackte Pilze zusammen mit 1 feingehackten Zwiebel etwa 30 Minuten in der offenen Pfanne brät, bis sie zu einem dicken Püree geworden sind.

ZUCHTPILZE *Agaricus bisporus*
Man erhält sie in verschiedenen Wachstumsstadien. Zuerst gibt es die kleinen, festen JUNGEN CHAMPIGNONS, die ausgezeichnet in Saucen (S. 174) und in Salaten (S. 163) schmecken; man kann sie ebenso im Ganzen marinieren. Auch die mittelgroßen ZUCHTCHAMPIGNONS sind vielfältig verwendbar. Sie eignen sich besonders gut für Beignets und Pilzpfannkuchen. Die großen flachen Zuchtchampignons sind ideal zum Füllen, Grillen oder Braten. EGERLING und CHAMPIGNON DE PARIS sind weitere Zuchtpilze.

Meeresgemüse

Algen oder Meeresgemüse, wie es appetitanregender heißt, war von alters her ein wichtiges Nahrungsmittel überall auf der Welt, und es wurden viele Arten gezüchtet und verwendet. In manchen armen Küstengegenden sicherte Meeresgemüse das Überleben. In Japan ist es ein wichtiger Bestandteil der heimischen Küche. Es wird dort hauptsächlich als Würz- und Bindemittel verwendet. Meeresgemüse ist reich an Nährstoffen - unter anderem an Eiweiß, Eisen, Calcium, Kalium, Natrium, Jod - und einer der wenigen nichttierischen Lieferanten von Vitamin B_{12}, das in Gemüse sehr selten vorkommt, weshalb Vegetarier ihr besonderes Augenmerk darauf richten müssen.

Arame ▽
Ein Meeresgemüse von delikatem, leicht süßlichem Geschmack, das in den Meeren um Japan wächst

◁ ***Dulse***
Von purpurroter Farbe und ziemlich zäher Konsistenz

Kombu ▽
Stammt aus den nördlichen Meeren Japans. Kombu gibt es in dicken schwarzen Streifen; er eignet sich zum Würzen von Brühen und Suppen

Wakame ▽
Vielseitig verwendbar und von mildem Geschmack

Laver ▽
Seine Farbskala reicht von Purpurrosa bis Grünlich-Braun. Laver wächst an den felsigen Küsten Nordeuropas. Man kann ihn getrocknet oder gekocht, wie abgebildet, kaufen

Nori ▽
Dies ist das bekannteste Meeresgemüse, und ich persönlich mag es am liebsten. Nori wird in Japan zu Blättern verarbeitet, indem man den Tang von Hand nach dem Trocknen preßt

▽ ***Carageen***
Dieses blaßfarbene, verästelte Seegemüse findet man an den felsigen Küsten Nordeuropas und an der Küste von Maine bis North Carolina in den USA

Hijiki ▷
Bedeutet in Japan, wo es seit Jahrhunderten verwendet wird, »Träger von Reichtum und Schönheit«; wie Arame zu verwenden

Meeresgemüse

Auswahl und Aufbewahrung

Meeresgemüse kann man in Reformhäusern und Vollwertkostgeschäften sowie in Läden, die japanische Zutaten führen, kaufen. Bewahren Sie es in einem luftdichten Behälter an einem kühlen, trockenen Ort auf.

Vorbereitung und Verwendung

Die meisten Meeresgemüse (mit Ausnahme von Nori, s. unten) müssen, da getrocknet, vor der Verwendung eingeweicht werden. Geben Sie das Meeresgemüse in eine Schüssel (beginnen Sie mit einer kleinen Menge, etwa 15 g, wenn Sie es erstmals verwenden). Mit kochendem Wasser bedecken, 20 Minuten ziehen und dann abtropfen lassen. Das Einweichwasser, das wertvolle Nährstoffe enthält, kann - wenn es nicht zu salzig ist oder zu stark schmeckt - bei der Zubereitung eines Gerichts verwendet werden. Dann das Meeresgemüse in einen Topf geben, mit frischem kaltem Wasser (das mit frisch gemahlenem Ingwer oder Tamari gewürzt sein kann) übergießen und leicht köcheln lassen, bis es weich ist - im allgemeinen 20-30 Minuten. Das gegarte Meeresgemüse kann auch einem Gemüseeintopf beigegeben werden. Abgekühlt und mit frischen Gemüsen und einem Dressing gemischt, ergibt es einen ausgezeichneten Salat.

Meeresgemüse enthält natürliche Gelatine, und einige Arten, hauptsächlich Carageen und Agar-Agar (ohne Abb., S. 286) können zur Herstellung vegetarischer Gelees und Puddings verwendet werden.

ARAME *Eisenia bicyclis*
Arame wird nach der Ernte in lange, dünne Streifen geschnitten. Es eignet sich gut für einen ersten Versuch, wenn man mit Meeresgemüse noch nicht vertraut ist. Arame schmeckt in Salaten, wie im Radieschen-Gurken-Arame-Salat (S. 164), und in Gemüsebeilagen. Es braucht vor der Verwendung nur 5 Minuten eingeweicht und 20 Minuten gekocht zu werden.

CARAGEEN *Chondrus crispus*
Carageen kann gekocht und in Gemüsebeilagen oder Salaten serviert werden. Meiner Meinung nach eignet es sich am besten als Geliermittel, da es ein leichtes, würziges Gelee ergibt, oder für einen Pudding. Um Carageen-Pudding herzustellen, weicht man etwa 7 g Carageen 10 Minuten in warmem Wasser ein und gibt es nach dem Abtropfen in einen Kochtopf mit gut 1 l Milch und 1 Vanilleschote; 20 Minuten köcheln lassen. Zur Geleegewinnung durch ein feines Sieb pressen, 4 EL klaren Honig oder Zucker und 1 Eigelb zugeben, zum Schluß in das verquirlte Eiweiß einschlagen. In Förmchen gießen und fest werden lassen. Man kann auch Sojamilch verwenden und das Ei weglassen.

DULSE *Rhodymenia palmata*
Dulse wird nicht sehr weich, sogar wenn man sie 40-50 Minuten kocht, und ist deshalb nicht nach jedermanns Geschmack. Sie ist aber ein Meeresgemüse, das ich besonders mag, wenn es fein zerkleinert ist und Suppen oder Reisgerichten beigefügt wird.

HIJIKI *Hiziki fusiforme*
Hijiki wird grob zerkleinert verkauft und besitzt einen süßen, delikaten Geschmack, recht ähnlich dem von Arame. Es ist ein hervorragender Lieferant von Eisen und Calcium, da bereits 15 g nahezu die Hälfte der täglich von einem Erwachsenen benötigten Menge enthält. Es schmeckt am köstlichsten, so scheint mir, zu Salaten, Reis- und Gemüsemischungen oder als Beilage zu Gemüsepfannengerichten.

KOMBU *Laminaria japonica*
Sehr häufig wird Kombu verwendet, um Brühen zu würzen, und als sehr aromatisches Meeresgemüse ist Kombu ein wesentlicher Bestandteil der japanischen Brühe Dashi: Ein Streifen hat Würzkraft für gut ½ l Wasser.

LAVER *Porphyra umbilicalis*
Bereiten Sie Laver wie beschrieben zu, und lassen Sie ihn 50-60 Minuten kochen. Laver kann man auch fertig gekocht und konserviert kaufen; er sieht wie ein dickes, grünes Püree aus. Um Laverbrot, eine walliserische Delikatesse, herzustellen, wird ein Laverpüree mit Hafermehl gemischt. Meiner Meinung nach muß man entweder Walliser oder ein echter Algenliebhaber sein, um Laver zu mögen.

NORI *Porphyra tenera*
Wenn man mit der Verwendung von Meeresgemüsen nicht vertraut ist, ist Nori, das anders als die übrigen Meeresgemüse zubereitet wird, gut geeignet zum Ausprobieren. Nehmen Sie ein Blatt Nori, halten Sie es für etwa 1 Minute an eine Herdplatte oder Gasflamme, und bewegen Sie es langsam, bis es geröstet und rundherum knusprig ist. Es kann dann zum Einrollen von schmackhaften, pikanten Zutaten dienen, wie man sie für Sushi (S. 142) verwendet, oder Sie können es zerbröseln und auf Salate, Suppen, Pfannengerichte oder Gemüsebrühen streuen.

WAKAME *Undaria pinnatifida*
Wenn Sie Wakame eingeweicht haben (s. oben), öffnen Sie die Blätter, schneiden dann die Mittelrippe heraus und kochen Wakame wie beschrieben. Wakame wird für die klassische Misosuppe (S. 133) verwendet, als Würze für Suppen und Eintöpfe sowie als Zugabe zu Salaten und Gemüsebeilagen. Für einen pikanten Reissalat geben Sie eingeweichtes und gehacktes Wakame zu gekochtem braunem Reis. Würzen Sie mit Salz, Pfeffer, Zucker und Essig, und geben Sie dann zerkleinertes, frisches Gemüse dazu. Garnieren Sie mit Sesamkörnern.

Vorschläge für die Verwendung von Meeresgemüsen

- ☐ Nori rösten und über Salat, Pfannengericht oder cremigem Dip zerbröckeln; man erhält einen scharfen, salzigen Geschmack.
- ☐ Kombu einweichen und in Stücke schneiden, mit Chilipulver, zerdrücktem Knoblauch, einer kleingehackten Gemüsezwiebel, Essig, Zucker, Salz und Pfeffer würzen. Als Beilage zu einem süß-sauren Reis (S. 241) und gebratenen Gemüsen servieren.
- ☐ Wakame einweichen und in Stücke schneiden, mit einer gewürfelten Gurke, in Scheiben geschnittenem Rettich, Zucker, Essig, Salz und Pfeffer vermischen. 1-2 Stunden (oder länger) marinieren, mit Sesamkörnern bestreuen und als Beilage zu süß-saurem Reis servieren.
- ☐ Für eine pikante Knabberei oder Beilage gibt man eingeweichtes und gewürfeltes Wakame zu verrührten Eiern; auf beiden Seiten braten und vor dem Verzehr in Sojasauce tauchen.

Äpfel, Birnen und Trauben

Äpfel, Birnen und Tafeltrauben werden seit Jahrhunderten angebaut und genossen. Sie sind köstlich, erfrischend und das ganze Jahr über erhältlich. Sie enthalten eine Anzahl wertvoller Vitamine und Mineralstoffe; Äpfel und Birnen sind reich an Ballaststoffen, Birnen das an Fruchtsäuren ärmste Obst. Es gibt sehr viele verschiedene Apfel- und Birnensorten – in Deutschland werden etwa 1000 Apfel- und etwa 700 Birnenarten kultiviert –, obwohl in den letzten Jahren die Tendenz erkennbar wurde, sich auf einige wenige hervorragende Sorten zu konzentrieren. Europa gilt darüber hinaus als der Welt eigentlicher »Weingarten«.

Traube
Trauben werden allgemein nach Tafeltrauben, die hier abgebildeten, und Keltertrauben für die Weinherstellung unterschieden

Birne
Es gibt etwa 1500 Birnensorten, aber nur etwa die Hälfte werden im allgemeinen angebaut, wovon 20–30 gehandelt werden

Apfel
Er stammt vom Holzapfel ab, der in ganz Europa wild wächst; Äpfel werden üblicherweise in Koch- und Eßäpfel eingeteilt

Äpfel, Birnen und Trauben

APFEL *Malus pumila*

Auswahl und Aufbewahrung

Der Apfel gehört zum Grundstand des Vorratsschrankes, und irgendeine Sorte ist immer erhältlich. Wählen Sie leuchtende, feste, süß riechende Früchte, die keine Runzeln oder Druckstellen aufweisen. Am besten bewahrt man sie an einem kühlen, luftigen Ort auf. Nur späte Äpfel halten sich über den Winter; wenn man sie einzeln in Zeitungspapier wickelt und in Schachteln oder Regalen an einem kühlen Ort aufbewahrt, halten sie sich einige Monate.

Vorbereitung und Verwendung

Gute Eßäpfel schmecken köstlich, so wie sie sind, oder mit Käse, zum Beispiel mit einem Stück reifem Cheddar. Man kann sie zerkleinern und Obstsalaten und Kompotten beigeben oder mit Gemüsen mischen für einen schmackhaften Salat, etwa den berühmten Waldorfsalat (S. 169). Muß man einen rohen Apfel für unbestimmte Zeit aufbewahren, taucht man die Stücke entweder in eine leichte Salzlösung oder macht sie in Zitronen- oder Orangensaft an, damit sie die Farbe bewahren. Geriebene Äpfel sind Basis des Bircher-Müeslis (S. 240). Eßäpfel kann man auch zum Kochen verwenden; ich ziehe sie in der Tat den eher säuerlich schmeckenden Kochäpfeln für manche Gerichte vor, da ihre natürliche Süße die Reduzierung des Zuckers ermöglicht. Geschälte, in Scheiben geschnittene Cox Orange schmecken köstlich, wenn man sie mit Rosinen dünstet und zu einem Apfelkuchen (S. 294) verbackt oder als Belag für einen ungedeckten Kuchen verwendet: Halten Sie sich an das Rezept für die glasierte rote Obsttorte (S. 292), aber verwenden Sie leicht gedünstete Apfelscheiben, und glasieren Sie sie mit durchgesiebter warmer Aprikosenmarmelade.

Ein anderer, sehr häufig angebauter Apfel ist der Golden Delicious; er ist fest und knackig - manche finden die jungen Äpfel geschmacklich fade; beim Reifen wird er goldfarben und süßer. Wie der Cox Orange können Golden Delicious-Äpfel für Torten und Obstkuchen verwendet werden - in Frankreich ist das recht häufig der Fall. Der Granny Smith ist eine andere Sorte, die man mag oder auch nicht; er ist grün, sehr knackig und hat einen reinen, erfrischenden Geschmack. Der Starking ist ein köstlicher Eßapfel, sehr knackig, mit süßem weißem Fleisch. Ein anderer beliebter Apfel mit roter Schale ist der Rote Delicious, eine feste, süße Sorte, die in den USA kultiviert wurde. Dieser Apfel kann roh oder gebacken verzehrt werden. Ingrid Marie-Äpfel wurden in Dänemark entwickelt; sie eignen sich als Koch- wie auch Eßäpfel und haben einen sahnigen Geschmack. Andere gute Eßäpfel sind die Goldparmäne, der Weisse Klarapfel und die Cox Orangen-Renette, im Geschmack dem Cox Orange ähnlich, der Boskop mit seiner braunen Schale und dem köstlichen, saftigen Geschmack, der englische Crispin, James Grieve, die Goldrenette und der Jonagold.

Kochäpfel verwendet man am besten dann, wenn ein säuerlicher Geschmack gewünscht wird; einige Kochäpfel, wie der Gravensteiner, fallen beim Kochen zusammen, deshalb eignen sie sich ausgezeichnet zur Zubereitung von Apfelmus. Große Kochäpfel schmecken hervorragend, wenn man sie entkernt, um die Mitte herum einschneidet, damit sie nicht platzen, und dann mit Trockenobst oder einer Mischung aus Dörrobst und Sirup oder mit Honig und gehackten Nüssen füllt und sie anschließend 40-50 Minuten bei mittlerer Hitze backt. Oder man schält und entkernt sie, wickelt sie in Mürbeteig und bereitet so »Äpfel im Schlafrock« zu.

Gekochte Äpfel sind Basis vieler ausgezeichneter Nachspeisen: Apfel-Streusel-Dessert, Apfelmeringe, Sahnespeise, Apfelmus, um nur einige wenige zu erwähnen. Ich stelle gern Eis aus pürierten Äpfeln her (S. 281) und serviere es zusammen mit Brombeersauce (S. 300) oder mit einem Sorbet (S. 282). Kochäpfel verwendet man auch für die Herstellung von Apfelmus, eine ausgezeichnete Beilage zu einem pikanten Linsenauflauf (S. 213). Um Apfelmus zuzubereiten, gart man 500 g geschälte, entkernte und aufgeschnittene Kochäpfel in 30 g Butter oder ungehärtete Pflanzenmargarine 10 Minuten in einem zugedeckten Topf, bis sie breiig sind. Kochäpfel kann man auch für einen herb-süß schmeckenden Apfelgelee - er gehört zu den besten Gelees - oder für ein süßes, würziges Chutney (S. 342) verwenden.

Holzäpfel, die Uräpfel, sind klein und haben eher die Größe von großen Kirschen als von Äpfeln, wie wir sie kennen. Von Nutzen sind sie hauptsächlich wegen ihres Pektingehalts. Sie sind recht sauer und variieren in der Farbe von Gelb bis Rot; sie können zu einem ausgezeichneten, rubinroten Gelee verarbeitet werden. Man kann sie auch mit anderen wildwachsenden Früchten mischen und zu einem köstlichen, süß-sauren »Heckengelee« verarbeiten: Dafür benötigt man jeweils etwa 500 g Holzäpfel, Brombeeren und Holunderbeeren und jeweils etwa 250 g Schlehen, Hagebutten, Mehl- und Vogelbeeren. Brombeeren und Holunderbeeren zusammen in etwas Wasser garen, bis sie weich sind; in einem zweiten Topf die anderen Früchte garen, bis sie ebenfalls weich sind. Die Früchtepürees mischen und durchsieben. Die Flüssigkeit abmessen und in den Topf zurückgeben, zusammen mit 500 g Zucker pro gut ½ l Wasser mäßig erhitzen, bis sich der Zucker aufgelöst hat, dann bis zum Siedepunkt erhitzen.

Das Dünsten von Früchten

Saftige Früchte, wie etwa Äpfel, auch rote und schwarze Johannisbeeren, Heidelbeeren, Brombeeren und Rhabarber, sind am besten, wenn man sie in wenig oder ganz ohne Wasser gart: Die Früchte mit 2 EL Wasser pro 450-700 g Früchte in einen Topf mit schwerem Boden geben. Den Topf zudecken und die Früchte dann mäßig erhitzen, bis der Saft austritt und die Früchte weich sind - dies dauert etwa 10 Minuten.

Statt Wasser kann man zum Dünsten von Äpfeln Butter verwenden und Gelee aus roten Johannisbeeren für Rhabarber. Wenn das Obst weich ist, gibt man nach Belieben Zucker oder Honig zu; nicht vorher, da sonst der äußere Teil der Früchte hart wird, noch bevor das Innere richtig gar ist.

BIRNE *Pyrus communis*

Auswahl und Aufbewahrung

Birnen müssen sorgfältig ausgewählt werden, denn wenn sie erst einmal richtig reif sind, verderben sie sehr schnell. Am besten kauft man sie, wenn sie noch nicht ganz reif sind, und bewahrt sie bei Zimmertemperatur 1-2 Tage auf. Sie haben den richtigen Reifegrad, wenn sie am Stilende etwas nachgeben. Ist dieses Stadium erst einmal erreicht, halten sie sich noch 1 oder 2 Tage im Kühlschrank; vor dem Servieren jedoch auf Zimmertemperatur bringen, damit sie ihren ganzen Geschmack entfalten.

Eine gute Dessertbirne kann mit ihrem köstlichen, natürlich-süßen Geschmack und dem schmelzenden Fruchtfleisch exzellent schmecken.

Vorbereitung und Verwendung

Birnen dieser Art benötigen eigentlich keinen Zusatz, auch wenn sie einen guten, reifen Käse, etwa einen Brie, vorzüglich ergänzen und mit einer Roquefortcreme (S. 149) oder einem mit Estragonessig gewürzten Sahnedressing (S. 148) eine köstliche Vorspeise ergeben.

Gut ausgereifte Birnen kann man schälen und so servieren, wie gekochte Birnen traditionellerweise verwendet werden, etwa als Birne Hélène, wo sie mit Vanilleeis gefüllt und mit heißer Schokoladensauce (S. 300) übergossen werden.

Die köstlichste Dessertbirne ist wahrscheinlich die VEREINSDECHANTSBIRNE; sie hat einen feinen Geschmack, ist saftig und süß, wenn sie reif und von guter Qualität ist. Die gelbliche WILLIAMS CHRIST-BIRNE ist eine andere beliebte Dessertsorte. Auch die CONFÉRENCE-BIRNE mit ihrer ziemlich harten bräunlich-grünen Schale hat einen köstlichen Geschmack, besonders wenn sie voll ausgereift ist, und läßt sich - ebenso wie die PACKHAM (ohne Abb.) und viele andere Dessertbirnen, einschließlich der BÜRGERMEISTERBIRNE - gut kochen. Nach dem Garen abgetropft und abgekühlt, schmecken diese Birnen köstlich mit etwas Schlagsahne. Sie bekommen eine intensive Farbe und einen feinen Geschmack, wenn man sie in Sirup aus einfachem Rotwein statt mit Wasser pochiert. Kochbirnen kann man auch einlegen oder ein Chutney aus ihnen zubereiten.

Die Herstellung von Kompott

Diese Art der Zubereitung eignet sich am besten für Birnen und andere feste Früchte, wie Aprikosen, Pfirsiche und Pflaumen. Bereiten Sie zuerst einen Zuckersirup: Für 450-700 g Obst benötigt man gut ¼ l Wasser oder eine andere Flüssigkeit, wie Wein, Apfelwein oder Fruchtsaft, und 75 g Zucker. Zucker und Wasser in einen Topf mit schwerem Boden geben und leicht erhitzen, bis der Zucker sich aufgelöst hat. Dann die Temperatur erhöhen und 2 Minuten sprudelnd kochen lassen. Die vorbereiteten Früchte hineingeben, aufkochen und dann halb zugedeckt leicht köcheln lassen, bis sich das Obst weich anfühlt, wenn man es ansticht. Wichtig ist, daß man großen Früchten Zeit gibt, bis sie durch und durch gar sind, andernfalls können sie die Farbe verlieren; man rechnet eine Garzeit von mindestens 20-30 Minuten für ganze Birnen. Die Früchte im Sirup abkühlen lassen oder sie mit einem Schaumlöffel herausnehmen, dann den Sirup durch schnelles Kochen eindicken lassen, bis sich die Flüssigkeit reduziert hat.

Asiatische Birnen, etwa die TIENTSIN YA-BIRNE und die CHINESISCHE BIRNE, verzehrt man, wenn sie noch fest sind. Man kann sie gekocht verwenden, aber auch ungekocht, da sie mit ihrer knackigen Konsistenz gut zu Frucht- oder Gemüsesalaten passen.

TRAUBE *Vitis vinifera*

Auswahl und Aufbewahrung

Es werden viele Sorten Tafeltrauben angebaut; sie variieren in der Farbe von Weiß bis Rot, wie die NAPOLEON-TRAUBE, bis zu einem tiefen Purpurrot, wofür die BRÜSSELER TRAUBEN ein Beispiel sind. Trauben variieren auch in der Süße, und wenn man beim Einkauf ganz sichergehen will, probiert man am besten eine Beere. Die grünen MUSKATTRAUBEN sind besonders süß und haben den charakteristischen »Muskatgeschmack«, auch die kleinen KERNLOSEN TRAUBEN aus Griechenland und Italien sind sehr süß.

Trauben muß man möglichst schnell verbrauchen, wenn sie sich auch 2-3 Tage im Kühlschrank halten. Servieren Sie sie erst, wenn sie sich etwas erwärmt und wieder Zimmertemperatur erreicht haben.

Vorbereitung und Verwendung

Trauben sind ein dekoratives Element in Obstschalen oder auf einem Käsebrett. Ebenso wie Äpfel und Birnen schmecken sie ausgezeichnet in einem gemischten Salat mit Brunnenkresse und Walnüssen. Sie sind auch eine attraktive Zutat zu einem frischen Obstsalat - wählen Sie sie unter farblichen Aspekten aus, damit die anderen Früchte gut zur Geltung kommen. Außerdem kann man aus ihnen einen feinen Gelee zubereiten, mit Traubensaft und einem Zusatz von Agar-Agar. Blaue und grüne Trauben, abwechselnd in Kreisen angeordnet, bilden einen reizvollen Belag für einen Tortenboden oder für einen Käsekuchen. Eine weiße Nußmasse aus Pinienkernen oder Mandeln schmeckt gut zusammen mit einer Garnierung aus frischen grünen Trauben.

Verwertung der Früchte bei Apfel- und Birnenschwemme

- ☐ Gewürzte Birnen passen gut zu Nuß- oder Linsenaufläufen.
- ☐ Birnen wie auch Äpfel können zu ausgezeichnetem Eis verarbeitet werden (S. 280). Sie schmecken gut mit einer kräftigen Sauce oder einem Sorbet: Birneneis mit Birnensorbet; Apfeleis mit Brombeersorbet; Birneneis mit Schokoladen- oder Himbeersauce; Apfeleis mit Brombeer- oder Orangensauce.
- ☐ Wenn Sie Wein herstellen wollen, eignen sich sowohl Birnen als auch Äpfel für einen guten, halbtrockenen Weißwein.
- ☐ Machen Sie Birnen- oder Apfelgelee oder -marmelade, zur Abwechslung vielleicht einmal mit frischen Kräutern gewürzt.
- ☐ Birnen- oder Apfelmus paßt ausgezeichnet zu einem pikanten Linsenauflauf oder zu Linsenküchlein.

Steinobst

Zu Steinobst gehören einige der köstlichsten Früchte; an vielen von ihnen erfreuten sich schon Chinesen, Griechen und Römer vor Jahrtausenden. Wenn sie makellos sind, ergeben all diese Früchte, frisch und roh, ohne weitere Zutat ein feines Dessert. Steinobst ist gesundheitsfördernd, da es wertvolle Mengen an Vitaminen und Mineralstoffen enthält. Die seidig-behaarten Pfirsiche und die feinsäuerlichen Aprikosen sind besonders gute Vitamin-A-Spender; Datteln haben einen hohen Gehalt an Vitamin B (besonders B_2 und B_3) und sind reich an Eisen: Bereits 3–4 Datteln enthalten die von einem Menschen täglich benötigte Menge.

◁ ***Pfirsich***
Pfirsiche können weißes oder gelbes Fleisch haben; es gibt Sorten, bei denen der Kern leicht herauslösbar ist, und solche, bei denen der Kern fest oder mittelfest am Fleisch haftet

Dattel ▽
Frische Datteln sind viel saftiger als getrocknete (S. 101)

Amerikanische Golddattel ▷
Eine saftige, süße Sorte

Nektarine △
Diese Pfirsichsorte hat eine glatte Haut, saftiges Fleisch und einen pfirsichähnlichen, frischen, süßen Geschmack

Mirabelle △

Litschi ▽

Aprikose ▽
Die aromatische, delikate Frucht ist in China beheimatet, wo sie seit 4000 Jahren wächst

Kirsche ▽
Eine der Freuden des Frühsommers; reife süße Kirschen sind ein Genuß, so wie sie sind

Rote Pflaume △

Pflaume
Wie bei Pfirsichen unterscheidet man zwischen denen, deren Kern sich leicht herauslösen läßt, und solchen, deren Kern am Fleisch haftet

Reineclaude (Reneklode) △
Sehr süße Pflaumenart; am besten ißt man sie roh

Rundpflaume △

Zwetschge △

Burbank-Pflaume △

Switzen-Pflaume △

Damaszener Pflaume △
Eine kleine Pflaume mit intensivem, leicht bitterem Geschmack

Steinobst

Auswahl und Aufbewahrung

Steinobst schmeckt vorzüglich, wenn es richtig reif ist; da diese Früchte aber leicht verderblich sind, müssen Einkauf und Aufbewahrung mit Sorgfalt vorgenommen werden. Steinobst ist weich und daher besonders empfindlich, was Beschädigungen durch Transport anbelangt; suchen Sie deshalb einwandfreie Früchte aus, die keine Druckstellen aufweisen. Beim Kauf frischer Datteln versichern Sie sich, daß sie keine feuchten oder abgebröckelten Stellen haben. Wenn sie einen leichten Weingeschmack besitzen, sind sie verdorben. Für den Fall, daß Sie die Früchte länger aufheben müssen, bewahren Sie sie an einem kühlen Ort oder im Kühlschrank auf.

Vor- und Zubereitung

Makellose Früchte können serviert werden, wie sie sind. Man kann sie auch entkernen, zerkleinern und zu einem Obstsalat verarbeiten. Pfirsiche lassen sich wie Tomaten häuten (S. 169). Unreife Pfirsiche, Aprikosen und Nektarinen können in Zuckersirup (S. 85) zu Kompott verarbeitet werden; Pflaumen kann man dünsten (S. 84) und für Obstkuchen oder Streuselgebäck verwenden.

APRIKOSE *Prunus armeniaca*
Ganz reife Aprikosen gehören zu den besten Dessertfrüchten; fein sind sie auch mit Frischkäse in einem Salat oder als Bestandteil eines Fruchtkompotts. Weniger makellose Früchte schmecken gut, wenn man sie in einem Sirup mit Vanille kocht und mit dickem Joghurt oder mit Sahne serviert oder Kuchen oder kleine Törtchen damit deckt. Aprikosen werden in pikanten orientalischen Rezepten verwendet und passen gut zu Kichererbsen und weißen Bohnen; eine Aprikosensauce, statt Apfelmus, schmeckt fein zusammen mit einem pikanten Nußbraten; ich esse Aprikosensauce auch gern zu fritiertem Camembert (S. 221).

Gekochte, abgetropfte Aprikosen können mit einem schnellen Biskuitteig und einem Häufchen Mandelsplitter belegt und zu einer Art Aprikosenpudding gebacken werden; außerdem sind sie in Plundergebäck enthalten. Man kann sie einlegen, Marmelade oder Chutney aus ihnen bereiten. Aprikosenmarmelade, geschmolzen und durchgesiebt, eignet sich gut als Glasur für Obstgerichte und wird häufig dazu verwendet, der Marzipanmasse auf Obstkuchen Halt zu geben. Apricot Brandy ist eine köstliche Ergänzung zu süßen Aprikosengerichten, wie Kompotten und Sahne-Obstpürees. Aprikosen sind frisch, getrocknet (S. 102), in Sirup oder im eigenen Saft konserviert, eingemacht oder als Chutney (S. 342) erhältlich.

DATTEL und AMERIKANISCHE GOLDDATTEL *Phoenix dactylifera*
Frische Datteln sind ein sehr gutes Äquivalent für Süßigkeiten; entweder ißt man sie, wie sie sind, oder man entfernt den Kern und ersetzt diesen durch eine frischgeknackte Paranuß, eine Mischung aus Schlagsahne, Frischkäse, gemahlenen Mandeln und Honig oder Orangenblütenwasser. Sie sind eine gute Ergänzung zu frischem Obstsalat. Man serviert sie auch mit dickem griechischem Joghurt und etwas klarem Honig darauf.

KIRSCHE *Prunus avium*
Süße, saftige Kirschen eignen sich gut für eine einfache, erfrischende Nachspeise. Diejenigen, die nicht ganz makellos sind, oder die sauren Morellen (ohne Abb.) können zu Kompott oder Gelee gekocht werden. Man belegt sie auch mit Teig für den in Frankreich beliebten Clafouti. In Mitteleuropa bereitet man aus Kirschen kalte Suppen und Obstkuchen, oder man serviert sie heiß und flambiert zusammen mit Eis. Die berühmte Schwarzwälder Kirschtorte - sie besteht aus Schichten sehr leichter Schokoladen-Biskuitmasse, schwarzen Kirschen und Sahne, mit einem Schuß Kirschlikör - ist vielleicht wegen der Beliebtheit künstlich schmeckender Versionen abgewertet worden, aber richtig zubereitet, ist sie immer noch eine wunderbare Torte.

Cherry Brandy und Kirsch, ein Schnaps, der aus Kirschkernen zubereitet wird, sind köstliche Aromastoffe für jedes Kirschgericht; Kirsch wird auch einem Käsefondue (S. 217) beigegeben. Kirschen erhält man frisch, gefroren, in Dosen und eingelegt; eingelegte schwarze Kirschen gehören mit zum Köstlichsten.

LITSCHI *Litchi chinensis*
Vergleiche Seite 93.

NEKTARINE *Prunus persica,* var. *Nectarina*
Nektarinen, eine Kreuzung aus Pfirsich und Pflaume, sind besonders saftig und wohlschmeckend und können wie Pfirsiche verwendet werden. Sie sind frisch und getrocknet erhältlich.

PFIRSICH *Prunus persica*
Ein süßer, reifer, saftiger Pfirsich ist ein Genuß. Weniger makellose Pfirsiche kann man häuten (wie S. 169 für Tomaten beschrieben), zerkleinert zu Obstsalaten und Kompotten geben oder aufgeschnitten mit süßem Weißwein als Dessert servieren.

»Pfirsich brûlée«: Aufgeschnittene Pfirsiche in eine flache feuerfeste Schüssel geben, mit Schlagsahne und einer gleichmäßigen Schicht braunem Zucker bedecken, kühl stellen und kurz vor dem Servieren grillen, bis der Zucker karamelisiert.

Aus reifen Pfirsichen kann man ausgezeichnetes Eis zubereiten (verwenden Sie dazu das Rezept S. 281). Es schmeckt gut zusammen mit Himbeersorbet (zubereitet wie das Brombeersorbet, S. 282) oder Himbeersauce (S. 300). Gewürzte Pfirsiche (zubereitet wie gewürzte Orangenscheiben, S. 343) und Pfirsich-Chutney (zubereitet wie das Aprikosen-Chutney, S. 342) sind weitere gute Möglichkeiten, weniger vollkommene Früchte zu verwenden. Pfirsiche erhält man frisch, getrocknet (S. 103) und konserviert in Sirup oder eigenem Fruchtsaft.

PFLAUME und REINECLAUDE (RENEKLODE)
Prunus domestica, P. institia
Wie die anderen Früchte dieser Gruppe schmecken süße, zarte Pflaumen und Reineclauden ausgezeichnet *au naturel.* Gute Dessertsorten sind auch RUNDPFLAUMEN, ROTE PFLAUMEN und MIRABELLEN. Mehrere Arten, wie SWITZEN, BURBANK-PFLAUMEN und ZWETSCHGEN, kann man roh essen, wenn sie reif sind, oder zum Kochen verwenden; saure Sorten, wie die kleine DAMASZENER PFLAUME *(Prunus institia)*, müssen in Sirup, vielleicht zusammen mit etwas Zimt, gedünstet werden; oder man verwendet sie für Streuselgebäck (S. 295) und Kuchen (S. 294). Pflaumen sind frisch und getrocknet (S. 103), in Dosen, eingelegt und kandiert erhältlich. Sie werden auch zu aromatischen Schnäpsen und Likören verarbeitet.

Beerenobst und Rhabarber

Diese saftigen Früchte gehören zu den nährstoffreichsten Obstsorten. Schwarze Johannisbeeren enthalten Calcium und sind einer der besten Vitamin-C-Lieferanten, auch Erdbeeren sind ungewöhnlich reich an Vitamin C. Himbeeren, Brombeeren und alle Johannisbeersorten haben einen hohen Ballaststoffanteil. Rhabarber – botanisch gesehen ein Gemüse, da es die Form einer Staude hat, aber bei uns wie Obst verarbeitet und zubereitet – enthält Calcium, gleichzeitig aber auch Oxalsäure, die seine Aufnahme verhindert, so daß es nicht zu empfehlen ist, Rhabarberspeisen öfter als zweimal in der Woche zu essen.

▽ ***Preiselbeere (Moosbeere)***
Harte, leuchtend rote, glänzende Beeren mit säuerlichem, leicht würzigem Geschmack

Himbeere ▷
Ausgezeichnet im Geschmack und die feinste aller Beeren

Brombeere ▽
Das Brombeerpflücken – und die Beeren gleich zu essen – gehört zu den Freuden des Spätsommers

Blaubeere ▽
Sie ist verwandt mit der Heidelbeere, die in Europa und Nordasien wild wächst

Rhabarber △
Rhabarber wird in der Küche wie Beerenobst behandelt

Schwarze Johannisbeere △
Sie wächst wild in ganz Europa

Stachelbeere ▽
Eine Frucht von säuerlichem Geschmack; sie ist im Frühsommer reif und wächst in Ländern mit kühlem Klima. Stachelbeeren können gelb, grün oder rot bis purpurfarben sein, glatt oder haarig

Erdbeere △
Süße, saftige Sommerbeeren

Rote Johannisbeere △
Rote Johannisbeeren haben einen säuerlichen Geschmack und eine saftige Konsistenz

Walderdbeere △
Kleine Früchte, die von allen Erdbeersorten den vielleicht besten Geschmack haben

Beerenobst und Rhabarber

Auswahl und Aufbewahrung

Mit Ausnahme von Preiselbeeren und Rhabarber sind diese Früchte empfindlich und erfordern eine behutsame Behandlung. Wählen Sie Obst, das fest, aber nicht hart ist, und keine Druckstellen, feuchte Flecken oder Mehltau aufweist. Überprüfen Sie die Körbchen auf Fruchtsaftflecken hin und meiden Sie sie gegebenenfalls. Rhabarber muß knackig sein und gesund; die Stangen sollten nicht zu dick sein (dann sind sie möglicherweise hölzern). Die Früchte so schnell wie möglich aufbrauchen; wenn erforderlich, bewahren Sie sie an einem kühlen Ort, vorzugsweise im Kühlschrank, auf. Die meisten dieser Früchte sind frisch, tiefgekühlt und in Gläsern oder Dosen erhältlich.

Vor- und Zubereitung

Viele raten davon ab, Beeren zu waschen; ich wasche sie jedoch lieber ab, um Staub und eventuelle Rückstände von Pestiziden zu entfernen; mit Küchenkrepp trockentupfen. Wenn man die Früchte kochen möchte, gibt man sie bei mäßiger Hitze einige Minuten ohne Zusatz von Wasser in einen Topf, bis der Fruchtsaft austritt. Nach Belieben kann man dann etwas Zucker oder Honig zugeben. Rhabarber schmeckt gut, wenn er zusammen mit Gelee aus roten Johannisbeeren gekocht wird. Beerenobst eignet sich besonders gut zum Einmachen.

BLAUBEERE *Vaccinium corymbosum*
Große saftige Blaubeeren schmecken köstlich mit Sahne oder dickem Joghurt und ein wenig Zucker oder Honig. Man verwendet sie auch für Torten, Streuselgebäck und Obstkuchen, als Belag für Käsekuchen und kleine Teegebäckstücke; oder man dünstet sie und stellt so eine Füllung für Pfannkuchen her.

BROMBEERE *Rubus macropetalus*
Fleischige, saftige Beeren ergeben, eventuell mit Äpfeln kombiniert, eine köstliche Torte. Aus Brombeeren kann man eines der besten Sorbets (S. 282) oder eine ausgezeichneten Sauce zubereiten.

ERDBEERE *Fragaria x ananassa*
Erdbeeren, einfach entstielt, schmekken gut zusammen mit Sahne und Zucker. Sie sind auch eine attraktive Zutat für einen sommerlichen Obstsalat oder ein saftiger Belag für einen Käsekuchen oder kleine Obsttörtchen. Die französische Art, sie mit leichtem Frischkäse in Herzform zu servieren, ist ebenso köstlich wie dekorativ. Aus weniger makellosen Früchten kann man Marmelade, Obstpürees oder eine Mousse bereiten. Kleine WALDERDBEEREN *(Fragaria vesca)* sind eine hübsche Garnierung für Gerichte in zarten Farben, zum Beispiel für ein Champagnersorbet (S. 283); sie eignen sich auch gut als Zusatz für ein Kompott aus Sommerfrüchten.

HIMBEERE *Rubus ideaeus*
Himbeeren schmecken wunderbar roh, mit Zucker und Sahne, als Eis (S. 281), Sorbet oder Sauce (S. 300). Vorheriges Kochen ist nicht nötig; man streicht sie durch ein Sieb (nicht aus Metall), um sie zu pürieren und die Kerne zu entfernen.

JOHANNISBEERE, SCHWARZE UND ROTE *Ribes nigrum, R. sativum*
Wenn sie nicht durchgesiebt werden, müssen bei Johannisbeeren Stiele und Blütenspitzen entfernt werden: Mit den Zinken einer Gabel streift man die Beeren von oben nach unten vom Stiel eines Träubchens. Ein paar ungekochte Johannisbeeren können einem Obstsalat oder Kompott beigegeben werden, jedoch im allgemeinen schmecken Johannisbeeren am besten gekocht. Man kann sie für Torten, Obstkuchen, Eis und Sorbets und für die berühmte dänische rote Grütze, Rödgröt, verwenden, für die eine Mischung aus roten Früchten gekocht und püriert und dann mit Stärke- oder Kartoffelmehl eingedickt wird; abkühlen lassen, wenn sie eine weiche, leicht gelierte Konsistenz hat. Traditionellerweise werden Johannisbeeren auch gern für Sommernachspeisen verwendet: mit anderen roten Früchten zusammen dünsten, dann Brotscheiben ohne Kruste in den Saft tunken und mit ihnen Boden und Seiten einer Puddingschüssel volllständig auslegen. Die Schüssel mit den abgetropften Beeren füllen und mit weiteren in Fruchtsaft getunkten Brotscheiben abdecken. Mit einem Teller zudecken, den man mit einem Gewicht beschwert, und einige Stunden stehenlassen. Dann die Masse aus der Schüssel nehmen und mit Sahne oder dickem Joghurt servieren.

LOGANBEERE *Rubus ursinus,* var. *loganobaccus* (ohne Abb.)
Die Loganbeere ist eine natürliche Kreuzung zwischen Himbeere und Brombeere; sie wurde zum erstenmal im Garten des Richters J. H. Logan in Santa Cruz/Kalifornien entdeckt und nach ihm benannt. Loganbeeren haben einen säuerlichen Geschmack und können roh wie gekocht verzehrt werden, ähnlich wie Himbeeren und Brombeeren. Loganbeereis und -sorbet schmecken besonders gut.

PREISELBEERE (MOOSBEERE) *Vaccinium macrocarpum*
Preiselbeersauce (S. 174) ist ebenso köstlich zu einem weißen, feinwürzigen Weihnachtsnußbraten wie zu Truthahn. Preiselbeeren kann man auch für Torten und Obstkuchen verwenden, aber man benötigt viel Zucker, um sie schmackhaft zu machen.

RHABARBER *Rheum rhabarbarum*
Rhabarber ist sauer und muß vor dem Verzehr mit Zucker gekocht werden. Bei der Zubereitung schneidet man Blätter (die giftig sind) und Stangenenden ab. Die zähe Haut abziehen, dann den Rhabarber in mundgerechte Stükke schneiden und kochen. Rhabarber verträgt sich gut mit den Aromen von Zimt, Ingwer oder Orangen und kann zu einem sahnigen Obstpüree oder einem ausgezeichneten schnellen Streuselgebäck bereitet werden.

STACHELBEERE *Ribes uvacrispa*
Bei Dessertstachelbeeren müssen vor dem Verzehr nur Blüte und Stielende entfernt werden. Kochsorten können mit etwas Wasser – um ein Anhaften am Topf zu verhindern – bei mäßiger Hitze gedünstet werden. Wenn man ein paar Holunderblüten hinzugibt, erhält man einen feinen Muskatellergeschmack. Gedünstete, pürierte Stachelbeeren ergeben eine gute Sauce zu einem Paranußbraten, fritiertem Camembert oder Brie. Man kann das Stachelbeerpüree auch mit kalter Vanillesauce, Joghurt, Sahne (oder einer Mischung aus beidem) servieren. Stachelbeeren eignen sich ebenfalls ausgezeichnet für Kuchen und Streuselgebäck (S. 295).

Tropische und exotische Früchte

Tropische und exotische Früchte haben oft lebhafte Farben, einen interessanten Geschmack und Duft und eine faszinierende Konsistenz; sie verleihen der vegetarischen Tafel eine willkommene Note von Vielfalt und Luxus. Viele sind zudem reich an wertvollen Nährstoffen: Bananen sind ein ausgezeichneter Lieferant für Magnesium und Vitamin B_6, Passionsfrüchte für Protein, Ballaststoffe und Vitamin B_1, Kiwis und Guaven für Vitamin C und Mangos für Vitamin A und Zink.

Kochbanane ▽
Die Banane ist ein Hauptnahrungsmittel besonders der Armen in Gegenden, wo sie wächst, da sie sättigend und nahrhaft ist

Kaktusfeige ▷
Kaktusfeigen wachsen rund um die Enden der großen fleischigen Blätter des Feigenkaktus

Passionsfrucht (Maracuja) △
Sorte mit rötlich-gelber Schale

Mango ▽
Mango ist meine Lieblingsfrucht; sie hat köstliches, saftiges, tiefgoldenes, weiches, wohlriechendes Fruchtfleisch

Banane ▷
Botanisch betrachtet ist sie eher eine Staude als ein Baum. Sie soll eine der ersten Früchte sein, die angebaut wurden

Kiwi ▷
Die Kiwifrucht geriet zum Markterfolg der 80er Jahre; sie kommt hauptsächlich aus Neuseeland

Zimtapfel (Anone) ▷
Eine Frucht, die zur gleichen Familie gehört wie die Papaya

Japanische Quitte △
Die gelben bis orangefarbenen Früchte des Quittenstrauchs haben einen feinen, berauschenden Duft

Feige ▷
Eine der delikatesten und ältesten Früchte

Quitte ▷
Die kleine harte Frucht ist goldfarben, wenn sie reif ist, aber roh nicht genießbar

◁ ***Plante***
Eine der rund 400 Bananenarten. Die stärkehaltigen, bis zu 40 cm langen Planten werden in Indien, Südamerika und in der Karibik zum Kochen verwendet

Granatapfel ▽
Eigentlich ist der Granatapfel eine große Beere mit dicker Haut. Er wächst auf einem kleinen Baum und ist im ganzen Nahen Osten verbreitet

▽ ***Passionsfrucht (Maracuja)***
Das wohlschmeckende grünliche Fruchtfleisch dieser purpurfarbenen Sorte, das viele Kerne enthält, ist von einer ledrigen Schale umgeben

Papaya (Baummelone) ▽
Normalerweise hat sie ein hübsches, rosafarbenes Inneres; es kann aber auch gelb sein. Ihr Fruchtfleisch ist süß und hat glänzende schwarze Kerne

Kaki ▽
Diese Frucht stammt aus China; sie reift und wird am Baum tieforangefarben, nachdem die Blätter abgefallen sind – ein bemerkenswerter Anblick

◁ ***Tamarillo (Baumtomate)***
Die Baumtomate kann rot oder gelb sein; sie ist mit der Kiwifrucht und der Tomate verwandt

Ananas △
Eine Ananas besteht in Wirklichkeit aus einer Gruppe von Früchten, die beim Wachsen nahezu zusammengeschweißt werden

Rambutan △
Der Litschifrucht sehr ähnlich, aber mit haariger Schale

◁ ***Guave***
Säuerliche Frucht mit einem fremdartig exotischen Geschmack und saftigem Fleisch, das rosa, weiß oder gelb sein kann

◁ ***Litschi***
Litschi ist die Frucht eines Baums, der in Thailand und im Süden Chinas beheimatet ist. Sie besitzt durchscheinendes Fruchtfleisch in einer geschuppten Schale (Abb. S. 86)

Karombole (Baumstachelbeere) ▷
Auch Sternfrucht genannt; sie ist saftig, aber sauer, und hat einen köstlichen Duft

Tropische und exotische Früchte

Auswahl, Aufbewahrung, Zubereitung und Verwendung

Vergleiche die Erläuterungen zu den einzelnen Früchten.

ANANAS *Ananas comosus*
Die meisten Ananas, die außerhalb der Tropen erhältlich sind, sind minderwertig, weil der Zucker, der im Stamm enthalten ist, die Frucht erst erreicht, wenn sie reif ist; Ananas für den Export werden jedoch vor diesem Stadium gepflückt. Wenn Sie eine Ananas auswählen, halten Sie Ausschau nach einer, die einen starken Ananasgeruch verströmt, und versuchen Sie, eines der Blätter abzuzupfen; löst es sich, ist die Ananas reif. Vor der Verwendung die Oberseite mit den Blättern abschneiden und die Frucht dick schälen, um die Schale und auch die »Augen« zu entfernen. Dann in Stücke schneiden und den harten Strunk in der Mitte entfernen. Ananas sind eine saftige, erfrischende Bereicherung süßer, leckerer Salate und können zu Eis oder Sorbets verarbeitet werden. Kleine Ananas sind hübsch, wenn man sie geradewegs durch die Blätter hindurch halbiert, aushöhlt, das Fleisch würfelt, es mit Himbeeren und Likör vermischt und dann wieder in die Schalen zurückgibt. Eine große ausgehöhlte Ananas ist ein attraktiver Behälter für Party-Obstsalate, Eis oder Sorbet (aus dem Fruchtfleisch bereitet). Zum Servieren die Oberseite mit den Blättern wieder aufsetzen. Ananas erhält man frisch, getrocknet (S. 102), als Saft, in Dosen (sowohl in Sirup wie auch in eigenem Saft), in Scheiben, Würfeln oder Stücken.

BANANE *Musa sapientum*
Bananen für den Export werden geschnitten, wenn sie ihre volle Größe erreicht haben, aber noch grün sind, manchmal sind sie sogar noch leicht grün und nicht ausgereift, wenn sie in den Handel gelangen. Bananen reifen, wenn man sie für 1-2 Tage bei Zimmertemperatur liegenläßt. Mit dem Reifen werden sie weicher und entwickeln bräunliche Flecken auf der Schale; geschält und gut püriert sind sehr reife Bananen eine gute Babymahlzeit. Sie können auch für saftige Kuchen und als Brotbelag verwendet werden.

In Europa, Amerika und Australien werden Bananen hauptsächlich für süße Gerichte verwendet, obwohl sie auch als Beilage zu einem Currygericht gereicht werden können. Sie bilden einen guten Kontrast zu anderen Früchten und sind deshalb eine beliebte Zugabe zu Obstsalatmischungen. Wenn man mehr Aufwand treiben will, kann man Bananen der Länge nach aufschneiden und mit Vanilleeis (S.280) und Schokoladensauce (S.300), mit Rum flambiert oder als Beignets mit Limonenstücken reichen. Das sind zwar kalorienreiche Gerichte, doch Bananen können ebenso diejenigen unterstützen, die sich bemühen, kalorienbewußt zu leben, da 1-2 Bananen bereits eine komplette, sättigende, leichte und nahrhafte Mahlzeit von etwa 200 Kalorien ergeben. Auch als Reiseproviant sind sie gut geeignet.

In Indien, Südamerika und der Karibik werden KOCHBANANEN in schmackhaften Gerichten verwendet. In Mexiko und Indien benutzt man auch die Blätter der Bananenpflanze: Sie dienen dazu, Nahrungsmittel bis zum Kochen darin einzuwickeln, so wie wir Alufolie verwenden, aber mit dem Vorteil, daß das Bananenblatt dem Gericht ein delikates Aroma verleiht. Die Blätter fungieren ebenfalls als Eßgeschirr. Bananen erhält man frisch oder getrocknet (S. 102).

FEIGE *Ficus carica*
Es gibt verschiedene Feigensorten, die in der Farbe von Golden zu Rot und Purpur variieren. Ganz ausgereift, sind sie ziemlich weich; da sie schnell verderben, sollte man sie am besten sofort verwenden, obgleich sie sich im Kühlschrank 1-2 Tage halten.

Feigen schmecken zu jeder Tageszeit gut, entweder so, wie sie sind, oder auf einfache Weise zubereitet: geviertelt zum Beispiel mit etwas Frischkäse oder dickem griechischem Joghurt und ein wenig klarem Honig. Sie sind köstlich, wenn man sie fast bis zur Hälfte kreuzweise einschneidet, vorsichtig öffnet, ein bißchen griechischen Joghurt oder Schlagsahne daraufgibt und mit Himbeersauce (S. 300) serviert. In Nordafrika und anderen Mittelmeerländern werden Feigen gewöhnlich konserviert. Feigen kann man frisch, in Dosen oder Gläsern und getrocknet erhalten (S. 103).

GRANATAPFEL *Punica granatum*
Der Granatapfel ist voller Kerne, umgeben von leuchtendem, wie Edelstein glänzendem Fruchtfleisch, das süß und sehr saftig ist. Es ist in unregelmäßige Abschnitte eingeteilt, die durch eine zähe Haut getrennt sind. Die Kerne können mit einem Teelöffel oder einem scharfen Messer von der Haut abgekratzt und als Verzierung für Nachspeisen oder Salate verwendet werden. In der persischen Küche sind sie sehr beliebt.

GUAVE *Psidium guajava*
Meiner Erfahrung nach können frische Guaven einigermaßen enttäuschend sein, weil es nicht leicht ist, welche zu bekommen, die süß und reif sind. Wenn Sie Guaven kaufen, verbrauchen Sie sie sofort, oder bewahren Sie sie kurze Zeit im Kühlschrank auf. Die Frucht ist einschließlich Schale genießbar, wenngleich man Guaven gewöhnlich schält; sie können frisch oder als Kompott gegessen werden. Oft werden sie zu Gelee und Einmachobst verarbeitet. Guaven sind frisch und in Dosen erhältlich. Ich habe den Eindruck, daß Guaven in Dosen von besserer Qualität sind als frische. Ihre rosarote Farbe wirkt in einem Obstsalat besonders dekorativ.

JAPANISCHE QUITTE *Chaenomeles*
Diese Früchte sind hart und nur zum Kochen geeignet. Sie lassen sich schwer schneiden und schälen, aber man muß sie auch nur halbieren oder vierteln, wenn man sie zu Gelee verarbeiten will (halten Sie sich an das Rezept für Holzapfelgelee, S. 340). Dieser süße, wohlriechende Gelee ist ein köstlicher Brotaufstrich und paßt auch gut zu Nußbraten.

KAKI *Diospyrus kaki*
Kakifrüchte müssen sehr reif und weich sein, bevor man sie essen kann, denn vorher sind sie wegen ihres Gerbsäuregehalts unangenehm sauer. Reife pürierte Früchte sind gut als Eiscreme oder in einem Obstkompott.

KAKTUSFEIGE *Opuntia magacanlaa* und *O. fiscus-indica*
Diese Früchte haben eine stachelige Schale, und man muß Handschuhe tragen, wenn man mit ihnen umgeht. Entfernen Sie die ganze Schale, und schneiden Sie das Fruchtfleisch in Stücke. Manchmal ist das Fleisch von

lebhaftem Rosa und für einen Obstsalat eine auffällige Bereicherung, aber es kann auch blasser und weniger interessant sein. Der Geschmack ist ziemlich fade.

KAROMBOLE (BAUMSTACHELBEERE) oder STERNFRUCHT
Averrhoa carambola
Die Karombole sieht besser aus, als sie schmeckt. Halten Sie Ausschau nach runden gelben Früchten ohne Flecken. Vor der Verwendung waschen, dann mit einem scharfen rostfreien Messer quer in Scheiben schneiden. Die Scheiben haben dann die Form von Sternen und ergeben eine hübsche Verzierung für Torten, einen Käsekuchen, Sorbets, Gelees oder Fruchtsalate.

KIWI *Actinidia sinensis*
Die kleinen, haarigen Früchte sind reif, wenn sie leichtem Druck nachgeben. Sie halten sich gut, entweder bei Zimmertemperatur oder im Kühlschrank, und sollten vor dem Verzehr mit einem scharfen Messer dünn geschält werden. Der größte Vorzug der Kiwi ist das phantastische, leuchtend grüne Fruchtfleisch und die zauberhafte Anordnung der Samenkerne in der Mitte, so daß sie aufgeschnitten wie eine Blüte aussieht. Deshalb sind Kiwischeiben eine attraktive Verzierung und Dekoration für Gerichte, vom tropischen Obstsalat bis zu Käsekuchen, und natürlich für Obstmeringen. Kiwis sind äußerst reich an Vitamin C; man erhält sie frisch und in Dosen.

LITSCHI *Litchi chinensis* und
RAMBUTAN *Nephelium lappaceum*
Reife Litschis haben etwa die Größe einer kleinen Pflaume und eine rote, unebene Schale, die braun und hart wird; Rambutans sind stachelig und erinnern an einen kleinen Igel. Die Schale läßt sich ganz leicht lösen, wenn man sie mit den Fingern abzieht, so wie man eine Orange schält. Das Fruchtfleisch ist weiß, saftig, durchscheinend, wohlriechend und hat einen unverkennbaren Geschmack. Es schließt einen großen braunglänzenden Kern ein. Litschis sind eine köstliche Zutat für einen exotischen Obstsalat: Versuchen Sie eine Mischung aus Litschis, Orangenspalten (die Haut gänzlich entfernen) und Kiwischeiben. Sie sind frisch (Abb. S. 86) und in Dosen (Abb. S. 91) erhältlich. Litschis in Dosen haben nicht die feste Konsistenz der frischen Früchte, ergeben aber ein gutes Sorbet oder Gelee.

MANGO *Mangifera indica*
Wählen Sie eine Mango, die sich rundum richtig weich anfühlt, oder kaufen Sie sie hart und lassen Sie sie bei Zimmertemperatur einige Tage reifen. Ich finde, daß die runde, grünlich-rote Mangosorte besser ist als die flachere, eher ovale gelbe. Die Mango hat einen großen Kern, deshalb schneidet man sie am besten der Länge nach bis zur Mitte ein. Man kann die Schale essen, aber gewöhnlich zieht man sie ab, da sie eher zäh ist. Mango schmeckt roh ausgezeichnet, aber ich bereite auch gern Kompott daraus zu: Mangoscheiben in eine Schüssel geben; 1 Tasse kleingehackte Mango mit genügend Wasser zu einem dünnen Püree verflüssigen und über die Mangoscheiben gießen. Zu einem besonderen Frühstück oder zu einem Brunch gekühlt servieren. Oder man rechnet als Beilage ½ Mango pro Person und verziert die Hälften. Mangos ergeben ein ausgezeichnetes Sahne-Obstpüree, Sorbet oder Eis (S. 281); das Fleisch braucht vor der Verwendung nicht gekocht zu werden. Mangos passen auch gut zu anderen süßen Früchten in einem Salat oder Kompott.

PAPAYA (BAUMMELONE) *Cavica papaya*
Halten Sie Ausschau nach einer Papaya, die rundum etwas weich ist – wie eine gute Dessertbirne oder eine vollkommen reife Avocado. Papayas kann man zum Frühstück oder als Vorspeise reichen: Die Papaya halbieren, die Kerne entfernen und das Fruchtfleisch mit einer Limettenscheibe servieren. Halbierte Papayas ißt man mit einem Löffel wie eine Avocado. Geschält und in Stücke geschnitten, ist die Papaya mit ihrem rosa Fruchtfleisch ein attraktiver Zusatz zu Obstsalaten.

PASSIONSFRUCHT (MARACUJA)
Passiflora edulis, P. laurifolia
Kaufen Sie Passionsfrüchte, wenn die Schale verschrumpelt ist, da dies Reife anzeigt. Halbieren Sie die Früchte, und schälen Sie Fruchtfleisch und Kerne heraus. Das Fleisch ist eine schmackhafte Zutat für einen Obstsalat und durchdringt ihn mit seinem Geschmack; am köstlichsten, denke ich, ist es als Sorbet (S. 282).

Wie man eine Mango vorbereitet und verziert

PLANTE *Musa paradisiaca*
In Indien, Südamerika und der Karibik verwendet man diese großen Kochbananen in vielen schmackhaften Gerichten. Dünn geschnitten, werden sie häufig wie Röstkartoffeln gebraten.

QUITTE *Cydonia oblonga*
Wie japanische Zierquitten müssen Quitten vor der Verwendung gekocht werden: schälen, vierteln und in Stükke schneiden wie Äpfel, dann in wenig Wasser köcheln lassen und Zucker nach Belieben beigeben. Quitten können zu Kompott, Sahnespeisen aus Obstpüree und Obstkuchen verarbeitet werden. In der Küche des Nahen Ostens verwendet man sie sehr häufig; in England waren sie besonders im 16. und 17. Jahrhundert allgemein beliebt als Einmachobst. Quittengelee hat einen angenehmen, unverwechselbaren Geschmack.

TAMARILLO (BAUMTOMATE)
Cyphomandra betacea
Wenn sie reif ist, gibt sie sanftem Druck nach. Geschält und in Scheiben geschnitten, eignet sich die Frucht für Obstsalate. Die Kerne sind genießbar, und das Fruchtfleisch hat einen süßlich-scharfen Geschmack. Tamarillos werden vorwiegend zu Marmelade verarbeitet.

ZIMTAPFEL (ANONE)
Anonacea squamosa
Zimtäpfel sind in den Tropen weit verbreitet; sie sind reif, wenn sie sich weich anfühlen. Die Früchte haben einen sahnigen Zimtgeschmack und können als Kompott verwendet oder zu einer Sahnespeise aus Obstpüree und Eiscreme verarbeitet werden.

◁ ***Honigmelone***
Eine Wintermelone; die Schale kann grün, gelb oder weißlich sein, das Fruchtfleisch ist grünlich-gelb

Melonen

Die kugelrunden bis ovalen Melonen mit ihrem hohen Wassergehalt sind mit die erfrischendsten Früchte. Sie gehören zur Familie der Kürbisgewächse, und es gibt viele verschiedene Sorten, die in Größe, Geschmack und Farbe variieren. Man kann sie jedoch in zwei Hauptgruppen einteilen: Die Zuckermelonen stammen aus dem Orient; die Wassermelonen kommen aus den afrikanischen Steppen, werden heute jedoch im ganzen Mittelmeerraum angebaut. Sie enthalten wertvolle Mineralstoffe. Melonen mit goldfarbenem Fleisch, besonders die würzigen Kantalupen – die als wertvollste Zuckermelonen gelten –, sind außerordentlich reich an Vitamin A.

Netzmelone ▽
Sie haben eine rauhe, borkenartige Schale, die wie mit einem weißen Netz überzogen scheint

Wassermelone △
Wassermelonen haben eine glatte, hell- oder dunkelgrüne Schale und wäßriges, zergehendes, rotes leuchtendes Fruchtfleisch, das dunkle Kerne enthält; es gibt jedoch auch Sorten mit andersfarbigen oder hellen Kernen und sogar kernlose

Ogenmelone ▷
Benannt nach dem Kibbutz in Israel, wo sie aus einer Kreuzung von Netzmelone und Kantalupe gezüchtet wurde; diese kleine runde Melone mit grünlich-gelb gestreifter und gesprenkelter Schale besitzt blaßgrünes Fruchtfleisch

Charentais-Melone △
Sie hat duftendes, süßes, orangefarbenes Fleisch

Kantalupe ▽
Eine kleine Melone mit orangefarbenem Fruchtfleisch und eingekerbter Schale, wie um anzuzeigen, wo sie in Segmente geschnitten werden kann

Melonen

Auswahl und Aufbewahrung

KANTALUPEN, OGEN- und CHARENTAIS-MELONEN verströmen einen köstlichen Duft, wenn sie reif sind, und geben dann einem leichten Druck am Stielende nach, ebenso NETZMELONEN. CASABA (ohne Abb.) und HONIGMELONEN sind reif, wenn sie leichtem Druck an dem Ende, das dem Stiel gegenüberliegt, nachgeben.

Es ist schwer zu sagen, wann eine WASSERMELONE, die bis zu 15 kg Gewicht erreichen kann, gerade richtig für den Verzehr ist. Eine Möglichkeit ist, nach einer Melone mit matter Schale (besser als nach einer mit glänzender) Ausschau zu halten und mit den Fingern darauf zu klopfen: Sie sollte hohl klingen wie eine Trommel. Man kann auch Melonensegmente kaufen; achten Sie in diesem Fall auf helles rotes Fruchtfleisch, das keine weißen Streifen hat oder in der Mitte blaß ist. Die Kerne sollten glänzend und hart aussehen. Kaufen Sie jedoch niemals in Stücke geschnittene oder segmentierte Melonen auf ausländischen Märkten, denn sie könnten verschmutzt sein.

Voll ausgereifte Melonen sollten sobald wie möglich verwendet werden; nicht ganz reife Früchte kann man ein paar Tage bei Zimmertemperatur aufbewahren.

Zubereitung und Verwendung

Sofern Sie Melonenfruchtfleisch nicht in Sirup oder Aromaflüssigkeit einlegen wollen - was sinnvoll ist für Melonen, die noch unreif oder von fadem Geschmack sind -, ist es am besten, die Melone kurz vor dem Servieren zuzubereiten, damit sie ihr Aroma voll entfalten kann.

Große Melonen können längs vom Stielende aus in Stücke geschnitten werden; kleinere kann man im rechten Winkel zum Stiel halbieren. Bei sehr kleinen, etwa kleinen Ogenmelonen, rechnet man 1 Melone pro Person; nach dem Halbieren kratzt man alle Kerne sorgfältig heraus. Das Melonenfruchtfleisch kann auch ohne Schale gereicht werden, zum Beispiel als Bällchen (geformt mit einem Eisportionierer) oder in kleine Würfel geschnitten.

Melonen haben sehr wenig Kalorien und eignen sich deshalb bestens für eine Schlankheitsdiät. Es gibt viele verschiedene Arten, eine Melone als kalorienarme Vor- oder Nachspeise zu servieren (s. unten).

Die Wassermelone enthält weniger Vitamin C als andere Melonen, aber sie ist herrlich erfrischend an einem heißen Sommertag. Wenn Sie viele Leute bewirten, zum Beispiel bei einer Party, könnten Sie eine kleine ganze Wassermelone zubereiten: Halbieren Sie die Melone, schälen Sie das Fruchtfleisch heraus und entfernen Sie die Kerne. Mischen Sie das zerkleinerte Fruchtfleisch mit anderem Obst, und reichen Sie es in der ausgehöhlten Schale. Man kann auch die halbierten, ausgehöhlten und wieder gefüllten Schalen jeder anderen kleineren Melone für Einzelportionen benutzen.

Eine Melone serviert man am besten gekühlt, aber lassen Sie sie nicht zu kalt werden, weil sie sonst an Geschmack verliert. Bereiten Sie die Melone vor, und stellen Sie sie nicht länger als 30 Minuten, ehe Sie sie servieren, in den Kühlschrank.

Wenn Sie aufgeschnittene Melonen im Kühlschrank aufbewahren müssen, decken Sie sie sorgfältig mit Frischhaltefolie ab, da sie leicht Geruch und Geschmack anderer Lebensmittel annehmen. Verwenden Sie die Melone so schnell wie möglich, da sie leicht verdirbt.

Melonenkerne ißt man gewöhnlich nicht mit, obgleich sie eigentlich ein gutes Nahrungsmittel sind und in manchen Teilen der Welt getrocknet und zum Kochen oder als Knabberei verwendet werden.

Serviervorschläge für Melonen

- □ Gewürfelte Melonen und Gurken in einer Minze-Honig-Vinaigrette marinieren und als erfrischende Vorspeise servieren.
- □ Das Fruchtfleisch halbierter Ogenmelonen ausschaben, mit kleinen Erdbeeren mischen und in die Melonenschalen zurückgeben - ein hübsches Dessert.
- □ Halbierte Charentais-Melonen mit Ingwereis füllen, gestoßenen konservierten Ingwer und ein wenig Sirup daraufgeben.
- □ Für ein grünes Ingwer-Fruchtkompott marinieren Sie gewürfeltes Fruchtfleisch von Wintermelonen, Kiwischeiben, Scheiben einer grünen Apfelsorte und grüne Trauben in einem Ingwer-Zucker-Sirup (1 EL geriebenen frischen Ingwer auf gut ½ l Zuckersirup) einige Stunden (oder über Nacht).
- □ Werten Sie eine wenig aromatische Melone auf, indem Sie auf jede Portion etwas Portwein, Ingwerwein oder gestoßenen Ingwer mit ein wenig Sirup geben.
- □ Eine ganze Melone ergibt eine köstliche Picknick-Mahlzeit und ist an einem heißen Tag ebenso kühlend wie erfrischend. Genügend Küchenkrepp und einen Behälter für die Kerne mitnehmen!
- □ Mischen Sie Bällchen aus leuchtend orangefarbenem Melonenfleisch (wie dem der Charentais-Melone) und blaßgrünem (wie dem der Honig- oder der Ogenmelone) für eine dekorative, einfache, kalorienarme Vorspeise.
- □ Für eine erfrischende Suppe püriert man separat 2 Melonen, eine mit grünem und eine mit orangefarbenem Fruchtfleisch. Die Mischungen in getrennte Kannen geben, mit genügend Wasser verflüssigen und leicht süßen, falls erforderlich. Servieren, in dem man den Saft aus beiden Kannen gleichzeitig, aber von zwei Seiten, in eine gekühlte Schale gießt, um einen Zwei-Farben-Effekt zu erzielen. Mit frischer Minze garnieren.
- □ Wassermelone mit viel gehackter Minze ergibt eine erfrischende Vorspeise.
- □ Versuchen Sie einen roten Obstsalat aus Würfeln oder Bällchen von Wassermelonen, halbierten und entkernten blauen Trauben, Feigenstückchen und Erdbeeren.
- □ Für die Herstellung von Melonengelee gewürfeltes Fruchtfleisch in eine große Schüssel oder mehrere kleine Schüsseln geben. ½ l Fruchtsaft - Grapefruit-, Apfel- oder Orangensaft - zum Kochen bringen, 2 TL Agar-Agar einstreuen und gut umrühren, bis das Ganze gelöst ist. 1 Minute kochen, dann langsam erkalten lassen, über die Melonenwürfel gießen und gelieren lassen.

Zitrusfrüchte

Sie werden geschätzt wegen ihres saftigen Fruchtfleisches und ihres Gehalts an Ölen, die zur Geschmacksverfeinerung, für Duftstoffe und für die Gewinnung von Zitronensäure verwendet werden. Zitrusfrüchte tragen beim Kochen durch ihr prägnantes Aroma und ihre Säure dazu bei, den Geschmack anderer Zutaten zu betonen. Sie gehören zu den besten Vitamin-C-Spendern; Orangen sind auch reich an Vitamin B_1, Vitamin A und Folsäure, während die Bioflavinoide in der weißen Schale und dem Mark der Zitrusfrüchte nach verbreitetem Glauben besonders hilfreich für Frauen mit Menstruationsbeschwerden sein sollen.

Navelorange ▷
Navelorangen, so genannt wegen der nabelähnlichen Verdickung am Blütenende, sind süß und saftig

Süße Valencia-Orange △
Süße und sehr saftige spanische Orangensorte

Jaffa-Orange △
Sie stammt aus Israel, ist saftig und schmeckt leicht herb

Clementine △
Die Clementine ist eine Kreuzung zwischen Mandarine und Pomeranze (Bitterorange); sie hat keine Kerne

Tangerine △
Die Schale der Tangerine ist dunkler als die der Mandarine

Satsuma △
Sie sind durch eine leicht zu schälende, lockere Schale und durch süßes, saftiges Fruchtfleisch gekennzeichnet; manche Sorten sind kernlos

Zitrone △
Neben der Orange ist sie die wichtigste Zitrusfrucht und zur Geschmacksverfeinerung unverzichtbar

Kumquat (Zwergorange) ▽
Würzig-süß schmeckende kleine Orangen, die vorzugsweise eingelegt und für Kompott oder als Garnierung verwendet werden

Limette △
Kleine grüne Zitrusfrucht mit einem ganz eigenen, beinahe parfümierten Geschmack

Sweetie ▷
Kreuzung zwischen Grapefruit und Limette
◁ ***Grapefruit Rosé***
Es gibt rosafarbene und rote Grapefruits; die Farbe ihres Fruchtfleisches reicht von Blaßrosa bis zu Rubinrot, es ist süß und saftig
Mineola ▽
Züchtung aus der süßen Valencia-Orange, von dunkler Farbe und mit glatter Schale
Blondorange △
Diese sauren Kochorangen, die man einmacht, gelangten vor den süßen Orangen nach Europa
Pampelmuse (Pomelo) ▽
Einer Kreuzung von Pampelmuse und Orange entstammt die Grapefruit
Ugli △
Diese Kreuzung zwischen Grapefruit und Tangerine sieht aus wie eine große, ziemlich plumpe Grapefruit; sie schmeckt wie eine besonders saftige, süße Grapefruit
Grapefruit △
Die verbreitetste Zitrusfrucht, herb und erfrischend

Zitrusfrüchte

Auswahl und Aufbewahrung

Zitrusfrüchte sollen glänzend und prall aussehen, keine braunen Flecken und keine schrumpelige Schale haben. Die Früchte, besonders Grapefruits, sollten schwer wirken, also heben Sie sie wägend hoch, bevor Sie sie kaufen – man ist überrascht, wie unterschiedlich sie im Gewicht sind.

Vorbereitung und Verwendung

Zitrusfrüchte müssen gut gebürstet werden, wenn Sie die Schale verwenden wollen, da sie oft gespritzt sind. Angeblich soll 1 EL Apfelessig, den man dem Waschwasser zugibt, helfen, die schädliche Wirkung von chemischen Rückständen auf der Schale zu neutralisieren.

Saftreste von Zitrusfrüchten können eingefroren werden: Gießen Sie sie einfach in Eiswürfelbehälter, lassen Sie sie gefrieren, und geben Sie sie dann in eine Plastiktüte. Zitronen-, Orangenspalten und -schalen lassen sich ebenfalls gut einfrieren und können unaufgetaut in Getränke gegeben werden. Lassen Sie sie auf einem Teller oder einer Platte gefrieren, bis sie hart sind, und geben Sie sie dann in eine Plastiktüte.

BLONDORANGE *Citrus aurantium*
Diese Orangensorte ist roh nicht genießbar, sie wird aber zu Marmelade verarbeitet und zur Herstellung von Likören und Orangenblütenwasser verwendet. Die geriebene Schale und der Saft dienen als Aromastoff.

CLEMENTINE, MANDARINE,
MINEOLA, SATSUMA, TANGERINE
Citrus reticulata
All diese Zitrusfrüchte sind leicht zu schälen, und ihr Fruchtfleisch läßt sich mühelos in Segmente teilen. Die aromatischen Clementinen sind wie die Satsumas kernlos. Sie alle haben einen besseren Geschmack als Orangen und enthalten viel Vitamin C. Mandarinenspalten gibt es in Dosen.

GRAPEFRUIT und
GRAPEFRUIT ROSÉ
Citrus x paradisi
Meistens werden sie halbiert als Vorspeise serviert; man kann die Schale zu einem Spitzenkragen einschneiden (s. rechts), das Fruchtfleisch herausschälen und mit gehackter Orange und Minze mischen. Oder man halbiert die Grapefruit, lockert die Segmente (s. unten), bestreut die Oberseite mit braunem Zucker und grillt sie, bis der Zucker geschmolzen und die Frucht durch und durch warm ist. Eines meiner Lieblingsgerichte aus Grapefruit ist ein Salat aus Grapefruit- und Orangensegmenten, Avocado und Brunnenkresse.

Die rosafarbene Grapefruit ist ausgesprochen süß, saftig und von attraktiver Farbe. Grapefruits sind frisch und in Dosen erhältlich, Grapefruitsaft gibt es natürlich und gesüßt.

KUMQUAT (ZWERGORANGE)
Fortunella margarita
Kumquats, die kleinsten Zitrusfrüchte, stammen aus dem Südosten Chinas und aus Japan. Die Schale schmeckt süß, das Fruchtfleisch bitter. Sie sind köstlich, als ganze Frucht in Zuckersirup gedünstet (S. 343), oder eingemacht, als Beigabe zu selbstgemachtem Vanilleeis. Kumquats werden nicht chemisch behandelt.

LIMETTE *Citrus aurantifolia*
Eine wunderbar schmeckende Würze: Pressen Sie einmal den Saft über exotischen Früchten oder heißen zuckrigen Pfannkuchen aus, oder verwenden sie ihn bei der Zubereitung von Guacamole (S. 144). Limetten finden vielseitige Verwendung in süßen Gerichten, als Geschmacksverfeinerer für Eiscreme, Parfaits und Käsekuchen.

ORANGE *Citrus sinensis*
Es gibt eine Reihe von Dessertorangensorten, etwa die NAVELORANGE, die köstlich süß ist und den charakteristischen Nabel am Blütenende aufweist, die saftige JAFFA (SHAMANTI)- und die VALENCIA-ORANGE. Orangen schmecken gut als rohe Früchte, wenn man sie in Segmente schneidet und die weißen Hautteile entfernt. Mit Orangenblütenwasser und ein wenig Orangenblütenhonig beträufelt und gekühlt, ergeben sie eine sehr erfrischende Nachspeise, die man vorzüglich mit einer Mandel- oder Cashewnußcreme (S. 238) kombinieren kann, besser noch als mit Sahne. Die Orangenspalten können auch mit zerstoßenem Karamel bestreut werden. Orangen sind ebenfalls eine ausgezeichnete Zugabe zu frischem Obstsalat, und ihr Saft bewahrt hellen Früchten, wie Äpfeln und Birnen, die Farbe. Ganze Orangen kann man in Zuckersirup köcheln, dann abkühlen lassen und mit blanchierten getrockneten Schalenschnipseln servieren.

Zerkleinerte Orangenschale ist separat und in Mischungen aus verschiedenen kleingehackten Schalen enthal-

Eine Grapefruit mit einem Spitzenkragen verzieren

Eine halbierte Grapefruit zum Servieren vorbereiten

ten, aber am besten kauft man sie in ganzen Stücken. Verschiedene Sorten von Orangensaft sind erhältlich: Lesen Sie die Zutatenangaben, um sich zu vergewissern, daß es sich um reinen Saft handelt.

BLUTORANGEN (ohne Abb.) sind kleine Orangen mit rotem Fruchtfleisch. Sauce hollandaise (S. 176) wird mit Blutorangensaft und ein wenig zerkleinerter Schale zu Malteser-Sauce abgewandelt, die traditionellerweise zu Spargel serviert wird.

PAMPELMUSE (POMELO) *Citrus grandis*
Eine südostasiatische Zitrusfrucht, gelb und dickschalig, die bis 6 kg schwer werden kann; sie hat einen säuerlichen und leicht bitteren Geschmack.

SWEETIE *Citrus* spp
Eine der Kreuzungen, die vor nicht langer Zeit gezüchtet wurden; Sweeties sind erfrischend und haben einen herben Geschmack.

UGLI *Citrus* spp
Diese Kreuzung zwischen Tangerine und Grapefruit stammt aus Ostindien. Ugli ist auf die gleiche Weise wie Grapefruit zuzubereiten. Tatsächlich kann die Ugli sogar die Grapefruit geschmacklich übertreffen, etwa wenn Sie besonders süße, saftige Spalten für ein Kompott oder einen Salat benötigen. Ihre dicke, gesprenkelte Schale läßt sich leicht schälen und das Fleisch schnell segmentieren. Sie hat wenig Kerne.

ZITRONE *Citrus limon*
Saft wie Schale der Zitrone sind in der Küche unentbehrlich für die Geschmacksverfeinerung: Zitronensaft hebt den Geschmack von anderen Nahrungsmitteln, und die Schale verleiht dem Gericht ein raffiniertes Aroma. Ein Stück Zitronenschale zusammen mit einem *Bouquet garni* würzt Suppen und Gemüsekasserollen. Zitronensaft benutzt man für Salatsaucen, und ich verwende ihn oft statt Weinessig. Er hilft auch die Farbe von Obst und Gemüse, das sich leicht verfärbt, zu bewahren: Bürsten Sie die Schnittflächen, oder tauchen Sie sie in eine Tasse mit Wasser, dem der Saft von ½ Zitrone zugegeben wurde. Zitrone verwendet man in schmackhaften Kuchen und Nachspeisen. In Scheiben, Keile oder winzige Stücke geschnitten, eignet sie sich als sehr erfrischende und attraktive Garnierung, auch für Drinks.

Die kandierte Schale kauft man am besten in ganzen Stücken; sie ist zwar teuer, übertrifft jedoch die kleingeschnittene bei weitem an Aroma. Abgefüllter Zitronensaft läßt sich als Vorrat aufbewahren, obgleich er nicht so gut ist wie frischer.

Um konzentriertes Zitronenwasser herzustellen – was altmodisch, aber wohltuend und nicht schwierig ist –, geben Sie 4 EL Perlgraupen und die Schale von ½ unbehandelten Zitrone mit ½ l Wasser in einen Kochtopf, und bringen Sie das Ganze zum Kochen. Ohne Deckel 20 Minuten leicht köcheln lassen, dann durchsieben und abkühlen lassen. Geben Sie dann den Saft von ½ Zitrone und etwa 1 EL Zukker oder Honig dazu. Gekühlt oder mit Eis servieren.

Eine Orange schälen

Eine Orange in Segmente teilen

Zitrusschalen kandieren

Kandierte Zitrusschale, wie man sie in Kuchen und Nachspeisen verwendet, kann man selbst zubereiten. Sie benötigen die unbehandelten Schalen von 6 Orangen oder Zitronen oder von 4–5 Grapefruits oder die gleiche Menge an Schalen verschiedener Sorten.

Bürsten Sie die Früchte gründlich ab, halbieren Sie sie, und entfernen Sie das Fruchtfleisch.

Legen Sie die Schalenhälften in einen Kochtopf, bedecken Sie sie mit kaltem Wasser, bringen Sie sie zum Kochen, und lassen Sie sie dann köcheln, bis sie weich sind. Das dauert 1–2 Stunden; das Wasser sollte man dreimal erneuern, besonders bei Grapefruits.

Lassen Sie die Schalen gründlich trocknen, und heben Sie die Flüssigkeit auf. Füllen Sie die Flüssigkeit gegebenenfalls mit Wasser auf gut ¼ l auf, gießen Sie sie in einen Kochtopf und geben Sie 250 g Zucker dazu. Leicht erhitzen, bis sich der Zucker aufgelöst hat, dann zum Kochen bringen. Die Schalen hinzufügen, von der Kochstelle nehmen und 2 Tage stehenlassen. Nehmen Sie die Schalen aus dem Sirup; geben Sie noch 100 g Zucker in den Sirup, erhitzen Sie ihn leicht, bis sich der Zucker aufgelöst hat, geben Sie dann die Schalen wieder zu, und lassen Sie das Ganze köcheln, bis die Schalen transparent sind.

Belassen Sie die Schalen 2 Wochen im Sirup, nehmen Sie dann die Schalen heraus, und geben Sie sie auf ein Drahtgestell zum Trocknen. Sobald die Schalen trocken sind, in einem luftdichten Glas aufbewahren.

Trockenobst

Obst wird schon seit rund 5000 Jahren konserviert, indem man es in der Sonne trocknet und ihm damit die Feuchtigkeit entzieht, wobei sich die Zuckerkonzentration erhöht. Als die frühen Siedler nach Amerika aufbrachen, nahmen sie Vorräte an getrockneten Äpfeln, Nektarinen, Pfirsichen, Aprikosen, Quitten und Trauben mit. Auch heute noch ist Trockenobst eine wichtige Zutat und ein konzentrierter Nährstoffspender. Es enthält viele Ballaststoffe und ist reich an Vitaminen der B-Gruppe und Mineralstoffen. Aprikosen und Pfirsiche haben einen bemerkenswerten Gehalt an Eisen und Vitamin A, Aprikosen zusätzlich an Calcium.

Apfelringe △
Die weichen, weißen Ringe oder Stücke getrockneter Äpfel haben eine leicht gummiartige Textur. Sie sind nahezu immer mit Schwefeldioxyd behandelt (daher die blasse Farbe)

Bananenscheiben ▷

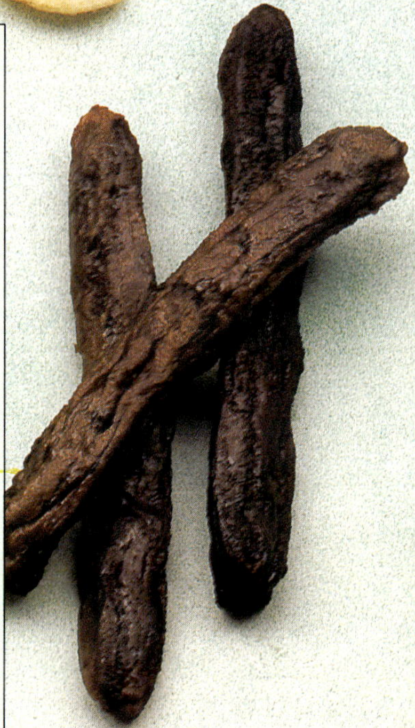

Bananen ▽
Getrocknete Bananen sind süß und haben einen intensiven Bananengeschmack. Die Scheiben (links) stammen von unreifen Bananen, die in einer Mischung aus Öl und Zucker fritiert wurden

Papayas △
Ebenso wie Bananenscheiben (oben) wurden diese Stücke der Papaya und der Ananas (rechts) in Zucker getaucht

Ananas △

Birnen ▷
Sie werden als ganze Frucht halbiert getrocknet und gewöhnlich mit Schwefeldioxyd behandelt. Sie haben einen köstlichen, echten Birnengeschmack und sind etwas feucht

Feigen ▽
Feigen gibt es gewöhnlich als ganze Frucht, und im allgemeinen sind sie sonnengetrocknet und ungeschwefelt. Manchmal sehen sie weiß und pudrig aus aufgrund des durch die Schale gedrungenen Fruchtzuckers

Pfirsiche △
Getrocknete Pfirsiche werden gewöhnlich in Hälften verkauft und haben nicht den besonderen Geschmack wie frische Pfirsiche, jedoch ihr ganz eigenes Aroma

Pflaumen ▽
Getrocknete Pflaumen einer Sorte mit fast schwarzer Schale, die hauptsächlich in Frankreich wächst

◁ *Rosinen aus Muskattrauben*
Sie sind sonnengetrocknet, von lilaschwarzer Farbe und haben den köstlichen, typischen Muskatgeschmack

***Kernlose Rosinen* ▷**
Sie haben nicht den Geschmack und die saftige Konsistenz der anderen beiden Arten, sind aber überall erhältlich und vielseitig verwendbar

Rosinen aus* ▷ *Lexia-Trauben
Eine weitere köstliche Traube, die Lexia-Sorte, kommt aus Australien; sie hat Kerne, ist süß und besonders saftig

***Hunza-Aprikosen* ▽**
Getrocknete Aprikosen sind ganz, in Hälften oder in Stücken erhältlich; kleine getrocknete Hunza-Aprikosen – sie stammen aus dem Himalaja und gelten als beste Sorte – werden als ganze Früchte mit Stein gehandelt. Wenn die Aprikosen orangefarben oder gelb sind, wurden sie höchstwahrscheinlich geschwefelt

◁ *Aprikosen*

***Sonnengetrocknete Aprikosen* ▽**

***Datteln* ▽**
Datteln sind sehr süß und nahrhaft; man erhält sie als ganze Früchte, mit oder ohne Stein, und in einen Block gepreßt

***Korinthen* ▽**
Die ursprünglich um Korinth angebauten kleinen süßen Trauben werden ohne Zusatz von Schwefeldioxyd getrocknet und abgepackt

***Sultaninen* △**
Getrocknete, kernlose weiße Trauben, kleinen kernlosen Weintrauben ähnlich. Sie stammen ursprünglich aus Izmir (Smyrna) in der Türkei, sind jetzt aber auch andernorts weitverbreitet, insbesondere in Australien

Trockenobst

Auswahl, Aufbewahrung und Zubereitung

Obst wird entweder an der Sonne getrocknet oder in Trockenkammern, wo die Feuchtigkeit durch heiße Luft verdunstet. Trockenobst kann während des Trocknungsprozesses mit Schwefeldioxyd behandelt werden, um zu verhindern, daß seine Farbe zu dunkel wird. Schwefeldioxyd stört die Fähigkeit des Körpers, Vitamin B_1 aufzunehmen, und ist mit Verdauungsstörungen verbunden. Wählen Sie daher möglichst ungeschwefelte Früchte. Die Wirkung der Schwefeldioxyde kann verringert werden, wenn Sie zuerst das Obst gut in warmem Wasser waschen, dann mit kaltem Wasser bedecken und zum Kochen bringen. Lassen Sie die Früchte ohne Deckel 5 Minuten köcheln, gießen Sie das Wasser ab, und spülen Sie das Obst noch einmal gründlich. Man kann es dann weiter verwenden: in kaltem Wasser einweichen oder mit frischem Wasser bedecken und leicht köcheln lassen, bis es weich ist.

Viele Früchte werden auch mit Mineralöl überzogen, um zu verhindern, daß sie zusammenkleben. Auch dieser Zusatz ist bedenklich, da er die Fähigkeit des Körpers, bestimmte Mineralstoffe aufzunehmen, herabsetzen kann. Mineralöl läßt sich entfernen, indem man das Obst mehrmals abwechselnd warm und kalt wäscht. Am besten kauft man ohnehin Trockenobst, das ohne Öl oder vielmehr mit Pflanzenöl abgepackt wurde (selbst letzteres wasche ich vor Gebrauch der Früchte ab). Die gewaschenen Früchte in einem Sieb abtropfen lassen, dann auf einem Tablett, das mit saugfähigem Küchenkrepp ausgelegt ist, ausbreiten und an einem warmen Ort über Nacht zum völligen Trocknen liegenlassen.

Wenn Sie Trockenobst kaufen, überprüfen Sie das Abpack-/Haltbarkeitsdatum; kaufen Sie kleine Mengen, und bewahren Sie das Obst in einem luftdichten Glas auf.

ANANAS
Knusprige Ananasstückchen, in Sirup eingelegt, sind eine köstliche Ergänzung für reichhaltige Obstkuchenmischungen, Fruchteis oder einen Bonbonteller, den man zusammen mit Kaffee nach dem Essen serviert.

APFELRINGE
Man kann sie essen, wie sie sind, oder kleingehackt Kuchen und Nachspeisen beigeben. Sie sind auch eine beliebte Zutat für Kompotte.

APRIKOSEN
Getrocknete Aprikosen kann man genießen, wie sie sind, oder eingeweicht (und gekocht, bis sie weich sind, je nach Belieben) einfach mit Joghurt oder Sahne servieren, zu Pürees, Sahnespeisen und anderen Nachspeisen verarbeiten. Sonnengetrocknete HUNZA-APRIKOSEN haben einen besonders guten Geschmack und ergeben ein wunderbares Kompott. Aus getrockneten Aprikosen läßt sich das ganze Jahr über ausgezeichnete Marmelade herstellen: Für etwa 2½ kg Marmelade gibt man 500 g getrocknete Aprikosen in eine Schüssel, bedeckt sie mit 2½ l Wasser und läßt sie über Nacht weichen. Am nächsten Tag gibt man die Aprikosen mit dem Wasser und dem Saft von 1 unbehandelten Zitrone in einen Einmachtopf und läßt das Ganze köcheln, bis die Aprikosen wirklich weich sind - etwa 50-60 Minuten. Von der Kochstelle nehmen, 1½ kg Zucker und 50 g grobgehackte blanchierte Mandeln hinzugeben. Leicht erhitzen, bis sich der Zucker aufgelöst hat, und 20-25 Minuten kochen lassen, dabei öfter umrühren. Probieren Sie aus, ob das Gelierstadium erreicht ist (S. 339); falls ja, von der Kochstelle nehmen und ein Stückchen Butter hinzufügen. Die Masse etwas abkühlen lassen und dann in vorgewärmte sterilisierte Gläser füllen.

BANANEN
Gewöhnliche getrocknete Bananen, die wie dünne, abgeflachte, dunkelbraune frische Bananen aussehen, sind angenehm als Knabberwerk; sie dienen auch als Zusatz zu selbstgemachtem Trockenfrucht-Allerlei und als Bestandteil eines Süßigkeitensortiments. Sie erhalten ihre ursprüngliche Beschaffenheit zurück, wenn man sie in Wasser einweicht, aber sie sind dann ziemlich matschig und nicht besonders gut. Aus eingeweichten und pürierten Trockenbananen anstelle von zerdrückten frischen Bananen läßt sich Bananenbrot (S. 330) zubereiten. BANANENSCHEIBEN mit knusprigem Zuckerüberzug kann man auch fertig kaufen; sie sind eine relativ gesunde Süßigkeit, die Kinder gern mögen.

BIRNEN
Birnen kann man roh oder eingeweicht und anschließend gekocht verzehren. Kleingehackt ergeben sie einen ungewöhnlichen Zusatz für einen Obstkuchen und gehören zu den Zutaten für das berühmte Schweizer Weihnachtsgebäck, Birnbrot.

Um Birnbrot herzustellen, bereitet man zunächst die halbe Menge Teig des Rezepts für schnelle Vollweizenbrötchen (S. 328) zu. Während der Teig zum erstenmal geht, macht man die Füllung: 250 g getrocknete Birnen und 100 g getrocknete, entsteinte Pflaumen kleinhacken und mit 50 g kernlosen Rosinen sowie gut ¼ l Wasser in einen Topf geben. Zum Kochen bringen, dann leicht köcheln lassen, bis die Mischung dick und trokken ist. Durchsieben oder pürieren, dann die abgeriebene Schale und den Saft von ½ unbehandelten Zitrone, 50 g braunen Zucker, ein wenig gemahlenen Zimt und geriebene Muskatnuß hinzufügen.

Den aufgegangenen Teig durchkneten und zu einem etwa 40 × 40 cm großen, höchstens 6 mm dicken Quadrat ausrollen. Die Birnenmischung bis auf etwa 2,5 cm zum Rand hin darauf verteilen. Die Teigränder umschlagen und die Füllung damit umgeben, dann fest zusammenrollen und auf ein Backblech setzen. Die Rolle gleichmäßig einstechen, mit einem Tuch abdecken und dann an einem warmen Ort 30 Minuten gehen lassen.

Den Ofen auf 180 °C (Gas Stufe 2-3) vorheizen. Das Brot rundum mit verschlagenem Ei einpinseln und auf der mittleren Schiene etwa 35 Minuten backen, bis es braun und knusprig ist. In Scheiben schneiden und warm servieren. Birnbrot ist ein ausgezeichnetes Gebäck zu Kaffee und ein gutes Dessert nach einer schwereren Mahlzeit, wie etwa einem Fondue.

DATTELN
Datteln sind eine wohlschmeckende Süßigkeit oder Knabberei, entweder so, wie sie sind, oder gefüllt (anstelle des Steins) mit einer Mandel, einer Paranuß, etwas Mandelmasse oder Frischkäse. Datteln kann man auch für Kuchen, Nachspeisen und sehr gutes Gebäck (S. 321) verwenden. Wenn Sie Kochdatteln kaufen, achten Sie darauf, daß sie nicht in Zucker gewendet sind - eine absolut unnötige Behandlung in Anbetracht des intensi-

ven, süßen Geschmacks der Datteln. Entsteinte Datteln müssen vor Gebrauch überprüft werden, denn gelegentlich bohrt sich ein Stein oder das harte Stielende nach innen.

FEIGEN
Sie werden häufig zu Blöcken gepreßt verkauft und haben einen hohen Ballaststoffanteil. Man kann sie so essen, wie sie sind, aber auch einweichen und als Kompottbestandteil oder als Zutat zu gesunden Leckereien und Plätzchen verarbeiten. Heißer Feigenpudding mit Rumsauce ist ein aufwärmender Winterpudding.

KORINTHEN
Korinthen sind eine besonders nützliche Zutat. Sie werden viel zum Backen verwendet, etwa für Korinthenbrötchen, Obstkuchen (S. 310) und den traditionellen englischen Weihnachtspudding (S. 296); in der Küche des Nahen Ostens gibt man sie oft schmackhaften Pilaws und Füllungen bei. Wenn man sie mit Mandeln und Gewürz mischt, kann man aus ihnen süße, knusprige Biskuits herstellen: 100 g Vollweizenmehl, ½ TL Backpulver und ½ TL Piment in eine große Schüssel sieben. Die Kleie aus dem Sieb in die Schüssel geben, 50 g Butter, 15 g gemahlene Mandeln und 50 g Korinthen hinzufügen. Gut mischen, dann 1 EL Wasser einrühren und einen Teig herstellen. Auf einem leicht mit Mehl bestäubten Brett den Teig etwa 5 mm dick ausrollen, dann runde Plätzchen von etwa 5 cm Durchmesser ausstechen, auf mit Mehl bestäubte Backbleche setzen und 10 Minuten bei 200 °C (Gas Stufe 3-4) backen.

PAPAYAS
Sie sind vielleicht nicht so gesund wie Trockenobst ohne Zuckerzusatz, aber trotzdem eine angenehme und noch relativ gesunde Süßigkeit.

PFIRSICHE
Getrocknete Pfirsiche können gegessen werden, wie sie sind, aber ich ziehe es vor, sie etwas einzuweichen und köcheln zu lassen, bis sie richtig weich sind. Sie sind ein guter, schmackhafter Zusatz etwa für Pilaws und köstlich in Kuchen, Nachspeisen und Kompotten.

PFLAUMEN
Normalerweise sind getrocknete Pflaumen nicht mit Schwefeldioxyd behandelt, können aber anderen Verfahren unterzogen worden sein, um ihre Haut weich zu machen. Oft werden sie mit Mineralöl überzogen; waschen Sie sie deshalb in jedem Fall sorgfältig. Sie gehören zu den Lebensmitteln, die man entweder mag oder nicht. Wenn Sie noch unangenehme Kindheitserinnerungen an Trockenpflaumen haben, versuchen Sie sie doch einmal als Bestandteil eines alkoholischen Kompotts, eines besonders leichten Weihnachtspuddings oder von Eis - Sie werden eine angenehme Überraschung erleben. Pflaumenmus schmeckt überraschend gut, genauso wie der klassische französische Pflaumenkuchen. Pflaumensaft ist fertig erhältlich und außerordentlich reich an Eisen, eines der besten Mittel, um sich zu regenerieren, wenn man erschöpft ist.

ROSINEN
Alle abgebildeten Rosinensorten eignen sich hervorragend zusammen mit Nüssen für einen Snack, als Zusatz zu Müslis oder Obst- und Gemüsesalaten. Rosinen sind auch unentbehrlich für Obstkuchen, Desserts und Gebäck.

SULTANINEN
Manche Sultaninen werden mit Schwefeldioxyd behandelt, andere nicht; überprüfen Sie die Angaben auf der Packung. Man braucht Sultaninen zum Kuchenbacken, für Salate, Nachspeisen und Müslis.

KOMPOTT AUS TROCKENOBST
(ohne Abb.)
Zutaten sind einige der auf der vorhergehenden Doppelseite abgebildeten Früchte, in der Regel Pflaumen, Apfelringe, Aprikosen und vielleicht Pfirsiche und Birnen. Eine Trockenobstmischung ergibt ein ausgezeichnetes Kompott: Man bedeckt die Mischung mit kochendem Wasser und läßt die Früchte über Nacht weichen; rechnen Sie 350-450 g für 4 Personen. Am nächsten Tag halb bedeckt leicht köcheln lassen, bis das Obst weich und die Flüssigkeit zu einem glänzenden Sirup reduziert ist. Heiß oder gekühlt reichen. Wenn Sie das Kompott kalt servieren, können Sie einige frische Früchte hinzufügen. Ein Freund von mir bereitet eine alkoholische Version zu, indem er Brandy hinzufügt, was ausgezeichnet schmeckt.

Obst und Gemüse selbst trocknen

Das Trocknen von Obst und Gemüsen gehört zu den natürlichsten und ältesten Methoden der Nahrungsmittelkonservierung. Dabei wird die Eigenfeuchtigkeit der Rohprodukte ausgetrocknet, so daß die Enzyme, die ein Verderben bedingen, gehemmt werden. Der Trocknungsvorgang kann in der Sonne oder im Ofen vor sich gehen. Das Trocknen im Ofen kann über mehrere Tage hinweg geschehen, eventuell in der Resthitze nach Zubereitung eines anderen Gerichts. Die Temperatur muß zwischen 50-70 °C liegen, und am besten läßt man die Ofentür einen Spalt offenstehen, damit die Feuchtigkeit entweichen kann.

Sollen Obst und Gemüse in der Sonne getrocknet werden, muß man sie auf sauberen Gittern, Holzlatten oder Drahtplatten ausbreiten. Zweimal am Tag vom Boden aufheben und das Lebensmittel wenden. Das Produkt mit einem sauberen Musselintuch bedecken, um Fliegen und Staub fernzuhalten, und gegen Abend hereinnehmen, da die erhöhte Luftfeuchtigkeit den Trocknungsvorgang beeinträchtigt. Man kann Früchte und Gemüse auch auf eine Schnur ziehen und zum Trocknen aufhängen.

Die Farbe von hellen Früchten bleibt erhalten, wenn man diese vor dem Trocknen in Zitronenwasser taucht (pro 1 l Wasser 10 g Zitronensäure) und trockentupft.

Gemüse, wie Pilze, Zwiebeln und Paprikaschoten, können ohne besondere Vorbereitung getrocknet werden; andere, wie Stangenbohnen, müssen 2 Minuten blanchiert werden, bevor man sie trockentupft und dann trocknen läßt.

Getrocknete Früchte und Gemüse in luftdicht verschlossenen Gläsern aufbewahren; sie halten sich dann etwa 1 Jahr. Früchte kann man verwenden, wie sie sind; Gemüse sollten vor Gebrauch einige Stunden eingeweicht und dann im Einweichwasser gekocht werden; für Eintöpfe ist vorheriges Einweichen nicht erforderlich.

Milch, Eier, Milch- und Sojaprodukte

Diese Nahrungsmittel bereichern und stärken die vegetarische Küche. Einige sind konzentriert, haben einen hohen Fettgehalt und werden deshalb normalerweise nur in kleinen Mengen verwendet. Milch ist ein vielseitiges Naturprodukt, das in ausgewogenen Mengen alle Nährstoffe enthält, die wir zum Wachsen und Leben benötigen. Eine Reihe von Produkten sind reiche Proteinspender. Andere werden in orientalischen Ländern seit Jahrtausenden verwendet, sind im Westen aber relativ neu.

Aromatisierter getrockneter Tofu △

△ ***Geräucherter Tofu***
Räuchern verleiht Tofu Geschmack

Fester Tofu △
Fester Tofu kommt als Block in den Handel (wie ein ganzer Käse) und kann in Würfel oder Scheiben geschnitten und gebraten werden

◁ ***Weicher Tofu***
Tofu wird hergestellt, indem man Sojamilch kocht und gerinnen läßt; weicher (normaler) Tofu ist weniger gepreßt als fester und in der Konsistenz Quark vergleichbar

Fritierter getrockneter Tofu △

Seitan △
Vegetarisches Protein in Form von Würfeln und Paste (unten)

△ ***Vegetarisches Eiweiß (Eiweißkonzentrat)***
»Hack«-Bällchen aus Soja

△ ***Tempeh*** ▽
Tempeh wird hergestellt, indem man gekochte Sojabohnen in Bananenblättern gären läßt

◁ ***Kuhmilch***
Grundnahrungsmittel, das seit Jahrhunderten verwendet wird; Milch ist ein wertvoller Eiweiß-, Calcium- und Riboflavinspender (Vitamin B_2) für die laktovegetarische Diät

Sojamilch △
Sie wird aus Sojabohnen hergestellt

Magermilchpulver ▽

Ziegenmilch △
Manche Gesundheitsexperten halten sie für besser verdaulich und gesünder als Kuhmilch

Buttermilch △
Milch, die bei der Herstellung von Butter übrigbleibt; sie enthält wenig Fett und schmeckt säuerlich

Kaffeesahne ▽
Kaffeesahne läßt sich nicht schlagen

Crème double ▷
Hat einen hohen Fettgehalt und läßt sich zu einer dicken Creme schlagen

◁ ***Schlagsahne***
Sie läßt sich zu Sahne schlagen

△
Englische »Clotted Cream«
Dicke Sahne; dabei handelt es sich um das Fett, das von der qualitätvollen Milch aus Devon abgeschöpft wird, nachdem diese erhitzt und schnell wieder abgekühlt wurde

Sahne aus pflanzlichen Fetten ▽
Produkt aus Wasser und Pflanzenöl

Sauerrahm ▽
Hat eine dicke Konsistenz, wenngleich er sich nicht schlagen läßt

◁ ***Sojasahne***

Griechischer Joghurt ▽
Es gibt ihn durchgesiebt (unten) oder unpassiert; er wird aus der Milch von Mutterschafen hergestellt

Wachtelei ▽
Eine attraktive Zutat und hübsche Garnierung

Smetana △
Russische dicke saure Sahne; bei uns wird sie gewöhnlich aus Kaffeesahne und entrahmter Milch hergestellt

◁ ***Hühnerei***
Ein nahrhafter Bestandteil der laktovegetarischen Speisekammer

Parev △
Ein Sahneersatz, hergestellt aus Wasser, Pflanzenöl, Zucker und verschiedenen Aromen; Parev wird in der jüdischen Küche verwendet

Lebende Joghurtkulturen △
(Naturjoghurt)
Ein Sauermilchprodukt, das hergestellt wird, indem man Milch mit der Bakterie *Lactobacillus bulgaricus* versetzt

Entenei △
So nahrhaft wie Hühnereier und, wie manche meinen, feiner im Geschmack

Milch, Eier, Milch- und Sojaprodukte

MILCH

Milch ist ein Grundnahrungsmittel und enthält eine ausgewogene Anzahl an Nährstoffen, darunter Protein und Calcium sowie die Vitamine A, B_2, B_{12} und D. Milch ist meistens pasteurisiert, was bedeutet, daß sie 15 Sekunden auf 62-74°C erhitzt wurde, um Bakterien zu vernichten. Man erhält sie als Vollmilch, teilentrahmt oder als Magermilch. MAGERMILCHPULVER (nicht zu verwechseln mit Milchpulver, das mit Fett angereichert wurde) ist in Dosen oder Beuteln im Handel; man kann es Getränken und anderen Gerichten beimischen, um ihren Nährwert zu erhöhen. Es gibt Magermilchsorten, die mit den fettlöslichen Vitaminen A, D und E, die bei der Fettreduzierung verlorengehen, angereichert wurden. Manche Experten halten ZIEGENMILCH für gesünder und besser verdaulich als Kuhmilch; auch sie ist flüssig und pulverisiert erhältlich.

HOMOGENISIERTE MILCH wurde mechanisch so behandelt, daß die Sahne sich nicht von der Milch trennt und zur Oberfläche aufsteigt, während ULTRAHOCHERHITZTE MILCH (sogenannte H-Milch) bis zu 10 Sekunden auf 135-150°C erhitzt, schnell abgekühlt und in keimfreiem Zustand verpackt wird.

KONDENSMILCH wird in Dosen, Tuben oder Beuteln und in verschiedenen Fettstufen angeboten. Kondensmilch ist Voll- oder Magermilch, die auf ein Drittel ihrer ursprünglichen Menge eingekocht und gleichzeitig sterilisiert wird. Sie ist meist ungezuckert, aber auch mit Zucker oder Glukose gesüßt erhältlich. Sie ist praktisch für die Herstellung von Weichkaramel (S. 345) und herrlichem Eis (S. 280); Kondensmilch ist auch Bindemittel im traditionellen Bircher-Müesli (S. 240). Wenn man den Inhalt von 1 Dose 4 Stunden kochen und die Milch dann abkühlen läßt, leicht schlägt, auf einen Streuselkuchen- oder Tortenboden gibt und kühl stellt, erhält man eine »Gypsy Tart«, eine Zigeunertorte. Kondensmilch läßt sich auch gut bei der Herstellung von Toffee-Biskuitkuchen verwenden: den Inhalt von 1 kleinen Dose Kondensmilch mit jeweils 100 g Zucker und Butter sowie 2 EL Ahornsirup 5 Minuten kochen lassen, dann auf einen in der Form (S. 320) gebackenen Biskuitboden gießen. Wenn die Masse abgekühlt ist, 175-225 g geschmolzene Schokolade darüber verteilen. Lasterhaft, aber köstlich!

BUTTERMILCH wird hauptsächlich bei der Herstellung bestimmter Brotsorten und Kuchen verwendet, etwa für Sodabrot (S. 330), wo sie dazu beiträgt, daß der Teig aufgeht. SMETANA, die außerhalb der Sowjetunion verkauft wird, hat einen niedrigen Fettgehalt und entspricht in etwa Sauerrahm, der sie gut ersetzt. SOJAMILCH hat meist nicht den Nährstoffgehalt von Kuhmilch, schmeckt jedoch ähnlich; ist die Milch für Babys, Kinder oder alte Menschen bestimmt, empfehle ich den Kauf von Sojamilch, die mit Vitaminen angereichert wurde, so daß sie denselben Nährwert wie Kuhmilch aufweist. Überprüfen Sie die Etiketten; möglicherweise müssen Sie sie im Reformhaus oder Naturkostladen kaufen.

JOGHURT

Wählen Sie lebende JOGHURTKULTUREN (NATURJOGHURT) mit dem *Lactobacillus bulgaricus.* Meiden Sie solche, die Verdickungsmittel enthalten oder nach der Kultivierung pasteurisiert wurden. Wenn die Bakterie im Darm auch nicht überlebt, so ist Joghurt doch besser verdaulich als Milch. Hochwertiger Joghurt sollte süß und dick, aber nicht dünn und sauer sein. GRIECHISCHER JOGHURT aus Schafmilch - die normale wie die dickere, abgetropfte Sorte - schmeckt ausgezeichnet. Wenn Sie glauben, Joghurt nicht zu mögen, probieren Sie einmal diesen, bevor Sie auf Ihrer Weigerung bestehen. Vegetarischen SOJAJOGHURT erhält man in Naturkostläden; man kann ihn auch selbst aus Sojamilch herstellen (S. 280).

Joghurt läßt sich leicht in einer weithalsigen Thermosflasche, die ½ l fassen kann, herstellen: ½ l Milch zum Kochen bringen, dann von der Kochstelle nehmen und so lange stehenlassen, bis Sie Ihren kleinen Finger hineintauchen können, ohne sich zu verbrennen. Die Haut auf der Milchoberfläche zusammen mit 4 EL Magermilchpulver und 1 TL Naturjoghurt in die Milch einrühren. In die vorgewärmte Thermosflasche gießen, den Deckel zuschrauben und über Nacht oder 10-12 Stunden stehenlassen, bis die Masse dick und cremig ist. Im Kühlschrank aufbewahren, wo sie noch dicker wird; etwa 1 TL des Joghurts zurückbehalten für die Zubereitung der nächsten Portion.

Joghurt kann man aus jeder Art Milch herstellen - »unbehandelte« ergibt einen sehr sahnigen Joghurt, verwenden Sie aber Magermilch, falls Sie die Kalorien reduzieren wollen. Wenn Sie die Masse in die Thermosflasche gefüllt haben, stellen sie diese unbedingt an einen Ort, wo sie nicht bewegt wird, und öffnen Sie sie nicht, bevor 10 Stunden vergangen sind; Stöße und Erschütterungen können den Gärungsprozeß stören.

Um Fruchtjoghurt herzustellen, geht man wie beschrieben vor. Wenn die Joghurtmasse fertig ist, fügt man einfach kleingeschnittenes frisches Obst, gekochtes Fruchtpüree oder Qualitätsmarmelade und Zucker oder Honig nach Belieben hinzu. Eingerührte Marmeladen mit reduziertem Zuckergehalt schmecken vorzüglich.

Für einen wunderbar dicken Joghurt auf griechische Art legt man ein großes Sieb mit Musselin oder Mull aus. Den Stoff erwärmen, indem man einen Kessel kochendes Wasser durchgießt. Das Sieb auf eine Schüssel setzen, den Joghurt hineingeben und über Nacht abtropfen lassen.

SAHNE

Sahne, ein Konzentrat des fetten Teils der Milch* durch Zentrifugierung, kommt mit unterschiedlichem Fettgehalt auf den Markt. KAFFEESAHNE enthält 10-15%, saure Sahne oder Sauerrahm zwischen 10% und 30%, SCHLAGSAHNE mindestens 30%, CRÈME DOUBLE zwischen 42% und 48% und die englische CLOTTED CREAM 55% Fett. Offensichtlich muß Sahne in Anbetracht der hohen Fettwerte mit Zurückhaltung verwendet werden, aber sie ist hilfreich, wenn man Suppen und Saucen verfeinern und binden, eine schnelle Sauce für Pasta zubereiten oder spezielle Nachspeisen, wie Eis und Parfait, herstellen möchte. CRÈME FRAÎCHE (30-40% Fettgehalt) liegt geschmacklich zwischen Crème double und Sauerrahm. Besonders gut paßt sie zu süßen Früchten und ist ein adäquater Ersatz für Sauerrahm (wenn-

*Hinweis d. dt. Redaktion: Sahne aus pflanzlichen Fetten ist bei uns nicht erhältlich.

gleich sie mehr Kalorien hat), wenn ein Gericht gekocht werden soll, da sie nicht gerinnt. Sie können Crème fraîche selbst herstellen, wenn Sie jeweils gleiche Mengen Crème double und Sauerrahm mischen und bei Zimmertemperatur 24 Stunden stehenlassen; danach kühlen, das macht sie dikker. Crème fraîche hält sich in einem verschlossenen Behälter im Kühlschrank 2 Wochen. Alle frischen Sahneprodukte müssen an einem kühlen Ort aufbewahrt werden, vorzugsweise im Kühlschrank, ebenso angebrochene Dosen- und abgepackte Milch. Innerhalb von 1-3 Tagen verbrauchen.

EIER

Wenn Sie HÜHNEREIER kaufen, wählen Sie Freilandeier, die jetzt wieder leichter erhältlich sind - sogar viele Supermärkte bieten sie an. Im Kühlschrank oder an einem kühlen Ort lassen sie sich 7-14 Tage aufbewahren; vor der Verwendung sind sie immer auf Zimmertemperatur zu bringen. ENTENEIER sollten vor dem Verzehr gut gekocht werden, denn Enten sind nicht gerade wählerisch bezüglich des Ortes, wo sie ihre Eier ablegen - und die Schalen sind porös! Kleine WACHTELEIER können hartgekocht (4 Minuten), dann geschält (was Geduld erfordert) und entweder im Ganzen oder aufgeschnitten als hübsche, luxuriöse Garnierung für Vorspeisen, Salate und Häppchen verwendet werden. Bezaubernd sehen sie in einem klaren Gelee aus (zubereitet aus gut ¼ l dunkler Gemüsebrühe, S. 132, und 1 TL Agar-Agar, S. 286, 1 Minute gekocht). Ein paar Zweige blättrigen Estragon und beliebige kleine, leicht gegarte Gemüsesorten hinzufügen, je nach Laune.

Eier werden in Handels- oder Güte- und Gewichtsklassen eingeteilt: Klasse A = hochwertige, frische Eier, B = Eier »zweiter Wahl« (sie tragen einen roten Stempel), C = Eier dieser Klasse kommen nicht in den Handel - Gewichtsklasse 1 = ab 70 g, 2 = unter 70-65 g, 3 = unter 65-60 g, 4 = unter 60-55 g, 5 = unter 55-50 g, 6 = unter 50-45 g, 7 = unter 45 g.

VEGETARISCHE EIWEISSNAHRUNG

SEITAN ist ein Nahrungsmittel mit hohem Proteingehalt; es wird aus dem eiweißreichen Gluten des Weizens hergestellt. Man erhält es gefroren, in Dosen, Gläsern und vakuumverpackt; verschiedene Sorten Seitanwürfel und -pasten sind ebenfalls erhältlich. Man kann Seitan auch leicht selbst herstellen (eine allerdings ziemlich schmutzige Angelegenheit), indem man einen Teig aus Mehl mit hohem Glutenanteil und Wasser zubereitet und ihn 1 Stunde in Wasser einweicht; dann spült man ihn mit kaltem Wasser ab, bis alle weiße Stärke ausgetreten ist und man nur noch eine elastische, fadenartige Masse übrigbehält. Diese läßt man dann in gewürzter Brühe, der etwas Tamari (S. 184) zugegeben wurde, köcheln. Das entstehende Seitan ist durch das Tamari von bräunlicher Farbe. Man kann es in Würfel oder Scheiben schneiden, in noch mehr Tamari und anderen schmackhaften Zutaten, etwa Knoblauch und frisch geriebenem Ingwer, marinieren, dann braten oder vegetarische Kebabs (S. 201) daraus zubereiten. Oder man reibt es auf und verwendet es wie Hackfleisch, zum Beispiel für Kartoffelpasteten, Küchlein und Aufläufe.

TEMPEH ist ein weiteres nahrhaftes Lebensmittel mit hohem Proteingehalt und hat antibiotische Eigenschaften. Es ist sehr beliebt bei manchen Vollwertköchen, aber mir ist der Geschmack der Sojabohnen zu scharf und die Textur zu pampig. Tempeh muß eingeweicht oder mit einer guten scharfen Marinade aus zerdrücktem Knoblauch, zerstoßenem Ingwer und Sojasauce, vielleicht auch mit etwas Dijon-Senf serviert werden. Normalerweise wird es in Würfel und Schei-

Vier Möglichkeiten, ein Ei zuzubereiten

Ein Ei kochen
Man sticht das Ei unten ein, damit die Luft entweichen kann, so daß die Schale nicht platzt. Es gibt spezielle Eierpiekser für diesen Zweck, aber man kann auch eine Nadel benutzen. Dann füllt man einen kleinen Topf zu drei Viertel mit Wasser, bringt es zum Kochen und gibt das Ei hinein; das Wasser beständig köcheln lassen. Nach Ablauf der Kochzeit (s. unten) das Ei mit einem Schaumlöffel herausnehmen.

Kochzeiten für Eier
Diese Kochzeiten gelten für mittelgroße Eier mit Zimmertemperatur:

Für einen flüssigen Eidotter	4 Minuten
Für einen etwas flüssigen Eidotter	6 Minuten
Für ein leicht hartgekochtes Ei	8 Minuten
Für einen trockenen Eidotter und festes Eiweiß	10 Minuten

Ein hartes Ei taucht man sofort nach Ende der Kochzeit in kaltes Wasser, um zu verhindern, daß es verkocht und daß sich zwischen Eigelb und Eiweiß ein grauer Rand bildet.

Ein Ei braten (Spiegelei)
Ausreichend Öl in eine kunststoffbeschichtete Pfanne geben, so daß der Boden gerade bedeckt ist, dann erhitzen. Ein Ei aufschlagen und in das Öl gleiten lassen. Während des Bratvorgangs etwas heißes Öl auf die Oberseite des Eies geben, damit diese ebenfalls gart. Sobald das Eiweiß fest ist, das Ei mit einem Bratenwender hochheben, das Öl abtropfen lassen und das Ei direkt auf einen Teller geben.

Ein Ei pochieren (Ei im Glas)
Einen flachen, weiten Topf oder eine tiefe Bratpfanne mit Wasser füllen. 1 EL Essig hinzufügen und zum Kochen bringen. Ein Ei aufschlagen, in eine Tasse geben und dann in das Wasser gleiten lassen. Die Hitze sofort erhöhen, so daß das Wasser sprudelnd kocht und die Blasen Eiweiß und Eigelb zusammenhalten; dann die Hitze verringern und 2-3 Minuten leicht köcheln lassen, bis das Ei fest ist. Mit einem Schaumlöffel herausnehmen und im Glas servieren.

Rühreier für zwei Personen
4 Eier aufschlagen und, wenn sie ganz perfekt geraten sollen, durch ein Sieb streichen, um die Eiweißflocken zu entfernen. Mit Salz und Pfeffer würzen. 20 g Butter in einer Pfanne mit mittelschwerem Boden zergehen lassen. Wenn das Fett brutzelt, die Eier hinzufügen. Bei niedriger Hitze garen lassen und dabei umrühren, bevor die Eier fest werden; sie braten dann noch einen Augenblick weiter. Wenn Sie festere Rühreier wünschen, garen Sie sie einen Augenblick länger, bis sie nicht mehr flüssig sind. Sofort auf vorgewärmten Tellern servieren.

ben geschnitten und in etwas Öl angebraten.

FESTER TOFU kann auf irgendeine der für Seitan und Tempeh beschriebenen Arten verarbeitet werden; bis zur Verwendung sollte man ihn, mit Wasser bedeckt, im Kühlschrank aufbewahren. Vakuumverpackter WEICHER TOFU hält sich bis zur Öffnung der Verpackung auch außerhalb des Kühlschranks. Für Dips, Dressings, Obstkuchenfüllungen und Sahne-Obstpürees kann man ihn weich schlagen. Verschiedene andere Tofusorten, zum Beispiel GERÄUCHERTER, AROMATISIERTER und FRITIERTER GETROCKNETER TOFU, sind gelegentlich erhältlich und bilden eine interessante Ergänzung für Pfannengerichte.

Tofu nimmt Aromen gut an und profitiert geschmacklich, wenn er vor der Verwendung mariniert wird: Wein, Kräuter, Gewürze, Knoblauch, Öl, Zitrusschalen und -saft, Senf, Sojasauce, eine stark gewürzte Brühe - all diese Zutaten können für die Marinade verwendet werden.

Wenn man zum Beispiel dem Tofu Meeresgeschmack verleihen möchte, bereitet man eine entsprechende Marinade, indem man ein Meeresgemüse in Wasser köcheln, gut einkochen läßt und dann durchsiebt.

VEGETARISCHES EIWEISS (EIWEISSKONZENTRAT) gibt es mit Fleischgeschmack wie auch natürlich. Es kommt in diversen Formen und Größen auf den Markt. Entsprechend der jeweiligen Gebrauchsanweisung läßt es sich in heißem Wasser leicht rehydratisieren, aber es hat mehr Geschmack, wenn man es über Nacht in Brühe einweicht. Viele Vegetarier halten es für ein nützliches Produkt, wenn sie auf vegetarische Kost umsteigen oder auch Mahlzeiten für einen Nicht-Vegetarier zubereiten müssen. Nicht-Vegetarier können Hackfleisch damit strecken und es gesünder machen, wenn sie ein Drittel oder die Hälfte der Fleischmenge durch Eiweißkonzentrat ersetzen. Dieses aufgelöste, vegetarische Eiweißkonzentrat kann auch Nuß- und Linsengerichten, wie Braten, Küchlein und Kartoffelaufläufen, hinzugefügt werden, um Masse und Nährwert zu vergrößern sowie den Geschmack zu verfeinern. Es eignet sich deshalb, weil es Feuchtigkeit verleiht und die Konsistenz stabilisiert.

Tofu selbst herstellen

Am besten schmeckt Tofu, wenn man ihn aus selbstgemachter Sojamilch (S. 280) herstellt. Sie benötigen dazu auch Nigari, ein weißes Pulver, das Sojamilch gerinnen und dabei »Molke« entstehen läßt. Nigari gibt es in manchen Naturkostläden; falls nicht, können Sie auch Bittersalz verwenden, aber das Resultat ist weniger gut:

½ l Sojamilch in einen Topf geben und zum Kochen bringen. ½ TL Nigari (oder Bittersalz) in etwa 4 EL heißem Wasser auflösen und zu der Milch geben. 5 Minuten stehenlassen, damit die Mischung gerinnen kann. Ein Sieb mit einem Stück Musselin auslegen, dann die geronnene Masse durchpassieren; die Flüssigkeit wird nicht benötigt. Den Musselin zusammenfalten, um die geronnene Masse abzudecken, und mit einem Gewicht beschweren. Mindestens 1 Stunde stehenlassen, dann den Tofu aus dem Musselin nehmen und, mit kaltem Wasser bedeckt, im Kühlschrank aufbewahren.

Verwendungsmöglichkeiten für Tofu und andere vegetarische eiweißhaltige Nahrungsmittel

- Überbacken Sie Eiweißkonzentrat mit Pfannkuchenteig: den Ofen auf 220 °C (Gas Stufe 4–5) vorheizen. 2 EL Öl in einen etwa 20 × 20 cm großen Bräter geben und im Ofen erhitzen, bis es raucht. 100 g Weizenmehl (Type 1700) zusammen mit ½ TL Salz und 2 Eiern in eine Schüssel geben. Nach und nach gut ¼ l Milch einrühren und einen Ausbackteig herstellen. 250 g Seitan oder Tempeh in Würfeln oder Eiweißkonzentrat bereithalten. Den Ausbackteig schnell in den Bräter, der das heiße Öl enthält, gießen. Seitan, Tempeh oder vegetarisches Eiweiß hinzufügen und in den Ofen zurückstellen. Etwa 35 Minuten backen, bis es aufgeplustert und goldbraun aussieht. Mit einer vegetarischen Sauce und gekochtem Gemüse servieren.
- Stecken Sie Würfel aus festem Tofu, Seitan, Tempeh oder Eiweißkonzentrat zusammen mit Pilzen, Tomaten und Zwiebeln auf Spieße. In einer Mischung aus je 1 EL Sojasauce, braunem Zucker, Senf und Weinessig marinieren, dann mit Öl bepinseln und grillen; dies ergibt schmackhafte vegetarische Kebabs.
- Tofu mit Erdbeeren und Honig verquirlen und ein sahniges Obstpüree herstellen - ohne tierisches Eiweiß.
- Scheiben von festem Tofu, Tempeh oder Seitan in gewürztes und mit 1 zerdrückten Knoblauchzehe aromatisiertes Mehl tauchen, in Olivenöl knusprig braten und mit Zitronenscheiben servieren.
- Jedes dieser eiweißhaltigen Nahrungsmittel kann man pürieren und dann mit gebratener Zwiebel, Knoblauch, Kräutern und Gewürzen zu Küchlein formen, mit Mehl bestäuben oder in Ei und Semmelbröseln wenden und dann in Öl oder auf einem eingefetteten Backblech backen.
- Vegetarisches Eiweißkonzentrat zusammen mit 1 Lorbeerblatt köcheln und dann abtropfen lassen; die Flüssigkeit aufbewahren. 1 gehackte Zwiebel, 1 zerdrückte Knoblauchzehe und ein paar kleine Zuchtchampignons in Butter oder ungehärteter Pflanzenmargarine 10 Minuten braten, dann die Eiweißstücke hinzufügen, auf der Kochstelle belassen und umrühren, bis sie durch und durch heiß sind. Ein wenig Mehl hinzugeben, um überschüssiges Fett zu absorbieren, dann die aufbewahrte Kochflüssigkeit hineingießen und 10 Minuten köcheln lassen. Einen kleinen Becher Sauerrahm hinzufügen und bei mäßiger Hitze garen lassen, bis die Sahne heiß ist (aber nicht kochen lassen). Würzen.
- Um einen gemischten Grillteller auf vegetarische Art zuzubereiten, brät man Seitanstücke, vegetarisches Eiweißkonzentrat oder Tempeh in Öl und serviert es mit gegrillten Tomaten, Bratkartoffeln, gebratenen Zwiebeln und Pilzen.
- Für ein schmackhaftes Dressing verquirlt man etwas Tofu mit frischen Kräutern, Zitronensaft und Gewürzen.

Käse

Käse wurde erstmals von Schäfern hergestellt, und zwar aus pragmatischen Gründen: um Milch zu befördern. Bereits vor 6000 Jahren haben die Sumerer Käse erzeugt; die alten Griechen und Römer vermittelten diese Kunst weiter. Man schätzt, daß es heute weltweit mehr als 3000 Sorten gibt. Neben den zahlreichen heimischen Produkten ist vor allem Käse aus Holland, Frankreich, Italien, Dänemark und der Schweiz im Handel vertreten. Käse enthält alle Nährstoffe der Milch in konzentrierter Form und gehört zu den besten Eiweißlieferanten; er enthält viel Calcium, die Vitamine A, B (einschließlich B_{12}), D und E sowie Zink.

▽ ***Cheddar***
Englischer Hartkäse, auf natürliche Weise gereift, mit einem starken, charakteristischen Geschmack

Parmesan ▷
Eine der bekanntesten Käsesorten Italiens; Hartkäse mit körniger Textur; er wird gerieben und zum Kochen verwendet

Gjetost △
Norwegischer Käse mit schmelzartiger Konsistenz und leicht süßlichem Geschmack

△ ***Vegetarischer Cheddar***
Mit vegetarischem Lab hergestellt

Tilsiter △
Sehr würziger halbharter Schnittkäse; er wird in Schleswig-Holstein und im Allgäu hergestellt

Pecorino △
Italienischer Hartkäse aus Schafmilch; er wird vorwiegend gerieben

▽ ***Weißer Stilton***
Traditioneller englischer Stilton, noch ohne Schimmel

Raclette △
Schweizer Halbhartkäse aus Kuhmilch; er hat einen süßlichen, milden Geschmack

Provolone △
Geräucherter, italienischer Würzkäse aus Schaf-, jetzt auch aus Kuhmilch

Monterey Jack ▽
Sorte des amerikanischen Monterey-Käses mit einem hohen Feuchtigkeitsgehalt und sahnigem Geschmack

Gruyère (Greyerzer) △
Halbharter Käse aus Kuhmilch; er stammt aus der Schweiz und hat einen würzigen, nußartigen Geschmack

Emmentaler △
Schweizer Halbhartkäse mit kirschgroßen Löchern und einem milden Nußgeschmack

Fontina △
Halbweicher Käse aus dem Aostatal (Italien) mit Räucheraroma

Edamer ▷
Berühmter holländischer Hartkäse; er kommt in Kugelform auf den Markt und ist mit einer roten Wachsschicht überzogen, damit er nicht austrocknet

Gouda ▷
Holländischer Halbhartkäse, der in drei Altersklassen gehandelt wird: jung, mittelalt und alt

Cantal △
Halbharter Käse, die älteste französische Käsesorte; er eignet sich zum Kochen

Frische, ungereifte Käsesorten sollten kurz nach ihrer Herstellung verzehrt werden. Weichkäse – sie konnten kurze Zeit reifen und enthalten deshalb weniger Feuchtigkeit als Frischkäse – sind fester, aber noch streichfähig. Blauschimmelkäse reifen durch innere Schimmelbildung; dieser Schimmel verleiht ihnen den scharfen, durchdringenden Geschmack sowie die blaugrünen Adern und Sprenkel. Der Fettgehalt der einzelnen Käsesorten ist auf der Verpackung in Prozenten angegeben, die sich auf die Trockenmasse beziehen (% i. Tr.) Er variiert von sehr niedrig (unter 10%) bis hoch (über 60%, höchstens 85%), was von der Milch- oder Sahnesorte abhängt, aus der er hergestellt wurde. Käse wird bei uns in acht Fettgehaltstufen angeboten.

Petit Suisse ▷
Schweizer Frischkäse; er schmeckt gut zu frischem Obst oder Kompott

Mozzarella ▷
Ursprünglich aus Büffelmilch, inzwischen jedoch meist aus Kuhmilch hergestellt; italienischer Frischkäse mit einer weichen, feuchten Konsistenz und einem milden, sahnigen, leicht säuerlichen Geschmack

Boursin △
Ungereifter Frischkäse mit verschiedenen Gewürzen; diese Sorte enthält Kräuter und Knoblauch

Chèvre ▽
Ziegenkäse aus Frankreich; er ist in verschiedenen Form und Größen erhältlich

Fromage blanc △
Weicher französischer Käse mit niedrigem Fettgehalt; er hat fast die Konsistenz von Schlagsahne

Quark ▷
Weicher Frischkäse; es gibt verschiedene Sorten mit unterschiedlichem Fettgehalt

Chèvre Lezay △
Milde Chèvre-Sorte in Zylinderform; die Rinde ist genießbar

Chèvre ▷
Kleiner, weicher Ziegenkäse, ummantelt mit unterschiedlichen Kräutern und Gewürzen

Ricotta △
Milder italienischer Frischkäse aus Kuhmilch

Doppelrahm-Frischkäse △
Weicher Frischkäse mit hohem Fettgehalt

Hüttenkäse △
Weißer Frischkäse mit niedrigem Fettgehalt; er ist von körniger Beschaffenheit und hat einen sahnigen Geschmack

◁ ***Schichtkäse***
Weicher, quarkähnlicher Frischkäse mit einem Minimum an Fett; im Geschmack leicht milchsauer

◁ ***Weißkäse***
Diese Bezeichnung umfaßt alle Frischkäsesorten, wird aber auch speziell auf Weichkäse mit niedrigem bis mittlerem Fettgehalt angewandt; Weißkäse hat einen angenehm scharfen Geschmack

◁ Stilton

Englischer Schimmelkäse mit pikantem Geschmack; er wurde zum erstenmal im 18. Jahrhundert bekannt und soll aus Leicestershire stammen

Feta ▽

Griechischer frischer Weichkäse aus Schafmilch; er hat eine krümelige Textur und einen scharfen, durchdringenden Geschmack

Dolcelatte ▷

Italienischer Käse aus Kuhmilch; er ist dem Gorgonzola ähnlich und schmeckt gut mit Pasta

Danablu △

Aus homogenisierter Kuhmilch hergestellt; er hat einen guten, sehr pikanten, würzigen Geschmack

◁ Roquefort

Vielfach als »König unter den Käsesorten« bezeichnet; er wird in Roquefort, einem kleinen Ort im Causse-Gebiet, aus Schafmilch hergestellt und in Felshöhlen gereift

Camembert ▽

Mit einer Weißschimmelschicht überzogen und dem Brie ähnlich, jedoch meist intensiver im Geschmack; er stammt aus Frankreich und wird in kreisförmigen dicken Scheiben hergestellt

Brie △

Französischer Weichkäse in Tortenform mit eßbarer Weißschimmelrinde; er hat eine weiche, sämige Konsistenz und einen mild-aromatischen Geschmack

Gorgonzola △

Italienischer Edelpilzkäse, wohl eine der berühmtesten und besten Käsesorten; er ist dem Roquefort ähnlich, jedoch milder im Geschmack, und wird seit dem 19. Jahrhundert in großen Zylinderformen hergestellt

Käse

Auswahl und Aufbewahrung

Alle Käsesorten kauft man am besten, wenn sie ganz reif sind, und verwendet sie so schnell wie möglich, wenn es geht, innerhalb von 12 Stunden. Dies gilt insbesondere für unausgereifte Sorten und frische Weichkäse; Halbhart- und Hartkäsesorten halten sich länger.

Eine kühle Speisekammer ist angeblich der geeignetste Ort für die Aufbewahrung von Käse; er sollte leicht zugedeckt sein. Ich hebe ihn, in kleinen Mengen, in einem Plastikbehälter bis zu 1 Woche im Kühlschrank auf. Wenn man Käse im Kühlschrank aufbewahrt, sollte man ihn etwa 1 Stunde vor dem Servieren herausnehmen, damit er bei Zimmertemperatur sein Aroma entfalten kann.

Hart-, Halbhart- und frischer Weichkäse, der über 45% Fett enthält, wie Käse der Vollfettstufe und Doppelrahm-Frischkäsesorten, können in Frischhaltefolie bis zu 3 Monaten eingefroren werden. Geriebener Cheddar oder Parmesan hält sich in der Tiefkühltruhe ebenfalls gut. Käsereste reibe ich auf und gebe sie dazu, so daß ich keinen Abfall und immer einen Vorrat an geriebenem Käse habe. Auch Frischkäse mit hohem Fettgehalt läßt sich einfrieren, nicht jedoch fettarmer, wie etwa Hüttenkäse – der im Handel auch als »Cottage Cheese« oder »Körniger Frischkäse« bezeichnet wird –, Fromage blanc und Quark.

Um Milch in Quark und Molke zu trennen, setzt man ihr käsebildendes Lab im Verhältnis 1 : 5000 (Lab : Milch) zu. Das am häufigsten verwendete Lab ist ein Verdauungssaft aus Kälbermägen. Das bedeutet, daß viele Käsesorten nicht streng vegetarischer Natur sind. Jetzt, da vegetarisches Lab erhältlich ist (und den Käseherstellern verläßlichere Ergebnisse als traditionelles Lab liefert), gibt es eine Reihe von vegetarischen Käsesorten zu kaufen, und die Auswahl wird ständig größer. Käse aus vegetarischem Lab ist jedoch nicht immer als solcher gekennzeichnet; es empfiehlt sich daher, sich zu erkundigen.

Zubereitung und Verwendung

Vergleiche die Erläuterungen zu den einzelnen Gruppen.

FRISCHKÄSE

Er schmeckt köstlich mit Gemüse- oder Obstsalaten oder als Füllung für Cocktailtomaten, entsteinte Aprikosenhälften und saftige frische Datteln; man kann ihn mit frischen Kräutern und Knoblauch, grobgemahlenen schwarzen Pfefferkörnern oder Paprikapulver zu einem Dip oder Belag für knackige Crackers verrühren, auch zu kleinen Bällchen oder Häppchen formen und mit gehackten gerösteten Nüssen überziehen oder als Cocktail-Knabberei servieren.

Käsesorten mit niedrigem Fettgehalt, wie QUARK, FROMAGE BLANC und SCHICHTKÄSE, eignen sich besonders gut als Sahneersatz, um den Fettanteil zum Beispiel in Sahne-Obstpürees, Obstkuchenfüllungen und Käse-Sahne-Torten zu reduzieren. Man kann sie mit Magermilch zu einer cremigen Konsistenz verdünnen, mit ein wenig Honig und Vanille würzen und statt Sahne zu Nachspeisen servieren. Für gebackenen Käsekuchen liefert WEISSKÄSE oder RICOTTA genau die richtige, feuchte Textur; Ricotta schmeckt zudem ausgezeichnet mit Pasta, als Füllung für Ravioli oder in Lasagne (S. 256).

HÜTTEN-, DOPPELRAHM-FRISCHKÄSE und BOURSIN schmecken gut in Salaten; Doppelrahm-Frischkäse mit Ananas ist eine klassische Salatmischung und wird auf knackigem Kopfsalat mit Tomate und Brunnenkresse serviert. Boursin paßt auf jede Käseplatte; man erhält ihn in verschiedenen Geschmacksrichtungen. Auch MOZZARELLA schmeckt in Salaten besonders gut, zum Beispiel mit Avocados und Tomaten, wie in dem berühmten italienischen Tricolore-Salat, und sie ist die Käsesorte, die sich am besten für Pizzabeläge (S. 218) oder Parmigiana (S. 202) eignet, denn sie zerschmilzt zu einer köstlichen, sahnigen Konsistenz. PETIT SUISSE, ohne weitere Zutat oder mit frischem Obst serviert, ergibt einen guten, leichten Nachtisch.

WEICHKÄSE

Diese Käsesorten sind eine ausgezeichnete Ergänzung für eine Käseplatte und eignen sich wie Frischkäse als Zutat für Salate; die Mischung aus FETA-Würfeln mit Tomaten, Gurke, Zwiebeln und schwarzen Oliven als Griechischer Salat gehört zu den Klassikern. Heißer BRIE oder fritierter CAMEMBERT ist eine beliebte Vorspeise oder ein leichtes Hauptgericht (S. 221).

Ein ganzer, in Strudelteig gebackener Brie ergibt ein spektakuläres (und einfaches) Gericht für eine Abendparty. Camembert wie Brie kann man zusammen mit Walnüssen und Sahne zerdrücken und so einen Dip oder eine Füllung für Pilze, die man dann überbackt, herstellen. CHÈVRE, ein Ziegenkäse, gibt es in verschiedenen Formen und Größen; er kann mild oder scharf, weich oder fest sein. CHÈVRE LEZAY ist eine milde Sorte des größeren zylinderförmigen Chèvre; CHÈVRE BOUCHERON (ohne Abb.) ist stärker im Geschmack. Chèvre, in kleine Scheiben geschnitten, bietet sich für hübsche Salate geradezu an. Größere Scheiben schmecken ausgezeichnet, wenn man sie einfach über dem Grill schmelzen läßt; versuchen Sie einmal, sie auf Tomatenscheiben zu grillen, und servieren Sie sie dann auf einem knackigen Kopfsalat mit Brunnenkresse zum Abendessen.

BLAUSCHIMMELKÄSE

Blauschimmelkäse, zum Beispiel STILTON, ROQUEFORT, DANABLU, GORGONZOLA und DOLCELATTE, reifen, indem sich im Innern grüner Schimmel bildet, der ihnen den charakteristischen Geschmack und ihre Farbe verleiht. Diese Käsesorten schmecken ausgezeichnet mit Knäckebrot oder Obst – sie haben eine besondere Affinität zu Birnen. Man kann sie auch gut für Dips, Dressings, Salate, Suppen und Pasta-Saucen verwenden. Daher sind Blauschimmelkäse von unschätzbarem

Weichkäse selbst herstellen

Weichkäse läßt sich aus Milch, die sauer geworden ist oder die Sie durch Zugabe von Zitronensaft (2 EL Zitronensaft auf 1 l Milch) und 10- bis 15minütiges Kochen selbst gesäuert haben, herstellen:

Die Sauermilch durch ein mit einer doppelten Musselinschicht ausgelegtes Sieb in eine Schüssel gießen und das Sieb so lange auf der Schüssel liegenlassen, bis die Milch zu tröpfeln aufhört – das dauert etwa 1 Stunde. Der Rückstand im Sieb ist Weichkäse; Salz und Gewürze hinzufügen, zum Beispiel frische Kräuter oder zerdrückten Knoblauch.

Wert in der vegetarischen Küche, denn sie gehören zu den wenigen Zutaten mit scharfwürzigem, sehr intensivem Geschmack.

HALBHART- und HARTKÄSE
Halbhart- und Hartkäsesorten enthalten weniger Feuchtigkeit als Weichkäse; sie lassen sich leicht schneiden (daher auch die Bezeichnung Schnittkäse), aber nicht streichen. Sie reifen durch Enzyme und Bakterien im Verlauf einiger Monate. Die meisten Sorten können ebenso zum Aufreiben und Kochen wie als Dessertkäse verwendet werden. CHEDDAR, der bekannteste Käse Englands, steht für diese Vielseitigkeit. Ein feiner Cheddar ist ein hervorragender Dessertkäse, eignet sich gleichzeitig aber auch ausgesprochen gut als Kochkäse, denn er schmilzt leicht und hat einen guten Geschmack. Cheddar gibt es in verschiedenen Abstufungen, von mild bis stark und gut ausgereift. Ein Stück reifer Cheddar, etwas knuspriges Brot und eingelegte Silberzwiebeln zusammen mit einem Glas Bier ergibt eine traditionelle, bäuerliche Mahlzeit. TILSITER, GOUDA und der MONTEREY JACK sind weitere Sorten, die besonders gut zu knusprigem Brot, Crackers oder Salat schmecken.

Probieren Sie einen anderen schnellen Imbiß aus: Geben Sie eine runde Scheibe PROVOLONE auf einen leicht angebratenen großen Pilz oder auf eine dicke Scheibe Fleischtomate, grillen Sie Pilz oder Tomate, bis der Käse geschmolzen ist, und servieren Sie dazu Salat und Weißbrot.

EDAMER, mit seiner roten Schutzschicht, ist ein weiterer, besonders bei Kalorienzählern beliebter Käse, denn er hat einen niedrigeren Fettgehalt als viele andere Käsesorten. Ich halte Edamer für einen guten Fonduekäse, wenngleich EMMENTALER als solcher gilt. GRUYÈRE (GREYERZER), eine andere Schweizer Käsesorte, die auch in Frankreich hergestellt wird, hat einen nußartigen Geschmack und ist von gleichmäßiger Textur. Auch er wird für Fondues verwendet und eignet sich als Kochkäse wegen seines feinen Geschmacks und seiner guten Schmelzqualitäten.

Andere Käsesorten, die gut schmelzen, sind der CANTAL, das französische Pendant zum Cheddar, und FONTINA, der in Italien für Käsefondues, unter anderem mit Eiern und Trüffeln, verwendet wird. RACLETTE ist ein Käse, den man für ein typisch schweizerisches Gericht schmilzt und mit Kartoffeln ißt; als Beilage reicht man Essiggurken.

PARMESAN ist ein wichtiger Kochkäse wegen seines starken, scharfen Aromas. Es gibt ihn fertig gerieben,. aber optimal ist sein Geschmack, wenn Sie ihn am Stück kaufen und selbst reiben. PECORINO, ein weiterer ausgezeichneter Hartkäse aus Italien, eignet sich sowohl zum Kochen als auch einfach zum Verzehr. GJETOST aus Norwegen gehört zu den eher unbekannten Käsesorten. Er sieht wie Schmelzkäse aus und hat einen leicht süßlichen, mehligen Geschmack. Man ißt ihn mit Brot oder als Häppchen, Vorspeise oder Dessert.

Eine Käseplatte zusammenstellen

Wenn ich Käse für eine Käseplatte auswähle, konzentriere ich mich lieber auf ein oder zwei perfekte Stücke, als daß ich mehrere Sorten anbiete. Ein exzellentes, großes Stück reifer Cheddar zum Beispiel benötigt außer ein paar Crackern oder etwas knusprigem Brot und vielleicht frischem Stangensellerei keinerlei Beilagen.

Für eine weiße Käseplatte aus nur drei oder vier Chèvresorten habe ich ebenfalls eine gewisse Vorliebe, besonders wenn sie vor der Nachspeise mit einem trockenem Weißwein serviert wird. Oder versuchen Sie es einmal mit einer Käseplatte, bestehend aus einem sich ergänzenden Paar, nämlich einem weichen, sahnigen Brie oder einem rahmigen Chèvre, kombiniert mit einem Hart- oder Halbhartkäse, vielleicht einem roten wie Double-Gloucester oder einem vorzüglichen Stück Stilton.

Falls Sie anläßlich eines Festes einige Käseliebhaber zu Gast haben, macht es Spaß, ihnen einen ganzen Stilton anzubieten, aber geben Sie acht, daß man ihn stets schneidet und daß niemand Portwein darübergießt und den Käse damit verdirbt!

Serviervorschläge für Käse

- ☐ Formen Sie Weichkäse mit niedrigem Fettgehalt zu einer Rolle, und wenden Sie diese in einer Mischung aus Sesamsamen und gehackter Petersilie.
- ☐ Machen Sie aus Käse mit niedrigem Fettgehalt Bällchen in Walnußgröße, und rollen Sie sie in gehackten Kräutern, Sesamsamen oder gemahlenen Nüssen.
- ☐ Bereiten Sie Rohkost-Kebabs zu: Spießen Sie Würfel aus festem Käse auf, zusammen mit Tomatenstückchen, Gurken- oder Ananaswürfeln, Frühlingszwiebeln, Radieschen, jungen Champignons, Essiggurken, entsteinten Oliven oder mit beliebigen Früchten und Gemüsen. Die Spieße kann man vor dem Servieren mit Vinaigrette bestreichen.
- ☐ Schneiden Sie von grünen Paprikaschoten die Kappe am Stielende ab, und nehmen Sie Samen und Kerngehäuse heraus; füllen Sie die Paprikaschoten dann mit einer Mischung aus Weißkäse und Sultaninen oder Frühlingszwiebeln; die Masse fest nach unten drücken und kühl stellen; in Scheiben schneiden und als Teil eines Salates servieren.
- ☐ Stellen Sie Streichkäse für belegte Brote her, indem Sie sehr fein geriebenen Cheddar oder Chester mit Milch zu einem weichen Brotaufstrich verrühren. Würzen Sie mit gehacktem Schnittlauch oder Frühlingszwiebeln, Currypulver oder einer Prise Chilipulver.
- ☐ Mischen Sie für einen süß-sauren, knackigen Salat 350 g gehobelten Kohl mit 250 g gewürfeltem Käse und je 100 g gehackten Datteln und gerösteten Erdnüssen. Machen Sie ihn mit einer Joghurtsauce an.
- ☐ Lassen Sie für ein Käse-Curry-Gericht 25 g Butter in einem Topf zergehen, und braten Sie 1 gehackte Zwiebel 10 Minuten; dann 25 g Mehl und 2–3 TL Currypulver hineinrühren. Gut ¼ l Wasser zugeben und die Sauce unter Hitze rühren, bis sie eindickt. 10 Minuten leicht köcheln lassen, dann 250 g gewürfelten Käse und 25 g Sultaninen hinzufügen. Sofort mit heißem gekochtem Reis servieren.

Kräuter

Kräuter werden seit Jahrhunderten sowohl als Würzmittel wie auch zu Heilzwecken verwendet. Manche – wie Petersilie, die reich an Eisen, Kalium, Calcium und Vitamin C ist – enthalten ungewöhnlich viele Nährstoffe, andere haben medizinische Eigenschaften. Thymian und Rosmarin (das ein ausgezeichnetes Haarwasser ergibt) sind natürliche Desinfektionsmittel; Dill fördert den Schlaf, Fenchel ist hilfreich für stillende Mütter, Minze unterstützt die Verdauung, Bohnenkraut gilt als magenstärkend und krampflösend, und Salbei ist nicht nur Ingredienz für eine gute Haarspülung und als Arznei gegen Darm- und Magenstörungen bekannt, sondern fördert angeblich auch ein gesundes Alter.

◁ ***Sommer-Bohnenkraut***
Es ist feiner im Geschmack als Winter-Bohnenkraut und paßt gut zu frischen Bohnen

Zitronenmelisse △
Hat ein feines Zitronenaroma und wirkt beruhigend auf die Verdauung; sie ist gut in Tee, Rohkostgerichten und Fruchtcocktails

Winter-Bohnenkraut △
Es hat einen würzig-aromatischen, pfefferähnlichen Geschmack und bewahrt auch getrocknet seinen kräftigen Duft

Borretsch (Gurkenkraut) ▽
Ein ungewöhnliches Kraut insofern, als auch die Blüten verwendet werden; es verleiht Gurken Geschmack und Salaten ebenso wie Sommer-Bowlen eine attraktive Farbe

Balsamkraut △
Es hat einen scharfen, pfefferähnlichen Geschmack; angeblich sollen einige Blätter, täglich auf einem belegten Brot verzehrt, Migräne lindern helfen

Kamille △
Ein beliebtes Heilkraut; es wirkt beruhigend und schlaffördernd

◁ ***Süßer Kerbel***
Ein Zweiglein süßer Kerbel, gedünstetem Obst beigegeben, verringert den Zuckerbedarf

Pimpinelle ▷
Sie duftet nach Gurken, wenn man sie zerreibt; in südeuropäischen Ländern ein beliebtes Salatkraut

Ysop ▷
Ein mildes, aromatisches Kraut mit angenehm bitterem Geschmack, das in Südeuropa wild wächst und für Liköre, etwa Chartreuse, verwendet wird

Liebstöckel (Maggikraut) △
Ein köstliches Kraut, das stark nach mit Zitronensaft gewürztem Stangensellerie schmeckt; es sollte mehr verwendet werden

▽ ***Schmerwurz (Beinwell)***
Schmerwurzblätter haben heilende Eigenschaften und wurden gewöhnlich für die Behandlung von Wunden verwendet

Angelika (Engelwurz) △
Eine Heil- und Aromapflanze; sie ist am bekanntesten in der kandierten Form. Angelika hat einen moschusartigen Duft, man kann sie frisch für Salate und Gemüsegerichte verwenden

Currykraut ▽
Die Blätter dieses Krauts riechen und schmecken nach Curry; sie werden viel in der indischen, malayischen und indonesischen Küche verwendet

Koriander △
Ein auf der ganzen Welt höchst beliebtes Würzkraut mit einem eigentümlichen, süchtig machenden Geschmack; es wird viel in Südamerika, China und Japan, Südostasien, Indien und im Nahen Osten verwendet

Bockshornklee △
Ein würziges, ziemlich bitter schmeckendes Kraut; es ist in der indischen Küche beliebt

Krause Petersilie △
Das am häufigsten verwendete Küchenkraut, in Gerichten wie zur Garnierung; enthält Vitamin C und Eisen

Glatte Petersilie △
Glatte Petersilie hat im Vergleich zur krausen Sorte einen stärkeren Geschmack

Kerbel △
Kerbel hat einen frischen, feinen Geschmack und gehört zu den Kräutern (zusammen mit Petersilie und Schnittlauch), aus denen die klassische *Fines herbes*-Mischung besteht

Schnittlauch ▽
Schnittlauch hat einen feinen Zwiebelgeschmack und schmeckt am besten roh oder in sehr leicht gekochten Gerichten

Estragon ▷
Eines der wichtigsten Kräuter; Estragon gibt es in zwei Sorten, wählen Sie französischen Estragon, da er einen feineren Geschmack hat als der russische

◁ ***Apfelminze***
Eine Minzsorte mit feinem Geschmack, geeignet zum Würzen von Apfelgerichten, als Zusatz für Fruchtcocktails oder für die Herstellung von Tee

Basilikum ▽
Ein Lieblingsgewürz vieler Köche; gehacktes frisches Basilikum schmeckt nach Sommer und Sonne – das klassische Gewürz für Tomaten und Pesto

Salbei ▽
Er hat einen intensiven, bitterwürzigen Geschmack und ergibt einen guten Tee

Grüne Minze △
Neben der rundblättrigen Minze (*M. rotundifiola*; ohne Abb.) die am vielseitigsten verwendbare Minze

◁ ***Ingwerminze***
Eine der vielen aromatischen Minzsorten

◁ ***Fenchelkraut***
Es hat goldfarbene Blüten und einen anisartigen Geschmack; man verwendet es vor allem als klassisches Fischgewürz, aber auch in der vegetarischen Küche, besonders in Verbindung mit Zitrone und Olivenöl

Dill △
Mit seinem frischen Geschmack verfeinert er besonders Salate und helle Saucen; er stammt aus Südeuropa, ist aber auch bei uns und in Skandinavien sehr verbreitet

Oregano ▽
Er ist in Italien, unter anderem als Tomaten- und Pizzagewürz, sehr verbreitet und hat einen intensiven, pikanten Geschmack

Rosmarin △
Das Kraut wird viel im Mittelmeerraum verwendet. Es hat einen herben, pinienartigen, unverwechselbaren Geschmack, der süße ebenso wie pikante Gerichte aufwerten kann

Lorbeer △
Er gehört in ein jedes *Bouqet garni*; seine Intensität verleiht Kasserollen, Brühen und Suppen einen starkwürzigen, sehr prägnanten Geschmack

◁ ***Thymian***
Ein duftendes Kraut; es ist unverzichtbar für ein klassisches *Bouqet garni*

Majoran ▷
Das beliebte Küchenkraut ist mit dem Oregano verwandt und hat einen süßlichen, leicht würzigen Geschmack

Zitronenthymian ▷

Kräuter

Auswahl und Aufbewahrung

Am besten lernt man Kräuter frisch gepflückt kennen. Nach dem Pflücken sollte man sie in einem Glas mit Wasser oder locker in Frischhaltefolie gewickelt nicht länger als etwa 1 Tag im Kühlschrank aufbewahren. Getrocknete Kräuter besitzen nicht das Aroma von frischen, sind aber nützlich, wenn frische Kräuter nicht erhältlich sind; Lorbeerblätter schmecken getrocknet besser. Getrocknete Kräuter in kleinen, luftdichten Flaschen aufbewahren, möglichst an einem dunklen Ort.

Vor- und Zubereitung

Frische Kräuter sollte man leicht waschen und vor ihrer Verwendung trockentupfen. Gehen Sie behutsam mit ihnen um, damit ihre duftenden Öle erhalten bleiben. Verwenden Sie sie dann im ganzen oder kleingehackt, je nach Rezept. Beim Zerkleinern von Kräutern alle groben Stiele entfernen, dann die Kräuter auf einem Brett mit einem scharfen Messer feinhacken. Kräuter in größeren Mengen kann man auch hervorragend in der Küchenmaschine zerkleinern.

Da getrocknete Kräuter stärker im Geschmack sind, benötigt man nur ein Viertel bis zu einem Drittel der entsprechenden Menge an frischen Kräutern. Getrocknete Kräuter kann man einem Gericht gleich zu Beginn der Zubereitung hinzufügen, ebenso das *Bouqet garni* und die widerstandsfähigen frischen Kräuter, wie Lorbeer, Rosmarin, Thymian, aber die frischen feinen, grünen Kräuter gibt man besser erst gegen Ende der Garzeit hinzu, damit ihr Aroma und ihre Farbe weitgehend erhalten bleiben.

Für ein *Bouquet garni* bindet man je ein Petersilien- und Thymianzweiglein und ein Lorbeerblatt zusammen. Ich gebe auch noch gern ein oder zwei Streifen Zitronenschale dazu, um einen frischen Zitrusgeschmack zu erhalten. Als Alternative kann man ein *Bouqet garni* aus einem Stück Porree herstellen, das man auf einer Seite einschlitzt, die Kräuter hineingibt und zusammenbindet, damit die Kräuter nicht verrutschen.

Kräuter sind ein ausgezeichnetes Würzmittel für Butter oder ungehärtete Pflanzenmargarine: einfach feingehackte Kräuter weicher Butter oder Margarine untermischen, zusammen mit ein paar Tropfen Zitronensaft nach Belieben; 1-2 Tage im Kühlschrank aufbewahren oder einige Wochen einfrieren. Zu heißen gekochten Gemüsen reichen, für Kräuterbrot verwenden oder in heiße Pasta einrühren.

Trocknen, Einfrieren und Einlegen

Pflücken Sie Kräuter, die Sie einlegen wollen, im Hochsommer, bevor sie blühen, an einem sonnigen Tag, nachdem der Tau getrocknet ist. Schneiden Sie sie langstielig ab, hängen Sie sie in Bündeln an einem kühlen, dunklen Ort auf, und lassen Sie sie einfach trocknen. Halten Sie die verschiedenen Kräuter getrennt, damit die jeweiligen Aromen sich nicht miteinander verbinden. Bewahren Sie die Kräuter, wenn sie ganz trocken und spröde sind, in dunklen, luftdicht verschlossenen Behältern auf.

Man kann Kräuter auch einfrieren: Blanchieren Sie sie nach dem Zerkleinern durch kurzes Eintauchen in einen tiefen Topf mit kochendem Wasser; sofort mit kaltem Wasser abschrecken, trockentupfen, auf Tabletts ausbreiten und einfrieren. Wenn sie gefroren sind, in Frischhaltebeuteln verpacken. Oder geben Sie die gehackten Kräuter in Eiswürfelbehälter, füllen Sie diese mit Wasser auf und frieren Sie die Kräuter ein. Wenn sie gefroren sind, geben Sie sie sortiert in Frischhaltebeutel.

Sehr gut läßt sich der Geschmack von Basilikum erhalten, wenn man die Blätter kleinhackt, sie in Schichten in ein Glas gibt und jede Schicht mit Salz bestreut. Mit Olivenöl bedecken und das Glas im Kühlschrank aufbewahren. Die Blätter werden zwar dunkler, aber der Geschmack bleibt erhalten.

Sie können auch Öl mit Basilikumgeschmack herstellen, um einem Wintersalat sommerlichen Geschmack zu verleihen: Geben Sie mehrere Zweige in eine Flasche und füllen Sie mit Olivenöl auf, nach mehreren Wochen hat das Basilikumaroma das Öl durchdrungen. Entsprechend kann man Essig mit Kräutergeschmack herstellen.

ANGELIKA (ENGELWURZ)
Angelica archangelica
Angelika kann man frisch für Salate und Gemüsegerichte verwenden. Am bekanntesten sind die kandierten dicken Stiele, die als Dekoration für Süßspeisen verwendet werden.

BALSAMKRAUT
Crysanthemum parthenium
Ein sehr nützliches Heilkraut gegen Migräne, mit scharfem, pfefferähnlichem Geschmack.

BASILIKUM *Ocimum basilicum*
Basilikum ist am bekanntesten als Gewürz für Tomaten und den klassischen italienischen Pesto (S. 172). Es schmeckt gut in allen Salatmischungen oder kleingehackt über leicht gekochten Gemüsen.

BOCKSHORNKLEE
Trigonella foenum-graecum
Das in Indien und Nordafrika wildwachsende Küchenkraut schmeckt würzig und ziemlich bitter. Seine Samen sind Bestandteil vieler Currymischungen.

BOHNENKRAUT
Satureja hortensis und *S. Montana*
Als Sommer- und Winterkraut erhältlich. Diese Kräuter passen gut zu pikanten Gerichten. Probieren Sie einmal Winter-Bohnenkraut in Linsensuppe oder Sommer-Bohnenkraut über zarten, jungen dicken Bohnen oder einem grünen Bohnensalat.

BORRETSCH (GURKENKRAUT)
Borago officinalis
Der Geschmack der jungen, frischen, stark behaarten Blätter ähnelt dem frischer Gurken. Das Würzkraut eignet sich daher sehr gut für die Verfeinerung von Salaten und Kohlgemüsen. Versuchen Sie einmal, die Blüten in Eiswürfel einzufrieren, die Sie für eine Sommer-Bowle bereitstellen.

CURRYKRAUT *Murraya koenigii*
Die Blätter dieses Krauts riechen und schmecken nach Curry und werden in der indischen, malayischen und indonesischen Küche viel verwendet.

DILL *Anethum graveolens*
Ein hübsches, federartiges Küchenkraut, attraktiv sowohl als Garnierung wie auch als Würzmittel. Dill paßt besonders gut zu allen Gurkengerichten; ich mag ihn gern kleingehackt in Sauerrahm als Sauce oder als Belag für in der Schale gebackene Kartoffeln; sehr gut schmeckt er auch in Kartoffelsalat.

ESTRAGON *Artemisia dracunculus*
Estragon schmeckt gut in Omeletts und in allen anderen feinen Eierge-

richten. Probieren Sie ihn einmal in einem pikanten Gelee, einer feinwürzigen Kuchenfüllung oder in einem mild gewürzten Käsesoufflé. Gut schmeckt Estragon auch in Salaten, einschließlich Reissalat, und zusammen mit Butter in frischen Sommergemüsen oder Pasta.

FENCHELKRAUT *Foeniculum vulgare*
Dieses Kraut mit seinem anisartigen Aroma trägt dazu bei, den öligen Geschmack mancher Nahrungsmittel zu absorbieren: Streuen Sie es über Bratkartoffeln oder Auberginen, oder mischen Sie es unter Joghurt. Fenchel schmeckt auch gut in einem grünen Salat, angemacht mit frischer Zitrone und Olivenöl.

KAMILLE *Anthemis nobilis*
Ein beliebtes Heilkraut für die Herstellung von Tee; es wirkt beruhigend und schlaffördernd.

KERBEL *Anthriscus cerefolium*
Sein frischer, feiner Geschmack bereichert Salate und leicht gekochte Gemüse ebenso wie Kräuterbutter und grüne Saucen. Als Bestandteil der traditionellen *Fines herbes*-Mischung ist er ein köstliches Würzmittel für Omeletts. SÜSSER KERBEL *(Myrrhis odorata)* eignet sich besonders als Zutat für Kompott.

KORIANDER *Coriandrum sativum*
Er gleicht im Aussehen glatter Petersilie und wird vielfach auch wie sie verwendet. Seine pfefferähnlichen Früchte sind als Backgewürz, vor allem für Lebkuchen, sehr geschätzt. Koriander ist im Orient beheimatet.

LIEBSTÖCKEL (MAGGIKRAUT)
Levisticum officinale
Ein ungewöhnliches, aber köstliches Küchenkraut. Es schmeckt besonders gut in grünem oder Krautsalat. Man fügt es auch Selleriesuppen zu, um deren Geschmack zu intensivieren. Liebstöckel ist recht kräftig; ein wenig davon hat große Wirkung.

LORBEER *Laurus nobilis*
Lorbeer kann man sowohl getrocknet wie auch frisch verwenden. Normalerweise gehört er zu einem *Bouquet garni* und schmeckt gut in Gemüsekasserollen, Suppen und Eintöpfen sowie als Würzmittel für Milch, die man für Saucen verwendet, zum Beispiel für Brotsauce (S. 175). Mit einem Lorbeerblatt würzt man auch Milchreis. Frische Lorbeerblätter sind eine attraktive Garnierung für Käse.

MAJORAN *Origanum marjorana*
Ein nützliches Küchenkraut, das man am besten gegen Ende der Garzeit hinzufügt, damit sein süßlicher Geschmack erhalten bleibt. Es ist ausgezeichnet in Nußbraten (S. 239) und Hülsenfrüchteaufläufen (S. 213), in pikanten Füllungen und Küchlein.

MINZE *Mentha*
Eines der wichtigsten und weitverbreitetsten Würzmittel. Es gibt viele Minzsorten, unter anderem APFELMINZE, GRÜNE MINZE und INGWERMINZE. Minze ist ein traditionelles Gewürz für Erbsen und neue Kartoffeln. Als Zutat für frische indische Chutneys und Saucen wird sie kleingehackt. Minzsauce paßt in der vegetarischen Küche zu Linsenbraten: Mischen Sie für die Herstellung von Minzsauce 4 EL gehackte Minze mit 1 EL Streuzucker, 1 EL kochendem Wasser und 2 EL Weißweinnessig.

OREGANO *Origanum vulgare*
Dies ist ein Küchenkraut, das seinen Geschmack getrocknet gut beibehält. Es eignet sich für jedes Gericht, das einen intensiven Geschmack haben soll, und wird in der italienischen Küche sehr viel verwendet, für Pasta-Saucen, Lasagne und Pizza (S. 218).

PETERSILIE *Petroselinum crispum*
Petersilie ist das in der europäischen Küche am häufigsten verwendete Gemüsekraut, das es kraus und glatt gibt. Petersilie hat einen frischen, milden Geschmack. Man kann sie großzügig für Saucen und Füllungen verwenden, über gekochte Gemüse, Pasta und Salate streuen. In Tabbouleh (S.159) wird sie fast wie ein Gemüse verwendet. Auch ihre Stengel lassen sich verwerten: Binden Sie sie zusammen, und geben Sie sie zu einer Suppe oder Kasserolle.

PIMPINELLE *Poterium sanguisorba*
An Waldrändern wachsendes Gewürzkraut. Mit ihrem Gurkenduft ist zerriebene Pimpinelle ein beliebtes Salatkraut in vielen südeuropäischen Ländern. Sie kann auch zur Aromatisierung von Suppen, Saucen und Gemüsen verwendet werden.

ROSMARIN *Rosmarinus officinalis*
Dieses duftende Küchenkraut mit einem Aromahauch von Pinien schmeckt gut in Pilaws und Nußgerichten und eignet sich auch als Würzmittel für Brot, Eiercreme und Eis.

SALBEI *Salvia officinalis*
Salbei ist seit dem Mittelalter bekannt als Heil- und Würzkraut. Er hat einen intensiven Geschmack und ist daher sparsam zu verwenden. Sein Aroma rundet Saucen und Suppen ab, etwa aus getrockneten Erbsen oder Linsen. Er ist auch ein gutes Würzmittel für Apfelgelee, Eierspeisen und Käse.

SCHMERWURZ (BEINWELL)
Symphytum officinale
Schmerwurz hat, wie Borretsch, ein gurkenähnliches Aroma; man kann ihn kleinhacken und in Salate geben oder ihn in Ausbackteig tunken, fritieren und als Knabberei servieren. Mit den Blüten lassen sich Fruchtcocktails würzen.

SCHNITTLAUCH *Allium schoenoprasum*
Schnittlauch ist ein sehr wertvolles Gewürz, wenn man einen feinen Zwiebelgeschmack wünscht, und eignet sich ebenso als Garnierung; schneiden Sie ihn einfach auf helle Suppen, Dips und Salate. Er ist auch ein besonders gutes Würzmittel für Eier- und Käsegerichte, desgleichen für Frischkäse.

THYMIAN und ZITRONENTHYMIAN
Thymus vulgaris und *T. serpyllum*
Thymian gehört zu den Kräutern, die den Trocknungsvorgang gut überstehen. Er ist eine ausgezeichnete Ergänzung für nahezu jede pikante Mischung und eignet sich vorzüglich für Gerichte mit längerer Kochzeit.

YSOP *Hyssopus officinalis*
Ein mildes, aromatisches Kraut, das wild in Südeuropa wächst und für Liköre verwendet wird, zum Beispiel für den berühmten Kräuterlikör der Kartäusermönche, Chartreuse.

ZITRONENMELISSE *Melissa officinalis*
Sie wirkt beruhigend auf die Verdauung. Zitronenmelisse schmeckt gut in Tee und Fruchtcocktails, ebenso in Rohgerichten. Man verwendet sie auch gern zur Aromatisierung von Kuchen, indem man ein wenig davon auf der Backfolie verteilt, bevor man den Kuchenteig daraufgibt.

Gewürze

Gewürze sind die getrockneten Knospen, Blüten, Früchte, Blätter und Rinden aromatischer Pflanzen, die hauptsächlich aus tropischen Ländern stammen; sie werden seit Jahrhunderten verwendet. Wegen ihrer Seltenheit und ihrer Bedeutung für die Nahrungsmittelkonservierung wie auch für die Herstellung von Arzneien und Düften sind sie hochgeschätzt. Jahrhundertelang waren daher Gewürze eine wertvolle Handelsware, aus deren Gewinnen nicht selten Kriege, Kirchen und Paläste finanziert wurden. Heutzutage sind sie ein wesentlicher Bestandteil der guten Küche, und ganz besonders der vegetarischen, wegen ihres starken, häufig prägenden Aromas, das sie so vielen Gerichten verleihen.

Piment △
Die getrockneten Beeren eines immergrünen Baumes, der in Westindien beheimatet ist

Anissamen △
Duftende Samen eines Doldenblütlers

Kümmel ▽
Er hat einen süßlichen, leichten Anisgeschmack und ist reich an ätherischen Ölen

Kardamom △
Samen einer mehrjährigen Pflanze der Ingwerfamilie, der einen eukalyptusartigen Duft und Geschmack hat; Kardamom ist sehr teuer

Cayennepfeffer △
Pulver, das aus den getrockneten, kleinen, scharfen, roten Chilischoten Mittelamerikas hergestellt wird

Selleriesamen △
Getrocknete Samen des Sellerie, beheimatet in Italien

Fünfgewürzpulver △
Chinesische Gewürzmischung aus feingemahlenen Fenchelsamen, Gewürznelken, Zimt (oder Cassia), Sternanis und Ingwer oder Kardamom

Chili △
Getrocknete, scharfe und würzige Schote aus Südamerika

Gewürznelken ▷
Sie haben antiseptische und konservierende Eigenschaften

Koriandersamen △
Gehört zu den am häufigsten verwendeten Gewürzen

Kreuzkümmel △
Samen einer Pflanze, die der Familie der Petersilie verwandt ist, mit kampferähnlichem Geschmack

Zimt △
Getrocknete Rinde einer aromatischen immergrünen Pflanze aus der Familie des Lorbeers

Dillsamen △
Sie haben einen leicht süßlichen Geschmack

Fenchelsamen △
Erinnert im Geschmack an Anis

Garam Masala △
Indische Gewürzmischung

Currypulver △
Mischung aus 12 und mehr feingemahlenen Gewürzen verschiedener Intensität

Bockshornklee △
Rechteckige, gelblich-braune Samen mit intensivem Aroma

Knoblauch △
Knolle einer mehrjährigen, in Asien beheimateten Lauchart

Ingwer △
Er hat einen zitrusartigen Geruch

◁ ***Meerrettich***
Wurzel einer in Südosteuropa beheimateten Pflanze; sie hat einen scharfen, durchdringenden Geschmack

Wacholderbeeren ▷
Beeren eines kleinen, stacheligen Strauchs, der in vielen Teilen der nördlichen Hemisphäre wild wächst

◁ ***Schwarze Senfkörner***
Die schärfsten unter den Senfkörnern

△ ***Weiße Senfkörner***

◁ ***Braune Senfkörner***

Muskatblüte (Macis) ▽
Man kann sie im ganzen, in einzelnen flachgedrückten Blättern und gemahlen kaufen

Muskatnuß ▽
Der getrocknete Kern einer tropischen, aprikosenartigen Frucht; sie hat einen leicht süßlichen, aromatischen, sehr intensiven Geschmack

◁ ***Ganzkornsenf***
Enthält ganze braune Senfkörner

◁ ***Dijon-Senf***
Scharfer Fertigsenf aus Frankreich

Gewürzmischung ▽
Sie besteht gewöhnlich aus Muskatnuß, Zimt, Ingwer und Gewürznelken

Paprika ▽
Süßes, mildes Pulver (das es auch in edelsüßer und scharfer Version gibt), hergestellt aus verschiedenen Paprikasorten

Getrocknete grüne Pfefferkörner ▽

▽ ***Schwarze Pfefferkörner***
Die sonnengetrockneten Beeren der Pfefferpflanze

Rosa Pfefferkörner ▽

Eingelegte grüne Pfefferkörner ▽

Frische grüne Pfefferkörner ▽

◁ ***Weiße Pfefferkörner***
Reife Pfefferkörner, deren Fruchtfleisch entfernt wurde

△ ***Grüne Pfefferkörner***
Die unreifen Beeren der Pfefferpflanze; man erhält sie getrocknet, eingelegt und manchmal frisch. Sie haben einen scharfen, feurigen Geschmack

Pickles-Gewürz ▽
Eine Gewürzmischung für Chutneys und Eingelegtes

Tamarinde ▽
Sie hat einen scharfen, zitronensaftähnlichen Geschmack

Mohnsamen △
Samen des Opium-Mohns; er ist in Asien beheimatet

Safran △
Die getrockneten, goldfarbenen Staubgefäße einer Krokuspflanze; echter Safran ist das teuerste Gewürz der Welt

Sternanis △
Getrocknete Früchte eines immergrünen Baumes, der ursprünglich nur in Südchina gedieh

Kurkuma (Turmerik) △
Wurzelstock eines ostasiatischen Ingwergewächses; Kurkuma ist ein Bestandteil des Currypulvers

Vanille △
Die schwarzen, schlangenartigen Schoten einer Kletterorchidee, die in Mittelamerika beheimatet ist; Vanille hat einen süßen, köstlichen Geschmack

Gewürze

Auswahl und Aufbewahrung

Kaufen Sie Gewürze in kleinen Mengen - gerade so viel, daß Sie sie innerhalb von sechs Monaten aufbrauchen können -, und zwar in einem Geschäft, wo sie schnell umgesetzt werden. Bewahren Sie sie in luftdicht verschlossenen Gläsern auf. Eigentlich sollten sie vor Lichteinwirkung geschützt werden, aber ich mag ihr dekoratives Aussehen auf einem offenen Regal und finde, daß ich mehr damit ausprobiere, wenn ich sie vor mir sehe. Die Preise schwanken, und obgleich es sich lohnt, gutes Geld für Gewürze von hoher Qualität auszugeben, sollten Sie sich vergewissern, daß Sie nicht in Wirklichkeit eine aufwendige Verpackung bezahlen. In indischen Lebensmittelläden und solchen aus dem Nahen Osten erhält man oft einfach verpacktes, ausgezeichnetes Gewürz zu einem vernünftigen Preis.

Zweifellos sind viele Gewürze am besten, wenn man sie ungemahlen kauft, um sie je nach Bedarf zu mahlen. Bei manchen Gewürzen ist dies ohne weiteres möglich, wie zum Beispiel bei schwarzen und weißen Pfefferkörnern sowie Koriandersamen, den man ebenso in einer Pfeffermühle mahlen kann. Auch Muskatnuß können Sie leicht dann reiben, wenn Sie sie benötigen, entweder mit einer speziellen Muskatnußreibe (die vielleicht einen handlichen Behälter für die halbgeriebene Muskatnuß hat) oder mit der feinsten Schneide einer gewöhnlichen Reibe. Die meisten anderen Gewürze lassen sich in einem Mörser mit einem Stößel zerstoßen oder - einfacher - mit einer Kaffeemühle zu Pulver vermahlen.

Verwendung

Gewürze verwendet man, um süßen ebenso wie pikanten Gerichten Geschmack zu verleihen; manche kann man auch in großen Mengen verarbeiten, etwa um Saucen einzudicken. Die Hauptgewürze sind schwarze Pfefferkörner und frische Muskatnuß; andere Gewürze können je nach Rezept hinzugefügt werden. Ein Weg, Gewürze kennenzulernen, ist, einmal in der Woche nach einem neuen Gewürzrezept zu kochen, die dafür benötigten Gewürze zu kaufen und sie dann auch an anderen Gerichten auszuprobieren.

Gewürze können gleichermaßen als Geschmacksverfeinerer für Eis, heiße und kalte Milch sowie als Garnierung verwendet werden.

ANISSAMEN *Pimpinella anisum*
Er ist ganz oder gemahlen erhältlich; ganz fügt man ihn gekochten Gemüsen zu (besonders Karotten). Anis wird auch beim Backen verwendet, um Kuchen, Gebäck und Biskuits zu würzen. Als Aromastoff ist er ebenfalls in Ouzo, Ricard und Pastis enthalten.

BOCKSHORNKLEE
Trigonella foenum-graceum
Bockshornklee ist eine Zutat in Currygerichten und indischen Speisen, aber man benötigt nicht viel davon, da er einen ziemlich herben Geschmack hat. Ich bin der Meinung, daß sich die ganzen Samen am besten zur Verwendung eignen; sie sollten vorher in etwas Öl geröstet werden. Die Samen kann man auch keimen lassen (S. 207).

CAYENNEPFEFFER
Capsicum annuum
Cayennepfeffer ist sehr scharf und daher mit Bedacht zu verwenden. Gerichten mit wenig Eigengeschmack, wie einem Avocado- oder Frischkäsedip, gibt er Würze. Auch Käsegerichten, Eierspeisen und Gemüsen verleiht er einen pikanten Geschmack.

CHILI *Capsicum annuum*
Chili kann man in ganzen getrockneten Schoten oder gemahlen kaufen. Je nach Mischung, die oft auch noch andere Gewürze enthält, ist Chilipulver mild, scharf oder sehr scharf. Verwenden Sie Chili im vegetarischen Chili con carne (S. 208) und anderen mexikanischen Speisen; wie mit Cayennepfeffer kann man mit Chili milden Gerichten Pep verleihen.

CURRYPULVER
Currypulver ist im Westen ein bekanntes Gewürz, wird aber in Indien nicht viel verwendet. Es besteht aus einer Mischung von Gewürzen, unter anderem Koriander, Kurkuma, Bockshornklee, Kreuzkümmel und Chili. Man kann es in verschiedener Intensität kaufen. Ich finde Currypulver sehr hilfreich, um etwas fade Mischungen, etwa die Füllung von russischen Eiern, zu aromatisieren oder um Mayonnaise Geschmack zu verleihen, aber nicht, um Currygerichte zu würzen.

DILLSAMEN *Anethum graveolens*
Dill stammt aus dem östlichen Mittelmeerraum. Alle oberirdischen Teile finden in der Küche Verwendung. Dillsamen sind wahrscheinlich am besten bekannt als Würze für eingelegte Gurken; sie haben einen erfrischenden Geschmack.

FENCHELSAMEN *Foeniculum vulgare*
Fenchelsamen werden viel in der indischen Küche verwendet und sollen, wenn sie Hülsenfrüchten beigegeben werden, jeglicher Unverdaulichkeit entgegenwirken, obgleich ich dafür bisher keinen Beweis erhalten habe. Leicht vor Verwendung geröstet, sind sie besonders köstlich.

FÜNFGEWÜRZPULVER
Diese leicht nach Anis schmeckende Gewürzmischung wird zur Verfeinerung chinesischer Gerichte verwendet; geben Sie jedoch einmal ganz wenig davon zu Gemüsepfannen.

GARAM MASALA
Garam Masala ist als Fertigmischung erhältlich. Indische Köche stellen ihre eigene Mischung, oft nach alten Familienrezepten, zusammen. Gewöhnlich sind darin Koriander, Kümmel, Nelken, Zimt und schwarzer Pfeffer enthalten. Geben Sie sie Currygerichten am Ende der Kochzeit zum Würzen und Eindicken zu.

GEWÜRZMISCHUNG
Es gibt verschiedene Gewürzmischungen; ihr Geschmack variiert, je nach Hersteller. Deshalb muß man experimentieren, um seine Lieblingssorte herauszufinden. Gewürzmischungen sind ein nützliches Würzmittel für Kuchen, Biskuits und Kompotte.

INGWER *Zingiber officinale*
Ingwer ist der Wurzelstock einer Staudenpflanze, die in Südostasien beheimatet ist und in China seit Jahrtausenden wächst. Man kann ihn frisch, getrocknet und gemahlen kaufen. Frischer Ingwer hat einen köstlich zitrusartigen Geruch und einen scharfen, brennenden Geschmack; man verwendet ihn für chinesische, karibische und indische Gerichte. Er verwandelt ein einfaches Wurzelgemüse in ein Festmahl und hebt ein Winterkompott aus Trockenobst geschmacklich ganz ungemein. Getrocknete Ingwerwurzeln eignen sich für Eingelegtes und

Chutneys, pulverisierter Ingwer ist ein beliebtes Würzmittel für Kuchen und Plätzchen - die Lebkuchenmänner werden von Kindern heiß geliebt:

Den Ofen auf 180 °C (Gas Stufe 2-3) vorheizen. 25 g Butter oder ungehärtete Pflanzenmargarine, 40 g Rohrzucker (Barbados), 1 EL Melasse und 2 EL Ahornsirup langsam in einem Topf zergehen, dann abkühlen lassen. 100 g Vollweizenmehl (mit vollem Kleieanteil) und je ½ TL Natron und gemahlenen Ingwer hineinsieben. Zu einem lockeren Teig verrühren. Sollte er zu weich sein, ihn zu einer Rolle formen und etwa 20 Minuten in den Kühlschrank stellen; etwa 5 mm dick ausrollen und etwa 12 Lebkuchenmänner ausstechen, auf ein Backblech setzen und etwa 10 Minuten backen, bis sie fest sind und an den Rändern dunkel zu werden beginnen. Auf Kuchengittern abkühlen lassen.

Ingwerwurzel erhält man auch in Sirup eingelegt und kandiert; beide Varianten schmecken ausgezeichnet zu Eis, Kuchen, Obstsalaten und einem Kompott aus Trockenobst.

Kardamom *Elettaria cardamomum*

Die dreikantigen Früchte des südasiatischen Kardamomstrauches können farblich von Weiß über Blaßgrün bis Schwarz (eine minderwertigere Sorte) differieren. Kardamom erhält man ganz oder gemahlen; er ist ein duftendes Gewürz und eines meiner Lieblingsgewürze. Man verwendet ihn unter anderem für Gemüsegerichte und Pilaws; man kann ebenso die kleinen schwarzen Samen aus den Schoten nehmen und zerdrücken. Kardamom gibt auch Gebäck und süßen Gerichten, wie der indischen Eiscreme Kulfi und dem orientalischen Konfekt Halwa, einen prägnanten, ungewöhnlichen Geschmack.

Gemahlener Kardamom ist zwar erhältlich, aber besser ist es, ihn ganz zu kaufen und selbst die Samen in einem Mörser zu Pulver zu zerstoßen.

Knoblauch *Allium sativum*

Knoblauch ist in jeder Küche unentbehrlich. Er verfeinert den Geschmack anderer Zutaten und gibt pikanten Gerichten sein ihm eigenes, wunderbares Aroma. Er kann für Suppen und Salate - reiben Sie eine Salatschüssel mit einer aufgeschnittenen Knoblauchzehe ein -, Kasserollen, Aufläufe, Beilagen, Brot, Dips und Saucen, wie etwa der berühmten provenzalischen Aïoli, verwendet werden.

Knoblauchkartoffeln zum Beispiel sind ein köstliches Gericht: Schneiden Sie geschälte Kartoffeln in gleich große Stücke, und kochen Sie sie etwa 15 Minuten, bis sie gerade weich sind. Trocknen lassen und in einer flachen ofenfesten Form verteilen. Zerdrücken Sie 1-2 Knoblauchzehen mit etwas Butter, und geben Sie die Butter in Flöckchen auf die Kartoffeln. Würzen und bei ziemlich hoher Temperatur etwa 40 Minuten im Ofen garen; die Kartoffeln von Zeit zu Zeit wenden, damit die Knoblauchbutter sich überall verteilt.

Knoblauch kann man frisch, eingelegt, als Paste, Flocken, Pulver oder Salz kaufen. Frisch ist Knoblauch am weitaus aromatischsten und die geringe Mühe wert, die man auf das Schälen und Zerdrücken verwendet.

Eine Knoblauchknolle hält sich gut einige Wochen in einer trockenen Küche; ich kaufe gern einen Knoblauchstrang, der sehr attraktiv aussieht. Wählen Sie feste Knollen, ohne Anzeichen von Mürbheit, mit schönen prallen dicken Zehen - sie sind um vieles leichter zu schälen und zu zerdrücken. Verwenden Sie dazu entweder eine stabile Knoblauchpresse von guter Qualität mit großen Löchern, oder zerdrücken Sie die Zehe auf einem kleinen Brett mit dem Messerrücken, und geben Sie ein wenig Salz zu, damit sie sich leichter zu einer Paste verarbeiten läßt.

Knoblauch ist ein natürliches Antiseptikum, er reinigt den Körper von Schwermetallen, fördert die Durchblutung und hält Erkältungen fern.

Koriandersamen *Coriandrum sativum*

Koriandersamen schmecken leicht angebrannt und ein wenig nach Orangen; sie sind ganz und gemahlen erhältlich. Koriander ergänzt viele Gemüsesorten, Getreide- und Bohnengerichte. Die ganzen Samen können geröstet und vor Verwendung leicht zerstoßen oder feingemahlen werden.

Gemahlener Koriander wird für die schmackhaften indischen Pakoras verwendet, die als Vorspeise oder Beilage serviert werden. Um Pakoras zuzubereiten, gibt man 100 g Kichererbsenmehl mit je 1 TL Salz und gemahlenem frischem Ingwer, je ½ TL Chilipulver und gemahlenem Koriander, ¼ TL Kurkuma und genügend Wasser - knapp ¼ l - in eine Schüssel und stellt einen dünnen Ausbackteig her. Den Teig etwa 30 Minuten stehenlassen. In der Zwischenzeit schält man 2 große Zwiebeln und schneidet sie in Ringe. Tauchen Sie die Zwiebelringe in den Ausbackteig, und braten Sie sie, bis sie knusprig sind (durchgebraten sind sie knuspriger). Auf Küchenkrepp abtropfen lassen und sofort servieren.

Da Koriander mild ist, wird er zum Eindicken und Würzen in indischen Gerichten und solchen aus dem Nahen Osten oft in größeren Mengen verwendet. Mit Koriander gewürzte Pilze und Gemüse sind eine köstliche Vorspeise (S. 150). Koriander ist auch ein wesentlicher Bestandteil von Currypulver und Garam Masala.

Kreuzkümmel *Cuminum cyminum*

Die ganzen Samen sind am besten, wenn man sie vor der Verwendung röstet, um ihren bitterscharfen Geschmack zu mildern. Zusammen mit Koriander wird Kreuzkümmel meist in Curry- und würzigen Gemüsegerichten verwendet. Er spielt vor allem in der indischen und chinesischen Küche eine bedeutende Rolle.

Kümmel *Carum carvi*

Kümmel ist der sichelförmige Samen einer in Nordeuropa beheimateten Pflanze. Er wird in der deutschen und österreichischen Küche viel verwendet; in England ist er berühmt als Grundzutat zu Samenkuchen, der zu viktorianischen Zeiten beliebt war. Kümmel streut man auf pikantes Gebäck, Krautsalat und Kohl. Er wird im Gulasch und im Liptauer Käse, einem quarkartigen Schafkäse aus Ungarn, verwendet, ebenso für einige andere Käsesorten. Kümmel ist auch Bestandteil von Likören und Schnäpsen, die in Deutschland, Dänemark und Holland hergestellt werden.

Kurkuma (Turmerik) *Curcuma longa*

Kurkuma ist eine Wurzel. Manchmal ist sie frisch erhältlich und sieht dann fast aus wie frischer Ingwer, aber meist kommt Kurkuma nur gemahlen in den Handel und hat dann eine leuchtend goldene Farbe. Gemahlene Kurkuma eignet sich für Reis und Gemüsegerichte, die sie geschmacklich wie farblich verfeinert. In der indischen Küche ist Kurkuma ein beliebtes Gewürz; es wird auch in manchen Chutneys und in Eingelegtem verwendet.

Eine englische Spezialität, für die traditionell Kurkuma verwendet wird, ist Piccalilli, ein pikantes Senfgemüse, das man zu kaltem Fleisch, in diesem Fall zu vegetarischen Nuß- oder Linsenhäppchen serviert: je 500 g Silberzwiebeln, Gurken, Blumenkohl und Stangenbohnen in mundgerechte Stücke schneiden, in eine große Schüssel oder auf ein Kunststofftablett geben und etwa 250 g Speisesalz darüberstreuen; 24 Stunden stehenlassen. In der Zwischenzeit etwa 1¼ l Weinessig mit 4 getrockneten Chilischoten, 4 Nelken, 25 g getrocknetem und mit einem Nudelholz glattgepreßtem Ingwer und 175 g Zucker in einen Topf geben und leicht erhitzen, bis sich der Zucker aufgelöst hat; dann zum Kochen bringen, von der Kochstelle nehmen und abkühlen lassen, dann durchsieben. Das Gemüse abspülen und trocknen. 75 g Mehl zusammen mit 25 g englischem Senfpulver, 15 g Kurkuma und 2 zerdrückten Knoblauchzehen in eine Schüssel geben und ausreichend gekühlten Essig dazugießen, um einen weichen Brei herzustellen. Den restlichen Essig zum Kochen bringen, ein wenig davon in die Mehlmischung rühren; dann die Mehlmischung zu dem Essig im Topf geben und rühren, bis das Ganze eingedickt ist. Nun das Gemüse hinzufügen und 5 Minuten kochen lassen. Die Mischung in vorgewärmte, sterilisierte Gläser füllen und diese mit essigresistenten Deckeln verschließen. 3 Monate bis zur Verwendung stehenlassen. Ergibt 2½–3 kg.

MEERRETTICH *Armoracia rusticana*
Feingeriebener Meerrettich kann mit Mayonnaise oder Sahne zu Meerrettichsauce verarbeitet werden. Er eignet sich auch gut als Zutat zu einem Dressing für Tomatensalat: in einer Schüssel 125 g Magerquark, 2 EL Naturjoghurt, 2 TL Olivenöl, ½ TL Weinessig und 1 TL geriebenen Meerrettich verrühren, bis die Sauce cremig ist, und sie dann über die Tomatenscheiben geben; mit gehackten frischen Kräutern garnieren. Meerrettich ist durchdringend scharf und treibt einem beim Reiben das Wasser in die Augen. Eingelegter Meerrettich oder Sahnemeerrettich scheint mir besser verwendbar.

MOHNSAMEN *Papaver somniferum*
Mohnsamen werden in der indischen und jüdischen Küche viel verwendet; sie haben einen nussigen Geschmack, sind knusprig und eine angenehme Zutat zu Currys, scharfen Gemüsegerichten und Salaten. Auch heiße, gebutterte Pasta kann man damit bestreuen, ebenso Brot und Brötchen. Sie sind Grundzutat des berühmten jüdischen Mohnsamenkuchens.

MUSKATBLÜTE (MACIS)
Mysistica fragrans
Muskatblüte ist ein spitzenartiger Mantel, der den Kern (Muskatnuß) der aprikosenartigen Frucht eines immergrünen Baumes aus der Familie der Myrte umgibt. Ein Muskatnußblatt ist ein gutes Würzmittel für Béchamelsauce (S. 175) und feine Suppen; gemahlene Muskatblüte hingegen verbessert, sparsam verwendet, den Geschmack vieler pikanter Gerichte, besonders feine Braten aus weißen Nüssen (S. 239).

MUSKATNUSS *Mysistica fragrans*
Traditionellerweise wird Muskatnuß für süße Gerichte verwendet, zum Beispiel Milchspeisen, Eiercremes und Sahnetorten, während Muskatblüte als Würzmittel für pikante Gerichte dient. Muskatnuß paßt jedoch gleichermaßen zu Gemüsen, etwa Pilzen, Spinat und Kohl, wie zu Zwiebelgerichten. Der Geschmack von frisch gemahlener Muskatnuß übertrifft den des Fertigprodukts bei weitem.

NELKEN *Syzygium aromaticum*
und *Eugenia aromatica*
Gewürznelken sind die getrockneten Blütenknospen einer hohen wohlriechenden, immergrünen südostasiatischen Pflanze aus der Familie der Myrte. Sie haben antiseptische und konservierende Eigenschaften. Nelken sollte man ganz und in Pulverform vorrätig haben, da sie sich schwer mahlen lassen, jedoch nur in gemahlener Form für einige Obstkuchen und manche Bohnengerichte zu verwenden sind. Ganze Nelken geben Apfelkuchen und fritierten Käsestücken einen köstlichen Geschmack.

PAPRIKA *Capsicum tetragonum*
Paprika verleiht als Garnierung beispielsweise einem cremefarbenen Hummus (S. 144), einem Käse-Kräuter-Dip (S. 143), Guacamole (S. 144) oder Kartoffelbrei eine hübsche Farbigkeit. Paprika wird auch wegen seines feinen pfefferartigen Geschmacks gern verwendet; in vielen ungarischen Rezepten ist er eine wichtige Zutat. Der beste Paprika ist ungarischer Edelpaprika, gefolgt vom halbsüßen, starken und handelsüblichen sehr scharfen Rosenpaprika, der von geringerer Qualität ist.

PFEFFERKÖRNER *Piper nigrum*
GRÜNE Pfefferkörner werden in bestimmte Gerichte wegen ihrer Farbe wie auch wegen ihres Geschmacks miteinbezogen. SCHWARZE Pfefferkörner sind eher mild, und frisch gemahlen verleihen sie Speisen ein appetitanregendes, pikantes Aroma. WEISSE Pfefferkörner haben einen schärferen, eher beißenden Geschmack; manche Köche verwenden vorzugsweise weißen Pfeffer, um helle Gerichte zu würzen, die durch schwarzen Pfeffer ihre Farbe verlieren würden. MIGNONNETTE (ohne Abb.) ist eine Mischung aus weißen und schwarzen Pfefferkörnern und wird in Frankreich viel verwendet. Ein anderes in Frankreich beliebtes Würzmittel (wo man es in jedem Supermarkt kaufen kann) ist *Quatre épices*, eine Mischung aus gemahlenen Pfefferkörnern, Gewürznelken, Muskatnuß und Zimt, mit der sich gut experimentieren läßt. ROSA Pfefferkörner *(Schinus molle)*, auch bekannt als Baie rose oder »falscher Pfeffer aus Amerika«, sind die gefriergetrockneten Beeren der Eberesche. Wegen ihrer hübschen Farbe sind sie eine attraktive Garnierung.

PICKLES-GEWÜRZ
Diese Gewürzmischung aus ganzen Samen verwendet man für Chutneys und Eingelegtes, ein wenig davon schmeckt auch in einer Kasserolle gut. Man kann die Samen selbst mahlen und beispielsweise einem Nußbraten damit einen pikanten Geschmack verleihen.

PIMENT *Pimenta diocia*
Piment kann man ganz oder gemahlen kaufen; er schmeckt wie eine Mischung aus Zimt, Muskatnuß und Gewürznelken. Beim Backen verwendet man ihn oft anstelle von Gewürzmischungen (von denen er häufig ein Bestandteil ist); ein paar ganze Beeren verfeinern auch Eintöpfe und Kasserollen geschmacklich.

SAFRAN *Crocus sativus*
Safran hat einen aromatischen Geschmack und färbt blasse Zutaten, etwa Reis, gelb. Seine klassische Verwendung findet er in Paella. Kaufen Sie die getrockneten Staubgefäße, (»Safranpulver« ist fast immer mit anderen Substanzen gestreckt und gefärbt), und weichen Sie einige wenige in 2 EL kochendem Wasser 15 Minuten vor der Verwendung ein; geben Sie sie dann zusammen mit dem Einweichwasser zu dem Gericht.

SELLERIESAMEN *Apium graveolens*
Man verwendet sie ganz oder in Form von Selleriesalz und kann sie zu allen Gerichten geben, die Selleriegeschmack vertragen: Suppen, Häppchen, Kasserollen, Brot; aber würzen Sie mit Zurückhaltung, da die Speisen sonst bitter schmecken.

SENFKÖRNER
Brassica hirta und *B. nigra*
WEISSE, SCHWARZE und BRAUNE Senfkörner werden für Curry und indische Gerichte verwendet; die weißen sind ein köstliches Gewürz für Gurken-Dill-Salat, eingelegte Gurken und Chutneys. ENGLISCHES SENFPULVER (ohne Abb.) ist eine Mischung, die aus verschiedenen Sorten sowie Weizenmehl und Kurkuma besteht. Schon eine Prise davon läßt den Geschmack von Käsegerichten besser zur Geltung kommen; optimales Aroma entwickelt es, wenn man es mit kaltem Wasser anrührt. Viele Fertigsenfsorten sind erhältlich, auch mit frischen Kräutern und grünen Pfefferkörnern. Es ist interessant, sie auszuprobieren, aber meiner Meinung nach allem vorzuziehen sind DIJON-SENF, der köstlich in Salatdressings schmeckt, und ein GANZKORNSENF, besonders Moutarde de Méaux, der sich zu Würzzwecken, aber auch als Beilage zu vielen kalten pikanten Gerichten eignet.

STERNANIS *Illicium verum*
Diese sternförmige Frucht enthält glänzende goldbraune Samen. Sie wird als Ganzes Kasserollen und Pfannenrührgerichten zugegeben und hat einen delikaten Anisgeschmack, jedoch kräftiger und wesentlich feuriger. Beliebt ist sie auch in der Weihnachtsbäckerei sowie zum Würzen von Obstkompott. Sternanis verwendet man vor allem in China, wo ihm eine heilende Wirkung auf das Verdauungssystem zugeschrieben wird.

TAMARINDE *Tamarindus indica*
Sie ist die getrocknete Hülsenfrucht des Tamarindenbaumes, der in Ostafrika heimisch ist, und bekannt als »indische Dattel« wegen ihrer klebrigen, faserigen Textur. Tamarinde kann Curry- und indischen Gerichten beigegeben werden, um ihnen Schärfe zu verleihen.

Weichen Sie vor Verwendung ein kleines Stück in Wasser ein, drücken Sie es dann durch ein Sieb, und verwenden Sie die Flüssigkeit und das Mark, wohingegen der Siebinhalt weggeworfen wird.

VANILLE *Vanilla planifolia*
Vanilleschoten sind teuer, aber sie können immer wieder benutzt werden. Brechen Sie eine Vanilleschote in Hälften, und bewahren Sie die Stücke in einem Glas mit Streuzucker auf, sie erhalten auf diese Weise feinen Zucker mit Vanillegeschmack, wie er in Eis, delikaten Obstgerichten und Eiercremes verwendet wird. Oder lassen Sie eine ganze Schote in einem Zuckersirup oder in Milch, die Sie zur Herstellung von Eiercreme verwenden wollen, köcheln. Die Vanilleschote kann man später herausnehmen, in warmem Wasser abspülen, mit Küchenkrepp abtrocknen und zum Trocknen auf ein offenes Regal in der Küche legen, bevor man sie in einem luftdichten Gefäß aufbewahrt. Eine ausgefallenere Art der Verwendung besteht darin, eine ganze Vanilleschote mit Cashewnüssen, Carobpulver und Honig zu zermahlen, um ziemlich hochwertige gesunde Süßigkeiten (S. 344) herzustellen.

Vanille-Extrakt, der gewonnen wird, indem man den Vanillegeschmack mit Hilfe von Alkohol aus den Schoten absorbiert, kann man kaufen, er ist aber teuer. Billigere Vanille-Essenz wird aus synthetischem Vanillin hergestellt, das aus dem in Gewürznelkenöl vorhandenen Eugenol gewonnen wird.

WACHOLDERBEEREN
Juniperus communis
Wacholderbeeren brauchen drei Jahre, bis sie reif sind, deshalb tragen die Büsche Beeren in verschiedenen Entwicklungsstadien. Wacholderbeeren kann man frisch oder getrocknet verwenden, besonders für Kasserollen und Gemüsegerichte, die dadurch bekömmlicher werden. Man benötigt sie für die Herstellung von Gin; bei uns werden sie vor allem Sauerkraut und Eingelegtem beigegeben.

ZIMT *Cinnamomum zeylanicum*
Zimt kann man als Stangenzimt – Rindenstücke, die von den Wurzelschößlingen geschält werden – und als Pulver kaufen. Dieser milde, feinaromatische Geschmacksverfeinerer eignet sich als Würze für süße wie für pikante Gerichte, für Pilaws und Gemüse pochierte Früchte und Obstkompotte. Da sich Zimt schwer mahlen läßt, ist es sinnvoll, ihn gemahlen zu kaufen, wenn man ihn für Gebäck verwenden will. Ein Stückchen Stangenzimt in einem Zuckerstreuer würzt den Zucker; Zucker, mit Zimt vermischt, gibt einer etwas faden Melone Geschmack und ist auch auf einem heißen gebutterten Toast ganz ausgezeichnet.

Rezepte

Als ich für diesen Teil des Buches die Rezepte auswählte, lag mir an einer Ausgewogenheit zwischen Gerichten, die einen gewissen Grundstock bilden für eine abwechslungsreiche vegetarische Kost, und eher ungewöhnlichen Speisen. Den Geboten der gesunden Ernährung wollte ich ebenso Rechnung tragen wie den Ansprüchen des Gaumens, was keinesfalls ein Widerspruch sein muß, wie die Mehrzahl der Rezepte zeigt. Gleichwohl enthält das Buch einige absolute Gaumenfreuden, aber auch ganz besonders gesundheitsbewußte Gerichte. Keines der Rezepte ist übermäßig schwierig oder zeitaufwendig; ich hoffe, Sie werden viel Freude an ihnen haben.

✿ *bei den Rezeptüberschriften bedeutet, daß es sich um ein streng vegetarisches Gericht handelt (ohne Molkereiprodukte und Eier)*

Suppen

Ob dick, wärmend und sättigend, leicht und elegant oder eiskalt und erfrischend – Suppen gehören zu den vielseitigsten Gerichten. Sie sind auch preiswert, schnell und einfach herzustellen. Vegetarische Suppen werden mit Gemüsebrühen, Kräutern, Gewürzen und, wenn mehr Intensität gewünscht wird, mit Miso (S. 133) oder Hefe-Extrakt (S. 232) zubereitet. Selbstgemachte Brühe ergibt einen ausgezeichneten Fond, aber resignieren Sie nicht, wenn Sie sie nicht vorrätig haben; verwenden Sie einfach statt dessen Wasser, und würzen Sie sorgfältig, damit der Geschmack der Gemüse hervortritt.

Brühe selbst herstellen

Viele Suppenrezepte erfordern Brühe, und für Vegetarier bedeutet dies natürlich Gemüsebrühe. Inzwischen gibt es einige gute Sorten in Pulver- oder Würfelform; wenn man diese jedoch regelmäßig verwendet, tendieren alle Suppen in die gleiche Geschmacksrichtung. Selbstgemachte Gemüsebrühe hingegen hat eine feine Würze, die von Mal zu Mal anders ausfällt; sie ist leicht herzustellen (rechte S. und S. 132).

✿ Topinambursuppe mit gerösteten Pinienkernen

Der Geschmack der Pinienkerne paßt besonders gut zu Topinamburs, aber geröstete Haselnüsse oder Mandelsplitter eignen sich auch vorzüglich.

Für 6 Personen

2 EL Zitronensaft
750 g Topinamburs
1 Zwiebel, geschält und gehackt
15 g Butter oder ungehärtete Pflanzenmargarine
Gut ½ l helle Gemüsebrühe (rechte S.) oder Wasser
Gut ½ l Milch oder Sojamilch
Frisch geriebene Muskatnuß
Salz und frisch gemahlener schwarzer Pfeffer
25 g Pinienkerne, geröstet

1 Den Zitronensaft in eine Schüssel mit kaltem Wasser geben. Die Topinamburs schälen, in gleich große Stücke schneiden und in das gesäuerte Wasser geben, damit sie ihre Farbe nicht verlieren.
2 Die Zwiebel mit der Butter in einem großen Topf bei geschlossenem Deckel 5 Minuten glasig dünsten.
3 Die Topinamburs abtrocknen. In den Topf geben, wieder zudecken und weitere 5–10 Minuten bei mittlerer Hitze garen; von Zeit zu Zeit umrühren und das Gemüse nicht braun werden lassen.
4 Brühe und Milch dazugeben. Den Topf zudecken und die Suppe 20–30 Minuten köcheln lassen, bis die Topinamburs weich sind.
5 Die Suppe im Mixer oder in der Küchenmaschine pürieren, dann durchsieben, damit sie eine samtige Textur erhält. Nach Geschmack mit Muskat, Salz und Pfeffer würzen.
6 Nochmals leicht erhitzen, ohne sie kochen zu lassen.
7 Die Suppe in vorgewärmten Tassen servieren und auf jede Portion einige Pinienkerne streuen.

✿ Möhren-Ingwer-Suppe

Eine feinwürzige Suppe mit appetitlicher Farbe.

Für 4 Personen

1 Zwiebel, geschält und gehackt
15 g Butter oder ungehärtete Pflanzenmargarine
750 g Möhren, geschabt und in Scheiben geschnitten
1 TL geriebener frischer Ingwer
Salz und frisch gemahlener schwarzer Pfeffer
1 l helle Gemüsebrühe (rechts) oder Wasser

Zum Garnieren (nach Belieben)
4 EL Kaffeesahne

1 Die Zwiebel mit der Butter in einem großen Topf, zugedeckt, 5 Minuten leicht anbraten, ohne sie zu bräunen.
2 Dann die Möhren, den Ingwer und 1 Prise Salz zugeben. Zudecken und weitere 10 Minuten schmoren, dabei gelegentlich umrühren und das Gemüse nicht braun werden lassen.
3 Die Brühe zugeben, zum Kochen bringen und 15 Minuten leicht köcheln lassen, bis die Möhren weich sind. Die Suppe im Mixer oder in der Küchenmaschine pürieren, dann durchsieben.
4 Die Suppe in den ausgespülten Topf zurückgeben, nochmals leicht erhitzen und nach Geschmack mit etwas Salz und Pfeffer würzen.
5 In vorgewärmten Tassen servieren und nach Belieben auf jede ein Sahnehäubchen setzen.

Varianten

✿ *Möhren-Apfel-Ingwer-Suppe*

Nach obiger Anweisung zubereiten und außer den Möhren 500 g geschälte, entkernte und kleingehackte Tafeläpfel zugeben; gut 1 l Flüssigkeit und 3 EL Sherry hinzufügen. Für 4-6 Personen.

✿ *Möhren-Orangen-Koriander-Suppe*

1 EL grobgemahlene Koriandersamen und die Schale von 1 unbehandelten, dünn geschälten Orange zusammen mit den Möhren zugeben. Die pürierte und durchgesiebte Suppe mit 2-3 EL Orangensaft abschmecken. Es sieht hübsch aus, wenn man jede Portion mit Orangenschalenstückchen garniert.

✿ *Gewürzte Pastinakensuppe*

Pastinaken anstelle von Möhren verwenden und 1 EL Currypulver beim Anbraten der Zwiebel zugeben. Etwas Kaffeesahne (nach Belieben) verfeinert die Suppe. Besonders gut schmecken dazu knusprige Croûtons.

Helle Gemüsebrühe

1 Zwiebel, einige Knoblauchzehen, 1 Stange Sellerie, 1 Möhre und ein *Bouquet garni* in einen Topf geben. Mit reichlich Wasser bedecken und zum Kochen bringen. Bei halbgeöffnetem Deckel etwa 1 Stunde köcheln lassen, dann durchsieben.

Weitere Gemüse und Würzmittel, wie Porree, Zitronenschale und Piment, kann man ebenfalls zugeben. Auch die Schalen gut gebürsteter Kartoffeln verleihen Gemüsebrühe einen besonders angenehmen Geschmack.

Von links nach rechts: Brunnenkressesuppe (S. 130) – Dicke Maissuppe (S. 135) – Möhren-Ingwer-Suppe

✿ Tomatensuppe mit Basilikum

(Abb. S. 205)

Sie gehört zu den feinsten Suppen und ist ein wunderbares Abendessen an einem kühlen Sommerabend.

Für 4 Personen

1 Zwiebel, geschält und gehackt
15 g Butter oder ungehärtete Pflanzenmargarine
350 g Kartoffeln, geschält und gewürfelt
500 g Tomaten, enthäutet und in Scheiben geschnitten,
oder 1 Dose Tomaten (etwa 400 g)
1 l helle Gemüsebrühe (S. 129) oder Wasser
Salz und frisch gemahlener schwarzer Pfeffer

Zum Garnieren
Basilikumzweige

1 Die Zwiebel mit der Butter in einem großen Topf, zugedeckt, 5 Minuten glasig dünsten.
2 Die Kartoffeln zugeben, den Topf wieder zudecken und weitere 5-10 Minuten leicht kochen, dann die Tomaten zugeben und erneut 5-10 Minuten kochen; von Zeit zu Zeit umrühren und die Gemüse nicht braun werden lassen.
3 Die Brühe zugeben, den Topf zudecken und die Suppe 15-20 Minuten köcheln lassen, bis die Kartoffeln weich sind.
4 Die Suppe im Mixer oder in der Küchenmaschine pürieren und durchsieben, wenn sie ganz glatt sein soll, um die Tomatenkerne zu entfernen (was nicht unbedingt nötig ist). Die Suppe nochmals leicht erhitzen, ohne sie kochen zu lassen.
5 In vorgewärmten Tassen mit Basilikum als Garnierung servieren.

Garnierungen für Suppen

- ☐ Mit gehackter frischer Petersilie oder Schnittlauch bestreut, sehen Suppen sehr attraktiv aus; außerdem verfeinern die Kräuter den Geschmack der meisten Suppen.
- ☐ Frisches Basilikum über Tomatensuppe, Minze über Erbsensuppe, Dill oder Fenchelkraut über Gurkensuppe geben.
- ☐ Ein Schuß Kaffeesahne oder Sauerrahm bildet einen dekorativen Kontrast auf dunklen Suppen, wie auf rubinroter Rote Bete-Suppe, Möhren-Ingwer-Suppe oder kalter Avocadosuppe.
- ☐ Einige grobgehackte Walnüsse, geröstete Mandelblättchen oder Pinienkerne passen gut zu sämigen Suppen, wie Blumenkohl- oder Topinambursuppe.
- ☐ Croûtons sind eine wohlschmeckende, knusprige Beigabe zu Gemüsesuppen. Man bereitet sie zu, indem man kleine Würfel aus Vollweizenbrot in ein wenig Öl anbrät, bis sie goldbraun und rundum knusprig sind; auf Küchenkrepp abtropfen lassen.
- ☐ Auf Pilzsuppe einige Scheiben gebratene Pilze geben, auf Spargelsuppe 1-2 Spargelspitzen, die man für diesen Zweck mit der Suppe gekocht und aufbewahrt hat.

✿ Brunnenkressesuppe

(Abb. S. 129)

In meiner Familie ist dies die weitaus beliebteste Suppe. Man kann sie sehr schnell zubereiten. Ich gebe die Brunnenkresse gern am Ende der Garzeit zu, da dies der Suppe einen besseren Geschmack und eine schönere Farbe verleiht. Brunnenkresse kommt meist ohne Stiele und verpackt auf den Markt; wenn Sie ein Bund Brunnenkresse mit Stielen verwenden, trennen Sie diese vom blättrigen oberen Teil, und kochen Sie sie mit den Kartoffeln. Brunnenkressesuppe schmeckt in allen Variationen kalt oder heiß ausgezeichnet.

Für 4 Personen

1 Zwiebel, geschält und gehackt
15 g Butter oder ungehärtete Pflanzenmargarine
750 g Kartoffeln, geschält und gewürfelt
1 l helle Gemüsebrühe (S. 129) oder Wasser
1 Bund oder Päckchen Brunnenkresse
Salz und frisch gemahlener schwarzer Pfeffer
3-4 EL Crème double (nach Belieben)

1 Die Zwiebel mit der Butter in einem großen Topf, zugedeckt, 5 Minuten glasig dünsten.
2 Die Kartoffeln zugeben, wieder zudecken und weitere 5-10 Minuten leicht garen; von Zeit zu Zeit umrühren und die Gemüse nicht braun werden lassen.
3 Die Brühe hineinrühren, den Topf zudecken und die Suppe etwa 20 Minuten köcheln lassen, bis die Kartoffeln weich sind.
4 4 kleine Zweige Brunnenkresse nach Belieben zum Garnieren beiseite legen, dann die Suppe zusammen mit der restlichen Brunnenkresse pürieren. Mit Salz und Pfeffer abschmecken, in vorgewärmte Tassen füllen und eventuell jeweils mit Crème double und einem Brunnenkressezweig servieren.

Varianten

✿ *Kopfsalatsuppe*

Für diese köstliche Sommervariante läßt man die Brunnenkresse weg und kocht 500 g gehackte äußere Salatblätter zusammen mit den Kartoffeln. Gehackte frische Minze oder Petersilie am Ende der Garzeit hinzugefügt, verfeinert den Geschmack; noch besser schmeckt die Suppe mit einem Sahnehäubchen (nach Belieben).

✿ *Spinatsuppe*

Die Brunnenkresse weglassen und 500 g gehackte Spinatblätter zusammen mit den Kartoffeln kochen. Die Suppe mit ein wenig frisch geriebener Muskatnuß würzen.

✿ *Sauerampfersuppe*

Eine pikante, erfrischende Variante. Man ersetzt dabei die Brunnenkresse durch etwa 80 g gehackte Sauerampferblätter, die zu den Kartoffeln gegeben werden. Mit ausreichend Salz, frisch gemahlenem schwarzen Pfeffer und frisch geriebener Muskatnuß würzen. Etwas Kaffeesahne oder Sauerrahm (nach Belieben) läßt diese Suppe besonders gut schmecken.

✿ *Suppe aus frischen Kräutern*

Um diese duftende Variante herzustellen, püriert man die Suppe mit einigen frischen Kräutern anstelle von Brunnenkresse. Petersilie, Estragon oder Schnittlauch eignet sich dazu ausgezeichnet.

Spargelsuppe

Diese Suppe bietet die gute Möglichkeit, alle Teile des Spargels zu verwenden; die Spitzen kann man als luxuriöse Garnierung oder für ein anderes Gericht vorsehen, etwa für Spargeltörtchen (S. 263). Spargelsuppe schmeckt auch kalt sehr gut.

Für 6 Personen

750 g Spargel, geputzt und gut gewaschen
2 Zwiebeln, geschält und gehackt
25 g Butter
1½ l helle Gemüsebrühe (S. 129) oder Wasser
150 g Kaffeesahne
Salz und frisch gemahlener schwarzer Pfeffer

1 Die Spargelspitzen abschneiden und in etwa 2,5 cm hohem Wasser 4 Minuten köcheln lassen, bis sie weich sind.
2 Für die Garnierung beiseite stellen oder abtropfen lassen und für ein anderes Gericht aufbewahren. Die Spargelstangen in gleich große Stücke schneiden.
3 Die Zwiebeln mit der Butter in einem großen Topf, zugedeckt, 5 Minuten glasig dünsten. Die Spargelstücke zugeben und 5-10 Minuten bei mäßiger Hitze garen.
4 Die Brühe hineinrühren, den Topf zudecken und die Suppe etwa 30 Minuten köcheln lassen, bis die Spargelstücke sehr weich sind.
5 Die Suppe pürieren, dann durchsieben. In den ausgespülten Topf zurückgeben, die Sahne zugeben und nochmals erhitzen, ohne sie kochen zu lassen; mit Salz und Pfeffer abschmecken. Falls die Spargelspitzen verwendet werden, diese noch einmal erhitzen und abtropfen lassen. Die Suppe in vorgewärmte Tassen füllen und die Spargelspitzen gleichmäßig verteilen.

Sellerie-Stilton-Suppe

Für 4-6 Personen

1 Sellerieknolle, geschält
1 Zwiebel, geschält und gehackt
15 g Butter
1 l helle Gemüsebrühe (S. 129) oder Wasser
100 g Stilton, gerieben
Salz und frisch gemahlener schwarzer Pfeffer

1 Den Sellerie waschen und zerkleinern. Die meisten Blätter entfernen, einige aufbewahren.
2 Die Zwiebel mit der Butter in einem großen Topf, zugedeckt, 5 Minuten glasig dünsten. Den Sellerie zugeben, den Deckel wieder aufsetzen und weitere 5-10 Minuten bei mäßiger Hitze garen; von Zeit zu Zeit umrühren und das Gemüse nicht braun werden lassen.
3 Die Brühe zugeben. Die Suppe 30 Minuten bei geschlossenem Deckel köcheln lassen, bis der Sellerie sehr weich ist.
4 Die Suppe zusammen mit dem Käse im Mixer oder in der Küchenmaschine pürieren, bis sie glatt ist. Nach Geschmack würzen, in den ausgespülten Topf zurückgeben und nochmals leicht erhitzen.
5 Die Suppe in vorgewärmten Tassen servieren und mit kleingehackten Sellerieblättern bestreuen.

Varianten

✿ *Sellerie-Kastanien-Suppe*
Für diese streng vegetarische Version ohne Käse gibt man 250 g geschälte frische Eßkastanien (S. 233) oder abgetropfte Dosen-Kastanien (etwa 400 g) zusammen mit dem Sellerie zu der Zwiebel. Statt Butter ungehärtete Pflanzenmargarine verwenden. Man benötigt etwa 1¼ l Flüssigkeit.

✿ *Sellerie-Birnen-Suppe mit Estragon*
Die Zusammenstellung der Zutaten für diese streng vegetarische Version scheint etwas merkwürdig, ergibt jedoch eine schmackhafte Kombination: 500 g geschälte, entkernte, gewürfelte Birnen zusammen mit dem Sellerie zu der Zwiebel geben. Statt Butter ungehärtete Pflanzenmargarine verwenden. 1¼ l Brühe oder Wasser hinzufügen. Den Käse weglassen. Frischen Estragon auf die Suppe streuen.

Blumenkohlsuppe mit Cheddar
Statt des Selleries einen mittelgroßen Blumenkohl und statt des Stilton geriebenen Cheddar verwenden. Ein paar gehackte Walnüsse sind eine hübsche Verzierung.

MENÜ

Ein japanisches Gericht

Misosuppe mit Tofu
rechts

Gemüse-Tempura mit Dip
198

Süß-saurer Reis
241

Pfannengerührte Möhren mit Brunnenkresse und Sesamsamen
181

Tangerinen-Litschi-Fruchtsalat
286

✿ Französische Zwiebelsuppe

Diese Suppe ist sehr sättigend und ergibt ein gutes Hauptgericht. Danach kann man Obst oder eine leichte Nachspeise reichen.

Für 4-6 Personen

1 kg Zwiebeln, geschält und in dünne Scheiben geschnitten
2 EL Öl
4 TL Zucker
Salz und frisch gemahlener Pfeffer
2 l dunkle Gemüsebrühe (links)
2 Knoblauchzehen, zerdrückt
Zitronensaft

Zum Garnieren
Gehackte Petersilie oder Schnittlauchröllchen

1 Die Zwiebeln mit dem Öl in einem großen Topf 10 Minuten dünsten, bis sie weich sind. Den Zucker zugeben sowie Salz und Pfeffer nach Belieben und weitere 10-15 Minuten braten, bis die Zwiebeln goldbraun sind; darauf achten, daß die Zwiebeln nicht anbrennen.
2 Brühe, Knoblauch und etwas Zitronensaft zugeben. Die Suppe zum Kochen bringen und etwa 10 Minuten köcheln lassen. Abschmecken und in vorgewärmten Tassen, mit Petersilie oder Schnittlauch bestreut, servieren.

Varianten

✿ *Goldfarbene Zwiebelsuppe*
Zusammen mit der Brühe 3 EL Sherry und 2-3 EL Dijon-Senf zugeben.

Dunkle Gemüsebrühe

250 g Pilze sauber abreiben und kleinhacken, dann zusammen mit Zwiebelscheiben, einem *Bouquet garni* und etwa 1¼ l Wasser in einen Topf geben. Zum Kochen bringen und dann 1 Stunde leicht köcheln lassen. Abkühlen und über Nacht stehenlassen; dann durchsieben. Man erhält etwa 1 l Brühe.

Das Kochwasser von Gemüsen ergibt eine gute Brühe mit wertvollen Nährstoffen. Im Kühlschrank läßt sie sich 2-3 Tage aufbewahren.

Gratinierte französische Zwiebelsuppe
Für diese nicht streng vegetarische Version die Suppe in eine vorgewärmte feuerfeste Terrine (oder große Kasserolle) oder in einzelne feuerfeste Tassen schöpfen. Mit je 1 Scheibe Weißbrot pro Person bedecken und auf die Brotscheiben jeweils etwa 25 g geriebenen Käse streuen. Im Backofen überbacken, bis der Käse geschmolzen und goldbraun ist.

Misosuppe mit Tofu

Diese japanische Suppe ist leicht, aber nahrhaft. Sie eignet sich besonders gut als Gang eines japanischen Menüs, dem sich eine Gemüse-Tempura mit Dip (S. 198) und süß-saurem Reis (S. 241) anschließen.

Für 4 Personen

300 g fester Tofu (S. 108)
2 Frühlingszwiebeln, geputzt und feingehackt
1 l helle Gemüsebrühe (S. 129)
4 EL Miso (rechts)
1 TL Sojasauce

1 Den Tofu in 16 gleich große Würfel schneiden und auf vorgewärmte Suppentassen verteilen, gleichfalls die Frühlingszwiebeln.
2 Die Brühe in einem Topf erhitzen, ein wenig davon abschöpfen und mit dem Miso vermischen, damit es weich und cremig wird.
3 Das Miso mit dem Rest der Brühe in den Topf geben.
4 Die Suppe fast zum Kochen bringen, aber darauf achten, daß sie nicht kocht, da sonst wertvolle Enzyme im Miso zerstört würden.
5 Die Sojasauce zugeben, dann die Suppe in die Suppentassen auf den Tofu und die Frühlingszwiebeln schöpfen und sofort servieren.

Variante

✿ *Misosuppe mit Tofu und Wakame*
Man geht vor, wie oben beschrieben, nur daß man außerdem das Meeresgemüse Wakame (S. 81) verwendet: 4 Stücke Wakame in kaltem Wasser 10 Minuten einweichen, alle harten Stellen herausschneiden und mit der Küchenschere in grobe Stücke zerteilen. Dann das Wakame zusammen mit dem Tofu und den Frühlingszwiebeln in die Tassen geben. Die Suppe sofort servieren.

Miso

Miso ist eine dicke braune Paste, die durch Gärung von Sojabohnen, Gerste oder Reis entsteht. Es ist reich an Nährstoffen, Eiweiß und B-Vitaminen. Es gibt verschiedene Sorten: Miso mit heller Farbe ist weniger salzig als dunklere Sorten. Man kann sie gut in Suppen, Saucen und als Bratensaft verwenden. Miso sollte gegen Ende der Kochzeit zugegeben werden, um die Vitamine zu erhalten.

Misosuppe mit Tofu - Gemüse-Tempura mit Dip (S. 198) - Süß-saurer Reis (S. 241)

✿ Porree-Kartoffel-Suppe

Diese dicke Suppe ist eine eigenständige Mahlzeit an einem kalten Tag. Wenn sie etwas leichter sein soll, gibt man zusätzliche Brühe oder Wasser dazu, um die gewünschte Konsistenz zu erhalten. Als kleinen Luxus kann man weitere 1-2 Löffel Sahne und etwas Schnittlauch hinzufügen.

Für 4-6 Personen

Suppe als Hauptgericht

Manche Suppen sind wärmende und sättigende Hauptgerichte; besonders angenehm schmecken sie als winterliches Mittagessen oder als sonntägliches Abendessen am Kamin. Die dicken Bohnen- und Linsensuppen und jene, die Käse enthalten, wie die Sellerie-Stilton-Suppe (S. 132) und die Blumenkohlsuppe mit Cheddar (S. 132), ergeben zusammen mit warmem, knusprigem Brot oder Knoblauchbrot (S. 137) eine sättigende Mahlzeit. Französische Zwiebelsuppe esse ich gern mit einem kleinen Salat oder Crudités; geriebener Käse schmeckt gut auf Tomatensuppe oder dicker Porree-Kartoffel-Suppe; und wenn sich eine wirklich herzhafte Mahlzeit ergeben soll, fügt man schmackhafte Vollweizenklößchen (rechte S.) zu einer Gemüsesuppe.

Vorschläge für Linsensuppen

Linsensuppe bietet sich für Experimente geradezu an. Hier einige Vorschläge:

Bei der Zubereitung 1-2 TL Currypulver mit der Zwiebel anbraten; die Suppe mit 25 g Kokosnußcreme pürieren.

1 Zwiebel, etwas Knoblauch und eventuell 1 TL gemahlenen Kreuzkümmel in ein wenig Butter oder ungehärteter Pflanzenmargarine anbraten und nach dem Pürieren zur Suppe geben.

Mit viel gehackter Petersilie oder einigen Croûtons (S. 130), in Currypulver oder zerdrücktem Knoblauch gewendet, garnieren.

3 Stangen Porree, geputzt, gewaschen und in Scheiben geschnitten
750 g Kartoffeln, geschält und gewürfelt
25 g Butter oder ungehärtete Pflanzenmargarine
1 l helle Gemüsebrühe (S. 129) oder Wasser
3-4 EL Crème double (nach Belieben)
Salz und frisch gemahlener schwarzer Pfeffer

Zum Garnieren (nach Belieben)
Gehackte Petersilie

1 Porree und Kartoffeln ganz leicht mit der Butter in einem großen Topf, zugedeckt, 10 Minuten anbraten; dabei häufig umrühren.
2 Weitere 10 Minuten zugedeckt bei mittlerer Hitze garen und von Zeit zu Zeit umrühren, damit das Gemüse nicht am Topf haftet.
3 Die Brühe zugeben und 5-10 Minuten köcheln lassen, bis das Gemüse weich ist.
4 In einem Mixer oder in der Küchenmaschine pürieren und gegebenenfalls jetzt die Crème double zugeben. Nach Belieben mit Salz und Pfeffer würzen, gut umrühren und in vorgewärmten Suppentassen, eventuell mit ein wenig Petersilie garniert, servieren.

Variante

✿ *Vichyssoise*
Um diese cremige kalte Version der Porree-Kartoffel-Suppe herzustellen, püriert man die Mischung und gibt gut ¼ l Milch oder Sojamilch sowie 300 g Kaffeesahne (nach Belieben) hinzu. Die Suppe durchsieben und kühl stellen. Mit Salz, Pfeffer und frisch geriebener Muskatnuß abschmecken. In gekühlte Suppentassen schöpfen, mit etwas Schnittlauch garnieren und servieren. Für 8 Personen.

✿ Gelbe Linsensuppe

(Abb. S. 136)

Eine gehaltvolle Suppe, die zusammen mit knusprigen Vollweizenbrötchen oder Knoblauchbrot ein ausgezeichnetes, preiswertes und sättigendes Hauptgericht ergibt. Wenn Sie einen Dampfkochtopf besitzen, können Sie sie in etwa 10 Minuten zubereiten.

Für 4 Personen

1 große Zwiebel, geschält und gehackt
15 g Butter oder ungehärtete Pflanzenmargarine
250 g getrocknete rote Linsen
1 l helle Gemüsebrühe (S. 129) oder Wasser
1-2 TL Zitronensaft
Salz und frisch gemahlener schwarzer Pfeffer

Zum Dekorieren
Zitronenschmetterlinge

1 Die Zwiebel mit der Butter in einem Topf 10 Minuten glasig dünsten.
2 Die Linsen zugeben und 1-2 Minuten umrühren, dann die Brühe hinzufügen. Zum Kochen bringen, den Topf halb bedecken und die Suppe bei mäßiger Hitze 20 Minuten köcheln lassen, bis die Linsen ganz weich und hell sind.
3 Die Suppe mit einem Löffel schlagen, damit die Linsen aufplatzen und die Suppe weicher wird, oder pürieren. Zitronensaft, Salz und Pfeffer nach Belieben zufügen. Mit Zitronenschmetterlingen dekorieren und servieren.

✿ Kartoffelsuppe mit gerösteten Haselnüssen

(Abb. S. 136)

Für 4 Personen

1 Zwiebel, geschält und gehackt
25 g Butter oder ungehärtete Pflanzenmargarine
500 g Kartoffeln, geschält und gewürfelt
1 Knoblauchzehe, zerdrückt
Salz und frisch gemahlener schwarzer Pfeffer
1 l helle Gemüsebrühe (S. 129) oder Wasser
100 g Haselnüsse, geröstet (S. 36) und feingemahlen
1 EL Zitronensaft

Zum Garnieren
Kleingehackte geröstete Haselnüsse
Schnittlauchröllchen

1 Die Zwiebel in der Butter leicht bräunen, dann die Kartoffeln, den Knoblauch sowie Salz und Pfeffer zugeben. Bei mäßiger Hitze zugedeckt 5-10 Minuten garen.
2 Die Brühe zugeben, zum Kochen bringen und bei mäßiger Hitze 15-20 Minuten köcheln lassen, bis Kartoffeln und Zwiebel weich sind. Die Suppe im Mixer pürieren, Haselnüsse, Zitronensaft, Salz und Pfeffer nach Belieben dazugeben.
3 Die Suppe in vorgewärmten Tassen servieren und jeweils mit gehackten Haselnüssen und Schnittlauch bestreuen.

Variante

✿ *Mandelsuppe*
Man verwendet gemahlene Mandeln anstelle von Haselnüssen.

Klößchen für Suppen

175 g Vollweizenmehl mit 1½ TL Backpulver, ½ TL Salz und 65 g harter, geraspelter Butter in eine Rührschüssel geben; gut mischen. 1 TL Hefe-Extrakt in 2 TL Wasser auflösen, in die Mehlmischung geben und so viel Wasser hinzufügen, daß ein weicher Teig entsteht. Aus der Mischung 8 Klößchen formen, in einen bis zur Hälfte mit köchelndem Wasser gefüllten Topf gleiten und 20 Minuten köcheln lassen, bis sie aufgehen. Mit einem Schaumlöffel herausnehmen und in einer Gemüsesuppe servieren.

✿ Dicke Maissuppe

(Abb. S. 129)

Diese dicke und sättigende Suppe ist ausgesprochen köstlich, wenn man sie mit frischem Mais zubereitet, der mit einem scharfen Messer vom Kolben getrennt wird (1 Kolben liefert etwa 100 g Mais). Die Suppe kann man einfach mit Brühe oder Wasser herstellen - so mache ich es gern - oder mit Milch (oder Sojamilch) und Wasser zu gleichen Teilen.

Für 4 Personen

1 Zwiebel, geschält und geschnitten
750 g Kartoffeln, geschält und gewürfelt
25 g Butter oder ungehärtete Pflanzenmargarine
Salz und frisch gemahlener schwarzer Pfeffer
1 l helle Gemüsebrühe (S. 129) oder Wasser
350 g Gemüsemais (von 3-4 Kolben)

1 Zwiebel und Kartoffeln bei sehr leichter Hitze mit der Butter in einem großen Topf, zugedeckt, 10 Minuten anbraten, dabei häufig umrühren.
2 Nach Belieben mit Salz und Pfeffer würzen, umrühren, bei mäßiger Hitze, immer noch zugedeckt, 10 Minuten garen und dabei oft umrühren. Es macht nichts, wenn das Gemüse ein wenig bräunt, aber man sollte es nicht zu braun werden lassen.
3 Die Brühe zugeben, umrühren, dann 5-10 Minuten köcheln lassen, bis die Kartoffeln fast weich sind. Den Mais zugeben und weitere 5 Minuten garen lassen. Abschmecken und gegebenenfalls etwas nachwürzen.
4 Die Suppe jetzt entweder in vorgewärmten Tassen servieren oder 1-2 Tassen pürieren und dann zu der restlichen Suppe geben. Das dickt die Flüssigkeit ein und verleiht der Suppe eine weiche, cremige Konsistenz.

Von links nach rechts: Gelbe Linsensuppe (S. 134) – Pistou – Kartoffelsuppe mit gerösteten Haselnüssen (S. 135)

✿ PISTOU

Eine wunderbare, leicht zuzubereitende, sehr sättigende Gemüsesuppe aus Südfrankreich. Servieren Sie sie als komplette Mahlzeit mit knusprigem Brot. Wenn man getrocknete Bohnen verwendet, muß man diese zuerst einweichen und kochen. Die Suppe läßt sich gut aufwärmen und schmeckt am nächsten Tag sogar noch besser.

Für 4 Personen

1 Zwiebel, geschält und gehackt
2 EL Olivenöl
100 g getrocknete weiße Bohnen, eingeweicht und gekocht, oder 1 Dose Cannellinibohnen (etwa 425 g), abgetropft
2 Möhren, geschabt und gewürfelt
2 Kartoffeln, geschält und gewürfelt
3 Stangen Porree oder 3 Zucchini, geputzt, gewaschen und in Scheiben geschnitten
1 Dose Tomaten (etwa 400 g)
2 Knoblauchzehen, zerdrückt
1–2 TL gehacktes frisches Basilikum oder 1 TL getrocknetes Basilikum
Salz und frisch gemahlener schwarzer Pfeffer
1 l helle Gemüsebrühe (S. 129) oder Wasser
50 g dünne Nudeln

1 Die Zwiebel mit dem Öl in einem großen Topf 5 Minuten anbraten, dann die abgetropften Bohnen, alle Gemüse, den Knoblauch und das Basilikum (wenn Sie getrocknetes verwenden) zugeben sowie Salz und Pfeffer nach Belieben. Weitere 5 Minuten garen.

2 Die Brühe hinzufügen, den Topf zudecken und die Suppe 20–30 Minuten köcheln lassen, dann die Nudeln zugeben und weitere 10 Minuten garen. Wenn Sie frisches Basilikum verwenden, sollten Sie es jetzt dazugeben und den Geschmack überprüfen. Die Suppe in vorgewärmten Tassen servieren.

Varianten

✿ *Gemüse-Linsen-Suppe*

Man verwendet Linsen anstelle der getrockneten Bohnen und kann die Nudeln weglassen, je nachdem, wie herzhaft die Suppe sein soll.

✿ *Einfache Gemüsesuppe*

Für diese leichtere Version (sie eignet sich als Basis für Klößchen, S. 135) läßt man Bohnen und Nudeln weg.

✿ Pilzcremesuppe

Ein paar italienische getrocknete Pilze *(Funghi porcini)* intensivieren den Geschmack dieser Suppe und verfeinern sie für einen besonderen Anlaß. Sie sind sehr teuer, dafür jedoch ausgiebig und haltbar. Etwa 25 g in gut ½ l kochendem Wasser etwa 30 Minuten einweichen, kleinhacken und zu den frischen Pilzen geben. Das Einweichwasser (und entsprechend weniger Brühe oder Wasser) für die Suppe verwenden.

Für 4 Personen

1 Zwiebel, geschält und feingehackt
25 g Butter oder ungehärtete Pflanzenmargarine
350 g Pilze, gewaschen und feingehackt
1 EL Mehl
Gut ½ l dunkle Gemüsebrühe (S. 132) oder Wasser
Gut ¼ l Milch oder Sojamilch
Salz und frisch gemahlener schwarzer Pfeffer
Frisch geriebene Muskatnuß
Zitronensaft
2–3 makellose Champignons, in dünne Scheiben geschnitten und in Butter oder ungehärteter Pflanzenmargarine gebraten

1 Die Zwiebel mit der Butter in einem großen Topf, zugedeckt, 5 Minuten glasig dünsten.
2 Die Pilze zugeben, wieder zudecken und bei mäßiger Hitze weitere 5 Minuten garen. Das Mehl einrühren und 1–2 Minuten garen.
3 Brühe und Milch hinzugeben, umrühren, den Deckel aufsetzen und die Suppe 15–20 Minuten köcheln lassen.
4 Mit Salz, Pfeffer, Muskat und etwas Zitronensaft abschmecken. In vorgewärmte Tassen füllen, jeweils mit einigen Champignonscheiben garnieren und servieren.

Knoblauchbrot

Knuspriges, heißes Knoblauchbrot paßt zu vielen Suppen und Salaten. Man kann es leicht selbst herstellen: 1 Baguette in Abständen von etwa 2,5 cm so einschneiden, daß die Scheiben noch miteinander verbunden sind. 2–3 zerdrückte Knoblauchzehen unter 100 g Butter oder ungehärtete Pflanzenmargarine schlagen und damit beide Seiten der Brotscheiben bestreichen. Die Scheiben zusammendrücken und so die Stangenform wieder herstellen. Dann in Alufolie wickeln. Auf ein Backblech geben und etwa 20 Minuten bei 200 °C (Gas Stufe 4–5) backen, bis das Brot durch und durch heiß und die Butter geschmolzen ist. Sofort servieren.

✿ Kalte Himbeersuppe

Fruchtsuppen wie diese sind in Mitteleuropa und Skandinavien beliebt als erfrischende Vorspeise für eine sommerliche Mahlzeit.

Für 4 Personen

750 g Himbeeren, frisch oder tiefgefroren
100 g Zucker
6 TL Stärkemehl
3 EL Portwein
3 EL frischer Orangensaft

Zum Garnieren (nach Belieben)
4 EL Sauerrahm

1 Die Himbeeren mit dem Zucker und knapp ½ l Wasser in einen Topf geben. Leicht erhitzen, bis sich der Zucker aufgelöst hat, dann bei mäßiger Hitze garen, bis die Himbeeren sehr weich sind.
2 Die Suppe im Mixer oder in der Küchenmaschine pürieren, dann in den ausgespülten Topf zurückgeben und nochmals leicht erhitzen.
3 Das Stärkemehl mit Portwein und Orangensaft zu einer weichen Paste verrühren; unter ständigem Rühren der Suppe die Paste hineingeben. Bei mäßiger Hitze weiter rühren, bis die Mischung eingedickt ist, dann von der Kochstelle nehmen und abkühlen lassen.
4 Abschmecken und bei Bedarf noch etwas Zucker hinzugeben. Die Suppe in eine Schüssel gießen, abdecken und dann kühl stellen.
5 In gekühlten Tassen, gegebenenfalls mit je 1 EL Sauerrahm, servieren.

Variante

✿ *Kalte Suppe aus schwarzen Kirschen*
Man verwendet schwarze Kirschen aus dem Glas (insgesamt etwa 1¼ kg) statt der Himbeeeren. Entsteinen und dann die Kirschen samt Flüssigkeit und 50 g Zucker in einen großen Topf geben; zum Kochen bringen. Das Stärkemehl mit Portwein und Orangensaft verrühren; des weiteren wie oben beschrieben vorgehen.

Kalte Suppen servieren

Aufsehenerregend präsentiert man kalte Suppen, indem man jede Tasse mit kalter Suppe in eine zweite Tasse mit zerstoßenem Eis stellt – ideal für ein sommerliches Festessen.

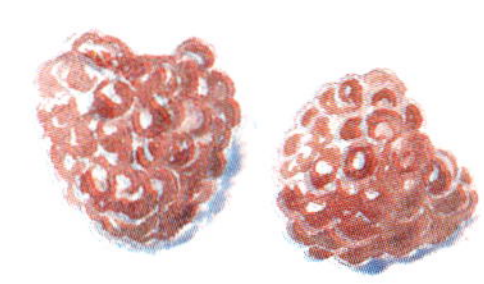

✿ Eiskalte Rote Bete-Suppe mit Dill

(Abb. S. 152)

Diese Suppe schmeckt zwar kalt wunderbar, man kann sie aber auch heiß servieren. Verwendet werden gekochte rote Beten ohne Essig (S. 67). Mit warmem Kräuter-Zwiebel-Brot (S. 238) reichen.

Für 4-6 Personen

1 Zwiebel, geschält und gehackt
1 EL Öl
250 g Kartoffeln, geschält und gewürfelt
500 g gekochte rote Beten, geschält und gewürfelt
1¼ l helle Gemüsebrühe (S. 129)
Abgeriebene Schale von ½ unbehandelten Zitrone
1 EL Zitronensaft
Salz und frisch gemahlener schwarzer Pfeffer

Zum Garnieren

3 EL Kaffeesahne (nach Belieben)
Dillzweige

1 Die Zwiebel mit dem Öl in einem großen Topf bei geschlossenem Deckel 5 Minuten glasig dünsten.

2 Die Kartoffeln zugeben, wieder zudecken und weitere 5-10 Minuten bei mäßiger Hitze garen.

3 Rote Beten und Brühe zugeben. Zum Kochen bringen, dann den Topf wieder zudecken und die Suppe etwa 20 Minuten leicht köcheln lassen, bis die Kartoffeln weich sind.

4 Die Suppe im Mixer oder in der Küchenmaschine pürieren, dann Zitronenschale und -saft dazugeben sowie Salz und Pfeffer nach Geschmack.

5 Abkühlen lassen, die Suppe dann in eine Schüssel gießen, zudecken und so lange kühl stellen, bis sie eiskalt ist.

6 Die Suppe in gekühlte Tassen füllen, pro Portion mit etwas Sahne und Dill garnieren und servieren.

✿ Kalte Avocadosuppe

Eine überaus leicht herzustellende Suppe mit einer schönen Farbe. Am besten bereitet man sie frühestens 1 Stunde im voraus zu, andernfalls verfärbt sie sich leicht.

Für 6 Personen

2 große reife Avocados
1 kleine Zwiebel, geschält und grobgehackt
1 Knoblauchzehe, zerdrückt
2 EL Zitronensaft
1 l helle Gemüsebrühe (S. 129) oder Wasser
1 EL Rotweinessig
Salz und frisch gemahlener schwarzer Pfeffer

Zum Garnieren (nach Belieben)
6 EL Sauerrahm
1-2 EL Schnittlauchröllchen

1 Die Avocados halbieren, schälen und entsteinen. Das Fleisch in Stücke schneiden und im Mixer oder in der Küchenmaschine mit Zwiebel, Knoblauch, Zitronensaft und einem Drittel der Brühe pürieren.

2 Den Rest der Brühe zugeben und verrühren, bis die Suppe glatt ist.

3 Den Weinessig zugeben, mit Salz und Pfeffer abschmecken, dann in eine Schüssel gießen und zudecken. Kalt stellen.

4 Den Geschmack überprüfen und die Suppe in gekühlte Tassen füllen. Gegebenenfalls mit etwas Sauerrahm und/oder Schnittlauch garnieren und servieren.

Variante

Kalte Gurken-Joghurt-Suppe

Nach obiger Anweisung vorgehen, aber 1 geschälte und gewürfelte Salatgurke statt der Avocado sowie etwa 450 g Naturjoghurt oder vegetarischen Joghurt und 2-3 EL Crème double anstelle der Brühe verwenden. Mit gehackter frischer Minze garnieren.

Kalte zweifarbige Suppe

Kalte zweifarbige Suppe

Diese außergewöhnliche Gemüsesuppe wird aus Porree, Möhren und Kartoffeln hergestellt. Bereiten Sie sie rechtzeitig im voraus zu, damit sie gut durchkühlen kann. Schöpfen Sie sie erst unmittelbar vor dem Servieren in die Suppenteller.

Für 8 Personen

350 g Porree (nur der weiße Teil), in Scheiben geschnitten
500 g Möhren, geschabt und gewürfelt
1 Zwiebel, geschält und gehackt
350 g Kartoffeln, geschält und gewürfelt
50 g Butter
2 EL Crème double
Salz und frisch gemahlener schwarzer Pfeffer

Zum Garnieren
Minzzweige

1 Porree und Möhren in zwei verschiedene Töpfe geben.
2 Zwiebel, Kartoffeln und etwa 1¼ l Wasser gleichmäßig auf beide Töpfe verteilen und jeweils köcheln lassen, bis die Gemüse weich sind.
3 Jede Mischung getrennt pürieren und jeweils die Hälfte der Butter zugeben. Die Crème double zu der Porreemischung hinzufügen.
4 Beide Mischungen würzen, dann jede Suppe in einen gesonderten Krug geben und kühl stellen.
5 Die Suppe wird serviert, indem man beide Suppen gleichzeitig in die gekühlten Suppenteller gißt (Abb. rechts). Jede Portion mit Minze garnieren.

Variante

Kalte zweifarbige Rote Bete-Kartoffel-Suppe
Bei dieser farbigen Variante läßt man die Möhren weg und verwendet statt dessen 500 g gekocnte geschälte rote Beten. Die Mischung wird, wie oben beschrieben, püriert und mit ein wenig Zitronensaft gewürzt. In diesem Fall garniert man die zweifarbige Suppe mit frischem Dill.

Zweifarbige Suppe in den Teller gießen

Von zwei gegenüberliegenden Seiten die Suppe gleichzeitig aus den Krügen gießen; so ergibt sich der Zwei-Farben-Effekt, bei dem jede Tellerhälfte eine andersfarbige Suppe enthält.

Vorspeisen

Die Zubereitung von Vorspeisen ist ein Erfolgserlebnis: Sie können perfekte kleine Kunstwerke sein und lassen der Phantasie, was Farbe, Würzmittel und Garnierungen anbelangt, viel Raum. Dieses Kapitel zeigt eine Reihe von Möglichkeiten auf, Vorspeisen und Häppchen zu kreieren. Auch in anderen Abschnitten dieses Buches finden Sie Gerichte – besonders unter den Salaten (S. 154–169), Gemüse-Beilagen (S. 180–191), Gemüse-Hauptgerichten (S. 192–203) und Teigwaren (S. 250–259) –, die, in kleinen Portionen serviert, gleichermaßen verführerische Vorspeisen darstellen. Andererseits ergeben viele Vorspeisen aus diesem Kapitel gute, leichte Hauptgerichte, wenn man sie mit passenden Beilagen, wie warmem Brot oder Brötchen, serviert.

Weinblätter füllen

1 Ein Weinblatt mit der glänzenden Seite nach unten auf eine ebene Fläche legen.

2 Die Füllung nahe dem Stielende auf das Blatt geben.

3 Von unten, dann von den Seiten das Blatt zur Mitte hin über der Füllung zusammenfalten und zusammenrollen.

Drei-Farben-Omelett

Dieses Omelett ist einfach herzustellen, gleichwohl sehr effektvoll. Man schneidet es entweder in mundgerechte Häppchen oder serviert es in größeren Portionen mit einer Sauce als Hauptgericht. Es läßt sich im voraus zubereiten.

Für 6–8 Personen als Vorspeise, für 12 Personen als Häppchen

1 Tomate, enthäutet und gehackt
1 kleine rote Paprikaschote, entkernt und gehackt
50 g Butter
175 g Pilze, geputzt und feingehackt
250 g tiefgefrorener gehackter Spinat, aufgetaut
6 Eier
Salz und frisch gemahlener schwarzer Pfeffer

1 Tomate und Paprika bei mäßiger Hitze mit 15 g Butter in einem kleinen Topf 5 Minuten braten, bis sie weich sind, dann im Mixer oder in der Küchenmaschine pürieren.
2 Die Pilze ebenfalls in 15 g Butter etwa 3 Minuten braten, bis sie weich sind.
3 Überschüssiges Wasser aus dem Spinat pressen.
4 Drei Schüsseln bereithalten und in jede 2 Eier aufschlagen; verquirlen. Spinat, Pilze und Paprikamischung jeweils getrennt in die drei Schüsseln geben. Jeweils mit Salz und Pfeffer abschmecken.
5 Ein Drittel der restlichen Butter in einer kleinen Pfanne zergehen lassen. Wenn sie heiß ist, die Spinatmischung hineingeben.
6 Garen, bis die Unterseite fest ist, dann die Hitze verringern, zudecken und den Spinat garen, bis die Oberseite fest ist – nach etwa 5 Minuten.
7 Das Spinatomelett mit einem Spatel herausnehmen und mit der weicheren Seite nach oben auf einen großen Teller gleiten lassen.
8 Die Paprikamischung auf die gleiche Weise zu einem Omelett backen und mit der weichen Seite nach unten auf das Spinatomelett geben.
9 Den Arbeitsvorgang mit der Pilzmischung wiederholen, dann die Schichten des Omeletts leicht zusammen nach unten drücken und zum Auskühlen etwa 1 Stunde stehenlassen.
10 Das dreifarbige Omelett in mundgerechte Häppchen oder, je nach Bedarf, in größere Portionen schneiden und diese auf einem Teller oder einer Servierplatte so anordnen, daß die verschiedenfarbigen Schichten sichtbar sind.

✿ Gefüllte Weinblätter mit Joghurtdip

Sie eignen sich als leichte, erfrischende Vorspeise oder als Snacks zu Drinks. Servieren Sie die Häppchen um den Dip herum auf einem großen Teller oder in einem flachen Korb.

Ergibt etwa 36 Häppchen

36 Weinblätter, frisch oder konserviert (ersatzweise Wirsingblätter)
250 g Langkorn-Naturreis
1 große Zwiebel, geschält und gehackt
2 EL gehackte Petersilie
2 Tomaten, enthäutet und gehackt
50 g Pinienkerne
50 g Rosinen
½ TL gemahlener Zimt oder Piment
2 Knoblauchzehen, zerdrückt
Salz und frisch gemahlener schwarzer Pfeffer
6 EL Olivenöl
Saft von 1–2 Zitronen

Zum Servieren
Joghurt-Minze-Dressing (S. 156)
Zitronenscheiben

1 Wenn man konservierte Weinblätter verwendet, läßt man sie zuerst abtropfen, spült sie dann unter fließendem kaltem Wasser und läßt sie nochmals abtropfen.
2 Wenn man frische Weinblätter verwendet, füllt man einen großen Topf halb mit Wasser und bringt es zum Kochen. Die Stiele der Blätter entfernen, diese dann in das kochende Wasser geben, zudecken und 2 Minuten köcheln lassen. Abtropfen lassen, unter fließendem kaltem Wasser abschrecken und wieder abtropfen lassen.
3 Einen zweiten großen Topf halb mit Wasser füllen, den Reis hineingeben und 10 Minuten kochen, abtropfen lassen und mit Zwiebel, Petersilie, Tomaten, Pinienkernen, Rosinen, Zimt und Knoblauch vermischen; mit Salz und Pfeffer nach Geschmack würzen.
4 1 gehäuften TL Füllung auf jedes Blatt setzen, die Ränder zusammenfalten und die kleinen Bündel nebeneinander in eine Pfanne mit Deckel geben. Wenn einige Blätter übriggeblieben sind, kann man damit eventuelle Lücken füllen.
5 Das Öl mit gut ⅛ l Wasser mischen und über die Weinblätter gießen; mit Zitronensaft beträufeln.
6 Zugedeckt bei mäßiger Hitze etwa 2–2½ Stunden garen, bis Reis und Blätter weich sind. Zwischenzeitlich die Flüssigkeitsmenge jeweils kontrollieren und gegebenenfalls etwas Wasser zugeben. Abkühlen lassen, dann kalt stellen.
7 Die gefüllten Weinblätter auf einem großen Teller oder in einem flachen Korb um eine Schüssel Joghurt-Minze-Dressing herum anordnen. Mit Zitronenscheiben garnieren.

Gefüllte Weinblätter mit Joghurtdip – Sauerrahmdressing (S. 156) – Spinatpastetchen mit Fenchel (S. 151)

Umeboshipflaumen

Umeboshipflaumen sind eine beliebte Zutat in der japanischen und makrobiotischen Küche. Dabei handelt es sich um Pflaumen, die mindestens zwei Jahre eingelegt waren. Während dieser Zeit entwickeln sie Milchsäure, die sie zu einer ganz besonders gesunden Zutat macht, da Milchsäure den Darm reinigt und verdauungsfördernd wirkt. Sie haben einen scharfen, durchdringenden, salzigen Geschmack, und man kann sie Gerichten - besonders Getreidegerichten - hinzufügen oder als Beilage servieren.

Sushi herstellen

1 Das Nori auf eine Bastmatte legen; die Füllung daraufgeben.

2 Zusammenrollen; die Matte sorgt für eine stabile Form.

3 Die Rolle in etwa 1 cm dicke Scheiben schneiden.

✿ Sushi

Cremefarbener Reis, umgeben von violettem Nori - diese pikanten dekorativen Häppchen serviert man mit Drinks oder als Teil einer japanischen Mahlzeit. Ordnen Sie sie um den Dip herum auf einem kleinen Tablett oder einem flachen Teller an.

Ergibt etwa 20 Häppchen

2 Blätter Nori (S. 81)
½ Portion süß-saurer Reis (S. 241)
100 g gekochter Spinat, frisch oder tiefgefroren, abgetropft und gehackt
1 Umeboshipflaume (links), entkernt und gehackt

Für den Dip
2 TL Dijon-Senf
6 EL Shoyu (S. 184)

Zum Garnieren
Radieschenblüten (S. 164)

1 Die Noriblätter auf beiden Seiten rösten, indem man sie über eine Gasflamme oder eine heiße Herdplatte hält, bis sie knusprig sind.

2 Eines der Noriblätter auf eine japanische Bastmatte oder eine doppelte Schicht Küchenkrepp legen und die Hälfte des Reises, bis zu 1 cm vom oberen Rand des Blattes entfernt, darauf verteilen. Den Spinat in einem waagerechten Streifen, bis auf 1 cm vom unteren Noriblattende entfernt, auf den Reis geben.

3 Vom unteren Ende her das Nori mit Hilfe der Bastmatte sorgfältig aufrollen (Abb. links), so daß Reis und Nori den Spinat umschließen.

4 Die Rolle fest zusammendrücken und beide Enden gegen die Arbeitsflächen klopfen, damit sie fest werden. 20 Minuten stehenlassen (oder länger), damit die Rolle sich setzen kann.

5 Die Bastmatte entfernen. Mit einem scharfen Messer die Rolle quer in etwa 1 cm dicke Scheiben schneiden.

6 Den Vorgang mit dem zweiten Noriblatt und dem restlichen Reis wiederholen, anstelle des Spinats die Umeboshipflaume verwenden.

7 Um den Dip herzustellen, gibt man den Senf in eine Schüssel und rührt nach und nach das Shoyu unter, bis eine glatte Mischung entsteht. Die Mischung in eine kleine Schüssel geben, in die Mitte eines Tabletts oder großen Tellers stellen und die Sushi um sie herum so anordnen, daß die beiden Füllungen sich abwechseln. Mit Radieschenblüten garnieren.

Sushi - Drei-Farben-Omelett (S. 140)

Käse-Kräuter-Dip

Dieser einfache Dip ist bei Kindern beliebt. Wir essen ihn manchmal mit Crudités als Wochenendmahlzeit, eventuell mit Gemüsesuppe als Vorspeise.

Für 4 Personen

40 g weiche Butter
150 g vegetarischer Cheddar, gerieben
6 EL Milch
3-4 Tropfen Tabascosauce
Salz und frisch gemahlener schwarzer Pfeffer
1 EL gehackte frische Kräuter (Schnittlauch, Kerbel oder Petersilie)

Zum Garnieren
Kerbelzweige

1 Die Butter cremig rühren, dann nacheinander Käse und Milch zugeben und verquirlen, damit die Masse glatt und weich wird.
2 Mit Tabasco, Salz und Pfeffer abschmecken. Die Kräuter einrühren und gut untermischen. Den Dip in eine kleine Schüssel umfüllen und die Oberfläche glattstreichen; mit Kerbel garnieren und servieren.

Käse-Kräuter-Dip

Kleine Spargel-Timbalen mit frischer Tomatensauce

Eine attraktive, hübsche Vorspeise, einfach in der Herstellung, leicht und doch sättigend. Wenn Sie etwas frische Tomatensauce im Gefrierfach vorrätig haben, läßt sich das Gericht sehr schnell zusammenstellen.

Für 4 Personen

200 g Spargel, geputzt
150 g Kaffeesahne
2 Eier
Salz und frisch gemahlener schwarzer Pfeffer
Frisch geriebene Muskatnuß
Butter zum Einfetten

Zum Servieren
1 Portion frische Tomatensauce (S. 170)

1 Den Backofen auf 170 °C (Gas Stufe 2) vorheizen. 4 Darioleförmchen (jeweils etwa 100 g Inhalt) mit Butter einfetten.
2 Den Spargel kochen und sorgfältig abtropfen lassen.
3 Die 4 besten Spargelspitzen auswählen und so zurechtschneiden, daß sie in die Förmchen passen; für die Garnierung beiseite legen.
4 Den übrigen Spargel mit Sahne und Eiern im Mixer oder in der Küchenmaschine pürieren.
5 Das Püree mit Salz, Pfeffer und ein wenig Muskat würzen.
6 In die Förmchen geben und mit Alufolie abdecken.
7 Die Förmchen in einen Bräter stellen, dann kochendes Wasser in den Bräter gießen, bis die Förmchen halb im Wasser stehen. Den Bräter in den vorgeheizten Backofen stellen.
8 Die Timbalen etwa 40 Minuten backen, bis sie in der Mitte fest sind.
9 Während die Timbalen garen, die Sauce erhitzen.
10 Mit einem Messer die Ränder der Timbalen lösen, auf vorgewärmte Teller stürzen und mit etwas Sauce umgießen. Jeweils mit 1 Spargelspitze garnieren und sofort servieren.

Crudités (Gemüserohkost)

Crudités erfreuen sich allgemeiner Beliebtheit. Wenn man sie mit einem pikanten Dip serviert, sind sie eine erfrischende und leicht zuzubereitende Vorspeise, die man auch gut zu Drinks servieren kann. Wählen Sie wirklich knackige, frische Gemüse, die in Farbe und Geschmack kontrastieren. Man sollte mindestens drei verschiedene Sorten anbieten, die man in kleinen Häufchen auf einem mit Blättern ausgelegten Teller oder Tablett arrangiert.
Die Gemüse können zwar einige Stunden vor ihrer Verwendung vorbereitet und in einem Frischhaltebeutel im Gemüsefach des Kühlschranks aufbewahrt werden, am besten ist es jedoch, sie kurz vor dem Servieren in streichholzgroße Stücke zu schneiden.
Hier einige Vorschläge:

- ☐ Dunkelrote Radieschen, ohne Wurzeln, aber mit Blättern
- ☐ Frühlingszwiebeln, geputzt
- ☐ Möhrenstäbchen
- ☐ Knackige Selleriestäbchen
- ☐ Rote, grüne oder gelbe Paprikastreifen oder Salatgurke
- ☐ Stückchen vom Blumenkohlstrunk - besonders gut geeignet, um den Dip aufzunehmen
- ☐ Knackige Chicoréeblätter
- ☐ Große, saftige schwarze Oliven
- ☐ Cocktailtomaten
- ☐ Junge Champignons

✿ HUMMUS

Mit warmem Pita-Brot aus Vollweizenmehl oder Crudités serviert, beispielsweise mit rohen Blumenkohlröschen, Sellerie, Möhren und Frühlingszwiebeln, ergibt dieser köstliche cremige Dip eine sättigende Hauptmahlzeit für zwei Personen.

Für 4 Personen

MENÜ

Abendessen auf orientalische Art

Gefüllte Weinblätter
141

Hummus
rechts
mit warmem Pita-Brot

Auberginendip
rechts

Felafel
208

Kichererbseneintopf auf orientalische Art
211

Rosen-Käsekuchen
289

oder

Joghurt mit Datteln und Honig

oder

Frische Feigen

250 g getrocknete Kichererbsen, eingeweicht und gekocht,
oder 1 Dose Kichererbsen (etwa 425 g)
½ Knoblauchzehe, zerdrückt
1 EL helle Sesampaste (Tahina, S. 37)
3 EL Olivenöl
2 EL Zitronensaft
Salz und frisch gemahlener schwarzer Pfeffer

Zum Garnieren
Olivenöl
Paprikapulver (nach Belieben)
Schwarze Oliven
Zitronenscheiben

1 Die Kichererbsen abtropfen lassen und die Flüssigkeit aufbewahren. Die Kichererbsen im Mixer oder in der Küchenmaschine mit allen anderen Zutaten pürieren.
2 Oder man zerdrückt die Kichererbsen zu einem möglichst glatten Brei und verquirlt sie dann mit den anderen Zutaten. So viel Kochflüssigkeit dazugeben, daß eine weiche, cremige Masse entsteht.
3 Den Hummus auf einen Teller löffeln und gleichmäßig etwa 1 cm hoch verstreichen. Mit etwas Olivenöl beträufeln, nach Belieben mit Paprika bestreuen sowie mit Zitronenscheiben und Oliven garnieren.

✿ GUACAMOLE

(Abb. S. 22)

Die Chilischote verleiht diesem glatten, grünen Dip Feuer; für eine weniger scharfe Variante lassen Sie sie weg. Guacamole ist gleichermaßen eine köstliche Vorspeise wie ein feiner Dip, der gut zu Drinks paßt, und zudem eine ausgezeichnete, streng vegetarische Alternative zu Mayonnaise.

Für 6–8 Personen als Vorspeise

2 reife Avocados, halbiert, geschält und entsteint
2 EL Zitronen- oder frischer Limettensaft
1 kleine Zwiebel, geschält
2 Tomaten, enthäutet und entkernt
1 Knoblauchzehe, geschält
1 kleine grüne Chilischote, entkernt
Einige Koriander- oder Petersilienzweige
Salz und frisch gemahlener schwarzer Pfeffer

Zum Garnieren
Mildes Paprikapulver (nach Belieben)
Petersilienzweige

1 Die Avocados mit dem Zitronensaft zerdrücken, dann die übrigen Zutaten kleinhacken, dazugeben und alles gut vermischen.
2 Abschmecken, in eine kleine Schüssel löffeln, die Oberfläche glattstreichen und nach Belieben mit Paprika bestreuen. Mit Petersilie garnieren.

Variante

Avocadocreme

Für diese milde, cremige, nicht streng vegetarische Variante läßt man Zwiebel, Tomaten und Chilischote weg und gibt statt dessen 250 g Magerquark dazu. Gut mischen, bis die Creme glatt ist. Mit Koriander, Petersilie oder Schnittlauch garnieren.

✿ AUBERGINENDIP

Guacamole – Auberginendip – Hummus

Auberginen ergeben einen ausgezeichneten Dip, etwas feucht, aber mit Substanz. Von den zahlreichen klassischen Versionen hier die einfachste. Dazu paßt knuspriger Melba-Toast.

Für 6–8 Personen

2 Auberginen (zusammen etwa 450 g), gewaschen
2 EL Zitronensaft
4 EL Olivenöl
4 EL gehackte Petersilie
1–2 Knoblauchzehen, zerdrückt
Salz und frisch gemahlener schwarzer Pfeffer

Zum Garnieren
Gehackte Petersilie
Zitronenscheiben (nach Belieben)
Olivenöl

Zum Servieren
Melba-Toast (S. 146) oder Crudités (S. 143)

1 Den Backofen auf 200 °C (Gas Stufe 3-4) vorheizen. Die Auberginen auf ein Backblech legen und etwa 40 Minuten backen, bis sie weich sind. Aus dem Ofen nehmen und stehenlassen, bis sie völlig erkaltet sind.
2 Die Stiele entfernen (benutzen Sie ein Tuch oder Handschuhe, damit die kleinen Stacheln nicht in Ihre Haut eindringen – es kann außerordentlich schwierig sein, sie wieder herauszuziehen).
3 Die Auberginen im Mixer oder in der Küchenmaschine mit Zitronensaft, Öl, Petersilie und Knoblauch pürieren (oder die Auberginen von Hand feinhacken, dann zerdrücken und mit den anderen Zutaten vermischen). Mit Salz und Pfeffer abschmecken.
4 Den Dip auf einzelnen Tellern, garniert mit Petersilie und Zitronenscheiben sowie mit Olivenöl nach Belieben, servieren. Oder ihn in eine kleine Schüssel füllen, garnieren und mit Melba-Toast servieren.

Vorschläge für Auberginendips

Ein Auberginendip hat einen köstlichen Geschmack, der auf verschiedene Weise intensiviert werden kann:

Versuchen Sie einmal, den Dip mit 1 EL Tahina (S. 37) geschmacklich zu verstärken; mit gerösteten Sesamsamen garnieren.

Für eine rauchige »Kaviarersatz«-Version die Auberginen 20–30 Minuten grillen, bis sie rundum verkohlt sind. Die verkohlte Haut abschaben, die Aubergine abspülen und nach obiger Anweisung zubereiten.

✿ Paprika-Mandel-Dip

Für 6 Personen

Dips servieren

Kleine Mengen von drei oder mehr kontrastierenden Dips - wie beigefarbenem cremigen Hummus (S. 144), Paprika-Mandel-Dip (rechts), blaßgrüner Guacamole (S. 144) und goldfarbenem Käse-Kräuter-Dip (S. 143) - auf einzelnen Tellern oder in Schalen auf einem geflochtenen Tablett servieren; mit einer ebenso farbenfrohen Auswahl von Crudités und einigen großen, saftigen schwarzen Oliven und Zitronenstücken dekorieren.

Jeder dieser Dips eignet sich ausgezeichnet als Füllung oder Aufstrich für enthäutete und ausgehöhlte Tomaten, leicht angedünstete Pilzköpfe oder Artischockenherzen. Eine Auswahl von Dips, dazu zwei verschiedene Käsesorten, einem Korb warmer sortierter Brötchen und einem einfachen knackigen Salat - etwa Kopfsalat, Tomatenscheiben, Gurken und Zwiebelringe -, gefolgt von frischem Obst und gutem Kaffee, ergibt ein köstliches spontanes Mittagessen.

2 große rote Paprikaschoten (zusammen etwa 300 g)
4 Knoblauchzehen
50 g Mandeln, gemahlen
3 EL Öl
Salz und frisch gemahlener schwarzer Pfeffer

Zum Garnieren
Gemahlene Mandeln
Rote Paprikastreifen

1 Paprika und Knoblauchzehen unbearbeitet in einen Topf geben und halb mit Wasser bedecken. Zum Kochen bringen, dann 15-20 Minuten köcheln lassen, bis sie sehr weich sind. Abtropfen lassen, Stiel und Kerne der Paprika entfernen und die Knoblauchzehen schälen.
2 Paprika und Knoblauch im Mixer oder in der Küchenmaschine zusammen mit Mandeln und Öl pürieren, um eine weiche Masse herzustellen. Mit Salz und Pfeffer abschmecken.
3 In eine kleine Schale geben, mit gemahlenen Mandeln, die man am Rand und in drei Linien über den Dip streut, und roten Paprikastreifen, die man auf einer Seite auslegt, garnieren.

Roquefortdip

Für 4 Personen

100 g Roquefort
150 g Sauerrahm
Frisch gemahlener schwarzer Pfeffer

Zum Servieren
Crudités (S. 143)

1 Den Käse in einer kleinen Schüssel zerdrücken, dann nach und nach den Sauerrahm einrühren. Ein wenig schwarzen Pfeffer nach Geschmack zugeben.
2 In einer kleinen Schale mit frischen, knackigen Crudités servieren.

✿ Champignon-Kräuter-Terrine

(Abb. S. 23)

Für 6 Personen

Melba-Toast (Abb. S. 23)

Dieser dünne, knusprige Toast paßt gut zu vielen Dips. Er kann einige Stunden im voraus zubereitet und in einer luftdichten Dose aufbewahrt werden. Einen in Scheiben geschnittenen Brotlaib auf beiden Seiten toasten, dann mit einem scharfen Messer durchschneiden, so daß jede Scheibe halbiert wird, und diese wiederum jeweils in zwei dünne Scheiben teilen. Die Brotscheiben mit der ungetoasteten Seite nach oben grillen, bis sie knusprig sind - die Enden rollen sich dann auf.

750 g kleine feste Champignons, gewaschen
50 g Butter oder ungehärtete Pflanzenmargarine
1 EL gehackte frische Kräuter (Schnittlauch, Petersilie oder Kerbel)
Salz und frisch gemahlener schwarzer Pfeffer
Öl zum Einfetten

Zum Garnieren
Rosmarinzweige
Dünne Zitronenscheiben

1 1-2 makellose Champignons auswählen und in Scheiben schneiden; für die Garnierung beiseite legen. Die übrigen Champignons zerkleinern.
2 Die Butter in einem großen Topf erhitzen und die Champignonscheiben etwa 2 Minuten schnell anbraten, aus dem Topf nehmen und wieder beiseite legen.
3 Die übrigen Champignons bei mäßiger Hitze etwa 15 Minuten dünsten, bis die Flüssigkeit verdampft ist. Die Kräuter zugeben und mit Salz und Pfeffer würzen.
4 Die Mischung in eine eingeölte und mit Backfolie ausgelegte Backform (etwa 500 g Inhalt) pressen, mit Backfolie abdecken, einem Gewicht beschweren und stehenlassen, bis sie völlig erkaltet ist. Stürzen und vorsichtig in Scheiben schneiden. Mit den Champignonscheiben, Rosmarin und Zitronenscheiben garnieren.

Gestreifte Gemüseterrine

Diese hübsche Terrine, köstlich in Konsistenz und Geschmack, ergibt eine perfekte Vorspeise. Sie ist auch ein ausgezeichnetes Büffetgericht, wenn man sie auf einem großen Teller auslegt und die Sauce getrennt reicht; man kann sie gut in größeren Mengen herstellen, besonders, wenn man ein langes, ziemlich schmales Blech hat.

Für 6 Personen

250 g Möhren, geschabt und in gleich große Stücke geschnitten
250 g enthülste dicke Bohnen (Saubohnen) oder Erbsen, frisch oder tiefgefroren
250 g tiefgefrorener gehackter Spinat, aufgetaut
3 Eigelbe
3 EL Kaffeesahne
Salz und frisch gemahlener schwarzer Pfeffer
Frisch geriebene Muskatnuß
Butter zum Einfetten

Zum Servieren
1 Portion Paprikasauce (S. 172)
Möhrenscheiben
Dillzweige

1 Den Backofen auf 170 °C (Gas Stufe 2) vorheizen. Eine Kastenform (etwa 500 g Inhalt) mit Butter einfetten und mit einem Streifen gefetteten Backpapiers auslegen, so daß der Boden bedeckt ist und das Papier an den Schmalseiten übersteht.
2 Möhren und dicke Bohnen in getrennten Töpfen in etwas kochendem Wasser garen, bis sie weich sind. Den Spinat in einem weiteren, trockenen Topf 3-4 Minuten garen.
3 Die Gemüse gründlich abtropfen lassen, dann jeweils separat im Mixer oder in der Küchenmaschine pürieren; jeder Mischung 1 Eigelb zugeben.
4 Die Sahne zu den dicken Bohnen geben, um ein weiches, cremiges Püree herzustellen. Die drei Mischungen mit Salz und Pfeffer abschmecken und den Spinat mit ein wenig Muskat würzen.
5 Das Möhrenpüree in die vorbereitete Form geben und glattstreichen. Dann vorsichtig das Püree aus dicken Bohnen in einer gleichmäßigen Schicht aufstreichen, zuletzt das Spinatpüree auf die dicken Bohnen geben.
6 Mit Alufolie abdecken und 1 Stunde im Ofen backen; die Folie nach 45 Minuten entfernen. Die Terrine sollte sich in der Mitte fest anfühlen, wenn man sie leicht berührt. In der Backform abkühlen lassen, dann kalt stellen.
7 Zum Servieren jeweils ein wenig Paprikasauce auf die Mitte von 6 kleinen flachen Tellern löffeln. Mit einem Messer die Terrine an den Seiten lösen, dann stürzen und das Papier entfernen.
8 Die Terrine in etwa 1 cm dicke Stücke schneiden und jeweils 1 Stück auf die Sauce legen. Mit Möhren und Dill garnieren.

Paprika-Mandel-Dip - Gestreifte Gemüseterrine

Variante

✿ *Streng vegetarische Gemüseterrine*

Diese Version braucht nicht im Ofen gebacken zu werden: die Gemüsepürees mit jeweils 4 EL Kochflüssigkeit in getrennte Töpfe geben, zum Kochen bringen, jeweils ½ TL Agar-Agar einstreuen und gut mischen. 1 Minute kochen. Die Mischungen in Schichten in die Kastenform streichen, dann abkühlen und setzen lassen.

✿ Avocados auf Himbeersauce

(Abb. S. 318)

Eine hübsche, sommerliche Vorspeise, die einfach herzustellen ist, aber bis zur letzten Minute Konzentration verlangt, damit sich die Avocados nicht verfärben.

Für 4 Personen

Eine Avocado halbieren

1 Mit einem rostfreien Stahlmesser die Avocado längs bis zum Stein aufschneiden.

2 Die Avocado in beide Hände nehmen und die Hälften gegeneinanderdrehen.

3 Den Stein mit den Fingern oder der Spitze eines Messers herauslösen.

4 Die Schale mit einem scharfen Messer entfernen. Manchmal läßt sie sich leicht abstreifen, manchmal muß man sie dünn abschälen.

1 Portion Himbeersauce (S. 300)
2 EL Himbeer- oder Weißweinessig
4 EL Olivenöl
Salz und frisch gemahlener schwarzer Pfeffer
2 reife Avocados

Zum Garnieren
Thymianzweige
Rosa Pfefferkörner (nach Belieben)

1 Die Himbeersauce mit Essig und Öl mischen; mit Salz und Pfeffer nach Geschmack würzen.
2 Jeweils etwas Sauce auf 4 Servierteller geben.
3 Die Avocados halbieren, vorsichtig schälen und entsteinen. Die halbe Avocado mit der Schnittseite nach unten auf ein Palettmesser aus Edelstahl legen und quer in sehr dünne Scheiben schneiden.
4 Die aufgeschnittene Avocadohälfte auf die Himbeersauce gleiten lassen, so daß sie ihre Form behält.
5 Auf diese Weise alle Servierteller anrichten. Jeweils mit Thymian und Pfefferkörnern garnieren. Sofort servieren.

Variante

✿ *Avocados auf zwei Paprikasaucen*
Zwei Paprikasaucen (S. 172) herstellen und dazu 1 große grüne und 1 große gelbe Paprikaschote verwenden. Zu jeder Sauce 1 EL Olivenöl geben und mit Weinessig abschmecken. Kühlen, dann die Saucen getrennt in zwei Krüge geben. Aus beiden Krügen gleichzeitig auf die Servierteller gießen, um so einen Zwei-Farben-Effekt zu erzielen (S. 139). Die Avocadohälften an der Stelle arrangieren, wo beide Saucen zusammentreffen.

Birnen mit pikantem Sahnedressing

Die Birnen müssen in diesem Fall ganz reif sein, so daß sie sich wie Butter schneiden lassen. Falls sie noch ein wenig hart sind, wenn Sie sie kaufen, reifen sie nach, wenn man sie 1-2 Tage liegenläßt.

Für 4 Personen

150 g Schlagsahne
4 EL Naturjoghurt
1-2 TL Estragon- oder Weißweinessig
Zucker
Salz und frisch gemahlener schwarzer Pfeffer
2 Vereinsdechantsbirnen
Zitronensaft

Zum Garnieren
Rosa Pfefferkörner
Estragonzweige

Zum Servieren
Zarte Kopfsalatblätter

1 Die Sahne schlagen, bis sie dick ist, dann den Joghurt und 1 TL Essig zugeben und erneut schlagen.
2 Mit etwas Salz und Pfeffer würzen und vielleicht noch mit ein wenig Essig abschmecken.
3 Die Mischung abschließend wiederum schlagen, damit sie ihre sämige Konsistenz behält.
4 Die Birnen halbieren, vorsichtig das Kerngehäuse entfernen und schälen. Die Birnenhälften mit Zitronensaft einreiben, damit sie sich nicht verfärben.
5 Jeweils 1 Kopfsalatblatt auf die Servierteller legen und darauf jeweils 1 Birnenhälfte, mit der Schnittseite nach unten, geben.
6 Die Sahnemischung darüberlöffeln, mit Pfefferkörnern und Estragon garnieren. Sofort servieren.

Varianten

Salatgurke mit pikanter Sahne

Für diese köstliche Version die Birnen durch 1 geschälte, in dünne Scheiben geschnittene Salatgurke ersetzen. Die Gurkenscheiben in ein Sieb geben, mit Salz bestreuen und 30 Minuten stehenlassen, dann abspülen und gut trocknen. Mit Zucker und Salz (wenn nötig) bestreuen, mit Weinessig beträufeln. Kurz vor dem Servieren die Gurkenscheiben auf die Teller verteilen, die Sahnemischung darüberlöffeln und garnieren.

Birnen mit Roquefortcreme

Verwenden Sie den Roquefortdip (S. 146) anstelle des pikanten Sahnedressings.

Linguine mit Tomaten, Basilikum und Sahne

Eine Avocado aufschneiden

1 Die geschälte Avocadohälfte auf ein Palettmesser aus Edelstahl geben; in Scheiben schneiden.

2 Die Scheiben auf dem biegsamen Messer anheben und auf den Teller gleiten lassen.

Linguine mit Tomaten, Basilikum und Sahne

Eine köstliche und leicht zuzubereitende Vorspeise, ausgezeichnet vor einem Hauptgericht, das aus Sommergemüsen besteht.

Für 4 Personen

250 g grüne Linguine
1 Bund Frühlingszwiebeln, geputzt und gehackt
25 g Butter
500 g feste Tomaten, enthäutet, entkernt und gehackt
150 g Kaffeesahne
Salz und frisch gemahlener schwarzer Pfeffer

Zum Garnieren
1-2 EL gehacktes frisches Basilikum

1 Die Linguine in einem großen Topf mit einer ausreichenden Menge Wasser *al dente* kochen (S. 50). In einem Sieb sofort abtropfen lassen.

2 In der Zwischenzeit die Frühlingszwiebeln mit der Butter in einem großen Topf 2-3 Minuten leicht anbraten, dann die Tomaten zugeben und weitere 1-2 Minuten garen. Die Sahne einrühren, von der Kochstelle nehmen und warm halten.

3 Die Nudeln zu der Tomaten-Sahne-Mischung geben. Mit Salz und Pfeffer abschmecken und in vorgewärmten, tiefen Tellern servieren. Jede Portion mit Basilikum bestreuen.

Eichblattsalat mit Ziegenkäse und Walnüssen

Der Salat ist sehr schnell zubereitet und köstlich vor einem Pasta-Hauptgericht; für eine rasche Mahlzeit.

Für 4 Personen

MENÜ

Schnelles herbstliches Abendessen

Eichblattsalat mit Ziegenkäse und Walnüssen rechts

Grüne Taglioni mit Tomatensauce und Auberginen 254

Knuspriges Brot

Frisches Obst

Kaffee

1 Kopf Eichblattsalat
1 mittelfester Chèvre (etwa 3 cm Durchmesser), in Scheiben geschnitten,
oder anderer milder Ziegenkäse, gewürfelt
1 Portion Walnußvinaigrette (S. 154)
4 EL gehackte Walnüsse

Zum Garnieren
Liebstöckelzweige

1 Den Eichblattsalat waschen und trockenschütteln. Auf 4 Servierteller geben, die Blätter gegebenenfalls etwas zerzupfen und einige krause in die Mitte legen. Den Käse auf dem Salat verteilen.

2 Vor dem Servieren mit etwas Walnußvinaigrette beträufeln, mit gehackten Walnüssen bestreuen und mit Liebstöckel garnieren.

Variante

Salade Tiède (Abb. S. 277)

Den Eichblattsalat und die Walnüsse auf den Tellern verteilen. Vor dem Servieren den Käse auf einem leicht eingeölten Backblech grillen, bis er schmilzt, und dem Salat zugeben. Die Vinaigrette getrennt dazu reichen.

✿ Mariniertes Gemüse

Dieses scharfwürzige Gericht ergibt eine ausgezeichnete Vorspeise oder kann als leichtes Mittagessen serviert werden. Etwas knuspriges Brot paßt gut dazu.

Für 6 Personen

2 EL Olivenöl
1 große Zwiebel, geschält und gehackt
2 große Knoblauchzehen, zerdrückt
1 mittelgroßer Blumenkohl, geputzt, gewaschen und in Röschen zerteilt
350 g Prinzeßbohnen, geputzt und in etwa 2,5 cm lange Stücke geschnitten
250 g Champignons, gewaschen und in gleich große Stücke geschnitten
1 EL gemahlener Koriandersamen
1-2 EL Zitronensaft
Salz und frisch gemahlener schwarzer Pfeffer

Zum Garnieren
Gehackte Petersilie
Schwarze Oliven

1 Das Öl in einem großen Topf erhitzen, dann die Zwiebel zugeben und bei mäßiger Hitze 5 Minuten glasig dünsten.

2 Knoblauch, Blumenkohl und Prinzeßbohnen zugeben und weitere 2-3 Minuten bei mäßiger Hitze braten, dabei oft umrühren; dann Champignons und Koriandersamen hinzufügen und nochmals 2 Minuten garen.

3 Von der Kochstelle nehmen, den Zitronensaft einrühren, mit Salz und Pfeffer abschmecken. Abkühlen lassen, dann kalt stellen.

4 Mit Petersilie und Oliven garnieren und servieren.

Variante

✿ *Marinierte Pilze*

Statt Blumenkohl und Bohnen 750 g junge Champignons verwenden und nach obiger Anweisung zubereiten.

✿ Spinatpastetchen mit Fenchel

(Abb. S. 141)

Knusprige, goldfarbene Pastetchen mit einer schmackhaften Füllung. Mit einem Sauerrahmdressing (S. 156) servieren.

Ergibt 20 Pastetchen

8 Scheiben Strudelteig, frisch oder tiefgekühlt und aufgetaut
75 g Butter oder ungehärtete Pflanzenmargarine, geschmolzen

Für die Füllung
1 Zwiebel, geschält und feingehackt
1 EL Olivenöl
250 g gekochter frischer Spinat, gut abgetropft und gehackt, oder tiefgefrorener Spinat, aufgetaut und gut ausgepreßt
2 EL gehackte Petersilie
1 TL Fenchelsamen
Salz und frisch gemahlener schwarzer Pfeffer

Zum Garnieren
Petersilienzweige

1 Zuerst die Füllung zubereiten: die Zwiebel mit dem Olivenöl in einem großen Topf glasig dünsten, dann den Spinat, Petersilie und Fenchelsamen zugeben. Gut mischen und mit Salz und Pfeffer abschmecken.
2 Den Backofen auf 190 °C (Gas Stufe 3) vorheizen.
3 Die Teigblätter ausrollen, stapeln und mit einem feuchten Tuch bedecken.
4 Ein Teigblatt auf ein Brett geben und die Oberseite mit Butter einpinseln. Ein zweites Teigblatt darauflegen und ebenfalls mit Butter bestreichen, dann in 5 gleich breite lange Streifen schneiden.
5 Auf einen Teigstreifen, etwa 2,5 cm entfernt vom oberen Ende, 1 TL Füllung setzen und eine der oberen Ecken bis zur Kante umschlagen, so daß ein Dreieck entsteht. Dann das Dreieck von der Basis aus weiterfalten, bis man schließlich ein mehrschichtiges Dreieck erhält (Abb. rechts). Auf ein Backblech geben.
6 Mit dem übrigen Teig auf gleiche Weise verfahren. Dann alle Dreiecke mit Butter bepinseln. Etwa 15 Minuten im Ofen backen, bis die Pasteten goldbraun und knusprig sind. Mit Petersilie garnieren und sofort servieren.

Pasteten formen

1 Am oberen Ende die Füllung auf den Teigstreifen geben.

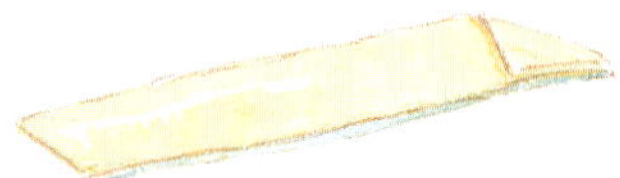

2 Eine Ecke des Teigs über die Füllung schlagen, so daß ein Dreieck entsteht.

3 Das Dreieck weiterfalten bis zum Streifenende; man erhält eine dreieckige Pastete.

Strudelteig

Frischer Strudelteig ist in Läden mit griechischen oder orientalischen Spezialitäten erhältlich; tiefgefrorenen Teig kann man dort ebenfalls und in vielen großen Supermärkten kaufen. Er kommt in Paketen auf den Markt. Im Kühlschrank bis zu 2 Tagen auftauen lassen.

Eichblattsalat mit Ziegenkäse und Walnüssen – Marinierte Gemüse

MENÜ

SOMMERFEST

Für 6 Personen

Eiskalte Rote Bete-Suppe mit Dill
138

Warmes Kräuter-Zwiebel-Brot
328

Pinienkernroulade
mit Spargelfüllung
237

Zucchini mit Kräutern

Neue Kartoffeln

Gemischter grüner Salat
54

Champagnersorbet mit Walderdbeeren
283

Dies ist ein delikates Mahl, aber nicht allzu schwierig vorzubereiten, denn sowohl die Rote Bete-Suppe wie auch das Champagnersorbet kann man gut im voraus herstellen. Die Pinienkernroulade bedarf allenfalls am Schluß einiger Aufmerksamkeit; bereiten Sie sie bis auf die Garnierung fertig zu, bevor Sie sich zu Tisch setzen, damit die Roulade im Ofen heiß werden kann, während Sie die Suppe essen.

Der Wein, der mit der Roulade aufgetragen wird, muß so stark sein, daß er den Geschmack des Spargels unterstützt; geeignet ist eventuell ein ausgereifter Graves oder ein halbtrockener Wein mit Honigaroma, etwa ein Savennières oder ein Chenin blanc. Trinken Sie ihn aus, wenn Sie zusätzlich eine Käseplatte servieren sollten, und beenden Sie dann das Mahl mit einem kleinen Juwel, nämlich mit gekühltem Champagner und dem Sorbet.

Salate

Salate sind ungemein wandlungsfähig. Sie können so leicht und erfrischend oder so kräftig und sättigend sein, wie Sie es bestimmen; sie eignen sich als Vorspeise, Beilage und – wenn sie kräftig genug sind und vielleicht mit Brot, Kartoffeln oder Reis gereicht werden – auch als Hauptmahlzeit. Sie sind besonders gesund und zudem kalorienarm, wenn Sie ein leichtes Dressing oder sogar, in Maßen, ein gehaltvolleres verwenden. Dieses Kapitel enthält eine Vielzahl von Salatrezepten für verschiedene Gelegenheiten wie auch Vorschläge für gute, einfach herzustellende Dressings. Wenn Sie Salate zubereiten, wählen Sie die frischesten Zutaten, und achten Sie auf den Kontrast von Farben, Textur und Geschmack. Dann werden Sie ausgezeichnete Ergebnisse erzielen.

Walnußöl

Ein köstliches Öl für Salatdressings; Walnußöl ist reich an mehrfach ungesättigten Fettsäuren und hat einen kräftigen, nussigen Geschmack. Haselnußöl ist vergleichbar aromatisch – und teuer! –, aber beide Öle sind wunderbar geeignet für außergewöhnliche Salatdressings und für frisch gekochte Pasta. Sie sind auch ein hübsches Geschenk für passionierte Köche.

✿ Vinaigrette

Die Maßangaben für dieses französische Grunddressing sind relativ flexibel. Wenn Sie gute Zutaten verwenden und großzügig mit Öl, aber sparsam mit Essig umgehen, können Sie nichts falsch machen!

Ergibt etwa 4 EL

1 TL Salz
2 TL Rotweinessig
3 EL Olivenöl
Frisch gemahlener schwarzer Pfeffer

Alle Zutaten gründlich miteinander vermischen.

Varianten

✿ *Walnußvinaigrette*

Wie beschrieben vorgehen und 3–4 EL Walnußöl verwenden.

✿ *Knoblauchvinaigrette*

1 zerdrückte Knoblauchzehe zu der Mischung geben.

✿ *Senfvinaigrette*

Zu Beginn 2–3 TL Dijon-Senf mit Salz und Essig mischen, dann nach und nach das Öl unterrühren – eine dickflüssige, scharfe Version.

✿ *Kräutervinaigrette*

1–2 TL gehackte frische Kräuter zugeben.

✿ Avocadodressing

Ein köstliches, streng vegetarisches Dressing für Salate. Es kann mit etwas Wasser verdünnt werden.

Ergibt etwa 200 g

1 reife Avocado
1 EL Zitronensaft
1 EL Weißweinessig
1 TL Dijon-Senf
Salz und frisch gemahlener schwarzer Pfeffer
1–2 Tropfen Tabascosauce

1 Die Avocado halbieren, schälen und entsteinen; mit Zitronensaft, Weinessig und Senf im Mixer oder in der Küchenmaschine zu einer weichen Creme schlagen.

2 Mit Salz, Pfeffer und Tabasco nach Geschmack würzen.

Mayonnaise

Selbstgemachte Mayonnaise ist ein köstlicher Genuß und nicht schwierig herzustellen. Sie hält sich – wenn man sie in einem geschlossenen Behälter aufbewahrt – bis zu 1 Woche im Kühlschrank, läßt sich jedoch nicht einfrieren.

Ergibt etwa 250 g

2 große Eigelbe
¼ TL englisches Senfpulver
¼ TL Salz
Frisch gemahlener schwarzer Pfeffer
2 TL Weißweinessig
2 TL Zitronensaft
200 ml kaltgepreßtes Sonnenblumenöl

1 Eigelbe, Salz, Pfeffer, Senfpulver, Essig und Zitronensaft in eine Schüssel geben und leicht verquirlen, bis sich die Zutaten verbunden haben.
2 Das Öl langsam, tropfenweise und unter ständigem Rühren zugeben.
3 Wenn man etwa die Hälfte des Öls eingerührt hat, emulgiert die Mischung und sieht wie Mayonnaise aus. In diesem Stadium kann man das Öl etwas schneller zugeben, doch nach wie vor gut verquirlen.
4 Weiter so verfahren, bis die Mischung wirklich cremig ist, dann abschmecken und, wenn nötig, nachwürzen.
5 Wenn die Mayonnaise zu dick geraten scheint, kann man sie verdünnen, indem man zusätzlich 1–2 TL kochendes Wasser hineinrührt.

Varianten

Herstellung im Mixer

Für die Herstellung von Mayonnaise kann man auch den Mixer oder die Küchenmaschine benutzen: Eigelbe, Gewürze, Essig und Zitronensaft hineingeben und 1 Minute mischen. Dann tropfenweise das Öl zugeben. Wenn man die Hälfte des Öls hinzugefügt hat und die Mischung cremig ist, kann man das restliche Öl schneller, in dünnem Fluß oder eßlöffelweise, zugeben.

Aïoli

Für diese sehr köstliche Mayonnaise mit Knoblauchgeschmack 6–8 geschälte Knoblauchzehen im Mixer oder in der Küchenmaschine pürieren, dann nach obiger Anweisung weiterverfahren. Ein wunderbarer Dip für Crudités.

Mayonnaise mit grünen Pfefferkörnern

1 EL eingelegte grüne Pfefferkörner abspülen und zur fertigen Mayonnaise geben. Eine ausgezeichnete Sauce zu kalten Nuß- und Linsengerichten.

Mayonnaise mit grünen Kräutern

2–4 EL feingehackte frische Kräuter zu der Mayonnaise geben, zum Beispiel Petersilie und Schnittlauch, dazu Basilikum, Estragon, Koriander oder Minze. Statt der Kräutermischung kann man auch nur ein Kraut (dann lediglich 2 EL) verwenden. Frische Koriandermayonnaise etwa paßt gut zu Getreide und Linsensalat und Basilikummayonnaise zu Gerichten auf Tomatenbasis.

Mango-Chutney-Mayonnaise

Eine gute Variante als Beigabe zu kalten Nuß- und Linsengerichten, für die man 2–4 EL Mango-Chutney in die Mayonnaise rührt; die Mango vorher kleinhacken.

Tips für Dressings

- ☐ Eine schnelle, einfache Methode, ein Dressing auf Essigbasis herzustellen: alle Zutaten in ein Glas mit Schraubverschluß geben und schütteln, bis sie emulgieren. Das Glas ist gleichzeitig ein guter Vorratsbehälter für das Dressing. Etwa 30 Minuten vor Gebrauch nimmt man es aus dem Kühlschrank, damit es sich bei Zimmertemperatur entfalten kann, dann schütteln, so daß die Zutaten wieder emulgieren.
- ☐ Obgleich man das Dressing auf Vorrat zubereiten und im Kühlschrank aufbewahren kann, halte ich es für besser, die benötigte Menge jeweils frisch herzustellen, zumal dies wenig Zeit erfordert. Wenn man Salat in einer Schüssel anrichtet, spart man Zeit und Abwasch, indem man das Dressing direkt in der Schüssel anmacht. Damit der Salat, wenn man ihn erst später serviert, in der Zwischenzeit nicht matschig wird, legt man ein gekreuztes Salatbesteck in die Schüssel, bevor man den Salat in die Schüssel gibt. Das Salatbesteck trennt den Salat vom Dressing, so daß man ihn dann anmachen kann, wenn man ihn servieren will.

Sahne-Senf-Dressing

Ergibt etwa 200 g

1 EL Dijon-Senf
2 EL Weißweinessig
150 g Schlagsahne
Salz und frisch gemahlener schwarzer Pfeffer

1 Senf und Essig in einer kleinen Schüssel mischen, dann die Schlagsahne dazugeben.
2 Schlagen, bis die Masse cremig ist, mit Salz und Pfeffer abschmecken.

Sauerrahmdressing

(Abb. S. 141)

Ergibt 150 g

150 g Sauerrahm
Salz und frisch gemahlener schwarzer Pfeffer

Den Sauerrahm glattrühren und mit Salz und Pfeffer abschmecken. Man erhält ein einfaches, jedoch köstliches Dressing.

Varianten

Sauerrahm-Schnittlauch-Dressing

2 EL Schnittlauchröllchen zum Sauerrahm geben.

Sauerrahm- oder Joghurt-Kräuter-Dressing

2 EL gehackte frische grüne Minze, Petersilie, Estragon oder Basilikum - oder eine Mischung aus diesen Kräutern - dem Sauerrahm oder Joghurt zugeben.

✿ *Streng vegetarisches Joghurt-Minze-Dressing*

Vegetarischen Joghurt statt Sauerrahm verwenden und 2 EL gehackte Minze dazugeben. Gut vermischen.

Salate aus Hülsenfrüchten

Hülsenfrüchte - Erbsen, Bohnen und Linsen - ergeben ausgezeichnete, sättigende und schmackhafte Salate. Besonders gut sind alle Hülsenfrüchte, die zur Familie der Kidneybohnen gehören - einschließlich der roten und schwarzen Sorten -, Limabohnen, braune und Puylinsen sowie die immer köstlichen Kichererbsen. Eine Mischung aus verschiedenen Farben, Formen und Größen ist überaus attraktiv und eignet sich vorzüglich für ein Büffet.

Das Dressing auf die Salate geben - eine Vinaigrette paßt immer ausgezeichnet -, wenn die Hülsenfrüchte frisch gekocht, abgetropft und noch heiß sind. Ergänzende Würzzutaten sind rohe Zwiebelringe, gehackte Frühlingszwiebeln, frische gehackte Kräuter, geriebener frischer Ingwer, Knoblauch, schwarze Oliven - der Möglichkeiten gibt es viele. Den Salat erkalten lassen und von Zeit zu Zeit umrühren. Die Hülsenfrüchte nehmen dann den vollen Geschmack des Dressings und aller Zutaten auf.

✿ Paprikadressing

Dieses leichte, durchscheinende Dressing ist eine ausgezeichnete, streng vegetarische Alternative zu Mayonnaise.

Ergibt etwa 200 g

1 große rote Paprikaschote (etwa 175 g)
4–5 EL Olivenöl
2 TL Wein- oder Himbeeressig
Salz und frisch gemahlener schwarzer Pfeffer

1 Die ganze Paprika in einen Topf geben und halb mit Wasser bedecken. Zum Kochen bringen, dann 15–20 Minuten köcheln lassen, bis die Paprika sehr weich ist.
2 Die Paprika abtropfen lassen, Stielende und Kerne entfernen.
3 Die Paprika im Mixer oder in der Küchenmaschine pürieren, dann das Öl untermischen. Man sollte eine dickliche, scharlachrote Emulsion mit der Konsistenz von Mayonnaise erhalten.
4 Behutsam mit Essig, Salz und Pfeffer abschmecken.

✿ Roter Kidneybohnensalat

Ein Bohnensalat sieht farbenprächtig und attraktiv aus; dadurch bildet er einen guten Kontrast zu anderen Salaten. Er ist außerdem sättigend und ergibt, einfach mit warmen Brötchen oder Pita-Brot und ein wenig Kopfsalat oder Brunnenkresse serviert, eine ausgezeichnete schnelle Mahlzeit.

Für 4 Personen

250 g getrocknete rote Kidneybohnen, eingeweicht, gekocht und abgetropft (S. 40),
oder 2 Dosen rote Kidneybohnen (je etwa 425 g), abgetropft
2 EL feingehackte Zwiebeln
2 EL Tomatenmark
1 Portion Vinaigrette (S. 154)
Salz und frisch gemahlener schwarzer Pfeffer
1 Prise Zucker
1 EL gehackte Petersilie

1 Die Bohnen mit den Zwiebeln in eine Schüssel geben. Tomatenmark und Vinaigrette zugeben und die Zutaten gut miteinander mischen.

2 Die Bohnen mit Salz, Pfeffer und Zukker würzen, dann 2–3 Stunden stehenlassen, damit die Bohnen die Gewürze absorbieren können. Mit Petersilie bestreuen und servieren.

Varianten

✿ *Kidneybohnen-Mais-Salat*

Den Salat nach obiger Anweisung zubereiten und 100 g gekochten frischen Gemüsemais (von 1 Kolben) oder Dosen-Gemüsemais zugeben, was einen hübschen Farbkontrast ergibt.

✿ *Kidneybohnen-Walnuß-Salat*

Für den Salat entweder die normale Vinaigrette oder Walnußvinaigrette (S. 154) verwenden und 1 große grobgeraspelte Möhre, 2 in Scheiben geschnittene Stangen Sellerie sowie 100 g grobgehackte Walnüsse zugeben.

✿ *Farbiger Bohnensalat*

Für diese farbenfrohe Version verwendet man eine Mischung aus Bohnen, die in den Farben kontrastieren: rote Kidney-, Lima-, Cannellini-, Flageoletbohnen sowie schwarze Bohnen, Augenbohnen. Die Sorten jeweils getrennt kochen, bis sie weich sind, und den Salat nach obiger Anweisung zubereiten, jedoch ohne Tomatenmark. Mit gehackter Petersilie bestreuen und mit Korianderzweigen garnieren.

✿ *Salat aus Kidneybohnen, weißen Bohnen und schwarzen Oliven*

Man verwendet 100 g getrocknete rote Kidneybohnen und 100 g getrocknete weiße Bohnen, eingeweicht, gekocht und abgetropft, oder 1 Dose rote Kidneybohnen und 1 Dose Cannellinibohnen (jeweils etwa 425 g), abgetropft. Das Tomatenmark weglassen und dafür 100 g schwarze Oliven zu der Mischung geben.

Farbiger Bohnensalat – Reissalatkranz (S. 159)

Reissalat aus einer Form stürzen

1 Mit einem Messer den Reissalat am Rand von der Form lösen.

2 Den Servierteller mit der Innenseite auf die Form setzen.

3 Die Form mit dem Servierteller umdrehen und leicht schütteln, damit der Reis herausgleitet.

4 Die Form hochheben.

✿ Linsen-Walnuss-Salat

Dies ist ein ausgezeichneter Wintersalat, nahrhaft und sättigend.

Für 4 Personen

250 g getrocknete Linsen, gekocht und abgetropft (S. 40)
50 g Walnüsse, gehackt
1 Knoblauchzehe, zerdrückt
1 Bund Frühlingszwiebeln, geputzt und gehackt
1 Portion Walnußvinaigrette (S. 154)
Salz und frisch gemahlener schwarzer Pfeffer

Zum Garnieren
1–2 EL gehackte Petersilie

1 Die Linsen mit Walnüssen, Knoblauch, Zwiebeln und Vinaigrette in eine Schüssel geben.
2 Gut mischen, mit Salz und Pfeffer würzen und zum Marinieren einige Stunden stehenlassen.
3 Den Salat in eine Servierschüssel geben und bis zur Verwendung kalt stellen. Kurz vor dem Servieren mit gehackter Petersilie garnieren.

Varianten

✿ *Linsen-Walnuß-Champignon-Salat*
175–225 g sehr frische Champignons, gewaschen, in dünne Scheiben geschnitten und mit 1–2 EL Zitronensaft beträufelt, in die Mischung geben.

✿ *Linsen-Walnuß-Möhren-Salat*
Als Farbkontrast 1–2 grobgeraspelte Möhren in die Mischung geben.

✿ *Linsen-Walnuß-Zwiebel-Salat*
1 Gemüsezwiebel, geschält und in Ringe geschnitten, dazugeben.

Linsen-Walnuß-Salat mit Ei
Bei dieser nicht streng vegetarischen Version gibt man den Salat in eine flache Schüssel und umlegt ihn mit 2–4 hartgekochten, in Scheiben geschnittenen Eiern.

✿ Gemüse-Reis-Salat

Er gehört zu meinen Lieblingsreissalaten und ist besonders effektvoll, wenn man ihn als Kranz herstellt.

Für 6 Personen als Hauptgericht,
für 10–12 Personen als Bestandteil einer Mahlzeit
mit anderen Salaten

250 g Langkorn-Naturreis
1 Knoblauchzehe, zerdrückt
1 Zwiebel, geschält und gehackt
250 g Auberginen, gewaschen und gewürfelt
1 kleine rote Paprikaschote, entkernt und gehackt
2 EL Olivenöl
1 große Tomate, enthäutet und gehackt
1–2 Tropfen Tabascosauce
Salz und frisch gemahlener schwarzer Pfeffer
Gehackte Petersilie

1 Den Reis in einem Topf mit schwerem Boden in einer ausreichenden Menge Wasser kochen (S. 44).
2 In der Zwischenzeit Knoblauch, Zwiebel, Auberginen und Paprika 10 Minuten in Öl braten. Die Tomate dazugeben und weitere 5 Minuten garen.
3 Den gekochten Reis zu der Gemüsemischung geben, mit Tabasco, Salz und Pfeffer abschmecken.
4 Erkalten lassen und vor dem Servieren mit Petersilie bestreuen.

Reis formen

Wenn Sie keine Ringform besitzen, geben Sie den Reissalat in eine runde, mit gut gefetteter Backfolie ausgelegte Kuchen- oder Souffléform. Es sieht hübsch aus, wenn Sie 6–7 kleine flache Pilze in Öl anbraten und dekorativ auf dem Boden der Form anordnen. Den Reis vorsichtig in die Form füllen, damit das Muster nicht zerstört wird. Jede Reissalatmischung läßt sich auf diese Weise formen. Achten Sie darauf, daß der Servierteller groß genug ist, denn der Salat zerfällt leicht, wenn man die Form einmal angebrochen hat.

Varianten auf der folgenden Seite

Varianten

✿ *Reissalatkranz*
(Abb. S. 157)

Bereiten Sie den Salat nach obiger Anweisung zu. Dann 6 flache oder junge Champignons anbraten und diese, mit den Lamellen nach unten, in eine Ringform (etwa 2500 g Inhalt) geben.

Den Reissalat in die Form füllen und gut andrücken. Stehenlassen, bis er kalt ist, dann stürzen und mit Brunnenkresse und Champignons garnieren. In die Mitte Brunnenkresse, Mayonnaise, Tomatenscheiben, Avocadowürfel, kalte Ratatouille oder irgendeine andere farbige Mischung aus Salatzutaten geben, je nach Phantasie und Geschmack.

✿ *Reissalat mit Bohnensprossen und Wildreis*

Für diese ganz besonders schmackhafte Version kocht man 50 g Wildreis zusammen mit dem Langkornreis in ¾ l Wasser. Auberginen und Tomate weglassen. Die Zwiebel mit Knoblauch und Pfeffer anbraten, dann den Reis und 350 g Bohnensprossen zugeben.

Linsen-Walnuß-Salat - Tabbouleh

✿ Tabbouleh

Dies ist ein Salat aus dem Vorderen Orient auf der Basis von Bulgur. Er ist zwar gehaltvoll, aber Kräuter und Zitronensaft geben ihm einen leichten, erfrischenden Geschmack, so daß er sich gut als Sommermahlzeit eignet.

Für 4-6 Personen

250 g Bulgur (S. 44)
Gut ½ l kochendes Wasser
4 EL Zitronensaft
2 EL Olivenöl
8 EL gehackte Petersilie
8 EL gehackte Frühlingszwiebeln
1 Stück Salatgurke (etwa 10 cm lang), gewürfelt
4 EL gehackte frische Minze
4 Tomaten, enthäutet und feingehackt
Salz und frisch gemahlener schwarzer Pfeffer

Zum Garnieren
Zitronenscheiben
Tomatenscheiben
Schwarze Oliven
Minzzweige

1 Das Bulgur in eine Schüssel geben und mit kochendem Wasser bedecken, dann 10-15 Minuten stehenlassen, bis das Wasser absorbiert ist.

2 Zitronensaft, Öl, Petersilie, Frühlingszwiebeln, Gurke, Minze und Tomaten zugeben. Gut durchmischen und mit Salz und Pfeffer abschmecken.

3 Die Mischung auf einen großen flachen Servierteller oder ein rundes dekoratives Tablett geben. Den Salat mit Zitronen- und Tomatenscheiben, schwarzen Oliven und Minze garnieren.

Variante

✿ *Tabboulehkranz*

Um einen Kranz herzustellen, vorgehen, wie für den Reissalatkranz oben beschrieben. Die Mitte mit etwas Brunnenkresse, schwarzen Oliven oder dünnen Tomatenscheiben füllen.

Vorschläge für Reissalate

Reissalat ist leicht herzustellen und vielfältig zu variieren. Je kontrastreicher die Zutaten sind, desto attraktiver wird der Salat. Wählen Sie zwischen gehackten rohen Zwiebeln oder Frühlingszwiebeln, kleinen Gurkenwürfeln, gehackter roter oder grüner Paprikaschote, Maiskörnern, gekochten Erbsen, kleinen gewürfelten gekochten oder grobgeraspelten rohen Möhren, feingehacktem Sellerie, Rosinen oder Sultaninen, feingehackten getrockneten Aprikosen, gehackten Nüssen, gekochten Bohnen, schwarzen Oliven und gehackten frischen Kräutern. Die Mischung mit ein wenig Vinaigrette oder Mayonnaise, mit etwas Milch verdünnt, feuchten.

Lumache mit Frühlingszwiebeln, Fenchel und Mayonnaise

Dieser Nudelsalat ist eine leichte, erfrischende Vorspeise.

Für 4–6 Personen

250 g Lumache (S. 48)
8 EL Mayonnaise (S. 155)
8 EL Naturjoghurt
1 Bund Frühlingszwiebeln, geputzt und feingehackt
Salz und frisch gemahlener schwarzer Pfeffer

Zum Garnieren

2 EL gehacktes Fenchelkraut

1 Die Lumache in einem großen Topf *al dente* kochen (S. 50). Sofort abtropfen lassen.
2 Mayonnaise, Joghurt und Frühlingszwiebeln zugeben, mit Salz und Pfeffer abschmecken. Vollständig erkalten lassen.
3 In eine Servierschüssel oder auf einzelne Teller geben und mit Fenchelkraut bestreuen.

Farfalle-Salat

Dieser sättigende Salat aus Schmetterlingsnudeln schmeckt als Hauptmahlzeit gut mit knusprigem Brot.

Für 4 Personen

Farfalle-Salat

250 g Farfalle (S. 48)
1 Portion Vinaigrette (S. 154)
1 rote Paprikaschote, entkernt und gehackt
½ unbehandelte Salatgurke, gewaschen und gewürfelt
50 g schwarze Oliven
175 g roter Chester, gewürfelt

Zum Garnieren (nach Belieben)
Brunnenkresse

1 Die Nudeln in einem großen Topf *al dente* kochen (S. 50). Gründlich abtropfen lassen und in eine Schüssel geben. Die Vinaigrette, Paprika, Gurke und Oliven zugeben und gut mischen. Stehenlassen, bis die Nudeln kalt sind, dann den Käse untermischen.
2 Den Salat in eine Servierschüssel geben und nach Belieben mit zerzupfter Brunnenkresse garnieren.

Variante

✿ *Streng vegetarischer Nudelsalat*

1 große geschabte, geriebene Möhre und 100 g geröstete Cashewnüsse, Erdnüsse, gehackte Walnüsse oder Pekannüsse anstelle des Käses verwenden.

✿ Chicorée-Walnuss-Salat mit Brunnenkresse

(Abb. S. 179)

Ein Beispiel für die vielen Arten von grünem Salat; er schmeckt besonders gut zu Käsegerichten. Andere Blattsalate kann man je nach Saison dazugeben: Endivie, Frisée, Feldsalat, Löwenzahn- und Spinatblätter.

Für 4 Personen

2 Stauden Chicorée, gewaschen
1 Bund Brunnenkresse, gewaschen
1 Portion Vinaigrette oder Walnußvinaigrette (S. 154)
50 g Walnüsse, gehackt

1 Darauf achten, daß an den Blättern von Chicorée und Brunnenkresse nicht zuviel Wasser haftet; wenn zeitlich möglich, im voraus waschen, abtropfen lassen und in einer Plastiktüte im Gemüsefach des Kühlschranks aufbewahren, damit der Salat knackig bleibt.

2 Die Vinaigrette in eine Salatschüssel geben, das Salatbesteck gekreuzt in die Schüssel legen, dann Chicorée, Brunnenkresse und Walnüsse hineingeben. Den Salat erst kurz vor dem Servieren im Dressing wenden.

Variante

✿ *Chicorée-Orangen-Salat mit Brunnenkresse*

Die Walnüsse durch 2 große geschälte und in Segmente geschnittene Orangen ersetzen. Den Orangensaft auffangen und statt Essig zu den Vinaigrette-Zutaten geben.

Dieser Salat eignet sich besonders gut als Beilage zu heißen Hülsenfrucht- und Nußgerichten. Mit einem Schimmelkäsedressing und warmen Vollweizenbrötchen serviert, ergibt er eine gute, leichte Mittags- oder Abendmahlzeit.

Einen Salat anmachen

Manche Salate – wie Salate aus Hülsenfrüchten, Getreide, gekochten und festen Gemüsen, etwa Kohl – sind besonders schmackhaft, wenn man sie im voraus zubereitet, so daß sich die Aromen verbinden können. Andere, vor allem köstliche Blattmischungen, sind am besten, wenn man sie in letzter Minute, kurz vor dem Servieren oder sogar erst am Tisch anmacht.

Für einen wirklich guten Salat müssen Blattzutaten von überschüssigem Wasser befreit werden. Dies kann geschehen, indem man sie in eine Salatschleuder gibt oder behutsam mit einem sauberen saugfähigen Tuch oder Küchenkrepp trockentupft. Eine Salatschleuder besteht aus einem perforierten Einsatz in einem geschlossenen Behälter, in dem sich das Wasser während des Schleuderns sammelt. Wenn genügend Zeit vorhanden ist, die Blätter in eine Plastiktüte geben und im Kühlschrank 30–60 Minuten kühlen, damit sie knackig sind.

Englischer Cole Slaw

(Abb. S. 248)

Diesen in England und Nordamerika traditionellen Krautsalat kann man einige Zeit im voraus zubereiten. Er paßt besonders gut zu knusprigen Nußküchlein.

Für 4 Personen

250 g Weißkohl, in feine Streifen geschnitten
100 g Möhren, geschabt und grobgeraspelt
1 EL Schnittlauchröllchen
1 kleine grüne Paprikaschote, entkernt und gehackt
2 EL Naturjoghurt oder Wasser
2 EL Mayonnaise (S. 155)
Salz und frisch gemahlener schwarzer Pfeffer

Zum Dekorieren
Schnittlauchbüschel

Kohl, Möhren, Schnittlauch und Paprika in eine große Schüssel geben. Joghurt und Mayonnaise hinzufügen, mit Salz und Pfeffer abschmecken. Die Zutaten gut vermischen. Mit Schnittlauch dekorieren.

Variante

Kümmelkohl

Mit zusätzlich 1 TL Kümmel ist dieser Krautsalat besonders in Mitteleuropa beliebt und weitverbreitet.

Salatdressings mit wenig Kalorien

- ☐ Das Gemüse mit Zitronensaft oder Reisessig beträufeln und mit würzigen gehackten frischen Kräutern oder feingehackter Zwiebel bestreuen.
- ☐ Frischen Orangensaft zum Anmachen von Wurzelgemüsesalat verwenden. Geriebene Möhren und rohe rote Beten vertragen sich besonders gut mit dem Geschmack der Orange.
- ☐ Zitronen- oder Limettensaft ergibt ein gutes Dressing für Krautsalat, der mit Kräutern, Gewürzen und vielleicht etwas Dijon-Senf verfeinert wird.
- ☐ Naturjoghurt oder ein Joghurt-Kräuter-Dressing (S. 156).
- ☐ Für eine Mayonnaise mit wenig(er) Kalorien Mayonnaise (selbstgemachte oder gekaufte) mit der gleichen (oder sogar doppelten) Menge Naturjoghurt mischen.

✿ Süsser Möhren-Fenchel-Salat

Für 4 Personen

Tip für Fenchel

Wenn man den Fenchelgeschmack mildern möchte, die Knollen vor dem Aufschneiden etwa 2 Minuten in kochendes Wasser legen.

2 Fenchelknollen
500 g Möhren, geschabt und grobgeraspelt
½ Portion Vinaigrette (S. 154)
Salz und frisch gemahlener schwarzer Pfeffer
Zucker

Zum Garnieren
Fenchelkraut

1 Alle Außenblätter des Fenchels entfernen; einige fedrige Krautzweige aufheben. Den Fenchel in Scheiben schneiden und mit den Möhren in einen Topf geben.
2 Die Vinaigrette zugeben und gut mischen. Mit Salz und Pfeffer abschmecken, dann mit etwas Zucker würzen. Meines Erachtens bringt ein Anflug von Süße den Geschmack der Gemüse angenehm zur Geltung. Mit Fenchelkraut garnieren.

Variante

✿ *Süßer Möhren-Fenchel-Paprika-Salat*
Den übrigen Zutaten des Salates 1 kleine rote Paprikaschote, entkernt und gehackt, hinzufügen. Dies ist ein guter Salat zu einem sahnigen Nudelgericht.

✿ Bunter Krautsalat

(Abb. S. 228)

Für 4–6 Personen

Kaltgepreßte Öle

Öle werden aus Nüssen, Samen, Hülsenfrüchten und – im Fall des Olivenöls (S. 202) – aus Früchten gewonnen, indem man sie auspreßt. Dies geschieht gewöhnlich einige Male, erstmals, indem man nur mechanisch preßt, später auch durch Erhitzen, um das Maximum an Öl zu gewinnen. Kaltgepreßtes Öl ist Öl, das durch die allererste Pressung extrahiert wird; es hat den feinsten Geschmack und die meisten Nährstoffe (von denen manche durch Hitze zerstört werden). Bei späteren Pressungen verwendet man häufig auch Chemikalien, ebenso Antioxydationsmittel, um die Haltbarkeit des Öls zu erhöhen. Kaltgepreßtes Öl ist teuer und sollte in kleinen Mengen gekauft – damit es innerhalb eines Monats aufgebraucht werden kann – und im Kühlschrank aufbewahrt werden. Wenn das Öl ein wenig trüb oder fest wird, besteht kein Grund zur Beunruhigung; es nimmt seine ursprüngliche Farbe und Konsistenz wieder an, wenn man es bei Zimmertemperatur stehenläßt.

350 g Weißkohl, in feine Streifen geschnitten
2 große Möhren, geschabt und grobgeraspelt
1 rote Paprikaschote, entkernt und gehackt
1 Zwiebel, geschält und feingehackt
2 EL gehackte Petersilie
50 g Rosinen oder schwarze Oliven
1 Portion Vinaigrette (S. 154)
50 g Erdnüsse oder Sonnenblumenkerne, geröstet

1 Weißkohl, Möhren, Paprika, Zwiebel und Petersilie in eine Schüssel geben. Gut miteinander vermischen, dann die Rosinen unterheben.
2 Die Vinaigrette dazugeben und gut umrühren, damit alle Zutaten das Dressing aufnehmen können.
3 Die Nüsse unmittelbar vor dem Servieren zugeben.

✿ Gurkensalat auf skandinavische Art

Mit gehaltvollen Gerichten servieren oder als Kontrast zu sahnigen Salaten für ein Büffet.

Für 4–6 Personen

1 große Salatgurke, geschält und in Scheiben geschnitten
Salz
1 Zwiebel, geschält und in Ringe geschnitten
2 EL Weißweinessig
1 TL Zucker
1 EL weiße Senfkörner
2 EL gehackter frischer Dill
Frisch gemahlener schwarzer Pfeffer

Zum Garnieren
Dillzweige

1 Die Gurkenscheiben in ein Sieb geben und mit Salz bestreuen, beschweren und 30 Minuten zum Entwässern stehenlassen. Dann die Restflüssigkeit herausdrücken und die Gurkenscheiben mit Küchenkrepp trockentupfen.
2 In eine Schüssel geben, Zwiebel, Essig Zucker, Senfkörner, Dill und Pfeffer hinzufügen und gut umrühren.
3 Die Marinade mindestens 2 Stunden einwirken lassen. Den Gurkensalat vor dem Servieren mit Dill garnieren.

Süßer Möhren-Fenchel-Salat – Gurkensalat auf skandinavische Art

✿ Avocado-Champignon-Salat

Ein Salat, den man als Beilage zu Nudelgerichten oder gebackenen Kartoffeln in eine Hauptmahlzeit verwandeln kann - schnell, einfach und gut.

Für 4 Personen

2 Avocados, halbiert, geschält, entsteint und gewürfelt
2 EL Zitronensaft
500 g kleine weiße Champignons, gewaschen und in Scheiben geschnitten
1 Portion Knoblauchvinaigrette (S. 154)
2 EL Schnittlauchröllchen
Salz und frisch gemahlener schwarzer Pfeffer

1 Die Avocados in eine große Schüssel geben und mit Zitronensaft beträufeln. Die Pilze zusammen mit der Vinaigrette und dem Schnittlauch untermischen.
2 Mit Salz und Pfeffer abschmecken.

Varianten

✿ *Kopfsalat mit Avocados und Tomaten*
Die Champignons durch 1 kleinen runden Kopfsalat, den man etwas zerzupft, und 4 enthäutete, gehackte Tomaten ersetzen. Gut mit der Vinaigrette und dem Schnittlauch mischen.

✿ *Avocado-Palmenherzen-Salat*
Palmenherzen aus der Dose (etwa 425 g), abgetropft und in dünne Scheiben geschnitten, zusätzlich unter die Salatzutaten mischen.

Radieschenblüten herstellen

Von der Spitze zum Stiel nacheinander 5 dünne Blütenblätter schneiden.

Für eine Rose die Spitze abschneiden, 3 Schnitte anbringen, dann die Blütenblätter schneiden.

Die Radieschen in Eiswasser tauchen, damit sich die Blüten öffnen.

MENÜ

Schnelles Essen für zwei Personen zu später Stunde

Guacamole
144

Schweizer Käsefondue mit Baguette
217

Japanischer Blütensalat
rechts

Passionsfruchtsorbet
282

Gegenüberliegende Seite, von oben: Rosa Kartoffelsalat (S. 166) – Radieschen-Gurken-Arame-Salat – Japanischer Blütensalat

✿ Radieschen-Gurken-Arame-Salat

Lassen Sie sich nicht von dem Meeresgemüse Arame davon abhalten, diesen Salat zuzubereiten. Mit einem süß-sauren Dressing paßt der sehr nährstoffreiche Salat ausgezeichnet zu Reisgerichten auf japanische Art.

Für 4 Personen

15 g Arame (S. 81)
½ Salatgurke, geschält und gewürfelt
1 Bund Radieschen, geputzt und in Scheiben geschnitten
1 TL Meersalz
1 TL Zucker
2 EL Reisessig

1 Das Arame unter fließendem kaltem Wasser abspülen, dann 5 Minuten in kaltem Wasser einweichen. Abtropfen lassen, in einen Topf geben, mit Wasser bedecken, zum Kochen bringen und 10 Minuten leicht köcheln lassen. Abtropfen und auskühlen lassen.
2 Gurke, Radieschen, Meersalz, Zucker und Reisessig zugeben und gut mischen, um alle Zutaten zu verbinden.

Variante

✿ *Radieschen-Gurken-Hijiki-Salat*
Statt Arame Hijiki (S. 81), ein anderes Meeresgemüse, verwenden.

✿ Japanischer Blütensalat

Dieser hübsche Salat ist eine ausgezeichnete Beilage zu einem gehaltvollen Hauptgericht, etwa zu einem Käsesoufflée (S. 222), Schweizer Käsefondue (S. 217) oder zu einem sahnigen Auflauf. Die Vinaigrette getrennt dazu reichen. Wenn man genügend Zeit hat, auch die anderen Gemüse zu Blüten zu schneiden (S. 166), verleiht dies dem Salat zusätzlichen Charme.

Für 4 Personen

½ Kopf Frisée, geputzt, gewaschen und gleichmäßig zerzupft
½ Kopf Radicchio, geputzt, gewaschen und gleichmäßig zerzupft
12 Radieschen, in Rosetten geschnitten (oben links)
12 Cocktailtomaten, enthäutet
2 große Möhren, geschabt und in 8 Chrysanthemenblüten (S. 166) geschnitten
1 Stück Daikon-Rettich (etwa 10 cm lang), geschabt und in 8 Chrysanthemenblüten geschnitten, oder 8 Blumenkohlröschen

Zum Garnieren
8 Frühlingszwiebeln, geputzt und aufgefächert
Petersilienzweige

Zum Servieren
Vinaigrette (S. 154)

1 Auf 4 Tellern oder in 4 kleinen flachen Körbchen, die mit farbigen Servietten ausgelegt sind, Frisée und Radicchio gefällig anordnen.
2 Radieschen, Tomaten, Möhren und Daikon dekorativ zwischen den gemischten Salatblättern arrangieren.
3 Mit Frühlingszwiebeln und Petersilie garnieren.
4 Die Vinaigrette in einem kleinen Krug getrennt dazu reichen.

✿ **Variante**

Andere Gemüsesorten können in diesem Salat ebenso verwendet werden wie eßbare Blüten, zum Beispiel die von Kapuzinerkresse und Borretsch. Mit Petersilienzweigen garnieren.

Wurzelgemüsesalate

Wurzelgemüse - Möhren, Kohlrüben, Sellerie und rote Bete - ergeben gute, kräftige Salate. Sie können einige Stunden im voraus zubereitet werden, da sie nicht verderben. Die Effekte lassen sich variieren durch unterschiedliche Zerkleinerung und Wahl des Dressings. Kleine Häufchen verschiedenfarbiger Wurzelgemüse auf Kopfsalatblättern, vielleicht mit einem cremigen Dip oder Dressing in der Mitte und einigen Petersilienzweigen oder schwarzen Oliven zur Dekoration, ergeben ein farbenfrohes und vitaminreiches Mittagessen. Man kann Wurzelgemüse auch als Zutat gemischter Salate verwenden. Hier sind einige gute Kombinationsmöglichkeiten:

- ☐ Geriebene rote Bete und Äpfel, mit Orangensaft oder Kräutervinaigrette (S. 154) angemacht
- ☐ Geriebene rote Bete und Zwiebelringe mit Vinaigrette (S. 154)
- ☐ Geriebene Kohlrüben und gehackte Datteln, mit einer Mischung aus Joghurt und Mayonnaise (S. 155) angemacht
- ☐ Sellerie, in Julienne-Streifen geschnitten, mit Senfvinaigrette (S. 154) oder Sauerrahmdressing (S. 156)
- ☐ Junge weiße Rüben, grobgerieben, gemischt mit Vinaigrette (S. 154) und Rosinen oder gehackter Petersilie
- ☐ Grobgeriebene rohe Möhren, Äpfel und Sellerie, mit Orangensaft angemacht

Möhren- und Daikonblüten anfertigen

1 Möhren oder Daikon in etwa 2,5 cm große Kuben schneiden. Die Ecken leicht abrunden.

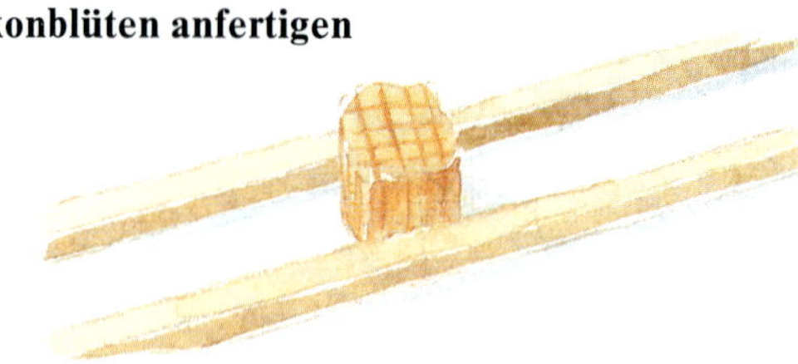

2 Den Kubus mit zwei Eßstäbchen halten und quer wie längs bis Stäbchenhöhe einschneiden.

3 Salz in die Schnittstellen streuen und 30 Minuten stehenlassen, dann abspülen.

4 Die Einschnitte vorsichtig mit den Fingerspitzen öffnen.

Kartoffelsalat

Neue Kartoffeln, mit der Schale gekocht, eignen sich
besonders gut für diesen Salat,
obwohl ich ihn das ganze Jahr über zubereite
und meine, daß er auch mit alten Kartoffeln schmeckt;
das Geheimnis ist, sie nicht ganz gar zu kochen,
so daß sie noch ein wenig bißfest sind.

Für 4 Personen

500 g kleine, gleich große Kartoffeln, gebürstet
3 EL Mayonnaise (S. 155)
3 EL Naturjoghurt oder Sauerrahm
Salz und frisch gemahlener schwarzer Pfeffer
2 EL Schnittlauchröllchen, gehackte Frühlingszwiebeln oder Petersilie

1 Die Kartoffeln bedeckt in kochendem Wasser garen, bis sie gerade weich scheinen, wenn man sie ansticht (Kochzeit etwa 15 Minuten, je nach Größe).
2 Die Kartoffeln abtropfen lassen und die Schale abziehen (ich verwende die Kartoffeln lieber mit Schale).
3 Die Kartoffeln würfeln und mit Mayonnaise und Joghurt in eine Schüssel geben, am besten, wenn sie noch heiß sind.
4 Völlig erkalten lassen, mit Salz und Pfeffer würzen, dann garnieren.

Variante

Rosa Kartoffelsalat
(Abb. S. 165)
Wie beschrieben vorgehen, aber zusätzlich 1-2 EL gekochte, gewürfelte rote Beten zu der Mischung geben. Dies verleiht dem Salat ein hübsches Rosa, so daß er als Beilage zu einem blassen Gericht, wie französischem Zwiebelflan (S. 261), einen farblichen Akzent setzt.

✿ *Kartoffelsalat mit Vinaigrette*
Eine gute, streng vegetarische Version: ½-1 Portion Vinaigrette (S. 154) statt der Mayonnaise und vegetarischen Joghurt verwenden. 1 Bund Radieschen, geputzt und in Scheiben geschnitten, oder 1 kleine gehackte rote Paprikaschote verleiht dem Salat zusätzlich Farbe.

✿ Bohnensalat mit Radicchio

Dies ist ein leichter Salat, den man besser aus frischen als aus getrockneten Bohnen zubereitet; die verschiedenen Grünnuancen heben sich hübsch vom Rot des Radicchio ab. Der Salat paßt ausgezeichnet zu Käsesoufflé (S. 222) als nahrhaftes Mittag- oder Abendessen.

Für 4–6 Personen

250 g tiefgefrorene dicke Bohnen (Saubohnen)
250 g frische oder tiefgefrorene Prinzeßbohnen, geputzt und in etwa 2,5 cm lange Stücke geschnitten
½ Portion Vinaigrette (S. 154)
Salz und frisch gemahlener schwarzer Pfeffer
2 EL gehacktes Sommer-Bohnenkraut oder andere gehackte frische Kräuter (wie Schnittlauch oder Minze)
1 mittelgroßer Kopf Radicchio, geputzt und gewaschen

1 Beide Bohnensorten zusammen in ein wenig kochendem Wasser 5–10 Minuten garen, bis sie gerade weich und noch knackig sind. Gut abtropfen lassen.
2 Die heißen Bohnen in eine Schüssel mit Vinaigrette, Salz, Pfeffer und Kräutern geben. Gut vermischen, dann abkühlen lassen.
3 Kurz vor dem Servieren den Radicchio zu den Bohnen geben und den Salat leicht umrühren, damit sich alle Zutaten gut mischen.

✿ Tsatsiki

Dieser Salat aus dem Nahen Osten ist eine gute Beilage zu gekochten Getreidegerichten. Er eignet sich auch als erfrischende Vorspeise, wenn er auf kleinen Tellern serviert und mit warmem Pita-Brot gegessen wird.

Für 4–6 Personen als Salatbeilage, für 6–8 Personen als Vorspeise

1 große Salatgurke, geschält und kleingewürfelt
Salz
250 g dicker Naturjoghurt (vorzugsweise griechischer) oder vegetarischer Joghurt
4 EL gehackte frische Minze
2 Knoblauchzehen, zerdrückt
Frisch gemahlener schwarzer Pfeffer

Zum Garnieren

Mildes Paprikapulver
Minzblätter

1 Die Gurke in ein Sieb geben und mit Salz bestreuen, beschweren und 30 Minuten entwässern. Dann die Restflüssigkeit herausdrücken und die Gurkenwürfel mit Küchenkrepp trockentupfen.
2 Die Gurke in eine Schüssel geben, Joghurt, Minze, Knoblauch und 1 Prise Pfeffer hinzufügen. Gut umrühren, abschmecken und gegebenenfalls mit Salz und Pfeffer nachwürzen.
3 In eine flache Servierschüssel umfüllen, mit Paprika bestreuen und mit Minze garnieren.

Tsatsiki

Waldorfsalat - Griechischer Salat

Griechischer Salat

Ein nostalgischer Augenblick für jeden mit glücklichen Erinnerungen an Griechenland. Eine großzügige Portion dieses Salats, dazu warmes Pita-Brot oder Brötchen, ergibt ein köstliches leichtes Mittag- oder Abendessen.

Für 4 Personen als Hauptmahlzeit, für 8 Personen als Salatbeilage

1 Gemüsezwiebel, geschält und in dünne Scheiben geschnitten
1 Portion Vinaigrette (S. 154)
500 g Tomaten, gegebenenfalls enthäutet, in Scheiben geschnitten
1 unbehandelte Salatgurke, gewürfelt
100 g schwarze Oliven (nach Belieben)
250 g Feta oder anderer Schafkäse, gewürfelt

Zum Garnieren (nach Belieben)

Gehackte Petersilie

1 Die Zwiebel mit der Vinaigrette in eine Schüssel geben; gut vermischen, dann für 30–60 Minuten stehenlassen, damit die Zwiebel in dem Dressing weich werden und sein Aroma annehmen kann. Gelegentlich umrühren.

2 Tomaten, Gurke, Oliven (falls verwendet) und Käse zugeben; leicht umrühren, um die Zutaten gleichmäßig zu verteilen, dabei den Käse nicht zerbröckeln.

3 Den Salat auf Servierteller geben und jede Portion nach Belieben mit gehackter Petersilie bestreuen.

Waldorfsalat

Dieser klassische Salat paßt gut zu Käsegerichten und kalten Nuß- oder Linsenbraten.

Für 4 Personen

3 rote Äpfel, Kerngehäuse entfernt und gewürfelt
2 EL Zitronensaft
3 Stangen Sellerie, gehackt
4 EL Mayonnaise (S. 155)
4 EL Naturjoghurt
50 g Walnüsse, gehackt
Salz und frisch gemahlener schwarzer Pfeffer

1 Die Apfelwürfel in eine Schüssel geben, mit Zitronensaft beträufeln und gut mischen. Sellerie, Mayonnaise, Joghurt und Walnüsse hinzugeben; mit Salz und Pfeffer abschmecken.

2 Sofort servieren. Wenn man den Salat für unbestimmte Zeit stehenlassen muß, die Walnüsse erst kurz vor dem Servieren zugeben.

Variante

Trauben-Sellerie-Birnen-Mandel-Salat

Die Äpfel durch 250 g gemischte blaue, rote oder grüne Trauben, halbiert und entkernt, und 2 reife Birnen, geschält, Kerngehäuse entfernt und gewürfelt, ersetzen. 50 g geröstete Mandelblättchen statt der Walnüsse verwenden.

Vegetarischer Salade Niçoise

Mit knusprigem Stangenweißbrot serviert, ergibt dieser Salat ein köstliches leichtes Mittagessen oder, in kleineren Portionen, eine erfrischende Vorspeise.

Für 4 Personen als Hauptmahlzeit, für 6–8 Personen als Vorspeise

1 großer Kopfsalat, gewaschen, zerzupft und getrocknet
1 mittelgroße Zwiebel, geschält und in Ringe geschnitten
500 g feste Tomaten, gewaschen und in Scheiben geschnitten
5 hartgekochte Eier, geviertelt
500 g gekochte Prinzeßbohnen, in etwa 2,5 cm lange Stücke geschnitten
12 schwarze Oliven
2 EL gehackte Petersilie
1 Portion Vinaigrette (S. 154)

1 Einen großen Servierteller mit dem Kopfsalat auslegen, dann alle Zutaten, außer der Vinaigrette, gefällig darauf verteilen.

2 Kurz vor dem Servieren etwas Vinaigrette darübergeben. Den Rest der Vinaigrette in einem kleinen Krug getrennt dazu reichen.

Variante

✿ *Streng vegetarischer Salade Niçoise*

Den abgetropften Inhalt von 1 Dose Limabohnen (etwa 425 g) oder 100 g getrocknete Limabohnen, eingeweicht, gekocht und abgetropft, statt der hartgekochten Eier verwenden.

Tip für Zwiebeln

Wenn man rohe Zwiebeln in einem Salat verwenden möchte, sie aber als zu scharf empfindet, blanchiert man sie zuerst, indem man sie mit kochendem Wasser bedeckt, 2 Minuten ziehen und dann abtropfen läßt.

Eine Tomate enthäuten

1 Die Tomate mit kochendem Wasser bedecken und 1 Minute stehenlassen.

2 Abtropfen lassen. Die Haut mit einem scharfen, spitzen Messer abziehen.

Saucen

Saucen können einem Gericht die entscheidende geschmackliche Abrundung verleihen und ihm Farbe und Feuchtigkeit geben; sie sind auch Bestandteil vieler vegetarischer Gerichte, wie Auberginen-Nudel-Charlotte (S. 258) und gefüllten Kohlrouladen in Kokosnußsauce (S. 196). Eine gute Sauce, etwa frische Tomatensauce (unten), Pesto (S. 172) oder Käsesauce (S. 175), kann einfache, frisch gekochte Pasta oder Gemüse in eine schnelle wohlschmeckende Mahlzeit verwandeln. Wenn Sie Ihre Lieblingssaucen zubereiten, lohnt es sich, größere Mengen herzustellen und portionsweise einzufrieren. Die folgenden Saucen sind vielseitig verwendbar, als Rezeptzutat ebenso wie als eigenständige Beigabe zu anderen Gerichten.

✿ Frische Tomatensauce

Diese frische, leicht gekochte Tomatensauce ist eine Allroundsauce. Ihr Geschmack und ihre leuchtende Farbe passen gut zu vielen pikanten Gerichten. Sie schmeckt ausgezeichnet zu Pasta und zahlreichen gekochten Gemüsen, vor allem zu blassem Blumenkohl. Ihr besonderer Vorteil gegenüber vielen anderen Saucen besteht darin, daß sie sehr wenig Kalorien hat. Diese Sauce ist eindeutig am besten, wenn sie aus frischen Tomaten zubereitet wird; Dosen-Tomaten ergeben nicht das gleiche Resultat. Wenn man letztere dennoch verwenden muß, entscheidet man sich besser für die Zubereitung von italienischer Tomatensauce.

Für 6 Personen

1 Zwiebel, geschält und feingehackt
1 EL Olivenöl
1 kg Tomaten, enthäutet und grobgehackt
Salz und frisch gemahlener schwarzer Pfeffer

1 Die Zwiebel mit dem Öl in einem großen Topf 10 Minuten glasig dünsten; nicht braun werden lassen.
2 Die Tomaten zugeben und 10 Minuten garen, bis sie weich, aber noch von leuchtender Farbe und frischem Geschmack sind.
3 Die Tomaten-Zwiebel-Mischung im Mixer oder in der Küchenmaschine pürieren. Nach Geschmack mit Salz und Pfeffer würzen.

Varianten

✿ *Frische Tomaten-Basilikum-Sauce*
Für diese sommerliche Version kurz vor dem Servieren 1 EL gehacktes frisches Basilikum zugeben.

✿ *Frische Tomaten-Knoblauch-Sauce*
1–2 zerdrückte Knoblauchzehen mit den Tomaten zu der Zwiebel geben.

✿ *Frische Tomaten-Champignon-Sauce*
Während die Tomaten garen, 100 g feingehackte Champignons mit 1 EL Olivenöl braten, bis sie weich sind. In die pürierte Sauce rühren.

✿ *Frische Tomaten-Chili-Sauce*
1 grüne Chilischote, entkernt und feingehackt, mit den Tomaten zu der Zwiebel geben.

Saucen warm halten

Es ist oft günstiger, Saucen im voraus zuzubereiten, damit man sich nicht in letzter Minute unter Druck fühlt. Beide Tomatensaucen (S. 170, 171), die vegetarische Bratensauce (S. 172), Preiselbeersauce (S. 174), Currysauce (S. 177) und Kokosnußsauce (S. 177) können bei mäßiger Hitze wieder aufgewärmt werden. Auch Béchamelsauce (S. 175) und ihre Varianten lassen sich bei niedriger Temperatur und unter ständigem Rühren oder im Wasserbad nochmals erhitzen. Brotsauce (S. 175) und Sauce Soubise (S. 173) macht man am besten im Doppeltopf oder in einem Topf, den man in einen zweiten mit kochendem Wasser stellt, in dem sie auch eine Weile warm gehalten werden können. Sauce hollandaise (S. 176) kann ebenfalls im Wasserbad warm gehalten werden; geben Sie acht, daß sie nicht zu heiß wird, da sie dann gerinnt. (Falls dies passiert, geben Sie einen Eiswürfel dazu – oder die geronnene Sauce nach und nach zu einem frischen Eigelb.)

✿ Italienische Tomatensauce

Eine Sauce von feinem Geschmack, die gut zu vielen pikanten vegetarischen Gerichten paßt.

Für 4 Personen

1 Zwiebel, geschält und gehackt
1 Stange Sellerie, feingehackt
1 Möhre, geschabt und feingehackt
2 EL Olivenöl
2 Knoblauchzehen, zerdrückt
2 Dosen Tomaten (je etwa 400 g)
½ TL getrocknetes Basilikum
½ TL getrockneter Oregano
1 Lorbeerblatt
Gut ⅛ l Rotwein, dunkle Gemüsebrühe (S. 132) oder Wasser
Salz und frisch gemahlener schwarzer Pfeffer

1 Zwiebel, Sellerie und Möhre mit dem Öl 10 Minuten in einem mittelgroßen Topf dünsten, bis sie weich sind. Knoblauch, Tomaten, Basilikum, Oregano, Lorbeerblatt und Rotwein zugeben.

2 20 Minuten bei mäßiger Hitze garen, dabei von Zeit zu Zeit umrühren, bis die Tomaten fast zu einem Püree eingekocht sind.

3 Das Lorbeerblatt entfernen, dann die Sauce im Mixer oder in der Küchenmaschine pürieren. Mit Salz und Pfeffer abschmecken. Wenn die Sauce etwas dünner sein soll, gibt man noch ein wenig Flüssigkeit hinzu, entweder Rotwein, dunkle Gemüsebrühe oder Wasser - ganz nach Geschmack oder Vorrat.

Pesto (S. 172) - Frische Tomatensauce

✿ Vegetarische Bratensauce

Dies ist eine schmackhafte Sauce, ganz wie eine konventionelle Fleischsauce. Die Sojasauce gibt ihr Geschmack und Farbe.

Ergibt etwa ½ l

1 Zwiebel, geschält und gehackt
2 EL Öl
2 EL Mehl
1 Knoblauchzehe, zerdrückt
½ l dunkle Gemüsebrühe (S. 132) oder Wasser
1 TL Hefe-Extrakt
1–2 EL Sojasauce
Salz und frisch gemahlener schwarzer Pfeffer

1 Die Zwiebel mit dem Öl in einem mittelgroßen Topf 5 Minuten anbraten, dann das Mehl zugeben und weitere 5–10 Minuten garen, bis Mehl und Zwiebel nußbraun sind, die Zwiebel weich und leicht breiig ist.
2 Den Knoblauch zugeben, 1–2 Minuten garen, dann nach und nach die Gemüsebrühe einrühren. Zum Kochen bringen und 10 Minuten köcheln lassen.
3 Die Sauce in einen sauberen Topf seihen, Hefe-Extrakt, Sojasauce sowie Salz und Pfeffer nach Geschmack zugeben. Gründlich mischen und servieren.

Tip für Saucen

Sauce läßt sich gut einfrieren, und es ist sehr nützlich, einen Vorrat im Tiefkühlfach zu haben. Stellen Sie jeweils die doppelte Menge einer benötigten Sauce her, und frieren Sie sie in Eiswürfelbehältern ein; wenn sie hart sind, die Saucenwürfel in eine Plastiktüte geben, um sie je nach Bedarf zu verwenden.

Pesto

(Abb. 171)

Diese beliebte italienische Pasta-Sauce kann auch zu Gemüsesuppen gegeben werden.

Für 4–6 Personen

2 Knoblauchzehen, zerdrückt
6 EL feingehacktes frisches Basilikum
4 EL gehackte Petersilie
50 g Pinienkerne oder Cashewnüsse
50 g Parmesan, gerieben
Gut ⅛ l Olivenöl
Frisch gemahlener schwarzer Pfeffer

Alle Zutaten zusammen im Mixer oder in der Küchenmaschine pürieren.

Variante

Petersilien-Pesto

Anstelle von frischem Basilikum zusätzlich 4–5 EL gehackte Petersilie und 1 TL getrocknetes Basilikum verwenden.

MENÜ

Schnelles Mittagessen

Pasta mit Pesto
rechts

Schneller pikanter Nußbraten
235

Pfannengerührte Möhren mit Brunnenkresse und Sesamsamen
181

Kartoffelpüree
189

Blaue und grüne Trauben

✿ Paprikasauce

Wie Tomatensauce hat auch diese rote Sauce wenig Kalorien und paßt ausgezeichnet zu vielen pikanten Gerichten. Man kann sie mit 15–25 g Butter verfeinern.

Für 4 Personen

2 große rote Paprikaschoten
4 Knoblauchzehen, geschält
Salz und frisch gemahlener schwarzer Pfeffer

1 Die Paprika unbearbeitet in einen Topf mit so viel Wasser geben, daß sie gerade bedeckt sind. Zum Kochen bringen, dann köcheln lassen, bis sie weich sind.
2 Aus dem Wasser nehmen und Stiele wie Kerne entfernen. In Stückchen hacken und in den Mixer oder die Küchenmaschine geben.
3 Knoblauch und gut ¼ l der Kochflüssigkeit dazugeben und zu einem Püree verarbeiten.
4 Die Sauce in einen sauberen Topf gießen. Mit Salz und Pfeffer nach Geschmack würzen.
5 Die Sauce nochmals leicht erhitzen, ohne sie kochen zu lassen.

Sauce Soubise – Paprikasauce – Sauce hollandaise (S. 176)

Sauce Soubise

Diese delikate dickflüssige Zwiebelsauce gehört zu meinen persönlichen Favoriten. Sie schmeckt ausgezeichnet zu knusprigen Nußgerichten. Wenn etwas übrigbleibt, kann man sie sehr gut über hartgekochte Eier geben oder im Wasserbad aufwärmen und mit heißem Vollweizentoast servieren. Man benötigt für dieses Rezept weißen Reis wegen seines Stärkegehaltes, der die Sauce eindickt.

Für 4 Personen

30 g weißer Langkornreis
250 g Zwiebeln, geschält und grobgehackt
15 g Butter
Einige Petersilienzweige
1 Thymianzweig
1 kleines Lorbeerblatt
2 EL Crème double
Salz und frisch gemahlener schwarzer Pfeffer
Frisch geriebene Muskatnuß
1 Prise Zucker

1 Den Reis in ausreichend Wasser 5 Minuten vorkochen (S. 44), dann abtropfen lassen.
2 In der Zwischenzeit die Zwiebeln mit der Butter in einem mittelgroßen Topf 10 Minuten anbraten. Den Reis, 5 EL Wasser und die Kräuter dazugeben.
3 Den Topf zudecken und die Zwiebelmischung 20–25 Minuten bei mäßiger Hitze garen, bis die Zwiebeln sehr weich sind.
4 Vom Herd nehmen; Petersilie, Thymian und Lorbeerblatt entfernen. Die Zwiebelmischung im Mixer oder in der Küchenmaschine pürieren.
5 Die Sauce in einem Doppeltopf oder einer feuerfesten Schüssel, die man in einen Topf mit köchelndem Wasser stellt, aufwärmen.
6 Kurz vor dem Servieren die Crème double zugeben und sparsam mit Salz, Pfeffer, Muskat und Zucker würzen.

Alternativen zu Bratensaucen

Vergessen Sie einmal die obligaten, stets verwendeten Bratensaucen! Es gibt viele andere köstliche Saucen, die ausgezeichnet zu vegetarischen pikanten Gerichten passen. Zum Beispiel beide Tomatensaucen (S. 170, 171) sind vorzügliche Alternativen zu Bratensaucen. Andere Saucen, die man statt Bratensauce verwenden kann, sind:

Pilzsauce (S. 174)
Weinsauce (S. 174)
Paprikasauce (linke S.)
Sauce Soubise (links)

Pilzsauce

Für 4 Personen

Schnelle Mahlzeiten mit Saucen

Es ist hilfreich, einige Saucen im Kühlschrank oder Gefrierfach vorrätig zu haben, weil sie die Basis für gute schnelle Mahlzeiten bilden können. Versuchen Sie:

Frische Tomatensauce (S. 170) - über heißer Pasta oder mit leicht gedämpftem Wurzelgemüse oder Winterkürbis, mit gekochtem Naturreis und gerösteten Sonnenblumenkernen serviert; oder halbierte, entkernte grüne Paprikaschoten vorkochen, mit einer Mischung von gekochtem Naturreis, gebratener Zwiebel, Pilzen und Nüssen füllen, in eine Kasserolle geben, Tomatensauce rund um die Paprika gießen und backen

Italienische Tomatensauce (S. 171) - auf Lasagne, geriebener Mozzarella und gebratenen Pilzen, Auberginen oder püriertem Spinat

Vegetarische Bratensauce (S. 172) - mit gebratener Zwiebel und gewürfelten Nußbratenresten oder gekauften pikanten Nußhäppchen

Sauce Soubise (S. 173), Béchamel- (S. 175) oder Käsesauce (S. 175) - über gekochtem Porree, Blumenkohl, gewürfeltem gemischtem Wurzelgemüse oder hartgekochten Eiern

Eiersauce (S. 175) - über jedes gedämpfte Gemüse; besonders gut zu Fenchel oder Zucchini

Curry- (S. 177) oder Kokosnußsauce (S. 177) - über hartgekochten Eiern, abgetropften Erbsen oder Limabohnen aus der Dose oder gedämpftem Blumenkohl

100 g Champignons, gewaschen und gehackt
15 g Butter oder ungehärtete Pflanzenmargarine
1 TL Stärkemehl
Gut 1/8 l Milch, Sojamilch oder Kaffeesahne
Salz und frisch gemahlener schwarzer Pfeffer
Zitronensaft
Frisch geriebene Muskatnuß

1 Die Champignons mit der Butter in einem kleinen Topf 4-5 Minuten dünsten, bis sie gerade weich sind, dann das Stärkemehl einrühren.
2 1-2 Minuten garen lassen, dann unter ständigem Rühren die Milch zugeben. 1 Minute kochen und vom Herd nehmen.
3 Die Pilze mit Salz und Pfeffer, ein wenig Zitronensaft und Muskat würzen.

Variante

Waldpilzsauce

Eine gute Gelegenheit, nur wenige wertvolle Waldpilze zu verwenden; köstlich mit einem Nußbraten oder als Füllung einer Blätterteigpastete. Alle oder einige der Champignons durch gut gewaschene, gehackte Waldpilze ersetzen.

Weinsauce

Diese gehaltvolle Sauce separat zu Nußküchlein oder -braten servieren.

Für 4 Personen

1 Zwiebel, geschält und feingehackt
50 g Pilze, feingehackt
2 EL Olivenöl
Gut 1/4 l Rot- oder Weißwein
25 g Butter oder ungehärtete Pflanzenmargarine
Salz und frisch gemahlener schwarzer Pfeffer
Zucker

1 Zwiebel und Pilze mit dem Öl in einem kleinen Topf 10 Minuten leicht bräunen.
2 Den Wein zugeben und wenige Minuten unbedeckt köcheln lassen, bis sich die Flüssigkeit etwa auf die Hälfte reduziert hat.
3 Die Butter zerkleinern und zu der Sauce geben. Mit Salz, Pfeffer und etwas Zukker abschmecken. Sofort servieren.

Preiselbeersauce

Für mich ist diese Sauce aus frischen Preiselbeeren ein wesentlicher Bestandteil des Weihnachtsabendessens.

Für 8 Personen

175 g Preiselbeeren, gewaschen
75 g Zucker
1 EL Portwein oder frischer Orangensaft

1 Die Preiselbeeren mit 4 EL Wasser in einen Topf geben. Zum Kochen bringen, etwa 10 Minuten köcheln lassen, bis die Beeren weich sind.
2 Den Zucker zugeben und leicht kochen, bis er sich aufgelöst hat. Den Topf vom Herd nehmen und den Portwein hinzufügen. Gut umrühren und die Sauce sofort servieren.

✿ Béchamelsauce

Diese Sauce hält sich, gut abgedeckt, einige Tage im Kühlschrank.

Ergibt etwa ½ l

25 g Butter oder ungehärtete Pflanzenmargarine
25 g Mehl
Gut ½ l Milch oder Sojamilch
Je 1 Stück Zwiebel, Sellerie und Möhre
1 Lorbeerblatt
6 schwarze Pfefferkörner
1 Thymianzweig
1–2 Muskatblüten
Salz und frisch gemahlener schwarzer Pfeffer
Frisch geriebene Muskatnuß

1 Die Butter in einem mittelgroßen Topf schmelzen.
2 Das Mehl zugeben, 1–2 Minuten unter Rühren anschwitzen, dann die Milch – zunächst ein Viertel der Menge, dann nach und nach den Rest – zugeben und jeweils gut einrühren.
3 Zwiebel, Sellerie, Möhre, Lorbeerblatt, Pfefferkörner, Thymian und Muskatblüte hinzufügen und die Sauce etwa 10–15 Minuten köcheln lassen.
4 Die Sauce durch ein Sieb in einen sauberen Topf passieren. Mit Salz, Pfeffer und Muskat abschmecken.

Varianten

✿ *Petersiliensauce* (Abb. S. 205)
2–4 EL gehackte Petersilie und einige Tropfen Zitronensaft nach dem Durchsieben der Sauce zugeben.

Käsesauce
Eine nicht streng vegetarische Variante: Nach dem Durchseihen der Sauce 1 TL Dijon-Senf und 50 g geriebenen Cheddar oder Gruyère zugeben. Nochmals leicht erhitzen, aber nicht kochen lassen, da die Sauce sonst gerinnt.

Eiersauce
Eine weitere, nicht streng vegetarische Variante: 2 hartgekochte, feingehackte Eier nach dem Durchseihen vorsichtig in die Sauce rühren.

Brotsauce

Mit einem Nußbraten (S. 239) als Teil eines traditionellen Weinachtsabendessens servieren.

Für 4–6 Personen

3 Gewürznelken
1 Zwiebel, geschält
Gut ¼ l Milch
1 Lorbeerblatt
50 g Weißbrot (ohne Rinde)
15 g Butter
2 EL Kaffeesahne
Salz und frisch gemahlener schwarzer Pfeffer
Frisch geriebene Muskatnuß

1 Die Gewürznelken in die Zwiebel stecken, dann die Zwiebel zusammen mit der Milch und dem Lorbeerblatt in einen Topf geben.
2 Zum Kochen bringen, vom Herd nehmen, das Brot zugeben, zudecken und 15–30 Minuten beiseite stellen, damit die Aromen sich verbinden können.
3 Zwiebel und Lorbeerblatt herausnehmen. Die Mischung schlagen, damit das Brot zerfällt, Butter und Sahne zugeben, mit Salz, Pfeffer und Muskat abschmecken. Mit Muskat bestreuen.

Sauce hollandaise

(Abb. S. 173)

Wunderbar gehaltvoll, schrecklich kalorienreich, aber großartig für einen besonderen Genuß, wie zum Beispiel mit dem ersten Spargel im Sommer oder als Füllung für Artischocken.

Für 6 Personen

2 Eigelbe
1–2 TL Zitronensaft
100 g weiche Butter
Salz und frisch gemahlener schwarzer Pfeffer

1 Eigelbe sowie 1 TL Zitronensaft mit 1 EL Wasser in einen Doppeltopf geben oder in eine feuerfeste Schale, die man in einen Topf mit köchelndem Wasser auf einen Einsatz stellt, so daß der Boden der Schale die Wasseroberfläche nicht berührt.
2 Die Eigelbmischung mit dem Schneebesen rühren, bis sie leicht cremig wird.
3 Die Butter teelöffelweise unter ständigem Rühren zugeben. Die Sauce wird dann dick und cremig.
4 Den restlichen Zitronensaft sowie Salz und Pfeffer nach Geschmack zugeben. Warm servieren.

Varianten

Helle Sauce hollandaise

Für eine hellere Version der Sauce hollandaise 2 Eiweiße schlagen, bis sie fest sind, und den Eischnee kurz vor dem Servieren unterheben.

Sauce mousseline (Chantillysauce)

Für diese ziemlich gehaltvolle Variante 75g Schlagsahne leicht schlagen und behutsam in die Sauce rühren.

Sauce hollandaise oder béarnaise, mit dem Mixer zubereitet

Der Mixer oder die Küchenmaschine kann für die Zubereitung dieser Saucen arbeitsparend benutzt werden: die Butter schmelzen und abkühlen lassen. Die Eigelbe im Mixer oder in der Küchenmaschine zusammen mit dem Zitronensaft und 1 EL Wasser (für Sauce hollandaise) oder dem durchgesiebten eingekochten Essig (für Sauce béarnaise) geben. Verquirlen, bis das Ganze sich verbunden hat und ein wenig cremig geworden ist. Dann die Butter in kleinen Portionen in den Mixer oder die Küchenmaschine geben. Die Mischung wird dann dick und cremig. Den Zitronensaft zugeben und würzen.

MENÜ

Sommerliches Mittagessen für zwei Personen

Spargel mit Sauce hollandaise rechts

Sommerliche Linguine 255

Sorbet aus schwarzen Johannisbeeren 282

Sauce béarnaise

Eine weitere gehaltvolle Sauce, von der schon kleine Mengen ausreichen, da sie sehr ergiebig ist.
Sie schmeckt wunderbar mit knusprigen Nuß- oder Linsenküchlein.

Für 6 Personen

½ kleine Zwiebel, geschält und gehackt
1 Lorbeerblatt
6 schwarze Pfefferkörner
4 EL Weißweinessig
1 Estragonzweig
oder 1 Prise getrockneter Estragon
2 Eigelbe
100 g weiche Butter
Salz und frisch gemahlener schwarzer Pfeffer

1 Zwiebel, Lorbeerblatt, Pfefferkörner, Essig und Estragon in einem kleinen Topf köcheln lassen, bis die Flüssigkeit auf die Menge von 1 EL eingekocht ist.
2 Die Eigelbe in einen Doppeltopf geben oder in eine feuerfeste Schüssel, die in einen Topf mit leicht köchelndem Wasser auf einen Einsatz gestellt wird, so daß der Boden der Schüssel die Wasseroberfläche nicht berührt.
3 Die eingekochte Weinflüssigkeit über die Eigelbe seihen, dabei die Zwiebelmasse gut ausdrücken, um soviel Flüssigkeit wie möglich zu gewinnen.
4 Die Eigelbmischung schlagen, bis sie leicht cremig wird.
5 Die Butter teelöffelweise unter ständigem Rühren zugeben. Die Sauce wird dann dick und cremig. Mit Salz und Pfeffer abschmecken. Warm servieren.

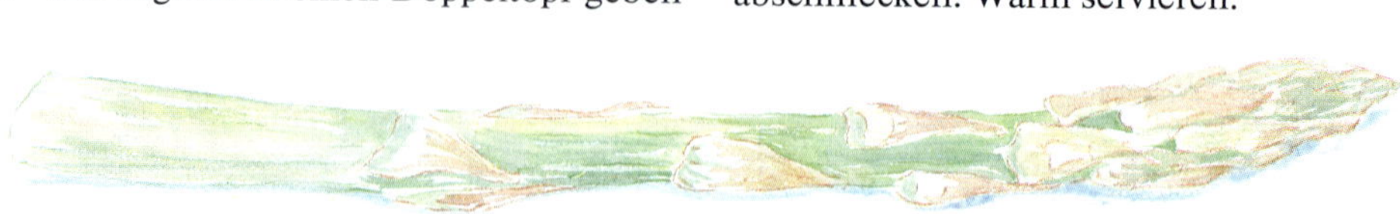

Currysauce

Eine Sauce, die einige wenige Gemüse in eine Mahlzeit verwandelt und die auch zu einem gewürzten Reisgericht paßt. Die Menge der Gewürze kann je nach Geschmack variiert werden.

Für 4 Personen

4 EL Olivenöl
1 Knoblauchzehe, zerdrückt
1 Zwiebel, geschält und gehackt
1 TL gemahlener frischer Ingwer
2½ TL gemahlener Koriandersamen
2½ TL gemahlener Kreuzkümmel
½ TL Currypulver
½ TL Kurkuma
½ TL weiße Senfkörner (nach Belieben)
1 Lorbeerblatt
½ Dose Tomaten (etwa 200 g)
½ l dunkle Gemüsebrühe (S. 132) oder Wasser
1 TL Garam Masala (S. 122)
Salz und frisch gemahlener schwarzer Pfeffer

Zum Garnieren
1 Limettenscheibe
1 Lorbeerblatt
Senfkörner

1 Das Öl in einem mittelgroßen Topf erhitzen, Knoblauch, Zwiebel und Ingwer zugeben. 10 Minuten leicht braten, bis die Zwiebel glasig ist.
2 Die Gewürze, außer Garam Masala, zusammen mit dem Lorbeerblatt zugeben und weitere 2 Minuten garen, dann Tomaten und Gemüsebrühe hinzufügen und etwa 15 Minuten unbedeckt leicht köcheln lassen.
3 Garam Masala einrühren und die Mischung nach Geschmack mit Salz und Pfeffer würzen.
4 Das Lorbeerblatt entfernen. Die Sauce so servieren oder vorher in der Küchenmaschine durchmischen, um eine weichere Textur zu erhalten. Die Sauce in eine kleine Schüssel geben und mit Limettenscheiben, Lorbeerblatt und Senfkörnern garnieren.

Currysauce

Pikante Kokosnusssauce

Eine goldfarbene Sauce von feinem Geschmack. Mit gedämpftem Gemüse und Naturreis als einfache Mahlzeit servieren oder halbierte hartgekochte Eier darin erhitzen zu einem köstlichen Eier-Currygericht.

Für 4 Personen

100 g getrocknete Kokosnuß
1 Zwiebel, geschält und gehackt
25 g Butter oder ungehärtete Pflanzenmargarine
1 TL Kurkuma
1 TL geriebener frischer Ingwer
1 Knoblauchzehe, zerdrückt
½ Zimtstange oder 1 Prise gemahlener Zimt
Salz und frisch gemahlener schwarzer Pfeffer
Zucker
Zitronensaft (nach Belieben)

1 Die Kokosnuß mit gut ½ l Wasser in einen Topf geben. Zum Kochen bringen, dann von der Kochstelle nehmen, den Deckel aufsetzen und 10 Minuten stehenlassen.
2 In der Zwischenzeit die Zwiebel mit der Butter in einem mittelgroßen Topf 5 Minuten anbraten. Kurkuma, Ingwer, Knoblauch und Zimt zugeben und weitere 5 Minuten leicht dünsten.
3 Die Kokosnußmischung in die Zwiebelmischung sieben und soviel Flüssigkeit wie möglich durchpressen. Die Kokosnußmasse im Sieb wegwerfen.
4 Die Zimtstange herausnehmen, dann die Mischung im Mixer oder in der Küchenmaschine durchrühren.
5 Die Kokosnußsauce in den ausgespülten Topf zurückgeben, mit Salz, Pfeffer und etwas Zucker abschmecken; je nach Geschmack noch mit einigen Tropfen Zitronensaft würzen.

MENÜ

Schnelles, einfaches Abendessen

Für 4 Personen

Fusilli colbuchi
mit Auberginen-Wein-Sauce
255

Parmesan
Chicorée-Walnuß-Salat
mit Brunnenkresse
161

Schneller Kirsch-Limetten-Käsekuchen
288

Dies ist eine Mahlzeit, die man im letzten Augenblick zaubern kann, vorausgesetzt, man hat etwas frischen Salat im Kühlschrank und die Zutaten für den schnellen Kirsch-Limetten-Käsekuchen vorrätig. Andernfalls die Nudeln mit tiefgefrorenem Gemüse, das Sie hoffentlich im Haus haben, servieren und frisches Obst oder Gebäck und Käse statt einer süßen Nachspeise reichen.

Zuerst den Kuchen zubereiten, dann, während dieser abkühlt, die Auberginen-Wein-Sauce herstellen. In der Zwischenzeit den Salat waschen, ein Dressing machen und, wenn die Sauce fast fertig ist, die Nudeln kochen. Mit einem beliebigen verfügbaren Getränk servieren: einem kühlen hellen Bier oder einem etwas gehaltvollen Wein, der die vielen Geschmacksnuancen der Sauce unterstützt, vielleicht einem italienischen Rotwein (Chianti, Barolo oder Barbaresco) oder einem preisgünstigen Cabernet Sauvignon.

Gemüse-Beilagen

Diese Rezepte für Gemüsebeilagen gehören zu denjenigen, die ich für sehr praktisch und vielseitig halte. Einige Gerichte, wie etwa die Rotkohlkasserolle (unten), erfordern wenig Arbeitsaufwand, weil sie langsam kochen. Sie geben einem Hauptgericht etwas Saftiges, so daß man keine Sauce benötigt. Viele verleihen einer Mahlzeit auch Farbigkeit und tragen damit zu einem guten optischen Gesamteindruck bei. Manchmal ist eine einfache gekochte Gemüsebeilage vorzuziehen, besonders wenn der Hauptgang auf Gemüse basiert. Einige Rezepte dafür finden sich in diesem Abschnitt, weitere Ideen in den Erläuterungen zu den einzelnen Gemüsen im ersten Teil des Buches (S. 32ff.).

Mengenangaben für Gemüse

Es ist schwierig, hier exakte Mengen anzugeben, weil diese davon abhängen, aus welchen Speisen das Menü im übrigen besteht, zum Beispiel, ob noch ein anderes Gemüse gereicht wird oder was als Hauptgericht vorgesehen ist – und davon, wie sehr man Gemüse mag! Als generelle Regel gilt: 175–225 g pro Person. Ich bemesse die Gemüsemenge allerdings ziemlich großzügig, weil ich, um schlank zu bleiben, viel Gemüse und nur eine kleine Portion des Hauptgerichts esse.

✿ Gedämpfte Auberginen

Eine sehr einfache, jedoch köstliche Art, Auberginen ganz ohne Öl zuzubereiten. Diese Beilage paßt besonders gut zu chinesischen und japanischen Gerichten.

Für 4 Personen

2 mittelgroße Auberginen (zusammen etwa 450 g), gewaschen
2 EL Sojasauce
1 TL Zucker
2 TL Essig
Salz und frisch gemahlener schwarzer Pfeffer

1 Die Stiele der Auberginen entfernen, das Fleisch in große Würfel schneiden.
2 Die Auberginen 5–10 Minuten dämpfen, bis sie weich sind. In einen flachen Teller geben und mit den restlichen Zutaten beträufeln und bestreuen.
3 Heiß, warm oder kalt servieren.

✿ Rotkohlkasserolle

Ein Gericht, das keine Mühe bereitet, weil es vor sich hin kocht, und flüssig genug ist, um als Gemüse wie als Sauce dienen zu können.

Für 4–6 Personen

1 Rotkohl (etwa 1 kg), geputzt und gehobelt
1 große Zwiebel, geschält und gehackt
2 EL Öl
2 EL Zitronensaft
Salz und frisch gemahlener schwarzer Pfeffer
Zucker

1 Den Kohl in einen großen Topf geben, mit Wasser bedecken und zum Kochen bringen, dann in einem Sieb gründlich abtropfen lassen.
2 In der Zwischenzeit die Zwiebel mit dem Öl 5 Minuten in einem Topf anbraten, dann den Kohl zugeben, zudecken und ganz leicht 45–60 Minuten garen, bis der Kohl sehr weich ist; dabei gelegentlich umrühren.
3 Den Zitronensaft zugeben; mit Salz, Pfeffer und Zucker abschmecken.

✿ Gedünstete Frühlingsgemüse

Eine farbenprächtige Auswahl von zarten jungen Gemüsen zuzubereiten, ist ein besonderes Vergnügen. Mischungen verschiedener Gemüse kann man jedoch das ganze Jahr über kochen, indem man sie je nach Jahreszeit zusammenstellt und variiert.

Für 4 Personen

6 EL Olivenöl
Schale von ½ unbehandelten Zitrone, in Stücke geschnitten
Je 1 Zweig Petersilie und Thymian
500 g zarte junge Möhren, geschabt und halbiert oder geviertelt
500 g zarte junge Steckrüben, gebürstet und halbiert oder geviertelt
250 g Zuckererbsen, geputzt
250 g dicke Bohnen (Saubohnen; Gewicht ohne Hülsen)
Salz und frisch gemahlener schwarzer Pfeffer
2–3 EL gehackte Petersilie

1 Das Öl mit 6 EL Wasser, Zitronenschale, Petersilie- und Thymianzweig in einem großen Topf zum Kochen bringen.
2 Möhren und Steckrüben zugeben, zudecken und 5–10 Minuten leicht köcheln lassen, bis sie gerade weich sind.
3 In der Zwischenzeit die Zuckererbsen blanchieren, indem man sie in einen Topf mit kochendem Wasser taucht, dieses wieder zum Kochen bringt und die Erbsen 1 Minute kochen läßt. In einem Sieb abtropfen lassen und unter fließendem kaltem Wasser abschrecken, damit sie ihre Farbe behalten.
4 Erbsen und Bohnen zu der Möhrenmischung geben und weitere 2–3 Minuten kochen.
5 Mit Salz und Pfeffer würzen, mit Petersilie bestreuen und servieren.

Gedünstete Frühlingsgemüse

✿ Pfannengerührte Möhren mit Brunnenkresse und Sesamsamen

Ein schnelles Gemüsegericht, ausgezeichnet zu japanischen oder chinesischen Speisen.

Für 2–4 Personen

2 TL Öl
4 Frühlingszwiebeln, geputzt und in Scheiben geschnitten
350 g Möhren, geschabt und in Stäbchen geschnitten
1 Bund Brunnenkresse, entstielt
1 EL Sojasauce
Salz

Zum Garnieren

1–2 EL Sesamsamen

1 Das Öl in einer Wok oder großen Pfanne erhitzen.
2 Zwiebeln und Möhren zugeben und 2 Minuten dünsten.
3 Die Brunnenkresse zugeben, 1–2 Minuten pfannenrühren, anschließend weitere 3–4 Minuten garen, dabei von Zeit zu Zeit umrühren.
4 Sojasauce und etwas Salz einrühren, dann das Gemüse mit Sesamsamen bestreuen und sofort servieren.

✿ Gedünstete Sellerieherzen

Gedünstetes Gemüse wird langsam mit einigen Würzzutaten und wenig Flüssigkeit gegart. Manchmal bräunt man es leicht in Fett an, bevor man die Flüssigkeit zugibt. Diese Garmethode eignet sich besonders für Sellerie, Porree und Fenchel.

Für 4 Personen

Möhren in Form bringen

1 Die Möhren in etwa 5 cm lange »Klötzchen« schneiden.

2 Die Ecken mit einem scharfen Messer so abrunden, daß eine Tonnenform entsteht.

4 Sellerieherzen, in etwa 12–15 cm große Stücke geschnitten
1 Zwiebel, geschält und gehackt
2 Möhren, geschabt und gewürfelt
1 Bouquet garni, einschließlich eines Stücks unbehandelter Zitronenschale
Salz und frisch gemahlener schwarzer Pfeffer

Zum Garnieren
Gehackte Petersilie

1 Den Sellerie gründlich waschen, wenn nötig, den inneren Teil mit einer Flaschenbürste säubern.
2 In einen großen Topf geben, mit Wasser bedecken, zum Kochen bringen und 10 Minuten kochen. Gut abtropfen lassen; das Wasser aufheben.
3 Zwiebel und Möhren in einen großen, schweren Topf geben, so daß sie den Boden bedecken, dann den Sellerie darüberschichten. Das *Bouquet garni* hinzufügen, mit Salz und Pfeffer abschmecken. So viel Selleriekochwasser dazugeben, daß die Gemüsemischung bedeckt ist.
4 Zum Kochen bringen, dann zugedeckt 45–60 Minuten köcheln lassen, bis der Sellerie ganz weich ist.
5 Den Sellerie mit einem Sieblöffel aus dem Topf nehmen und auf einen vorgewärmten flachen Servierteller geben.
6 Wenn die Flüssigkeit zu einer saucenähnlichen Konsistenz verkocht ist, diese durch ein Sieb über den Sellerie geben.
7 Den Sellerie mit Petersilie bestreuen und sofort servieren.

Variante

✿ *Gedünsteter Fenchel*
Halbierte Fenchelknollen etwa 10 Minuten mit etwas Olivenöl in einem geschlossenen Topf dünsten; von Zeit zu Zeit wenden und rundherum bräunen lassen. Im übrigen nach obiger Anweisung verfahren.

✿ Glasierte Möhren

Um einen besonderen Effekt zu erzielen, kann man die Möhren »in Form bringen«, aber normalerweise schneide ich sie in Scheiben oder Stäbchen.

Für 4 Personen

1 kg Möhren, geschält oder geschabt, dann in Stäbchen oder Scheiben geschnitten
25 g Butter oder ungehärtete Pflanzenmargarine
Salz und frisch gemahlener schwarzer Pfeffer
2 EL Streuzucker oder hellbrauner Rohrzucker

Zum Garnieren
2 EL gehackte Petersilie

1 Die Möhren in einen großen Topf geben, mit kaltem Wasser bedecken und zum Kochen bringen.
2 Den Topf halb zudecken und die Möhren 8–15 Minuten leicht köcheln lassen, bis sie gerade weich sind.
3 Die Möhren abtropfen lassen, in den Topf zurückgeben und die Butter hinzufügen; mit Salz und Pfeffer würzen. Bei mäßiger Hitze garen, bis die Butter geschmolzen ist, dabei den Topf rütteln, damit die Butter sich gut verteilt.
4 Den Zucker darüberstreuen und vorsichtig untermischen, bis er geschmolzen ist und die Möhren glänzen. Mit Petersilie bestreuen und sofort servieren.

Variante

✿ *Glasierte Steckrüben*
Ganze, kleine junge Steckrüben nach obiger Anweisung kochen; andernfalls in Scheiben geschnittene oder »in Form gebrachte« Steckrüben verwenden.

Glasierte Möhren - Erbsen à la française

✿ ERBSEN À LA FRANÇAISE

Eine Zubereitungsart, bei der tiefgefrorene Erbsen - oder frische, wenn junge, zarte erhältlich sind - ausgesprochen gut schmecken.

Für 4 Personen

1 kleines Bund Frühlingszwiebeln, geputzt und gehackt
25 g Butter oder ungehärtete Pflanzenmargarine
1 Kopfsalat (nur die Außenblätter), gewaschen und grob zerzupft
500 g enthülste Erbsen, tiefgefroren oder frisch
½ TL Zucker
Salz und frisch gemahlener schwarzer Pfeffer
2-3 Minzzweige (wenn verfügbar)

1 Die Frühlingszwiebeln mit der halben Buttermenge in einem mittelgroßen Topf 2-3 Minuten bei mittlerer Hitze leicht anbraten.

2 Den Salat und die Erbsen zugeben. Mit Zucker bestreuen, mit Salz und Pfeffer abschmecken.

3 Die restliche Butter in Flöckchen darüber verteilen, gegebenenfalls die Minzzweige dazustecken, dann den Topf mit dem Deckel verschließen.

4 Bei mäßiger Hitze 10-15 Minuten garen, bis die Erbsen weich sind.

5 Nochmals abschmecken und die Minzzweige entfernen. Die gegarten Erbsen sofort mit (das ziehe ich vor) oder ohne Salatblätter servieren.

✿ Julienne aus Wurzelgemüsen

Diese Mischung aus orangefarbenen Möhren, gelben Kohl- und weißen Steckrüben ist eine gute Kombination, aber man kann auch nur zwei dieser Gemüsesorten oder verschiedene andere verwenden. Kohlrabi sind eine gute Ergänzung.

Für 4 Personen

Julienne-Streifen schneiden

1 Wurzelgemüse so schneiden, daß es eine kantige Form erhält.

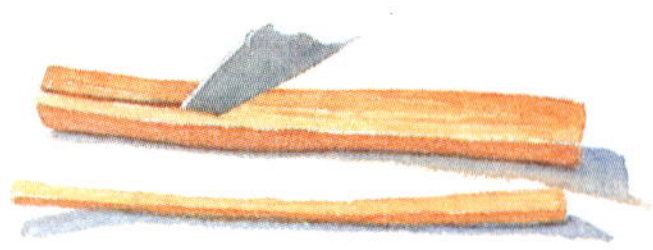

2 Zunächst in dünne Scheiben und diese in schmale, streichholzartige Streifen schneiden.

300 g Möhren, geschabt
300 g Steckrüben, geschält
300 g Kohlrüben, geschält
15 g Butter oder ungehärtete Pflanzenmargarine
Salz und frisch gemahlener schwarzer Pfeffer

Zum Garnieren
1-2 EL gehackte Petersilie

1 Das Gemüse in Julienne-Streifen schneiden, in einen Topf geben, mit kaltem Wasser bedecken und zum Kochen bringen.
2 Den Deckel halb auflegen und die Zutaten bei mäßiger Hitze garen, bis sie weich sind - etwa 10 Minuten, je nachdem, wie dünn man die Streifen geschnitten hat.
3 Abtropfen lassen und das Wasser, das eine besonders gute Brühe ergibt, aufbewahren. Dann das Gemüse in den Topf zurückgeben und die Butter hinzufügen.
4 Mit Salz und Pfeffer abschmecken, mit Petersilie bestreuen und servieren.

Varianten

✿ *Julienne-Bündel*
Die Gemüse getrennt kochen. Einen Schnittlauchhalm oder einen dünnen Porreestreifen durch 1- bis 2minütiges Eintauchen in kochendes Wasser geschmeidig machen, das Gemüse damit umwickeln und es in Bündeln servieren.

✿ *Möhren-Julienne*
(Abb. S. 319)
Auch Möhren lassen sich sehr gut in Julienne-Streifen schneiden und sind besonders von Vorteil, wenn man Farbe in ein Gericht bringen will. Etwas Anis, Kümmel oder Dill verleiht diesem Gemüsegericht einen angenehmen, ungewöhnlichen Geschmack.

Sojasauce

Dies ist eine würzige, leicht süßlich schmeckende Flüssigkeit, die in China und Japan seit Jahrhunderten verwendet wird. Sie verleiht Eintöpfen, Kasserollen, Saucen und Marinaden Geschmack und Farbe. Auch als Würze für Pfannenrührgerichte und als Dip für Tempura ist sie gut geeignet. Tamari hat den stärksten Geschmack und die dunkelste Farbe, Shoyu ist ein wenig heller; der Unterschied zwischen beiden entspricht, in Kochkategorien gedacht, etwa dem zwischen Rot- und Weißwein. Allerdings sind beide Saucen in den meisten Rezepten durchaus austauschbar.

✿ Champignons auf chinesische Art

Dieses einfache Gericht paßt gut zu chinesischen Speisen, wie gebratenem Reis (S. 243).

Für 4 Personen

250 g kleine Champignons, geputzt
1 EL Olivenöl
1 TL Stärkemehl
3 EL Sojasauce

Zum Garnieren (nach Belieben)
Aufgefächerte Frühlingszwiebeln

1 Die Champignons mit dem Olivenöl in einem kleinen Topf 2-3 Minuten bei starker Hitze kurzbraten, bis sie weich sind.
2 Das Stärkemehl mit der Sojasauce vermischen, zu den Champignons geben und 1-2 Minuten einrühren. Mit Frühlingszwiebeln garnieren und sofort servieren.

✿ Gelber Blumenkohl

Ein schönes, goldfarbenes Gericht; diese Zubereitungsart habe ich für Blumenkohl besonders gern. Ein wenig gehackter frischer Koriander (oder Petersilie) verleiht dem Gericht eine gewisse Perfektion, aber es schmeckt auch ohne die Kräuter gut.

Für 4 Personen

1 Zwiebel, geschält und gehackt
2 EL Öl
1 Knoblauchzehe, zerdrückt
½ TL Kurkuma
1 TL gemahlener Koriandersamen
2 Kardamomschoten
1 kleiner Blumenkohl, in Röschen zerteilt
Salz und frisch gemahlener schwarzer Pfeffer

Zum Garnieren
Minzzweige

1 Die Zwiebel mit dem Öl in einem mittelgroßen Topf 8 Minuten dünsten, dann Knoblauch, Kurkuma, Koriander und Kardamom zugeben. Unter Rühren weitere 2–3 Minuten garen.
2 Den Blumenkohl zugeben und vorsichtig in der Zwiebel-Gewürz-Mischung wenden. Gut ⅛ l Wasser sowie Salz und Pfeffer hinzufügen. Die Mischung zum Kochen bringen.
3 Den Deckel auflegen und den Blumenkohl etwa 15 Minuten bei mäßiger Hitze garen, bis er weich ist.
4 Den Topf gelegentlich rütteln, damit die Zutaten nicht am Boden anhaften und gleichmäßig garen.
5 Den Geschmack überprüfen, den Blumenkohl mit Minze garnieren und sofort servieren.

Varianten

✿ *Gewürzte Kartoffeln*

Für diese ausgezeichnete Version verwendet man 1 kg geschälte, in 1 cm große Würfel geschnittene Kartoffeln. Vorgehen, wie oben beschrieben, die Kartoffeln jedoch unbedingt langsam garen und darauf achten, daß sie nicht anhaften. Der größte Teil der Flüssigkeit sollte in einer Kochzeit von 8–10 Minuten absorbiert sein, so daß die Kartoffeln nur in ein wenig goldfarbener würziger Sauce liegen.

Gehackter frischer Koriander paßt bei dieser Zubereitungsart besonders gut dazu, aber man kann ersatzweise auch gehackte Petersilie verwenden, wenn Koriander gerade nicht verfügbar ist.

Okra mit Kreuzkümmel und Koriander (S. 186) – Gelber Blumenkohl

✿ *Gewürztes Wurzelgemüse*

Eine köstliche Wintervariante: Man verwendet 1 kg geschältes Wurzelgemüse, das man in 1 cm große Würfel schneidet. Dazu eignet sich eine Mischung aus Kohlrüben, Möhren, Steckrüben, Pastinaken, ebenso in Scheiben geschnittene Zwiebeln und Stangensellerie, soweit verfügbar. Man bereitet die Gemüse zu wie die Kartoffeln. Gewürztes Wurzelgemüse paßt gut zu Gerichten mit mildem Geschmack und zu Nuß- oder Linsenküchlein.

✿ PEPERONATA

Für diesen köstlichen italienischen Paprikaeintopf kann man ausschließlich rote Paprikaschoten verwenden oder eine Mischung aus roten, gelben und grünen, was besonders effektvoll ist.

Für 4 Personen

1 große Zwiebel, geschält und gehackt
15 g Butter oder ungehärtete Pflanzenmargarine
1 EL Olivenöl
2 große rote Paprikaschoten
2 große gelbe Paprikaschoten
2 große grüne Paprikaschoten
1 große Knoblauchzehe, zerdrückt
500 g Tomaten, enthäutet und gehackt
Salz und frisch gemahlener schwarzer Pfeffer

Zum Garnieren
1–2 EL gehackte Petersilie

1 Die Zwiebel mit Butter und Öl 10 Minuten leicht bräunen.
2 In der Zwischenzeit die Paprikaschoten entkernen und in Streifen schneiden, dann zu der Zwiebel geben. Den Deckel aufsetzen und das Gemüse 10–15 Minuten bei mäßiger Hitze garen.
3 Knoblauch und Tomaten zugeben, wieder zudecken und weitere 40 Minuten garen, bis die Paprika zart und weich sind.
4 Mit Salz und Pfeffer abschmecken, mit Petersilie bestreuen und servieren. (Peperonata läßt sich gut aufwärmen und schmeckt auch kalt ausgezeichnet.)

Gemüse im Mikrowellenherd aufwärmen

Das Gemüse wie gewöhnlich zubereiten, aber nicht ganz garen. Gut abtropfen lassen, mit kaltem Wasser abschrecken und wieder abtropfen lassen. Auf einen flachen Servierteller geben, nach Belieben mit Butterflöckchen bestreuen, mit einem Teller abdecken und bis zur Verwendung an einem kühlen Ort aufbewahren. Dann das Gemüse in den Mikrowellenherd geben und einige Minuten auf höchste Temperatur stellen (die Zeit hängt von der Gemüsemenge ab), bis das Gemüse sehr heiß ist. Sofort servieren. Es kann recht praktisch sein, Gemüse auf diese Weise aufzuwärmen, wenn man eine abendliche Party vorbereitet und letzte Handgriffe auf ein Minimum beschränken will.

✿ OKRA MIT KREUZKÜMMEL UND KORIANDER

Dieses leichtgewürzte Gericht kann man im voraus zubereiten und dann aufwärmen.

Für 2 Personen als Hauptmahlzeit, für 4 Personen als Teil eines Currygerichts

1 Zwiebel, geschält und gehackt
2 EL Öl
250 g Okra, gewaschen und geputzt
1 TL Salz
1 TL ungemahlener Kreuzkümmel
1 EL gemahlener Koriandersamen
2 Tomaten, gehackt
Salz und frisch gemahlener schwarzer Pfeffer

Zum Garnieren
1–2 FL gehackter Koriander

1 Die Zwiebel mit dem Öl in einem mittelgroßen Topf 5 Minuten dünsten, dann die Okra, Salz, Kreuzkümmel und Koriandersamen zugeben. Die Zutaten gut mischen und bei mäßiger Hitze ohne Deckel 5 Minuten garen.
2 Knapp ¼ l Wasser hinzufügen und die Okra ohne Deckel 20 Minuten köcheln lassen, bis sie weich sind und der größte Teil des Wassers absorbiert ist. Den Topf rütteln oder das Gemüse gelegentlich umrühren, damit es nicht anhaftet.
3 Die Tomaten zugeben, mit Salz und Pfeffer abschmecken und mit gehacktem Koriander garnieren. Heiß oder warm servieren. (Das Gericht schmeckt auch kalt gut, garniert mit einer Zitronenscheibe und gehackter Petersilie.)

Varianten

✿ *Gewürzte Schnittbohnen*

Auf die gleiche Weise kann man Schnitt- oder Stangenbohnen zubereiten, eine Variante, die vor allem dann willkommen ist, wenn man die Bohnen selbst anbaut und ihrer schon überdrüssig wird, wenn sie immer noch gut tragen.

✿ *Gewürzte Auberginen*

Eine andere Version, die eine gute Beilage zu Currygerichten darstellt: 1 mittelgroße Aubergine würfeln und zusammen mit der Zwiebel 10 Minuten garen, bevor man die Tomaten zugibt.

✿ Ratatouille

Diese köstliche provenzalische Gemüsemischung schmeckt gut mit gekochtem Naturreis oder knusprigem Brot und knackigem Salat. Wenn Sie das Gemüse mit Reis reichen, setzen Sie diesen zum Kochen auf, bevor Sie mit der Zubereitung der Ratatouille beginnen.

Für 4 Personen

3 EL Olivenöl
2 große Zwiebeln, geschält und gehackt
3 große rote Paprikaschoten, entkernt und in Streifen geschnitten
3 Knoblauchzehen, zerdrückt
500 g Zucchini, in gleich große Stücke geschnitten
500 g Auberginen, gewürfelt
750 g Tomaten, enthäutet und gehackt
Salz und frisch gemahlener schwarzer Pfeffer

Zum Garnieren
Gehackte Petersilie

1 Das Öl in einem großen Topf erhitzen, Zwiebeln und Paprika 5 Minuten leicht anbraten.
2 Knoblauch, Zucchini und Auberginen zugeben. Vorsichtig umrühren, dann zudecken und bei geringer Hitze etwa 25 Minuten garen, bis alle Gemüse weich sind.
3 Die Tomaten zugeben, leicht umrühren und unbedeckt etwa 5 Minuten garen lassen, damit sie durch und durch heiß werden. Mit Salz und Pfeffer abschmecken und mit Petersilie garnieren. Heiß oder kalt servieren.

Vegetarische Gerichte würzen

Man kann vegetarischen Speisen einen starken, fast fleischähnlichen Geschmack verleihen, wenn man Hefe-Extrakte und Sojaprodukte, wie Miso und Sojasaucen, verwendet. Oder man kann sich (wie ich) auf die Vorzüge vegetarischer Kost konzentrieren, die in dem frischen Geschmack von Gemüsen, Nüssen und Getreide liegen, und diese Eigenaromen durch die reichliche Verwendung gehackter frischer Kräuter betonen; auch Zitrusschalen und -säfte, Salz von guter Qualität, frisch gemahlener schwarzer Pfeffer, die umsichtige – manchmal großzügige – Verwendung von Gewürzen ebenso wie von Wein dienen der Verfeinerung.

✿ Porree-Birnen-Püree

Es schmeckt besonders gut mit pikanten Hülsenfrucht- und Nußgerichten.

Für 4–6 Personen

500 g Porree, geputzt, gewaschen und in Scheiben geschnitten
500 g Birnen, geschält, Kerngehäuse entfernt und in Scheiben geschnitten
4 Knoblauchzehen
25 g weiche Butter oder ungehärtete Pflanzenmargarine
Salz und frisch gemahlener schwarzer Pfeffer

1 Porree, Birnen und die ungeschälten Knoblauchzehen mit gut ¼ l Wasser in einen großen Topf geben. 15 Minuten garen, bis die Zutaten weich sind.
2 Den Knoblauch herausnehmen und schälen; zusammen mit Porree, Birnen und der Kochflüssigkeit im Mixer oder in der Küchenmaschine pürieren.
3 Das Püree nochmals leicht erhitzen und die Butter einrühren. Mit Salz und Pfeffer abschmecken.

Varianten

✿ *Möhren-Apfel-Koriander-Püree*

Nach obiger Anweisung zubereiten, jedoch Möhren statt Porree und Tafeläpfel statt Birnen sowie ½ Zwiebel, geschält und in Scheiben geschnitten, verwenden. 1 EL zerstoßenen Koriandersamen in ein kleines Stück Musselin einbinden und der Mischung hinzufügen.

Das Gewürzsäckchen vor dem Pürieren herausnehmen und gut auspressen. Das Püree mit gehacktem frischem Koriander, sofern verfügbar, oder gehackter Petersilie garnieren.

✿ *Kürbis-Ingwer-Püree*

Porree und Birnen durch 1 kg Garten- oder Winterkürbis (Gewicht ohne Schale und Kerne) ersetzen. Den Kürbis mit gut ¼ l Wasser und einem walnußgroßen Stück geriebenem frischem Ingwer garen – eine sehr feine Geschmackskombination.

✿ *Möhren-Steckrüben-Püree*

Die Äpfel der ersten Variante durch 1 mittelgroße geschälte, in gleich große Stücke geschnittene Steckrübe ersetzen. Mit etwas frisch geriebener Muskatnuß und 1 Prise eines warmen Gewürzes – Zimt, Piment oder gemahlene Nelken eignen sich gleichermaßen – würzen oder mit 2–3 EL gehackter Petersilie bestreuen.

Kartoffel-Mandel-Kroketten – Möhrenpüree (S. 189)

✿ Kartoffel-Mandel-Kroketten

Diese Kroketten, serviert mit gegrillten Tomaten und Pilzen, ergeben ein gutes vegetarisches warmes Frühstück. Für eine leichte Mahlzeit kann man sie zu süßem Möhren-Fenchel-Salat (S. 162) oder zu Pilzen in Sahnesauce (S. 79) und einem grünen Gemüse reichen.

Für 4 Personen

4 große Kartoffeln, geschält und in gleich große Stücke geschnitten
15 g Butter oder ungehärtete Pflanzenmargarine
2–3 EL Milch oder Sojamilch
100 g Mandelsplitter oder kleingehackte Mandeln
3 EL gehackte Petersilie
Salz und frisch gemahlener schwarzer Pfeffer
Vollweizenmehl oder gemahlene Mandeln zum Wenden
Öl zum Braten
Liebstöckelzweige

1 Die Kartoffeln in einen Topf geben, mit Wasser bedecken und etwa 20 Minuten kochen, bis sie weich sind.
2 Abtropfen lassen, bei geringer Hitze in einer Pfanne 1–2 Minuten trocknen.
3 Die Kartoffeln mit Butter und Milch zu einem cremigen Püree verrühren.
4 Mandeln und Petersilie unterrühren, mit Salz und Pfeffer würzen.
5 Zu 8 Kroketten formen und in Mehl oder Mandeln wenden.
6 In etwas Öl rundum knusprig braten.
7 Auf Küchenkrepp abtropfen lassen. Mit Liebstöckel garnieren und sofort servieren.

✿ KARTOFFELPÜREE

(Abb. S. 277)

Mit der folgenden Methode erhält man ein wirklich leichtes, weiches Kartoffelpüree, das auch ein bißchen feuchter ist als sonst üblich, so daß man häufig keine Sauce benötigt. Es ist eine meiner liebsten Arten, Kartoffeln zu servieren.

Für 4 Personen

750 g Kartoffeln, geschält und in gleich große Stücke geschnitten
Gut 1/8 l Milch oder Sojamilch
Salz und frisch gemahlener schwarzer Pfeffer
15-25 g Butter oder ungehärtete Pflanzenmargarine

Zum Garnieren
Gehackte Petersilie

1 Die Kartoffeln in einen großen Topf geben, mit kaltem Wasser bedecken und zum Kochen bringen. Bei halb aufgelegtem Deckel etwa 15 Minuten kochen, bis sie gerade weich sind.
2 Die Kartoffeln abtropfen lassen, dann entweder in den Topf zurückgeben und sehr gründlich mit einem Kartoffelstampfer pürieren oder - mit dem besten Ergebnis - durch eine Gemüsemühle drehen und in den Topf zurückgeben.
3 Die Milch in einem anderen Topf erhitzen. Sobald sie zu kochen beginnt, vom Herd nehmen und langsam unter ständigem Rühren zu den Kartoffeln geben. Das Püree wird dann sämig und hat die Konsistenz von geschlagener Sahne.
4 Nach Geschmack mit Salz und Pfeffer würzen. Wenn Sie das Püree sofort servieren wollen, rühren Sie gleich die Butter unter; wenn nicht, halten Sie es warm, indem sie den Topf in einen anderen Topf mit kochendem Wasser stellen, und rühren Sie die Butter kurz vor dem Servieren ein. Mit gehackter Petersilie bestreuen.

Varianten

✿ *Kartoffelpüree mit Knoblauch*

1-2 zerdrückte Knoblauchzehen nach dem Pürieren zugeben.

✿ *Kartoffel-Sellerie-Püree mit Pistazien*

250 g Kartoffeln durch die gleiche Menge Sellerie - der, geschält und in gleich große Stücke geschnitten, mit den Kartoffeln gegart wird - ersetzen. Mit gehackten geschälten Pistazien bestreuen.

✿ *Möhrenpüree*

Die Kartoffeln durch die gleiche Menge Möhren ersetzen. Kochen, bis sie weich sind, dann abtropfen lassen. Nach Belieben etwas Kochwasser anstelle von Milch verwenden. Vor dem Servieren mit gehackter Petersilie bestreuen.

MENÜ

Winter-Brunch für vier Personen

Rösti
links

Rühreier
107

Warme Vollweizenbrötchen
328

Gegrillte Tomaten

Frischer Fruchtsalat
286

✿ RÖSTI

(Abb. S. 191)

Dieser köstliche knusprig-goldene Kartoffelkuchen aus der Schweiz ist schnell und leicht herzustellen.

Für 4 Personen

4 EL Öl
500 g Kartoffeln, gebürstet oder geschält, dann grobgerieben
Salz

1 Das Öl in einer großen Pfanne mit Deckel erhitzen, die Kartoffelmasse hineingeben, salzen und fest auf den Pfannenboden drücken.
2 Bei aufgesetztem Deckel leicht garen, bis der Kartoffelkuchen auf der Unterseite gebräunt ist.
3 Die Rösti mit Hilfe eines flachen Deckels oder Tellers wenden und wieder in die Pfanne zurückgleiten lassen.
4 Garen, bis auch die andere Seite gebräunt und knusprig ist. Die Rösti anschließend sofort servieren.

MENÜ

Winter-Brunch für acht Personen

Hirsepilaw mit Nüssen und Rosinen
245

Rösti
links

Rühreier
107

Waffeln mit klarem Honig
298

Kompott aus Trockenobst
103

✿ In der Schale gebackene Kartoffeln

Sie sind eines der einfachsten und preiswertesten Gerichte:
1-2 Kartoffeln pro Person bürsten, einstechen und bei 230 °C (Gas Stufe 5)
1-1½ Stunden backen, bis sich die Kartoffeln weich anfühlen
und die Schale rösch ist.
Dann aufschlitzen und mit Butter und geriebenem Käse, Hüttenkäse, Sauerrahm
oder Naturjoghurt oder einer der folgenden Füllungen servieren.

Gemüsebeilagen als Hauptgerichte

Einige Gemüsebeilagen ergeben ausgezeichnete Hauptgerichte, wenn sie mit gekochtem Naturreis, warmen Brötchen, Knoblauchbrot, heißer Pasta oder einem Kartoffelgericht serviert werden. Hier einige Vorschläge:

Gedünstete Frühlingsgemüse (S. 181) mit gevierteltem hartgekochtem Ei und neuen Kartoffeln oder mit warmem knusprigem Brot

Rotkohlkasserolle (S. 180) mit in der Schale gebackenen Kartoffeln (rechts) und Sauerrahm oder mit Gratin Dauphinois (rechts)

Pfannengerührte Möhren mit Brunnenkresse und Sesamsamen (S. 181), Champignons auf chinesische Art (S. 184) und süßsaurem Reis (S. 241)

Gedünstete Sellerieherzen (S. 182) mit Käsesauce (S. 175) und knusprigem Brot

Ratatouille (S. 187) mit heißem gekochtem Reis und Kopfsalat mit frischen Kräutern

In der Schale gebackene Kartoffeln (rechts) mit buntem Krautsalat (S. 162)

Gefüllte Kartoffeln (rechte S.) mit englischem Cole Slaw (S. 161)

Rösti (S. 189) oder »Hashed Browns« (rechte S.) mit Apfelmus (S. 84) und süßem Möhren-Fenchel-Paprika-Salat (S. 162)

Beilagen oder Füllungen für in der Schale gebackene Kartoffeln

Pilze in Sahnesauce

Die Kartoffeln mit Pilzsauce (S. 174) füllen.

Mais in Sahnesauce

100 g Gemüsemais, frisch (von 1 Kolben) und gekocht, oder aus der Dose, in 4 EL Sahne unter Rühren erhitzen, dann mit Salz und Pfeffer abschmecken.

Chili-Tomaten-Käse

1 kleine feingehackte Zwiebel in 15 g Butter etwa 10 Minuten glasig dünsten. Dann etwa 200 g Tomaten aus der Dose zugeben und ein wenig zerdrücken, 1 Prise Chilipulver und 100 g geriebenen Käse hinzufügen. Unter Rühren erhitzen, bis der Käse geschmolzen ist.

Guacamole

Guacamole (S. 144) über die heißen Kartoffeln löffeln.

Sauerrahm und Schnittlauch

2 EL Schnittlauchröllchen mit 150 g Sauerrahm verrühren, mit Salz und Pfeffer abschmecken und über die heißen Kartoffeln geben.

Gratin Dauphinois

Ein köstliches Gericht für eine besondere Gelegenheit. Wählen Sie für die anderen Gemüse des Menüs eine einfache Zubereitung.

Für 6 Personen

50 g Butter
750 g Kartoffeln, geschält und in sehr dünne Scheiben geschnitten
Salz und frisch gemahlener schwarzer Pfeffer
Frisch geriebene Muskatnuß (nach Belieben)
1 große Knoblauchzehe, zerdrückt
150 g Crème double

1 Den Backofen auf 170 °C (Gas Stufe 2) vorheizen. Mit der halben Buttermenge eine flache, feuerfeste Form gut einfetten.
2 Die Kartoffelscheiben in ein Sieb geben und unter fließendem kaltem Wasser gut abspülen; abtropfen lassen und auf Küchenkrepp trocknen.
3 Die Kartoffelscheiben in die Form schichten, mit Salz und Pfeffer und gegebenenfalls Muskat würzen; etwas Knoblauch zwischen die einzelnen Schichten geben.
4 Die Crème double gleichmäßig über die Kartoffeln gießen und die restliche Butter in Flöckchen darauf verteilen.
5 Unbedeckt 1½-2 Stunden im Ofen backen, bis sich die Kartoffeln weich anfühlen, wenn man sie ansticht.

✿ »Hashed Browns«

Diese amerikanische Art, Kartoffeln zuzubereiten, ergibt ein besonders pikantes Gericht.

Für 2-4 Personen

4 EL Öl
500 g Kartoffeln, gebürstet oder geschält, dann gewürfelt, gekocht oder roh
1 kleine Zwiebel, feingehackt (nach Belieben)
Salz und frisch gemahlener schwarzer Pfeffer

1 Das Öl in einer großen Pfanne mit Dekkel erhitzen, dann die Kartoffeln, gegebenenfalls mit der Zwiebel, zugeben und mit einem Spatel am Boden festdrücken.
2 Rohe Kartoffeln bei leichter Hitze bedeckt garen, bis sie weich sind, dann bei größerer Hitze bräunen.
3 Gekochte Kartoffeln bei mäßiger Hitze braten, bis die Unterseite goldbraun ist. Mit dem Spatel mehrmals in das Öl drücken.
4 Den Kartoffelkuchen in der Mitte teilen und jede Hälfte wenden. Wenn er goldbraun und knusprig ist, auf Küchenkrepp abtropfen lassen. Mit Salz und Pfeffer würzen und sofort servieren.

Im Uhrzeigersinn von oben: »Hashed Browns« - Rösti (S. 189) - Gratin Dauphinois

Gefüllte Kartoffeln

Mit etwas Salat, zum Beispiel buntem Krautsalat (S. 162) oder süßem Möhren-Fenchel-Salat (S. 162), servieren.

1-2 große Kartoffeln pro Person
Butter und Milch
25-50 g geriebener Käse pro Person
Salz und frisch gemahlener schwarzer Pfeffer
2-3 EL gehackte frische Kräuter

1 Die Kartoffeln bürsten und einstechen, dann im Backofen bei 230 °C (Gas Stufe 5) 1-1½ Stunden backen, bis die Haut rösch ist und die Kartoffeln sich weich anfühlen.
2 Die Kartoffeln halbieren und aushöhlen. Die Schalen auf ein Backblech legen. Die aus den Schalen geschabte Kartoffelmasse mit etwas Butter und Milch sowie der halben Menge Käse vermischen. Nach Geschmack mit Salz und Pfeffer würzen.
3 Die Mischung wieder in die Kartoffelschalen füllen und mit dem restlichen Käse bestreuen.
4 Die gefüllten Kartoffeln nochmals in den Backofen schieben und 20 Minuten überbacken, bis sie goldbraun und knusprig sind. Mit frischen Kräutern bestreuen.

Variante

✿ *Kartoffeln mit Kräuterfüllung*

Den Käse weglassen, Butter durch ungehärtete Pflanzenmargarine und Milch durch Sojamilch ersetzen; reichlich gehackte frische Kräuter verwenden. Gut mit Salz und Pfeffer würzen.

Gemüse-Hauptgerichte

Gemüse kann man für sättigende verlockende Hauptgerichte verwenden, von einfachen Gemüseaufläufen (S. 200) bis hin zu exquisit gefülltem Gemüse für ein spezielles Essen. Andere beliebte Gerichte sind Gemüsekebabs und Gemüse-Tempura, die, mit Reis serviert, auch Nicht-Vegetariern schmecken. Einige der gefüllten Gemüse beanspruchen ein wenig Zeit, andere Rezepte dieses Abschnitts hingegen sind ganz unaufwendig, zum Beispiel das pfannengerührte süß-saure Gemüse (S. 199) und der Kartoffel-Käse-Auflauf (S. 200), und eignen sich gut als Alltagsessen für die Familie, wenn es schnell gehen muß.

MENÜ

Frühherbstliches Mittagessen für vier Personen

Kartoffelsuppe mit gerösteten Haselnüssen
135

Schnelle Vollweizenbrötchen
328

Gefüllte Auberginen à la provençale
rechts

Frische Tomatensauce
170

Kartoffelpüree
189

Butterspinat
55

Pochierte Birnen mit Zabaglione
85 und 301

oder

Birnensorbet
282

✿ GEFÜLLTE AUBERGINEN À LA PROVENÇALE

Auf einem Bett aus Reis, Kartoffelpüree oder Nudeln, zusammen mit einem grünen Salat serviert, ergeben diese gefüllten Auberginen ein köstliches Hauptgericht.

Für 4 Personen

2 Auberginen (zusammen etwa 450 g)
Salz
Olivenöl
1 große Zwiebel, geschält und gehackt
4 Tomaten, enthäutet und gehackt
2 Knoblauchzehen, zerdrückt
2 EL gehackte Petersilie
Frisch gemahlener schwarzer Pfeffer
4 EL frische Vollweizen-Brotkrumen
Butter oder ungehärtete Pflanzenmargarine

Eine Aubergine aushöhlen

Die Aubergine längs halbieren, das Fruchtfleisch kreuzweise einschneiden. Entwässern (S. 73), dann das Fleisch herausschaben.

1 Die Stiele entfernen und die Auberginen der Länge nach halbieren. Das Fruchtfleisch kreuzweise einschneiden, ohne die Schale zu durchstoßen, mit Salz bestreuen und entwässern (S. 73).
2 Das Fleisch aus den Schalen schaben und kleinhacken.
3 Den Backofen auf 200 °C (Gas Stufe 3–4) vorheizen.
4 Etwas Öl in einem großen Topf erhitzen und die Auberginenschalen etwa 3 Minuten von beiden Seiten anbraten.
5 Die Schalen aus dem Topf nehmen, in eine feuerfeste Form geben und einstweilen beiseite stellen.
6 Die Zwiebel und das Auberginenfleisch 7 Minuten dünsten, wenn nötig, etwas Öl zugeben.
7 Tomaten und Knoblauch hinzufügen und weitere 3 Minuten garen, dann die Petersilie untermischen und nach Geschmack mit Salz und Pfeffer würzen.
8 Die Mischung in die Auberginenschalen füllen, mit Brotkrumen bestreuen, mit Butter betupfen.
9 Die gefüllten Auberginen 20–30 Minuten im Ofen backen, bis die Auberginenschalen weich sind und die Füllung an der Oberfläche gebräunt ist.

✿ Zucchini mit einer Füllung aus Möhren, Ingwer und Mandeln

Leicht und delikat gewürzt, schmecken diese Zucchini gut mit einem grünen Salat und einem Dressing aus vegetarischem Joghurt und Kräutern (S. 156).

Für 4 Personen

1 große Zwiebel, geschält und gehackt
2 EL Olivenöl
4 mittelgroße Zucchini (zusammen etwa 750 g)
1 Knoblauchzehe, zerdrückt
350 g Möhren, geschabt und in dünne Scheiben geschnitten
¾ TL geriebener frischer Ingwer
75 g Mandelblättchen
Salz und frisch gemahlener schwarzer Pfeffer
Butter zum Einfetten

1 Den Backofen auf 190 °C (Gas Stufe 3) vorheizen.
2 Die Zwiebel mit dem Öl in einem mittelgroßen Topf 5 Minuten anbraten.
3 In der Zwischenzeit die Zucchini der Länge nach halbieren und in der Mitte ausschaben, um einen Hohlraum für die Füllung zu schaffen.
4 Das Zucchinifleisch kleinhacken und zusammen mit Knoblauch, Möhren und Ingwer zu der Zwiebel geben. Zudecken und etwa 10 Minuten leicht garen, bis die Gemüse weich sind.
5 Die Mischung vom Herd nehmen, die Mandeln sowie Salz und Pfeffer nach Geschmack zugeben.
6 Die Zucchinischalen mit der Möhrenmischung füllen und in eine gefettete flache Kasserolle geben. (Wenn die Zucchini lang sind, können sie quer halbiert oder gedrittelt werden.)
7 Mit Alufolie abdecken und etwa 40 Minuten im Ofen backen, bis die Zucchini weich sind. Sofort servieren.

Variante

Zucchini mit Frischkäse-Mandel-Füllung

Für diese Variante, die gut schmeckt, wenn man sie auf pfannengerührtem chinesischem Blätterkohl (Pak-Choi) serviert, die Möhren durch 350 g Frischkäse ersetzen. Mit frischem Ingwer, wie vorgeschlagen, oder mit 1–2 TL abgeriebener unbehandelter Zitronenschale und einigen Tropfen Zitronensaft würzen. 1–2 EL gehackte Petersilie oder Schnittlauchröllchen kann man ebenfalls dazugeben.

Zucchini aushöhlen

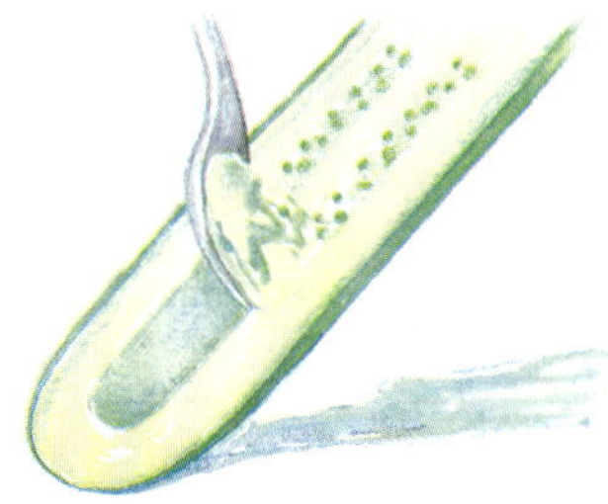

Die Zucchini längs halbieren und das Mark herausschaben, um einen Hohlraum für die Füllung zu schaffen.

Gebackene gefüllte Avocados (S. 196) - Gefüllte Paprikaschoten (S. 194) - Zucchini mit einer Füllung aus Möhren, Ingwer und Mandeln

✿ MARKKÜRBIS MIT HASELNUSSFÜLLUNG UND APFELMUS

Dies ist eine angenehme Mischung von Geschmacksrichtungen. Als Hauptgericht mit gerösteten Kartoffeln und ein oder zwei Gemüsen, wie Prinzeßbohnen und Möhren, servieren. Eine vegetarische Bratensauce (S. 172) kann ebensogut wie Apfelmus dazu gereicht werden.

Für 4–6 Personen

1 mittelgroßer Markkürbis (etwa 1 kg)
2 große Zwiebeln, geschält und gehackt
50 g Butter oder ungehärtete Pflanzenmargarine
100 g Haselnüsse, geröstet (S. 36) und grobgemahlen
100 g frische Vollweizen-Brotkrumen
2–3 EL gehackter frischer Salbei
Salz und frisch gemahlener schwarzer Pfeffer
Butter oder ungehärtete Pflanzenmargarine zum Einfetten
1 Portion Apfelmus (S. 84)

1 Den Backofen auf 200 °C (Gas Stufe 3–4) vorheizen.

2 Das Stielende des Markkürbis abschneiden, dann den Kürbis schälen, aber nicht zerteilen. Mit einem Löffel die Kerne herauskratzen, um einen Hohlraum für die Füllung zu schaffen.

3 Die Zwiebeln in der Butter 10 Minuten glasig dünsten, dann Haselnüsse, Brotkrumen und Salbei sowie Salz und Pfeffer nach Geschmack zugeben.

4 Die Mischung in den Markkürbis füllen und die abgeschnittene Kappe wieder ansetzen.

5 Den Kürbis gut in eingefettete Backfolie wickeln und in eine Backform legen.

6 Etwa 1 Stunde im Ofen backen, bis der Kürbis weich ist, wenn man ihn ansticht. Die Backfolie entfernen, den Kürbis in Scheiben schneiden und mit Apfelmus servieren.

Einen Kürbis aushöhlen

Das Stielende abschneiden, dann die Kerne und das Mark herauskratzen; die Kappe nach dem Füllen wieder ansetzen.

Eine Paprikaschote entkernen

Das Stielende abschneiden, die weißen Teile entfernen, dann die Kerne herausspülen.

Eine Tomate aushöhlen

Die Oberseite der Tomate abschneiden und das Fleisch mit einem Teelöffel herausschaben.

✿ GEFÜLLTE PAPRIKASCHOTEN

(Abb. S. 193)

Man kann dazu rote, grüne oder gelbe Paprikaschoten verwenden, entweder sechs von einer Sorte oder eine Mischung für ein vielfarbiges Gericht. Püriertes Gemüse, besonders Kartoffeln, oder Butternudeln mit Mohnsamen und ein einfacher grüner Gurken- oder Kopfsalat passen gut zu diesem Gericht.

Für 6 Personen

1 große Zwiebel, geschält und feingehackt
4 EL Olivenöl
2 Knoblauchzehen, zerdrückt
2 große Tomaten, enthäutet und gehackt
250 g Langkorn-Naturreis
1 TL getrockneter Oregano
Salz
6 Paprikaschoten (von annähernd viereckiger Form)
Frisch gemahlener schwarzer Pfeffer
2 EL gehackte Petersilie
Öl zum Einfetten

1 Die Zwiebel mit dem Öl in einem mittelgroßen Topf mit schwerem Boden anbraten, dann Knoblauch, Tomaten und Reis zugeben und unter gelegentlichem Umrühren weitere 3–4 Minuten leicht garen, bis die Zwiebel weich ist.

2 Den Oregano, gut ½ l Wasser und 1 TL Salz zugeben. Zum Kochen bringen, den Topf fest verschließen und die Mischung 45 Minuten sehr leicht garen.

3 In der Zwischenzeit die Paprika der Länge nach halbieren und die Kerne entfernen. Die Paprika in etwa 2,5 cm hohem Wasser 5 Minuten ankochen, dann abtropfen lassen und auf Küchenkrepp trocknen.

4 Den Backofen auf 180 °C (Gas Stufe 2–3) vorheizen. Die Reismischung mit

Pfeffer und, wenn nötig, noch etwas Salz würzen und die Petersilie einrühren. Die Mischung in die Paprikahälften füllen.
5 Die Paprika in eine leicht geölte Kasserolle legen und 25–30 Minuten im Ofen backen, bis sie sich weich anfühlen.

Varianten

Die Füllung kann auf viele Arten variiert werden. Versuchen Sie einmal, kleine Mengen feiner Gemüse, wie feingehackte Pilze oder Sellerie, hinzuzufügen; bei nicht streng vegetarischen Versionen geriebenen Käse zugeben.

Für eine Geschmacksrichtung des Nahen Ostens den Oregano durch 1 TL gemahlenen Zimt oder gemahlenes Piment ersetzen und je 50 g gehackte getrocknete Aprikosen, Rosinen und Pinienkerne oder Cashewnüsse zu der Mischung geben.

Tomaten mit Zucchini-Mais-Füllung

✿ Gefüllte Tomaten

Fleischtomaten bieten sich für verschiedene Füllungen geradezu an. Eine meiner Vorlieben ist diese würzige Kartoffelmischung. Reichen Sie die Tomaten mit einfachem oder gewürztem Naturreis (S. 241) und, wenn Sie ausreichend Zeit für die Vorbereitung haben, mit Currysauce (S. 177) oder einer saftigen Beilage, etwa Okra mit Kreuzkümmel und Koriander (S. 186).

Für 4 Personen

4 große Fleischtomaten
Salz und frisch gemahlener schwarzer Pfeffer
1 große Zwiebel, geschält und gehackt
4 EL Öl
500 g Kartoffeln, geschält und in etwa 5 mm große Würfel geschnitten
2 Knoblauchzehen, zerdrückt
2 TL ungemahlener Kreuzkümmel
½ TL Kurkuma
2 EL grobgehackter Koriander
Butter oder ungehärtete Pflanzenmargarine zum Einfetten

Zum Garnieren
Korianderzweige

1 Den oberen Teil der Tomaten abschneiden und aufheben, die Tomaten aushöhlen. Das Tomatenfleisch hacken, mit Salz und Pfeffer würzen, dann in eine leicht eingefettete flache, feuerfeste Form geben, die groß genug ist, daß alle Tomaten nebeneinander darin Platz finden.
2 Die Tomaten innen mit Salz bestreuen und dann zum Entwässern umdrehen. Den Backofen auf 200 °C (Gas Stufe 3–4) vorheizen.
3 Für die Füllung die Zwiebel mit dem Öl in einer Pfanne 5 Minuten anbraten, dann die Kartoffeln und den Knoblauch zugeben.
4 10 Minuten garen, die Gewürze und den Koriander hinzufügen. Weitere 4–5 Minuten garen, bis die Kartoffeln gerade weich sind. Mit Salz und Pfeffer würzen.
5 Die Kartoffelmischung in die Tomaten füllen. Die Tomaten in die Form auf das Tomatenmark stellen, die abgeschnittenen Deckel wieder aufsetzen und 15–20 Minuten im Ofen backen, bis die Tomaten gerade weich sind. Mit Koriander garnieren und sofort servieren.

Varianten

Tomaten mit Kräuterfüllung
Diese Variante hat einen provenzalischen Geschmack: Die Tomaten nach obiger Anweisung vorbereiten und mit einer Kräuterfüllung wie der für weißen Nußbraten (S. 239) nach Vorschrift backen. Sie schmecken besonders gut, wenn man sie auf Tomatenpüree serviert und dazu leicht gegarte Gemüse, etwa Prinzeßbohnen, oder grünen Salat reicht.

✿ *Tomaten mit Zucchini-Mais-Füllung*
Die Kartoffeln durch 250 g kleingewürfelte Zucchini und 250 g Gemüsemais ersetzen. Die Gewürze weglassen und 2 EL grobgehackte Petersilie und vielleicht 1 Prise Chilipulver zugeben.

MENÜ

Ein Essen mit mexikanischem Flair

Tortilla-Chips mit Guacamole
144

Tomaten mit Zucchini-Mais-Füllung
links

Gekochte Kartoffeln mit Butter und Petersilie
70

Schokoladentöpfchen
279

Gebackene gefüllte Avocados

(Abb. S. 193)

Eine heiße, gefüllte Avocado ist eine leicht zuzubereitende und luxuriöse Mahlzeit. Mit Sauce Soubise (S. 173) oder mit Möhren, die man mit etwas Zitronensaft beträufelt, auf gekochtem Reis, pürierten Möhren oder Kartoffelpüree servieren.

Für 4 Personen

1 Zwiebel, geschält und gehackt
15 g Butter
2 große reife Avocados, halbiert und entsteint
100 g Paranüsse, gehackt
100 g Gruyère, gewürfelt
4 EL geriebener Parmesan
2 EL gehackte Petersilie
2 EL Sherry
Salz und frisch gemahlener schwarzer Pfeffer

1 Den Backofen auf 200 °C (Gas Stufe 3–4) vorheizen.
2 Die Zwiebel in der Butter 10 Minuten garen, bis sie weich ist.
3 In der Zwischenzeit vorsichtig, um die Schalen nicht zu verletzen, die Avocados aushöhlen und das Fleisch würfeln.
4 Die gebratene Zwiebel zusammen mit den Paranüssen, beiden Käsesorten, Petersilie und Sherry zu dem Avocadofleisch geben.
5 Die Mischung in die Avocadoschalen füllen, diese in eine flache, feuerfeste Form legen und 10–15 Minuten im Ofen backen. Sofort servieren.

Eine Servierplatte mit gefüllten Gemüsen

Eine Auswahl von drei oder vier verschiedenen gefüllten Gemüsen, auf Safranreis arrangiert, ist Mittelpunkt jeder festlichen Tafel. Nehmen Sie kleine Exemplare der jeweiligen Gemüsesorte, damit jeder verschiedene Sorten probieren kann. Die Zubereitung der Gemüse ist zwar etwas aufwendig, doch kann man die Arbeit gut im voraus erledigen. Eine kalte Sauce oder ein Dip, etwa Guacamole (S. 144) oder Joghurt-Kräuter-Dressing (S. 156), und ein grüner Salat passen gut zu den Gemüsen. Diese Auswahl ist für 6 Personen gedacht:

- □ 3 kleine gefüllte Auberginen à la provençale (S. 192); die Hälfte der Füllzutaten verwenden
- □ 2 Zucchini mit einer Füllung aus Möhren, Ingwer und Mandeln (S. 193); die Hälfte der Füllmenge verwenden und die Zucchinihälften quer halbieren, damit sich 8 Portionen ergeben
- □ 6 große (aber keine Fleisch-) Tomaten mit 1 Portion Kräuterfüllung (S. 239)
- □ 6 flache Pilze mit einem Dip aus dicken Bohnen (Saubohnen; S. 61)
- □ 2 Portionen Safranreis (S. 241)

Crêpes-Füllungen

Gelber Blumenkohl (S. 185)
Rotkohlkasserolle (S. 180)
Ratatouille (S. 187)
Peperonata (S. 186)
Bunte Limabohnen (S. 206)
Pikanter Linsenauflauf (S. 211)
Pilze oder Wildpilze in Sahnesauce (S. 79)
Glasierte Möhren (S. 182)
Okra mit Kreuzkümmel und Koriander (S. 186)
Gedünstete Frühlingsgemüse (S. 181)

✿ Gefüllte Kohlrouladen in Kokosnusssauce

Hier wird eine einfache Reismischung in Kohlblätter eingerollt und in einer leichtgewürzten, pikanten Kokosnußsauce (S. 177) gebacken. Ein knackiger Salat, zum Beispiel süßer Möhren-Fenchel-Salat (S. 162) oder Chicorée-Walnuß-Salat mit Brunnenkresse (S. 161), paßt gut dazu, ebenso leicht gegarte Prinzeßbohnen (S. 61).

Für 4 Personen

1 Zwiebel, geschält und gehackt
1 EL Öl
175 g Langkorn-Naturreis
Salz
8 Kohlblätter (Außenblätter)
50 g Cashewnüsse, gehackt
50 g Rosinen
Frisch gemahlener schwarzer Pfeffer
2 Portionen pikante Kokosnußsauce (S. 177)

1 Die Zwiebel mit dem Öl in einem großen Topf 10 Minuten garen. Den Reis zugeben, kurz erhitzen und dabei umrühren, dann etwa ½ l Wasser und 1 TL Salz hinzufügen.
2 Zum Kochen bringen, sofort die Hitze reduzieren, den Deckel aufsetzen und 45 Minuten garen.
3 In der Zwischenzeit die Kohlblätter blanchieren, indem man sie in einen zur Hälfte mit kochendem Wasser gefüllten Topf gibt und 2 Minuten köcheln läßt. Abtropfen lassen und unter kaltem Wasser abschrecken, dann wieder abtropfen lassen.
4 Den Backofen auf 190 °C (Gas Stufe 3) vorheizen.
5 Nüsse und Rosinen zu dem Reis geben und mit Salz und Pfeffer abschmecken.
6 Die Reismischung auf den Kohlblättern verteilen und diese um die Füllung zu einer festen Rolle wickeln.
7 Die Kohlrouladen in eine flache, feuerfeste Form legen und die Kokosnußsauce darübergießen.
8 Unbedeckt etwa 40 Minuten im Ofen backen.

Crêpes mit Spargel und Frischkäse

Servieren Sie dieses sommerliche Hauptgericht mit jungen Möhren und neuen Kartoffeln.
Beginnen Sie die Mahlzeit mit einer kalten Suppe.

Für 4-6 Personen

Crêpes mit Spargel und Frischkäse

750 g frischer Spargel, geschält, gewaschen und gekocht (S. 63)
450 g Frischkäse
Fein abgeriebene Schale von 1 unbehandelten Zitrone
Salz und frisch gemahlener schwarzer Pfeffer

Für den Teig
100 g Mehl
½ TL Salz
2 Eier
1 EL Olivenöl oder geschmolzene Butter
Gut ⅛ l Milch
Gut ⅛ l Wasser
300 g Kaffeesahne

Zum Garnieren
Zitronenschmetterlinge
Spargelspitzen

1 Man bereitet zuerst die Füllung zu: den Spargel in etwa 2,5 cm lange Stücke schneiden, mit Frischkäse und Zitronenschale vermischen und mit Salz und Pfeffer abschmecken.
2 Dann den Crêpes-Teig zubereiten: entweder alle Zutaten im Mixer oder in der Küchenmaschine verquirlen oder das Mehl zusammen mit dem Salz in eine Schüssel geben, in die Mitte eine Mulde drücken, Eier, Öl und eine kleine Menge der flüssigen Zutaten hineingeben und schlagen, bis die Masse weich ist, dann allmählich den Rest der Flüssigkeit einrühren.
3 Den Backofen auf 180 °C (Gas Stufe 2-3) vorheizen.
4 Aus dem Teig 12 dünne Crêpes zubereiten (S. 299).
5 Die Spargelmischung gleichmäßig darauf verteilen, die Crêpes zusammenrollen und nebeneinander in eine flache Kasserolle legen.
6 Die Sahne auf die Crêpes gießen. Mit Alufolie abdecken und 20-30 Minuten im Ofen backen, bis die Crêpes durch und durch heiß sind.
7 Die Alufolie entfernen und die Crêpes mit Zitronenschmetterlingen und Spargelspitzen garnieren.

Variante

Crêpes mit Pilzen und Frischkäse

Man verwendet 500 g in Scheiben geschnittene Champignons statt des Spargels. In 25 g Butter 2-3 Minuten dünsten, bis sie richtig weich sind. Die Pilze mit dem Frischkäse vermischen, die Zitronenschale weglassen.

Farbige Crêpes

Man kann den Grundteig für Crêpes mit Safran, Kurkuma oder Gemüsepürees färben, und wenn man außerdem jeweils kontrastierende Füllungen wählt, kann man ungeahnte Farbeffekte erzielen.

Um blaßgrüne Crêpes zu erhalten, gibt man 2 EL Spinatpüree in den Teig; versuchen Sie in diesem Fall eine leuchtend rote Füllung, etwa mit Peperonata (S. 186).

Wenn man hellgelbe Crêpes zubereiten möchte, weicht man ein paar Safranfäden in der Milch ein, bevor man sie in den Teig rührt, oder man gibt ½-1 TL Kurkuma dazu. Wenn Kurkuma verwendet wird, wählt man am besten eine würzige Gemüsefüllung, etwa Okra mit Kreuzkümmel und Koriander (S. 186).

Gemüse-Tempura mit Dip

(Abb. S. 133)

Für 4 Personen

Serviervorschlag für Gemüse-Tempura

Ein Korb voll knuspriger, gemischter fritierter Gemüsestückchen sieht appetitanregend aus und ergibt eine köstliche Mahlzeit. Mit süß-saurem Reis (S. 241) servieren und - wenn es ein japanisches Essen sein soll - danach Litschis reichen. Die Hauptvorbereitungen kann man im voraus treffen, nur das Fritieren selbst muß kurz vor dem Essen erfolgen.

250 g Auberginen, in etwa 1 cm große Würfel geschnitten
2 große Möhren, geschabt und in Streifen geschnitten
2 mittelgroße flache Pilze, geputzt
1 grüne Paprikaschote, entkernt und in Streifen geschnitten
½ Blumenkohl, in Röschen zerteilt (die größeren halbiert oder geviertelt)

Für den Dip
4 EL Mirin (S. 308)
Gut ⅛ l Sojasauce
1 TL geriebener frischer Ingwer

Für den Teig
2 große Eier
250 g Mehl
1 TL Salz
Pflanzenöl zum Fritieren

Zum Garnieren
Möhren, in Julienne-Streifen geschnitten
Geriebener frischer Ingwer
Frisch gemahlener schwarzer Pfeffer

1 Zuerst den Dip zubereiten: das Mirin in einem kleinen Topf zum Kochen bringen.
2 Von der Kochstelle nehmen, die Sojasauce und den Ingwer dazugeben. Den Dip in 4 kleine Schüsseln füllen.
3 Dann den Teig zubereiten: die Eier aufschlagen und leicht verquirlen, aber nicht schaumig schlagen.
4 Gut ¼ l Wasser einrühren, nach und nach das Mehl sowie Salz dazugeben und leicht mischen, bis sich alle Zutaten miteinander verbunden haben. Ärgern Sie sich nicht über einige kleine Klumpen.
5 Alle Gemüse in getrennten Häufchen bereitstellen.
6 Eine Friteuse, halb mit Öl gefüllt, auf 180 °C (Gas Stufe 2-3) erhitzen; die Temperatur ist erreicht, wenn sich Blasen an einem Stäbchen bilden, das man in das heiße Öl hält.
7 Die Auberginen in den Ausbackteig tauchen, dann in das heiße Öl geben. Jeweils nicht mehr Gemüsestücke fritieren als nebeneinander Platz haben.
8 Nach etwa 2 Minuten die Stücke wenden und auf der anderen Seite weitere 2 Minuten fritieren, bis sie goldbraun sind.
9 Aus dem Öl nehmen und auf Küchenkrepp legen. Die fritierten Auberginenwürfel warm halten, während man das restliche Gemüse auf die gleiche Weise fritiert.
10 Wenn alle Gemüsestücke fritiert sind, diese auf 4 vorgewärmten Tellern oder in Körbchen, die mit Papierservietten ausgelegt sind, anrichten. Mit Möhrenstreifen, Ingwer und Pfeffer garnieren. Zusammen mit dem Dip servieren.

✿ Auberginenscheiben in Kichererbsenteig

Die fritierten Scheiben mit Kartoffeln und einem grünen Gemüse servieren, eine gehaltvolle Nachspeise folgen lassen, etwa Rosen-Käsekuchen (S. 289).

Für 4 Personen

2 mittelgroße Auberginen
Öl zum Fritieren

Für den Teig
100 g Kichererbsenmehl
½ TL Salz

Zum Servieren
Zitronenscheiben
Sauerrahm- oder streng vegetarisches Joghurt-Kräuter-Dressing (S. 156)

1 Die Auberginen der Länge nach in etwa 5 mm dicke Scheiben schneiden, in ein Sieb geben und entwässern (S. 73).
2 Die Auberginenscheiben mit kaltem Wasser abspülen und mit Küchenkrepp trockentupfen.
3 Für den Ausbackteig das Kichererbsenmehl mit 350 ml kaltem Wasser und Salz verrühren, bis die Mischung ganz glatt und dickflüssig ist.

4 Die Auberginenscheiben in den Ausbackteig tauchen, so daß sie rundum damit überzogen sind, dann auf beiden Seiten in heißem Öl fritieren.

5 Auf Küchenkrepp abtropfen lassen. Die ersten Portionen warm halten, während man den Rest fritiert, dann sofort mit Zitronenscheiben und Dressing servieren.

MENÜ

Für Kalorienbewußte

Möhren-Ingwer-Suppe
129

Pfannengerührtes süß-saures Gemüse mit Mandeln
links

Aprikosen-Orangen-Creme
282

✿ Pfannengerührtes süss-saures Gemüse mit Mandeln

Eine köstliche Mischung mit süß-saurem Geschmack und knackigen, nährstoffreichen Mandeln. Wenn Sie dieses Gericht mit gekochtem Naturreis servieren wollen (der sehr gut dazu paßt), setzen Sie den Reis frühzeitig genug auf, denn das Pfannenrührgericht dauert nicht lange, der Reis hingegen etwa 45 Minuten.
Das Gericht schmeckt auch kalt als Salat oder Vorspeise gut.

Für 4 Personen

250 g rote Paprikaschoten, entkernt
250 g grüne Paprikaschoten, entkernt
250 g Zucchini
250 g Stangensellerie
250 g Frühlingszwiebeln
250 g Champignons, geputzt
4 EL Olivenöl
100 g blanchierte Mandeln

Für das Dressing
2 Knoblauchzehen, zerdrückt
15 g frischer Ingwer, gerieben
4 EL Sojasauce
4 EL Zitronensaft
1 EL Essig
2 EL klarer Honig

1 Paprika, Zucchini und Sellerie waschen und in etwa 5 cm lange Stäbchen schneiden. Die Frühlingszwiebeln so putzen, daß etwa 2 cm des grünen Teils stehenbleiben. Die Pilze in Scheiben schneiden.
2 Als nächstes das süß-saure Dressing zubereiten: alle Zutaten im Mixer, in der Küchenmaschine oder von Hand in einer Schüssel vermischen.
3 Das Pfannengericht erst kurz vor dem Servieren zubereiten: das Öl in einer Wok oder großen Pfanne erhitzen, das Gemüse hineingeben, 2 Minuten unter Rühren garen, bis es weich zu werden beginnt.
4 Die Mandeln und das süß-saure Dressing zugeben und weitere 1–2 Minuten unter Rühren garen.

Pfannengerührtes süß-saures Gemüse mit Mandeln

MENÜ

Ein Abendessen für Kinder

Kartoffel-Käse-Auflauf rechts

Frische Tomatensauce 170

Geraspelte Möhren und Tomatenscheiben

Ananasgelee 286

Schnelle Hauptgerichte

Bunte Limabohnen (S. 206) und der rote Kidneybohnentopf (S. 206) sind Gerichte, die sich schnell herstellen lassen, wenn man Dosen-Bohnen verwendet; Linsen-Dal (S. 209) ist auch nicht zeitaufwendig und schmeckt gut zusammen mit gewürzten Kartoffeln (S. 185) oder gelbem Blumenkohl (S. 185). Erdnußsauce (S. 36) zu gekochten Kartoffeln ergibt eine ausgezeichnete schnelle Mahlzeit. Viele Eier- und Käsegerichte sind ebenfalls im Handumdrehen zubereitet, besonders gebackene Eier (S. 214), Pipérade (S. 215), Schweizer Käsefondue (S. 217) und alle Omeletts.

Der schnelle pikante Nußbraten (S. 235), Erdnußküchlein (S. 232), Risotto (S. 244), Reispilaw mit Aprikosen, Rosinen und Pinienkernen (S. 242), Hirsepilaw mit Nüssen und Rosinen (S. 245) sind gleichfalls Gerichte für Eilige, ebenso wie viele mit Pasta, etwa grüne Fusilli mit Champignons und Sahne (S. 251), Tagliatelle mit Gorgonzola und Walnüssen (S. 250) und sommerliche Linguine (S. 255).

Der Frühlingszwiebel-Kräuter-Flan (S. 266) ist ein besonders schnelles Teiggericht und das pfannengerührte süß-saure Gemüse mit Mandeln (S. 199) eine besonders rasch zuzubereitende Mahlzeit mit Mischgemüse.

KARTOFFEL-KÄSE-AUFLAUF

(Abb. S. 337)

Für 2-4 Personen als Hauptgericht

25 g Butter
2 große Kartoffeln, geschält und in dünne Scheiben geschnitten
2 Zwiebeln, geschält und in dünne Scheiben geschnitten
100 g Cheddar, gerieben
Salz und frisch gemahlener schwarzer Pfeffer
4 EL Milch

Zum Garnieren
Petersilienzweige
Tomatenscheiben

1 Den Backofen auf 170 °C (Gas Stufe 2) vorheizen.

2 Eine flache Kasserolle mit der Hälfte der Butter einfetten.

3 Den Boden der Kasserolle mit einer Schicht Kartoffeln auslegen, darüber eine dünne Schicht Zwiebelscheiben und etwas geriebenen Käse geben; mit Salz und Pfeffer würzen.

4 Die Zutaten in gleicher Weise weiter aufschichten und mit einer Lage Kartoffelscheiben abschließen. Die Milch darübergießen und die Kartoffelschicht mit der restlichen Butter betupfen.

5 Etwa 1½ Stunden im Ofen überbacken, bis die Kartoffeln weich sind. Mit Petersilie und Tomatenscheiben garnieren.

✿ BUNTER GEMÜSEAUFLAUF

Servieren Sie dieses Familiengericht mit leicht gegartem Broccoli und eventuell mit vegetarischer Bratensauce (S. 172).

Für 4 Personen

1 Dose gehackte Tomaten (etwa 400 g)
100 g Walnüsse, gehackt
1 EL getrockneter Oregano
Salz und frisch gemahlener schwarzer Pfeffer
4 große Kartoffeln, geschält, in etwa 5 mm dicke Scheiben geschnitten, 4 Minuten vorgekocht und abgetropft
2 grüne Paprikaschoten, entkernt und in Ringe geschnitten
2 Zwiebeln, geschält und in Scheiben geschnitten
1 EL Olivenöl
Butter oder ungehärtete Pflanzenmargarine zum Einfetten

Zum Garnieren
Petersilienzweige

1 Den Backofen auf 200 °C (Gas Stufe 3-4) vorheizen. Eine tiefe Kasserolle mit etwas Butter einfetten.

2 Tomaten, Walnüsse und Oregano mischen. Mit Salz und Pfeffer würzen.

3 Eine Schicht Kartoffelscheiben in die Kasserolle geben, dann eine Schicht Paprika, eine Schicht Zwiebeln und darüber etwas von der Tomaten-Walnuß-Mischung.

4 Auf diese Weise die Zutaten weiter aufschichten und mit einer Kartoffelschicht abschließen. Mit Olivenöl beträufeln.

5 Mit Alufolie abdecken und 1 Stunde im Ofen überbacken; nach 40 Minuten Garzeit die Folie entfernen, damit die Oberfläche bräunen kann. Mit Petersilienzweigen garnieren.

Variante

Käse-Gemüse-Auflauf

Für eine gehaltvollere, nicht streng vegetarische Version schichtet man zusätzlich 250 g geriebenen Käse mit auf.

✿ GEMÜSEKEBABS MIT ROSMARIN

(Abb. S. 249)

Wenn man verschiedene Gemüse einige Stunden mariniert, nehmen sie Aromen gut an. Reispilaw mit Aprikosen, Rosinen und Pinienkernen (S. 242) zu diesen vegetarischen Kebabs servieren.

Für 6 Personen

6 Rosmarinzweige (je 20–25 cm lang), die unteren Blätter entfernt, oder 6 Spieße
12 kleine Champignons, geputzt
250 g fester Tofu, in 1 cm große Würfel geschnitten
1 kleine rote Paprikaschote, entkernt und in etwa 2,5 cm lange, 1 cm breite Streifen geschnitten
12 Maiskölbchen
3 kleine Zucchini (zusammen etwa 350 g), in 1 cm dicke Scheiben geschnitten
12 Cocktailtomaten

Für die Marinade
1 TL englisches Senfpulver
1 Knoblauchzehe, zerdrückt
2 EL klarer Honig
2 EL Sojasauce
2 EL Olivenöl
1 TL Salz
Frisch gemahlener schwarzer Pfeffer

1 Die verschiedenen Gemüse und den Tofu auf Rosmarinzweige oder Spieße reihen: erst einen Champignon, dann ein Stück Tofu, etwas rote Paprika, Mais, Zucchini, eine Cocktailtomate usw.
2 Auf diese Weise alle Spieße bestücken.
3 Für die Marinade Senfpulver, Knoblauch und Honig miteinander vermischen, dann nach und nach die anderen Zutaten einrühren.
4 Die Kebabs auf ein Tablett (nicht aus Metall), einen großen Teller oder in eine Kasserolle legen. Das Behältnis muß groß genug sein, daß die Spieße flach nebeneinanderliegen können.
5 Einen Teil der Marinade über die Spieße löffeln und die Kebabs umdrehen, damit die Marinade die Gemüsestücke vollständig überzieht.
6 Die Kebabs mindestens 1 Stunde, besser jedoch mehrere Stunden marinieren und von Zeit zu Zeit in der Marinade wenden.
7 Die Kebabs auf einem heißen Grill 10–15 Minuten garen lassen, bis das Gemüse weich ist; währenddessen ab und an die Spieße umdrehen, damit das Gemüse gleichmäßig gart.
8 Die übrige Marinade in einem kleinen Krug getrennt dazu reichen.

Variante

Alle Gemüsesorten, in passende Stücke geschnitten, können für Gemüsekebabs verwendet werden, den Tofu kann man durch die gleiche Menge Seitan oder durch Nuß- oder Linsenbratenwürfel ersetzen.

Bunter Gemüseauflauf – Spinat-Gnocchi (S. 203)

Beilagen zu Currys

Jede der folgenden Beilagen, in kleinen hölzernen Schüsseln oder Auflaufförmchen serviert, paßt ausgezeichnet zu Currygerichten und gewürztem Reis:

Geröstete Erd- oder Cashewnüsse
Macadamianüsse
Tomatenscheiben
Mango-Chutney oder eingelegte Mangos
Aprikosen-Chutney
Eingelegte Limetten
Bananenscheiben
Getrocknete Kokosnuß
Gurkenscheiben in Naturjoghurt
Nüsse und Rosinen
Stangensellerie- und rote Paprikastückchen
Apfelwürfel

Olivenöl

Olivenöl ist das vielleicht köstlichste Speiseöl. Es wird durch das Auspressen reifer Oliven in der Zentrifuge gewonnen. Dieses reine, hellgrün-goldfarbene Olivenöl bezeichnet man als »kaltgepreßt« oder als »erste Pressung«. Das Fruchtfleisch wird dann weiter ausgepreßt, und man erhält ebenfalls naturreines »feines« und »mittelfeines« Olivenöl, das intensiver grün und stärker im Geschmack ist. Naturreine Olivenöle werden nur gereinigt und gefiltert, aber nicht raffiniert. Die Bezeichnung »natives Olivenöl« (»Olio virgine«) auf dem Etikett bedeutet, daß das Öl nicht raffiniert und chemisch behandelt wurde, um seinen natürlichen Säuregehalt auf einem für die Gesundheit ungefährlichen Niveau zu halten. Warmgepreßte Olivenöle müssen raffiniert werden, da sie zuviel freie Fettsäuren enthalten. Olivenöl gibt es in drei Qualitätsstufen:

NATIVES OLIVENÖL-EXTRA (von höchster Qualität; »erste Pressung«)

NATIVES OLIVENÖL (»fein« und »mittelfein«)

OLIVENÖL (Mischung aus nativem und raffiniertem Olivenöl; auf dem Etikett auch als »Reines Olivenöl« bezeichnet)

✿ GEMÜSE-CURRY

Dieses Currygericht ist einfach herzustellen und, was die Gewürze anbelangt, ausgewogen. Mit Reis und Beilagen ganz nach Geschmack servieren.

Für 4 Personen

1 Zwiebel, geschält und gehackt
40 g Butter oder ungehärtete Pflanzenmargarine
2 TL Kurkuma
2 TL gemahlener Kreuzkümmel
2 TL gemahlener Koriandersamen
¼ TL Chilipulver
2 Lorbeerblätter
100 g Weißkohl, gehobelt
500 g Kartoffeln, geschält und geviertelt
Salz und frisch gemahlener schwarzer Pfeffer
100 g tiefgefrorene Erbsen oder tiefgefrorene grüne Bohnen

Zum Garnieren

Korianderzweige
Zitronenschmetterling

1 Die Zwiebel mit der Butter in einem großen Topf 7 Minuten anbraten, bis sie weich zu werden beginnt.
2 Die Gewürze und die Lorbeerblätter zu den Zwiebeln geben und weitere 2-3 Minuten garen.
3 Den Weißkohl, die Kartoffeln, gut ½ l Wasser und etwas Salz und Pfeffer zugeben. Zum Kochen bringen, dann unbedeckt 15-20 Minuten köcheln lassen, bis die Kartoffeln fast weich sind und die Flüssigkeit gut eingekocht ist.
4 Die Erbsen dazugeben und weitere 5 Minuten garen.
5 Den Geschmack überprüfen; mit Koriander und Zitronenschmetterling garnieren und servieren.

PARMIGIANA

Parmigiana ist ein ausgezeichnetes Abendessen, besonders wenn man etwas Rotwein dazu reicht. Servieren Sie Parmigiana mit einem grünen Salat und etwas knusprigem Brot, und lassen Sie frisches Obst oder ein Körbchen mit selbstgemachten Plätzchen folgen.

Für 4 Personen

1 kg Auberginen
Salz
Olivenöl
2 große Zwiebeln, geschält und feingehackt
2 Knoblauchzehen, zerdrückt
1 Dose gehackte Tomaten (etwa 400 g)
250 g Käse (vorzugsweise Mozzarella) in dünne Scheiben geschnitten
6 EL geriebener Parmesan
Frisch gemahlener schwarzer Pfeffer

1 Die Auberginen in etwa 5 mm dicke Scheiben schneiden, salzen, entwässern (S. 73) und abspülen.
2 Den Backofen auf 200 °C (Gas Stufe 3-4) vorheizen. Etwas Öl in einer großen Pfanne erhitzen, Zwiebeln und Knoblauch 10 Minuten anbraten.
3 Die Zwiebelmischung mit einem Schaumlöffel aus dem Öl nehmen und die Auberginenscheiben in die Pfanne geben; braten, bis sie knusprig und leicht braun sind; bei Bedarf etwas Öl hinzufügen.
4 Auberginen, Zwiebeln, Tomaten und Käsescheiben in eine feuerfeste Form schichten, dabei etwas Parmesan sowie Salz und Pfeffer zwischen die Schichten geben, mit einer Auberginenschicht abschließen.
5 Unbedeckt 40-60 Minuten im Ofen überbacken, bis die Auberginen weich sind.

Im Uhrzeigersinn von oben rechts: Linsen-Dal (S. 209) – Gemüse-Curry – Aprikosen-Chutney (S. 342) – Tomatenscheiben und Zwiebelringe

Spinat-Gnocchi

(Abb. S. 201)

Servieren Sie die Gnocchi mit gebutterter Pasta und einem bunten Salat, der »italienisch« schmeckt, als leichtes Hauptgericht.

Für 4 Personen

750 g frischer Spinat, gekocht, abgetropft und gehackt,
oder 450 g tiefgefrorener gehackter Spinat, aufgetaut
250 g Schichtkäse
175 g Magerquark
50 g Parmesan, gerieben
2 Eigelbe
Salz und frisch gemahlener scharzer Pfeffer
Frisch geriebene Muskatnuß
Weizenkeime oder Mehl zum Wenden
Butter

Zum Servieren
Geriebener Parmesan

1 Darauf achten, daß der Spinat gut abgetropft ist, dann im Mixer oder in der Küchenmaschine pürieren. Das Püree in einen Topf geben und auf der warmen Herdplatte 1–2 Minuten trocknen lassen. Dann von der Kochstelle nehmen.

2 In einer Schüssel Schichtkäse, Magerquark, Parmesan, Eigelbe und Spinat vermischen. Mit Salz, Pfeffer und Muskat würzen. Wenn die Mischung sehr weich ist, stellt man sie etwa 30 Minuten in den Kühlschrank, damit sie fester wird.

3 Jeweils 1 TL der Mischung in Weizenkeimen oder Mehl wenden. (Die bisherigen Arbeitsgänge können im voraus erledigt werden.)

4 Bevor man die Gnocchi kocht, den Backofen leicht vorheizen, damit man die Gnocchi warm halten kann, sobald sie fertig sind. Einen großen Topf zur Hälfte mit leichtgesalzenem Wasser füllen und zum Kochen bringen.

5 6–8 Gnocchi in das Wasser geben und bei mäßiger Hitze etwa 4–5 Minuten köcheln lassen, bis sie auf der Oberfläche schwimmen. (Das Wasser darf wirklich nur köcheln.)

6 Die Gnocchi dann sofort mit einem Schaumlöffel aus dem Wasser nehmen, da sie sonst leicht zusammenfallen.

7 Gut abtropfen lassen, in eine vorgewärmte Servierschüssel geben, mit etwas Butter betupfen und im Backofen warm halten, bis alle Gnocchi fertig sind.

8 Mit geriebenem Parmesan bestreuen und sofort servieren.

MENÜ

Mittagessen am Familientisch

Für 4–6 Personen

Tomatensuppe mit Basilikum
130

Knoblauchbrot
137

Käse-Petersilien-Küchlein mit Petersiliensauce
217 und 175

Pommes frites
71

Grüne Bohnen

Frischer Fruchtsalat
286

Dies ist ein wärmendes Mittagessen an einem frostigen Samstag im Winter, wenn jedermann Aufmunterung braucht. Meiner Erfahrung nach essen die meisten Kinder diese hausgemachte Tomatensuppe gern, und gewöhnlich lieben sie auch Knoblauchbrot über alles. (Wenn jemand Knoblauch nicht mag, bestreicht man die Brotscheiben auf einer Seite mit Butter.) Die Käse-Petersilien-Küchlein sind ebenfalls begehrt, aber man muß sie frühzeitig – am besten am Abend vorher oder gleich morgens – vorbereiten, da die Mischung vor der Weiterverarbeitung völlig erkaltet sein muß. Als Beilagen schlage ich Pommes frites und grüne Bohnen vor und als Dessert frischen Fruchtsalat, um ein gewisses Gleichgewicht zu schaffen.

Als Getränk empfehle ich einen sprudelnden Fruchtsaft, gemischt aus Apfel- und Orangensaft und Sodawasser; wenn die Erwachsenen etwas Alkoholisches vorziehen, würde ich einen italienischen Wein wählen, entweder einen gekühlten weißen Soave oder einen Rotwein, vielleicht einen Chianti.

Gerichte mit Hülsenfrüchten

Ich weiß, daß manche Leute nicht gerne Hülsenfrüchte verwenden, weil man sie einweichen und im voraus kochen muß. Alle Gerichte in diesem Abschnitt können entweder aus schnell kochenden Hülsenfrüchten, die nicht erst eingeweicht werden müssen, oder aus konservierten, die ausgezeichnet schmecken, hergestellt werden. Am günstigsten ist es jedoch, getrocknete Hülsenfrüchte zu kaufen und sie selbst zuzubereiten; die notwendigen Informationen dazu und weitere Ideen für die Verwendung der verschiedenen Sorten finden Sie im Zutaten-Teil (S. 40). Wenn sie erst einmal gekocht sind, kann man aus Hülsenfrüchten eine ganze Anzahl ausgezeichneter Hauptgerichte bereiten.

MENÜ

Sonntägliches Mittagessen für die Familie

Erbspüree
rechts

Vegetarische Bratensauce
172

Minzsauce
119

Rosenkohl in Butter
59

Röstkartoffeln
71

Ländlicher Apfelkuchen
294

oder

Rhabarberstreusel
295

Bunte Limabohnen

Für 4 Personen

3 Stangen Sellerie, in etwa 5 mm große Würfel geschnitten
1 kleine rote Paprikaschote, entkernt und in etwa 5 mm große Würfel geschnitten
1 EL Öl
2 TL Currypulver
2 Dosen Gemüsemais (je etwa 300 g), abgetropft
250 g Limabohnen, eingeweicht, gekocht und abgetropft, oder 2 Dosen Limabohnen (je etwa 425 g), abgetropft
Salz und frisch gemahlener schwarzer Pfeffer

Zum Garnieren
Gehackte Petersilie

1 Den Sellerie und die Paprika mit dem Öl in einem großen Topf 10 Minuten garen, bis das Gemüse weich, aber nicht braun ist.
2 Das Currypulver hineinrühren, dann den Mais und die Bohnen zugeben. Bei mäßiger Hitze 4-5 Minuten garen.
3 Mit Salz und Pfeffer nach Geschmack würzen, mit gehackter Petersilie bestreuen und servieren.

Roter Kidneybohnentopf

Für 4 Personen

1 EL Olivenöl
1 große Zwiebel, in Scheiben geschnitten
1 große rote Paprikaschote, entkernt und gehackt
2 Möhren, geschabt und gewürfelt
2 Stangen Porree oder 2 mittelgroße Zucchini, in Scheiben geschnitten
2 Stangen Sellerie, in Scheiben geschnitten
175 g Pilze, gewaschen und in Scheiben geschnitten
4 Tomaten, enthäutet und geviertelt
100 g getrocknete rote Kidneybohnen, eingeweicht, gekocht und abgetropft (S. 40), oder 1 Dose rote Kidneybohnen (etwa 425 g), abgespült und abgetropft
½ TL Paprikapulver
Salz und frisch gemahlener schwarzer Pfeffer

1 Das Öl in einem großen Topf erhitzen, Zwiebel, Paprika, Möhren, Porree und Sellerie zugeben.
2 Zugedeckt 10 Minuten bei mäßiger Hitze garen, dann Pilze, Tomaten und Bohnen zugeben.
3 Mit Paprikapulver, Salz und Pfeffer abschmecken.
4 Weitere 10-15 Minuten bei geschlossenem Deckel garen.
5 Den Geschmack überprüfen, gegebenenfalls nachwürzen und servieren.

Linsen-Pilz-Gratin

In diesem Rezept werden Linsen zu einer dicken Sauce verarbeitet, die über die Pilze gegossen wird. Das Ganze wird mit Brotkrumen und Käse überbacken, bis es knusprig und braun ist. Mit einem leicht gedünsteten grünen Gemüse, wie Kohl oder Broccoli, servieren.

Für 4 Personen

175 g halbierte rote Linsen
1 große Zwiebel, geschält und feingehackt
50 g Butter
Fein abgeriebene Schale und Saft von ½ unbehandelten Zitrone
1 TL Hefe-Extrakt
Salz und frisch gemahlener schwarzer Pfeffer
100 g Pilze, gewaschen und in Scheiben geschnitten
50 g frische Vollweizen-Brotkrumen
50 g Cheddar, gerieben

1 Die Linsen mit gut ½ l Wasser in einen mittelgroßen Topf geben, zum Kochen bringen und bei mäßiger Hitze unbedeckt etwa 20 Minuten köcheln lassen, bis sie weich sind und die ganze Flüssigkeit absorbiert ist.
2 Den Backofen auf 180 °C (Gas Stufe 2-3) vorheizen.
3 Die Zwiebel in der Hälfte der Butter 10 Minuten braten, bis sie weich und leicht gebräunt ist.
4 Die Zwiebel zusammen mit Zitronenschale, -saft und Hefe-Extrakt zu den Linsen geben; mit Salz und Pfeffer abschmecken.
5 Die Mischung im Mixer oder in der Küchenmaschine pürieren oder gut mit einem Holzlöffel schlagen, so daß ein dikkes Püree entsteht.
6 Die Pilze in der restlichen Butter etwa 3 Minuten anbraten, dann in eine flache, feuerfeste Form geben und die Linsenmischung darübergießen. Mit Brotkrumen und Käse bestreuen.
7 40-45 Minuten im Ofen überbacken, bis das Gratin an der Oberfläche goldfarben und knusprig ist und darunter brodelt.

Variante

Porree-Linsen-Gratin

Die Linsensauce nach obiger Anweisung zubereiten. Die Pilze durch 1 kg Porree - geputzt, in etwa 2,5 cm lange Stücke geschnitten, weich gekocht und abgetropft - ersetzen.

Hülsenfrüchte keimen lassen

Die meisten ganzen Hülsenfrüchte, mit Ausnahme der roten Kidneybohnen, kann man keimen lassen. Sie sind dann eine köstliche, knackige und höchst nahrhafte Ergänzung zu Salaten und Pfannenrührgerichten.

Um Hülsenfrüchte keimen zu lassen, gibt man 2 gehäufte EL der gewählten Sorte in ein großes Glas. Mit kaltem Wasser bedecken und über Nacht stehenlassen. Am nächsten Tag das Glas mit Gaze abdecken, die man mit einem Gummi befestigt. Das Einweichwasser durch die Gaze abgießen und dann, ebenfalls durch die Gaze, das Glas mit frischem Wasser füllen, schütteln und das Wasser wieder ausgießen. Das Glas 2-4 Tage beiseite stellen, bis die Hülsenfrüchte gekeimt haben; mindestens zweimal täglich das Wasser erneuern. Wenn die Hülsenfrüchte gekeimt haben, kann man sie in einem Plastikbeutel im Kühlschrank aufbewahren.

Erbspüree

Traditionellerweise wird Erbspüree als Beilage zu Fleisch serviert. Man kann es jedoch auch zu vielen vegetarischen Gerichten reichen.

Für 4 Personen

500 g halbierte gelbe Schälerbsen
2 große Zwiebeln, geschält und gehackt
50 g Butter
2 TL Fenchelsamen
2 Eier (nach Belieben)
Salz und frisch gemahlener schwarzer Pfeffer

1 Die Erbsen in einen Topf geben, mit Wasser bedecken und bei mäßiger Hitze etwa 30 Minuten kochen, bis sie weich sind. Abtropfen lassen.
2 Den Backofen auf 180 °C (Gas Stufe 2-3) vorheizen. (Oder, falls Sie gerade Kartoffeln bei höherer Temperatur rösten, geben Sie das Erbspüree auf eine niedrigere Schiene - die Temperatur ist nicht entscheidend.)
3 Die Zwiebeln in der Butter 8 Minuten anbraten, dann die Fenchelsamen zugeben und 1-2 Minuten umrühren; die Erbsen und gegebenenfalls die Eier hinzufügen. Mit Salz und Pfeffer würzen.
4 Die Mischung in eine leicht eingefettete, ziemlich flache, feuerfeste Form geben und 50-60 Minuten im Ofen überbacken, bis die Oberfläche gebräunt ist.

MENÜ

Wärmendes, winterliches Abendessen

Porree-Kartoffel-Suppe
134

Chili con carne vegetariana
rechts

In der Schale gebackene Kartoffeln mit Sauerrahm
190

Gemischter grüner Salat
54

Crêpes Suzette
299

✿ CHILI CON CARNE VEGETARIANA

Ein schmackhaftes, gehaltvolles Gericht, das schon mehr als ein männliches Wesen dazu bewogen hat, sich auf vegetarische Kost umzustellen. Mit heißem Naturreis oder Kartoffeln in der Schale mit Sauerrahm und Schnittlauch und einem grünen Salat servieren.

Für 4 Personen

1 EL Olivenöl
1 Zwiebel, geschält und gehackt
1 rote Paprikaschote, entkernt und gehackt
1 Knoblauchzehe, zerdrückt
1 Dose Tomaten (etwa 400 g)
250 g getrocknete rote Kidneybohnen, eingeweicht und gekocht (S. 40), oder 2 Dosen rote Kidneybohnen (je etwa 425 g)
100 g grüne Linsen, in viel Wasser 40–45 Minuten leicht gekocht, bis sie weich sind
1 TL mildes Paprikapulver
½–1 TL Chilipulver
Salz und frisch gemahlener schwarzer Pfeffer
Zucker

Zum Garnieren
Korianderzweige

1 Das Öl in einem großen Topf erhitzen, Zwiebel und Paprika 10 Minuten dünsten, dann Knoblauch und Tomaten zugeben.
2 Kidneybohnen und Linsen abtropfen lassen (die Flüssigkeit als Vorrat aufbewahren) und mit Paprika- und Chilipulver zu der Tomatenmischung geben.
3 Etwa 15 Minuten köcheln lassen, dann mit Salz, Pfeffer und Zucker würzen, mit Koriander garnieren und servieren.

FELAFEL IN PITA-TASCHEN

Für 4 Personen

Serviervorschläge für Felafel

Diese kleinen knusprigen, schmackhaften Bällchen sind ein sättigender und köstlicher Snack, wenn man sie in Pita-Taschen mit Salaten und würzigen Häppchen serviert. Felafel schmecken auch gut zusammen mit einem Salat und einem Joghurt-Kräuter-Dressing (S. 156). Wenn man Kichererbsen in Dosen verwendet, die normalerweise weicher sind als selbstgekochte, muß man eventuell ein paar frische Brotkrumen zu der Mischung geben, damit diese fest genug wird, um sie formen zu können. Die Petersilie ist wichtig für den Geschmack.

250 g Kichererbsen, eingeweicht, gekocht und abgetropft, oder 2 Dosen Kichererbsen (je etwa 425 g), abgetropft
1 Ei, geschlagen
1 große Zwiebel, feingehackt
2 EL gehackte Petersilie
1 Knoblauchzehe, zerdrückt
1 TL gemahlener Koriandersamen
1 TL gemahlener Kreuzkümmel
1 Prise Chilipulver
Salz und frisch gemahlener schwarzer Pfeffer
Mehl zum Wenden
Öl zum Braten

Zum Servieren
4 Pita-Brote (aus Vollweizenmehl, falls erhältlich)
2 Tomaten, in Scheiben geschnitten
½ unbehandelte Salatgurke, in Scheiben geschnitten
Zitronenscheiben
Fenchelkraut

1 Die Kichererbsen sorgfältig zerdrücken, dann Ei, Zwiebel, Petersilie, Knoblauch und Gewürze zugeben; gut mischen. Mit Salz und Pfeffer abschmecken.
2 Aus der Mischung jeweils kastaniengroße Bällchen formen; in Mehl wenden.
3 Die Pita-Brote bei niedriger Temperatur im Backofen erwärmen.
4 Soviel Öl in die Pfanne geben, daß der Boden dünn bedeckt ist, und erhitzen; die Felafel auf jeder Seite 3 Minuten braten, bis sie goldbraun sind. Auf Küchenkrepp gut abtropfen lassen.
5 Jedes Pita-Brot bis zur halben Mitte durchschneiden, dann mit Felafel, Tomaten- und Gurkenscheiben füllen, mit Zitronenscheiben und Fenchelkraut garnieren.

Variante

✿ *Streng vegetarische Felafel*

2 EL Kichererbsenmehl statt des Eies zum Binden der Felafelmischung verwenden.

Chili con carne vegetariana – Felafel in Pita-Taschen

Linsen-Dal

(Abb. S. 203)

Dal wird gewöhnlich als Beilage zu Curry- oder gewürzten Reisgerichten serviert.

Für 4 Personen

250 g halbierte rote Linsen
1 Zwiebel, geschält und gehackt
1 große Knoblauchzehe, zerdrückt
1 Lorbeerblatt
1 frische grüne Chilischote
1 Stück Ingwer (etwa 2,5 cm groß), geschält und gerieben
½ TL Kurkuma
2 TL gemahlener Kreuzkümmel
2 TL gemahlener Koriandersamen
1–2 TL Salz
25 g Kokosnußcreme
1 EL Zitronensaft

Zum Garnieren
Lorbeerblätter

1 Die Linsen in einen Topf mit soviel Wasser geben, daß es 1 cm über den Linsen steht. Zwiebel, Knoblauch, Lorbeerblatt, Chilischote, Ingwer und Kurkuma dazugeben.

2 Halb bedeckt bei mäßiger Hitze etwa 20 Minuten garen, bis die Linsen weich sind, dabei gelegentlich umrühren und, wenn nötig, noch etwas Wasser zugeben, damit sich die Linsen nicht anlegen. Die Mischung sollte zum Schluß ziemlich sämig sein, etwa wie ein Püree, aber nicht wäßrig.

3 Mit Kreuzkümmel und Koriander sowie Salz nach Geschmack würzen. Wenn zeitlich möglich, bedeckt 20–30 Minuten stehenlassen, damit sich die Aromen verbinden können.

4 Lorbeerblatt und Chilischote herausnehmen, die Kokosnußcreme einrühren. Wieder schwach erhitzen und umrühren, bis die Kokosnuß geschmolzen ist. Den Zitronensaft zugeben, den Geschmack überprüfen und gegebenenfalls nachwürzen; dann das Linsen-Dal mit Lorbeerblättern garnieren und servieren.

Serviervorschläge für Linsen-Dal

Ich mag Dal auch als Hauptgericht, über leicht gegartes Gemüse gegossen und mit Mango-Chutney und eingelegten Limetten oder mit einfachem gekochtem Reis und Scheiben hartgekochter Eier. Es paßt auch gut zu gewürzten Kartoffeln (S. 185) und Tomaten-Zwiebel-Salat als Beilage. Das hängt von Ihrem Hunger ab!

✿ PIKANTE LINSENKÜCHLEIN

(Abb. S. 248)

Diese Küchlein sind leicht gewürzt, saftig und schmecken köstlich. Sie können in weichen süßen Vollweizenbrötchen, mit Salat und einer Joghurt-Kräuter-Sauce oder Mayonnaise, oder zu gekochtem Gemüse und einer pikanten Sauce gereicht werden. Die Küchlein lassen sich gut einfrieren und unaufgetaut erhitzen.

Für 4 Personen

2 große Zwiebeln, geschält und feingehackt
2 Möhren, geschabt und feingehackt
1 Stange Sellerie, feingehackt
2 EL Olivenöl
1 große Knoblauchzehe, zerdrückt
250 g grüne oder braune Linsen, weich gekocht (S. 40) und gut abgetropft
½ TL gemahlener Kreuzkümmel
½ TL gemahlener Koriandersamen
6 EL gehackte Petersilie
1 EL Zitronensaft
Salz und frisch gemahlener schwarzer Pfeffer
Mehl zum Wenden
Öl zum Backen

Zum Garnieren

Brunnenkresse
Tomatenscheiben

1 Zwiebeln, Möhren und Sellerie in einem großen Topf 10 Minuten in Öl garen, bis sie weich und leicht braun sind, dabei gelegentlich umrühren.
2 Knoblauch, Linsen, Kreuzkümmel, Koriander, Petersilie und Zitronensaft zugeben. Von Hand mischen oder grob in der Küchenmaschine pürieren. Mit Salz und Pfeffer würzen.
3 Mit bemehlten Händen die Mischung in 10–12 flache Küchlein formen. Die Küchlein in Mehl wenden.
4 Die Küchlein von beiden Seiten in ein wenig Öl backen, bis sie knusprig und braun sind.
5 Auf Küchenkrepp abtropfen lassen; mit Brunnenkresse und Tomatenscheiben garnieren und servieren.

✿ LINSEN-KARTOFFEL-PASTETE

Sie kann im voraus, schon backfertig, zubereitet werden. Man benötigt dann nur noch ein schnell gekochtes Gemüse, zum Beispiel Sprossen und Möhren, als Beilage.

Für 4 Personen

250 g grüne oder braune Linsen
50 g Butter oder ungehärtete Pflanzenmargarine
2 große Zwiebeln, geschält und in dünne Scheiben geschnitten
1 Knoblauchzehe, zerdrückt
1 TL getrocknete gemischte Kräuter
1 Dose gehackte Tomaten (etwa 400 g)
2 EL Sojasauce
2–3 EL gehackte Petersilie
Salz und frisch gemahlener schwarzer Pfeffer
750 g Kartoffeln, gekocht und zerdrückt
Butter oder ungehärtete Pflanzenmargarine

1 Die Linsen in einen großen Topf geben, mit Wasser bedecken und etwa 45 Minuten leicht kochen, bis sie weich sind. Abtropfen lassen.
2 Den Backofen auf 200 °C (Gas Stufe 3–4) vorheizen. Mit der Hälfte der Butter eine flache, feuerfeste Form einfetten.
3 Die Zwiebeln mit der verbleibenden Butter in einem Topf 10 Minuten dünsten.
4 Knoblauch, gemischte Kräuter, Tomaten, Sojasauce, Linsen, Petersilie sowie Salz und Pfeffer nach Geschmack zugeben.
5 Die Mischung in die Form füllen. Die Kartoffeln gleichmäßig darüber verteilen, mit den Zinken einer Gabel verzieren und mit ein wenig Butter betupfen.
6 Die Pastete 45 Minuten im Ofen überbacken, bis die Kartoffeln goldbraun sind.

Speiseöle

MAISKEIMÖL Aus Maiskeimen hergestelltes mildes Öl, reich an mehrfach ungesättigten Fettsäuren. Wegen seines neutralen Geschmacks vielseitig verwendbar, auch für Kuchen und anderes Gebäck geeignet.

NUSSÖL Nützliches Allzwecköl, ziemlich arm an mehrfach ungesättigten Fettsäuren, aber aufgrund seiner Hitzebeständigkeit ein sehr bekömmliches Öl zum Fritieren.

OLIVENÖL Vergleiche Seite 202.

SAFLORÖL (DISTELÖL) Aus den Kernen der Färberdistel (einer Verwandten der Sonnenblume) gewonnen und eines der nährstoffreichsten Öle, reich an mehrfach ungesättigten Fettsäuren, vor allem an Linolsäure; daher ist es auch als Diätspeiseöl zu verwenden. Kaltgepreßtes Safloröl kann mit Olivenöl gemischt werden, um die mehrfach ungesättigten Fettsäuren des Olivenöls zu erhöhen. Im Geschmack ist es Sonnenblumenöl vergleichbar.

SESAMÖL Gut haltbares, an mehrfach ungesättigten Fettsäuren ziemlich reiches Öl. Es wird aus gerösteten Sesamsamen gewonnen und hat ein ausgeprägtes, feines Aroma. Es wird viel in der chinesischen und indischen Küche verwendet.

SOJAÖL Aus der Sojabohne hergestelltes, mildes Öl, reich an mehrfach ungesättigten Fettsäuren. Es ist preiswert und vielseitig verwendbar, auch zum Backen.

SONNENBLUMENÖL Reich an wertvoller Leinölsäure und mehrfach ungesättigten Fettsäuren. Als Allzwecköl vielleicht am besten geeignet.

TRAUBENKERNÖL Leichtes Öl, das aus den Kernen von Trauben gewonnen wird, reich an mehrfach ungesättigten Fettsäuren und mit einem hohen Siedepunkt, daher gut zum Fritieren geeignet.

Kichererbseneintopf auf orientalische Art

Für 4 Personen

1 kg Auberginen
Salz
2 große Zwiebeln, geschält und gehackt
4 EL Olivenöl
2 Knoblauchzehen, zerdrückt
1 Dose Tomaten (etwa 400 g)
100 g Kichererbsen, eingeweicht, gekocht und abgetropft,
oder 1 Dose Kichererbsen (etwa 425 g), abgetropft
Frisch gemahlener schwarzer Pfeffer

Zum Garnieren
Lorbeerblätter

1 Die Auberginen in etwa 1 cm große Würfel schneiden, salzen und entwässern (S. 73).
2 Den Backofen auf 200 °C (Gas Stufe 3-4) vorheizen.
3 Die Zwiebeln mit 2 EL Öl in einem Topf 10 Minuten dünsten, dann herausnehmen, das restliche Öl und die Auberginen zugeben; braten, bis die Auberginen knusprig und leicht braun sind. Auf Küchenkrepp abtropfen lassen.
4 Die Auberginenmischung mit Knoblauch, Tomaten, Kichererbsen sowie Salz und Pfeffer in eine feuerfeste Form geben, zudecken und 40-60 Minuten im Ofen backen. Mit Lorbeerblättern garnieren.

Kichererbseneintopf auf orientalische Art

Linsen mit Ananas

Für 4 Personen

2 große Zwiebeln, geschält und feingehackt
2 EL Olivenöl
1 große Koblauchzehe, zerdrückt
250 g grüne oder braune Linsen, weich gekocht (S. 40) und gut abgetropft
2 EL gehackte Petersilie
1 TL getrocknete gemischte Kräuter
2 EL Sojasauce
Salz und frisch gemahlener schwarzer Pfeffer
25-50 g Vollweizen-Semmelbrösel
1 Dose Ananasscheiben (etwa 225 g), abgetropft

1 Den Backofen auf 180 °C (Gas Stufe 2-3) vorheizen.
2 Die Zwiebeln mit dem Öl in einem großen Topf 10 Minuten braten, bis sie weich und leicht braun sind, dabei gelegentlich umrühren.
3 Knoblauch, Linsen, Petersilie, gemischte Kräuter und Sojasauce zugeben. Von Hand mischen oder grob in der Küchenmaschine pürieren, bis die Mischung zusammenhält. Nach Geschmack mit Salz und Pfeffer würzen.
4 In eine flache, feuerfeste Form geben und mit Semmelbröseln bestreuen.
5 20 Minuten im Ofen backen, dann herausnehmen, mit den Ananasscheiben belegen und weitere 10-15 Minuten überbacken, bis die Ananas heiß ist.

Obst mit Hülsenfrüchten

Der Geschmack von Obst ergänzt Hülsenfrüchte gut, und eine Anzahl von traditionellen Rezepten, besonders in Deutschland, Skandinavien und der Sowjetunion, basieren auf dieser Kombination.

Versuchen Sie einmal Linsen mit Ananas (links) und den pikanten Linsenauflauf (S. 213) mit Preiselbeersauce oder Apfelmus oder auch die pikanten Linsenküchlein (linke S.) mit Ananas- oder Mangoscheiben.

VEGETARISCHE MOUSSAKA

Sie schmeckt ausgezeichnet mit einem knackigen grünen Salat und etwas vollmundigem, aber preisgünstigem Rotwein. Für eine komplette griechische Mahlzeit beginnt man mit Tsatsiki (S. 167) und warmem Pita-Brot und schließt mit einem frischen Fruchtsalat (S. 286) oder mit Datteln in Joghurt, Sahne und Honig. Moussaka läßt sich sowohl fertig gegart (und braucht dann bei Bedarf nur erhitzt zu werden) wie auch ungegart gut einfrieren. Im letzteren Fall gibt man den Belag am besten erst kurz vor dem Überbacken auf das Gericht.

Vegetarische Moussaka

Für 6 Personen

500 g Auberginen, in dünne Scheiben geschnitten
Salz
2 große Zwiebeln, geschält und gehackt
4 EL Olivenöl
1 Knoblauchzehe, zerdrückt
250 g schwarze Bohnen, eingeweicht und weich gekocht (S. 40), oder 2 Dosen rote Kidneybohnen (je etwa 425 g)
½ Dose gehackte Tomaten (etwa 200 g)
¼ TL gemahlener Piment oder Zimt
Frisch gemahlener schwarzer Pfeffer
1 Prise Zucker
150 g Sauerrahm oder Naturjoghurt
1 Ei
Frisch gemahlene Muskatnuß
4 EL geriebener Parmesan
Butter zum Einfetten

1 Die Auberginen salzen und entwässern (S. 73).
2 In der Zwischenzeit die Zwiebeln in 2 EL Öl 10 Minuten dünsten. Den Knoblauch, die abgetropften Bohnen, Tomaten und Piment zugeben.
3 Gut mischen und die Bohnen zu einem groben Püree zerdrücken. Mit Salz, Pfeffer und Zucker, wenn nötig, würzen.
4 Den Backofen auf 180 °C (Gas Stufe 2–3) vorheizen. Eine große flache, feuerfeste Form einfetten.
5 Die Auberginen im restlichen Öl auf jeder Seite 2–3 Minuten braten, bis sie weich sind. Auf Küchenkrepp abtropfen lassen.
6 Eine Schicht Auberginen in die Form geben, dann mit der Hälfte der Bohnenmischung bedecken. Die Zutaten weiter im Wechsel aufschichten und mit einer Auberginenschicht abschließen.
7 Den Sauerrahm mit dem Ei verquirlen. Mit Salz, Pfeffer und Muskat würzen; über die Moussaka geben.
8 Mit Parmesan bestreuen und 40–45 Minuten im Ofen überbacken, bis die Moussaka goldbraun ist.

✿ Pikanter Linseneintopf

Für 4 Personen

1 große Zwiebel, in dünne Scheiben geschnitten
4 EL Öl
1 kg Kartoffeln, geschält und in gleich große Stücke geschnitten
500 g Möhren, geschabt und gewürfelt
4 Stangen Sellerie, in Scheiben geschnitten
250 g Pilze, geputzt und in Scheiben geschnitten
100 g grüne oder braune Linsen oder halbierte rote Linsen
2 EL Mehl
2 TL getrocknete gemischte Kräuter
1¼ l dunkle Gemüsebrühe (S. 132) oder Wasser
4 EL Sojasauce
Salz und frisch gemahlener schwarzer Pfeffer

Zum Garnieren
Gehackte Petersilie

1 Die Zwiebel mit dem Öl in einem großen Topf bei mäßiger Hitze 3-4 Minuten glasig dünsten, dabei zwischenzeitlich umrühren.
2 Kartoffeln, Möhren, Sellerie, Pilze und Linsen zugeben und umrühren, dann das Mehl und die gemischten Kräuter gut unterrühren.
3 Brühe und Sojasauce dazugeben und mit Salz und Pfeffer abschmecken.
4 Zum Kochen bringen, gut umrühren, den Deckel auflegen und die Mischung köcheln lassen, bis die Linsen weich sind; bei halbierten Linsen dauert dies 20-30 Minuten, bei ganzen grünen oder braunen Linsen 40-50 Minuten. Den Eintopf gelegentlich umrühren.
5 Den Geschmack überprüfen, dann den Eintopf mit Petersilie bestreuen und sofort servieren.

MENÜ

Einfaches, winterliches Abendessen

Möhren-Ingwer-Suppe
129

Pikanter Linseneintopf
links

In der Schale gebackene Kartoffeln
190

Bunter Krautsalat
162

Pikanter Linsenauflauf

Servieren Sie diesen Auflauf mit Röstkartoffeln, grünem Gemüse und Apfelmus (S. 84).

Für 6-8 Personen

350 g halbierte rote Linsen
1 Lorbeerblatt
250 g Cheddar, gerieben
1 große Zwiebel, geschält und feingehackt
50 g Champignons, gewaschen und feingehackt
75 g frische Vollweizen-Brotkrumen
1 EL gehackte Petersilie
1 EL Zitronensaft
2 Eier, leicht geschlagen
Salz und frisch gemahlener schwarzer Pfeffer
Butter zum Einfetten
Semmelbrösel zum Bestreuen der Form

1 Boden und Schmalseiten einer Auflaufform (etwa 1000 g Inhalt) mit Backfolie oder Backpapier auslegen (S. 230). Gut mit Butter einfetten und großzügig mit Semmelbröseln bestreuen.
2 Die Linsen mit etwa ½ l Wasser und dem Lorbeerblatt in einen mittelgroßen Topf geben, bedecken und etwa 20 Minuten leicht köcheln lassen, bis sie weich sind und die ganze Flüssigkeit absorbiert ist. Das Lorbeerblatt herausnehmen und wegwerfen.
3 Den Backofen auf 190 °C (Gas Stufe 3) vorheizen.
4 Den Käse zusammen mit der Zwiebel, Pilzen, Brotkrumen, Petersilie, Zitronensaft und Eiern zu den Linsen geben. Gut mischen und mit Salz und Pfeffer abschmecken. Die Mischung in die Form geben und die Oberfläche glattstreichen.
5 Unbedeckt 1-1½ Stunden überbacken, bis der Auflauf an der Oberfläche goldbraun ist. Mit einem Messer die Ränder lockern, dann vorsichtig stürzen.

Variante

✿ *Streng vegetarischer Linsenauflauf*
Eier und Käse weglassen und statt dessen 75 g ungehärtete Pflanzenmargarine einrühren. Die Mischung zu einer Rolle formen, in Semmelbröseln wälzen und in ein wenig Öl auf einem Backblech statt in der Auflaufform überbacken.

Eier- und Käsegerichte

Eier und Käse sind wertvolle Eiweißspender für Lakto-Vegetarier, und man kann daraus einige ganz besonders schmackhafte Gerichte zubereiten, wie etwa Fondues (S. 217), Soufflés (S. 222), Rouladen (S. 224) und Gnocchi (S. 227). Wenn man sie mit leicht gegartem Gemüse oder einem frischen Salat serviert, gibt es keinerlei Grund dafür, daß Käse- und Eiergerichte, auch wenn sie einen relativ hohen Fettgehalt aufweisen, in einer gesunden Diät als Hauptgerichte nicht vertretbar sind. Bemühen Sie sich um Ausgewogenheit, indem Sie Hülsenfrucht-, Teigwaren-, Getreide- oder Nußgerichte häufig servieren und in anderen Mahlzeiten den Fettgehalt niedrig halten. Dann können Sie diese schmackhaften und zeitsparenden Gerichte guten Gewissens genießen!

Kalorien in Käsegerichten reduzieren

Wenn Sie die Kalorienzahl in einem Käsegericht niedrig halten wollen, versuchen Sie es mit nur kleinen Mengen eines intensiv schmeckenden Käses, wie Cheddar oder Parmesan. Ich persönlich ziehe diese den fettarmen Käsesorten vor, die jetzt erhältlich sind. Ich verwende lieber die halbe oder zwei Drittel der Menge eines Naturkäses, der einen wirklich würzigen Geschmack hat und eine gute Textur aufweist.

Eier auf florentinische Art

Für 4 Personen

15 g Butter
1 kg frischer Spinat oder 450 g tiefgefrorener Spinat, gekocht, abgetropft und kleingehackt
Salz und frisch gemahlener schwarzer Pfeffer
Frisch geriebene Muskatnuß
4 Eier
Gut ½ Portion Käsesauce (S. 175)
25 g Gruyère oder Cheddar, gerieben

1 Die Butter mit dem Spinat gut mischen; mit Salz, Pfeffer und Muskat abschmecken. In eine flache, feuerfeste Form geben.
2 Den Grill anheizen. Die Eier pochieren (S. 107).
3 Die Eier vorsichtig auf den Spinat geben, die Käsesauce darübergießen und mit geriebenem Gruyère bestreuen.
4 Im Grill überbacken, bis der Käse goldfarben und geschmolzen ist.

MENÜ

Schnelles Abendessen für zwei Personen

Charentais-Melonenhälften

Eier auf florentinische Art rechts

Tomatensalat mit knusprigem Vollweizenbrot 73

Verschiedene Joghurtsorten

Gebackene Eier

Gebackene Eier sind ein schnelles und einfaches Abendessen, das man, den Zutaten entsprechend, die gerade verfügbar sind, in der Zubereitung variieren kann. Mit heißem Vollweizentoast oder warmen Brötchen servieren.

Für 1 Person

1 Ei
Butter
2 EL gegartes Gemüse (Zwiebel, Paprikaschote, Tomate, Spargel, Ratatouille u. a.)
Salz und frisch gemahlener schwarzer Pfeffer

1 Den Backofen auf 180 °C (Gas Stufe 2–3) vorheizen.
2 Ein Keramik-Auflaufförmchen mit etwas Butter einfetten.
3 Einen Bräter und kochendes Wasser bereithalten.
4 Die gegarten Gemüse in das Förmchen geben und in der Mitte eine Vertiefung machen.
5 Das Ei hineinschlagen, mit Salz und Pfeffer würzen und mit Butterflöckchen bestreuen.
6 Das Förmchen in den Bräter stellen und so viel kochendes Wasser in den Bräter gießen, daß das Förmchen bis zur Hälfte in Wasser steht Das Förmchen mit Alufolie abdecken.
7 10–12 Minuten im Ofen backen, bis das Ei mittelfest ist. Sofort mit Toastbrot oder Brötchen servieren.

Variante

Gebackene Eier in Tomaten

Pro Person 1 mittelgroße Fleischtomate verwenden. Den oberen Teil abschneiden und beiseite legen. Die Tomate soweit aushöhlen, daß 1 Ei darin Platz hat (das Fruchtfleisch für ein anderes Gericht aufbewahren). Das Innere der Tomate mit Salz und frisch gemahlenem schwarzem Pfeffer würzen und mit etwas gehacktem frischem Basilikum bestreuen. In jede Tomate 1 Ei schlagen, würzen, mit Butter betupfen und den »Deckel« wieder aufsetzen. In eine leicht gefettete flache Auflaufform geben und etwa 20 Minuten im Backofen backen, bis die Eier fest und die Tomaten weich sind. Mit heißem gebuttertem Toast oder, für eine komplette leichte Mahlzeit, mit Nudeln servieren.

Pipérade

Diese französische Version von Rühreiern mit Gemüse ergibt ein köstliches und preiswertes Mittagessen im Spätsommer, wenn Tomaten und Paprikaschoten billig sind. Es ist eine ausgezeichnete Mahlzeit für eine Person: Man halbiert einfach die Zutaten.

Für 2 Personen

1 große Zwiebel, geschält und gehackt
25 g Butter
1 große grüne Paprikaschote, entkernt und gehackt
500 g Tomaten, enthäutet und gehackt
1–2 Knoblauchzehen, zerdrückt
4 Eier, geschlagen
Salz und frisch gemahlener schwarzer Pfeffer

Zum Garnieren
Liebstöckelzweige

Zum Servieren
Warme, knusprige Brötchen oder heißer Vollweizentoast

1 Die Zwiebel in der Butter 10 Minuten glasig dünsten.
2 Paprika, Tomaten und Knoblauch zugeben und unbedeckt bei mäßiger Hitze 15–20 Minuten garen, bis das Gemüse weich, aber nicht breiig ist, dabei von Zeit zu Zeit umrühren.
3 Die Eier hineingießen und rühren, bis sie zu stocken beginnen. Sofort vom Herd nehmen, da die Eier in ihrer eigenen Hitze weitergaren.
4 Mit Salz und Pfeffer würzen, mit Liebstöckel garnieren und mit Brötchen oder Toast reichen.

Eier auf florentinische Art – Gebackene Eier

Gefüllte Eier

Leicht mit Curry gewürzt, ergeben sie eine wohlschmeckende Vorspeise oder einen Imbiß. Meiner Erfahrung nach sind sie besonders beliebt bei Kindern.

Für 4 Personen als Vorspeise, für 2 Personen als leichte Mahlzeit

Zubereitungsarten für Eier

Zum Kochen, Rühren, Pochieren und Braten von Eiern vergleiche die Erläuterungen im Zutaten-Teil (S. 107).

Hartgekochte Eier

Das beste hartgekochte Ei ist einige Tage alt. Ein frisch gekochtes läßt sich schwer schälen, weil das Eiweiß noch fest an der Schale haftet.

4 hartgekochte Eier, geschält
¼ TL Currypulver
50 g Cheddar, feingerieben
4 EL Milch
Salz und frisch gemahlener schwarzer Pfeffer

Zum Garnieren
Kopfsalatblätter
Schnittlauchröllchen

1 Die Eier der Länge nach halbieren, aushöhlen, ohne das Eiweiß zu verletzen, und die Eigelbe in eine Schüssel geben.
2 Die Eigelbe mit Currypulver, Käse und Milch zerdrücken und zu einer sämigen Masse verrühren.
3 Mit Salz und Pfeffer würzen.
4 Die Eiweißhälften mit der Mischung füllen und auf Salatblättern anrichten. Mit Schnittlauch bestreuen.

Variante

Gefüllte Eier mit schwarzer Olivenpaste

Currypulver und Schnittlauch weglassen. Statt dessen auf jedes mit der Käsemischung gefüllte Ei ½ TL Paste aus schwarzen Oliven (S. 258) geben.

Schottische Eier auf vegetarische Art

Diese Eier kontrastieren farblich wunderbar zu den dunkelbraunen Linsen, und die Geschmackskombination ist ausgezeichnet. Mit Salat reichen.

Für 4 Personen

Schottische Eier auf vegetarische Art

4 hartgekochte Eier, geschält
1 Ei, geschlagen
½ Portion der Linsenmischung (S. 211)
Salz und frisch gemahlener schwarzer Pfeffer
Vollweizen-Semmelbrösel und Vollweizenmehl zum Wenden
Pflanzenöl zum Fritieren

1 Jedes Ei in das geschlagene Ei tauchen, dann in einem Viertel der Linsenmischung wenden und diese dabei rundherum fest andrücken.
2 Die Eier nochmals in Ei, dann in mit Salz und Pfeffer gewürztem Mehl und anschließend erneut in Ei und Semmelbröseln wenden.
3 Das Öl in einer Friteuse auf 160 °C erhitzen (wenn ein kleines Stück altbackenes Brot in 1 Minute braun wird). Die Eier im Öl fritieren, bis sie goldbraun sind.
4 Die Eier mit einem Schaumlöffel herausnehmen und auf Küchenkrepp abtropfen lassen. Halbieren und heiß oder kalt servieren.

Schweizer Käsefondue

Ein Käsefondue ist ein ausgezeichnetes, behagliches Mahl für zwei bis vier Personen. Es schmeckt am besten, wenn es in einem Topf mit schwerem Boden zubereitet wird, den man am Tisch auf einen Brenner stellen kann.

Für 4 Personen

1 Knoblauchzehe, geschält und halbiert
Gut ¼ l trockener Weißwein oder Cidre
400 g Gruyère oder Edamer, gerieben
1 EL Stärkemehl
2 EL Kirschwasser oder Gin (nach Belieben)
2 TL Zitronensaft
Salz und frisch gemahlener schwarzer Pfeffer
Frisch geriebene Muskatnuß

Zum Servieren
2 Baguettes (1 weißes und 1 dunkles), in mundgerechte Stücke geschnitten und im Backofen erwärmt

1 Mit dem Knoblauch einen mittelgroßen Topf innen rundum einreiben, danach den Knoblauch wegwerfen.

2 Den Wein, bis auf 4 EL, in den Topf gießen und zum Kochen bringen, dann den Käse zugeben und bei mäßiger Hitze einrühren, bis er geschmolzen ist.

3 Das Stärkemehl mit dem restlichen Wein oder dem Kirschwasser, falls verwendet, mischen. Unter Rühren in die Käsemischung geben, bis sie leicht eindickt.

4 Vom Herd nehmen und den Zitronensaft zugeben. Mit Salz, Pfeffer und Muskat abschmecken. Die warmen Brotstücke in Körbchen geben und dabei die beiden Sorten mischen.

5 Den Fonduetopf in die Mitte des Tisches auf ein Rechaud stellen, mit einer langen Gabel jeweils ein Brotstück aufspießen und in das Käsefondue tauchen.

Käsefondue als Schnellgericht

Ein Käsefondue ist eine ausgezeichnete Mahlzeit für den Notfall: Bewahren Sie einen Beutel geriebenen Käse und einige Baguettes im Tiefkühlfach und eine Flasche trockenen Weißwein oder Cidre im Vorratsschrank auf. So können Sie in Minuten ein Käsefondue zaubern.

Kochkäse

Bestimmte Käsesorten, vor allem die harten und halbharten, eignen sich zum Kochen am besten, denn sie schmelzen gut, ohne zäh oder klebrig zu werden. Manchmal ist für ein Rezept eine ganz bestimmte Sorte zu empfehlen; in diesem Fall habe ich sie als Zutat vorgeschlagen; wo keine spezielle Sorte genannt wird, einen normalen, preiswerten Cheddar oder einen vergleichbaren Käse verwenden.

Käse-Petersilien-Küchlein

(Abb. S. 205)

Kinder lieben diese Küchlein mit Petersiliensauce (S. 175), Pommes frites (falls überhaupt erlaubt!) und einem leicht gegarten Gemüse.

Für 4 Personen

Gut ½ l Milch
1 kleine Zwiebel, geschält und mit 1 Gewürznelke gespickt
1 Lorbeerblatt
100 g Grieß
100 g Cheddar, gerieben
1–2 EL gehackte Petersilie
1 kräftige Prise Cayennepfeffer
Salz und frisch gemahlener schwarzer Pfeffer
1 großes Ei, mit 1 EL Wasser verquirlt
Semmelbrösel zum Panieren
Öl zum Einfetten und Kurzbraten

Zum Garnieren
Zitronenscheiben
Petersilienzweige

1 Milch, Zwiebel und Lorbeerblatt in einem großen Topf zum Kochen bringen.

2 Vom Herd nehmen, zudecken und 10–15 Minuten ziehen lassen.

3 Auf den Herd zurückstellen, Zwiebel und Lorbeerblatt herausnehmen. Die Milch wieder zum Kochen bringen, dann nach und nach unter ständigem Rühren den Grieß einstreuen.

4 Etwa 5 Minuten köcheln lassen, dabei oft umrühren, dann vom Herd nehmen; Käse, Petersilie, Cayennepfeffer sowie Salz und Pfeffer dazugeben.

5 Die Mischung etwa 1 cm dick auf einem eingeölten Teller oder einem Backblech verstreichen und die Oberfläche glätten. Gänzlich erkalten lassen.

6 Die Mischung in Quadrate oder Dreiecke schneiden. Diese zuerst in das verquirlte Ei tauchen, dann in Semmelbröseln wenden. In heißem Öl kurzbraten, bis sie auf beiden Seiten knusprig sind. Auf Küchenkrepp gut abtropfen lassen.

7 Mit Zitronenscheiben und Petersilie garnieren und sofort servieren.

Fette und Öle zum Kochen

Manche Fette und Öle sind in ihrer chemischen Zusammensetzung stabiler als andere (und daher gesünder), wenn sie erhitzt werden. Dazu gehören Butter, geklärte Butter und Butterschmalz sowie Oliven- und Nußöl.

Hefepizza

Für 4 Personen

Hefe

Trockenhefe, Instant-Trockenhefe in Pulverform (die man direkt, ohne sie mit Wasser zu verrühren, in das Mehl gibt) und frische Hefe sind untereinander austauschbar.

Man rechnet 25 g frische Hefe oder 15 g (1 EL) Trockenhefe für 1½ kg Mehl. Bei Instant-Trockenhefe sind die Anweisungen des Herstellers zu beachten.

Wichtig ist, daß die Hefe, ob trokken oder frisch, sich in gutem Zustand befindet. Kaufen Sie sie in einem Geschäft mit raschem Warenumschlag, und bewahren Sie sie sorgfältig auf.

Frische Hefe hält sich in einem Glas mit Schraubverschluß an einem kühlen Ort bis zu 1 Woche. Sie sollte von hellbeiger Farbe, nicht zu feucht sein und keine dunklen Flecken aufweisen, sich außerdem kühl anfühlen und leicht brechen lassen, wenn man sie zerbröckelt. Getrocknete Hefe hält sich nicht unbegrenzt. Wenn sie säuerlich riecht und beim Mischen mit Wasser und Zucker nicht heftig aufschäumt, hat sie nicht die richtige Wirkkraft - werfen Sie sie weg; wenn Sie sie verwenden, verderben Sie nur Ihre Zutaten.

Hefe braucht zwar Wärme, aber zu große Hitze verträgt sie nicht. Lassen Sie sie also in keinem Stadium zu heiß werden.

Gegenüberliegende Seite: Phantasiepizza

500 g Weizenmehl (Type 1700)
1 Päckchen Instant-Trockenhefe
½ TL Salz
Gut ⅛ l warmes Wasser
2 EL Öl

Für den Belag
2 große Zwiebeln, geschält und gehackt
Öl
4 EL Tomatenmark
1 Knoblauchzehe, zerdrückt
Salz und frisch gemahlener schwarzer Pfeffer
100 g Pilze, gewaschen und in Scheiben geschnitten, oder 1 grüne Paprikaschote, entkernt und in Streifen geschnitten
100 g Mozzarella, in Scheiben geschnitten
Schwarze Oliven
Getrockneter Oregano

1 Zuerst bereitet man den Teig zu: Mehl, Hefe, Salz, Wasser und Öl in einer großen Schüssel zu einem Teig verrühren.
2 Den Teig auf einer leicht bemehlten Arbeitsfläche 5 Minuten kneten, bis er glatt und geschmeidig ist.
3 In eine große Schüssel geben, mit einem feuchten Tuch bedecken und gehen lassen, bis er den doppelten Umfang hat.
4 Den Teig zusammendrücken und entweder auf zwei gut eingefettete Flanformen von je 20 cm Durchmesser verteilen oder auf eine Form von 30 cm Durchmesser geben. Man kann ihn auch auf einem Backblech zu einem Kreis von 30 cm Durchmesser formen. An einem warmen Ort stehenlassen, während man den Belag zubereitet.
5 Für den Belag die Zwiebeln in 2 EL Öl 10 Minuten anbraten, bis sie weich und leicht gebräunt sind, dann das Tomatenmark und den Knoblauch dazugeben und mit Salz und Pfeffer abschmecken.
6 Den Backofen auf 250 °C (Gas Stufe 6) vorheizen.
7 Mit den Händen den Teig glätten, gut in die Form pressen, so daß er sich am Rand leicht aufstülpt.
8 Die Tomatenmischung auf dem Teig verstreichen, Pilze, Mozzarella und einige Oliven darauf verteilen.
9 Mit etwas Öl beträufeln und mit Oregano bestreuen. An einem warmen Ort 15-20 Minuten stehenlassen, damit der Teig gehen kann, dann 15-20 Minuten im Ofen backen, bis die Pizza aufgegangen und der Belag goldbraun ist.

Varianten

Pizza aus Brotteig

Die Brotteigmischung (S. 326) zubereiten, jedoch 40 g geriebenen Käse vor der Flüssigkeit zugeben. Gut ⅛ l Milch oder Sojamilch verwenden und das Ei weglassen. Den Teig ausrollen und den Belag nach obiger Anweisung zubereiten. Die Pizza sofort bei 220 °C (Gas Stufe 4-5) 20-25 Minuten backen, bis sie goldbraun ist.

Kaleidoskoppizza

Mit einem Messer vorsichtig die Oberfläche der Pizza in 6 Abschnitte einteilen. Jeden Abschnitt mit einem andersfarbigen Belag bedecken, zum Beispiel mit gekochtem abgetropftem Gemüsemais, Tomatenscheiben, leicht angebratenen Zwiebelringen, einer leicht angebratenen grünen Paprikaschote, in Scheiben geschnittenen und gebratenen Pilzen, leicht gegarten Zucchinischeiben. Mit etwas geriebenem Käse bestreuen und mit Öl beträufeln, dann wie beschrieben backen.

Paprikapizza

Die Pizza in 6 oder 8 Abschnitte einteilen. Die Abschnitte mit entkernten, gehackten und leicht angebratenen Paprikaschoten verschiedener Farben belegen. Verwenden Sie dabei so viele verschiedene Farben wie möglich: grüne, rote, gelbe und schwarze. Getrennt anbraten, damit die Farbe erhalten bleibt. Mit Käse bestreuen und nach Vorschrift backen.

Phantasiepizza

Für diese hübsche Variante ordnet man Paprikaringe in der Mitte an, dann jeweils in Kreisen: in Scheiben geschnittene Champignons, gekochte, in Scheiben geschnittene Maiskolben und schwarze Oliven im Wechsel, schließlich als äußeren Kreis Mozzarellascheiben. Die Pizza mit Alufolie abdecken. 10 Minuten backen, dann für die restliche Backzeit die Folie entfernen. Mit Lorbeerblättern garnieren.

Omelett

Für 1 Person

Omelettrouladen herstellen

Aus 1 Ei einen flachen Eierkuchen zubereiten und dünn mit einer farbigen Füllung bestreichen, etwa mit Spinat oder Tomatenmark, einer Paste aus schwarzen Oliven (S. 258) oder der Champignon-Kräuter-Terrine (S. 146). Dann zusammenrollen und in etwa 7 mm dicke Scheiben schneiden. Sie sind eine pikante Leckerei und zieren jede Canapé-Auswahl.

2–3 Eier
Salz und frisch gemahlener schwarzer Pfeffer
10 g Butter

1 Die Eier in eine Schüssel geben; mit Salz und Pfeffer würzen und gerade so leicht schlagen, daß sie sich miteinander verbinden.
2 Die Butter in einer beschichteten Pfanne von 12–15 cm Durchmesser bei mittlerer bis hoher Temperatur zerlassen. Wenn sie geschmolzen ist und der Schaum sich gesetzt hat, die Eier in die Pfanne gießen.
3 Die Eier leicht mit einer Gabel umrühren. Sobald sie unten fest zu werden beginnen, den Eierkuchen mit einem Spatel etwas anheben und die Pfanne neigen, damit der Teil der Eier, der noch nicht fest ist, auf den heißen Pfannenboden laufen kann.
4 Wenn das Omelett fast fest ist - denken Sie daran, daß es in der eigenen Hitze noch weitergart -, die gewählte Füllung daraufgeben.
5 Um das Omelett zu falten und gleichzeitig auf einen vorgewärmten Teller gleiten zu lassen, hält man die Pfanne im rechten Winkel zum Tellerrand.
6 Mit dem Spatel das obere Drittel des Omeletts umklappen und die Pfanne noch stärker kippen, so daß das Omelett aus der Pfanne gleitet und sich dabei aufrollt. Sofort servieren.

Füllungen für Omeletts

Man rechnet für ein Omelett, das für 1 Person bestimmt ist, 2 gehäufte EL Füllung. Die Füllung warm bereitstellen, wenn man mit der Zubereitung des Omeletts beginnt. Hier einige Vorschläge für Füllungen:

- *Fines herbes:* gehackte frische Petersilie, Schnittlauch und Kerbel
- Enthäutete, entkernte (nach Belieben), gehackte heiße Tomaten; gehacktes frisches Basilikum paßt gut dazu
- Gehackter gekochter Spargel; eine Spargelspitze zum Garnieren aufbewahren
- In Scheiben geschnittene Champignons, in Butter gebraten
- Paste aus schwarzen Oliven (S. 258), dünn aufgestrichen
- Feingehackte Frühlingszwiebeln, leicht in Butter angebraten oder roh
- Brunnenkresse, leicht in Butter angebraten, um sie weich zu machen
- 4–6 EL sehr fein geriebener Käse; die halbe Menge vor der Zubereitung zu den Eiern geben, mit dem Rest das Omelett bestreuen, bevor man es zusammenrollt

Ein Omelett rollen

1 Das obere Drittel des Omeletts umklappen.

2 Die Pfanne senkrecht zum Tellerrand halten. Dabei rollt sich das Omelett auf, indem es sich einmal um sich selbst dreht.

Spanisches Omelett

(Abb. S. 222)

Für 2 Personen

2 EL Olivenöl
1 Zwiebel, geschält und gehackt
1 Möhre, geschabt und grobgerieben
1 kleine grüne Paprikaschote, entkernt und gehackt
250 g Zucchini, gewürfelt
1–2 Knoblauchzehen, zerdrückt
2 EL gehackte Petersilie
4 Eier, geschlagen
Salz und frisch gemahlener schwarzer Pfeffer

1 Das Öl in einer großen, beschichteten Pfanne erhitzen, dann Zwiebel, Möhre und Paprika darin unbedeckt 5 Minuten anbraten; die Zucchini zugeben und weitere 5 Minuten garen.
2 Den Grill anheizen.
3 Knoblauch, Petersilie und Eier zu dem Gemüse geben und mit Salz und Pfeffer würzen. Vorsichtig rühren, bis das Omelett fest zu werden beginnt.
4 Wenn die Unterseite des Omeletts fest ist, unter den Grill geben, damit auch die Oberseite gart; das Omelett jedoch nicht zu fest werden lassen, sonst ist es zäh. Das Omelett halbieren und sofort servieren.

Variante

Kookoo

Für diese dicke orientalische Version des spanischen Omeletts dünstet man 500 g in Scheiben geschnittene Zucchini oder Blumenkohlröschen, 3 Knoblauchzehen und 1 Bund gehackte Frühlingszwiebeln 2-3 Minuten in einer Pfanne mit Deckel. Mit Salz und Pfeffer würzen und 6 geschlagene Eier hineingießen, bedecken und etwa 20 Minuten garen, bis die Unterseite gebräunt ist, dann das Kookoo umdrehen und auf der anderen Seite bräunen. In dikke Scheiben, etwa in der Stärke von Kuchenstücken, schneiden und mit Tomatensalat (S. 73) und knusprigem Stangenweißbrot servieren.

Eier trennen

Das Ei aufschlagen, indem man es leicht gegen einen Schüsselrand oder eine andere harte Kante schlägt, dann, während man das Ei über ein Gefäß hält, vorsichtig die beiden Schalenhälften auseinanderbrechen. Das Eiweiß aus der Schalenhälfte, die nicht das Eigelb enthält, in eine Schüssel geben, das Eigelb in diese leere Schalenhälfte umfüllen und dabei das Eiweiß in die Schüssel tröpfeln lassen. Das Eigelb zwischen beiden Schalen so lange hin und her geben, bis es weitgehend vom Eiweiß getrennt ist.

Omelette soufflée

Eine Omelette soufflée kann pikant oder süß sein. Servieren Sie sie pikant als schnelles Hauptgericht mit einfachem Salat, zum Beispiel mit Brunnenkresse, und süß mit Aprikosenmarmelade, oder orientieren Sie sich an den Vorschlägen für Füllungen (rechts).

Für 1 Person

2 Eier, getrennt
Salz und frisch gemahlener schwarzer Pfeffer (für ein pikantes Omelett)
15 g Butter

1 Den Grill anheizen.
2 Die Eigelbe zusammen mit 2 EL kaltem Wasser in eine ziemlich große Schüssel geben. Für ein pikantes Omelett leicht mit Salz und Pfeffer würzen.
3 In einer anderen Schüssel die Eiweiße schlagen, bis sich leichte Spitzen bilden.
4 Den Eischnee vorsichtig in die Eigelbmischung einrühren.
5 Die Butter in einer kleinen, beschichteten Pfanne erhitzen und diese so drehen und wenden, daß die Butter Boden und Seiten überzieht. Dann die Eimischung hineingießen. Bei mittlerer Hitze garen, bis das Omelett auf der Unterseite fest und goldbraun ist.
6 Die Pfanne unter den Grill geben, damit auch die Oberseite des Omeletts bräunt, aber nicht zu fest werden lassen.
7 Das Omelett an der Oberfläche im rechten Winkel zum Pfannengriff durchschneiden und gegebenenfalls die Füllung hineingeben, dann die eine Omelettählfte über die andere schlagen und das Omelett vorsichtig auf eine Servierplatte geben.

Süße Füllungen für Omelettes soufflées

- ☐ 2 EL Rosinen, 30 Minuten in Rum eingeweicht
- ☐ Schwarze Kirschen aus dem Glas, erhitzt und mit ein wenig Kirschwasser verfeinert
- ☐ Aprikosenmarmelade, erwärmt mit ein wenig Wasser, ein paar Mandelblättchen und einem Schuß Grand Marnier
- ☐ Gutes, zuckerarmes Eingemachtes, erwärmt
- ☐ Ein wenig in Sirup eingelegter Ingwer

Fritierter Camembert

Der knusprige Überzug ergibt einen herrlichen Kontrast zu dem heißen, flüssigen Käseinneren. Mit einem frischen Salat und Mango- oder Aprikosen-Chutney servieren.

Für 2-3 Personen

1 Schachtel Camembert mit 6 einzeln verpackten Ecken, im Kühlschrank gekühlt
1 Ei, mit 1 EL Wasser verquirlt
Semmelbrösel oder Weizenkeime zum Wenden
Öl zum Fritieren

1 Die Camembertecken mit Rinde in das Ei tauchen, dann in Semmelbröseln oder Weizenkeimen wenden, bis sie gut mit Panade überzogen sind. Im Kühlschrank kühlen, während man das Fritieröl erhitzt.
2 So viel Öl in eine Friteuse geben, daß es ein Drittel des Topfes füllt. Das Öl auf 190 °C erhitzen (so lange, bis ein Stückchen altbackenes Brot, das man hineingibt, sofort zischt und innerhalb von 30 Sekunden goldbraun wird).
3 Die Camembertstücke in das Öl geben und 4-5 Minuten fritieren, bis sie knusprig und goldbraun sind.
4 Mit einem Schaumlöffel herausnehmen und auf Küchenkrepp abtropfen lassen. Sofort servieren.

Fritieren

Einen tiefen, schweren Topf verwenden, so daß das Öl nicht höher steigt als bis zur Hälfte des Topfes, wenn man das Fritiergut hineingibt. Das Fett ist heiß genug, wenn ein kleines Stück Brot zischt und nach dem Eintauchen sofort wieder aufsteigt.

Vergewissern Sie sich, daß das Fritiergut trocken ist, bevor Sie es in das Öl geben, um ein Spritzen zu vermeiden; nach dem Fritieren gut auf mehreren Lagen Küchenkrepp abtropfen lassen.

Käsesoufflé

Ganz gegen seinen Ruf ist ein Soufflé sehr leicht zuzubereiten und ein ausgezeichnetes Gericht, wenn man spontan etwas Gutes »hervorzaubern« muß. Dieses Soufflé ist leicht, aber sättigend und ausreichend für vier Personen. Mit einem grünen Salat und eventuell noch einem Tomatensalat reichen.

Für 4 Personen

50 g Butter
50 g Mehl
¼ l Milch
150 g Käse (darunter etwas Gruyère, falls verfügbar), gerieben
4 Eier, getrennt
Salz und frisch gemahlener schwarzer Pfeffer
Butter zum Einfetten
Semmelbrösel zum Bestreuen der Form

1 Den Backofen auf 190 °C (Gas Stufe 3) vorheizen.
2 Eine Souffléform (etwa 1000 g Inhalt) oder eine Kasserolle großzügig mit Butter einfetten und Semmelbrösel in die Butter drücken, damit das fertige Soufflé einen knusprigen Überzug hat.
3 Die Butter in einem mittelgroßen Topf zerlassen und das Mehl einrühren. 2–3 Minuten anschwitzen, bis es schaumig ist, dann die Milch zugeben und so lange rühren, bis sie eindickt.
4 Von der Kochstelle nehmen und den Käse einrühren. Abkühlen lassen, bis man die Hand an den Topf halten kann, ohne sich zu verbrennen; dann die Eigelbe sowie Salz und Pfeffer nach Geschmack zugeben.
5 Die Eiweiße schlagen, bis sich steife Spitzen bilden. Einige EL Eischnee in die Käsemischung rühren, um sie locker zu machen. Den übrigen Eischnee mit einem Metallöffel vorsichtig unterheben, bis er nicht mehr sichtbar ist.
6 Die Mischung in die vorbereitete Form geben. Etwa 40 Minuten im Ofen überbacken, bis das Soufflé aufgegangen ist, sich nicht mehr bewegt, wenn man es leicht schüttelt, und ein Spieß, den man in der Mitte einsticht, sauber bleibt. Sofort servieren.

MENÜ

Frühsommerfest

Spargelsuppe
131

Gemüse-Käse-Soufflé (mit jungen Möhren, gekochtem Spinat, Erbsen, Cocktailtomaten, dicken Bohnen und jungen ganzen Steckrüben umgeben)
rechts

Schokoladentöpfchen
279

Makronen

Gemüse-Käse-Soufflé – Spanisches Omelett (S. 220)

Varianten

Zucchinisoufflé

Für diese hübsche, grüngefleckte Version 250 g rohe geraspelte Zucchini in die Soufflémischung geben, bevor man die Eigelbe einrührt.

Spargelsoufflé

250 g gekochten Spargel, in etwa 2,5 cm lange Stücke geschnitten, vor dem Eischnee in die Mischung geben.

Porreesoufflé

Entweder 250 g ungekochten feingeschnittenen Porree (mit etwas Grün) oder 250 g gekochte dünne Porreestangen, in etwa 2,5 cm lange Stücke geschnitten, verwenden. Nach den Eigelben zugeben.

Pilzsoufflé

250 g Pilze, in Scheiben geschnitten und gebraten, bis alle Flüssigkeit absorbiert ist, nach den Eigelben zu der Mischung geben.

Kleine Soufflés

Man kann einzelne Soufflé-Portionen herstellen – eine ausgezeichnete Vorspeise oder ein leichtes Mittagessen –, wenn man die Mischung in 4 Keramik-Auflaufförmchen 15–20 Minuten überbackt.

Für Soufflé-Tomaten die Mischung in 4 ausgehöhlten und gewürzten Fleischtomaten überbacken.

Die Grundmengen kann man halbieren, um ein Soufflé für 2 Personen zuzubereiten; das Soufflé benötigt in diesem Fall etwa 30 Minuten Backzeit.

Bei einem Soufflé für 1 Person wie beschrieben vorgehen, ein Viertel aller Zutaten verwenden und 15–20 Minuten überbacken.

GEMÜSE-KÄSE-SOUFFLÉ

Für 4 Personen

50 g Butter
50 g Mehl
¼ l Milch
150 g Käse (darunter etwas Gruyère, falls verfügbar), gerieben
4 Eier, getrennt
Salz und frisch gemahlener schwarzer Pfeffer
150 g Möhren, gekocht und püriert
150 g Erbsen oder Spinat, gekocht und püriert
Butter zum Einfetten

Zum Garnieren
Gekochte junge Möhren, Maiskölbchen, Erbsen und Zucchinischeiben

1 Den Backofen auf 180 °C (Gas Stufe 2–3) vorheizen.
2 Eine Auflauf- oder Kuchenform (etwa 1500 g Inhalt) großzügig mit Butter einfetten und den Boden mit gut eingefettetem Backpapier auslegen.
3 Die Butter in einem mittelgroßen Topf zerlassen und das Mehl einrühren. 2–3 Minuten anschwitzen, bis es schaumig ist, dann die Milch zugeben und so lange rühren, bis sie eindickt.
4 Von der Kochstelle nehmen und den Käse einrühren. Abkühlen lassen, bis man die Hand an den Topf halten kann, ohne sich zu verbrennen; dann die Eigelbe sowie Salz und Pfeffer nach Geschmack unterrühren.
5 Die Hälfte der Mischung aus dem Topf nehmen und gleichmäßig auf 2 Schüsseln verteilen. Das Möhrenpüree in die eine und das Erbsenpüree in die andere Schüssel geben. Jeweils gut untermischen.
6 Die Eiweiße schlagen, bis sich steife Spitzen bilden. Den Eischnee in 3 gleiche Teile teilen und jeweils zu der Milch-Käse-Mischung in den Topf und in die beiden Schüsseln mit den Pürees geben. Dabei zunächst nur jeweils 1 EL Eischnee einrühren, um die Mischung locker zu machen, dann vorsichtig, aber gründlich den restlichen Eischnee unterheben, bis alles gut vermischt ist.
7 Die Möhrenmischung in die vorbereitete Form geben und glattstreichen, darauf die Erbsenmischung setzen, zuletzt die Mischung ohne Gemüsezusatz aufstreichen und die Oberfläche glätten.
8 Die Form in einen Bräter stellen und soviel kochendes Wasser in den Bräter gießen, daß die Form bis zur Hälfte im Wasser steht.
9 50 Minuten im Ofen überbacken, bis das Soufflé fest und oben braun ist.
10 Aus dem Ofen nehmen und 4–5 Minuten stehenlassen, damit es sich setzt, dann auf einen vorgewärmten Servierteller stürzen.
11 Das Soufflé mit den Gemüsen garnieren und sofort servieren.

Variante

Gemüse-Käse-Soufflé mit Sahne

Das Soufflé aus der Form auf einen feuerfesten Teller stürzen, überall dünn mit leicht geschlagener Sahne überziehen, dann mit geriebenem Parmesan bestreuen. In den Backofen zurückgeben und 20 Minuten überbacken, bis das Soufflé leicht aufgeht und goldbraun ist.

Tips für Soufflés

Ein Soufflé kann man vollständig zum Überbacken vorbereiten, wenn man es mit Alufolie abdeckt und einige Stunden vor dem Backen im Kühlschrank aufbewahrt. Bei Zimmertemperatur 30 Minuten stehenlassen, bevor man es in den Backofen gibt.

Falls das Soufflé vorzeitig fertig ist, lassen Sie es im ausgeschalteten Ofen stehen. Wenn es sich nur um einige Minuten handelt, fällt es nicht zusammen; am besten ist es jedoch, wenn man es sofort serviert.

Eine Roulade rollen

1 Das fertige Soufflé auf Backfolie stürzen, die auf einem feuchten Tuch liegt; die Ränder begradigen.

2 Die Füllung aufstreichen und das Soufflé zu einer Roulade rollen; dabei die Folie entfernen.

GEFÜLLTE KÄSEROULADE

Dieses Soufflé wird flach gebacken und dann aufgerollt.

Für 6 Personen

1 Portion Käsesoufflé-Mischung (S. 222)
1 Portion Peperonata (S. 186)
oder 2 Portionen Pilzsauce (S. 174)
Butter zum Einfetten
4–6 EL geriebener Parmesan

Zum Garnieren (nach Belieben)
Avocadoscheiben
Limettenscheiben
Fenchelkraut

1 Den Ofen auf 190 °C (Gas Stufe 3) vorheizen.
2 Eine etwa 25 × 35 cm große Backform mit Backpapier auslegen, großzügig mit Butter einfetten und mit der Hälfte des Parmesan bestreuen.
3 Die Käsesoufflé-Mischung in die Backform geben, bis in die Ecken streichen und die Oberfläche vorsichtig glätten.
4 15–20 Minuten im Ofen überbacken, bis das Soufflé aufgeht, goldbraun und in der Mitte fest ist.
5 Ein großes Stück Backfolie, bestreut mit dem restlichen Parmesan, auf einem feuchten Tuch bereithalten.
6 Das Soufflé auf die vorbereitete Backfolie stürzen und das Auslegpapier vorsichtig abziehen.
7 Die Ränder begradigen, dann die gewünschte Füllung auf dem Soufflé verteilen und dieses vorsichtig von einer der langen Seiten her mit Hilfe der Folie zu einer Roulade rollen.
8 Die Roulade vorsichtig in eine flache feuerfeste Form legen und 5–10 Minuten im Backofen erwärmen. Nach Belieben garnieren, in Scheiben schneiden und sofort servieren.

Variante

Käseroulade mit Avocadofüllung
(Abb. S. 228)
Für diese kalte Version das flache Soufflé auf die mit Parmesan bestreute Backfolie stürzen, das Auslegpapier abziehen und das Soufflé völlig erkalten lassen. Dann mit Guacamole (S. 144) bestreichen und vorsichtig zusammenrollen. Auch gehackte Kopfsalatblätter, Tomaten und Avocados können als Füllung verwendet werden.

SPINATROULADE MIT FRISCHKÄSE UND ROSA PFEFFERKÖRNERN

Für 4–6 Personen

1 kg frischer Spinat
oder 450 g tiefgefrorener Spinat, gekocht und abgetropft
25 g Butter
4 Eier, getrennt
Salz und frisch gemahlener schwarzer Pfeffer
Frisch geriebene Muskatnuß
250 g Frischkäse
1–2 EL rosa Pfefferkörner
Butter zum Einfetten
4–6 EL geriebener Parmesan

Zum Garnieren
Radicchio
Endivie
Rosa Pfefferkörner

1 Den Backofen auf 190 °C (Gas Stufe 3) vorheizen.
2 Eine etwa 25 × 35 cm große Backform mit Backpapier auslegen, großzügig mit Butter einfetten und mit der Hälfte des Parmesan bestreuen.
3 Mit den Händen alles Wasser aus dem Spinat pressen, dann den Spinat hacken.
4 Den Spinat mit der Butter in einen Topf geben und leicht garen, bis er durch und durch heiß ist. Den Topf vom Herd nehmen, die Eigelbe zugeben und gründlich untermischen.
5 Die Eiweiße schlagen, bis sie steif, aber nicht trocken sind, und den Eischnee unter den Spinat heben. Mit Salz, Pfeffer und Muskat würzen.

Spinatroulade mit Frischkäse und rosa Pfefferkörnern

6 Die Spinatmischung in die Backform geben, bis in die Ecken streichen und die Oberfläche mit dem Löffelrücken vorsichtig glätten.

7 15-20 Minuten im Ofen überbacken, bis das Soufflé aufgeht, goldbraun und in der Mitte fest ist.

8 Ein großes Stück Backfolie, bestreut mit dem restlichen Parmesan, auf einem feuchten Tuch bereithalten.

9 Das Soufflé auf die Folie stürzen und das Auslegpapier vorsichtig abziehen. Völlig abkühlen lassen, falls man die Roulade kalt servieren will.

10 Den Frischkäse cremig schlagen, dann gleichmäßig auf dem Soufflé verstreichen und mit den Pfefferkörnern bestreuen.

11 Das Soufflé behutsam von einer der langen Seiten her zu einer Roulade rollen. Die Enden mit einem scharfen Messer begradigen.

12 Will man die Roulade kalt servieren, diese jetzt auf einen Servierteller geben. Serviert man sie heiß, die Roulade auf eine flache, feuerfeste Platte heben und etwa 10 Minuten im Backofen erwärmen. Mit Radicchio, Endivie und rosa Pfefferkörnern garnieren und sofort servieren.

Pikanter Oliven-Champignon-Kuchen

MENÜ

Sommergarten-Brunch

Pikanter
Oliven-Champignon-Kuchen
rechts

Gemischter grüner Salat
mit Walnußvinaigrette
54 und 154

Tomatensalat mit Basilikum
73

Käseplatte
und verschiedene Brotsorten

Schale mit frischen
Sommerfrüchten:
Pfirsiche, Nektarinen,
Feigen

Ich liebe die Geschmackskombinationen dieses Rezeptes, das ich von einem französischen Freund bekommen habe. Falls man keinen übrigen Weißwein hat, kann man auch Wasser nehmen, aber der Wein verleiht dem Gericht ein feines, fruchtiges Aroma. In großzügigen Stücken, wie einen Kuchen geschnitten, mit einem grünen Salat, der mit Walnußöl angemacht wird, und einem Glas vollmundigen Weißwein, etwa einem Chablis oder einem kräftigen Chardonnay, servieren.

Für 4 Personen

300 g Weizenmehl (Type 1700)
2–3 TL Backpulver
1 Prise Salz
4 Eier
Gut 1/8 l Weißwein
4 EL Olivenöl
250 g entsteinte grüne Oliven, in Scheiben geschnitten
175 g Champignons, gewaschen und in Scheiben geschnitten
175 g Käse, gerieben
Butter zum Einfetten

Zum Garnieren
Chicorée
Brunnenkresse

1 Den Backofen auf 250 °C (Gas Stufe 6) vorheizen. Eine Kuchenform von 20 cm Durchmesser oder eine Kastenform (etwa 1000 g Inhalt) einfetten.
2 Mehl, Backpulver und Salz in eine Rührschüssel geben und die Eier aufschlagen. Wein und Öl hinzufügen. Mischen, bis die Masse glatt ist, dann Oliven, Champignons und Käse einrühren.
3 Die Mischung in die vorbereitete Form geben. 10 Minuten im Ofen überbacken, dann die Temperatur auf 190 °C (Gas Stufe 3) reduzieren und weitere 40–50 Minuten backen, bis der Kuchen fest und goldbraun ist. Mit Chicorée und Brunnenkresse garnieren und sofort servieren.

Tabascosauce

Dies ist eine scharfwürzige Flüssigkeit, die aus dem Extrakt einer besonders scharfen Chilisorte gewonnen wird. Sie eignet sich gut dazu, vielerlei Mischungen, vom Avocadodip bis zur Käsesauce, Feuer zu verleihen, und ist so scharf, daß man sie nur tropfer weise verwenden kann. Nehmen Sie unbedingt die echte Würzsauce, die Imitationen sind weniger empfehlenswert.

Pikanter Käseauflauf

Dieser Käseauflauf wird durch grüne Paprikaschoten, Tomaten, Zwiebeln, Petersilie und einem Spritzer Tabascosauce belebt. Als sparsames Abendessen mit knackigem Stangensellerie, Chicorée oder Brunnenkresse servieren.

Für 4 Personen

1 große Zwiebel, geschält und gehackt
1 grüne Paprikaschote, entkernt und gehackt
25 g Butter
100 g frische Vollweizen-Brotkrumen
1/2 Dose Tomaten (etwa 200 g)
2 EL gehackte Petersilie
100 g Cheddar, gerieben
1 Ei
Tabascosauce
Salz und frisch gemahlener schwarzer Pfeffer
Milch (nach Belieben)
Butter zum Einfetten

1 Den Ofen auf 190 °C (Gas Stufe 3) vorheizen.
2 Zwiebel und Paprika in der Butter etwa 10 Minuten garen, bis sie weich, aber nicht braun sind. Brotkrumen, Tomaten einschließlich Saft, Petersilie, Käse, Ei und einen Spritzer Tabasco zugeben. Mit Salz und Pfeffer abschmecken.
3 Bei Bedarf etwas Milch oder Wasser in die Mischung rühren, damit sie eine weiche Konsistenz erhält.
4 Die Mischung in eine flache, eingefettete Backform geben und 30 Minuten im Ofen überbacken, bis sie goldbraun ist. Den Auflauf in Scheiben schneiden und mit Stangensellerie, Chicorée oder Brunnenkresse servieren.

Gegenüberliegende Seite: Gnocchi alla romana – Pikanter Oliven-Champignon-Kuchen

Gnocchi alla romana

Diese Gnocchi kosten etwas mehr Mühe als einige andere Gerichte in diesem Buch, aber sie können in Etappen zubereitet werden. Dafür sind sie preiswert und überaus köstlich. Mit einem einfachen Tomatensalat (S. 73) oder italienischer Tomatensauce (S. 171), einem Salat aus roten Kidneybohnen, weißen Bohnen und schwarzen Oliven (S. 157) oder Chicorée-Walnuß-Salat mit Brunnenkresse (S. 161) servieren.

Für 4 Personen

Gut ½ l Milch
100 g Grieß
1 kleines Ei
75 g Parmesan, gerieben
Salz und frisch gemahlener schwarzer Pfeffer
Frisch geriebene Muskatnuß
15 g Butter
Öl zum Einfetten

Zum Garnieren
Dillzweige

1 Die Milch in einem großen Topf zum Kochen bringen.
2 Nach und nach langsam den Grieß einstreuen und dabei mit dem Schneebesen gut verrühren.
3 Die Mischung 5 Minuten leicht köcheln lassen.
4 Vom Herd nehmen, dann das Ei und zwei Drittel des Parmesan unterrühren.
5 Die Mischung etwa 1 cm hoch in einer flachen, leicht eingeölten Form oder auf einem eingeölten Teller verstreichen. Stehenlassen, bis sie völlig abgekühlt ist.
6 Den Grill auf höchster Stufe anheizen. Eine flache, feuerfeste Back- oder Pizzaform leicht einölen.
7 Den Grießkuchen mit einem Teigschneider in runde Scheiben von etwa 6 cm Durchmesser schneiden. Zuerst die Teigabfälle in die Form geben und dann die Gnocchi darauf anordnen.
8 Mit der Butter betupfen, mit dem restlichen Parmesan bestreuen und unter den Grill geben, bis die Gnocchi goldbraun sind.
9 Mit Dill garnieren und servieren.

MENÜ

Ein italienisches Abendessen

Süßer Möhren-Fenchel-Salat, dekoriert mit einigen schwarzen Oliven
162

Gnocchi alla romana
links

Italienische Tomatensauce
171

Chicorée-Walnußsalat mit Brunnenkresse
161

Frischer Fruchtsalat
286

Mandel-Tuiles
325

MENÜ

Mittsommer-Hochzeit

Für 30 Personen

Rosa Kartoffelsalat
166

Spargel-Boote
263

Käseroulade mit Avocadofüllung
224

Gemischter grüner Salat
54

Bunter Krautsalat
162

Profiteroles
314

Die meisten dieser Köstlichkeiten für das rosa akzentuierte Hochzeitsbuffet können schon im voraus zubereitet werden. Die Pastetenformen für die Spargel-Boote backt man (so dünn wie möglich!) bis zu 4 Wochen im voraus und friert sie ein. Füllen Sie sie am Tag vor der Hochzeit, und wärmen Sie sie vor dem Servieren im Backofen auf.

Das Füllen der Roulade, das Mischen der Salate und das Glasieren der Profiteroles geschieht am Morgen des Hochzeitstages. Gehören Sie zur Familie der Braut oder des Bräutigams, so brauchen Sie eine verläßliche Freundin, die von jetzt ab die Organisation übernimmt, jemanden, der sich um die Getränke kümmert, sowie weitere Personen, die servieren.

Wichtig ist auch, rechtzeitig für Tischtücher, Teller, Servierplatten, Tassen und Untertassen, Tafelsilber sowie Gläser für Wein und Champagner zu sorgen. Wenn Ihr Budget es erlaubt, können Sie während der ganzen Hochzeit Champagner trinken. Wenn nicht, so begrüßt man die Gäste mit einem halbtrockenen Weißwein, etwa einem Vouvray, den man auch zum Essen reicht, um dann beim Toast mit einem Champagner rosé anzustoßen.

Gerichte mit Nüssen

Nüsse gehören zu den nährstoffreichsten und schmackhaftesten Kochzutaten und bilden die Grundlage einiger ausgezeichneter Gerichte. Besonders gern mag ich einen guten Nußbraten oder auch ein Nußkotelett, das saftig, voller Geschmack - kurz, ein wahres Eßvergnügen - sein kann. Dazu passen einige der Saucen und Beilagen, die normalerweise zu Fleisch serviert werden: die köstliche vegetarische Bratensauce (S. 172), Apfelmus (S. 84), Meerrettichsauce (S. 124) oder, zum Weihnachtsessen, Brotsauce (S. 175) und Preiselbeersauce (S. 174).

Eine Backform mit Folie auslegen

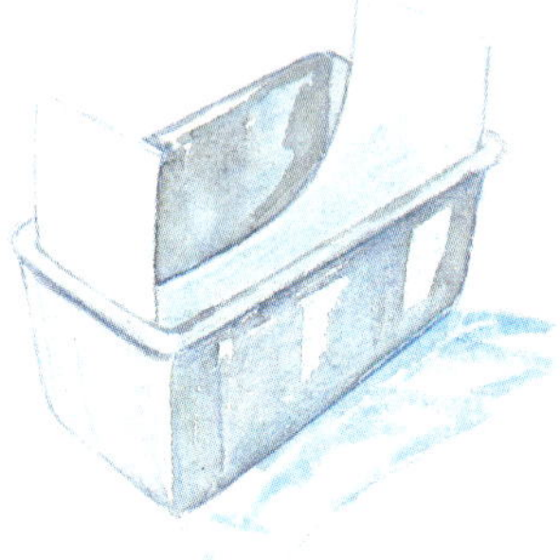

Die Form mit einem langen Streifen gefetteter Backfolie oder Backpapier so auslegen, daß Boden und Schmalseiten bedeckt sind.

Cashewnussbraten

Dies ist ein köstlicher Nußbraten, der sich heiß und kalt gut aufschneiden läßt. Er schmeckt ausgezeichnet, wenn man ihn heiß mit einer feinen Sauce und Gemüsen serviert oder kalt, in sehr dünne Scheiben geschnitten, mit Chutney und eingelegtem Gemüse oder mit einem Joghurt-Kräuter-Dressing und Salat als Beilagen.

Für 6–8 Personen

1 mittelgroße Zwiebel, geschält und gehackt
25 g Butter
1 große Tomate, enthäutet und gehackt
2 mittelgroße Champignons, gewaschen und gehackt
1½ TL Mehl
Gut ⅛ l helle Gemüsebrühe (S. 129)
1½ TL Hefe-Extrakt
1 TL getrocknete gemischte Kräuter
50 g Mandeln, gemahlen
100 g Cashewnüsse, feingemahlen
100 g frische Vollweizen-Brotkrumen
1 Ei
Salz und frisch gemahlener schwarzer Pfeffer
Butter zum Einfetten
2–3 EL Semmelbrösel zum Bestreuen der Form

Zum Garnieren

2–3 Champignons, in Scheiben geschnitten und leicht in Butter gebraten
Geröstete Cashewnüsse
Tomatenscheiben (nach Belieben)

1 Den Backofen auf 190 °C (Gas Stufe 3) vorheizen. Eine Kastenform (etwa 500 g Inhalt) mit Butter einfetten und mit einem Streifen gebutterter Backfolie auslegen, der den Boden bedeckt und an den Schmalseiten der Form über den Rand steht. Boden und Seiten der Form mit Semmelbröseln bestreuen.

2 Die Zwiebel in der Butter 10 Minuten weich dünsten, dann Tomate und Champignons hinzufügen und weitere 2–3 Minuten garen.

3 Das Mehl unterrühren, nach 1–2 Minuten die Brühe hinzufügen und unter Rühren eindicken lassen. Von der Kochstelle nehmen und die restlichen Zutaten hinzufügen. Mit Salz und Pfeffer würzen.

4 Die Masse in die vorbereitete Form geben, oben glattstreichen und mit gefetteter Alufolie abdecken. 45 Minuten im Ofen backen, bis der Braten in der Mitte fest ist. (15 Minuten vor Ende der Backzeit die Folie entfernen, damit die Oberseite bräunen kann.)

5 Den Braten 4–5 Minuten stehenlassen, dann mit einem Messer an den Seiten lösen und auf eine vorgewärmte Servierplatte stürzen.

6 Mit Champignons, gerösteten Nüssen und gegebenenfalls einigen Tomatenscheiben garnieren.

Variante

Dunkler Mandelbraten

Nach obiger Anweisung zubereiten, aber statt der Cashewnüsse gemahlene Mandeln verwenden. Für einen dunkleren, noch pikanteren Nußbraten 1–2 EL Sojasauce hinzufügen.

Paranussringe mit Peperonata

Für diese Ringe verwendet man entweder kleine Ringformen von etwa 12 cm Durchmesser und 75 g Inhalt oder Tortelettförmchen von etwa 10 cm Durchmesser mit einer runden Plätzchenausstechform in der Mitte. Die Nußringe ergeben ein attraktives Hauptgericht, das auf einer großen Platte oder auf einzelnen Tellern mit einer Auswahl bunter Gemüse serviert wird.

Für 6 Personen

1 Portion Nußmasse des Cashewnußbratens (linke S.), Cashewnüsse durch Paranüsse ersetzt
1 Portion Peperonata (S. 186)
Butter zum Einfetten
Semmelbrösel zum Bestreuen der Förmchen

Zum Garnieren
Thymianzweige

1 Den Backofen auf 190 °C (Gas Stufe 3) vorheizen.
2 6 Ring- oder Tortelettförmchen gut mit Butter einfetten und mit Semmelbröseln bestreuen; überschüssige Brösel vorsichtig abklopfen.
3 Die Nußmischung in die Förmchen füllen und oben glattstreichen. 20 Minuten unbedeckt im Ofen backen, bis die Masse fest ist.
4 Während die Ringe backen, die Peperonata nach Rezeptanweisung (S. 186) zubereiten.
5 Mit einem Messer an den Rändern der Förmchen entlangfahren, dann die Nußringe stürzen; falls nötig, die Formen fest aufklopfen.
6 1 gehäuften EL Peperonata in die Mitte jedes Rings geben und mit Thymianzweigen garnieren. Sofort servieren.

Varianten

✿ *Streng vegetarische Paranußringe*

Statt der Cashewnußbraten-Mischung die Mischung für den schnellen pikanten Nußbraten (S. 235) verwenden und die Förmchen mit ungehärteter Pflanzenmargarine einfetten.

Kleine Paranußringe mit Spargel und Sauce hollandaise

Die Ringe nach obiger Anweisung zubereiten. Für den Belag 6 Spargelstangen hakken und mit Sauce hollandaise (S. 176) vermischen; statt Peperonata in die Mitte der Ringe geben und mit je 1 Spargelspitze garnieren.

Kleine Paranußringe mit Champignons und Kastanien

In die Mitte der Ringe eine Mischung aus 100 g gebratenen, in Scheiben geschnittenen Champignonköpfen und 100 g heißen gekochten Eßkastanien geben. Mit gehackter Petersilie bestreuen.

Paranußringe mit Peperonata – Cashewnußbraten

Erdnußküchlein – Nußbällchen in Tomatensauce (S. 238)

✿ Erdnussküchlein

Diese Nußküchlein lassen sich gut einfrieren unaufgetaut backen.

Für 6 Personen

Hefe-Extrakt

Hefe-Extrakt, eine klebrige dunkelbraune Paste, die aus Bierhefe hergestellt wird und häufig mit anderen Vitaminen (etwa B_{12}) angereichert ist, enthält viele Nährstoffe und eignet sich zum Würzen von Aufläufen, Saucen, Nußbraten und anderen Gerichten sowie als Brotaufstrich. Man sollte ihn sparsam und nur in geringen Mengen verwenden.

50 g Butter oder ungehärtete Pflanzenmargarine
1 Zwiebel, geschält und gehackt
1 Stange Sellerie, feingehackt
1 TL getrocknete gemischte Kräuter
1 EL Vollweizenmehl
Gut ⅛ l helle Gemüsebrühe (S. 129)
1 EL Sojasauce
1 TL Hefe-Extrakt
175 g geröstete ungesalzene Erdnüsse, ziemlich fein gemahlen
50 g Cashewnüsse, ziemlich fein gemahlen
100 g frische Vollweizen-Brotkrumen
Salz und frisch gemahlener schwarzer Pfeffer
Semmelbrösel zum Panieren
Öl zum Ausbacken

Zum Garnieren
Kopfsalatblätter
Tomatenscheiben
Gurkenscheiben

1 Die Butter in einem großen Topf zerlassen, dann Zwiebel und Sellerie 10 Minuten darin dünsten. Die Kräuter und das Mehl unterrühren und weitere 1–2 Minuten garer..
2 Die Brühe hinzufügen und unter Rühren eindicken lassen, dann Sojasauce, Hefe-Extrakt, Nüsse und Brotkrumen dazugeben; mit Salz und Pfeffer würzen.
3 Die Mischung abkühlen lassen, dann zu 6 flachen, etwa 1 cm dicken Küchlein formen und in Semmelbröseln wenden.
4 Die Küchlein in sehr wenig Öl – die Pfanne sollte nur mit einem ganz dünnen Ölfilm überzogen sein – etwa 3 Minuten von beiden Seiten backen, bis sie gebräunt und knusprig sind. Auf Küchenkrepp abtropfen lassen. Garnieren und servieren.

Variante

Macadamiaküchlein

Statt Erdnüsse werden hier Macadamianüsse verwendet, was den Küchlein ihren besonderen Geschmack verleiht. Mit Sauce béarnaise (S. 176) servieren.

Kastanienbraten

Ein wunderbarer Braten für einen kalten Wintertag und für viele Vegetarier das traditionelle Weihnachtsessen.

Für 4-6 Personen

25 g Butter
1 große Zwiebel, geschält und gehackt
2 Stangen Sellerie, feingehackt
1 kg Eßkastanien, geschält und gekocht (ergibt etwa 750 g), oder 3 Dosen ganze Kastanien (je etwa 425 g) oder etwa 250 g getrocknete Kastanien, eingeweicht und gekocht
2 EL gehackte Petersilie
2 EL Zitronensaft
1 Knoblauchzehe, zerdrückt
Frische Vollweizen-Brotkrumen (nach Belieben)
Salz und frisch gemahlener schwarzer Pfeffer
4 EL Öl
Semmelbrösel zum Panieren

1 Die Butter zerlassen, Zwiebel und Sellerie 10 Minuten darin weich dünsten, aber nicht bräunen. In eine große Schüssel geben. Die Kastanien abtropfen lassen und ebenfalls in die Schüssel geben. Die Zutaten gut vermischen.

2 Kastanien, Zwiebel und Sellerie zerdrücken, dann Petersilie, Zitronensaft und Knoblauch unterrühren.

3 Die Masse sollte weich, aber noch fest genug sein, damit man eine Rolle daraus formen kann; daher, falls notwendig, einige Brotkrumen hinzufügen, besonders wenn man Kastanien aus der Dose verwendet. Die Masse mit Salz und Pfeffer nach Geschmack würzen.

4 Den Backofen auf 200 °C (Gas Stufe 3-4) vorheizen. Etwas Öl in einen Bräter geben und zum Erhitzen in den Backofen stellen.

5 Die Kastanienmasse zu einer Rolle von etwa 20 cm Länge formen, dabei gut zusammendrücken, und dann in den Semmelbröseln rollen.

6 Die Kastanienrolle in den Bräter legen und vorsichtig drehen, so daß sie ganz mit heißem Öl überzogen ist.

7 Die Rolle 45 Minuten im Ofen backen, bis sie außen knusprig ist; von Zeit zu Zeit mit etwas Öl beträufeln. Den Kastanienbraten in dicke Scheiben schneiden und servieren.

MENÜ

Weihnachtsessen

Kalte zweifarbige Suppe
139

Kastanienbraten
links

Sauce Soubise
173

Rotkohlkasserolle
180

Gedünstete Sellerieherzen
182

Traditioneller englischer Trifle
285

Kastanien schälen

1 Mit der flachen Seite nach unten auf ein Brett legen und oben einschneiden.

2 Im Backofen 10-20 Minuten kochen oder backen, bis die Schalen aufplatzen.

3 Die Schalen mit einem kleinen scharfen, spitzen Messer entfernen.

Nuß- oder Linsenküchlein formen

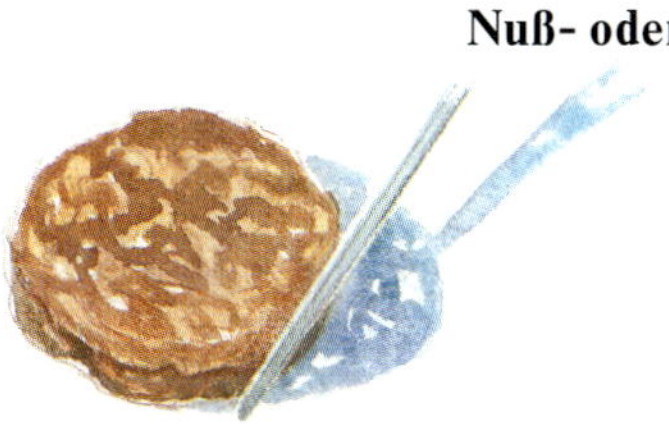

1 Die Küchlein flach drücken, indem man sie mit einem Palettmesser oder Spatel oben und an den Seiten in Form klopft.

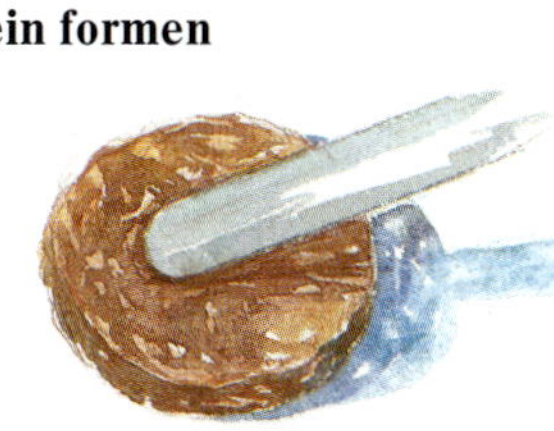

2 Fest zusammendrücken, damit die Küchlein ihre Form behalten und beim Braten nicht auseinanderfallen.

Brotkrumen und Semmelbrösel herstellen

1-2 Tage altes Brot (oder altbackene Brötchen) eignet sich am besten dazu: die Krusten abschneiden und das Brot zwischen den Fingern zerbröseln oder die Brotstücke in der Küchenmaschine zerkleinern. Besitzt man eine Tiefkühltruhe, so lohnt es sich, alle Brotreste zu Bröseln zu verarbeiten und in Plastiktüten einzufrieren. Die Brösel können gefroren weiterverarbeitet werden.
Als Alternative kann man auch Brotscheiben oder Brötchen unten im Backofen - während etwas anders backt - oder im Mikrowellenherd trocknen (das dauert nur etwa 5 Minuten); dann mit einem Nudelholz zerdrücken. Es ist günstig, sowohl frische Brotkrumen als auch getrocknete Brösel vorrätig zu haben.

Champignon-Croustade

Dies ist die leicht abgewandelte Version meines Lieblingsrezepts, das ich für eine meiner ersten Essenseinladungen erfand.

Für 4–6 Personen

75 g Mandelblättchen oder andere geraspelte Nüsse
75 g frische Vollweizen-Brotkrumen
75 g gemahlene Mandeln oder andere feingemahlene Nüsse
1 kleine Zwiebel, geschält und gerieben
1 Knoblauchzehe, zerdrückt
100 g weiche Butter
Salz und frisch gemahlener schwarzer Pfeffer
500 g Champignons, gewaschen und in Scheiben geschnitten
300 g Sauerrahm
Frisch geriebene Muskatnuß
Paprikapulver

1 Den Backofen auf 180 °C (Gas Stufe 2–3) vorheizen.

Champignon-Croustade

2 Eine kleine Menge Mandelblättchen zum Garnieren zurückbehalten.
3 Brotkrumen, gemahlene Mandeln und restliche Mandelblättchen sowie Zwiebel, Knoblauch und 75 g Butter gründlich vermischen. Mit Salz und Pfeffer würzen. Die Masse sollte wie ein bröseliger Teig zusammenhalten.
4 Die Masse in eine Springform von 20 cm Durchmesser drücken. 20 Minuten im Ofen backen, bis der Boden goldbraun und knusprig ist.
5 In der Zwischenzeit die Champignons 15–20 Minuten in der restlichen Butter schmoren, bis alle Flüssigkeit verdampft ist. Mit Salz und Pfeffer würzen.
6 Die Pilze gleichmäßig auf der Croustade verteilen
7 Den Sauerrahm mit einer Gabel verrühren, mit Salz, Pfeffer und Muskat würzen, dann etwa die Hälfte des Sauerrahms auf die Champignons geben, so daß noch ein paar Pilze sichtbar sind. Mit Paprika bestreuen.
8 Die Croustade nochmals für 10–15 Minuten in den Ofen schieben, so daß sie durch und durch heiß wird, dann aus der Form nehmen und auf eine vorgewärmte Platte heben.
9 Mit den zurückbehaltenen Mandelblättchen bestreuen und servieren. Den restlichen Sauerrahm in einem Schüsselchen oder Kännchen getrennt zu der Croustade reichen.

Varianten

✿ *Streng vegetarische Champignon-Croustade*

Statt Butter ungehärtete Pflanzenmargarine und statt Sauerrahm vegetarischen Joghurt verwenden.

Porree-Croustade

Nach obiger Anweisung verfahren, jedoch die Champignons durch 500 g gesäuberten und in Scheiben geschnittenen Porree ersetzen.

Die Porreestücke etwa 10 Minuten in sprudelndem, leichtgesalzenem Wasser kochen, dann gut abtropfen lassen; Sauerrahm und Gewürze hinzufügen.

✿ GEMÜSE-STREUSELKUCHEN

Einfach, aber gut! Eine ausgezeichnete Art, Gemüse zu einem Hauptgericht zu machen. Für eine winterliche Mahlzeit im Familienkreis servieren Sie den Kuchen mit leicht gegartem grünem Gemüse, Kartoffelpüree und vegetarischer Bratensauce (S. 172).

Für 4 Personen

1 kg Gemüse, geschält und gewürfelt: Möhren, weiße Kohlrüben, Steckrüben, Zwiebeln, Sellerie
100 g Butter oder ungehärtete Pflanzenmargarine
Salz und frisch gemahlener schwarzer Pfeffer
75 g Haferflocken
75 g Haselnüsse, feingemahlen
75 g Haselnüsse, gehackt oder geraspelt
1 kleine Zwiebel, geschält und gerieben
1 Knoblauchzehe, zerdrückt
½ TL getrockneter Thymian oder getrocknete gemischte Kräuter

1 Den Backofen auf 180 °C (Gas Stufe 2–3) vorheizen
2 Das Gemüse, mit Wasser bedeckt, 15–20 Minuten weich kochen. Abgießen und das Wasser aufbewahren.
3 Etwa ein Drittel der Gemüsemischung mit 25 g Butter und einer ausreichenden Menge des Gemüsewassers im Mixer oder in der Küchenmaschine pürieren.
4 Das Püree zum restlichen Gemüse hinzufügen. Nach Geschmack mit Salz und Pfeffer würzen. Die Mischung in eine flache, feuerfeste Form geben.
5 Zur Herstellung des Streuselbelags die Haferflocken mit Nüssen, Zwiebel, Knoblauch, Kräutern sowie Salz und Pfeffer in eine Schüssel geben. Die restliche Butter hinzufügen und die Zutaten mit einer Gabel vermischen, bis der Belag groben Streuseln ähnelt.
6 Die Masse gleichmäßig auf der Gemüsemischung verteilen. 30–40 Minuten im Ofen backen, bis der Belag knusprig und leicht gebräunt ist.

MENÜ

Winterliches Abendessen im Familienkreis

Gemüse-Streuselkuchen
links

In der Schale gebackene Kartoffeln
190

Gedünsteter Broccoli

Vegetarische Bratensauce
172

oder

Italienische Tomatensauce
171

Frisches Obst

oder

Pfannkuchen mit Zitrone und Honig
299

✿ SCHNELLER PIKANTER NUSSBRATEN

Dieser leicht zuzubereitende Nußbraten schmeckt sowohl heiß wie auch kalt ausgezeichnet.

Für 4 Personen

50 g Butter oder ungehärtete Pflanzenmargarine
2 große Zwiebeln, geschält und feingehackt
1 TL getrockneter Thymian
1 EL Vollweizenmehl
100 g Cashewnüsse, ziemlich fein gemahlen
100 g Haselnüsse, ziemlich fein gemahlen
100 g Vollweizen-Semmelbrösel
1 EL Zitronensaft
Salz und frisch gemahlener schwarzer Pfeffer
Semmelbrösel zum Panieren
8 EL Öl

1 Den Backofen auf 200 °C (Gas Stufe 3–4) vorheizen.
2 Die Butter in einem großen Topf zerlassen und die Zwiebeln bei milder Hitze 10 Minuten weich dünsten.
3 Den Thymian und das Mehl hinzufügen; 1–2 Minuten rühren, dann gut ⅛ l Wasser dazugießen und die Mischung unter Rühren eindicken lassen.
4 Von der Kochstelle nehmen, Nüsse, Vollweizen-Semmelbrösel, Zitronensaft sowie Salz und Pfeffer nach Geschmack hinzufügen; gut vermischen. Die Masse zu einem länglichen Laib formen und in Semmelbröseln wenden.
5 Das Öl in einem kleinen Bräter im Backofen erhitzen, bis es raucht. Den Nußbraten in den Bräter legen und mit dem Öl bepinseln.
6 35–40 Minuten im Ofen backen.
7 Aus dem Bräter nehmen. Sofort servieren und in dicke Scheiben schneiden oder abkühlen lassen, falls man den Braten kalt reichen will.

Nuß- oder Linsenbraten servieren

Es ist von Vorteil, wenn man genügend Nuß- oder Linsenbraten zubereitet, so daß man einen heiß und einen kalt servieren kann. In Scheiben geschnittener kalter Nußbraten schmeckt köstlich mit Salat oder einer der folgenden Beilagen:

- ☐ Mayonnaise mit grünen Pfefferkörnern (S. 155)
- ☐ Mango-Chutney-Mayonnaise (S. 155) oder Preiselbeersauce (S. 174)
- ☐ Frische Mangoscheiben
- ☐ Joghurt-Kräuter-Dressing (S. 156)

Paranussbraten in Blätterteig

(Abb. S. 318)

Für 8 Personen

1 Portion schneller Blätterteig (S. 268), oder 450 g tiefgefrorener Blätterteig, aufgetaut
1 Ei, geschlagen (nach Belieben)

Für den Nußbraten

2 große Zwiebeln, geschält und gehackt
50 g Butter
500 g Paranüsse, feingemahlen
250 g frische feine Brotkrumen
½ TL getrockneter Thymian
3 EL Zitronensaft
2 Eier (nach Belieben)
Je 1 Prise frisch geriebene Muskatnuß, gemahlene Nelken und gemahlener Zimt
Salz und frisch gemahlener schwarzer Pfeffer

Für die Füllung

250 g frische feine Weißbrotkrumen
25 g Petersilie, gehackt
Abgeriebene Schale von 1 unbehandelten Zitrone
1 EL Zitronensaft
Je 1 TL getrockneter Thymian und Majoran
1 EL geriebene Zwiebel
75 g Butter

Zum Garnieren

8 Clementinenhälften, mit Preiselbeeren gefüllt
Thymianzweige

1 Den Backofen auf 200 °C (Gas Stufe 3-4) vorheizen.
2 Für den Nußbraten die Zwiebeln 10 Minuten in der Butter weich dünsten, aber nicht bräunen.
3 Vom Herd nehmen und die restlichen Nußbratenzutaten hinzufügen. Mit Salz und Pfeffer würzen.
4 Die Füllung zubereiten, indem man alle Zutaten vermischt, bis man eine weiche, gebundene Masse erhält. Würzen.
5 Den Teig auf der bemehlten Arbeitsfläche zu einem etwa 30 × 35 cm großen Rechteck ausrollen.
6 Die Füllung zu einer etwa 25 cm langen Rolle formen und in die Mitte des Teigrechtecks legen. Die Nußbratenmasse darüberhäufen, so daß die Füllung bedeckt ist.
7 Die Teigränder hochschlagen, so daß die Nußmischung eingeschlossen ist, zusammendrücken und dann mit der Nahtseite nach unten auf ein feuchtes Backblech setzen. Den Teig oben gitterartig einschneiden.
8 Ein oder zwei Dampflöcher in den Braten stechen, mit zugeschnittenen Teigresten verzieren und gegebenenfalls mit geschlagenem Ei bestreichen. 30 Minuten im Ofen knusprig backen. Mit den Clementinenhälften und Thymian garnieren.

Nußbraten in Blätterteig zubereiten

1 Die Füllung auf das Teigstück geben.

2 Die Füllung mit der Nußmasse bedecken.

3 Die Teigränder hochschlagen, so daß die Nußmischung eingeschlossen ist.

4 Mit der Nahtseite nach unten auf ein Backblech legen.

MENÜ

Spätsommerliches Abendessen für Freunde

Kalte Kopfsalatsuppe
131

Paranußbraten in Blätterteig
rechts

Meerrettichsauce
124

Kartoffelpüree
189

Möhrenpüree
189

Prinzeßbohnen

Kaffeecreme
278

Kochsalz

Salz oder Natriumchlorid wird seit der Steinzeit als Würz- und Konservierungsmittel verwendet. Es ist in verschiedenen Sorten erhältlich:
Meersalz wird in Buchten, abgeschlossenen Meerarmen oder Salzsümpfen durch die natürliche Verdunstung des Wassers gewonnen. Es ist reich an Spurenelementen, unter anderem an Jod. Meersalz ist in groben Kristallen für die Salzmühle sowie als feines Streusalz erhältlich.
Salinensalz ist grobkörnig. Es entsteht in Salinen durch das Eindampfen von Sole.
Steinsalz wird in Salzbergwerken gewonnen. Dabei handelt es sich um Salzablagerungen vorgeschichtlicher Meere. Es kommt als grobes Salz in den Handel.
Tafel- oder Speisesalz wird aus Salinensalz hergestellt. Durch jodiertes Tafelsalz kann man die Nahrung dort, wo Jod nicht im Boden (und damit auch nicht im Gemüse) vorhanden ist, mit dem lebenswichtigen Jod anreichern. Aromatisierte Salzsorten, wie Zwiebel-, Knoblauch- und Selleriesalz, werden aus Tafelsalz mit entsprechenden Zusätzen hergestellt.

Pinienkernroulade mit Spargelfüllung

(Abb. S. 153)

Dieses Gericht, das ich aus einem Rezept von Michael Smith weiterentwickelte, ist sehr gehaltvoll und eignet sich ganz ausgezeichnet für ein sommerliches Festessen.
Es kann einige Stunden im voraus zubereitet und kurz vor dem Servieren aufgewärmt werden. Reichen Sie es mit neuen Kartoffeln, Zuckererbsen und jungen Möhrchen.

Für 6 Personen

4 große Eier
Salz und frisch gemahlener schwarzer Pfeffer
250 g Pinienkerne, leicht zerdrückt
Butter und Öl zum Einfetten

Für die Füllung
1 Portion Sauce hollandaise (helle Version) (S. 176)
500 g frischer junger Spargel, leicht gegart (nur die Spitzen)
12 Wachteleier, hartgekocht, geschält und halbiert
2 EL Schnittlauchröllchen

1 Den Backofen auf 200 °C (Gas Stufe 3–4) vorheizen. Eine etwa 25 × 35 cm große flache Backform mit gebutterter Backfolie auslegen, die man auf allen Seiten 5 cm über den Rand stehen läßt; die Ecken schräg einschneiden.
2 Die Eier mit Salz und Pfeffer schaumig schlagen, die Hälfte der Pinienkerne unterheben und die Mischung in die Form geben; die Masse gleichmäßig bis in die Ecken verstreichen.
3 In der oberen Hälfte des Backofens 6–8 Minuten backen, bis der Teig in der Mitte fest ist.
4 Ein sauberes feuchtes Tuch auf die Arbeitsfläche legen und mit einem Stück Backfolie bedecken, auf dem man die restlichen Pinienkerne gleichmäßig verteilt. Den Teigboden auf die Pinienkerne stürzen und das Auslegpapier entfernen.
5 Von der Sauce hollandaise 2 EL zurückbehalten; die restliche Sauce auf dem Rouladenboden verstreichen. Spargelspitzen (6 zum Garnieren zurückbehalten), Wachteleier (3 Hälften zurückbehalten) und Schnittlauch darauf verteilen.
6 Die Roulade vorsichtig aufrollen, indem man eine Längsseite nach innen und die andere überlappend darüberschlägt. Ein großes, mit Öl gefettetes Stück Alufolie auf die Roulade legen und diese umdrehen. Ein Backblech unter die Roulade schieben und das Tuch entfernen.
7 Die Roulade sofort oder bei Bedarf, noch in Folie gewickelt, bei 190 °C (Gas Stufe 3) 15–20 Minuten im Backofen erhitzen.
8 Die Folie entfernen und die Roulade auf eine vorgewärmte Servierplatte legen. Die zurückbehaltene Sauce hollandaise in der Mitte über die Roulade geben und die zurückbehaltenen Spargelspitzen und Wachteleier dekorativ darauf anordnen. Sofort servieren.

Varianten

Cashewnußroulade mit einer Füllung aus Waldpilzen

Nach obiger Anweisung zubereiten, wobei man statt der Pinienkerne geröstete Cashewnüsse verwendet und Spargel sowie Sauce hollandaise durch Wildpilze in Sahnesauce (S. 272) ersetzt. Die Wachteleier nach Belieben verwenden und die Roulade mit gebratenen Pilzen und gerösteten Cashewnüssen garnieren.

Pekannußroulade mit Ratatouille-Füllung

Eine weniger gehaltvolle, doch sehr schmackhafte Version. Statt Pinienkerne Pekannüsse verwenden, Spargel und Sauce hollandaise durch Ratatouille (S. 187) ersetzen. Die Wachteleier nach Belieben verwenden und die Roulade mit Petersilie und Paprikaringen garnieren.

Haselnußroulade mit Porreefüllung

Statt Pinienkerne geröstete Haselnüsse (S. 36) verwenden und statt Spargel 500 g gesäuberten und in Scheiben geschnittenen Porree, den man in wenig sprudelndem Wasser weich kocht und gut abtropfen läßt. Die Sauce hollandaise durch 300 g Sauerrahm ersetzen.

Salz-Ersatz

Für Salz sind mehrere Ersatzstoffe erhältlich; einige davon basieren auf Kaliumchlorid statt auf Natriumchlorid, andere bestehen aus Kräutermischungen und anderen Gewürzen. Diese Mischungen sind sicher einen Versuch wert, doch meiner Meinung nach sind sie nicht wirklich befriedigend; ich persönlich verwende lieber eine kleine Menge Meersalz zusammen mit anderen Gewürzen oder Kräutern. Falls Sie eine kaliumarme Diät einhalten müssen, sollten Sie Ihren Arzt um Rat fragen, bevor Sie einen Salz-Ersatzstoff verwenden.

Gomasio

Eine schmackhafte Würzmischung aus gerösteten Sesamsamen und Salz, die in Japan viel verwendet wird. Um Gomasio herzustellen, 10 Teile Sesamsamen und 1 Teil Meersalz in eine Pfanne geben und ein paar Minuten bei milder Hitze rühren, bis die Sesamsamen duften, etwas bräunen und einige wenige zu »hüpfen« beginnen. Vom Herd nehmen und in einer Kaffeemühle zu einem ziemlich feinen Pulver vermahlen. In einem luftdicht verschließbaren Glas aufbewahren. Beim Kochen oder bei Tisch statt Salz verwenden. So läßt sich auf vorteilhafte Weise das Salz reduzieren und eine geschmackliche Verfeinerung der Speisen erzielen.

Nußmilch aus blanchierten Mandeln

Nußmilch zubereiten

Aus Nüssen lassen sich köstliche Getränke zubereiten, die Kuhmilch im Geschmack bei weitem übertreffen. Man muß nur einige Cashewnüsse oder blanchierte Mandeln mit etwas Wasser im Mixer oder in der Küchenmaschine mixen. Je nach dem gewählten Mengenverhältnis entsteht eine dicke, cremige oder eine dünne, feine Milch. Ich finde, 25 g blanchierte Mandeln auf ein Glas Wasser ergeben eine gute Konsistenz als Getränk. Sie können die Milch so trinken oder vorher durchsieben.

Für ein Frucht-Nuß-Getränk, das ein erfrischendes und sättigendes Mittag- oder Abendessen ergibt, wenn einem nicht nach Essen zumute ist, sollten Sie einmal eine geschälte Banane, einige Erdbeeren oder ein paar Himbeeren mit den Mandeln und dem Wasser mixen. Es schmeckt besonders gut - etwa wie ein dicker Milch-Shake -, wenn man Früchte verwendet, die tiefgefroren sind.

Nussbällchen in Tomatensauce

(Abb. S. 232)

Die Bällchen mit in Butter geschwenkten Spaghetti und einem knackigen grünen Salat servieren.

Für 4 Personen

1 Zwiebel, geschält und gehackt
1 EL Öl
100 g braune Nüsse (wie unblanchierte Mandeln oder geröstete Haselnüsse), feingemahlen
50 g frische Vollweizen-Brotkrumen
50 g Cheddar, feingerieben
2 TL Tomatenmark
1 Eigelb
½ TL getrockneter Thymian
Salz und frisch gemahlener schwarzer Pfeffer
1 Portion italienische Tomatensauce (S. 171)
Butter zum Einfetten

Zum Garnieren
Thymianzweige

1 Den Backofen auf 180 °C (Gas Stufe 2-3) vorheizen.
2 Die Zwiebel 10 Minuten im Öl weich dünsten, dann von der Kochstelle nehmen und die restlichen Zutaten, außer der italienischen Tomatensauce, unterrühren.
3 Die Masse zu 8 Bällchen formen und diese in eine eingefettete flache, feuerfeste Form setzen.
4 Die Tomatensauce darübergießen und 25-30 Minuten im Ofen backen. Mit Thymian garnieren und heiß servieren.

Varianten

Nußbällchen in Ratatouille

Nach obiger Anweisung zubereiten, doch nicht in Tomatensauce backen, sondern die Bällchen in eine flache Auflaufform mit Ratatouille (S. 187) setzen.

✿ *Streng vegetarische Nußbällchen*

Statt Käse und Eigelb 2 EL Erdnußbutter verwenden. Man braucht möglicherweise weniger Salz.

Maisküchlein

Diese Küchlein ergeben zusammen mit einigen gegrillten Tomaten und gebratenen Champignons ein leichtes Frühstück oder Abendessen. Sie können auch als Beilage zu einem Nußbraten mit Kartoffelpüree (S. 189) und Preiselbeersauce (S. 174) serviert werden.

Für 2-3 Personen als Hauptgericht, für 4-6 Personen als Beilage

250 g frischer Gemüsemais (von 2-3 Kolben), leicht gekocht und abgetropft
50 g Mandeln, gehackt
1 Ei, getrennt
25 g Vollweizenmehl
Salz und frisch gemahlener schwarzer Pfeffer
Öl zum Ausbacken

1 Den Mais mit Mandeln, Eigelb und Mehl in eine Schüssel geben. Gut vermischen und nach Geschmack mit Salz und Pfeffer würzen.
2 Das Eiweiß zu steifem Schnee schlagen, dann behutsam unter die Maismischung heben.
3 Etwas Öl in einer Pfanne erhitzen, 1 EL der Maismischung in das Öl setzen und auf beiden Seiten knusprig backen.
4 Die Küchlein auf Küchenkrepp abtropfen lassen und im Backofen bei schwacher Hitze warm halten, während man die restlichen ausbackt; dann sofort servieren.

Variante

✿ *Streng vegetarische Küchlein*

Den Teig aus 250 g Kichererbsenmehl, ½ TL Salz und etwa ¼ l Wasser herstellen: Mehl und Salz in eine Schüssel geben und das Wasser unterrühren. Den Mais untermischen.

Weisser Nussbraten mit Kräuterfüllung

Ich serviere diesen Braten gern zu Weihnachten mit all den traditionellen Beilagen, wie Brotsauce (S. 175), Preiselbeersauce (S. 174) und vegetarischer Bratensauce (S. 172).

Für 8-10 Personen

1 große Zwiebel, geschält und gehackt
50 g Butter
1 TL getrockneter Thymian
1 EL Mehl
Gut ¼ l Milch
250 g gemischte weiße Nüsse, feingemahlen: Cashewnüsse, blanchierte Mandeln und Pinienkerne
100 g frische Weißbrotkrumen
Salz und frisch gemahlener schwarzer Pfeffer
Frisch geriebene Muskatnuß
2 Eiweiße
Butter zum Einfetten
3-4 EL Semmelbrösel zum Bestreuen der Form

Für die Füllung
175 g frische Weißbrotkrumen
100 g Butter
4 EL gehackte Petersilie
Abgeriebene Schale von ½ unbehandelten Zitrone
2 EL geriebene Zwiebel
1 TL getrockneter Majoran
1 TL getrockneter Thymian
2 Eigelbe

Zum Garnieren
Petersilienzweige
Zitronenscheiben

1 Den Backofen auf 190 °C (Gas Stufe 3) vorheizen.
2 Eine Kastenform (etwa 1000 g Inhalt) mit Butter einfetten und mit einem Streifen gebutterter Backfolie auslegen, so daß der Boden der Form bedeckt ist und der Streifen an den Schmalseiten über den Rand steht. Mit Semmelbröseln ausstreuen.
3 Die Zwiebel in der Butter 10 Minuten weich dünsten. Thymian und Mehl hinzufügen und 1-2 Minuten weitergaren, dann die Milch dazugeben und unter Rühren eindicken lassen.
4 Vom Herd nehmen, Nüsse und Brotkrumen hinzufügen und mit Salz, Pfeffer und Muskat kräftig würzen.
5 Die Eiweiße zu steifem Schnee schlagen und unter die Masse heben.
6 Die Füllung zubereiten, indem man alle Zutaten gründlich vermischt und mit Salz und Pfeffer abschmeckt.
7 Die Hälfte der Nußmasse in einer gleichmäßigen Schicht in die Form geben.
8 Die Füllung von Hand zu einem flachen Rechteck formen, das über die Nußschicht paßt, und in die Form auf die Nußmasse legen.
9 Die Füllung mit der restlichen Nußmasse bedecken.

Weißer Nußbraten mit Kräuterfüllung

10 Die Oberseite des Bratens glätten, mit gebutterter Alufolie abdecken und 1-1¼ Stunden im Ofen backen, bis der Braten in der Mitte fest ist. (Die Alufolie 15 Minuten vor Ende der Backzeit entfernen, damit der Braten oben braun wird.)
11 Den Braten 4-5 Minuten in der Form stehenlassen, dann mit einem Messer an den Rändern lösen und ihn auf eine vorgewärmte Servierplatte stürzen. Mit Petersilie und Zitronenscheiben garnieren.

Getreidegerichte

Getreide ist eine nähr- und ballaststoffreiche Proteinnahrung und läßt sich zu besonders gesunden Gerichten verarbeiten. Man sollte es abwechselnd mit gehaltvolleren Eiweißlieferanten, wie Käse und Eiern, verwenden, um eine ausgewogene Ernährung sicherzustellen. Die meisten Getreidegerichte sind schnell und einfach zuzubereiten und daher ideal für die schnelle Küche an Wochentagen geeignet; außerdem können Reste zu Kroketten weiterverarbeitet oder als Füllung für Paprikaschoten oder große Tomaten verwendet werden, wodurch man an einem anderen Tag wieder Zeit spart. Es lohnt sich, mit einigen der weniger bekannten Getreidesorten zu experimentieren; die genauen Kochanweisungen finden Sie im Zutaten-Teil (S. 44).

Bircher-Müesli
(rechts)
Dies ist das Original-Müesli, das Dr. Maximilian Oskar Bircher-Benner (1867-1939) für die Patienten seiner berühmten Naturheilklinik in Zürich erfand. Er verwandte Kondensmilch, weil nur diese Milch zu Ende des vorigen Jahrhunderts garantiert keine Krankheitserreger enthielt. Sie können sie durch normale Milch oder Joghurt ersetzen, obwohl die Kondensmilch dem Müesli eine schöne, cremige Konsistenz verleiht, wie man sie mit Milch oder Joghurt nicht erhält. Dr. Bircher-Benner servierte dieses Müesli seinen Patienten zum Abendessen, zusammen mit dünnen Scheiben Vollkornbrot, Honig und Kräutertee.

Bircher-Müesli

Dieses Müsli läßt sich zu jeder Tageszeit als nahrhafte Zwischenmahlzeit servieren.

Für 1 Person

2 EL Haferflocken
1 EL gesüßte Kondensmilch
Abgeriebene unbehandelte Zitronenschale
1 EL Zitronensaft
100 g Äpfel, gerieben,
oder 200 g weiche Früchte der Jahreszeit
1 EL geraspelte Haselnüsse

1 Haferflocken, Kondensmilch, etwas Zitronenschale und Zitronensaft mit 3 EL kaltem Wasser gut vermischen.
2 Das Obst hinzufügen. Laut Originalrezept sollte der ganze Apfel verwendet werden, mit Schale und Kerngehäuse!
3 Mit Haselnüssen bestreuen.

✿ Knusprige Müslimischung

Ergibt 1¼ kg

Gut ¼ l kochendes Wasser
Knapp ¼ l Sonnenblumen- oder Maiskeimöl
300 g klarer Honig
1 TL Vanille-Extrakt
500 g Haferflocken
75 g Sesamsamen
50 g Weizenkeime
100 g Kokosraspel
100 g Sonnenblumenkerne
175 g Rosinen
100 g Haselnüsse

1 Den Backofen auf 180 °C (Gas Stufe 2-3) vorheizen.
2 In einem hohen Gefäß das kochende Wasser mit Öl, Honig und Vanille-Extrakt vermischen.
3 Haferflocken, Sesamsamen, Weizenkeime und Kokosraspel in eine große feuerfeste Form geben.
4 Die Honigmischung unter ständigem Rühren hinzufügen, so daß die trockenen Zutaten damit überzogen werden. (Ich finde, man benutzt dazu am besten die Hände, so wie man Fett in Mehl reibt.)
5 15 Minuten im Ofen backen und dabei die Mischung einige Male umrühren. Dann die Temperatur auf 140 °C (Gas Stufe 1) reduzieren und 1½ Stunden backen, wobei man etwa alle Viertelstunde umrührt, bis die Mischung knusprig und goldbraun ist.
6 Abkühlen lassen, dann Sonnenblumenkerne, Rosinen und Nüsse untermischen. Die Müslimischung in einem luftdicht verschlossenen Behälter aufbewahren.

✿ SAFRANREIS

Für 4 Personen

250 Langkorn-Naturreis
1 TL Salz
1 kräftige Prise Safranfäden

1 Den Reis waschen, abgießen und auf Küchenkrepp trocknen lassen.
2 Den Reis zusammen mit gut ½ l Wasser, Salz und Safran in einen Topf mit schwerem Boden geben.
3 Zum Kochen bringen, den Deckel aufsetzen und die Hitze so weit wie möglich reduzieren.
4 Den Reis 40–50 Minuten kochen, bis er weich und das Wasser vollständig absorbiert ist.
5 Der Reis schmeckt noch besser, wenn man ihn nach dem Kochen 15 Minuten im geschlossenen Topf stehenläßt. Mit einer Gabel etwas auflockern.

Varianten

✿ *Süß-saurer Reis* (Abb. S. 133)

Süß-saurer Reis wird für die Zubereitung von Sushi (S. 142) verwendet; ich serviere ihn auch gern zu japanischen Gemüsegerichten. Kurzkornreis nach obiger Anweisung kochen. Falls erhältlich, ein Stück Kombu (mit einem feuchten Tuch gesäubert) zusammen mit Reis und Wasser in den Topf geben. Sobald das Wasser zu kochen beginnt, das Kombu entfernen. So erhält der Reis ein feines Aroma. Wenn er gar ist, 2 TL Zucker in 4 EL Reisessig auflösen und unter den Reis mischen.

✿ *Reis mit Wildreis*

Wildreis ist sehr teuer, doch wenn man zu Naturreis nur eine kleine Menge davon hinzufügt, schmeckt er gleich doppelt so gut. Die dunkelbraunen Wildreiskörner sind ein attraktiver Kontrast zu dem blasseren Naturreis. Nach obiger Anweisung zubereiten, 50 g Wildreis hinzufügen und die Wassermenge auf ¾ l erhöhen.

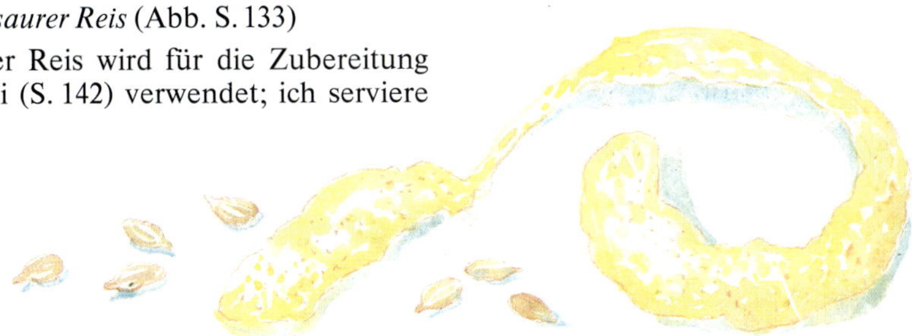

✿ GEWÜRZREIS

Dieser feingewürzte, goldgelbe Reis eignet sich gut als Beilage zu Currys, würzigen Gemüsegerichten und gefülltem Gemüse.

Für 4 Personen

250 g Naturreis
1½ EL Öl
¾ TL Kurkuma
3 Gewürznelken
1 Lorbeerblatt
Salz und frisch gemahlener schwarzer Pfeffer

1 Den Reis waschen, abgießen und auf Küchenkrepp trocknen lassen. Das Öl in einem mittelgroßen Topf erhitzen, den Reis hinzufügen und unter Rühren 3–4 Minuten braten; nicht bräunen lassen.
2 Kurkuma, Nelken und Lorbeerblatt dazugeben, noch einige Sekunden braten, dann gut ½ l Wasser zugießen und etwas Salz und Pfeffer hinzufügen.
3 Zum Kochen bringen, den Deckel aufsetzen und die Hitze so weit wie möglich reduzieren. Den Reis, ohne umzurühren, etwa 40–50 Minuten kochen, bis er gar und das Wasser absorbiert ist.
4 Den Reis mit einer Gabel etwas auflockern, damit die Körner nicht zusammenkleben.

Essig

Essig, eines der ältesten Würzmittel, wird durch die Vergärung von Wein, Bier oder Apfelwein gewonnen und enthält Essigsäure.

DESTILLIERTER ESSIG ist Malzessig, der durch Destillation geklärt wurde und bis zu 12% Essigsäure enthält. Er wird zum Einlegen von Gemüse verwendet.

MALZESSIG ist bei uns relativ unbekannt, wird jedoch in England und Skandinavien viel verwendet. Er hat eine dunkelbraune Farbe und wird aus Bier hergestellt; er besitzt einen sehr intensiven Geschmack, der beim Kochen meist zu durchdringend ist, eignet sich aber gut für einige Chutneys sowie zum Einmachen von Gemüse.

OBST- ODER APFELESSIG wird aus Apfelwein hergestellt und besitzt dessen gesundheitsfördernde Eigenschaften; er kann für Salatsaucen verwendet werden und ergänzt fruchtige Mischungen, obwohl ich persönlich den Geschmack nicht besonders mag.

REISESSIG wird aus Reiswein hergestellt und im Fernen Osten sehr häufig verwendet.

REINER oder ECHTER WEINESSIG wird aus Rot- oder Weißwein gewonnen; er hat einen feinen Geschmack und eignet sich hervorragend für Salatsaucen. Bei Essig, der auf dem Etikett einfach als »Weinessig« bezeichnet wird, handelt es sich um einen Verschnitt aus Wein- und Branntweinessig (Tafelessig).

Außerdem gibt es viele aromatisierte Essigsorten, wie etwa Estragon-, Himbeer-, Sherry-, Schalotten- und Knoblauchessig. Es macht Spaß, damit zu experimentieren; man kann sie auch leicht selbst herstellen, indem man die jeweiligen Würzzutaten in Weinessig einlegt.

Reispilaw mit Aprikosen, Rosinen und Pinienkernen

MENÜ

Orientalisches sommerliches Abendessen

Hummus
144

Warme Pita-Brot-Streifen

Reispilaw mit Aprikosen, Rosinen und Pinienkernen
rechts

Gemüsekebabs mit Rosmarin
201

Kopfsalat mit Avocados und Tomaten
163

Rosen-Käsekuchen
289

oder

Dekorativ angerichteter Fruchtsalat
287

Kaffee

✿ Reispilaw mit Aprikosen, Rosinen und Pinienkernen

Für 6 Personen

4 EL Olivenöl
300 g Langkorn-Naturreis
1 kräftige Prise Safranfäden (nach Belieben)
50 g getrocknete Aprikosen, in dünne Scheibchen geschnitten
½ Zimtstange
8 Gewürznelken
4 schwarze Pfefferkörner
4 Kardamomschoten, leicht zerdrückt
Salz und frisch gemahlener schwarzer Pfeffer
2 Zwiebeln, geschält und in Scheiben geschnitten
50 g Rosinen
50 g Pinienkerne oder Mandelsplitter

Zum Garnieren
Minzzweige

1 Die Hälfte des Öls in einem schweren Topf erhitzen. Den Reis hinzufügen und 5 Minuten unter Rühren braten.

2 Safranfäden (falls verwendet), Aprikosen, Gewürze, 1 TL Salz und ¾ l Wasser hinzufügen.

3 Zum Kochen bringen, dann den Deckel fest aufsetzen und den Reis bei sehr milder Hitze 45 Minuten kochen. Kochplatte oder Gas ausschalten und den Topf bedeckt lassen.

4 Die Zwiebeln im restlichen Öl 10 Minuten leicht bräunen. Zusammen mit Rosinen und Nüssen zum Reis geben. Den Reis nochmals abschmecken und mit einer Gabel etwas auflockern. Zum Servieren mit Minze garnieren.

✿ Paella vegetariana

In dieser vegetarischen Version der spanischen Paella wird der Fisch durch Porree und schwarze Oliven ersetzt; weitere Zutaten sind rote Paprikaschoten, Erbsen und gehackte Petersilie sowie Safran, Zwiebel und Knoblauch als Gewürze. Es ist eines meiner vegetarischen Lieblingsrezepte. Dazu kann man Nüsse - blanchierte Mandeln, Paranußraspel oder ganze Cashewnüsse - in einer Schüssel reichen, so daß sich die Gäste nach Belieben bedienen können. Ich mag die Paella lieber ohne Nüsse. Ein großer niedriger Topf - etwa eine Wok, eine große Pfanne oder, am besten, eine Paellapfanne - eignet sich gut für dieses Gericht, da die verschiedenen Gemüse darin besonders dekorativ wirken.

Für 4 Personen

4 EL Olivenöl
250 g Langkorn-Naturreis
1 große Zwiebel, geschält und in Scheiben geschnitten
2 große Knoblauchzehen, zerdrückt
1 kräftige Prise Safranfäden
¾ l helle Gemüsebrühe (S. 129) oder Wasser
Dünn geschälte Schale von ½ unbehandelten Zitrone, in feine Streifen geschnitten
Salz und frisch gemahlener schwarzer Pfeffer
500 g Porree, geputzt, gewaschen und in etwa 2,5 cm lange Stücke geschnitten
100 g tiefgefrorene Erbsen
50-100 g schwarze Oliven

Zum Garnieren
Gehackte Petersilie

1 Das Öl in einer großen tiefen Pfanne erhitzen. Reis und Zwiebel hinzufügen und umrühren, bis der Reis mit Öl überzogen ist und zu bräunen beginnt.
2 Knoblauch, Safran, Brühe, Zitronenschale sowie Salz und Pfeffer hinzufügen. Gut vermengen und zum Kochen bringen. Nochmals mischen, damit sich die Farbe des Safrans verteilt.
3 Die Gemüse und die Oliven gefällig auf dem Reis anordnen.
4 Zum Kochen bringen. Den Deckel aufsetzten oder die Pfanne mit Alufolie abdecken und 45 Minuten köcheln lassen.
5 Mit Petersilie bestreuen und in der Pfanne servieren.

Variante

✿ *Paella vegetariana mit Artischocken* (Abb. S. 23)
Statt Porree 4-6 Artischocken verwenden. Sehr zarte junge Artischocken können einfach geviertelt werden; oder Blätter und Heu der Artischocken entfernen (S. 63), dann die Artischockenböden halbieren oder vierteln. Mit Lorbeer- und Artischockenblättern garnieren.

Tips für das Kochen von Reis

Langkornreis hat dann den Gütetest bestanden, wenn die Körner nicht aneinanderkleben. Dies trifft jedoch nicht auf den Reis zu, den man zu chinesischem oder japanischem Essen serviert. Hier sollte man einen Kurzkornreis (S. 45) verwenden, bei dem die gekochten Reiskörner zusammenkleben und dadurch das Essen mit Stäbchen erleichtern.

✿ Gebratener Reis auf chinesische Art

Für 4 Personen

300 g Langkorn-Naturreis
2 EL Olivenöl
100 g Champignons, gehackt
100 g Gemüsemais, frisch (von etwa 1 Kolben) oder aus der Dose, abgetropft
8 Frühlingszwiebeln, geputzt und gehackt
1-2 EL Sojasauce

1 Einen großen Topf zu zwei Drittel mit leichtgesalzenem Wasser füllen; zum Kochen bringen, den Reis hineingeben und wieder zum Kochen bringen. Den Deckel aufsetzen und den Reis etwa 20 Minuten kochen, bis er weich ist, dann abgießen.
2 Das Olivenöl in einem anderen Topf erhitzen. Die Champignons 1-2 Minuten darin anbraten, dann Reis, Mais und Frühlingszwiebeln hinzufügen. 3-4 Minuten unter Rühren garen.
3 Mit Sojasauce würzen und nochmals abschmecken.

MENÜ

Vegetarisches Essen auf chinesische Art

Gebratener Reis auf chinesische Art
links

Champignons auf chinesische Art
184

Pfannengerührte Möhren mit Brunnenkresse und Sesamsamen
181

Litschis und Mandarinen

✿ Biriani

Servieren Sie dieses schmackhafte Gericht mit einer Currysauce (S. 177) und indischen Brotsorten, wie Chapati oder Papadams. Ich reiche dazu auch gern mehrere Beilagen, etwa Gurkensalat, Tomaten-Zwiebel-Salat sowie einige Chutneys und eingelegte Gemüse.

Für 6 Personen

1 große Aubergine, in etwa 1 cm große Würfel geschnitten
Salz
350 g Langkorn-Naturreis
2½ TL Kurkuma
50 g Butter oder vegetarisches Butterschmalz (S. 260)
1 TL Mohnsamen
1½ TL weiße Senfkörner
1 TL Garam Masala
½ TL gemahlener Koriandersamen
1 Prise Cayennepfeffer
Frisch gemahlener schwarzer Pfeffer
1 rote Paprikaschote, entkernt und in Streifen geschnitten
1 Zwiebel, geschält und in Scheiben geschnitten
2 Knoblauchzehen, zerdrückt
Butter zum Einfetten

1 Die Auberginenwürfel mit Salz bestreuen, 30 Minuten entwässern, abspülen und trockentupfen (S. 73).
2 Den Reis mit etwa 1 l Wasser, 1 TL Salz und 2 TL Kurkuma in einen Topf mit schwerem Boden geben. Zum Kochen bringen, dann den Deckel aufsetzen und 45 Minuten bei sehr milder Hitze kochen.
3 Den Backofen auf 180 °C (Gas Stufe 2–3) vorheizen. Eine tiefe Auflaufform einfetten.
4 Die Butter in einem Topf erhitzen, dann Mohnsamen und Senfkörner hinzufügen.
5 1–2 Minuten rühren, die restliche Kurkuma, Garam Masala, Koriander, Cayennepfeffer und reichlich schwarzen Pfeffer hinzufügen; 1–2 Minuten unter Rühren garen.
6 Auberginenwürfel, Paprika und Zwiebel dazugeben. Im geschlossenen Topf 7–8 Minuten bei milder Hitze garen, dann den Knoblauch hinzufügen und weitere 2 Minuten garen. Den Geschmack überprüfen und gegebenenfalls nachwürzen.
7 Ein Drittel der Reismenge gleichmäßig in der Auflaufform verteilen. Die Hälfte der Gemüsemischung daraufgeben. Im Wechsel weiterschichten und mit einer Reisschicht abschließen.
8 Mit Alufolie abdecken und 30 Minuten im Ofen backen. In der Auflaufform servieren.

MENÜ

Winter-Brunch für sechs Personen

Klassischer Risotto rechts

Rühreier 107

Pilze in Sahnesauce 79

Muffins 327

oder

Warme Croissants mit verschiedenen Marmeladen

Blaue Weintrauben

Kaffee und Tee

Klassischer Risotto

Für 6 Personen

100 g Butter
1 Zwiebel, geschält und gehackt
1 Knoblauchzehe, geschält
2 EL feingehackte Petersilie
650 g Arborioreis
2 l kochende helle Gemüsebrühe (S. 129)
Salz und frisch gemahlener schwarzer Pfeffer
4–6 EL geriebener Parmesan

Zum Servieren
Geriebener Parmesan

1 Die Hälfte der Butter in einem großen schweren Topf zerlassen, dann Zwiebel und Knoblauch darin schmoren. Wenn die Zwiebel weich und goldgelb ist, die Petersilie hinzufügen.
2 Bei mäßiger Hitze einige Minuten garen, dann die Knoblauchzehe entfernen und den Reis hinzufügen.
3 Den Reis ein paar Minuten unter ständigem Rühren braten, dann ¼ l kochende Brühe hinzufügen und bei milder Hitze kochen, bis sie absorbiert ist.
4 Weitere 20–30 Minuten bei milder Hitze kochen; zwischenzeitlich jeweils ¼ l Brühe zugießen und gelegentlich umrühren, bis der Reis weich und die Flüssigkeit vollständig absorbiert ist.
5 Mit Salz und Pfeffer nach Geschmack würzen, die restliche Butter und den Par-

mesan unterrühren, den Risotto noch einige Minuten bei schwacher Hitze auf der Kochstelle stehenlassen, bevor man ihn serviert.
6 Reichlich geriebenen Parmesan getrennt dazu reichen.

Varianten

Artischocken-Risotto

Von 3 Artischocken die Blätter und das Heu entfernen. Die Böden in Scheiben schneiden und mit Zwiebel und Knoblauch braten, dann den Knoblauch entfernen, den Reis hinzufügen und entsprechend obiger Anweisung weiterverfahren.

Champignon-Risotto

Nach obiger Anweisung zubereiten und 250 g in Scheiben geschnittene Champignonköpfe mit der Petersilie braten.

Zucchini-Risotto

Mit der Petersilie 250 g Zucchinischeiben hinzufügen.

✿ Hirsepilaw mit Nüssen und Rosinen

Hirse kocht sehr schnell und ergibt einen guten Pilaw, der eine angenehme Abwechslung zu Reispilaw bildet. Hirse ist diejenige Getreideart, die am meisten Protein und Eisen enthält.
Servieren Sie diesen Pilaw als Hauptgericht zusammen mit einem saftigen Tomatensalat, süßem Möhren-Fenchel-Salat (S. 162) oder Bohnensalat mit Radicchio (S. 167).

Für 4 Personen

300 g Hirse
2 EL Öl
1 große Zwiebel, geschält und gehackt
2 Möhren, geschabt und gewürfelt
1 Knoblauchzehe, zerdrückt
1 walnußgroßes Stück frischer Ingwer, gerieben
1 Stück Zimtstange (etwa 2,5 cm lang)
Salz und frisch gemahlener schwarzer Pfeffer
50 g Rosinen (nach Belieben)
50 g Mandelblättchen (nach Belieben)

1 Zuerst die Hirse rösten, indem man sie in einem großen Topf bei mäßiger Hitze 3-4 Minuten rührt, bis sie duftet und einige Körner zu hüpfen beginnen. Von der Kochstelle nehmen und auf einen Teller geben.
2 Das Öl im Topf erhitzen und die Zwiebel 5 Minuten darin anbraten.
3 Dann die Möhren, Knoblauch, Ingwer und Zimt hinzufügen und weitere 5 Minuten garen.
4 Die geröstete Hirse zu der Möhrenmischung geben, dann ¾ l Wasser dazugießen und nach Geschmack mit Salz und Pfeffer würzen.
5 Zum Kochen bringen, dann den Deckel aufsetzen, die Temperatur reduzieren und bei sehr milder Hitze 15-20 Minuten kochen, bis das Wasser vollständig absorbiert und die Hirse weich ist.
6 Abschmecken, gegebenenfalls Rosinen und Mandelblättchen mit einer Gabel untermischen.

Hirsepilaw mit Nüssen und Rosinen

Couscous mit würzigem Kichererbsen-Stew

✿ Graupeneintopf

Dies ist ein einfaches, bekömmliches Gericht, das Sie Ihrer Familie an einem kalten Herbst- oder Wintertag servieren können. Dazu braucht man keine Beilagen, doch eine warme Nachspeise, wie Siruptorte (S. 294) oder Bratäpfel, ist ein passender Abschluß.

Für 4 Personen

Graupen

Graupen sind eine angenehme Abwechslung zu Reis und genauso leicht zu kochen. Für den Graupeneintopf können auch andere Gemüsesorten verwendet werden; versuchen Sie es einmal mit grünen oder roten Paprikaschoten, reichlich Zwiebeln und Knoblauch, Tomaten und Champignonköpfen.

2 Zwiebeln, geschält und gehackt
50 g Butter oder ungehärtete Pflanzenmargarine
1 kg Porree, geputzt, gewaschen und in etwa 2,5 cm große Stücke geschnitten
250 g Möhren, geschabt und gewürfelt
2 Stangen Sellerie, gehackt
300 g Perlgraupen
¾ l helle Gemüsebrühe (S. 129)
Salz und frisch gemahlener schwarzer Pfeffer
750 g Kartoffeln, geschält und in gleich große Stücke geschnitten

Zum Garnieren
4 EL gehackte Petersilie

1 Die Zwiebeln in einem großen schweren Topf 5 Minuten in der Butter anbraten. Porree, Möhren und Sellerie hinzufügen und umrühren, damit das Gemüse mit der Butter überzogen wird.

2 Den Topf mit dem Deckel verschließen und die Gemüsemischung 5 Minuten bei milder Hitze garen.

3 Die Graupen dazugeben, gründlich unterrühren, dann die Brühe sowie 1 gehäuften TL Salz und reichlich frisch gemahlenen Pfeffer hinzufügen.

4 Zugedeckt bei milder Hitze 40 Minuten kochen, dann die Kartoffeln auf der Graupenmischung verteilen.

5 Weitere 20 Minuten im geschlossenen Topf garen, bis Kartoffeln und Graupen weich sind und das Wasser vollständig absorbiert ist.

6 Abschmecken und (wahrscheinlich) noch etwas nachsalzen. Mit Petersilie bestreuen und servieren.

✿ Couscous mit würzigem Kichererbsen-Stew

Couscous läßt sich schnell und leicht zubereiten, denn es ist vorgekocht und muß nur noch kurz eingeweicht und aufgewärmt werden. Dies geschieht am besten, indem man es in ein Metallsieb gibt und über dem Stew dämpft; so nimmt es beim Kochen dessen Geschmack an.

Für 4–5 Personen

500 g Couscous
½ TL Salz, in gut ½ l warmem Wasser aufgelöst
4 EL Olivenöl
2 Zwiebeln, geschält und gehackt
250 g Möhren, geschabt und in Scheiben geschnitten
Je 2 TL gemahlener Zimt, gemahlener Kreuzkümmel und gemahlener Koriandersamen
100 g frischer Gemüsemais (von etwa 1 Kolben)
250 g Zucchini, gewürfelt
250 g Kichererbsen, eingeweicht, weich gekocht und abgetropft,
oder 2 Dosen Kichererbsen (je etwa 425 g), abgetropft,
oder 300 g tiefgefrorene dicke Bohnen (Saubohnen)
4 EL Tomatenmark
Salz und frisch gemahlener schwarzer Pfeffer

Zum Garnieren
Korianderzweige

1 Das Couscous auf einem großen tiefen Teller verteilen und das Salzwasser gleichmäßig darübergießen; dann das Couscous leicht zwischen den Fingern reiben, um die Körner voneinander zu trennen. Den Teller mit Couscous beiseite stellen, damit das Couscous das Wasser aufnehmen kann.

2 Die Hälfte des Öls im unteren Teil eines Dampftopfs oder in einem großen Topf erhitzen; Zwiebeln und Möhren hinzufügen und 10 Minuten bei milder Hitze garen. Die Gewürze unterrühren und weitere 2–3 Minuten unter Rühren garen.

3 Mais, Zucchini und Kichererbsen untermischen, dann etwa 1 l Wasser und das Tomatenmark hinzufügen. Zum Kochen bringen, dann die Hitze reduzieren, so daß der Stew nur noch köchelt.

4 Inzwischen hat das Couscous das Wasser aufgesogen. In den Dampfeinsatz oder ein Metallsieb geben und dabei mit den Fingern etwas auflockern. (Falls der Dampfeinsatz große Löcher hat, kann man ihn mit einem sauberen Tuch auslegen, damit die Körner nicht hindurchfallen; ich habe das jedoch bisher noch nie für notwendig gefunden.)

5 Den Dampfeinsatz oder das Sieb über den Gemüse-Stew setzen, mit einem Deckel oder Teller abdecken und das Couscous 25–30 Minuten bei milder Hitze dämpfen.

6 Nach Geschmack mit Salz und Pfeffer würzen. Das restliche Olivenöl unter das Couscous rühren und dieses mit dem Kichererbsen-Stew auf eine große vorgewärmte Platte geben. Mit Koriander garnieren und sofort servieren.

MENÜ

Einfaches sommerliches Abendessen

Avocado mit Vinaigrette
154

Couscous mit würzigem Kichererbsen-Stew
links

Gemischter grüner Salat
54

Tomatensalat
73

Erdbeeren mit Sahne oder griechischem Joghurt

MENÜ

Vegetarisches Barbecue

Für 6 Personen

Pikante Linsenküchlein
210

Gemüsekebabs mit Rosmarin
201

Safranreis
241

Englischer Cole Slaw
161

Bratäpfel
84

Möhrenkuchen
306

Die Holzkohle muß rechtzeitig angezündet werden, so daß sie zu Beginn der Party weißglühend ist. Ich schlage vor, den Safranreis schon im voraus zu kochen und dann warm zu halten. Auch Kebabs und Küchlein können im voraus zubereitet werden.

Man bestreicht den Grillrost mit Öl und gart darauf die Kebabs etwa 10–15 Minuten, bis die Gemüse weich sind; dabei ab und zu mit der Marinade bepinseln. Braten Sie die Küchlein 10–15 Minuten auf einem mit Öl bestrichenen Backblech, das auf dem Grill liegt, und drehen Sie sie während des Garens einmal um.

Die Bratäpfel füllt man mit getrockneten Früchten, die man vorher mit etwas Sherry oder Weinbrand beträufelt und über Nacht durchziehen läßt. Die Äpfel werden dann mit braunem Rohrzucker bestreut, mit Butterflöckchen besetzt und in eine doppelte Lage Alufolie gewickelt. Garen Sie sie etwa 50 Minuten auf dem Grill, bis sie weich sind.

Dazu serviert man Limonadengetränke sowie kaltes Bier oder einen gekühlten weißen oder rosé Tafelwein. Eine gute Alternative dazu wäre Sangria: Man mischt eine Flasche spanischen Rotwein mit einer Flasche Limonade, fügt dann je ein Glas Weinbrand und Portwein sowie reichlich Eis und je eine in dünne Scheiben geschnittene Orange und Zitrone hinzu.

Teigwarengerichte

Ein weiteres wirklich gesundes Nahrungsmittel sind Teigwaren, die darüber hinaus bei den meisten Leuten sehr beliebt, schnell zuzubereiten, preiswert und sättigend sind. Es ist interessant, verschiedene Nudelarten auszuprobieren, wie ich das in den Rezepten vorschlage, obwohl sie natürlich immer ihre Lieblingsnudeln verwenden oder auf die guten alten Spaghetti zurückgreifen können, falls eine der ungewöhnlicheren Sorten nicht erhältlich ist.
Im Zutaten-Teil (S. 46–49) werden eine ganze Anzahl Teigwarenarten mit Kochanweisung vorgestellt. Die meisten Nudelrezepte in diesem Kapitel eignen sich – wenn man sie in kleineren Portionen serviert – hervorragend als Vorspeise zu Gemüse-Hauptgerichten.

Tagliatelle mit Gorgonzola und Walnüssen

Servieren Sie dieses schnelle, gehaltvolle und köstliche Gericht mit einem grünen Salat. Falls Gorgonzola nicht erhältlich ist, kann man auch einen anderen Blauschimmelkäse, etwa Roquefort, verwenden.

Für 4 Personen

MENÜ

Schnelles Abendessen für zwei Personen

Avocado mit Vinaigrette
154

oder

Cannellinibohnensalat mit frischen Kräutern und warmen Vollweizenbrötchen
328

Tagliatelle mit Gorgonzola und Walnüssen
rechts

Gemischter grüner Salat
54

Frische Feigen

oder

Pfirsichkompott mit Honig und Williamsbirnenlikör

Kaffee

500 g Tagliatelle
15 g Butter
Salz und frisch gemahlener schwarzer Pfeffer
100 g Walnüsse, grobgehackt
300 g Crème double
1 Knoblauchzehe, zerdrückt
100 g Gorgonzola, zerbröselt

1 Die Tagliatelle in einem großen Topf *al dente* kochen (S. 50).
2 Sofort abgießen, dann mit Butter, Salz, Pfeffer und Walnüssen wieder in den noch warmen Topf geben.
3 In der Zwischenzeit die Sauce zubereiten: die Crème double in eine kleine schwere Pfanne geben; Knoblauch und Gorgonzola hinzufügen und leicht erhitzen; dabei ab und zu umrühren, bis der Käse geschmolzen ist. Mit Salz und Pfeffer würzen.
4 Die Nudeln in eine große vorgewärmte Servierschüssel oder auf Teller geben und die Sauce darübergießen. Sofort servieren.

Grüne Fusilli mit Champignons und Sahne

Für 4 Personen

500 g grüne Fusilli

Für die Sauce
1 Zwiebel, geschält und gehackt
40 g Butter
1 Knoblauchzehe, zerdrückt
500 g Champignonköpfe, gesäubert und in Scheiben geschnitten
150 g Crème double
Salz und frisch gemahlener schwarzer Pfeffer
Frisch geriebene Muskatnuß

1 Zuerst die Sauce zubereiten: die Zwiebel 10 Minuten bei milder Hitze in 25 g Butter weich dünsten.
2 Knoblauch und Champignonköpfe hinzufügen und weitere 15-20 Minuten langsam garen, bis die Flüssigkeit vollständig verdampft ist.
3 Die Crème double hinzufügen. Mit Salz, Pfeffer und Muskat würzen. Von der Kochstelle nehmen.
4 Die Fusilli in einem großen Topf *al dente* kochen (S. 50).
5 Die Nudeln sofort abgießen, dann mit der restlichen Butter, Salz und Pfeffer wieder in den noch warmen Topf geben.
6 Die Sauce schnell aufwärmen, dann die Fusilli in eine vorgewärmte Servierschüssel geben, die Pilzsauce darübergießen und sofort servieren.

✿ Pasta primavera

Für 4 Personen

25 g Butter oder ungehärtete Pflanzenmargarine
1 Zwiebel, geschält und feingehackt
250 g junge Möhren, geschabt und gewürfelt
250 g Zucchini, in Scheiben geschnitten
250 g frische Erbsen, enthülst, oder Zuckererbsen
350 g Vermicelli
2 EL gehackte Minze
Salz und frisch gemahlener schwarzer Pfeffer

Zum Garnieren
Minzzweige

1 Die Butter in einem großen Topf zerlassen, die Zwiebel zugeben, den Topf zudecken und die Zwiebel 5 Minuten anbraten, ohne sie zu bräunen.
2 Die Möhren hinzufügen und 10 Minuten garen, dann die Zucchini dazugeben und weitere 5 Minuten garen. Die Erbsen hinzufügen und 2-3 Minuten garen.
3 Kurz bevor die Gemüse gar sind, die Vermicelli in einem großen Topf *al dente* kochen (S. 50). Sofort abgießen, dann in den noch warmen Topf zurückgeben.
4 Gemüse, Minze, Salz und Pfeffer unter die Vermicelli mischen, dann mit Minze garnieren und servieren.

Pasta primavera

VOLLKORNNUDELAUFLAUF MIT CHAMPIGNONS

(Abb. S. 256)

MENÜ

Einfaches Abendessen für vier Personen

Birnen mit pikantem Sahnedressing
148

Vollkornnudelauflauf mit Champignons
rechts

Pfannengerührte Möhren mit Brunnenkresse und Sesamsamen
181

Frisches Obst

oder

Linzer Torte
293

Dies ist ein weiteres köstliches und herzhaftes Gericht, das sich, wie die meisten Nudelaufläufe, gut einfrieren läßt. Tiefkühl-Erbsen oder frische Brunnenkresse passen gut dazu.

Für 4 Personen

100 g kleine Vollkornnudeln (wie Hörnchen, Muscheln oder Ringe)
2 Zwiebeln, geschält und gehackt
1 EL Öl
100 g Champignons, gewaschen und gehackt
250 g Tomaten, enthäutet und gehackt
1 Ei, geschlagen
100 g Cheddar, gerieben
Frisch gemahlener schwarzer Pfeffer
Vollweizen-Brotkrumen, mit gehackter Petersilie vermischt
Butter zum Einfetten

1 Den Backofen auf 190 °C (Gas Stufe 3) vorheizen. Eine Auflaufform einfetten.

2 Die Nudeln in einem großen Topf *al dente* kochen (S. 50). Sofort abgießen.

3 Während die Nudeln kochen, die Zwiebeln 7 Minuten im Öl anbraten, dann Champignons und Tomaten hinzufügen und weitere 3 Minuten garen.

4 Das Ei unterrühren, bis es zu stocken beginnt. Vom Herd nehmen und die abgetropften Nudeln, zwei Drittel des Käses sowie Salz und Pfeffer hinzufügen.

5 Die Mischung in die Auflaufform geben, dann mit den Brotkrumen und dem restlichen Käse bestreuen. 25–30 Minuten im Ofen backen, bis der Auflauf knusprig und goldbraun ist.

✿ GRÜNE TAGLIATELLE MIT LINSENSAUCE

Wenn Sie unerwartet für viele Leute eine Mahlzeit improvisieren müssen, ist dies ein praktisches Gericht, weil man nur haltbare Zutaten dazu benötigt.

Grüne Tagliatelle mit Linsensauce

Für 4 Personen

250–350 g grüne Tagliatelle
15 g Butter oder ungehärtete Pflanzenmargarine

Für die Sauce
2 EL Olivenöl
2 Zwiebeln, geschält und gehackt
2 Knoblauchzehen, zerdrückt
½ TL gemahlener Zimt
250 g rote Linsen, gewaschen
1 Dose Tomaten (etwa 400 g)
Salz und frisch gemahlener schwarzer Pfeffer

Zum Garnieren (nach Belieben)
Korianderzweige

Zum Servieren (nach Belieben)
Geriebener Parmesan

1 Zuerst die Sauce zubereiten: das Olivenöl in einer großen Pfanne erhitzen und

die Zwiebel 10 Minuten darin dünsten, dann Knoblauch, Zimt, Linsen, Tomaten und etwa ½ l Wasser hinzufügen. Zum Kochen bringen.
2 Die Hitze reduzieren und die Mischung etwa 20 Minuten köcheln lassen, bis die Linsen weich sind; nach Geschmack mit Salz und Pfeffer würzen.
3 In der Zwischenzeit die Tagliatelle in einem großen Topf *al dente* kochen (S. 50).
4 Sofort abgießen und mit der Butter wieder in den noch warmen Topf geben. Mit Salz und Pfeffer würzen.
5 Die Tagliatelle in eine große vorgewärmte Servierschüssel oder auf einzelne Teller geben und die Sauce darübergießen. Mit Koriander garnieren und sofort servieren.
6 Nach Belieben geriebenen Parmesan getrennt dazu reichen.

Variante

✿ *Grüne Tagliatelle mit Linsen-Rotwein-Sauce*

Nach obiger Anweisung zubereiten und etwa ⅛ l Wasser durch die gleiche Menge Rotwein ersetzen. Dies ergibt, mit einem grünen Salat und demselben Rotwein serviert, ein ausgezeichnetes Abendessen.

✿ SPAGHETTI BOLOGNESE VEGETARIANA

Dieses Gericht ist bei meiner Tochter und ihren Freunden sehr beliebt. Es ist schnell zubereitet, preiswert, sättigend und schmackhaft. Die Sauce kann man einfrieren.

Für 4 Personen

350 g Spaghetti
15 g Buter oder ungehärtete Pflanzenmargarine

Für die Sauce
175 g grüne Linsen, in reichlich Wasser 45–50 Minuten weich gekocht, oder 2 Dosen Linsen (je etwa 400 g)
1 große Zwiebel, geschält und in Scheiben geschnitten
2 EL Öl
1 Knoblauchzehe, zerdrückt
100 g Möhren, geschabt und gewürfelt
2 EL Tomatenmark
2 EL gehackte Petersilie
Salz und frisch gemahlener schwarzer Pfeffer

Zum Servieren (nach Belieben)
Geriebener Parmesan oder geriebener Cheddar

1 Zuerst die Sauce zubereiten: die Linsen abgießen und die Flüssigkeit aufheben.
2 Die Zwiebel mit dem Öl in einem mittelgroßen Topf 5 Minuten anbraten und etwas bräunen lassen, dann Knoblauch und Möhren hinzufügen.
3 Den Deckel aufsetzen und bei milder Hitze 15 Minuten garen, bis die Gemüse weich sind.
4 Linsen, Tomatenmark, Petersilie, Salz und Pfeffer und etwas Linsenflüssigkeit einrühren, so daß man eine dickflüssige Konsistenz erhält.
5 Etwa 10 Minuten, bevor die Linsensauce fertig ist, die Spaghetti *al dente* kochen (S. 50).
6 Gut abtropfen lassen, dann die Spaghetti mit der Butter und schwarzem Pfeffer nach Geschmack wieder in den noch warmen Topf geben.
7 Darauf achten, daß Nudeln und Sauce wirklich heiß sind, dann die Spaghetti in eine große vorgewärmte Servierschüssel geben und die Sauce darübergießen.
8 Nach Belieben geriebenen Käse getrennt dazu reichen.

Tomatenmark

Man kann es in Dosen oder Tuben kaufen; es eignet sich als zusätzliche Würze und als natürliches Dickungsmittel für Tomatengerichte oder andere schmackhafte Mischungen, die durch den Tomatengeschmack abgerundet werden. Sparsam verwenden, da das Essen sonst einen säuerlichen Geschmack annimmt. Ich finde Tomatenmark in der Tube am praktischsten, weil man jeweils eine kleine Menge verwenden kann und es sich im Kühlschrank mehrere Wochen hält.

✿ Grüne Taglioni mit Tomatensauce und Auberginen

Das Grün der Taglioni ergibt einen schönen, appetitanregenden Kontrast zu dem Orangerot der Tomatensauce und der violetten Farbe der Auberginen. Dieses Gericht eignet sich für ein schnelles Abendessen an einem kühlen Herbsttag. Ich serviere es ohne Beilagen, lasse aber einen Blattsalat, dann eine Käseplatte und manchmal noch ein erfrischendes Birnen- oder Brombeersorbet folgen.

Für 4 Personen

Sommerliche Linguine mit einem Avocado-Champignon-Salat

2 mittelgroße Auberginen (zusammen etwa 450 g)
Salz
8 EL Olivenöl
1 Zwiebel, geschält und gehackt
750 g Tomaten, enthäutet und gehackt
Frisch gemahlener schwarzer Pfeffer
350 g Taglioni

Zum Garnieren (nach Belieben)
Basilikumzweige

Zum Servieren (nach Belieben)
Geriebener Parmesan

1 Die Auberginen der Länge nach in dünne Scheiben, dann in etwa 5 cm lange, etwa 2,5 cm breite Streifen schneiden; salzen, entwässern, abspülen und abtropfen lassen (S. 73).
2 Die Auberginenstreifen in 6 EL Olivenöl in einem mittelgroßen Topf von beiden Seiten braun und knusprig braten. Aus dem Topf nehmen und auf Küchenkrepp abtropfen lassen. Dann die Zwiebel im Öl, das im Topf verblieben ist, 10 Minuten braten, ohne sie braun werden zu lassen. Die Tomaten hinzufügen und 5 Minuten bei milder Hitze garen.
3 Die Mischung im Mixer oder in der Küchenmaschine pürieren, wieder in den Topf geben und nach Geschmack mit Salz und Pfeffer würzen.
4 Die Taglioni in einem großen Topf *al dente* kochen (S. 50).
5 Die Nudeln sofort abgießen, dann wieder in den Topf geben und das restliche Olivenöl sowie Salz und Pfeffer nach Geschmack hinzufügen.
6 Die Taglioni auf eine vorgewärmte Servierplatte geben. Mit der Sauce übergießen, dann die Auberginenstreifen darauf anordnen. Mit Basilikum garnieren. Die Nudeln sofort servieren und gegebenenfalls etwas geriebenen Parmesan getrennt dazu reichen.

✿ Fusilli colbuchi mit Auberginen-Wein-Sauce

(Abb. S. 179)

Fusilli colbuchi, lange Spiralnudeln, sehen bei diesem Gericht besonders hübsch aus; doch alle anderen langen Nudelsorten, einschließlich Spaghetti, eignen sich ebenso gut.

Für 4 Personen

350 g Fusilli colbuchi

Für die Sauce
2 mittelgroße Auberginen (zusammen etwa 450 g)
Salz
1 Zwiebel, geschält und gehackt
4 EL Olivenöl
1 Knoblauchzehe, zerdrückt
1 grüne Paprikaschote, entkernt und gehackt
250 g Tomaten, enthäutet und gehackt
1 EL gehacktes frisches Basilikum oder 1 TL getrocknetes Basilikum
4 EL Rot- oder Weißwein
Frisch gemahlener schwarzer Pfeffer

Zum Garnieren
Basilikumzweige

Zum Servieren (nach Belieben)
Geriebener Parmesan

1 Zunächst die Sauce zubereiten: die Auberginen würfeln, salzen, entwässern, abspülen und abtropfen lassen (S. 73).
2 Die Zwiebel mit der Hälfte des Öls in einem mittelgroßen Topf 5 Minuten anbraten, ohne sie zu bräunen. Auberginen, Knoblauch, Paprika, Tomaten, Basilikum und Wein hinzufügen und 25 Minuten bei milder Hitze garen, bis die Gemüse weich sind. Mit Salz und Pfeffer würzen.
3 Kurz bevor die Sauce fertig ist, die Nudeln in einem großen Topf *al dente* kochen (S. 50).
4 Sofort abgießen, dann mit dem restlichen Olivenöl, Salz und Pfeffer wieder in den noch warmen Topf geben.
5 Die Nudeln in eine vorgewärmte große Servierschüssel oder auf einzelne Teller geben und die Sauce darübergießen. Mit Basilikum garnieren und sofort servieren; gegebenenfalls etwas geriebenen Parmesan getrennt dazu reichen.

MENÜ

Einfaches herbstliches Abendessen für sechs Personen

Grüne Taglioni mit Tomatensauce und Auberginen
links

Chicorée-Walnuß-Salat mit Brunnenkresse und Walnußvinaigrette
161 und 154

Auswahl von weißen Käsesorten (einschließlich Frischkäse und ein oder zwei Ziegenkäsesorten)

Verschiedene Brot- und Crackersorten

Birnen- oder Brombeersorbet
282

Espresso, Kaffee oder Capuccino

Sommerliche Linguine

Das ideale Gericht für ein faules sommerliches Mittagessen im Garten. Die heißen Linguine (oder andere dünne Nudeln) werden hier mit Sommergemüsen und einem weichen, leicht schmelzenden Käse serviert.

Für 4 Personen

500 g Tomaten, enthäutet und in Scheiben geschnitten
1 Bund Frühlingszwiebeln, geputzt und gehackt
2 Knoblauchzehen, zerdrückt
2–3 EL frische Basilikumblätter
250 g Mozzarella oder Brie, gewürfelt
Salz und frisch gemahlener schwarzer Pfeffer
500 g Linguine oder andere lange dünne Nudeln
2 EL Olivenöl

1 Tomaten, Frühlingszwiebeln, Knoblauch, Basilikumblätter und Mozzarella in eine Servierschüssel geben, die groß genug ist, daß auch die gekochten Nudeln noch hineinpassen. Mit Salz und Pfeffer nach Geschmack würzen.
2 Die Linguine in einem großen Topf *al dente* kochen (S. 50). Sofort abgießen, dann zusammen mit dem Olivenöl wieder in den noch warmen Topf geben; mit Salz und Pfeffer würzen.
3 Gut vermischen, dann die Linguine zu der Tomaten-Käse-Mischung in die Schüssel geben und sorgfältig unterheben, um die Zutaten gleichmäßig zu verteilen. Sofort servieren.

Spinat-Lasagne – Vollkornnudelauflauf mit Champignons (S. 252)

Spinat-Lasagne

Dies ist ein besonders schmackhaftes Lasagne-Gericht, mit dem man eine ganze Anzahl Leute satt machen kann, vor allem wenn man einen ländlichen Rotwein dazu anbietet. Ein knackiger grüner Salat mit frischen Kräutern paßt gut dazu.

Für 6 Personen

1 große Zwiebel, geschält und gehackt
2 EL Olivenöl
2 Knoblauchzehen, zerdrückt
1 kg frischer Spinat, gekocht und gehackt, oder 450 g tiefgefrorener gehackter Spinat, aufgetaut
1 kg Schichtkäse
Salz und frisch gemahlener schwarzer Pfeffer
1 Portion italienische Tomatensauce (S. 171)
250 g getrocknete ofenfertige Lasagne oder 350 g frische Lasagne
250 g Mozzarella
Butter zum Einfetten

1 Den Backofen auf 200 °C (Gas Stufe 3–4) vorheizen. Eine große flache, feuerfeste Form einfetten.

2 Die Zwiebel mit dem Olivenöl in einem großen Topf 10 Minuten weich dünsten, aber nicht bräunen. Den Knoblauch hinzufügen, weitere 1–2 Minuten garen, dann von der Kochstelle nehmen.

3 Den Spinat gut ausdrücken, dann mit Schichtkäse, Salz und reichlich Pfeffer zu der Zwiebelmischung geben.

4 Den Boden der Form mit einer dünnen Schicht Tomatensauce bedecken, dann

eine Lasagne-Schicht und anschließend eine Schicht der Spinatmischung daraufgeben. 175 g Mozzarella in dünne Scheiben schneiden und diese auf dem Spinat verteilen; darauf wieder eine Schicht Tomatensauce streichen.
5 Auf diese Weise alle Zutaten weiter aufschichten und mit einer Saucenschicht abschließen. Die restliche Mozzarella reiben und in 3 Streifen dekorativ auf der Tomatensauce verteilen.
6 1 Stunde im Ofen backen und die Lasagne nach 40–50 Minuten mit Alufolie abdecken, falls sie oben zu sehr bräunt.

Varianten

Lasagne mit Mischgemüse

Nach obiger Anweisung zubereiten, doch statt der Spinat-Käse-Füllung eine Gemüsemischung verwenden. Um diese zuzubereiten, die Zwiebel dünsten, wie beschrieben, dann den Knoblauch und je 750 g gewürfelte Möhren und in Scheiben geschnittenen Porree, 500 g gewürfelte Zucchini und 1 entkernte und gehackte grüne Paprikaschote hinzufügen. Den Deckel aufsetzen und in etwa 15 Minuten weich dünsten. Diese Mischung im Wechsel mit Lasagne, Mozzarella und Tomatensauce aufschichten.

Linsen-Lasagne

Die doppelte Menge der Linsen-Bolognese-Mischung (S. 253) mit der italienischen Tomatensauce aufschichten.

MENÜ

Abendessen aus der Tiefkühltruhe für sechs Personen

Roquefort- oder Spinatpastetchen mit Fenchel
151

Lasagne mit Mischgemüse
links

Gemischter grüner Salat
54

Orangenparfait
284

oder

Vanilleeis mit Himbeersauce
280 und 300

Käse-Makkaroni

Ein Evergreen unter den Lieblingsgerichten, mit intensiv duftender Sauce.
Meine jüngste Tochter bittet mich immer,
Makkaroni zu kochen, wenn sie eine Freundin einlädt,
und die Kinder essen sie dann mit Begeisterung auf.
Doch manchmal frage ich mich, was die Eltern wohl denken, wenn sie hören,
daß ihre Töchter ein so uninspiriertes vegetarisches Gericht
vorgesetzt bekamen – und das im Hause
einer vermeintlichen Expertin!

Für 4 Personen

250 g Makkaroni
50 g Butter
2 gehäufte EL Mehl
Gut ½ l Milch
2 TL Dijon-Senf
175 g Käse, gerieben
Salz und frisch gemahlener schwarzer Pfeffer
100 g frische Vollweizen-Brotkrumen
Butter zum Einfetten

1 Den Grill anheizen oder den Backofen auf 200 °C (Gas Stufe 3–4) vorheizen. Eine flache, feuerfeste Form (die gegebenenfalls unter den Grill paßt) einfetten.
2 Die Makkaroni in einem großen Topf *al dente* kochen (S. 50) und gut abtropfen lassen.
3 In der Zwischenzeit die Sauce zubereiten: die Butter in einem Topf zerlassen, dann das Mehl hinzufügen und 1–2 Minuten anschwitzen; unter ständigem Rühren jeweils ein Viertel der Milch untermischen und die Sauce nach jeder Zugabe eindicken lassen.
4 Die Sauce 5 Minuten köcheln lassen, dann vom Herd nehmen, Senf, zwei Drittel des geriebenen Käses sowie Salz und Pfeffer nach Geschmack hinzufügen.
5 Die gekochten Makkaroni mit der Kägesauce vermischen und den Geschmack überprüfen; dann die Mischung in die Form füllen und oben glattstreichen. Die Brotkrumen und den restlichen Käse darüberstreuen.
6 Die Makkaroni 5–10 Minuten unter den vorgeheizten Grill stellen oder im Ofen etwa 20 Minuten überbacken, bis der Käse goldbraun und knusprig ist.

Auberginen-Nudel-Charlotte

Dieses attraktive Nudelgericht eignet sich für besondere Anlässe: Eine schmackhafte Mischung aus Rigatoni, Tomatensauce und Käse wird in eine runde, mit Auberginenscheiben ausgelegte Form gefüllt und dann wie ein Kuchen gestürzt. Das Gericht ist leicht in der Zubereitung, aber immer effektvoll. Servieren Sie es als Hauptmahlzeit mit ein oder zwei gegarten Gemüsen als Beilage, zum Beispiel grünen Bohnen und jungen Möhren.

Für 6 Personen als Hauptgericht, für 8 Personen als Vorspeise

Oliven

Oliven sind die Früchte des Ölbaums, der im Mittelmeerraum beheimatet ist, und sie werden in verschiedenen Reifestadien in Öl oder Salzwasser eingelegt. Aus den schon früh gepflückten und eingelegten Früchten entstehen grüne, aus den später gepflückten, reiferen schwarze Oliven. Grüne und schwarze Oliven unterscheiden sich in Geschmack und Verwendung; grüne Oliven sind auch entsteint und mit Paprika gefüllt erhältlich. Sie eignen sich hervorragend zum Knabbern, zum Garnieren und als Zutat für Salate und andere schmackhafte Gerichte. Oliven kauft man am besten offen in einem guten Feinkostgeschäft. Im Kühlschrank halten sie sich etwa 14 Tage.

Die köstliche Olivenpaste kann man entweder im Glas kaufen oder selbst herstellen, indem man schwarze Oliven entsteint und im Mixer oder in der Küchenmaschine püriert. Meiner Ansicht nach ist diese Paste die vegetarische Alternative zu Kaviar und eine dekorative, pikante Garnierung für Canapés, Salate, hartgekochte Eier und Rühreier; auch auf Melba-Toast (S. 146) oder einem krustigen Brot schmeckt sie ausgezeichnet.

2 mittelgroße Auberginen (zusammen etwa 450 g)
Salz
Olivenöl
400 g Rigatoni
1 Portion italienische Tomatensauce (S. 171)
75 g Butter
250 g Mozzarella, gerieben
4 EL geriebener Parmesan
4 EL geriebener reifer Cheddar
1 EL getrockneter Oregano
Frisch gemahlener schwarzer Pfeffer
2 EL Semmelbrösel

1 Die Auberginen schräg in etwa 5 mm dicke Scheiben schneiden, salzen, entwässern, abspülen und mit Küchenkrepp trokkentupfen (S. 73).
2 Die Auberginenscheiben in etwas Olivenöl 2–3 Minuten auf jeder Seite braten, bis sie weich und leicht gebräunt sind. Auf Küchenkrepp abtropfen lassen.
3 Den Backofen auf 190 °C (Gas Stufe 3) vorheizen. Eine Springform von 20 cm Durchmesser mit Olivenöl einpinseln.
4 Die Rigatoni in einem großen Topf fast *al dente* kochen (S. 50); sie sollten nicht ganz gar sein. Gut abtropfen lassen, dann wieder in den Topf geben und mit 2 EL Tomatensauce gut vermischen.
5 Die Butter in der restlichen Tomatensauce zerlassen; über die Rigatoni gießen und zusammen mit Mozzarella, Parmesan und Cheddar vermischen. Oregano hinzufügen und die Mischung mit reichlich Salz und Pfeffer würzen.
6 Die Auberginenscheiben auf dem Boden und an den Seiten der Form anordnen, und zwar so, daß sie, sternförmig von der Mitte ausgehend, einander wie Dachziegel überlappen und keine Lücke bleibt.
7 Die Nudelmischung auf die Auberginen geben, leicht andrücken und mit Semmelbröseln bestreuen. 20 Minuten im Ofen backen.
8 Die Charlotte 15 Minuten stehenlassen, damit sie etwas fest wird und die Aromen sich noch besser verbinden können, dann mit einem Messer vom Rand der Form lösen und auf eine vorgewärmte Servierplatte stürzen.
9 Auberginenscheiben, die nicht haftengeblieben sind, wieder festdrücken und die Charlotte sofort servieren.

✿ Pasta mit schwarzen Oliven

Für 4 Personen

350 g Rigatoni
2 EL Olivenöl
Salz und frisch gemahlener schwarzer Pfeffer
1 Portion Paprikasauce (S. 172)
50 g schwarze Oliven, entsteint und grobgehackt

1 Die Rigatoni in einem großen Topf *al dente* kochen (S. 50).
2 Sofort abgießen und mit dem Olivenöl wieder in den noch warmen Topf geben; gut vermischen und nach Geschmack mit Salz und Pfeffer würzen.
3 Während die Nudeln kochen, die Sauce nach Anweisung zubereiten.
4 Die Nudeln auf vorgewärmten Tellern servieren, die Sauce darübergießen und mit Oliven bestreuen.

Gegenüberliegende Seite: Auberginen-Nudel-Charlotte

Pasteten und Gemüsekuchen

Pasteten und Gemüsekuchen eignen sich für viele Anlässe, vom Picknick und einer herzhaften Mahlzeit im Familienkreis bis zu einer Abendeinladung oder einem größeren Fest. Ich benutze Vollweizenmehl für alle Teige außer für Blätterteig, für den ich ungebleichtes Weißmehl verwende. Häufig aber entscheide ich mich für einen guten tiefgefrorenen Blätterteig, der ohne tierische Fette hergestellt wurde (beachten Sie die Angaben auf der Packung). Verwenden Sie fettreiche Teige, wie schnelle Blätterteige und den klassischen Blätterteig, nur für spezielle Gerichte, und servieren Sie Pasteten stets mit fettarmen Beilagen, zum Beispiel gegartem Gemüse oder Salaten mit leichtem Dressing, damit die Mahlzeit gesund und ausgewogen ist.

Fettarten für die Teigherstellung

Die traditionellen Fette für Gebäck sind Butter und Butter- oder Schweineschmalz. Strenge Vegetarier können Butterschmalz auf pflanzlicher Basis (hergestellt aus Pflanzenöl, das gehärtet wurde) oder gehärtetes Pflanzenfett verwenden. Letzteres benutze ich für einige Teige, etwa für schnellen Blätterteig. Ansonsten verwende ich Butter, die ich den künstlich gehärteten Pflanzenfetten vorziehe.

Hochwertige Pflanzenmargarine enthält einen hohen Prozentsatz (bis zu 60%) mehrfach ungesättigter Fettsäuren und kann statt Butter für die Teigherstellung benutzt werden. Manche Köche stellen Mürbeteig mit Pflanzenöl her, mir ist es jedoch noch nie gelungen, damit einen wirklich guten, lockeren Teig zu erhalten.

✿ MÜRBETEIG

Ergibt 250 g

250 g Vollweizenmehl
oder Weizenmehl Type 1700
½ TL Salz
100 g Butter oder Reformmargarine, in kleine Stücke geschnitten
3 EL eiskaltes Wasser

1 Das Mehl mit Salz und Butter in eine Rührschüssel geben.
2 Mit den Fingerspitzen das Fett in das Mehl reiben, bis die Masse feinen Bröseln ähnelt.
3 Das Wasser hinzufügen und die Masse zu einem Teig zusammendrücken.
4 Den Teig auf ein bemehltes Brett legen, leicht kneten und zu einer Kugel formen; dann mit dem bemehlten Nudelholz in kurzen Bewegungen ausrollen und darauf achten, daß der Teig nicht am Brett haftet. Für den gewünschten Zweck verwenden.
5 Falls man den Teig nicht sofort weiterverarbeitet, ihn in Klarsichtfolie einschlagen und bis zu 24 Stunden im Kühlschrank aufbewahren.

Varianten

Käsemürbeteig

Bevor man das Wasser zugibt, 50-100 g feingeriebenen Cheddar mit den Mehlbröseln mischen.

✿ *Nußmürbeteig*

25 g gemahlene oder feingehackte Nüsse - Mandeln, Walnüsse, Paranüsse oder Haselnüsse - untermischen, bevor man das Wasser zugibt.

✿ *Extrazarter Mürbeteig*

Für diesen lockeren, auf der Zunge zergehenden Teig fügt man dem Mehl etwas Backpulver zu und erhöht die Fettmenge auf 150 g. Man benötigt bei dieser Version kein Wasser, da das Fett den Teig ausreichend bindet.

Das Gewicht von Teigen

Üblicherweise wird das Gewicht des Teigs, den man für ein Rezept benötigt, stets mit dem Gewicht der verwendeten Mehlmenge angegeben: 250 g Teig heißt Teig aus 250 g Mehl. Die Gewichtsangabe für tiefgefrorenen Teig entspricht dem Gesamtgewicht.

Eine Flanform mit Teig auslegen

1 Das Brett in einem Winkel von 45 Grad auf den - von sich selbst aus gesehen - gegenüberliegenden Rand der Flanform stützen.

2 Den Teig behutsam vom Brett und auf den Rand der Form gleiten lassen, wobei man das Brett zu sich her zieht.

Französischer Zwiebelflan

Dieser gehaltvolle und köstliche klassische französische Zwiebelkuchen ergibt zusammen mit einem Tomaten-Basilikum-Salat oder einem knackigen grünen Salat ein wundervolles Hauptgericht. Man kann ihn aber auch, in schmale Stücke geschnitten, als Vorspeise servieren.

Für 4–6 Personen als Hauptgericht, für 6–8 Personen als Vorspeise

½ Portion Mürbeteig (linke S.)

Für den Belag
500 g Zwiebeln, geschält und in Scheiben geschnitten
25 g Butter
150 g Kaffeesahne
1 ganzes Ei oder 2 Eigelbe
Salz und frisch gemahlener schwarzer Pfeffer
Frisch geriebene Muskatnuß
Butter zum Einfetten

Zum Garnieren
Gehackte Petersilie

1 Den Backofen auf 200 °C (Gas Stufe 3–4) vorheizen. Ein Backblech zum Aufheizen auf die mittlere Schiene des Ofens schieben. Eine Flan- oder Springform von 20 cm Durchmesser leicht einfetten.
2 Den Teig so dünn wie möglich ausrollen und die Form damit auslegen; im Ofen backen (S. 266).
3 Die Temperatur auf 180 °C (Gas Stufe 2–3) reduzieren.
4 In der Zwischenzeit den Belag zubereiten: die Zwiebeln bei milder Hitze etwa 30 Minuten in der Butter garen, bis sie sehr weich sind. Vom Herd nehmen, Sahne, Ei oder Eigelbe sowie Salz, Pfeffer und Muskat nach Geschmack hinzufügen.
5 Die Zwiebelmischung auf den Mürbeteigboden geben, den Kuchen wieder in den Ofen auf das Backblech stellen und 30–35 Minuten backen, bis der Belag gestockt ist.
6 Mit etwas Petersilie bestreuen und warm oder kalt servieren.

Varianten

Ratatouille-Flan
Nach obiger Anweisung zubereiten und eine dicke schmackhafte Ratatouille-Mischung (S. 187) statt der Zwiebeln verwenden.

Spinat-Käse-Mandel-Flan
500 g frischen Spinat, gekocht (oder 250 g tiefgefrorenen), 75 g geriebenen Käse und 100 g geröstete Mandelsplitter verwenden; mit 1 Ei vermischen, die Sahne weglassen.

Senf-Tomaten-Mozzarella-Flan
Den Mürbeteigboden mit 2 EL Dijon-Senf bestreichen, mit 500 g Tomaten, enthäutet und in Scheiben geschnitten, belegen. 100 g Mozzarella, in Scheiben geschnitten, darauf verteilen, mit Salz und Pfeffer würzen, dann vorsichtig die Ei-Sahne-Mischung darübergießen.

Blumenkohl-Cheddar-Walnuß-Flan
Die Zwiebeln durch die gekochten Röschen eines kleinen Blumenkohls, 100 g geriebenen Cheddar und 100 g gehackte Walnüsse ersetzen.

Kresse-Stilton-Flan
Für diese pikante Version des Kuchens 2 Eier, 300 g Sahne oder Milch, 1 Bund Brunnenkresse, gehackt, und 100 g geriebenen Stilton verwenden.

Champignon-Flan
1 kleine Zwiebel, gehackt, 7 Minuten braten, dann 350 g in Scheiben geschnittene Champignons und 1 zerdrückte Knoblauchzehe hinzufügen; etwa 15 Minuten dünsten, bis die ganze Flüssigkeit verdampft ist. 1 EL gehackte Petersilie zu der Ei-Sahne-Mischung geben.

Porree-Oliven-Flan
750 g Porree, gekocht, 2 EL gehackte Petersilie und 50–100 g schwarze Oliven verwenden.

MENÜ

Für ein Picknick

Champignon-Kräuter-Terrine mit Melba-Toast
146

Französischer Zwiebelflan
links

Bohnensalat mit Radicchio
167

Rosa Kartoffelsalat
166

Pfirsiche

Einen Flan servieren

Flans gibt es in vielen Versionen: als leichte elegante Kuchen mit dünnem, knusprigem Teig oder als herzhafte, einfache Aufläufe mit dickem Boden und einer hohen Füllung. Man kann sie in der Größe von Torten backen oder in kleinen Portionskuchen.

Flans sind gut zu transportieren und daher ideal für ein Picknick oder das Mittagessen am Arbeitsplatz geeignet. Im übrigen bieten sie stets ein Eßvergnügen, ob zum Brunch oder als spätes Abendessen, ob als Vorspeise oder als Hauptgericht serviert.

✿ Broccoli-Paprika-Mandel-Flan

Bei diesem Flan wird grüner Broccoli mit einer leichten Sauce aus roten Paprikaschoten und Mandeln überzogen und dann mit gerösteten Mandelblättchen bestreut.

Für 4–6 Personen als Hauptgericht, für 6–8 Personen als Vorspeise

✿ Streng vegetarische Flanbeläge

Viele Kombinationen von gegartem Gemüse, Gemüsepürees und Dips eignen sich zur Herstellung von attraktiven, köstlichen Belägen, für die man keinerlei tierische Produkte verwendet. Dies sind einige Vorschläge:

- ☐ Ratatouille (S. 187), ziemlich dick gekocht
- ☐ Gegarter Porree, mit Hummus (S. 144) überzogen und mit schmalen Paprikaringen und schwarzen Oliven belegt
- ☐ Gelber Blumenkohl (S. 185)
- ☐ Champignon-Kräuter-Terrine (S. 146), mit dünnen Champignonscheiben belegt und mit Öl bepinselt
- ☐ Ein dickes, kräftig gewürztes Möhren- oder Selleriepüree (S. 189), mit leicht gebratenen Zucchinischeiben belegt

½ Portion Mürbeteig (S. 260)
Butter oder ungehärtete Pflanzenmargarine zum Einfetten

Für den Belag
500 g Broccoli, in gleich große Röschen zerteilt, Strünke entfernt
1 EL Öl
Salz und frisch gemahlener schwarzer Pfeffer
1 Portion Paprika-Mandel-Dip (S. 146)
25 g Mandelblättchen

1 Den Backofen auf 200 °C (Gas Stufe 3–4) vorheizen. Ein Backblech zum Aufheizen auf die mittlere Schiene des Ofens schieben.
2 Eine Flan- oder Springform von 20 cm Durchmesser leicht einfetten.
3 Den Teig so dünn wie möglich ausrollen, die Form damit auslegen und an den Rändern begradigen; im Ofen backen (S. 266).
4 In der Zwischenzeit den Broccoli in einem Topf, der etwa 2,5 cm hoch mit Wasser gefüllt ist, 4–5 Minuten garen, bis er gerade weich ist. Abgießen und mit Öl sowie Salz und Pfeffer wieder in den Topf geben.
5 Den Flanboden mit der Hälfte des Paprika-Mandel-Dips bestreichen, dann die Broccoliröschen darauf verteilen und in den Dip drücken.
6 Den restlichen Paprika-Mandel-Dip gleichmäßig über die Broccoliröschen gießen, so daß er in die Zwischenräume läuft und ein paar Röschen sichtbar bleiben, was einen schönen Rot-Grün-Kontrast ergibt. Den Broccoli mit den Mandelblättchen bestreuen.
7 Den Flan wieder in den Ofen auf das Backblech schieben und 25–30 Minuten backen, bis die Mandeln leicht gebräunt sind, der Belag sehr heiß ist und »gestockt« aussieht.
8 Heiß, warm oder kalt servieren.

Teigmengen für Flans

Flan-Durchmesser (flache Formen)	*Mehlmenge für den Teig*
10 cm	50 g
15 cm	100 g
18 cm	150 g
20 cm	175 g
23 cm	200 g
25 cm	250 g
30 cm	300 g

Varianten

✿ *Champignon-Paprika-Mandel-Flan*
Für diese schmackhafte Variante den Broccoli durch 500 g Champignonköpfe ersetzen, die man vorher in Scheiben schneidet und schmort, bis die Flüssigkeit vollständig verdampft ist.

✿ *Pikanter Gemüse-Linsen-Flan*
250 g gekochtes gemischtes Gemüse, zum Beispiel Möhren, Kartoffeln und Erbsen, und 1 Portion Linsen-Dal (S. 209) verwenden. Mit Kokosraspel bestreuen.

Broccoli-Paprika-Mandel-Flan – Spargeltörtchen

Spargeltörtchen

Diese Törtchen - in Flan- oder Tortelettförmchen von etwa 10 cm Durchmesser gebacken - eignen sich ideal für ein sommerliches Mittagessen im Garten. Die kleinen Spargel-Boote, eine Variante, sehen auch auf einem kalten Buffet sehr gut aus.

Für 6 Personen

1½ Portionen Mürbeteig (S. 260)
Butter zum Einfetten

Für den Belag
1 Bund Spargel, geputzt und gekocht (S. 63), oder 450 g Spargel aus der Dose, abgetropft
300 g Kaffeesahne
2 Eigelbe
Salz und frisch gemahlener schwarzer Pfeffer
Frisch geriebene Muskatnuß

1 Den Backofen auf 200 °C (Gas Stufe 3-4) vorheizen. Ein Backblech zum Aufheizen auf die mittlere Schiene des Ofens schieben. 6 Flan- oder Tortelettförmchen von etwa 10 cm Durchmesser einfetten.
2 Den Teig in 6 gleich große Stücke teilen. Jedes Teigstück so dünn wie möglich ausrollen und die Förmchen damit auslegen; überhängende Teigstücke abschneiden. Im Ofen backen (S. 266).
3 Die Ofentemperatur auf 180 °C (Gas Stufe 2-3) reduzieren.
4 Die Spargelspitzen abschneiden und die zarten Teile der Stengel hacken. Den gehackten Spargel und die Spargelspitzen auf den Törtchen verteilen.
5 Sahne und Eigelbe miteinander verschlagen; nach Geschmack mit Salz, Pfeffer und Muskat würzen. Die Mischung auf den Törtchen verteilen und diese dann wieder in den Ofen auf das Backblech stellen; 15 Minuten backen, bis die Füllung gestockt ist. Heiß oder warm servieren.

Varianten

Avocadotörtchen

Das gewürfelte Fruchtfleisch von 3 kleinen reifen Avocados, 1 zerdrückte Knoblauchzehe und 2 EL Zitronensaft statt des Spargels verwenden. Nach obiger Anweisung zubereiten. Diese Törtchen werden erst kurz vor dem Servieren gebacken, und es ist wichtig, die Avocados nicht zu stark zu erhitzen, da sie sonst einen bitteren Geschmack annehmen.

Spargel-Boote (Abb. S. 228)

Aus den oben angegebenen Zutaten kann man 30 Boote backen. Den Teig ausrollen, Boot-Förmchen damit auslegen und backen. Den Spargel so zurechtschneiden, daß die Stücke in die Form passen; auf die Boote verteilen, die Eimischung darübergießen und 8-10 Minuten backen. Jede Portion mit einer Zitronenscheibe und einem Petersilienzweig garnieren.

Flanböden im voraus zubereiten

Ein fertiger Flan läßt sich schlecht einfrieren - der Belag durchweicht den Mürbeteigboden. Am besten backt man die Flanböden, bestreicht sie mit etwas heißem Öl (S. 266) und friert sie dann ein. Vorsichtig verpacken. Idealerweise belegt und backt man den Flan unmittelbar vor dem Servieren. Ist man jedoch besonders stark beschäftigt, so kann er auch am Vorabend gebacken und dann bis zum Verzehr an einem kühlen, luftigen Ort aufbewahrt werden.

✿ Kartoffel-Champignon-Pastetchen

Diese Pastetchen schmecken heiß und kalt sehr gut und eignen sich daher ideal für ein Picknick oder das Mittagessen am Arbeitsplatz. Man serviert sie mit einem gemischten Salat.

Für 4 Personen

Kartoffel-Champignon-Pastetchen

1 Portion einfacher oder Käsemürbeteig (S. 260)
1 Ei, geschlagen (nach Belieben)

Für die Füllung
1 Zwiebel, geschält und gehackt
2 EL Öl
250 g Kartoffeln, geschält und in etwa 5 mm große Würfel geschnitten
1 Knoblauchzehe, zerdrückt
250 g Champignons, gewaschen und gehackt
1 EL gehackte Petersilie
Salz und frisch gemahlener schwarzer Pfeffer

1 Zuerst die Füllung zubereiten: die Zwiebel 5 Minuten im Öl anbraten, dann Kartoffeln und Knoblauch hinzufügen.
2 10 Minuten bei milder Hitze garen. Die Champignons dazugeben und weitere 4–5 Minuten garen, bis die Gemüse fast weich sind. Die Petersilie hinzufügen und mit Salz und Pfeffer nach Geschmack würzen. Abkühlen lassen.
3 Den Backofen auf 200 °C (Gas Stufe 3–4) vorheizen. Den Teig in 4 gleiche Stücke teilen; jedes zu einer runden Platte von etwa 15 cm Durchmesser ausrollen.
4 Ein Viertel der Kartoffelmischung auf jede Teigplatte häufen. Den Teig über die Füllung schlagen und die Ränder zusammendrücken (Abb. oben links).
5 Einige Löcher in den Teig stechen, damit der Dampf entweichen kann, und die Pastetchen gegebenenfalls mit Ei bepinseln; auf ein Backblech setzen und in 20–25 Minuten goldbraun backen

Varianten

✿ *Pastetchen mit würziger Kartoffel-Kichererbsen-Füllung*

Auf gleiche Weise zubereiten, wobei man 1 EL gemahlenen Koriandersamen und 1 TL gemahlenen Kreuzkümmel zu der Zwiebel hinzufügt und die Champignons ersetzt durch 100 g Kichererbsen, eingeweicht, gekocht und abgetropft, oder durch den Inhalt von 1 Dose Kichererbsen (etwa 425 g), abgetropft.

✿ *Gemüsepastetchen*

Die Champignons durch 100 g geschabte und gewürfelte Möhren, 100 g feingeschnittenen Porree und 1 enthäutete gehackte Tomate ersetzen; mit den Kartoffeln in die Pfanne geben und weich dünsten. Mit je ½ TL getrocknetem Oregano und Basilikum würzen. Es können auch andere Gemüsekombinationen und andere Kräuter, wie Rosmarin oder Thymian, verwendet werden. Außerdem kann man der Mischung abgetropfte gekochte Kichererbsen, Kidney- oder Cannellinibohnen oder ein paar gehackte Nüsse, etwa Haselnüsse oder Mandeln, hinzufügen.

Pikanter Chester-Zwiebel-Kuchen

Einfach und gut - ein bei der ganzen Familie beliebtes vegetarisches Gericht.

Für 4 Personen

1 Portion Mürbeteig (S. 260)

Für den Belag
750 g Zwiebeln, geschält und in Scheiben geschnitten
175 g Chester, gerieben
Salz und frisch gemahlener schwarzer Pfeffer
Frisch geriebene Muskatnuß

1 Den Backofen auf 220 °C (Gas Stufe 4-5) vorheizen. Ein Backblech zum Aufheizen auf die mittlere Schiene schieben.
2 Die Zwiebeln in einem Topf, der etwa 2,5 cm hoch mit leichtgesalzenem Wasser gefüllt ist, 5 Minuten vorkochen, dann abtropfen und abkühlen lassen.
3 Etwas mehr als die Hälfte des Teigs ausrollen und eine Springform von 20 cm Durchmesser damit auslegen.
4 Den Käse zu den Zwiebeln geben; gut vermischen, mit Salz, Pfeffer und Muskat würzen; dann die Mischung auf dem Teigboden verteilen.
5 Den restlichen Teig ausrollen, so daß er die Füllung bedeckt; die Teigränder zusammendrücken. Auf das Backblech stellen und in etwa 30 Minuten goldbraun backen. Heiß servieren.

Varianten

Limabohnen-Käse-Kuchen mit eingelegtem Gemüse

Auf gleiche Weise zubereiten und statt Zwiebeln 100 g getrocknete Limabohnen, eingeweicht, gekocht und abgetropft, oder den Inhalt von 1 Dose Limabohnen (etwa 425 g), abgetropft, verwenden und den Käse auf 50 g reduzieren. 3 EL sauer eingelegtes Gemüse oder Chutney zu der Mischung hinzufügen, bevor man sie auf den Teig gibt.

Porreekuchen

1 kg Porree putzen, waschen und in etwa 2,5 cm lange Stücke schneiden. In einem Topf, der etwa 2,5 cm hoch mit kochendem Wasser gefüllt ist, ungefähr 10 Minuten kochen, bis er gerade weich ist. Sehr gut abtropfen lassen, dann mit 300 g Sauerrahm oder Béchamelsauce (S. 175) vermischen. Würzen.

Champignon-Kastanien-Kuchen

1 große Zwiebel, gehackt, und 2 Stangen Sellerie, gehackt, in 25 g Butter 10 Minuten dünsten, dann 250 g gewaschene und in Scheiben geschnittene Champignons hinzufügen und weitere 2-3 Minuten garen, bis die Champignons weich sind.

Von der Kochstelle nehmen und 350-450 g gekochte Eßkastanien hinzufügen (man kann entweder frische gekochte oder ganze Kastanien aus der Dose, oder getrocknete Kastanien verwenden, die vorher eingeweicht und gekocht wurden; S. 36). 1 EL Sojasauce sowie Salz und Pfeffer nach Geschmack dazugeben.

Quiche, Flan und andere Gemüsekuchen ...

Genaugenommen ist Quiche ein leichter, sahniger französischer Gemüsekuchen, und im besonderen ist damit Quiche Lorraine gemeint (die Sahne, Speck, Zwiebeln und Gruyère enthält). Andere flache ungedeckte Gemüsekuchen werden in Frankreich »Flan« genannt, im Gegensatz zu den »Tartes« (Torten), die einen Mürbeteigboden mit süßem Belag bezeichnen.

Wenn man mit Teig aus Vollweizenmehl arbeitet, der normalerweise bröseliger als Weißmehlteig ist, so mag es hilfreich sein, wenn man den Teig auf einem leicht bemehlten Brett ausrollt, so daß man ihn ohne Bruchgefahr direkt vom Brett auf die Form gleiten lassen kann.

MENÜ

Herbstliche Mahlzeit für sechs Personen

Kürbissuppe
77

Pilzflan
links

Rotkohlkasserolle
189

Kartoffelpüree
189

Birnenkompott mit Zimtsahne
85

Pilzflan

Für 6 Personen als Hauptgericht

2 Portionen Mürbeteig (S. 260)
2 Portionen Pilze in Sahnesauce (S. 79)
Butter zum Einfetten

Zum Garnieren
Gehackte Petersilie

1 Den Backofen auf 200 °C (Gas Stufe 3-4) vorheizen. Ein Backblech zum Aufheizen auf die mittlere Schiene des Ofens schieben.
2 Eine Flanform von 30 cm Durchmesser leicht einfetten.
3 Den Teig ausrollen, die Form damit auslegen und an den Rändern begradigen; im Ofen backen (S. 266).
4 Die Sahnepilze auf dem Teigboden verteilen und glattstreichen. Den Flan wieder in den Ofen auf das Backblech stellen und 10-15 Minuten backen, bis er durch und durch heiß ist. Mit Petersilie bestreuen. Heiß oder kalt servieren.

Schneller Frühlingszwiebel-Kräuter-Flan

Dies ist ein eher leichter, cremiger statt knuspriger Flan. Er ist schnell zuzubereiten und ergibt zusammen mit einem knackigen Blattsalat, etwa aus Radicchio, Brunnenkresse und Walnüssen, ein köstliches Mittag- oder Abendessen.

Für 4 Personen

Einen besonders knusprigen Flanboden herstellen

Ich finde die folgende Backmethode besser als das konventionelle »Blindbacken« - bei dem der Teigboden mit Back- oder Pergamentpapier bedeckt und mit getrockneten Bohnen beschwert wird* -, denn sie ist nicht nur weniger umständlich, sondern man erzielt damit auch bessere, da knusprigere Resultate. Kontrollieren Sie nach 5 Minuten, ob der Flanboden sich hebt; wenn ja, drücken Sie ihn einfach mit dem Gabelrücken wieder nach unten.

1 Den Backofen auf 200 °C (Gas Stufe 3-4) vorheizen. Ein Backblech zum Aufheizen auf die mittlere Schiene schieben. Eine Flan- oder Springform einfetten.
2 Den Teig ausrollen und die Form damit auslegen. Andrücken und die Ränder begradigen.
3 Den Teigboden überall einstechen. Die Form auf das Backblech stellen und den Teig 12-20 Minuten backen, bis er leicht gebräunt und fest ist.
4 Wenn der gebackene Boden aus dem Ofen kommt, 2-3 EL sehr heißes Öl bereithalten und auf dem Flanboden verstreichen. Dadurch wird er wunderbar knusprig.
5 Dann den Flanboden mit geschlagenem Ei bestreichen, um eventuell vorhandene Löcher zu verschließen, und ihn nochmals 3-4 Minuten in den Backofen stellen, bis die Eiglasur fest ist.

*Hinweis d. dt. Red.: Die herkömmliche Methode des Blindbackens wird heute insofern weniger praktiziert, als es inzwischen Backformen mit vertieftem Rand in jeder Form und Größe gibt, die garantieren, daß der Rand ausreichend hochgeht.

½ Portion extrazarter Mürbeteig (S. 260)
Butter zum Einfetten

Für den Belag
Gut ⅛ l Milch oder 150 g Kaffeesahne
2 Eier
3 EL gehackte frische Kräuter
Salz und frisch gemahlener schwarzer Pfeffer
Frisch geriebene Muskatnuß
1 Bund Frühlingszwiebeln, geputzt und gehackt

1 Den Backofen auf 190 °C (Gas Stufe 3) vorheizen. Ein Backblech zum Aufheizen auf die mittlere Schiene schieben. Eine Flan- oder Springform von 20 cm Durchmesser leicht einfetten.
2 Den Teig zu einer runden Platte ausrollen und die Form damit auslegen; überstehende Teigränder abschneiden. Einige Minuten im Eisschrank kühl stellen, während man den Belag zubereitet.

3 Milch und Eier miteinander verschlagen. Die Kräuter sowie Salz, Pfeffer und Muskat nach Geschmack hinzufügen. Die Frühlingszwiebeln auf dem Teigboden verteilen, dann die Eiermischung darübergießen.
4 Den Flan auf das Backblech stellen und 35-40 Minuten backen, bis der Belag gestockt und leicht gebräunt ist. Heiß oder warm servieren.

Varianten

Schneller Champignonflan

Statt der Frühlingszwiebeln 100 g in dünne Scheiben geschnittene Champignonköpfe und statt der gehackten frischen Kräuter 1 zerdrückte Knoblauchzehe verwenden.

Schneller Maisflan

Statt Zwiebeln und Petersilie 100 g Gemüsemais, frisch (von etwa 1 Kolben) oder aus der Dose verwenden.

Schneller Käse-Tomaten-Flan

50-100 g geriebenen Gruyère und 1 Tomate, in dünne Scheiben geschnitten, hinzufügen.

Schneller Minze-Erbsen-Flan

2 EL feingehackte Minze und 100 g tiefgefrorene Erbsen verwenden. Dieser Belag schmeckt mit und ohne Frühlingszwiebeln ausgezeichnet.

Schneller Bohnenflan

½ TL Senf zu der Eimischung hinzufügen und den gut abgetropften Inhalt von ½ Dose Limabohnen (etwa 200 g), Kichererbsen oder Cannellinibohnen auf den Flanboden geben, bevor man die Milch-Eier-Mischung darübergießt. Zwiebel und Petersilie nach Belieben verwenden oder weglassen. 1 zerdrückte Knoblauchzehe, unter die Eier gemischt, und einige saftige schwarze Oliven schmecken auch gut in dieser Zutatenkombination.

✿ GEDÄMPFTER GEMÜSEPUDDING

Dies ist die vegetarische Version einer englischen Spezialität, des gedämpften »Steak and Kidney Pudding« (Steak-Nieren-Pudding). Den Teig bereitet man hier mit ungehärteter Pflanzenmargarine oder Butter, und statt Steakfleisch und Nieren verwendet man Gemüse in einer schmackhaften Sauce.

Für 4 Personen

175 g Vollweizenmehl
1 TL Backpulver
½ TL Salz
75 g Butter oder ungehärtete Pflanzenmargarine
Butter oder ungehärtete Pflanzenmargarine zum Einfetten

Für die Füllung
1 Zwiebel, geschält und gehackt
1 EL Öl
1 Kartoffel, geschält und in etwa 1 cm große Würfel geschnitten
2 Möhren, geschabt und in dünne Scheiben geschnitten
250 g Champignons, gewaschen
2 EL Sojasauce
Salz und frisch gemahlener schwarzer Pfeffer

Zum Garnieren
Petersilienzweige

1 Eine tiefe, feuerfeste Schüssel (etwa 1000 g Inhalt) gut mit Butter einfetten.
2 Zuerst die Füllung zubereiten: die Zwiebel 5 Minuten im Öl anbraten, dann Kartoffel, Möhren und Champignons hinzufügen, bedecken und 10–15 Minuten bei milder Hitze garen. Sojasauce und 2 EL Wasser dazugeben, mit Salz und Pfeffer würzen.
3 Während das Gemüse gart, das Mehl mit Backpulver und Salz in eine Rührschüssel geben, dann mit den Fingerspitzen Mehl und Butter zusammenreiben, bis die Mischung feinen Bröseln ähnelt. 2–3 EL kaltes Wasser zufügen, so daß ein Teig entsteht.
4 Den Teig auf die bemehlte Arbeitsfläche geben und leicht durchkneten, dann zwei Drittel davon ausrollen, so daß er in die Form paßt. Die Form mit dem Teig auslegen und diesen gut andrücken.
5 Die Gemüsemischung in die Teighülle füllen.
6 Den Rest des Teigs ausrollen und den Pudding mit der Teigplatte abdecken. Fest andrücken und überstehende Ränder abschneiden.
7 Den Teig oben mehrere Male mit einer Gabel einstechen, dann mit eingefetteter Backfolie oder Backpapier sowie Alufolie abdecken und diese rundum mit Bindfaden befestigen.
8 Die Form in einen großen Topf stellen und diesen bis zur halben Höhe der Form mit kochendem Wasser füllen. Das Wasser wieder zum Kochen bringen, dann bei milder Hitze 1½ Stunden köcheln lassen. Den Wasserspiegel auf gleicher Höhe halten, indem man ab und zu etwas kochendes Wasser nachgießt.
9 Die Folien entfernen, mit einem Spatel den Pudding vom Rand lösen und auf eine vorgewärmte Servierplatte stürzen. Mit Petersilie garnieren und sofort servieren.

Einen gedämpften Pudding aus dem Topf heben

Gedämpfter Gemüsepudding

Schweinsöhrchen herstellen

Dieses knusprige Gebäck läßt sich sehr gut aus Blätterteigresten herstellen: die Teigstücke zusammendrücken und zu einem etwa 3 mm dicken Rechteck ausrollen. Dick mit braunem Rohrzucker (Demerara) bestreuen.

Jede der beiden langen Seiten zur Mitte hin falten, so daß sie sich berühren. Dann die langen Ränder nochmals zur Mitte falten. Zuletzt den einen zusammengerollten Rand bis zum anderen umschlagen und beide leicht zusammendrücken.

In etwa 3 mm dicke Scheiben schneiden und diese auf ein Backblech legen. Bei 230 °C (Gas Stufe 5) 7-8 Minuten backen, bis sie goldbraun sind. Auf einem Kuchengitter abkühlen lassen.

Blätterteig

Es gibt drei Arten von Blätterteig:

HALBBLÄTTERTEIG ist der Blätterteig, der am schnellsten und einfachsten herzustellen ist und in blättrigen Schichten aufgeht, jedoch nicht so hoch und locker wie klassischer Blätterteig.

SCHNELLER BLÄTTERTEIG läßt sich fast so schnell zubereiten wie Halbblätterteig, geht aber mehr auf und sieht besser aus. Auch wenn man Vollweizenmehl verwendet, kann man gute Resultate erzielen.

BLÄTTERTEIG Dies ist der gehaltvollste Blätterteig, der in wunderbaren, goldbraunen blättrigen Schichten aufgeht. Er eignet sich hervorragend für die Spezialitätenküche und besondere Anlässe und kann zu Feuilletés, Fleurons, Bouchées und Königinpastetchen verarbeitet werden. Es ist lohnend, den Blätterteig selbst herzustellen, obwohl es auch ausgezeichneten tiefgefrorenen Blätterteig zu kaufen gibt; nehmen Sie eine Marke, die kein tierisches Fett enthält. Wenn man den klassischen Blätterteig aus Vollweizenmehl zubereitet, so erzielt man damit keine besonderen Erfolge; er geht nicht besser auf als schneller Blätterteig aus Vollweizenmehl.

✿ HALBBLÄTTERTEIG

Ergibt 250 g

250 g feingemahlenes Vollweizenmehl
1 TL Salz
175 g gekühlte Butter oder Reformmargarine
4 TL Zitronensaft
Etwa 8 EL eiskaltes Wasser

1 Mehl und Salz in eine Rührschüssel geben und die Butter darüberraspeln. Zitronensaft und Wasser hinzufügen, dann schnell zu einem ziemlich weichen Teig vermischen.
2 Den Teig zu einer Kugel formen, in Klarsichtfolie einschlagen und mindestens 1 Stunde in den Kühlschrank legen.
3 Den Teig aus dem Kühlschrank nehmen. Falls er sehr kalt ist, 10 Minuten etwas aufwärmen lassen, dann auf der leicht bemehlten Arbeitsfläche zu einem Rechteck ausrollen.
4 Auf dem Rechteck 3 gleich große Abschnitte markieren, das untere Drittel nach oben und das obere Drittel nach unten umschlagen, so daß 3 Schichten entstehen.
5 An den Rändern mit dem Nudelholz leicht zusammenpressen (damit die Luft eingeschlossen bleibt), dann die Schmalseite des Teigstücks zu sich her drehen.
6 Das Ausrollen, Falten und Drehen 4mal wiederholen. Der Teig ist jetzt fertig zur Weiterverwendung oder kann, in Klarsichtfolie eingeschlagen, im Kühlschrank aufbewahrt werden.
7 Den Teig etwa 5 mm dick ausrollen und bei 220 °C (Gas Stufe 4-5) backen.

Halbblätterteig herstellen

1 Die Butter in das Mehl raspeln.

2 Den Teig zu einem Rechteck ausrollen, dann das untere und obere über das mittlere Drittel falten.

3 Die Teigränder mit dem Nudelholz leicht zusammendrücken.

SCHNELLER BLÄTTERTEIG

Ergibt 250 g

250 g ungebleichtes Weißmehl (Type 550)
1 Prise Salz
75 g Butter
Gut 1/8 l eiskaltes Wasser
75 g gehärtetes Pflanzenfett

1 Mehl und Salz in eine Rührschüssel sieben. Die Hälfte der Butter mit dem Mehl zusammenreiben. Genügend Wasser hinzufügen, um einen Teig herzustellen.
2 Den Teig auf die leicht bemehlte Arbeitsfläche legen, kneten, bis er glatt ist, und zu einem Rechteck formen.
3 Den Teig zu einem etwa 12 × 25 cm großen Rechteck ausrollen. Darauf achten, daß die Teigränder gerade und die Ecken rechtwinklig sind.
4 Die Hälfte des Fetts in kleine Stücke schneiden und in Reihen auf den oberen zwei Dritteln des Teigs verteilen, wobei man die Ränder des Teigrechtecks frei läßt.
5 Das untere Teigdrittel (ohne Fett) nach

oben und das obere Teigdrittel nach unten schlagen. Die Ränder mit dem Nudelholz leicht zusammendrücken. Den Teig mit der Schmalseite zu sich her drehen.

6 Den Teig nochmals ohne Fettzugabe ausrollen und auf gleiche Weise zusammenfalten.

7 Die Schritte 4, 5 und 6 wiederholen, wobei man die restliche Butter verbraucht.

8 Die Schritte 4 und 5 wiederholen und dabei den Rest des Fetts verwenden.

9 Den Teig in Klarsichtfolie einschlagen und 15-30 Minuten in den Kühlschrank legen, dann wieder ausrollen und zusammenfalten, ohne Fett zuzugeben. Der Teig ist jetzt fertig zur Weiterverwendung. Je nach Bedarf ausrollen und bei 230 °C (Gas Stufe 5) backen.

✿ Blätterteig

Klassischer Blätterteig ist sehr zeitaufwendig, doch nicht schwierig herzustellen, und das Ergebnis lohnt die Mühe. Meist läßt man den Teig zwischen den Ausrolltouren im Eisschrank kühlen.

Ergibt eine Menge von 250 g mit einem Gesamtgewicht von 450 g (was 450 g tiefgefrorenem Blätterteig entspricht)

250 g ungebleichtes Weißmehl (Type 550)
250 g gekühlte Butter oder Reformmargarine
½ TL Salz
Gut ⅛ l eiskaltes Wasser
1½ TL Zitronensaft

1 Das Mehl in eine Rührschüssel geben und mit 25 g Butter zusammenreiben, bis die Mischung groben Bröseln ähnelt.

2 Das Salz im Wasser auflösen und mit dem Zitronensaft zur Mehlmischung hinzufügen. Die Mischung zu einem Teig verkneten.

3 Den Teig auf die bemehlte Arbeitsfläche legen, leicht durchkneten und zu einem Quadrat formen. In Klarsichtfolie einschlagen und 1 Stunde in den Kühlschrank legen. (Gleichzeitig die restliche Butter kühlen.)

4 Die gekühlte Butter in eine große Plastiktüte geben und mit dem Nudelholz klopfen, um sie etwas weicher zu machen (sie sollte fest, aber nicht hart sein). Dann auf ein bemehltes Brett geben und zu einem Quadrat von 15 cm Seitenlänge ausrollen.

5 Als nächstes den Teig auf der leicht bemehlten Arbeitsfläche zu einem Quadrat von 25 cm Seitenlänge ausrollen.

6 Das Butterquadrat diagonal auf das Teigquadrat setzen und die Teigecken darüberschlagen, so daß sie etwas überlappen und man ein Paket enthält, in dem die Butter vollständig eingeschlossen ist.

7 Dieses Teigpaket auf die leicht bemehlte Arbeitsfläche legen und mit kurzen, festen Rollbewegungen nach vorn und zurück zu einem etwa 1 cm dicken Rechteck ausrollen.

8 Auf dem Teig 3 gleich große Abschnitte markieren. Das untere Drittel nach oben und das obere Drittel nach unten falten. Die Teigränder mit dem Nudelholz leicht zusammendrücken.

9 Jetzt den Teig mit der Schmalseite zu sich her drehen und etwa 5 mm dick ausrollen, und zwar so, daß das Rechteck dreimal so lang wie breit ist. Den Teig wieder zu drei Lagen zusammenfalten, so daß ein Quadrat entsteht.

10 Der Teig ist jetzt 2mal gefaltet worden; dies markieren, indem man 2 Finger in den Teig drückt, den Teig in eine Plastiktüte geben und 1 Stunde in den Kühlschrank legen (oder auch länger, wenn man inzwischen etwas anderes zu tun hat).

11 Den Teig aus dem Kühlschrank nehmen und auswickeln. Falls er sehr kalt ist, ihn vor dem Ausrollen 10 Minuten liegenlassen. Dann den Teig auf die gleiche Weise wie zuvor jeweils 2mal ausrollen und zusammenfalten; mit 4 Fingern markieren. Den Teig wieder einwickeln und erneut 1 Stunde kühlen.

12 Schritt 11 wiederholen. Der Teig ist jetzt fertig zur Weiterverwendung und kann je nach Rezept verarbeitet werden. Man kann ihn aber auch mehrere Tage im Kühlschrank oder mehrere Wochen in der Tiefkühltruhe aufbewahren. Den Teig nach dem Ausrollen nochmals 30 Minuten in den Kühlschrank legen, bevor man ihn bei 230 °C (Gas Stufe 5) backt.

Blätterteig herstellen

1 Den Teig zu einem Quadrat von 25 cm Seitenlänge ausrollen. Das Butterquadrat diagonal auf das Teigquadrat setzen und die Teigecken darüberschlagen.

2 Den Teig zu einem etwa 1 cm dicken Rechteck ausrollen. Das untere Teigdrittel nach oben, das obere nach unten schlagen.

3 Die Teigränder mit dem Nudelholz zusammendrücken.

4 Das Teigrechteck mit der Schmalseite zu sich her drehen, wieder ausrollen und zusammenfalten. Kühlen. Diesen Vorgang noch 2mal wiederholen.

MENÜ

Russisches Abendessen

Rote Bete-Suppe,
kalt oder heiß
138

Champignonpastete in
Blätterteig
rechts

Sauerrahm-Kräuter-Dressing
156

Weißkohl mit zerlassener
Butter und Kümmel
58

Gekochte Kartoffeln
70

Paschka
288

Champignonpastete in Blätterteig – Gemüsepastete

Champignonpastete in Blätterteig

Dies ist eines meiner Lieblingsrezepte. Die Pastete ergibt, mit Sauerrahm-Kräuter-Dressing (S. 156) und gegartem Gemüse serviert, ein köstliches Hauptgericht.

Für 6 Personen

1 Portion schneller Blätterteig (S. 268) oder 450 g tiefgefrorener Blätterteig, aufgetaut
1 kleines Eigelb

Für die Füllung

1 Zwiebel, geschält und gehackt
25 g Butter
1 kg Champignons, gewaschen und feingehackt
2 Knoblauchzehen, zerdrückt
2 EL gehackte Petersilie
100 g Vollweizen-Semmelbrösel
2 EL Zitronensaft
Salz und frisch gemahlener schwarzer Pfeffer

1 Den Backofen auf 220 °C (Gas Stufe 4–5) vorheizen.

2 Zuerst die Füllung zubereiten: die Zwiebel mit der Butter in einem großen Topf 10 Minuten braten. Die Champignons hinzufügen und 20–30 Minuten garen, bis die Flüssigkeit vollständig verdampft ist.

3 Vom Herd nehmen und Knoblauch, Petersilie, Semmelbrösel, Zitronensaft sowie Salz und Pfeffer nach Geschmack hinzufügen. Die Mischung eine Weile abkühlen lassen.

4 Ein Drittel des Teigs zu einem etwa 15 × 30 cm großen Rechteck ausrollen. Auf ein Backblech legen, die Champignonmischung daraufhäufen und die Ränder mit Wasser bestreichen.

5 Den restlichen Teig zu einem etwa 25 × 30 cm großen Rechteck ausrollen.

6 Den Teig von den Längsseiten her in der Mitte einmal zusammenschlagen und, falls gewünscht, zur Verzierung diagonal einschneiden. Den Teig über der Champignonmischung wieder auseinanderklappen. (Abb. rechte S.).

7 Die Teigränder zusammendrücken und beschneiden. Einige Dampflöcher stechen, mit zurechtgeschnittenen Teigresten verzieren und mit dem Eigelb bestreichen. In 30 Minuten im Ofen goldbraun backen. Heiß oder warm servieren.

✿ GEMÜSEPASTETE

Für 4–6 Personen

½ Portion Halbblätterteig oder schneller Blätterteig (S. 268) oder 225 g tiefgefrorener Blätterteig, aufgetaut
1 Ei, geschlagen (nach Belieben)

Für die Füllung

1 Zwiebel, geschält und gehackt
2 EL Öl
2 Knoblauchzehen, zerdrückt
350 g Möhren, geschabt und gewürfelt
350 g Zucchini, geputzt und gewürfelt
450 g Porree, geputzt, gewaschen und in Scheiben geschnitten
2 Tomaten, enthäutet und gehackt
2 EL Semmelbrösel
2 EL gehackte Petersilie
½ TL getrocknetes Basilikum
½ TL getrockneter Oregano
Salz
100 g weiße Bohnen, eingeweicht, gekocht und abgetropft, oder 1 Dose Cannellinibohnen (etwa 425 g), abgetropft
Frisch gemahlener schwarzer Pfeffer

1 Den Backofen auf 220 °C (Gas Stufe 4–5) vorheizen.
2 Zuerst die Füllung zubereiten: die Zwiebel mit dem Öl in einem großen Topf 5 Minuten anbraten, dann Knoblauch, Möhren, Zucchini, Porree, Tomaten, Semmelbrösel und Kräuter hinzufügen.
3 Mit etwas Salz würzen, 10–15 Minuten im geschlossenen Topf unter gelegentlichem Rühren garen, bis das Gemüse weich ist. Die Bohnen hinzufügen, mit Salz und Pfeffer abschmecken.
4 Die Gemüsemischung in eine Pasteten- oder Auflaufform (etwa 1200 g Inhalt) füllen und abkühlen lassen.
5 Den Teig ausrollen, so daß er etwa 2,5 cm über den Formrand übersteht. Von der Teigplatte rundherum einen Streifen abschneiden. Den Streifen innen um den Rand der Form legen und mit kaltem Wasser bestreichen, dann die Teigplatte auf die Gemüsemischung legen.
6 Die Teigränder entsprechend beschneiden und auf den Randstreifen drücken, um die Pastete einzuschließen. Dann die Oberfläche mit der Gabel riffeln und in der Mitte ein Dampfloch stechen. Mit zurechtgeschnittenen Teigresten verzieren, die man mit kaltem Wasser aufklebt.
7 Die Pastete gegebenenfalls mit Ei bestreichen und 30 Minuten im Ofen backen, bis sie aufgegangen und goldbraun ist. Heiß servieren.

BRANDTEIG

Brandteig läßt sich aus ungebleichtem Weißmehl wie auch aus Vollweizenmehl gut herstellen, doch bei Vollweizenmehl braucht man manchmal nur drei Viertel der Eimenge, da sonst der Teig zu weich wird.

Ergibt eine ausreichende Menge für 8 Éclairs oder 12 Profiteroles

50 g Butter oder Reformmargarine
70 g Mehl
2 Eier, leicht geschlagen

1 Den Backofen auf 200 °C (Gas Stufe 3–4) vorheizen.
2 Die Butter und gut ⅛ l Wasser in einen Topf geben und leicht erhitzen, bis das Fett geschmolzen ist, dann zum Kochen bringen.
3 Vom Herd nehmen und das Mehl auf einmal zugeben, wobei man mit einem Holzlöffel kräftig rührt.
4 Den Topf wieder auf den Herd stellen und die Mehlmischung mit dem Holzlöffel 1 Minute rühren, bis sich der Teig von den Topfwänden löst. In eine Schüssel geben.
5 Unter kräftigem Schlagen etwa ein Viertel der Eimenge hinzufügen, bis sie untergerührt und der Teig wieder glänzend ist, dann ein weiteres Viertel der Eimenge auf gleiche Weise dazugeben.
6 Diesen Vorgang wiederholen, bis das Ei aufgebraucht und die Masse glänzend und weich, aber nicht matschig ist. Bis zur Weiterverwendung mit einem Teller abdecken.

Champignonpastete in Blätterteig herstellen

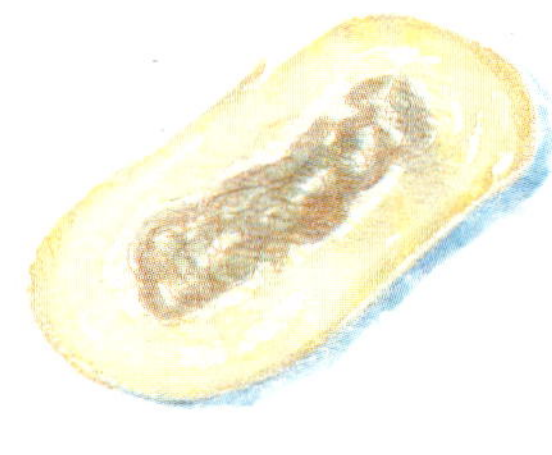

1 Das kleinere Teigstück auf ein Backblech legen und die Champignonfüllung in der Mitte aufhäufen.

2 Das größere Teigstück in der Mitte falten und diagonal einschneiden.

3 Den Teig wieder auseinanderklappen und behutsam auf die Champignonmischung legen; darauf achten, daß deren Form erhalten bleibt.

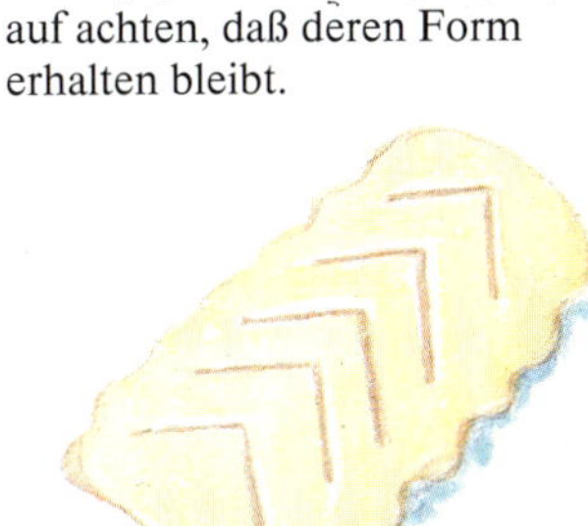

4 Die Teigränder zusammendrücken und beschneiden.

Gemüse-Gougère

(Abb. S. 277)

Ein beeindruckendes und köstliches Gericht - ein dicker Ring aus lockerem goldgelbem Brandteig, der in der Mitte mit einer bunten Gemüsemischung gefüllt ist.

Für 6 Personen

MENÜ

Herbstliches Festmahl

Kürbissuppe
77

Pilze in Sahne mit Blätterteig
rechts

Kartoffelpüree
189

Chicorée-Walnuß-Salat
mit Brunnenkresse
161

Brombeersorbet
282

2 Portionen Brandteig (S. 271)
1 kräftige Prise Cayennepfeffer
175 g Cheddar, feingerieben
1 Portion Peperonata (S. 186)
oder 1 Portion gedünstete Frühlingsgemüse (S. 181)
oder 1 Portion Pilze in Sahnesauce (S. 79)

1 Den Backofen auf 220 °C (Gas Stufe 4–5) vorheizen.
2 Den Brandteig nach Anweisung zubereiten; Cayennepfeffer und 100 g geriebenen Käse hinzufügen.
3 Den Teig mit einem Löffel oder dem Spritzbeutel als Ring auf einer Pizzaform oder in einer flachen, feuerfesten Form verteilen.
4 Mit dem restlichen Käse bestreuen und etwa 40 Minuten im Ofen backen, bis die Gougère schön aufgegangen und goldbraun ist.
5 Die Peperonata oder eine andere Füllung erhitzen und in die Ringmitte geben, wenn die Gougère direkt aus dem Ofen kommt. (Falls von der Füllung etwas übrigbleibt, getrennt dazu servieren.)

Pilze in Sahne mit Blätterteig

Da der Blätterteig einen so wichtigen Teil dieses Gerichts ausmacht, ist es am besten, wenn man selbstgemachten Blätterteig verwendet, der - im Gegensatz zu den meisten fertig gekauften Teigen - einen butterigen Geschmack besitzt. Mit Kartoffelpüree (S. 189) serviert und von einem Chicorée-Walnuß-Salat mit Brunnenkresse (S. 161) gefolgt, ist dies ein schmackhaftes herbstliches Hauptgericht.

Für 6 Personen

1 Portion Blätterteig (S. 269)
oder 450 g tiefgefrorener Blätterteig, aufgetaut
1 Ei, geschlagen
2 Portionen Pilze in Sahnesauce (S. 79)

Zum Garnieren
Fenchelkraut
Thymianzweige

1 Den Teig etwa 5 mm dick ausrollen und 6 blattförmige, etwa 10 × 5 cm große Ovale ausschneiden. 1 Stunde kühl stellen.
2 Den Backofen auf 230 °C (Gas Stufe 5) vorheizen.
3 Ein Backblech befeuchten und die Teigblätter daraufsetzen; Blättermarkierungen einritzen. Mit Ei bestreichen.
4 Die Blätter 10 Minuten im Ofen backen, dann die Temperatur auf 190 °C (Gas Stufe 3) reduzieren und weitere 10–15 Minuten backen, bis der Teig durch und durch knusprig ist.
5 Die Pilzmischung langsam erhitzen. Die Teigblätter mit einem scharfen Messer waagrecht halbieren. Die Hälfte der halbierten Blätter als Böden auf eine vorgewärmte Servierplatte oder einzelne Teller setzen.
6 Die Pilzmischung mit einem Löffel auf die Böden geben und über die Ränder des Teigs laufen lassen. Dann die anderen Hälften der Teigblätter darauflegen. Mit Fenchel und Thymian garnieren und sofort servieren.

KÖNIGINPASTETEN MIT ARTISCHOCKENHERZEN-FÜLLUNG

Leichte, knusprige Pastetenhüllen werden mit einer cremigen Artischockenherzen-Mischung gefüllt. Mit Kartoffelpüree (S. 189) und grünen Bohnen ergeben sie ein gutes Hauptgericht. Die Pastetenhüllen macht man am besten im voraus, erhitzt sie dann und füllt sie unmittelbar vor dem Servieren.

Ergibt 12 Pasteten, für 4-6 Personen

1 Portion Blätterteig (S. 269)
oder 450 g tiefgefrorener Blätterteig, aufgetaut,
oder 12 tiefgefrorene, noch nicht gebackene Pastetenhüllen

Für die Füllung
100 g Frühlingszwiebeln, geputzt und feingehackt
15 g Butter
2 TL Stärkemehl
300 g Kaffeesahne
1 Dose Artischockenherzen (etwa 400 g)
Salz und frisch gemahlener schwarzer Pfeffer
Paprikapulver

Zum Garnieren
Fenchelkraut
Frühlingszwiebelbüschel
Artischockenherzen-Scheiben

1 Den Backofen auf 230 °C (Gas Stufe 5) vorheizen.
2 Selbstgemachten Blätterteig etwa 5 mm dick, gekauften etwas dünner ausrollen.
3 Mit einer runden oder ovalen Ausstechform von etwa 7,5 cm Durchmesser Scheiben ausstechen, dann in jede Scheibe mit einer Ausstechform von etwa 5 cm Durchmesser einen Ring stechen, jedoch nicht ganz durchstechen. (Die Scheibe bildet den Deckel, wenn die Pastetenhülle aufgegangen ist).
4 Die Pastetenhüllen auf ein Backblech setzen und etwa 5 Minuten im Ofen backen, bis sie aufgegangen und goldbraun sind. Auf einem Kuchengitter abkühlen lassen, dann die Deckel und etwas Teig aus dem Inneren der Hüllen entfernen.
5 Um die Füllung zuzubereiten, die Zwiebeln 10 Minuten mit der Butter in einem Topf leicht dünsten, bis sie weich, aber nicht gebräunt sind. Das Stärkemehl einrühren, 1-2 Minuten anschwitzen, dann die Sahne hinzufügen. Rühren, bis die Sauce eingedickt ist; vom Herd nehmen.
6 Die Artischockenherzen abtropfen lassen und grobhacken. Zu der Zwiebelmischung hinzufügen und mit Salz, Pfeffer und Paprika würzen.
7 Die Pastetenhüllen vor dem Servieren bei 180 °C (Gas Stufe 2-3) 15 Minuten erhitzen.
8 Die heiße Artischockenmischung in die Pastetenhüllen füllen, sobald diese aus dem Ofen kommen. Die Deckel aufsetzen, garnieren und sofort servieren.

Variante

Königinpasteten mit Champignonfüllung
Die Artischockenherzen durch 350 g in Scheiben geschnittene Champignons ersetzen, die man 15 Minuten in 15 g Butter schmort, bis die Flüssigkeit verdampft ist. Die Pastetenhüllen dann nach obiger Anweisung füllen.

Pastetenhüllen herstellen

1 Mit einer runden Ausstechform Teigscheiben ausstechen.

2 Mit einer kleineren runden Ausstechform in diese Scheiben einen Ring stechen, aber nicht durchstechen.

Königinpastete mit Artischockenherzen-Füllung

Spanikopita

Diese griechische Spinatpastete eignet sich ebenso als Vorspeise wie als Hauptgericht. Gut schmeckt dazu ein Joghurt-Minze-Dressing (S. 156).

Für 6 Personen als Hauptgericht, für 8 Personen als Vorspeise

10 Scheiben Strudelteig (S. 151)
150–175 g Butter, geschmolzen
1 kg frischer Spinat oder 450 g tiefgefrorener Spinat, gekocht, abgetropft und abgekühlt
1 Bund Frühlingszwiebeln, geputzt und gehackt
100 g Feta oder anderer Schafkäse, zerbröselt
Salz und frisch gemahlener schwarzer Pfeffer
Butter zum Einfetten

1 Den Backofen auf 200 °C (Gas Stufe 3–4) vorheizen.
2 Eine tiefe Pasteten- oder Auflaufform einfetten, dann ein Strudelteigblatt hineinlegen; die Teigränder dürfen über den Formrand überhängen.
3 Mit zerlassener Butter bestreichen, dann ein zweites Strudelteigblatt darauflegen. Auf diese Weise 5 Strudelteigblätter aufschichten. Den restlichen Strudelteig mit einem feuchten Tuch bedecken.
4 Den Spinat hacken und mit Frühlingszwiebeln, Käse sowie Salz und Pfeffer nach Geschmack vermischen, dann auf den Teig geben.
5 Mit den restlichen Teigblättern bedecken und, wie zuvor, jedes mit zerlassener Butter bestreichen, auch die Oberseite der Pastete. Überhängende Teigränder abschneiden; die Pastete mit der Gabel einstechen und mit zurechtgeschnittenen Teigresten verzieren.
6 40–45 Minuten im Ofen backen. Heiß oder warm servieren.

Variante

✿ *Streng vegetarische Spanikopita*
Auf gleiche Weise zubereiten, aber den Käse durch zerdrückten Tofu oder 100 g Pinienkerne oder Mandelblättchen ersetzen. Den Teig statt mit Butter mit ungehärteter Pflanzenmargarine oder Olivenöl bestreichen.

Samosas formen

1 Das Teigstück zu einer Tüte formen und die Teigränder fest zusammendrücken.

2 Mit der Gemüsemischung füllen.

3 Den oberen Teigrand befeuchten, umschlagen und gut festdrücken.

✿ Samosas

Diese knusprigen würzigen kleinen Köstlichkeiten eignen sich gut als Beilage zu Currys oder, zusammen mit etwas Mango-Chutney oder dickem Joghurt zum Eintunken, auch als Zwischenmahlzeit.

Ergibt 32 Samosas

Für den Teig
300 g Vollweizenmehl
1 TL Salz
2 TL Backpulver
4 EL Öl
Knapp ¼ l eiskaltes Wasser
Öl zum Fritieren

Für die Füllung
1 große Zwiebel, geschält und gehackt
2 EL Olivenöl
1 große Knoblauchzehe, zerdrückt
Je 2 TL Senfkörner, geriebener frischer Ingwer, gemahlener Kreuzkümmel und gemahlener Koriandersamen
750 g Kartoffeln, gekocht und gewürfelt
300 g tiefgefrorene Erbsen, aufgetaut
Salz und frisch gemahlener schwarzer Pfeffer

1 Zuerst die Füllung zubereiten: die Zwiebel 8 Minuten im Öl weich dünsten, aber nicht bräunen; dann den Knoblauch und die Gewürze hinzufügen und weitere 2 Minuten garen.
2 Vom Herd nehmen, Kartoffeln und Erbsen hinzufügen und gut vermischen. Mit Salz und Pfeffer würzen, dann abkühlen lassen.
3 In der Zwischenzeit den Teig herstellen: Mehl, Salz und Backpulver in eine Schüssel geben, dann Öl und Wasser hinzufügen. Zu einem weichen, aber nicht klebrigen Teig vermischen.
4 Den Teig 5 Minuten kneten, dann in 16 gleich große Stücke teilen. Jedes zu einer runden Scheibe von etwa 15 cm Durchmesser ausrollen und jede Scheibe

mit einem scharfen Messer halbieren, so daß 32 halbrunde Scheiben entstehen.
5 Eines der Teigstücke aufnehmen und die Schnittkanten mit Wasser bestreichen, dann übereinanderlegen und fest zusammendrücken, so daß ein Tütchen entsteht.
6 Die Tüte mit etwa 2 gehäuften TL Gemüsemischung füllen, dann die oberen Teigränder befeuchten und über die Füllung schlagen, so daß diese ganz eingeschlossen ist. Die übrigen Samosas auf die gleiche Weise herstellen.
7 In einer Friteuse das Fritieröl auf 180 °C erhitzen, dann die Samosas in mehreren Portionen fritieren, bis sie goldbraun sind. Auf Küchenkrepp abtropfen lassen und im Backofen bei niedriger Temperatur warm halten, bis alle fritiert sind.

✿ Spargelstrudel

Für 6 Personen

2 große Zwiebeln, geschält und feingehackt
175 g Butter oder ungehärtete Pflanzenmargarine
100 g feine frische Brotkrumen
8 Scheiben Strudelteig (S. 151)
750 g Spargel, geputzt, gewaschen, weich gekocht (S. 63) und gehackt
4 EL feingehackte Petersilie

Zum Garnieren
Kerbelzweige
Zitronenscheiben
Spargelspitzen

Zum Servieren
1 Portion Joghurt-Kräuter-Dressing (S. 156)

Spargelstrudel

1 Den Backofen auf 200 °C (Gas Stufe 3–4) vorheizen.
2 Die Zwiebeln in 25 g Butter 10 Minuten weich dünsten, aber nicht braun werden lassen.
3 In einer zweiten Pfanne 50 g Butter erhitzen und die Brotkrumen darin knusprig braten.
4 Die restliche Butter in einem kleinen Topf zerlassen.
5 Ein Strudelteigblatt auf ein großes Brett legen und mit der zerlassenen Butter bestreichen. Ein zweites Teigblatt darauflegen und ebenfalls mit Butter bestreichen. Auf diese Weise alle Teigblätter übereinanderschichten.
6 Die Zwiebeln in einer gleichmäßigen Schicht auf dem Teig verteilen, dabei die Ränder frei halten.
7 Den Spargel auf die Zwiebeln geben, mit drei Viertel der Brotkrumen und mit der Petersilie bestreuen.
8 Den Teig auf allen Seiten 5 cm einschlagen, dann die langen Kanten jeweils bis zur anderen Seite übereinanderschlagen und so eine Rolle formen.
9 Die Rolle mit der Nahtseite nach unten auf ein Backblech legen und zu einem Hufeisen biegen.
10 Mit der restlichen zerlassenen Butter bestreichen und den übrigen Brotkrumen bestreuen.
11 40 Minuten im Ofen backen, bis der Strudel goldbraun und knusprig ist. Mit Kerbel, Zitronenscheiben und Spargelspitzen garnieren; mit Joghurt-Kräuter-Dressing servieren.

MENÜ

HERBSTPARTY

Für 6 Personen

Salade Tiède

150

Gemüse-Gougère mit Peperonata-Füllung

272 und 186

Kartoffelpüree

189

Butterspinat

55

Apfeleis mit Brombeersauce

281

Dies ist ein Essen für eine Abendeinladung, bei dem die fruchtigen Geschmacksnuancen des Herbstes voll zur Geltung kommen. Der Salat kann zum Großteil im voraus zubereitet werden, so daß er schon bereitsteht, wenn man den heißen Chèvre in letzter Minute auf die Teller gibt. Auch das Apfeleis und die Brombeersauce lassen sich schon eine ganze Weile vorher zubereiten. Die Peperonata für die Gemüse-Gougère kocht man am Vorabend, so daß man sie kurz vor dem Servieren nur noch rasch erhitzen muß. Der Brandteig für die Gougère kann in eine flache Auflaufform gespritzt und im Kühlschrank kalt gestellt werden. 40 Minuten vor dem Servieren schiebt man ihn in den Ofen, dann füllt man die Peperonata in die Mitte. Die Kartoffeln püriert man kurz vor dem Essen; Butter, Sahne und Gewürze hinzufügen, aber nicht vermischen; den Topf oder die Schüssel abdecken und im Wasserbad warm halten, das Püree erst kurz vor dem Servieren verrühren.

Zu dem Salat paßt ein frischer, fruchtiger Wein – ein Sancerre oder ein Pouilly-Fumé wäre ideal –, und zum Gemüse könnten Sie einen halbtrockenen Wein reichen, zum Beispiel einen Savennières, Vouvray oder Mâcon blanc oder auch einen roten Burgunder.

Nachspeisen

Eine Nachspeise rundet eine Mahlzeit erst ab, und auch wenn Sie, wie ich, nur selten »sündigen«, so sollten Sie sich doch gelegentlich diesen Genuß gönnen. Zunächst werden kalte Nachspeisen vorgestellt, darunter Käsekuchen und Sorbets, und anschließend warme Desserts, wie Schüsselpasteten, Obsttorten, ein heißes Soufflé und ein englischer Weihnachtspudding. Dann folgen süße Saucen, die man zu frischen und gekochten Früchten, Eis, Pfannkuchen und anderen Nachspeisen servieren kann. Viele weitere Dessert-Ideen finden Sie außerdem im Zutaten-Teil (S. 84–103); das nächste Kapitel bietet zudem eine Auswahl von Kuchen, mit denen Sie eine Mahlzeit ebenfalls stilvoll abschließen können.

Kaffee

Eine Tasse Kaffee paßt besonders gut zu feinen Nachspeisen, wie Eiercreme oder Schokoladentöpfchen. Es stehen viele Sorten zur Auswahl, und es ist anregend, mit unterschiedlichen Kaffeesorten zu experimentieren und zwei oder mehrere zu mischen. Zu den besten gehören:

BLUE MOUNTAIN Sehr selten und teuer; die beste vollmundige Kaffeesorte, mit einem feinen, süßen Geschmack

BRASILIEN Sanft und mild

CONTINENTAL Dunkle Röstung mit kräftigem Geschmack

JAVA Ein guter Kaffee nach dem Essen, mit vollmundigem Aroma

KENIA Mild, mit einem leichten Brenngeschmack, eignet sich ebenfalls gut nach dem Essen

KOLUMBIEN Kräftiges volles Aroma

MOKKA Kräftiges, aber feines Aroma

MYSORE Würzig und aromareich, eine meiner Lieblingssorten

VIENNA Ausgewogenes, kräftiges Aroma

Hinweis d. dt. Red.: Auf dem Weltmarkt sind von den etwa 80 Arten von Kaffeepflänzen vor allem die Coffea arabica und die Coffea robusta von Bedeutung. Für die bei uns üblichen Standardmischungen, die fast ausschließlich unter Markennamen verkauft werden, wird hauptsächlich die Arabica verwendet, der verschiedene Sorten beigemischt werden. Die Auswahl der Sorten und das Röstverfahren bestimmen die Geschmacksrichtungen von »hocharomatisch« bis »naturmild«.

GEBACKENE EIERCREME

Diese glatte, zarte Eiercreme kann warm oder gekühlt serviert werden; ich mag sie kalt am liebsten.

Für 6 Personen

3 Eier
3 Eigelbe
50 g Streuzucker
½ l Milch oder 450 g Kaffeesahne
1 Vanilleschote oder 1 TL Vanille-Extrakt

Zum Dekorieren (nach Belieben)
Geschlagene Sahne

1 Den Backofen auf 170 °C (Gas Stufe 2) vorheizen.
2 Eier, Eigelbe und Zucker in eine Schüssel geben und mit dem Schneebesen schlagen, bis alles gut vermischt ist.
3 Die Milch mit der Vanille bis kurz unterhalb des Siedepunkts erhitzen. Die Vanilleschote, falls verwendet, entfernen (abspülen, trocknen und für eine weitere Verwendung aufheben).
4 Die heiße Milch zu den Eiern hinzufügen und leicht schlagen.
5 Die Eier-Milch-Mischung in eine Kanne sieben, dann in 6 feuerfeste Förmchen gießen.
6 Die Förmchen in eine Backform stellen und diese mit so viel kochendem Wasser füllen, daß die Förmchen zu zwei Drittel im Wasser stehen.
7 Die Eiercreme 40–45 Minuten im Ofen backen, bis sie gestockt ist. Aus dem Ofen nehmen, abkühlen lassen und im Eisschrank kühlen, bevor man sie serviert. Gegebenenfalls mit Schlagsahne dekorieren.

Variante

Kaffeecreme

Für diese köstliche Variante 2–3 TL Instant-Kaffee- oder -Espressopulver, das man in etwas kochendem Wasser aufgelöst hat, zur Milch oder Sahne hinzufügen.

Schokoladentöpfchen

Dies ist ein vielseitiges Rezept, da man die Creme sowohl gekühlt servieren als auch backen kann, so daß man kleine Schokoladensoufflés erhält. Beide Versionen dieser Nachspeise schmecken gleich gut.

Für 6 Personen

75 g Halbbitter-Kuvertüre oder Zartbitterschokolade
150 g Crème double
3 Eigelbe
1 TL Instant-Kaffee- oder -Espressopulver
4 Eiweiße
1 Prise Weinstein
25 g Streuzucker

Zum Dekorieren
Geschlagene Sahne
Schokoladen-Mokkabohnen

1 Die Schokolade in Stücke brechen und mit der Crème double in einen schweren Topf geben. Bei niedriger Temperatur langsam erhitzen, bis die Schokolade geschmolzen ist.
2 Von der Kochstelle nehmen, die Eigelbe und das Kaffeepulver unterrühren.
3 Die Eiweiße mit dem Weinstein steif schlagen, dann den Zucker unterrühren.
4 Die Eiweißmischung behutsam unter die Schokoladenmischung heben, bis der Eischnee gleichmäßig verteilt ist.
5 Die Mischung in 6 Förmchen gießen. Kalt stellen, bis sie fest geworden ist. Jedes Töpfchen mit etwas Schlagsahne und einer Mokkabohne dekorieren.

Variante

Kleine Schokoladensoufflés

Feuerfeste Förmchen bis 1 cm unter den Rand mit der Mischung füllen (dies kann man schon mehrere Stunden im voraus tun und die Schokoladenmasse abgedeckt im Kühlschrank aufbewahren; spätestens 30 Minuten vor dem Backen aus dem Kühlschrank nehmen) und auf Backbleche stellen. Bei 220 °C (Gas Stufe 4–5) 10 Minuten im Ofen backen, bis die Schokoladenmischung zu einem Soufflé aufgegangen ist. Mit Puderzucker bestreuen. Sofort servieren und, falls gewünscht, die Schlagsahne getrennt dazu reichen.

✿ Schokoladenpudding

Dieser Pudding ist leicht herzustellen, gesund und, nach meiner Erfahrung, bei Kindern sehr beliebt. Man kann ihn auch in einer großen Schüssel servieren.

Für 4–5 Personen

2 EL Kakao- oder Carobpulver
50 g hellbrauner Rohrzucker oder weißer Streuzucker
Gut ½ l Milch oder Sojamilch
2 TL Agar-Agar
1 TL Vanille-Extrakt

Zum Dekorieren
2 EL Mandelblättchen oder geriebene Schokolade oder geriebene Carobschokolade

Zum Servieren (nach Belieben)
Kaffee- oder Schlagsahne

1 Das Kakaopulver mit dem Zucker in einen mittelgroßen Topf geben.
2 Nach und nach unter ständigem Rühren die Milch zugeben. Bis zum Siedepunkt erhitzen.
3 Bei schwacher Hitze langsam das Agar-Agar einstreuen, dabei ständig rühren. Die Mischung 1 Minute kochen.
4 Von der Kochstelle nehmen und den Vanille-Extrakt hinzufügen.
5 In 4 Serviergläser füllen; kalt stellen.
6 Mit Mandelblättchen oder Schokolade verzieren; eventuell mit Sahne servieren.

Schokolade zum Kochen und Backen

Wie für die meisten Zutaten gilt auch für Schokolade, daß Qualität und Preis einander bedingen. Die großen Tafeln Blockschokolade, die als »Kochschokolade« angeboten werden, sind kein guter Kauf, denn sie haben einen künstlichen

Geschmack und sind ziemlich fettig. Das beste Resultat erzielt man mit einer Zartbitterschokolade von guter Qualität, einer Halbbitter-Kuvertüre oder *Chocolat menier.*

Schokoladen-Caraque

Diese Schokoladenlocken sind eine hübsche Garnierung für Schokoladenpuddings und -kuchen und leicht herzustellen: 100 g geschmolzene Schokolade in einer dünnen Schicht auf ein Backblech gießen und soweit erstarren lassen, daß sie nicht mehr klebt, wenn man sie leicht berührt. Dann ein Messer – das man mit beiden Händen so hält, daß die Schneide senkrecht nach unten zeigt – wie einen Kamm über die Schokolade ziehen, wobei man sie in langen Locken oder Wellen abschabt. Als Alternative dazu kann man auch einen Kuvertüre-Block mit einem Kartoffelschälmesser abschaben.

Schokoladenformen und -blätter

Schokoladenformen kann man herstellen, indem man eine dünne Schokoladenplatte (nach obiger Anweisung hergestellt) mit winzigen Plätzchenformen aussticht.

Um Schokoladenblätter zu erhalten, taucht man saubere, trockene, nichtgiftige Blätter, wie Rosenblätter oder kleine frische Lorbeerblätter, mit einer Seite in Schokolade ein. Die Schokolade erstarren lassen, dann das Blatt behutsam abziehen.

Vanilleeis

3 Eigelbe
75 g Streuzucker
450 g Schlagsahne
1 TL Vanille-Extrakt

1 Die Eigelbe schlagen, bis eine dicke, blasse Creme entstanden ist.
2 Den Zucker mit 6-7 EL Wasser in einen schweren Topf geben. Bei schwacher Hitze erwärmen, bis der Zucker sich aufgelöst hat, dann zum Kochen bringen und 5 Minuten weiterkochen.
3 Den heißen Zuckersirup unter ständigem Rühren in ununterbrochenem Fluß zu den Eigelben hinzufügen. (Den Sirup nicht auf den Schneebesen oder das Rührgerät tropfen lassen, da er darauf erstarren könnte.)
4 Schlagen, bis die Masse dick, blaß und mousseähnlich ist. Die Masse vollständig abkühlen lassen.
5 Die Sahne mit dem Vanille-Extrakt steif schlagen, dann unter die Eigelbmasse heben. In einen Plastikbehälter füllen.
6 Einfrieren, bis die Masse halbgefroren ist, dann nochmals schlagen und in der Tiefkühltruhe oder dem Eisfach erstarren lassen.

Schnelles Vanilleeis

Eine einfache Eiscreme, die besonders bei Kindern immer beliebt ist. Mit Mandel-Tuiles (S. 325) servieren.

Für 8 Personen

600 g Schlagsahne
1 Dose fettarme Kondensmilch (etwa 400 g)
1 TL Vanille-Extrakt

1 Die Sahne steif schlagen, dann Kondensmilch und Vanille-Extrakt hinzufügen und nochmals schlagen, bis alle Zutaten gut vermischt sind.
2 Die Masse in einen Plastikbehälter füllen und einfrieren, bis sie fest ist.

Schokoladeneis

Für 6-8 Personen

1 l Milch
100 g Zartbitterschokolade oder Carobschokolade, in Stücke gebrochen
40 g Zucker
1 EL Puddingpulver
1 Dose Kondensmilch (etwa 400 g) oder 300 g Kaffeesahne

Zum Dekorieren
Geriebene Schokolade

1 Die Milch, bis auf 4 EL, mit der Schokolade und dem Zucker in einen Topf geben und bei milder Hitze zum Kochen bringen.
2 Das Puddingpulver mit dem Rest der Milch in einer Schüssel zu einer Paste verrühren.
3 Ein wenig von der kochenden Schokoladenmilch zu der Puddingpaste geben, vermischen, dann das angerührte Puddingpulver in den Topf zu der heißen Milch gießen.
4 2-3 Minuten bei mäßiger Hitze rühren, bis die Masse leicht eingedickt ist. Von der Kochstelle nehmen und etwas abkühlen lassen, dann die Kondensmilch unterrühren und im Mixer oder in der Küchenmaschine mixen, so daß die Masse eine glatte Konsistenz erhält.
5 In einen Plastikbehälter füllen und vollständig abkühlen lassen. Einfrieren, bis die Masse halbgefroren ist, dann wieder schlagen und erneut einfrieren, bis das Eis fest ist. Dieses Eis wird sehr hart; daher vor dem Verzehr 30-40 Minuten bei Zimmertemperatur erwärmen lassen. Mit geriebener Schokolade dekorieren.

Sojamilch selbst herstellen

Sojamilch, ist fast überall erhältlich, es ist jedoch auch möglich, sie selbst herzustellen. Das ist zwar etwas zeitaufwendig, aber am Ende auch billiger. Außerdem schmeckt die Milch wunderbar.

Um Sojamilch herzustellen, 250 g Sojabohnen 2 Tage in reichlich Wasser einweichen; das Wasser zweimal am Tag wechseln. Dann die Bohnen mit 1½ l frischem Wasser pürieren. Ein Sieb mit sauberem Musselin auslegen und diesen sterilisieren, indem man kochendes Wasser hindurchgießt. Das Sieb auf einen großen Topf setzen und die Sojamischung hineingießen; möglichst viel Flüssigkeit durch das Sieb drücken. Eine Vanilleschote oder 1-2 TL Vanille-Extrakt hinzufügen. Die Milch bis zum Siedepunkt erhitzen, dann die Vanilleschote, falls verwendet, entfernen (abwaschen, trocknen und wiederverwenden). Die Milch mit 1 EL kaltgepreßtem Sonnenblumenöl und etwas Zucker oder Honig nach Geschmack im Mixer oder in der Küchenmaschine vermischen. Nochmals durch den Musselin sieben - und die Milch ist fertig.

Himbeereis

Fruchteis ist sehr leicht herzustellen, weil man nur ein gesüßtes Fruchtpüree unter die Schlagsahne heben und es dann einfrieren muß. Viele Obstsorten sind dafür geeignet; weiche Früchte werden lediglich püriert (und eventuell gesiebt, um Kerne zu entfernen), andere Sorten sollte man vorher zusammen mit Zucker etwas weich dünsten.

Für 8-10 Personen

Vanilleeis mit Mandel-Tuiles (S. 325) - Himbeereis

500 g frische Himbeeren, gewaschen, oder tiefgefrorene Himbeeren, aufgetaut
250 g Streuzucker
600 g Schlagsahne

Zum Servieren (nach Belieben)
1 Portion Himbeersauce (S. 300)

1 16 Himbeeren zum Dekorieren zurückbehalten. Die restlichen Beeren im Mixer oder in der Küchenmaschine pürieren, dann durchsieben, um die Kerne zu entfernen. Den Zucker unterrühren.
2 Die Schlagsahne steif schlagen, dann das Himbeerpüree vorsichtig unterziehen.
3 Die Masse in einen Plastikbehälter füllen. Einfrieren, bis sie halbgefroren ist, dann noch einmal durchschlagen und wieder einfrieren, bis sie fest ist.
4 Das Eis vor dem Servieren 30-40 Minuten in den Kühlschrank stellen. Mit den aufgehobenen Himbeeren in Schälchen servieren. Gegebenenfalls die Himbeersauce in einem kleinen Krug getrennt dazu reichen.

Varianten

Apfeleis mit Brombeersauce (Abb. S. 276)

500 g Kochäpfel verwenden, die man vorher geschält, entkernt und mit dem Zucker sowie 2 EL Wasser weich gekocht hat. Falls notwendig, abtropfen lassen, dann pürieren und abkühlen lassen, bevor man sie unter die Schlagsahne hebt. Probieren und nach Geschmack noch Zucker hinzufügen. Ich verwende bei diesem Eis gern etwas Lebensmittelfarbe, um es blaßgrün einzufärben. Mit Brombeersauce (S. 300) oder -sorbet (S. 282) servieren. Man erhält so eine schöne Kombination von herbstlichen Geschmacksnuancen.

Mangoeis

2 große Mangos entkernen und schälen. Das Fruchtfleisch im Mixer oder in der Küchenmaschine pürieren, dann die Schlagsahne unterheben.

Aprikosen-Orangen-Creme

Für 4 Personen

Fruchtcremes zubereiten

Für Fruchtcremes eignen sich alle möglichen Obstsorten. Weiche Früchte werden einfach püriert, festere Sorten kocht man zuerst, um sie dann zu zerdrücken oder zu pürieren. Man kann Joghurt als Zutat verwenden oder gekühlte Eiercreme oder Sahne oder eine Mischung aus all diesen Zutaten.

Für eine gehaltvollere Version der Aprikosencreme 150 g geschlagene Sahne und 2-3 EL Aprikosenlikör oder Cointreau untermischen, bevor man den Eischnee unterhebt.

Versuchen Sie es einmal mit 500 g abgetropften gekochten Stachelbeeren. Pürieren und dann nach Belieben durch ein Sieb drücken, obgleich ungesiebte Stachelbeeren eine besonders schöne Konsistenz ergeben.

Man kann auch 500 g abgetropften gekochten Rhabarber verwenden; zerdrücken oder pürieren. Das Püree schmeckt sehr gut, wenn man es mit etwas Ingwer würzt (dem Rhabarber beim Kochen bis zu ½ TL Ingwer zufügen).

✿ Streng vegetarisches Sorbet

Eischnee verleiht den Sorbets eine besonders leichte Konsistenz; man kann diese aber auch durch gründliches Schlagen erreichen, so daß Eiweiße verzichtbar sind.

250 g getrocknete Aprikosen, mit kochendem Wasser übergossen, über Nacht eingeweicht, dann in der Einweichflüssigkeit 20-30 Minuten weich geköchelt
250 g griechischer Joghurt
Klarer Honig oder Zucker
2 Eiweiße
Abgeriebene Schale von 1 unbehandelten Orange

1 Die Aprikosen im Mixer oder in der Küchenmaschine pürieren oder von Hand gut zerdrücken.
2 Das Aprikosenpüree mit dem Joghurt mischen, so daß man eine dicke, cremige Masse erhält. Honig oder Zucker nach Geschmack hinzufügen.
3 Die Eiweiße zu steifem Eischnee schlagen. 1 EL Eischnee unter die Aprikosenmischung heben, um sie etwas zu lockern, dann den restlichen Eischnee zusammen mit der Hälfte der Orangenschale unterheben.
4 Die Aprikosencreme in Serviergläser füllen und in den Kühlschrank stellen. Vor dem Servieren mit der restlichen Orangenschale bestreuen.

✿ Passionsfruchtsorbet

Für 6 Personen

175 g Streuzucker
16-18 Passionsfrüchte
1 EL Zitronensaft
2 Eiweiße (nach Belieben)

1 Den Zucker in gut ¼ l Wasser bei niedriger Temperatur auflösen, dann zum Kochen bringen und 3-4 Minuten kochen. Vom Herd nehmen und abkühlen lassen.
2 Das Fruchtfleisch mit den Kernen aus den Früchten schaben und zu dem abgekühlten Zuckersirup geben; gegebenenfalls durch ein Nylonsieb drücken.
3 Den Zitronensaft hinzufügen. Die Mischung in einen Plastikbehälter füllen und unbedeckt einfrieren, bis sie halbgefroren ist.
4 Die Mischung gut zerdrücken, um die Eiskristalle aufzubrechen, und wieder in die Gefriertruhe geben, bis sie völlig erstarrt ist. Oder, falls verwendet, die Eiweiße steif schlagen, dann nach und nach unter ständigem Schlagen die zerdrückte halbgefrorene Mischung hinzufügen. Wieder einfrieren, bis die Mischung fest ist.
5 Das Sorbet vor dem Servieren 10 Minuten bei Zimmertemperatur antauen lassen.
6 Das Sorbet mit einer Gabel zerdrücken und aufbrechen, dann in Serviergläser füllen; oder das Sorbet formen (rechte S.) und auf einer Platte servieren.

Varianten

✿ *Sorbet aus schwarzen Johannisbeeren*

750 g schwarze Johannisbeeren ohne Wasser im geschlossenen Topf etwa 10 Minuten weich kochen. Im Mixer oder in der Küchenmaschine pürieren, dann durchsieben; statt des Passionsfruchtmarks verwenden. 1-2 EL Cassis macht sich ausgezeichnet in diesem Sorbet (vor dem ersten Einfrieren hinzufügen). Das Sorbet mit einigen schwarzen Johannisbeeren und, falls verfügbar, Johannisbeerblättern verzieren.

✿ *Brombeersorbet*

Nach obiger Anweisung zubereiten, aber statt Johannisbeeren Brombeeren verwenden und statt Cassis 1-2 EL Orangenlikör oder Portwein hinzufügen.

✿ *Birnensorbet*

750 g reife geschälte Dessertbirnen, knapp mit Wasser bedeckt, weich dünsten. Die Birnen aus dem Wasser nehmen; das Wasser bei starker Hitze auf gut ¼ l einkochen lassen, dann den Zucker hinzufügen und nach obiger Anweisung fortfahren, aber statt des Passionsfruchtmarks das Birnenpüree verwenden. Wenn man 1-2 EL Williamsbirnenlikör unterrührt, so ergibt dies ein wundervolles Aroma.

Sorbets aus Passionsfrüchten, Birnen und schwarzen Johannisbeeren

✿ Champagnersorbet mit Walderdbeeren

(Abb. S. 153)

Wenn man Champagner zum Kochen bringt, so verdampft der Alkohol, der andernfalls verhindern würde, daß das Sorbet richtig friert, aber das Erhitzen wirkt sich nicht nachteilig auf den Geschmack aus.

Für 6 Personen

Gut ½ l Champagner
350 g Zucker
4 EL Zitronensaft
4 EL Orangensaft

Zum Dekorieren
100 g Walderdbeeren oder Gartenerdbeeren, in Scheiben geschnitten

1 Drei Viertel des Champagners in einen Topf gießen und zum Kochen bringen. Vom Herd nehmen und abkühlen lassen.
2 Den Zucker mit etwa ½ l Wasser bei niedriger Temperatur erhitzen, bis sich der Zucker aufgelöst hat, dann die Mischung 20 Minuten bei starker Hitze kochen, bis sie sirupartig ist und einen kurzen Faden bildet, wenn man sie zwischen Daumen und Zeigefinger auseinanderzieht. Dann sofort vom Herd nehmen.
3 Den Champagner und die Fruchtsäfte zu dem Zuckersirup hinzufügen und abkühlen lassen.
4 Die Mischung in einen Plastikbehälter füllen und einfrieren, bis sie fest ist. Das dauert mehrere Stunden; ich friere sie über Nacht ein.
5 Die gefrorene Mischung in eine gekühlte Schüssel oder in die Rührschüssel eines Mixers geben und schlagen, bis sie glatt und cremig ist.
6 Die Mischung wieder einfrieren, bis sie fest geworden ist. Das Sorbet mit Löffeln formen und auf gekühlte Teller oder in Gläser geben; schnell mit Walderdbeeren oder Erdbeerscheiben dekorieren. Sofort servieren.

Sorbet formen

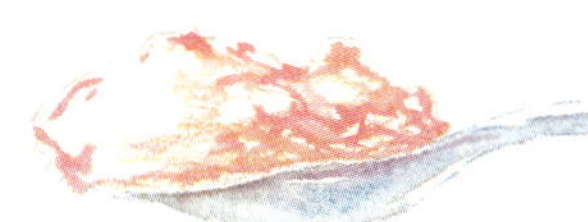

1 Einen gehäuften Dessertlöffel Sorbet aufnehmen. Einen zweiten Dessertlöffel umgekehrt darauflegen und das Sorbet zusammendrücken; überschüssiges Sorbet entfernen.

2 Diesen Vorgang ein- oder zweimal wiederholen, wobei man das Sorbet zwischen den beiden Löffeln bewegt, bis man eine glatte ovale Form erhält.

Liköre und Weinbrände

Ein Schuß Likör oder Weinbrand verleiht vielen Süßspeisen ein feines Aroma. Zu den beliebtesten und verbreitetsten Sorten zählen:

AMARETTO DI SARONNO Mandelgeschmack

ANISETTE Likör aus Anissamen

BAILEY'S IRISH CREAM Likör aus Schokolade, Crème double und Whisky

CALVADOS Weinbrand aus Äpfeln

CHARTREUSE Kräuterlikör

COINTREAU Likör aus reifen Orangen und Zitronen

EAUX-DE-VIE (Lebenswässer) Köstliche Fruchtweinbrände, darunter Kirsch (Kirschwasser), Framboise (Himbeergeist), Poire Williams (Williamsbirne), Fraise (Erdbeere)

MARASCHINO Kirschlikör

Sommerliche Obstbaisertorte – Orangenparfait mit Grand Marnier und Erdbeeren

ORANGENPARFAIT MIT GRAND MARNIER UND ERDBEEREN

Ein Parfait ist ein besonders gehaltvolles Speiseeis, das man bis zu Beginn der Mahlzeit in der Tiefkühltruhe belassen kann. Dann stellt man es in den Kühlschrank und serviert es als krönenden Abschluß.

Für 8-10 Personen

6 Eigelbe
175 g Streuzucker
Fein abgeriebene Schale von 1 großen, gut abgebürsteten unbehandelten Orange
600 g Schlagsahne
1 EL Zitronensaft
3 EL Grand Marnier

Zum Dekorieren

100 g kleine süße Erdbeeren mit Blättern
Dünn geschälte Schale von 1 unbehandelten Orange, in Streifen geschnitten
Orangenspalten

1 Die Eigelbe mit dem Zucker und der geriebenen Orangenschale zu einer cremigen, blassen Masse schlagen, dann die Schüssel auf einen Topf mit dampfendem Wasser (von der Kochstelle entfernt) setzen (die Schüssel darf nicht mit dem Wasser in Berührung kommen) und weiterschlagen, bis die Mischung lauwarm ist.
2 Die Schüssel vom Topf nehmen und die Masse schlagen, bis sie abgekühlt ist.
3 Die Sahne schlagen, bis sie weiche Spitzen bildet. Mit Zitronensaft und Grand Marnier unter die Eigelbmischung heben.
4 Die Mischung in eine Pudding- oder Kuchenform (etwa 1200 g Inhalt) füllen. Einfrieren, bis sie fest ist.
5 Das Parfait 30-40 Minuten vor dem Servieren aus der Tiefkühltruhe nehmen und in den Kühlschrank stellen.
6 Das Parfait mit einem Messer von den Seiten lösen.
7 Die Form auf eine Servierplatte stürzen; falls sich das Parfait bei leichtem Rütteln nicht löst, die Form 1-2 Sekunden mit warmem Wasser überspülen; den Rand der Platte mit Küchenkrepp abtrocknen. Das Parfait sollte sich jetzt leicht lösen.
8 Erdbeeren, Orangenschale und -spalten um das Parfait anordnen und sofort servieren.

Varianten

Schokoladen-Orangen-Parfait

Vor dem Einfrieren 100 g grobgehackte Zartbitterschokolade unter das Parfait ziehen. Mit Schokoladenlocken, Orangenschale und, falls gewünscht, auch mit Erdbeeren verzieren.

Weihnachtsparfait

Für diese köstliche Alternative zum traditionellen englischen Weihnachtspudding (S. 296) den Grand Marnier und die geriebene Orangenschale weglassen. Statt dessen 175 g gemischte kandierte Früchte (darunter etwas Ingwer, wenn man ihn mag) mit 4-5 EL Weinbrand (oder Fruchtsaft oder Ingwersirup, wenn Kinder mitessen) beträufeln.

Das Parfait nach obiger Anweisung zubereiten und die kandierten Früchte (sowie den Sirup, falls verwendet) unter die Eigelbe heben, bevor man vorsichtig die Schlagsahne unterzieht. Man kann auch 50 g geröstete Mandelblättchen oder Haselnußblättchen hinzufügen. In einer Puddingform einfrieren.

Traditioneller englischer Trifle

Der traditionelle englische Trifle, eine Art Biskuit-Sahne-Bombe, ist, wenn man ihn richtig zubereitet, ein köstlicher Genuß.

Für 6 Personen

½ Portion Biskuit (S. 302), ungefüllt, oder eine entsprechende Menge Löffelbiskuits
100–175 g Himbeermarmelade
100 g Makronen, leicht zerdrückt
6–7 EL halbtrockener Sherry oder süßer Weißwein
2 Portionen Eiersauce (S. 301), gekühlt
150 g Schlagsahne
50 g Mandelblättchen, geröstet

1 Biskuit oder Löffelbiskuits mit Marmelade bestreichen, in Stücke schneiden und mit den Makronen auf den Boden einer Glasschüssel (etwa 2000 g Inhalt) geben.
2 Mit Sherry beträufeln und etwa 2 Stunden ziehen lassen.
3 Die Eiersauce über den Biskuit gießen. Die Sahne steif schlagen, dann über die Eiersauce streichen und mit den Mandelblättchen bestreuen. Bis zum Servieren in den Kühlschrank stellen.

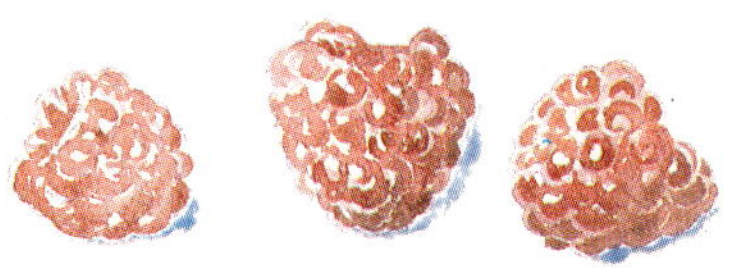

Sommerliche Obstbaisertorte

Diese Baisertorte schmückt jede Tafel, und wenn man sie mit einer Auswahl anderer Nachspeisen auf das Party-Buffet stellt, wird sie immer zuerst aufgegessen.

Für 8 Personen

4 Eiweiße
1 Prise Weinstein
250 g Streuzucker oder brauner Rohrzucker (Demerara)
2 TL Essig
4 TL Stärkemehl
½ TL Vanille-Extrakt

Für den Belag
300 g Schlagsahne, geschlagen
2 Kiwis, geschält und in dünne Scheiben geschnitten
2 Nektarinen oder Pfirsiche, enthäutet, halbiert und in dünne Scheiben geschnitten
100 g Erdbeeren, halbiert, oder Himbeeren oder Brombeeren

1 Den Backofen auf 140 °C (Gas Stufe 1) vorheizen. Ein Backblech mit Backpapier auslegen.
2 In einer kleinen fettfreien Schüssel die Eiweiße mit dem Weinstein so steif schlagen, daß der Eischnee haften bleibt, wenn man die Schüssel umdreht.
3 Ein Viertel der Zuckermenge zum Eischnee geben und kräftig schlagen. Dann ein weiteres Viertel der Zuckermenge hinzufügen. So fortfahren, bis der Zucker untergerührt ist.
4 Essig, Stärkemehl und Vanille-Extrakt in die Eischnee-Zucker-Masse mischen und diese in einer großen runden Scheibe auf das vorbereitete Backblech spritzen oder streichen.
5 Den Baiserboden in dem am wenigsten warmen Teil des Backofens 1¼ Stunden trocknen, bis er knusprig ist. Aus dem Ofen nehmen und auf einem Kuchengitter abkühlen lassen.
6 Kurz vor dem Servieren den Baiserboden auf eine Platte legen und mit dem größten Teil der Schlagsahne bestreichen. Kiwi und Nektarinenscheiben in der Mitte anordnen.
7 Mit der restlichen Schlagsahne einen Rosettenrand spritzen und die Erdbeerscheiben darauf verteilen. Eine Erdbeerscheibe in die Mitte legen.

MENÜ

Vegetarisches Weihnachtsessen

Sellerie-Stilton-Suppe
132

Weißer Nußbraten mit Kräuterfüllung
239

Preiselbeersauce
174

Vegetarische Bratensauce
172

Brotsauce
175

Röstkartoffeln
71

Junger Rosenkohl
59

Glasierte Möhren
182

Weihnachtspudding
296

oder

Weihnachtsparfait
links

✿ Ananasgelee

Magermilchcreme (S. 301) oder Nußcreme (S. 238) passen besonders gut dazu.

Für 6 Personen

1 Dose Ananasstücke in Ananassaft (etwa 425 g)
½ l ungesüßter Ananassaft
1½ TL Agar-Agar
Streuzucker oder klarer Honig (nach Belieben)

Zum Dekorieren
Minzzweige

1 Die Ananasstücke abtropfen lassen und den Saft aufheben.
2 Die Ananasstücke auf 6 Porzellan- oder Glasschälchen verteilen.
3 Den aufgehobenen Saft mit dem zusätzlichen Ananassaft auf 600 ml auffüllen.
4 Den Saft in einem mittelgroßen Topf zum Kochen bringen. Unter ständigem Rühren das Agar-Agar einstreuen.
5 1 Minute kochen, dann vom Herd nehmen. Abschmecken und, falls notwendig, mit Zucker oder Honig süßen. Etwas abkühlen lassen, sofern man Glasschälchen verwendet.
6 Den Gelee über die Ananasstücke gießen. Abkühlen lassen und dann in den Kühlschrank stellen, bis er fest ist. Mit Minze dekorieren.

Variante

✿ *Himbeergelee*
Statt der Ananasstücke 250 g frische oder aufgetaute gefrorene Himbeeren verwenden und den Ananassaft durch einen roten Fruchtsaft, etwa roten Johannisbeersaft, ersetzen; nach Geschmack süßen.

Fruchtgelees

Es können auch andere Kombinationen von Früchten und Säften verwendet werden; probieren Sie Orangenspalten oder Erdbeeren mit Orangensaft oder halbierte entkernte Trauben mit einem Traubensaft.

Agar-Agar

Agar-Agar ist ein gelatineartiges Algenprodukt und in Pulver- oder Flockenform erhältlich. Man muß es in kochendem Wasser völlig auflösen (2 TL Pulver oder 1 EL Flocken auf gut ½ l Flüssigkeit ergeben einen festen Gelee).

✿ Frischer Fruchtsalat

Für 4 Personen

2 große Orangen, geschält und in Spalten geteilt (S. 99)
175 g blaue Weintrauben, halbiert und entkernt
2 Kiwis, geschält und in Scheiben geschnitten
2 Äpfel, geschält, Kerngehäuse entfernt und in Scheiben geschnitten
Gut ⅛ l Orangen- oder Apfelsaft

Zum Dekorieren
Minzzweige

1 Alle Früchte in eine große Schüssel geben, den Orangensaft hinzufügen und gut vermischen.
2 In eine große Servierschüssel umfüllen oder auf 4 Dessertschalen aufteilen. Vor dem Servieren kühl stellen.

Varianten

✿ *Grüner Fruchtsalat*
Die Orangen durch eine kleine Melone mit grünem Fruchtfleisch ersetzen; das Fruchtfleisch würfeln oder mit einem Eisportionierer aus der Melone stechen. Statt blaue halbierte und entkernte grüne Trauben verwenden.

✿ *Orangen-Kiwi-Fruchtsalat*
4 große Orangen und 4 Kiwis verwenden, Äpfel und Trauben weglassen. Die Orangen entweder in Spalten teilen oder in dünne Scheiben schneiden und sie abwechselnd mit den Kiwis in Ringen auf einer Platte über dem Orangensaft anordnen.

✿ *Tangerinen-Litschi-Fruchtsalat*
Eine erfrischende Kombination, die sich als Dessert nach einem chinesischen oder japanischen Essen eignet. Äpfel, Kiwis und Trauben weglassen. Statt der Orangen 6–8 Tangerinen verwenden, die man enthäutet und in dünne Scheiben schneidet, sowie das weiße Fleisch von 10–12 Litschis. Eine in Scheiben geschnittene Karambole ist eine hübsche Dekoration für diesen Salat.

Fruchtsalate und Kompotte

Um ein effektvolles Ergebnis zu erzielen, mischt man entweder einen richtig bunten Fruchtsalat aus fünf bis sechs verschiedenfarbigen Obstsorten oder beschränkt sich einfach und stilvoll auf ein oder zwei Farben. Als Flüssigkeit läßt sich ein Fruchtsaft, etwa Orangen- oder Aprikosensaft, oder ein Zuckersirup (S. 85) verwenden, der aus Wasser oder Wein hergestellt ist. Weiche Früchte sondern selbst Saft ab, wenn sie mit etwas Zucker bestreut werden, und ergeben so einen köstlichen roten Fruchtsalat.

Ein dekorativ angerichteter Obstsalat auf einer Himbeer- oder Brombeersauce ergibt ein besonders schönes Bild.

Von oben nach unten: Paschka (S. 288) – Frischer Fruchtsalat – Ananasgelee

Paschka

(Abb. S. 287)

Dieses traditionelle russische Ostergericht ist ein köstliches Dessert. Falls Sie keine russische Paschka-Form aus Holz besitzen, benötigen Sie einen Blumentopf aus Ton von etwa 15 cm Durchmesser, der vorher abgebürstet und etwa 30 Minuten im Backofen erhitzt werden muß.

Für 6 Personen

2 Eigelbe
75 g Vanillezucker (S. 125) oder Streuzucker und einige Tropfen Vanille-Extrakt
4 EL Kaffeesahne
100 g weiche Butter
700 g Magerquark
50 g kandierte Zitrusschalen, gehackt
50 g blanchierte Mandeln, gehackt

Zum Dekorieren
Kandierte Früchte

1 Eigelbe und Vanillezucker in einer Schüssel zu einer hellen schaumigen Masse schlagen. Die Sahne in einem Topf bis knapp unter den Siedepunkt erhitzen, dann zu den Eigelben hinzufügen. Die Mischung gut verrühren.

2 Die Mischung zurück in den Topf geben und rühren, bis sie eingedickt ist. Das dauert nur einen Augenblick, daher darauf achten, daß die Mischung nicht kocht, weil sie sonst gerinnt. Von der Kochstelle nehmen und zum Abkühlen beiseite stellen.

3 Die Butter cremig schlagen, dann langsam die Eigelbmischung unterrühren.

4 Weiterschlagen und nach und nach den Quark in kleinen Mengen dazugeben, dann Zitrusschalen und Mandeln unterrühren.

5 Den Blumentopf mit einer doppelten Lage Küchenkrepp auslegen; das Papier soll oben am Rand überstehen.

6 Die Paschka-Mischung in die ausgelegte Form füllen und glattstreichen, dann die Papierenden über der Mischung zusammenfalten.

7 Mit einem kleinen Teller beschweren. Die Paschka auf einen Teller stellen, in dem die heraussickernde Flüssigkeit aufgefangen wird. 6–8 Stunden über Nacht in den Kühlschrank stellen.

8 Die Paschka auf eine Platte stürzen und den Küchenkrepp entfernen. Mit kandierten Früchten dekorieren.

Blütenessenzen

Etwas Orangenblüten- oder Rosenwasser (1–2 EL) verleiht der Paschka ein köstliches Aroma.

Wenn Sie Blütenessenzen kaufen, sollten Sie darauf achten, daß diese dreifach destilliert sind. Man erhält sie in Feinkostgeschäften, in Läden, die auf orientalische Lebensmittel spezialisiert sind, und in der Apotheke.

Rosenwasser schmeckt gut in vielen cremigen Nachspeisen, in Füllungen, Saucen und Glasuren, und kann zur Aromatisierung der köstlichen Rosenmarmelade (S. 338) verwendet werden. Orangenblütenwasser ist ebenfalls vielseitig verwendbar, eignet sich aber meiner Meinung nach besonders gut als Geschmackszutat für einen frischen Orangensalat, den man mit Orangenblütenhonig süßt.

Schneller Kirsch-Limetten-Käsekuchen

(Abb. S. 178)

Für 6 Personen

175 g mittelsüße Vollkornkekse, zerbröselt
75 g Butter, geschmolzen
250 g Magerquark
150 g Crème double
50 g Streuzucker
Abgeriebene Schale und Saft von 2 unbehandelten Limetten oder 1 unbehandelten Zitrone
300 g Kirschen aus dem Glas, abgetropft und entsteint

Zum Glasieren
2–3 EL Erdbeermarmelade oder roter Johannisbeergelee, geschmolzen

Zum Dekorieren
Limettenschmetterlinge

1 Die Keksbrösel mit der Butter vermischen. Die Mischung auf den Boden einer Springform oder einer anderen flachen, feuerfesten Form von 20 cm Durchmesser drücken (am besten mit dem Boden eines sauberen Marmeladenglases).

2 Quark, Crème double und Zucker sowie Limettenschalen und -saft in eine Schüssel geben und zu einer glatten cremigen Masse verrühren. Die Masse auf die Keksmischung geben und glattstreichen.

3 Die Kirschen darauf verteilen und Marmelade oder Gelee über die Kirschen gießen. In den Eisschrank stellen und gut kühlen. Vor dem Servieren mit den Limettenschmetterlingen dekorieren.

Rosen-Käsekuchen

Dies ist ein exquisiter Käsekuchen. Die Rosenmarmelade kann man im Sommer aus duftenden Rosenblättern zubereiten oder in einem Laden, der auf orientalische Lebensmittel spezialisiert ist, kaufen.

Für 8-12 Personen

175 g mittelsüße Vollkornkekse, zerbröselt
50 g Butter, geschmolzen
320 g Rosenmarmelade (S. 338)
250 g Magerquark
150 g Sauerrahm
75 g Vanillezucker (S. 125) oder Streuzucker und einige Tropfen Vanille-Extrakt
1 EL Stärkemehl
1 EL Zitronensaft
2 große Eier, getrennt
1 Prise Weinstein
Butter zum Einfetten

Zum Dekorieren

Kandierte Rosenblüten (S. 317)
Pistazienkerne

1 Den Backofen auf 170 °C (Gas Stufe 2) vorheizen.
2 Eine Springform von 20 cm Durchmesser einfetten.
3 Keksbrösel und zerlassene Butter vermischen. Die Mischung in die Form geben und mit dem Boden eines sauberen Marmeladenglases festdrücken.
4 Die Rosenmarmelade gleichmäßig auf dem Bröselboden verteilen. In den Kühlschrank stellen.
5 Den Quark mit Sauerrahm, Vanillezucker, Stärkemehl, Zitronensaft und Eigelben in eine Schüssel geben und zu einer glatten Masse verschlagen.
6 Die Eiweiße mit dem Weinstein in einer sauberen Schüssel steif schlagen und unter die Quarkmasse heben.
7 Die Quarkmischung in die Form auf die Marmeladenschicht geben.
8 Den Käsekuchen 1-1½ Stunden im Ofen backen, bis er in der Mitte fest ist.
9 Den Backofen ausschalten und den Käsekuchen im noch warmen Ofen etwa 20 Minuten stehenlassen. Wenn er abgekühlt ist, zum völligen Erkalten in den Kühlschrank stellen.
10 Vor dem Servieren mit kandierten Rosenblüten und Pistazien verzieren.

Käsekuchen abkühlen lassen

Wenn der fertige Käsekuchen zu schnell abkühlt, bekommt er Risse; aus diesem Grund läßt man ihn langsam im ausgeschalteten Ofen erkalten.

Käsekuchen einfrieren

Gebackener Käsekuchen eignet sich sehr gut zum Einfrieren: den Käsekuchen langsam im ausgeschalteten Backofen abkühlen lassen, dann aus der Form nehmen. Auf eine Platte legen und einfrieren, bis er hart ist, dann von der Platte nehmen, sorgfältig verpacken, beschriften und in der Tiefkühltruhe aufbewahren. Vor Verwendung die Verpackung entfernen; den Kuchen etwa 3 Stunden auftauen lassen.

Rosen-Käsekuchen

Wie das Soufflé eine attraktive Kappe erhält

Auf der Oberfläche des Soufflés mit dem Stiel des Teelöffels ringsum eine tiefe Furche ziehen. Das aufgegangene und gebackene Soufflé weist dann eine dekorative Kappe auf.

Heisses Soufflé mit schwarzen Kirschen

Ein heißes Soufflé ist eine beeindruckende, köstliche Nachspeise und doch sehr leicht zuzubereiten. Das noch nicht gebackene Soufflé hält sich hervorragend in der Tiefkühltruhe, so daß man es schon einen oder mehrere Tage im voraus zubereiten kann. Es ist jedoch wichtig, ein Gefäß zu wählen, das die extremen Temperaturunterschiede aushält.

Für 4 Personen

350 g schwarze Kirschen aus dem Glas, abgetropft und entsteint
3 EL Kirschwasser
5 Eiweiße
50 g Streuzucker
Öl zum Einfetten

Zum Dekorieren (nach Belieben)
Puderzucker

Zum Servieren
Geschlagene Sahne

Heißes Soufflé mit schwarzen Kirschen

1 Eine Auflaufform von 18 cm Durchmesser vorbereiten, indem man eine doppelte Lage Backfolie um sie herumbindet, die etwa ein Drittel über den Formrand übersteht. Form und Folie mit Öl bepinseln, dann mit Puderzucker bestäuben. Die Backfolie oben mit einer Büroklammer zusammenhalten.
2 Den Backofen auf 190 °C (Gas Stufe 3) vorheizen.
3 Die Kirschen im Mixer oder in der Küchenmaschine pürieren und den Kirsch hinzufügen.
4 Die Eiweiße steif schlagen, dann den Zucker unter den Eischnee schlagen.
5 Das Kirschenpüree unterziehen.
6 Die Masse in die Auflaufform geben und glattstreichen, dann 1 cm vom Formrand entfernt mit dem Stiel eines Teelöffels rundum eine tiefe Furche ziehen.
7 30-35 Minuten im Ofen backen, bis das Soufflé fest ist und nicht mehr wackelt, wenn man es schüttelt.
8 Die Backfolie entfernen, das Soufflé, falls gewünscht, mit etwas Puderzucker besieben und mit Schlagsahne servieren.

Varianten

Himbeersoufflé

Nach obiger Anweisung zubereiten und 350 g pürierte, durch ein Sieb gedrückte frische oder aufgetaute tiefgefrorene Himbeeren verwenden. Mit etwas Kirsch oder Himbeergeist aromatisieren.

Aprikosensoufflé

350 g gekochte pürierte Aprikosen und 50 g Zucker verwenden. Den Kirsch durch Cointreau oder Grand Marnier ersetzen.

Soufflé mit schwarzen Johannisbeeren

Für diese ausgezeichnete Variante 350 g gekochte pürierte und durch ein Sieb gedrückte schwarze Johannisbeeren sowie 100 g Zucker verwenden. Den Kirsch durch Kir ersetzen.

ZITRONEN-SURPRISE

Eines meiner Lieblingsrezepte. Die Masse teilt sich beim Garen, so daß man einen leichten Biskuit auf einer Zitronencreme erhält.

Für 4 Personen

25 g Butter
100 g Streuzucker
Abgeriebene Schale und Saft von 1 unbehandelten Zitrone
2 Eier, getrennt
Gut ⅛ l Milch
25 g Mehl
Butter zum Einfetten

1 Den Backofen auf 190 °C (Gas Stufe 3) vorheizen. Eine feuerfeste Form (etwa 600 g Inhalt) leicht einfetten. Einen Bräter bereitstellen, in den die Form hineinpaßt.

2 Die Butter mit 25 g Zucker cremig schlagen, dann Zitronenschale und -saft, Eigelbe, Milch, Mehl und den restlichen Zucker unterrühren.

3 Die Eiweiße steif schlagen, dann unter die Zitronenmischung heben.

4 Die Mischung in die Form geben. Die Form in den Bräter stellen und so viel kochendes Wasser zugießen, daß es etwa 2,5 cm hoch im Bräter steht.

5 Etwa 40 Minuten im Ofen backen, bis die Surprise aufgegangen und goldbraun ist. Sofort servieren.

ZITRONENBAISERTORTE

Eines der Lieblingsdesserts meiner Familie.

Für 4 Personen

⅔ Portion Mürbeteig (S. 260)

Für den Belag
4 EL Stärkemehl
175 g Zucker
Abgeriebene Schale und Saft von 2 kleinen unbehandelten Zitronen
25 g Butter
2 Eier, getrennt

1 Den Backofen auf 200 °C (Gas Stufe 3–4) vorheizen. Den Teig ausrollen und eine Flanform von 20 cm Durchmesser damit auslegen; den Boden einstechen und 20 Minuten backen (S. 266).

2 In der Zwischenzeit das Stärkemehl in eine Schüssel geben und mit etwas Wasser zu einer Paste verrühren.

3 Etwa ¼ l Wasser mit 50 g Zucker zum Kochen bringen. In die Paste rühren, dann die Mischung wieder in den Topf geben, Zitronensaft und -schale hinzufügen und auf der Kochstelle unter Rühren eindicken lassen.

4 Vom Herd nehmen, Butter und Eigelbe unterrühren. Die Mischung auf den Flanboden geben und abkühlen lassen.

5 Die Ofentemperatur auf 170 °C (Gas Stufe 2) reduzieren. Die Eiweiße sehr steif schlagen, dann den restlichen Zucker unterschlagen.

6 Das Baiser auf die Zitronenmischung streichen, dabei darauf achten, daß man es bis zu den Rändern verteilt, weil es sonst feucht wird.

7 40–45 Minuten im Ofen backen, bis das Baiser leicht gebräunt und außen knusprig ist. Warm oder kalt servieren.

Dickungsmittel

Die Zitronenschicht der Zitronenbaisertorte wird mit Stärkemehl, das aus Mais gewonnen wird, gedickt. Maisstärke ist nur eines der Dickungsmittel, die bei uns erhältlich sind. Weitere sind:

KARTOFFELSTÄRKE Die kleberfreie Kartoffelstärke kann auf gleiche Weise wie Pfeilwurz- und Maismehl verwendet werden, da sie jedoch einen leichten Kartoffelgeschmack besitzt, eignet sie sich am besten für pikante Gerichte.

KUZU Kuzu wird aus den Wurzeln einer Gebirgspflanze in Japan hergestellt und ist kleberfrei. Es wird auf ähnliche Weise wie andere Stärke verwendet und gilt in Japan als vorbeugendes Mittel gegen Erkältungskrankheiten sowie als Verdauungstonikum.

PFEILWURZMEHL (ARROW ROOT) Das feine weiße Pulver wurde ursprünglich aus der Aru-Wurzel der Aruac-Indianer hergestellt. Da es weniger raffiniert als Maisstärke ist, wird es von Naturkostanhängern bevorzugt. Allerdings verliert Pfeilwurzmehl seinen Dickungseffekt, wenn man es länger als 1–2 Minuten kocht. Es eignet sich gut für das Andicken von Fruchtsäften oder eines klaren Obsttortengusses. Für gut ⅛ l Flüssigkeit braucht man etwa 1 gehäuften TL.

Pâte sucrée herstellen

1 250 g Weizenmehl (Type 1700) auf die Arbeitsfläche sieben.

2 In die Mitte eine Mulde drücken und 150 g Streuzucker, 150 g weiche Butter und 4 Eigelbe hineingeben.

3 Die Zutaten mit der einen Hand vermischen, während man sie mit der anderen Hand zur Mitte drückt; auf diese Weise einen Teig herstellen.

4 Kneten, bis der Teig glatt ist, dann in Klarsichtfolie einschlagen und vor der Weiterverwendung mindestens 1 Stunde in den Kühlschrank legen.

5 Nach Rezeptanweisung ausrollen und bei 190 °C (Gas Stufe 3) backen.

Kürbiskuchen

Für 6 Personen

1 Ei
75 g hellbrauner Rohrzucker
250 g Kürbis, gekocht und püriert
1 TL gemahlener Zimt
Je ½ TL gemahlener Ingwer, gemahlene Nelken und gemahlener Piment
1 Prise gemahlener Kardamom (nach Belieben)
1 Prise Salz
3 EL Crème double
⅔ Portion Mürbeteig (S. 260)

Zum Dekorieren
50 g Pekan- oder Walnußhälften

1 Den Backofen auf 230 °C (Gas Stufe 5) vorheizen.
2 Ei und Zucker zu einer blassen, lockeren Masse verschlagen, dann das Kürbispüree, die Gewürze, Salz und Crème double unterrühren.
3 Den Teig ausrollen, eine Flanform von 20 cm Durchmesser damit auslegen und überhängende Ränder abschneiden. Die Kürbismischung auf den Teig geben.
4 7 Minuten im Ofen backen, dann die Temperatur auf 170 °C (Gas Stufe 2) reduzieren und weitere 35–40 Minuten backen, bis ein Spieß, den man in der Mitte einsticht, sauber bleibt.
5 Den Kuchen aus dem Ofen nehmen und die Pekannußhälften dekorativ um den Rand anordnen, indem man sie leicht in die warme Füllung drückt. 2 weitere Nüsse in der Mitte plazieren. Den Kuchen vollständig abkühlen lassen, bevor man ihn in Stücke schneidet.

✿ Glasierte rote Obsttorte

(Abb. S. 22)

Eine wohlschmeckende glänzende rote Obsttorte gehört zum Köstlichsten, was man im Sommer aus Erdbeeren oder anderen roten Früchten, wie roten Johannisbeeren, zubereiten kann. Die Glasur besteht aus Marmelade oder Gelee. Ich benutze dazu eine runde Flanform von 30 cm Durchmesser; wenn man eine Form von 20 cm Durchmesser verwendet, muß man die Zutaten halbieren. Diese Torte schmeckt köstlich, wenn man sie mit etwas Crème fraîche, Sauerrahm oder Joghurt serviert.

Für 8 Personen

1 Portion Mürbeteig (S. 260) oder Pâte sucrée (links)
750–1000 g Erdbeeren oder eine Mischung aus Erdbeeren, roten Johannisbeeren und Himbeeren
450 g roter Johannisbeergelee
Butter oder ungehärtete Pflanzenmargarine zum Einfetten

Zum Dekorieren
Erdbeerblätter

1 Den Backofen auf 190 °C (Gas Stufe 3) vorheizen. Eine Flanform von 30 cm Durchmesser leicht einfetten.
2 Den Teig ausrollen, so daß er in die Flanform paßt. Die Form mit dem Teig auslegen und überhängende Ränder abschneiden. Den Boden einstechen und 20 Minuten im Ofen backen (S. 266), bis er hellbraun ist. Abkühlen lassen.
3 Die Früchte vorbereiten (große Erdbeeren halbieren) und auf dem Teigboden verteilen.
4 Den Gelee bei milder Hitze in einem kleinen Topf schmelzen und über die Früchte gießen. Abkühlen und fest werden lassen. Vor dem Servieren mit Erdbeerblättern dekorieren.

Variante

✿ *Bunte Obsttorte*

Für diese sehr hübsche Variante ersetzt man die roten Früchte durch eine Auswahl anderer reifer Früchte. Kontrastierende Farben wählen, zum Beispiel je 175 g Erdbeeren oder Himbeeren, Pfirsich- oder Orangenspalten, Kiwis, blaue Weintrauben, Bananen oder Birnen; statt roten Johannisbeergelee gesiebte Aprikosenmarmelade zum Glasieren verwenden.

✿ Linzer Torte

Bei dieser österreichischen Torte schätze ich besonders die Kombination der Geschmacksnuancen. Sie eignet sich ausgezeichnet als Dessert nach einem Gemüse-Hauptgericht.

Für 6 Personen

175 g Vollweizenmehl
1 TL gemahlener Zimt
1 Prise gemahlene Nelken
175 g Mandeln, gemahlen
Abgeriebene Schale von 1 unbehandelten Zitrone
40 g hellbrauner Rohrzucker
175 g weiche Butter oder ungehärtete Pflanzenmargarine
1 Eigelb (nach Belieben)
250 g Himbeer-, schwarze Kirsch- oder schwarze Johannisbeermarmelade
Puderzucker
Butter oder ungehärtete Pflanzenmargarine zum Einfetten

1 Mehl, Zimt, Nelken, Mandeln, Zitronenschale, Zucker, Butter und Eigelb, falls verwendet, in einer Rührschüssel zu einem Teig vermischen.

2 Den Teig leicht kneten, dann in Klarsichtfolie einwickeln und 30 Minuten in den Kühlschrank legen.

3 Den Backofen auf 200 °C (Gas Stufe 3–4) vorheizen. Eine Flan- oder Springform von 20–23 cm Durchmesser leicht einfetten.

4 Drei Viertel der Teigmenge ziemlich dick ausrollen, die Form damit auslegen und überhängende Ränder abschneiden.

5 Die Marmelade gleichmäßig auf dem Teig verteilen.

6 Den restlichen Teig ebenfalls ziemlich dick ausrollen und in lange Streifen schneiden. Diese in einem Gittermuster auf der Marmelade anordnen.

7 25–30 Minuten im Ofen backen, bis die Torte etwas aufgegangen und goldbraun ist. Mit Puderzucker bestäuben. Heiß, warm oder kalt servieren.

MENÜ

Lagerfeuer-Party

Ein wärmendes Essen, an das man sich erinnert!

Porree-Kartoffel-Suppe
134

Warme Vollweizenbrötchen
328

Parmigiana
202

Knackiger grüner Salat

Linzer Torte
links

Pithiviers

Diese köstliche Mandeltorte, deren Ursprung in der Stadt Pithivier in Nordfrankreich liegt, ist leicht zuzubereiten und schmeckt vorzüglich, wenn man sie mit Crème fraîche, Schlagsahne oder dickem griechischem Joghurt serviert.

Für 6 Personen

25 g Butter
50 g Streuzucker
2 Eigelbe
100 g Mandeln, gemahlen
2 EL Rum
1 Portion Blätterteig (S. 269) oder 450 g tiefgefrorener Blätterteig, aufgetaut
1 Ei, geschlagen
Puderzucker

1 Den Backofen auf 230 °C (Gas Stufe 5) vorheizen.

2 Butter und Zucker cremig rühren, dann die Eigelbe hinzufügen und schaumig schlagen. Die gemahlenen Mandeln und den Rum untermischen.

3 Den Blätterteig in zwei Stücke teilen, wobei das eine etwas größer als das andere sein soll. Das kleinere zu einer runden Platte von etwa 20 cm Durchmesser ausrollen und auf ein Backblech legen.

4 Die Mandelfüllung auf der Teigplatte verteilen; dabei außen einen 1 cm breiten Rand frei lassen.

5 Das zweite Teigstück ausrollen, so daß es auf die Torte paßt. Auf die Füllung legen, die Ränder begradigen und verzieren. In die Mitte ein Loch stechen, damit der Dampf entweichen kann.

6 Mit Ei bestreichen und 10 Minuten im Ofen backen. Die Temperatur auf 200 °C (Gas Stufe 3–4) reduzieren und weitere 35 Minuten backen.

7 Etwa 10 Minuten vor Ende der Backzeit die Torte aus dem Ofen nehmen und mit Puderzucker bestäuben; wieder in den Ofen stellen, so daß der Puderzucker zu einer Glasur schmilzt. Warm servieren.

Hinweis zu Pithiviers

Diese Torte ist besonders praktisch, wenn man Gäste erwartet, denn sie kann am Vorabend vorbereitet werden, so daß man sie nur noch backen muß. Sie wird dann einfach zu Beginn des Hauptgangs, oder wenn man den Käse serviert, in den Ofen gestellt und ist 25 Minuten später fertig – schön aufgegangen, blättrig und goldbraun. Servieren Sie sie mit Schlagsahne.

✿ Siruptorte nach alter Art

Siruptorte ist leicht zuzubereiten, wenn Sie sich an den Tip halten, den mir Prue Leith gab, und den Sirup einfach auf den Teigboden über die Brotkrumen gießen und nicht versuchen, Brösel und Sirup zu vermischen.

Für 4 Personen

⅔ Portion Mürbeteig (S. 260)
100 g feine Vollweizen-Brotkrumen
1 TL Zitronensaft
350 g Mais, Rohrzucker- oder Ahornsirup

1 Den Backofen auf 190 °C (Gas Stufe 3) vorheizen.
2 Den Teig ausrollen und eine Flanform von 20 cm Durchmesser damit auslegen; überhängende Teigränder abschneiden.
3 Die Brotkrumen in einer gleichmäßigen Schicht auf dem Teigboden verteilen, ohne sie zusammenzudrücken; mit Zitronensaft beträufeln.
4 Den Sirup über die Brotkrumen gießen (direkt aus dem Glas oder der Dose), so daß sie gleichmäßig damit überzogen sind. Nicht vermischen; beim Backen saugen die Krumen den Sirup auf.
5 Die Teigreste ausrollen und in Streifen schneiden; die Teigstreifen in einem Gittermuster auf der Torte anordnen.
6 25 Minuten im Ofen backen, bis die Torte knusprig und leicht gebräunt ist. Warm servieren.

MENÜ

Spätes sommerliches Mittagessen

Kalte Gurken-Joghurt-Suppe
138

Markkürbis mit Haselnußfüllung
194

Apfelmus
84

Vegetarische Bratensauce
172

Röstkartoffeln
71

Möhrenpüree
189

Grüne Bohnen

Ländlicher Apfelkuchen
rechts

✿ Ländlicher Apfelkuchen

(Abb. S. 297)

Für 4 Personen

⅔ Portion Mürbeteig (S. 260)
750 g Kochäpfel, geschält, Kerngehäuse entfernt und in Spalten geschnitten
75 g hellbrauner Rohrzucker
3–4 Gewürznelken (nach Belieben)

Zum Glasieren

Milch oder Sojamilch
Streuzucker

1 Den Backofen auf 220 °C (Gas Stufe 4–5) vorheizen.
2 Den Teig ausrollen, so daß er auf allen Seiten etwa 2,5 cm über eine Pastetenform von etwa 1000 g Inhalt übersteht. Einen etwa 2,5 cm breiten Streifen von diesem Teigstück abschneiden.
3 Den Rand der Form mit Wasser bestreichen und den Teigstreifen dagegendrücken. Die Äpfel in die Form geben, mit Zucker bestreuen und, falls verwendet, die Nelken hinzufügen.
4 Den Teigstreifen mit Wasser bestreichen, dann das große Teigstück auf die Füllung legen und ringsum andrücken. Den Rand beschneiden und verzieren, indem man ihn mit den Zinken einer Gabel riffelt. In die Mitte des Kuchens ein Dampfloch stechen.
5 Nach Belieben aus den Teigresten Formen ausschneiden und diese mit Wasser dekorativ auf den Kuchen kleben.
6 Den Teig mit Milch bepinseln und mit etwas Zucker bestreuen. 10 Minuten im Ofen backen, dann die Temperatur auf 180 °C (Gas Stufe 2–3) reduzieren und weitere 35–40 Minuten backen.
7 Nochmals mit Zucker bestreuen und heiß oder kalt servieren.

Varianten

✿ *Pflaumenkuchen*

Nach obiger Anweisung zubereiten, statt Äpfel Pflaumen verwenden und die Gewürznelken weglassen. Große Pflaumen halbieren und entsteinen (kleine Sorten, wie Damaszener Pflaumen, können ganz gelassen werden). Die Zuckermenge auf 100–150 g erhöhen, es sei denn, die Pflaumen sind sehr süß.

✿ *Stachelbeerkuchen*

Nach obiger Anweisung zubereiten, statt Äpfel Stachelbeeren verwenden und die Gewürznelken weglassen. Die Zuckermenge auf 150–175 g erhöhen, je nachdem, wie sauer die Stachelbeeren sind.

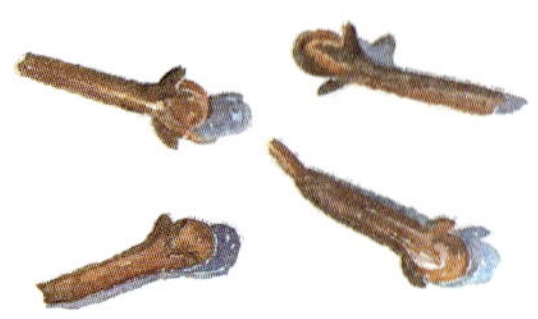

✿ Gedeckter schwarzer Johannisbeerkuchen

(Abb. S. 297)

Für 4 Personen

650–700 g frische oder aufgetaute tiefgefrorene schwarze Johannisbeeren, Spitze und Stengel entfernt
150 g hellbrauner Rohrzucker oder weißer Streuzucker
1 Portion Mürbeteig (S. 260)
Butter oder ungehärtete Pflanzenmargarine zum Einfetten

Zum Glasieren
Milch oder Sojamilch
Streuzucker

1 Den Backofen auf 200 °C (Gas Stufe 3–4) vorheizen. Den Boden einer Springform von 25 cm Durchmesser einfetten.
2 Die Johannisbeeren in einen schweren Topf geben und 4–5 Minuten bei milder Hitze kochen, bis der Saft austritt. Abgießen und den Saft aufbewahren für eine andere Nachspeise.
3 Den Zucker unter die Früchte rühren; zum Abkühlen beiseite stellen.
4 Etwas mehr als die Hälfte des Teigs zu einer runden Teigplatte von der Größe des Springformbodens ausrollen, auf den Boden gleiten lassen (S. 260).
5 Die Früchte auf den Teigboden geben und außen einen 1 cm breiten Rand frei lassen. Den Rand mit Wasser befeuchten.
6 Den restlichen Teig ausrollen und auf die Früchte legen. Die Teigränder zusammendrücken, begradigen, hochdrücken und verzieren oder einen wellenförmigen Rand drücken. In die Mitte des Kuchens ein Dampfloch stechen.
7 Nach Belieben aus den Teigresten dekorative Formen ausschneiden und diese mit Wasser auf den Kuchen kleben.
8 Mit Milch bestreichen, mit Zucker bestreuen und den Kuchen 30 Minuten im Ofen backen. Heiß oder kalt servieren.

Varianten

✿ *Sommerlicher Obstkuchen*
Nach obiger Anweisung zubereiten, aber eine Mischung aus frischen oder gefrorenen Himbeeren, roten und schwarzen Johannisbeeren verwenden.

✿ *Apfelkuchen*
750 g Äpfel verwenden und nach Anweisung (S. 84) dünsten.

Einen Obstkuchen verzieren

✿ Rhabarberstreusel

Für 4–6 Personen

1 kg Rhabarber, geputzt und in etwa 2,5 cm lange Stücke geschnitten
75 g Zucker
Butter oder ungehärtete Pflanzenmargarine zum Einfetten

Für den Streusel
250 g Weizenmehl (Type 1700)
1–2 TL Backpulver
175 g Butter oder ungehärtete Pflanzenmargarine
175 g brauner Rohrzucker (Demerara)

1 Den Backofen auf 200 °C (Gas Stufe 3–4) vorheizen.
2 Den Rhabarber in eine eingefettete große flache Backform geben und den Zucker untermischen.
3 Mehl und Backpulver in eine Rührschüssel geben und mit den Fingerspitzen die Butter in das Mehl reiben, bis die Masse Bröseln ähnelt.
4 Den Zucker hinzufügen und behutsam untermischen. Den Streuselbelag gleichmäßig über dem Rhabarber verteilen.
5 30–40 Minuten im Ofen backen, bis der Streusel knusprig und leicht gebräunt ist und der Rhabarber weich erscheint, wenn man den Kuchen einsticht. Heiß servieren.

Traditioneller englischer Weihnachtspudding (Plumpudding)

(Abb. S. 319)

Bei diesem Pudding wird der traditionelle Rindernierentalg durch Butter oder Pflanzenmargarine ersetzt. Der Pudding schmeckt damit genauso gut und besitzt ein köstliches, würziges Aroma. Man kann ihn bis zu 2 Monate im voraus zubereiten und an einem kühlen, trockenen Ort aufbewahren; dort kann er reifen, das heißt, die einzelnen Aromen verbinden sich immer besser zu einem harmonischen, runden Geschmack.

Für 8 Personen

Den Weihnachtspudding flambieren

Das Flambieren mit Weinbrand unmittelbar vor dem Servieren verleiht dem Weihnachtspudding ein wundervolles Aroma. Wichtig ist dabei, daß man den Weinbrand vorher erwärmt: 4 EL Weinbrand in einer Schöpfkelle aus Metall über die Gasflamme oder auf die Kochplatte halten, dann schnell entzünden und über und um den Pudding herum gießen.

250 g weiche Butter oder ungehärtete Pflanzenmargarine
175 g brauner Rohrzucker (Barbados)
2 Eier, geschlagen
100 g Vollweizenmehl oder Weizenmehl Type 1700
½ TL Salz
½ TL frisch geriebene Muskatnuß
½ TL gemahlener Ingwer
1½ TL Gewürzmischung
50 g Mandeln, gemahlen
75 g Möhren, feingeraspelt
100 g Korinthen
100 g Rosinen
100 g Sultanien
100 g kandierte Zitrusschalen, gehackt
50 g blanchierte Mandeln, gehackt
100 g frische Vollweizen-Brotkrumen
Abgeriebene Schale und Saft von 1 unbehandelten Zitrone
1 EL Melasse
Etwa 4 EL Wasser oder Wasser mit Rum
Butter zum Einfetten

Zum Flambieren
4 EL Weinbrand

Zum Dekorieren
Stechpalmenzweige

Zum Servieren
Weinbrandbutter (unten)

1 Eine Puddingform (etwa 1200 g Inhalt) einfetten und einen Topf bereitstellen, in den die Puddingform hineinpaßt.
2 Butter und Zucker zu einer leichten, lockeren Masse schlagen, dann nach und nach die Eier unterrühren.
3 Mehl, Salz und Gewürze auf die Creme sieben.
4 Die restlichen Zutaten und so viel Wasser oder Wasser-Rum-Mischung hinzufügen, daß eine weiche Masse entsteht.
5 In die vorbereitete Puddingform füllen, mit gefalteter, eingefetteter Backfolie, dann mit Alufolie abdecken und die Folien mit Bindfaden rundum befestigen.
6 Die Puddingform in den Topf stellen und genügend kochendes Wasser zugießen, daß sie zur Hälfte im Wasser steht.
7 Zum Kochen bringen, dann den Topf verschließen und den Pudding 4 Stunden bei milder Hitze dämpfen. Den Wasserstand kontrollieren und jeweils kochendes Wasser nachgießen.
8 Den Pudding aus dem Topf nehmen und abkühlen lassen, dann an einem kühlen, trockenen Ort aufbewahren. Vor dem Servieren nochmals 3 Stunden dämpfen, dann die Folien entfernen und den Pudding auf eine vorgewärmte Servierplatte stürzen. Mit Weinbrand flambieren, mit Stechpalmenzweigen dekorieren und mit Weinbrandbutter servieren.

Weinbrandbutter

Für 6 Personen

100 g Butter
100 g hellbrauner Rohrzucker
2 EL Weinbrand

Zum Dekorieren
Stechpalmenzweige

1 Butter und Zucker zu einer leichten, lockeren Masse schlagen, dann nach und nach den Weinbrand unterrühren.
2 Die Masse auf einen Servierteller geben und kalt stellen. Vor dem Servieren mit Stechpalmenzweigen dekorieren.

✿ Mince Pies

Mince Pies gehören zu den traditionellen englischen Weihnachtsgebäcken. Die hier vorgestellten Pies sind insofern ungewöhnlich, als die Füllung, das Mincemeat, weder Zucker noch Fett enthält, was sie allerdings etwas weniger haltbar macht. Dieses Rezept ergibt 12 Mince Pies, und es bleibt genügend Mincemeat übrig, daß es für zwei weitere Portionen reicht. Das Mincemeat hält sich in einer abgedeckten Schüssel im Kühlschrank bis zu einer Woche. Noch nicht gebackene Mince Pies lassen sich sehr gut einfrieren: auf ein Blech legen, einfrieren, dann vom Blech nehmen und in einer Plastiktüte verpacken; zum Backen wieder auf das Blech setzen. Man kann sie auch unaufgetaut backen, sollte aber dann die im Rezept angegebene Backzeit um wenige Minuten verlängern.

Ergibt 12 Mince Pies

Von oben nach unten: Gedeckter schwarzer Johannisbeerkuchen (S. 295) - Ländlicher Apfelkuchen (S. 294) - Mince Pies

1 Portion Mürbeteig (S. 260)
Butter oder ungehärtete Pflanzenmargarine zum Einfetten
Puderzucker

Für das Mincemeat

100 g Korinthen
100 g Rosinen
100 g Sultaninen
100 g entsteinte Datteln, gehackt
50 g kandierte Zitrusschalen, gehackt
50 g kandierte Kirschen, geviertelt
50 g Mandelblättchen
4 EL Weinbrand oder Whisky
Je ½ TL gemahlener Ingwer, Gewürzmischung und frisch geriebene Muskatnuß
1 reife Banane, geschält und zerdrückt

1 Zuerst das Mincemeat zubereiten: die getrockneten Früchte sowie Zitrusschalen, Kirschen und Mandelblättchen in eine Schüssel geben. Mit dem Weinbrand beträufeln und mit den Gewürzen bestreuen. Umrühren, dann 1-2 Stunden stehenlassen und gelegentlich umrühren. Die Banane hinzufügen und gut untermischen.

2 Den Backofen auf 200 °C (Gas Stufe 3-4) vorheizen. Eine Backform mit 12 Vertiefungen oder 12 Einzelförmchen einfetten.

3 Den Teig dünn ausrollen. 12 runde Scheiben von etwa 8 cm und 12 von etwa 6 cm Durchmesser ausstechen.

4 Die größeren Scheiben leicht in die Förmchen drücken, dann jeweils 1 gehäuften TL Mincemeat daraufsetzen und mit den kleineren Teigscheiben abdecken.

5 An den Rändern zusammendrücken und jeweils in die Mitte ein Dampfloch stechen. Etwa 10 Minuten backen.

6 In der Form abkühlen lassen, dann auf ein Kuchengitter legen. Die Pies warm, mit etwas Puderzucker bestäubt, servieren.

Süße Pfannkuchen

Pfannkuchen schmecken köstlich, wenn man sie einfach mit warmem Honig oder Sirup serviert. Teig und Füllung lassen sich jedoch auf unerschöpfliche Weise variieren. Hier einige Beispiele:

SCHOKOLADENPFANNKUCHEN
2 TL Mehl durch 2 TL Kakaopulver ersetzen und 1 TL Vanille-Extrakt oder 1 EL Rum hinzufügen; mit erwärmter schwarzer Kirschmarmelade und Schlagsahne servieren.

BUCHWEIZENPFANNKUCHEN
25-50 g Mehl durch Buchweizenmehl ersetzen; diese Pfannkuchen schmecken sehr gut mit stark gewürzten süßen oder pikanten Füllungen.

ORANGENPFANNKUCHEN Geriebene Orangenschale und 1 EL Cointreau oder Grand Marnier zum Teig hinzufügen; versuchen Sie eine Füllung mit Ananas, Pfirsichen oder Aprikosen.

GEWÜRZPFANNKUCHEN
½ TL Zimt oder Ingwer in den Teig mischen; füllen Sie die Pfannkuchen mit dazu passenden Früchten, zum Beispiel Äpfeln mit Zimt oder Birnen mit Ingwer.

Waffeleisen

Die meisten elektrischen Waffeleisen haben einen Thermostat, der anzeigt, wann sie heiß genug sind und man den Teig hineingeben kann. Wenn Ihr Eisen keinen besitzt, so geben Sie 1 TL Wasser auf das Eisen: Es hat die richtige Temperatur zum Backen, wenn das Wasser verdampft ist. Da der Teig Fett enthält, braucht man das Waffeleisen nicht einzufetten. Falls die Waffel haften bleibt, einfach 1 Minute länger backen. Nach dem Backen der ersten Waffel sollte es für die folgenden keine Probleme mehr geben.

WAFFELN

Waffeln sind ziemlich gehaltvoll und eignen sich daher gut zum Frühstück, Abendessen oder als Zwischenmahlzeit. Meiner Erfahrung nach sind sie besonders bei Kindern und Teenagern beliebt. Zum Backen benötigt man ein Waffeleisen.

Für 6 Personen

250 g Vollweizenmehl oder Weizenmehl Type 1700
3 TL Backpulver
½ TL Salz
3 Eier, getrennt
½ l Milch
50 g Butter, geschmolzen
3 EL Streuzucker

1 Das Waffeleisen nach Herstelleranweisung erhitzen.
2 Mehl, Backpulver und Salz in eine Rührschüssel geben. Eigelbe, Milch und Butter hinzufügen. Gut vermischen und einen glatten Teig herstellen.
3 Die Eiweiße zu steifem Eischnee schlagen, dann den Zucker hinzufügen und weiterschlagen, bis der Eischnee glänzt.
4 Den Eischnee unter den Teig heben.
5 ½ Tasse (etwa 2 EL, je nach Größe des Eisens) Teig in dem heißen Waffeleisen verteilen. 2-3 Minuten backen, bis die Waffeln goldbraun sind (falls sie anhaften, noch 1 Minute backen).
6 Heiß servieren. Butter und Honig, Ahorn-, Mais-, oder Rohrzuckersirup dazu reichen. Man kann die Waffeln auch mit einer Marmeladensauce oder Schlagsahne, Eis und frischem Obst servieren.

GEDÄMPFTER PUDDING

Ein klassischer englischer Pudding, der an einem Wintertag die Kälte vertreibt.

Für 4 Personen

4 EL Marmelade, Mais-, Rohrzucker- oder Ahornsirup
100 g Weizenmehl (Type 1700)
1-2 TL Backpulver
100 g weiche Butter
100 g Zucker
2 Eier
Butter zum Einfetten

1 Eine mittelgroße Puddingform mit Butter einfetten.
2 Die Marmelade auf den Boden der Form geben.
3 Mehl, Backpulver, Butter, Zucker und Eier in einer großen Rührschüssel 1-2 Minuten zu einer dicken, glatten und glänzenden Masse schlagen.
4 Die Masse in die Form auf die Marmelade füllen. Die Form mit gefalteter, eingefetteter Backfolie und mit Alufolie bedecken und diese rundum mit einem Bindfaden befestigen.
5 Die Form in einen Topf stellen und so viel kochendes Wasser zugießen, daß es bis zur halben Höhe der Form steht.
6 Zum Kochen bringen, dann 1½ Stunden köcheln lassen. Zwischendurch den Wasserstand überprüfen und die Form gegebenenfalls mit kochendem Wasser auffüllen.
7 Beide Folien entfernen, mit einem Spatel den Pudding vom Rand lösen und ihn auf eine vorgewärmte Platte stürzen. Heiß servieren.

Pfannkuchen

Pfannkuchen können so hauchdünn sein, daß man fast hindurchsehen kann - wie die eleganten französischen Crêpes -, oder dick und sättigend, eine preiswerte warme Mahlzeit für alle Tage. Die mächtige Version gehörte zu den Lieblingsgerichten einer meiner Töchter, vor allem wenn sie mit einem Schwarm von Freunden auf Motorrädern vor unsere Haustür rollte. Damals lernte ich Pfannkuchen zu backen - schnell zu backen!

Ergibt 12-14 Stück

100 g Weizenmehl (Type 1700)
½ TL Salz
2 Eier
Gut ⅛ l Milch
1-2 EL geschmolzene Butter oder Sonnenblumenöl
Öl oder geschmolzene Butter zum Backen

Zum Servieren
Streuzucker
Zitronenhälften

1 Alle Zutaten mit gut ⅛ l Wasser in den Mixer oder die Küchenmaschine geben und einen glatten Teig rühren. Oder den Teig von Hand herstellen: Mehl und Salz in eine Rührschüssel geben, die Eier untermischen, dann nach und nach die Milch, gut ⅛ l Wasser und die geschmolzene Butter unterrühren.
2 Eine kleine beschichtete Pfanne mit Öl oder Butter bestreichen. Die Pfanne bei hoher Temperatur erhitzen, bis ein Tropfen Wasser darin zischt und sofort verdampft.
3 Die Pfanne vom Herd nehmen, 1½-2 EL Teig hineingeben, wenn man dünne Pfannkuchen machen will, und entsprechend mehr, wenn sie etwas dicker werden sollen; die Pfanne dabei bewegen, so daß der Teig den Boden der Pfanne vollständig überzieht.
4 Die Pfanne sofort wieder auf den Herd stellen und den Pfannkuchen etwa 30 Sekunden backen, bis er oben fest und unten goldbraun ist, dann den Pfannkuchen unter Zuhilfenahme der Finger und eines Spatels umdrehen und auf der anderen Seite goldbraun backen.
5 Die Pfannkuchen auf einen Teller schichten und warm halten, bis alle fertig sind. Falls notwendig, die Pfanne zwischendurch nochmals einfetten.
6 Die Pfannkuchen mit Zucker bestreuen und servieren. Zitronenhälften oder -spalten dazu reichen, die man über den Pfannkuchen ausdrückt.

Crêpes Suzette

Variante

Crêpes Suzette

Die Pfannkuchen hauchdünn nach obiger Anweisung zubereiten. 100 g Butter, 150 g Streuzucker, die abgeriebene Schale und den Saft von 3 mittelgroßen unbehandelten Orangen sowie die abgeriebene Schale und den Saft von 1 unbehandelten Zitrone in eine flache, feuerfeste Servierform oder eine formschöne Pfanne geben und erhitzen. Wenn die Mischung geschmolzen ist, vom Herd nehmen und die Pfannkuchen jeweils von beiden Seiten hineintauchen, zusammenklappen und dann nochmals falten, so daß Dreiecke entstehen; nicht aus der Pfanne nehmen, sondern die fertigen Pfannkuchen jeweils an den Rand der Pfanne schieben. Vor dem Servieren die Pfannkuchen bei schwacher Temperatur wieder erhitzen. Die Temperatur für 1 Minute stark erhöhen, um auch die Sauce zu erhitzen. Die Pfannkuchen dann mit 4 EL warmem Weinbrand flambieren.

Eine Pfannkuchen-Pfanne einfetten

Zum Einfetten einer Pfanne für Pfannkuchen eignet sich am besten ein Pinsel mit Naturborsten. Von Nylonpinseln ist abzuraten, da das Nylon bei Hitze schmilzt.

✿ HIMBEERSAUCE

Eine köstliche Sauce, die man zu Obstsalaten, Eis und pochierten Früchten servieren kann.

Für 4 Personen

350 g frische Himbeeren, gewaschen, oder tiefgefrorene Himbeeren, aufgetaut
6 TL Streuzucker

1 Die Himbeeren mit 6 TL Wasser und dem Zucker im Mixer oder in der Küchenmaschine pürieren.
2 Durch ein Sieb drücken, dann in einen Topf geben, zum Kochen bringen und 1 Minute weiterkochen, damit die Sauce klar und glänzend wird.
3 Bis zur Verwendung kalt stellen.

Variante

✿ *Brombeersauce*
Nach obiger Anweisung zubereiten, aber statt Himbeeren Brombeeren verwenden.

Von links nach rechts: Magermilchcreme - Zabaglione - Himbeersauce

HEISSE SCHOKOLADENSAUCE

Diese Sauce schmeckt wunderbar zu Baisers, Profiteroles und Eis.

Für 4 Personen

100 g Zartbitterschokolade, in Stücke gebrochen
150 g Kaffeesahne

1 Schokolade und Sahne in einen kleinen Topf geben.
2 Langsam erhitzen, bis die Schokolade geschmolzen ist. Gut umrühren und sofort servieren.

Schokoladenfondue

Heiße Schokoladensauce kann man auch zu einem süßen Fondue verwenden. Mit vorbereitetem frischem Obst zum Dippen servieren: Apfel-, Aprikosen-, Ananas-, Pfirsichstücke - was immer Sie gerade vorrätig haben. Auch weiche Pfefferminzbonbons und türkischer Honig eignen sich gut zum Eintauchen (obwohl sie natürlich nicht so gesund sind!).

Eiersauce

Die Sauce ist sehr fein in Geschmack und Konsistenz.
Es lohnt sich, sie zuzubereiten, obwohl etwas Sorgfalt notwendig ist,
da sie leicht gerinnt, wenn man sie zu stark erhitzt.
Dieses Problem läßt sich umgehen, wenn man sie im Wasserbad zubereitet.

Für 4–6 Personen

Gut ¼ l Milch
1 EL Streuzucker
1 Vanilleschote
2 Eigelbe

1 Die Milch mit dem Zucker und der Vanilleschote in einem mittelgroßen Topf zum Kochen bringen, dann sofort vom Herd nehmen. Die Vanilleschote herausnehmen (gründlich abspülen, trocknen und zur Wiederverwendung aufheben).

2 In der Zwischenzeit die Eigelbe in einer Schüssel schlagen. Unter Rühren die abgekochte Milch dazugießen und dann die Mischung wieder in den Topf geben.

3 Bei milder Hitze rühren, bis die Mischung soweit eingedickt ist, daß sie am Rücken eines Löffels haften bleibt. Die Sauce nicht zu heiß werden lassen, da sie sonst gerinnt.

4 In eine Schüssel umfüllen und bis zur Verwendung stehenlassen.

Tips für die Zubereitung von Eiersauce

Um die Zubereitung von Eiersauce etwas zu erleichtern, kann man 1 TL Stärkemehl unter die Eigelbe rühren. Dadurch wird die Masse stabilisiert, was verhindert, daß sie bei Überhitzung sofort gerinnt.

Damit sich keine Haut bildet, die Eiersauce mit Zucker bestreuen und vor dem Servieren gut durchschlagen.

Zabaglione

Für 4 Personen

50 g Streuzucker
2 Eigelbe
4 EL süßer Weißwein oder Sherry
Zitronensaft (nach Belieben)
150 g Schlagsahne, geschlagen (nach Belieben)

1 Den Zucker mit 4 EL Wasser erhitzen, bis die Masse sirupartig ist.

2 Die Eigelbe in einer Schüssel schlagen. Den heißen Sirup in dünnem Fluß zu den Eigelben geben und kräftig schlagen, bis eine dicke, helle Creme entstanden ist; dann den Wein und etwas Zitronensaft hinzufügen; die Schlagsahne unterziehen.

Die Verwendung süßer Saucen

Eine süße Sauce kann eine Nachspeise abrunden und ein einfaches Dessert, wie etwa selbstgemachtes Eis, zu etwas Besonderem machen.

Probieren Sie Himbeersauce zu Vanilleeis, Brombeersauce zu Apfeleis oder eine Sauce aus Brombeeren oder schwarzen Johannisbeeren zu Schokoladeneis.

Um einen dekorativen Effekt zu erzielen, etwas Fruchtsauce auf einen Einzelteller geben, pochierte Früchte oder Eis daraufhäufen, dann Sahnekreise auf die Fruchtsauce gießen. Aus den Sahnekreisen ein Federmuster herstellen, indem man einen Zahnstocher girlandenartig durch Sauce und Sahne zieht (S. 304), so daß sich ein Speichenmuster ergibt.

Süße Saucen passen auch ausgezeichnet zu frischen oder gekochten Früchten; probieren Sie Schokoladensauce, Himbeersauce oder Zabaglione zu pochierten Birnen oder Eiersauce zu dünnen Tangerinen- oder Satsumascheiben (und aromatisieren Sie die Sauce mit etwas abgeriebener Schale).

Magermilchcreme

Dies ist eine kalorien- und fettarme Creme. Sie paßt gut zu Fruchtsalaten
und eignet sich auch als Füllung für einen Kuchen, wenn dieser am gleichen Tag
verzehrt wird. Man sollte Magermilchpulver aus dem Naturkostladen
verwenden und kein gewöhnliches Milchpulver oder -granulat.
Für die Zubereitung benötigt man ein Handrührgerät.

Für 4–6 Personen

40 g Magermilchpulver
Gut ⅛ l eiskaltes Wasser
2 EL Zitronensaft
½ TL Vanille-Extrakt
1–2 EL Streuzucker

1 Magermilchpulver und Wasser in einer Schüssel mit dem Handrührgerät 4–5 Minuten schlagen, bis die Masse dick ist und weiche Spitzen bildet.

2 Den Zitronensaft hinzufügen und nochmals schlagen, bis die Masse steife Spitzen bildet.

3 Vanille-Extrakt und Zucker vorsichtig unterziehen. Die Creme innerhalb einiger Stunden verbrauchen.

Kuchen und Torten

Dieses Kapitel enthält eine Auswahl der beliebtesten Kuchen und Torten – von den englischen Rock Cakes (S. 308), Parkin (S. 308) und schneller Biskuittorte (S. 304) über Klassiker, wie Möhrenkuchen (S. 306), Madeira-Kuchen (S. 307), Dundee Cake (S. 311) und dem gehaltvollen englischen Früchtekuchen (S. 312), bis zu solchen Köstlichkeiten wie Baisers (S. 314), Éclairs (S. 314) und dem besten aller Schokoladenkuchen, der Schokoladenroulade (S. 305). Am Ende des Kapitels finden Sie beliebte Füllungen und Glasuren. Unter den Rezepten gibt es auch einige, die keine Eier und keine Milch enthalten, für strenge Vegetarier oder diejenigen, die gegen Milchprodukte und Eier allergisch sind.

Bunte Minikuchen

Man kann den Biskuitteig in einer rechteckigen Form, wie für die Biskuitroulade, backen und aufschneiden, so daß man 12–16 winzige Kuchen erhält. Man überzieht entweder die Oberseite des Kuchens vor dem Schneiden mit Zuckerglasur (S. 315) oder schneidet zunächst den Kuchen mit einem scharfen Messer und Plätzchenausstechern in verschiedene Formen und glasiert dann jeden Kuchen einzeln.
Hierzu bieten sich viele Farben und Aromen an:

Mokkaglasur, mit Schokolade oder Walnüssen verziert – Schokoladenglasur mit Schokoladenlocken – Vanilleglasur mit gezuckerten Rosen- oder Veilchenblättern – Zitronenglasur mit Angelika und Zuckermimosen – Orangenglasur mit Orangeatstückchen.

Ist der Biskuit sehr bröselig, so taucht man ihn vor dem Überziehen mit Zuckerglasur oder Buttercreme in eine Glasur aus 250 g gesiebter Aprikosenmarmelade und 3–4 EL Wasser, die man zu einem Sirup kocht.

Biskuittorte

Diese Torte ist aus dem leichtesten und relativ kalorienarmen Biskuitteig hergestellt, der kein Fett enthält.

Ergibt eine Torte von 20 cm Durchmesser

4 Eier
100 g Streuzucker
100 g ungebleichtes Weißmehl (Type 550)
1 Prise Salz
75 g (3 EL) Marmelade
Butter zum Einfetten

Zum Dekorieren
Streuzucker

1 Zwei Springformen von jeweils 20 cm Durchmesser einfetten und die Böden mit einer passend zurechtgeschnittenen, gefetteten Backfolie auslegen.
2 Eier und Zucker in eine Rührschüssel geben und 5 Minuten mit dem Handrührgerät schlagen, bis die Masse sehr hell ist, ihr Volumen verdoppelt hat und bandartig fließt, wenn man die Rührquirle aus dem Teig hebt. Als Alternative Eier und Zucker in eine Schüssel geben, die in einem Topf mit köchelndem Wasser auf einem Einsatz steht (darauf achten, daß sie nicht mit dem Wasser in Berührung kommt), und schlagen, bis die Masse dasselbe Stadium erreicht hat.
3 Abkühlen lassen und zwischendurch gelegentlich schlagen.
4 Den Backofen auf 180 °C (Gas Stufe 2–3) vorheizen.
5 Mehl und Salz vorsichtig auf die Eier-Zucker-Mischung sieben; dann mit einem Metalllöffel behutsam, aber gründlich unterheben.
6 Die Masse in die Formen geben und 30–35 Minuten im Ofen backen, bis sich der Biskuit von den Seiten der Form gelöst hat und sich elastisch anfühlt, wenn man ihn in der Mitte leicht berührt.
7 2–3 Minuten in den Formen abkühlen lassen, dann auf Kuchengitter stürzen und die Backfolie vorsichtig abziehen.
8 Wenn der Biskuit abgekühlt ist, die beiden Teile mit Marmelade zusammensetzen und mit Zucker bestreuen.

Varianten

Biskuitroulade
Denselben Biskuitteig herstellen, ihn jedoch in einer rechteckigen flachen, etwa 35 × 25 cm großen Form, die man mit gefetteter Backfolie ausgelegt hat, 10–12 Minuten im Ofen backen, bis er goldbraun und fest ist; auf mit Zucker bestreute Backfolie stürzen. Mit 100 g warmer Marmelade bestreichen und schnell, unter Zuhilfenahme der Folie, aufrollen. Auf Kuchengitter abkühlen lassen.

Genueser Biskuittorte
Dieser etwas gehaltvollere Biskuitteig wird auf die gleiche Weise hergestellt, nur fügt man noch 50 g sehr weiche (aber nicht geschmolzene) Butter hinzu: Nachdem man das Mehl untergezogen hat, die Butter um den Rand der Schüssel verteilen und behutsam unter den Teig heben.

✿ Schokoladenbiskuittorte

Ergibt eine Torte von 20–23 cm Durchmesser

300 g Weizenmehl (Type 1700)
30 g Kakaopulver
3–4 TL Backpulver
250 g Vanillezucker (S. 125) oder Streuzucker und 1½ TL Vanille-Extrakt
9 EL Sonnenblumenöl
Ungehärtete Pflanzenmargarine zum Einfetten

Zum Dekorieren

1 Portion Schokoladen-Fudge-Glasur (S. 316) oder Schokoladen-Buttercreme (S. 316)
Grobgeraspelte Schokolade
Gesiebter Puderzucker

1 Den Backofen auf 170 °C (Gas Stufe 2) vorheizen.
2 Zwei Springformen mit einem Durchmesser von jeweils 20–23 cm einfetten und den Boden jeder Form mit gefetteter Backfolie auslegen.
3 Mehl, Kakao- und Backpulver in eine Schüssel sieben. Vanillezucker, Öl und etwa ⅜ l Wasser hinzufügen. Gut vermischen, so daß eine Masse entsteht, die Pfannkuchenteig ähnelt.
4 Die Masse auf beide Formen verteilen und etwa 40 Minuten im Ofen backen, bis sich der Biskuit elastisch anfühlt, wenn man ihn in der Mitte leicht berührt.
5 Die Kuchen auf Kuchengitter stürzen und die Backfolie abziehen. Vollständig abkühlen lassen.
6 Die Kuchen mit der Hälfte der Glasur zusammensetzen und die Oberseite mit dem Rest bestreichen. Mit geraspelter Schokolade und Puderzucker dekorieren.

Variante

✿ *Zitronentorte*

350 g Mehl verwenden und das Kakaopulver weglassen. 2 EL Wasser durch 2 EL Zitronensaft ersetzen und die abgeriebene Schale von 1 unbehandelten Zitrone hinzufügen.

Die Torte mit Zitronen-Buttercreme oder Zitronen-Fudge-Glasur füllen und bestreichen; mit Zuckermimosen und Angelikablättern dekorieren.

Backtriebmittel

Backpulver besteht aus Natron und einem Säureträger, die im Teig Kohlensäure entwickeln. Weinstein-Backpulver setzt sich aus dem Säuerungsmittel Weinstein, dem Triebmittel Natron und Kartoffelstärke zusammen.

Natron ist einer der Inhaltsstoffe des Backpulvers, und weil es ähnlich wie Brausepulver wirkt, kann es auch allein als Backtriebmittel verwendet werden. Man löst das weiße Pulver in etwas säuerlicher Flüssigkeit – Buttermilch, Milch oder Essig – auf und vermischt es kurz vor dem Backen mit den trockenen Zutaten.

Hefe Vergleiche S. 218.

Weinstein ist ein weißes Pulver mit leicht säuerlichem Geschmack und manchmal in Backpulvern oder Limonadengetränken enthalten. Wenn man selbst ein Backpulver mischt, ist das Mengenverhältnis 3 Teile Weinstein auf 1 Teil Natron; man sollte sie dem Teig getrennt hinzufügen.

Zitronentorte – Schokoladenbiskuittorte

Schnelle Biskuittorte

Dies ist ein Biskuitteig, den man im Nu zusammenmischt.

Ergibt eine Torte von 20 cm Durchmesser

Eine Biskuittorte verzieren

Den Rand einer Biskuittorte mit gehackten Nüssen überziehen.

Die Oberseite der Torte glasieren und verzieren.

Ein Federmuster herstellen.

175 g Weizenmehl (Type 1700)
1½–2 TL Backpulver
175 g hellbrauner Rohrzucker
175 g weiche Butter
3 Eier
4 EL erwärmte Marmelade (möglichst mit reduziertem Zuckergehalt)
Butter zum Einfetten

Zum Dekorieren
Streuzucker

1 Den Backofen auf 170 °C (Gas Stufe 2) vorheizen.
2 Zwei Springformen von jeweils 20 cm Durchmesser einfetten und die Böden mit eingefetteter Backfolie auslegen.
3 Das Mehl mit dem Backpulver in eine Rührschüssel sieben und Zucker, Butter und Eier hinzufügen.
4 Mit einem Rührlöffel 2 Minuten oder in der Küchenmaschine etwa 1 Minute rühren, bis die Masse glatt, dickflüssig und glänzend ist.
5 Den Teig auf die beiden Formen verteilen und glattstreichen.
6 30 Minuten im Ofen backen, ohne die Ofentür zu öffnen; dann das Backstadium überprüfen und gegebenenfalls noch einige Minuten backen, bis sich der Biskuit elastisch anfühlt, wenn man ihn in der Mitte etwas eindrückt.
7 Die Biskuitkuchen 1 Minute in der Form abkühlen lassen, sie dann auf Kuchengitter stürzen und die Backfolie vorsichtig abziehen, dann vollständig abkühlen lassen.
8 Die Kuchen mit Marmelade zusammensetzen und mit Zucker bestreuen.

Varianten

Gefüllte Viktoria-Torte

Bei dieser Version des Rezepts das Backpulver auf etwa 1 TL reduzieren. Butter und Zucker zu einer locker-cremigen Masse schlagen, dann nach und nach die geschlagenen Eier zugeben und nach jedem Ei kräftig schlagen. Jeweils die halbe Mehlmenge in zwei Arbeitsgängen unterheben. Bei etwas höherer Temperatur – 190 °C (Gas Stufe 3) – etwa 30 Minuten im Ofen backen.

Mokka-Walnuß-Torte

3 TL starkes Instant-Kaffeepulver von guter Qualität in etwas kochendem Wasser auflösen; zusammen mit 50 g grobgehackten Walnüssen zu den restlichen Zutaten geben. Mit einer doppelten Portion Mokka-Buttercreme (S. 315) zusammensetzen und vollständig überziehen, den Tortenrand zusätzlich mit 50 g gehackten Walnüssen bestreuen.

Schokoladentorte

25 g Mehl durch 25 g Kakaopulver ersetzen; oder für eine besonders gehaltvolle und feuchte Torte 250 g geschmolzene Zartbitterschokolade hinzufügen, dann die Biskuitböden jedoch etwas länger im Ofen backen.

Die Böden mit roter Johannisbeer-, Kirsch- oder Himbeermarmelade zusammensetzen und die Torte dann rundum mit einer 7-Minuten-Glasur (S. 317) oder Schokoladen-Buttercreme (S. 316) überziehen, den Rand mit gehackten gerösteten Haselnüssen (S. 36) und die Oberseite mit reichlich grobgeraspelter Schokolade oder Schokoladenlocken überziehen. Mit Puderzucker bestäuben.

Zitronenbiskuittorte

Die abgeriebene Schale von 1 unbehandelten Zitrone in den Teig geben. Mit Lemon Curd (S. 341) zusammensetzen und mit Puderzucker bestäuben.

Glasierte Biskuitfinger

Je 100 g Mehl, Zucker und Butter verwenden. 30 Minuten in einer niedrigen viereckigen, etwa 20 × 30 cm großen Form, die mit gefetteter Backfolie ausgelegt ist, im Ofen backen. Mit Zuckerglasur (S. 315) bestreichen und in 16–20 Streifen schneiden. Mit gehackten Nüssen oder kandierten Kirschen verzieren.

Früchte-Mandel-Finger

Nur ½ Portion Teig zubereiten. 100 g gemischte Trockenfrüchte oder gehackte Datteln hinzufügen und den Teig vor dem Backen mit 25–50 g Mandelblättchen bestreuen. Bei diesem Gebäck ist keine Glasur erforderlich.

Schokoladenroulade

Diese Torte eignet sich ausgezeichnet als Nachtisch.

Für 6–8 Personen

5 Eier, getrennt
175 g hellbrauner Rohrzucker
3 EL heißes Wasser
175 g Zartbitterschokolade, geschmolzen
Butter zum Einfetten

Für die Füllung
½ Dose ungesüßtes Kastanienpüree (etwa 200 g)
300 g Schlagsahne
Zucker

Zum Dekorieren
Glasierte Maronen
Gesiebter Puderzucker

1 Den Backofen auf 200 °C (Gas Stufe 3–4) vorheizen.

2 Eine flache, etwa 25 × 35 cm große Backform einfetten und mit gefetteter Backfolie auslegen.

3 Die Eigelbe mit dem Zucker in eine Schüssel geben und zu einer dicken, hellen Schaummasse schlagen.

4 Das heiße Wasser in die geschmolzene Schokolade einrühren, dann die Schokolade unter die Schaummasse ziehen. Die Eiweiße steif schlagen und unter die Schokoladencreme heben.

5 Die Masse in die Form geben, gut bis an die Ränder verteilen und 15 Minuten im Ofen backen.

6 Aus dem Ofen nehmen und 10 Minuten in der Form abkühlen lassen, dann mit einem feuchten Tuch bedecken und weitere 10 Minuten stehenlassen.

7 Mit Puderzucker bestäubte Backfolie bereithalten. Das Tuch entfernen und die Kuchenplatte auf die Backfolie stürzen. Die Auslegfolie vorsichtig abziehen und den Kuchen vollständig abkühlen lassen.

8 Zur Herstellung der Füllung das Kastanienpüree schlagen, bis es weich ist, dann die Hälfte der Sahne hinzufügen und zu einer cremigen Masse schlagen. Nach Geschmack süßen.

9 Die Ränder der Kuchenplatte begradigen und diese mit Kastaniencreme bestreichen.

10 Mit Hilfe der Backfolie vorsichtig von einer der langen Seiten her zu einer Roulade aufrollen.

11 Die restliche Sahne schlagen und auf die Roulade spritzen oder löffeln. Mit glasierten Maronen dekorieren und mit Puderzucker bestäuben. Diese Roulade läßt sich gut mehrere Stunden im Kühlschrank aufbewahren und auch einfrieren.

Variante

Schokoladenroulade mit Rosenblüten

Die Schokoladenmasse nach obiger Anweisung zubereiten. Mit 300 g Schlagsahne füllen und die Roulade mit frischen Rosenblüten verzieren. Das ist sehr hübsch für eine sommerliche Geburtstagsparty.

Die Schokoladenroulade einfrieren

Die Schokoladenroulade eignet sich hervorragend zum Einfrieren: zuerst auf einem Tablett offen in den Kühlschrank stellen; sobald sie fest ist, sorgfältig einwickeln und im Tiefkühlschrank aufbewahren. 2–3 Stunden auf einer Servierplatte auftauen lassen.

Schnelle Biskuittorte – Schokoladenroulade

MÖHRENKUCHEN

(Abb. S. 249)

Dieser Kuchen ist leicht zuzubereiten, doch man rührt ihn besser von Hand als in der Küchenmaschine, weil diese Nüsse und Früchte zu stark zerkleinert. Wenn man den Anweisungen genau folgt, erhält man einen köstlichen Kuchen mit feuchter Konsistenz und würzigem Aroma. Möhrenkuchen eignet sich besonders gut für Picknicks und Grillpartys, sollte dann aber gut eingepackt werden. Auch Gabeln und Papierservietten darf man nicht vergessen.

Madeira-Kuchen - Carob-Schnitten

Ergibt einen Kuchen von 23 cm Durchmesser

175 ml Sonnenblumenöl
250 g hellbrauner Rohrzucker
2 große Eier
1 TL Vanille-Extrakt
175 g kaltes Möhrenpüree
150 g Ananasstücke aus der Dose, abgetropft und grobgehackt
75 g Walnüsse, grobgehackt
75 g Kokosflocken
200 g Weizenmehl (Type 1700)
½ TL Salz
1 TL gemahlener Zimt
1 TL Backpulver
Butter zum Einfetten

Zum Dekorieren
1 Portion Frischkäse-Glasur (S. 316)
Walnußhälften

1 Den Backofen auf 180 °C (Gas Stufe 2–3) vorheizen. Zwei Springformen von jeweils 23 cm Durchmesser einfetten und die Böden jeweils mit gefetteter Backfolie auslegen.

2 Das Öl in eine große Rührschüssel geben und den Zucker hinzufügen. Gut verrühren, bis sich alle Zuckerklümpchen aufgelöst haben.

3 Die Eier unterrühren, dann Vanille-Extrakt, Möhrenpüree, Ananas, Walnüsse und Kokosflocken hinzufügen.

4 Kurz vermischen; Mehl, Salz, Zimt und Backpulver über die Mischung sieben. Schnell, aber vorsichtig verrühren.

5 Die Masse auf beide Formen verteilen und glattstreichen.

6 Etwa 30 Minuten im Ofen backen, bis ein warmer Spieß keine Teigspuren mehr aufweist, wenn man ihn in die Mitte des Kuchens einsticht.

7 Auf Kuchengitter stürzen und 10 Minuten abkühlen lassen, dann die Backfolie abziehen.

8 Wenn die Kuchen vollständig abgekühlt sind, sie mit der Hälfte der Frischkäse-Glasur zusammensetzen. Mit der restlichen Glasur bestreichen und mit Walnüssen dekorieren.

Madeira-Kuchen

Ich mag diesen Kuchen am liebsten mit ungebleichtem Weißmehl, weil dabei die Aromen am besten zur Geltung kommen, obwohl er mir auch mit Vollweizenmehl schon gut gelungen ist.

Ergibt einen Kuchen von 20 cm Durchmesser

350 g Mehl
2 TL Backpulver
250 g Butter
250 g Streuzucker
4 große Eier, geschlagen
1½ TL Vanille-Extrakt
2–3 EL Milch (nach Belieben)
Butter zum Einfetten

Zum Dekorieren
2–3 dünne Scheiben Zitrusschale

1 Den Ofen auf 180 °C (Gas Stufe 2–3) vorheizen. Eine Springform von 20 cm Durchmesser einfetten und mit gefetteter Backfolie auslegen.
2 Das Mehl mit dem Backpulver auf ein Stück Backfolie sieben.
3 Die Butter mit dem Zucker zu einer lockeren, hellen Masse schlagen, dann nach und nach die Eier hinzufügen und jedesmal kräftig verschlagen.
4 Den Vanille-Extrakt hinzufügen, dann das Mehl unterheben und, falls notwendig, etwas Milch dazugeben, so daß eine weiche, dickflüssige Konsistenz entsteht.
5 Die Masse in die Form füllen. 20 Minuten im Ofen backen, dann vorsichtig die Zitrusschalen auf den Kuchen legen und weitere 1¼ Stunden backen, bis ein warmer Spieß keine Teigspuren mehr aufweist, wenn man ihn in die Mitte des Kuchens einsticht.
6 Den Kuchen auf ein Kuchengitter stürzen und abkühlen lassen.

Madeira-Kuchen servieren

Madeira-Kuchen paßt sehr gut zu Fruchtsalaten und Cremespeisen; besonders fein schmeckt er zu Paschka (S. 288). Servieren Sie ihn in schmalen Stücken.

Für eine schnelle einfache Nachspeise kann man ihn mit leicht gedämpften Früchten, etwa schwarzen Johannisbeeren, und Sahne oder dickem Joghurt servieren.

Eine runde Kuchen- oder Springform auslegen

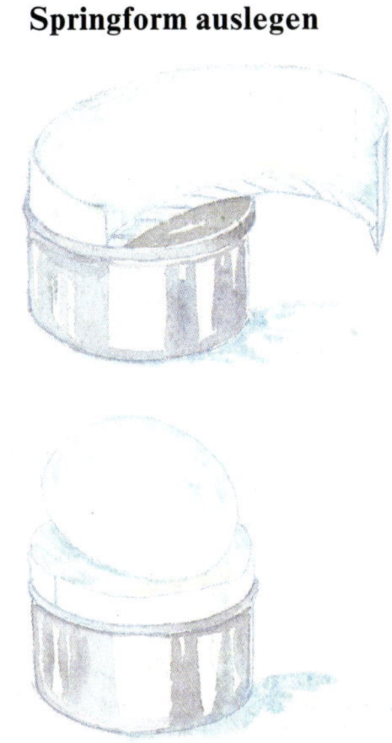

Carob-Schnitten

Die süßen, saftigen Schnitten haben eine knusprige, rissige Oberseite und ein wundervolles Aroma. Dies ist ganz sicher mein liebstes Rezept mit Carob.

Ergibt 12–16 Schnitten

100 g Butter
50 g zuckerhaltige Carobschokolade, in Stücke gebrochen
2 Eier
250 g hellbrauner Rohrzucker
50 g Weizenmehl (Type 1700), gesiebt
½ TL Vanille-Extrakt
50 g Wal- oder Pekannüsse, gehackt
Butter zum Einfetten

Zum Dekorieren
Gesiebter Puderzucker

1 Den Backofen auf 180 °C (Gas Stufe 2–3) vorheizen.
2 Eine quadratische flache Backform von 20 cm Seitenlänge mit gut gefetteter Backfolie auslegen.
3 Butter und Carobschokolade in einem kleinen Topf erhitzen, bis sie geschmolzen sind. Abkühlen lassen.
4 Die Eier mit dem Zucker zu einer dicken, hellen Schaummasse schlagen – mit dem Handrührgerät dauert dies etwa 10 Minuten.
5 Die Schokoladenmischung unter die Schaummasse rühren, dann Mehl, Vanille-Extrakt und Walnüsse unterheben.
6 Die Masse in die Form geben und 40–45 Minuten im Ofen backen, bis sie in der Mitte fest ist. Nicht zu lange backen – die Schnitten sollten innen saftig sein.
7 In der Form abkühlen lassen, dann mit Puderzucker bestäuben, das Gebäck in Schnitten schneiden und vorsichtig von der Backfolie heben.

✿ Parkin

Parkin ist ein englisches Sirupgebäck. Die hier vorgestellte Version wird bei längerer Aufbewahrung immer klebriger. Zum Lagern in Folie einwickeln.

Ergibt 12-16 Schnitten

100 g Vollweizenmehl
2 TL Backpulver
2 TL gemahlener Ingwer
100 g Hafermehl
4 EL brauner Rohrzucker (Barbados)
100 g (4 EL) Melasse
100 g (4 EL) Ahornsirup
100 g Butter oder ungehärtete Pflanzenmargarine
175 ml Milch oder Sojamilch
Butter oder ungehärtete Pflanzenmargarine zum Einfetten

Eine rechteckige Kuchenform auslegen

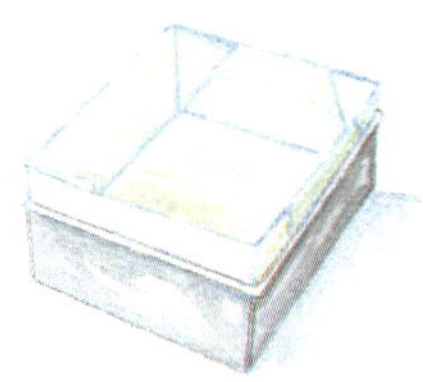

1 Den Backofen auf 180 °C (Gas Stufe 2-3) vorheizen.
2 Eine rechteckige Kuchenform mit gefetteter Backfolie auslegen.
3 Das Mehl mit Backpulver und Ingwer in eine Schüssel sieben. Die Kleie, die im Sieb zurückgeblieben ist, und das Hafermehl hinzufügen.
4 Zucker, Melasse, Sirup und Butter bei niedriger Temperatur erhitzen, bis alle Zutaten geschmolzen sind. Abkühlen lassen, bis man den Topf anfassen kann, ohne sich zu verbrennen, dann die Milch einrühren.
5 Die flüssige Mischung zu den trockenen Zutaten hinzufügen. Gut vermischen, dann die Masse in die Kuchenform füllen. 50-60 Minuten im Ofen backen, bis sich der Parkin fest anfühlt.
6 Den Parkin aus der Form nehmen und zum Abkühlen auf ein Kuchengitter legen, dann in Schnitten schneiden und vorsichtig von der Backfolie nehmen.

Sirup als Süßmittel

Ahornsirup Wird aus dem Saft des Ahornbaums gewonnen und hat ein rauchiges Aroma.

Honig Süßmittel, das von Naturkostanhängern bevorzugt wird, obwohl andere meinen, er sei nur eine Form von Zucker (allerdings mit niedrigerem Kaloriengehalt). Honig süßt doppelt so stark wie Zucker und ist in vielen verschiedenen Geschmacksrichtungen erhältlich.

Maissirup Stärkesirup, der durch Erhitzen von Maisstärke und Wasser gewonnen wird; er enthält weniger Nährstoffe als Melasse.

Malz-Extrakt Sirup, der aus gemalzten Getreidekörnern, besonders aus Gerste, gewonnen wird; er süßt nicht so stark wie Zucker.

Melasse Dunkler Rohrzuckersirup, der bei der Zuckergewinnung übrigbleibt; er ist reich an Eisen, Calcium und B-Vitaminen.

Mirin Süße braune Flüssigkeit, die aus Reis hergestellt wird und seit Jahrhunderten Bestandteil der japanischen Küche ist; vor der Verwendung 1 Minute kochen.

Hinweis d. dt. Red.: Bei uns verwendet man auch Rübensirup - er enthält keinerlei chemische Zusätze, und der Wasseranteil beträgt höchstens 22% -, Birnendicksaft und Apfelkraut (S. 340) zum Süßen.

Gegenüberliegende Seite, im Uhrzeigersinn von oben rechts: Früchtekuchen (S. 310) - Rock Cakes - Schnelle Minikuchen (S. 310) - Parkin

Rock Cakes

Leicht zuzubereiten, würzig und köstlich, wenn man sie noch warm verzehrt.

Ergibt 10 kleine Kuchen

250 g Vollweizenmehl oder Weizenmehl Type 1700
1-2 TL Backpulver
½ TL Gewürzmischung (Lebkuchengewürz)
100 g Butter
75 g brauner Rohrzucker (Demerara)
100 g gemischte Trockenfrüchte
1 Ei, mit 1 EL Milch verschlagen
Butter zum Einfetten

1 Den Backofen auf 200 °C (Gas Stufe 3-4) vorheizen.
2 Mehl, Backpulver und Gewürzmischung in eine Rührschüssel sieben, die Kleie aus dem Sieb hinzufügen, wenn man Vollweizenmehl verwendet; dann die Butter mit den Fingerspitzen in das Mehl reiben, bis die Mischung feinen Streuseln ähnelt.
3 Zwei Drittel des Zuckers, die Früchte und die Ei-Milch-Mischung hinzufügen und verrühren, so daß die Masse gerade zusammenhält.
4 Mit dem Löffel Teighäufchen auf ein gefettetes Backblech setzen und etwas Zwischenraum einhalten, damit der Teig auseinanderlaufen kann, dann mit dem restlichen Zucker bestreuen.
5 Etwa 15 Minuten im Ofen backen, bis die Kuchen leicht gebräunt sind. Mit einem dünnen Spatel oder einem breiten Messer vorsichtig vom Blech nehmen, da die Rock Cakes, solange sie warm sind, leicht zerbrechen. Auf einem Kuchengitter abkühlen lassen.

Variante

✿ *Streng vegetarische Rock Cakes*

Statt Butter ungehärtete Pflanzenmargarine verwenden, Milch und Ei durch 4 EL Sojamilch ersetzen.

Schnelle Minikuchen

(Abb. S. 309)

Ergibt 18 kleine Kuchen

Tee

Zu einem Stück Kuchen ist eine gute Tasse Tee immer die richtige Ergänzung! Viele Sorten sind erhältlich, zum Beispiel:

Assam Besitzt ein starkes Aroma und wird oft mit anderen Teesorten gemischt

Ceylon Tee von guter Qualität mit feinem Geschmack

Darjeeling Feinaromatischer Tee vom Fuß des Himalaja

Earl Grey Mit Bergamottöl aromatisierter Tee, schmeckt am besten ohne Milch; das Originalrezept geht auf den zweiten Earl Grey zurück

English Breakfast Gewöhnlich eine Mischung von Ceylon- und Assam-Tee

Gunpowder Chinesischer grüner Tee mit scharfem Aroma

Jasmin Mein Lieblingstee; chinesischer Tee, der mit Jasminblüten vermischt ist und ohne Milch getrunken wird

Keemum Der beste chinesische Tee, mit feinem Geschmack und Aroma; kann mit oder ohne Milch getrunken werden

Lapsang Souchong Chinesischer schwarzer Tee mit großen Blättern und charakteristischem, rauchigem Aroma

175 g Vollweizenmehl oder Weizenmehl Type 1700
1 TL Backpulver
100 g weiche Butter
100 g hellbrauner Rohrzucker oder weißer Streuzucker
2 Eier

Zum Verzieren
Zuckerglasur (S. 315) aus 100 g Puderzucker
Gehackte Nüsse, Schokotröpfchen oder Schokoladenraspel und grobgehackte kandierte Kirschen

1 Den Backofen auf 190 °C (Gas Stufe 3) vorheizen.
2 Das Mehl mit dem Backpulver in eine Rührschüssel sieben und die Kleie aus dem Sieb hinzufügen, wenn man Vollweizenmehl verwendet.
3 Butter, Zucker und Eier dazugeben und mit einem Rührlöffel oder dem Handrührgerät kräftig einarbeiten, bis alle Zutaten gut vermischt sind und eine dicke, leicht glänzende Masse entstanden ist.
4 Jeweils 1 gehäuften TL der Mischung in 18 Papier-, gefettete Metall- oder feuerfeste Keramikförmchen füllen. Diese auf ein Backblech setzen.
5 15–20 Minuten im Ofen backen, bis die Kuchen aufgegangen sind und sich fest anfühlen, wenn man sie leicht berührt.
6 Auf Kuchengittern abkühlen lassen, dann beliebig glasieren und dekorieren.

✿ Früchtekuchen

(Abb. S. 309)

Der ohne Eier zubereitete Kuchen schmeckt frisch am besten, hält sich jedoch in einer Dose 7–10 Tage.

Ergibt einen Kuchen von 20 cm Durchmesser

350 g Vollweizenmehl
1 TL Gewürzmischung (Lebkuchengewürz)
175 g ungehärtete Pflanzenmargarine
175 g brauner Rohrzucker (Barbados)
250 g gemischte Trockenfrüchte
50 g gemischte kandierte Zitrusschalen
50 g kandierte Kirschen, abgespült und halbiert
Abgeriebene Schale von 1 unbehandelten Orange
2 EL gemahlene Mandeln
25 g blanchierte Mandeln, gehackt
⅛ l Sojamilch oder Wasser
2 EL Essig
¾ TL Natron
Ungehärtete Pflanzenmargarine zum Einfetten

1 Den Backofen auf 150 °C (Gas Stufe 1) vorheizen. Eine Springform von 20 cm Durchmesser einfetten und mit einer doppelten Lage gefetteter Backfolie auslegen.
2 Das Mehl mit der Gewürzmischung in eine Rührschüssel sieben und die Kleie aus dem Sieb dazugeben.
3 Margarine und Mehl mit den Fingerspitzen zusammenreiben, bis die Mischung feinen Streuseln ähnelt, dann Zucker, Früchte, Zitrusschalen, Kirschen, Orangenschale, gemahlene und gehackte Mandeln unterrühren.
4 Die Hälfte der Sojamilch in einem kleinen Topf erwärmen und den Essig hinzufügen. Das Natron in der restlichen Sojamilch auflösen, dann die beiden Mischungen zusammengeben.
5 Diese Mischung zu der Mehlmischung geben und gründlich verrühren.
6 Die Masse in die Form geben und 2–2½ Stunden im Ofen backen.
7 Den Kuchen in der Form abkühlen lassen, dann herausnehmen und die Backfolie abziehen. Den Kuchen auf ein Kuchengitter setzen und vollständig abkühlen lassen.

Dundee Cake

Dundee Cake

Dieser Kuchen läßt sich gut aus ungebleichtem Weißmehl herstellen oder aus Weizenmehl, das zu 85% ausgemahlen ist.

Ergibt einen Kuchen von 20 cm Durchmesser

250 g Butter
250 g hellbrauner Rohrzucker
4 große Eier, geschlagen
350 g Mehl
1–2 EL Milch
175 g Sultaninen
175 g Korinthen
175 g Rosinen
75 g kandierte Zitrusschalen, gehackt
75 g kandierte Kirschen, halbiert
50 g Mandeln, gemahlen
Abgeriebene Schale von 1 unbehandelten Orange oder Zitrone
75 g blanchierte Mandeln, halbiert
Butter zum Einfetten

1 Den Backofen auf 170 °C (Gas Stufe 2) vorheizen.
2 Eine Springform von 20 cm Durchmesser einfetten und mit einer doppelten Lage eingefetteter Backfolie auslegen.
3 Butter und Zucker in einer Schüssel locker-cremig schlagen, dann eßlöffelweise die Eier zufügen und jedesmal kräftig verschlagen.
4 Das Mehl auf die Buttermischung sieben und behutsam unterziehen.
5 Falls die Masse zu fest erscheint, etwas Milch hinzufügen; der Teig sollte sich zäh vom Löffel lösen, wenn man ihn gegen die Schüsselwand schlägt.
6 Vorsichtig alle anderen Zutaten, mit Ausnahme der halbierten Mandeln, unter den Teig rühren.
7 Den Teig in die Form geben und die halbierten Mandeln gefällig auf der Oberfläche anordnen.
8 Etwa 2½ Stunden im Ofen backen, bis ein erwärmter Spieß keine Teigspuren mehr aufweist, wenn man ihn in die Mitte des Kuchens einsticht.
9 Den Kuchen in der Form abkühlen lassen, dann auf ein Kuchengitter legen, die Backfolie abziehen und vollständig auskühlen lassen.

Variante

Dundee Cake ohne Zucker

Den Zucker durch 250 g entsteinte Datteln ersetzen, die man in gut ⅛ l Wasser etwa 10 Minuten weich kocht, dann püriert und abkühlen läßt. Im übrigen nach Rezeptanweisung verfahren.

Tips zum Kuchenbacken

Das Wichtigste bei der Herstellung eines Kuchenteigs ist das Verrühren von Butter und Zucker; man sollte dabei sehr gründlich sein, so daß man eine lockere, helle cremige Masse erhält. Die geschlagenen Eier, die Zimmertemperatur haben müssen, sollten in kleinen Mengen – jeweils eßlöffelweise – hinzugefügt werden, wobei man nach jeder Zugabe kräftig schlägt, damit die Masse nicht gerinnt.

Falls dies dennoch einmal geschehen sollte, müssen Sie nicht verzweifeln. Fügen Sie etwas Mehl hinzu und dann weiterhin abwechselnd Ei und Mehl. Die Konsistenz des Kuchens ist dann nicht so locker und bröselig, er schmeckt aber trotzdem gut.

Wenn die Oberseite des Kuchens zu schnell bräunt, wird er mit Backfolie abgedeckt, in die man in der Mitte ein Loch schneidet, wie beim englischen Früchtekuchen (S. 312) beschrieben.

Während des Backvorgangs sollte man die Ofentür nicht öffnen, weil der Kuchen sonst wahrscheinlich in der Mitte einsinkt. Im Teig geht eine komplizierte chemische Reaktion vor sich, die durch den Zustrom kalter Luft gestört wird.

Englischer Früchtekuchen

Alternative Dekorationen für einen weihnachtlichen Früchtekuchen

Man kann den Kuchen einfach mit Mandelpaste überziehen, diese am oberen Kuchenrand dekorativ riffeln und auf der Oberseite mit einem Messer ein Kreuzmuster einritzen. Dann eine Kerze und einen Stechpalmenzweig oder eine Marzipanfrucht in die Mitte setzen und ein farblich dazu passendes Band um den Kuchen binden. Auch eine Dekoration mit kandierten Früchten, Paranüssen, Pekannußhälften und ganzen Cashewnüssen oder blanchierten Mandeln ist sehr dekorativ: in einem schönen Muster mit warmem Honig auf den Kuchen kleben, dann glasieren, indem man den Kuchen mit warmem Honig bepinselt. Besonders effektvoll kann man den Kuchen verzieren, wenn man ihn ganz mit Honig bepinselt und anschließend mit Hagelzucker oder farbigen Zuckerkristallen und Silberkügelchen bestreut.

Einen Früchtekuchen mit Mandelpaste überziehen

Häufig wird gesiebte Aprikosenmarmelade verwendet, um die Mandelpaste auf dem Früchtekuchen zu befestigen. Einfacher ist es, dafür roten Johannisbeergelee zu nehmen, weil man ihn nicht durch ein Sieb drücken muß.

Englischer Früchtekuchen

Dies ist ein gehaltvoller, saftiger Früchtekuchen, den man gut zu Weihnachten, runden Geburtstagen oder sonstigen Festen servieren kann. Er eignet sich auch als Hochzeitskuchen. Wählt man eine andere Backformgröße, so ändern sich die Zutatenmengen (s. die Tabelle auf der gegenüberliegenden Seite).

Ergibt einen Kuchen von 20 cm Durchmesser

250 g Korinthen
250 g Sultaninen
175 g Rosinen
50 g kandierte Kirschen
150 g kandierte Zitrusschalen
250 g Vollweizenmehl oder Weizenmehl Type 1700
1 TL Backpulver
½ TL Salz
1 TL Gewürzmischung (Lebkuchengewürz)
¼ TL frisch geriebene Muskatnuß
250 g Butter
250 g hellbrauner Rohrzucker
4 Eier, leicht geschlagen
Abgeriebene Schale von 1 unbehandelten Orange
Abgeriebene Schale von 1 unbehandelten Zitrone
75 g Mandeln, gemahlen
75 g blanchierte Mandeln, gehackt
3 EL Sherry
2 EL Weinbrand
Roter Johannisbeergelee, erwärmt

Zum Dekorieren

1 Portion Mandelpaste (S. 317)
1 Portion Royal-Glasur (S. 317)
1 festliches rotes Band oder weihnachtliche Kuchendekorationen

1 Darauf achten, daß die getrockneten Früchte sauber sind; falls notwendig, in warmem Wasser waschen, mit Küchenkrepp abtupfen und auf Blechen, die mit Küchenkrepp ausgelegt sind, zum Trocknen ausbreiten.

2 Die Kirschen waschen, um den Sirup zu entfernen, dann abtrocknen und vierteln. Die Zitrusschalen hacken.

3 Das Mehl mit Backpulver, Salz, Gewürzmischung und Muskat sieben. Beiseite stellen.

4 Den Backofen auf 140 °C (Gas Stufe 1) vorheizen. Eine Springform von 20 cm Durchmesser einfetten und zusätzlich mit einer doppelten Lage eingefetteter Backfolie auslegen.

5 Butter und Zucker gründlich verrühren, bis man eine lockere, cremige Masse erhält, dann eßlöffelweise die Eier hinzufügen und nach jeder Zugabe die Masse kräftig schlagen.

6 Die Mehlmischung unterheben, dann die Früchte, Orangen- und Zitronenschale, gemahlene und gehackte Mandeln sowie den Sherry unterrühren.

7 Die Masse in die Form füllen und so verstreichen, daß der Kuchen in der Mitte etwas niedriger ist.

8 Einen breiten Streifen Packpapier um die Form binden und darauf gefaltete Backfolie - mit einem etwa 2,5 cm großen Loch in der Mitte - legen, damit Oberseite und Seiten des Kuchens nicht zu sehr bräunen, bevor er innen gar ist.
9 Auf einer der unteren Backschienen 4½-5 Stunden im Ofen backen. Die Backofentür darf erst nach 4 Stunden erstmals geöffnet werden.
10 Der Kuchen ist fertig, wenn ein Spieß, den man in der Mitte einsticht, keine Teigspuren mehr aufweist. In der Form abkühlen lassen, dann die Oberseite des Kuchens überall mit dem Spieß einstechen und 1 EL Weinbrand darüberträufeln.
11 Den Kuchen mit einer doppelten Lage Backfolie verpacken und bis zur Verwendung in einer luftdicht verschlossenen Dose aufbewahren. Er hält sich 2-3 Monate und reift in dieser Zeit; nach Belieben den Kuchen zwischendurch wieder einstechen und mit etwas Weinbrand begießen.
12 1 Woche vor dem Glasieren gegebenenfalls die Oberseite des Kuchens etwas begradigen, dann mit erwärmtem rotem Johannisbeergelee bestreichen.
13 Zwei Drittel der Mandelpaste zu einem langen Streifen ausrollen, quer halbieren und um den Rand des Kuchens drücken.
14 Die restliche Mandelpaste zu einer runden Platte ausrollen und die Oberseite des Kuchens damit bedecken; andrücken und passend zurechtschneiden. Den Kuchen 3-7 Tage an einem trockenen, luftigen Ort aufbewahren.
15 Die Glasur in einem Guß auf den Kuchen geben und mit einem Spatel mehrmals hin und her streichen, um Luftblasen zu entfernen.
16 Die Glasur über die Oberseite und die Seiten des Kuchens verstreichen. Zuletzt mit einem Spatel durch schnelles Eindrücken und Hochziehen Spitzen auf der Glasur formen. Die Dekorationen anordnen und den Kuchen mindestens 24 Stunden stehenlassen, damit die Glasur trocknen kann, dann das Band um den Kuchen binden oder weihnachtlich dekorieren.

Simnel Cake

Für diesen traditionellen englischen Osterkuchen die Hälfte des Früchtekuchenteigs in die Form geben, mit einer 5-10 mm dicken runden Platte aus Mandelpaste in der Größe der Form abdecken. Den restlichen Teig daraufgeben und nach obiger Anweisung im Ofen backen. Abkühlen lassen, dann eine weitere Platte aus Mandelpaste auf den Kuchen geben, außerdem 11 Kugeln aus Mandelpaste (die für die Jünger, außer Judas, stehen) um den Rand herum anordnen. Den Kuchen unter den Grill stellen und die Mandelpaste bei mäßiger Hitze bräunen. Nach Belieben mit einem festlichen Band sowie mit Blüten und Osterküken aus Zucker verzieren.

Zutatenmengen für den englischen Früchtekuchen bei verschiedenen Backformgrößen

Runde Formen (Durchmesser)	*15 cm*	*18 cm*	*20 cm*	*23 cm*	*25 cm*	*30 cm*
Quadratische Formen (Seitenlänge)	*13 cm*	*15 cm*	*18 cm*	*20 cm*	*25 cm*	*28 cm*
Kuchenhöhe	*6 cm*	*8 cm*	*8 cm*	*8 cm*	*9 cm*	*9 cm*
Korinthen	150 g	200 g	250 g	350 g	450 g	750 g
Sultaninen	150 g	200 g	250 g	350 g	450 g	750 g
Rosinen	150 g	150 g	175 g	225 g	350 g	500 g
Kandierte Kirschen	25 g	25 g	50 g	50 g	75 g	100 g
Kandierte Zitrusschalen	75 g	100 g	150 g	175 g	250 g	400 g
Mehl	150 g	200 g	250 g	350 g	450 g	750 g
Backpulver	½ TL	½ TL	1 TL	1 TL	2 TL	2 TL
Salz	1 Prise	1 Prise	½ TL	⅔ TL	1 TL	1 TL
Gewürzmischung	⅓ TL	½ TL	1 TL	1 TL	2 TL	2 TL
Muskatnuß	1 Prise	1 Prise	¼ TL	½ TL	1 TL	1 TL
Butter	150 g	200 g	250 g	350 g	450 g	750 g
Rohrzucker	150 g	200 g	250 g	350 g	450 g	750 g
Eier	2	3	4	5	7	10
Abgeriebene Orangenschale	¼	½	1	1 große	2-3	2 oder 3
Abgeriebene Zitronenschale	¼	⅓	1	1 große	2-3	2 oder 3
Gemahlene Mandeln	25 g	50 g	75 g	75 g	150 g	175 g
Gehackte blanchierte Mandeln	25 g	50 g	75 g	75 g	150 g	175 g
Sherry	1 EL	2 EL	3 EL	3 EL	5 EL	6 EL
Weinbrand	1 EL	1½ EL	2 EL	2 EL	3-4 EL	4 EL
Mandeln für die Paste	250 g	350 g	500 g	600 g	800 g	1,1 kg
Puderzucker für die Glasur	500 g	700 g	900 g	1,1 kg	1,6 kg	2,25 kg

Gefüllte Baisers

Ergibt 6 Baisers

2 Eiweiße
1 Prise Weinstein
100 g Streuzucker
oder brauner Rohrzucker (Demerara)
300 g Crème double
oder Schlagsahne

1 Den Backofen auf 150 °C (Gas Stufe 1) vorheizen. Ein Backblech mit Backpapier auslegen.
2 Die Eiweiße mit dem Weinstein in einer fettfreien Schüssel so steif schlagen, daß der Eischnee haften bleibt, wenn man die Schüssel umdreht.
3 Zunächst die Hälfte des Zuckers, dann den restlichen Zucker gut unterschlagen, bis die Masse sehr steif und glänzend ist.
4 Jeweils 1 EL der Masse auf das Backblech setzen, so daß man insgesamt 12 Baisers erhält.
5 Die Baisers in den Ofen schieben und die Temperatur auf 110 °C (Gas niedrigste Stufe) reduzieren; die Baisers 1½-2 Stunden backen, bis sie ganz trocken sind.
6 Den Ofen ausschalten und die Baisers im Ofen abkühlen lassen; dann mit einem Spatel vom Papier lösen.
7 Die Sahne steif schlagen und jeweils 2 Baisers damit zusammensetzen. So schnell wie möglich servieren.

Varianten

Haselnußbaisers

50 g geröstete feingemahlene Haselnüsse (S. 36) nach dem Zucker unter die steife, glänzende Baisermasse ziehen. Diese Baisers sind eine köstliche Nachspeise, wenn man dazu heiße Schokoladensauce (S. 300) serviert.

Minibaisers

Nach obiger Anweisung zubereiten, aber statt EL nur gehäufte TL der Baisermasse auf das Backblech setzen oder einen Spritzbeutel mit einer 1 cm breiten, muschelförmigen Spitze verwenden, um winzige Baisers zu spritzen. 1½-2 Stunden backen und jeweils 2 Baisers mit Sahne zusammensetzen.

Zerbrochene Baisers weiterverwenden

Zerbrochene Baisers noch mehr zerkleinern, so daß man mundgerechte Stücke erhält, und mit Schlagsahne vermischen. Oder für ein wundervolles Dessert die Baisers zerkleinern, unter 300 g leicht geschlagene Sahne heben und behutsam ein Püree untermischen, das aus 500 g gekochten, gesüßten und gesiebten schwarzen Johannisbeeren besteht; man erhält so eine marmorierte Creme. Es ist praktisch, dieses Dessert in der Tiefkühltruhe aufzubewahren, da man es auch unaufgetaut servieren kann.

Ein Tip zum Spritzen von Cremes

So manch einer ist verunsichert, wenn er einen Spritzbeutel verwenden muß, weil er kaum Übung damit hat. Zum Experten wird man, wenn man jedesmal bei sich bietender Gelegenheit - etwa wenn man Schlagsahne serviert - den Spritzbeutel benutzt (und es auch eifrige Kinder versuchen läßt!). Sie können auch speziell zu Übungszwecken etwas Buttercreme herstellen und werden erstaunt sein, wie schnell man den Trick beherrscht. Dann ist es sehr befriedigend, einer Torte ein gewisses professionelles Aussehen zu verleihen.

Éclairs

Ergibt 8 Éclairs

1 Portion Brandteig
(S. 271)
300 g Schlagsahne, geschlagen
100 g Schokolade, geschmolzen

1 Den Backofen auf 200 °C (Gas Stufe 3-4) vorheizen.
2 Ein Backblech einfetten, dann mit kaltem Wasser abspülen.
3 Den Brandteig mit dem Löffel in etwa 10 cm langen, etwa 2,5 cm breiten Streifen auf das Backblech setzen.
4 Etwa 35 Minuten im Ofen backen, bis die Éclairs aufgegangen, knusprig und goldgelb sind.
5 Jedes Éclair an der Seite aufschneiden, dann auf einem Kuchengitter abkühlen lassen.
6 Die Éclairs kurz vor dem Servieren mit Schlagsahne füllen, dann die Oberseite vorsichtig in die geschmolzene Schokolade tauchen und einige Minuten stehenlassen, damit sie fest wird.

Variante

Profiteroles (Abb. S. 288)

Den Brandteig in kleinen Kugeln von etwa Walnußgröße auf das Backblech setzen oder spritzen. 15-20 Minuten im Ofen backen, aufschneiden und abkühlen lassen. Jedes Teil mit Sahne füllen, dann auf einer Servier- oder Kuchenplatte pyramidenförmig aufschichten und heiße Schokoladensauce (S. 300) darübergießen. Den Rest der Sauce getrennt dazu reichen.

✿ ZUCKERGLASUR

Ergibt eine ausreichende Menge zum Glasieren
einer Torte von 20–23 cm Durchmesser

1 175 g Puderzucker in eine Rührschüssel sieben und langsam 1–2 EL Wasser unterrühren, bis man eine dicke Masse erhält.

2 Die Glasur sofort verwenden, um einen großen Kuchen oder 18 Minikuchen zu glasieren.

✿ EINFACHE BUTTERCREME

Ergibt eine ausreichende Menge zum Füllen und Bestreichen
oder zum Überziehen
einer Torte von 20 cm Durchmesser

100 g Butter oder ungehärtete Pflanzenmargarine
200 g Puderzucker
1–2 EL heißes Wasser

1 Die Butter in einer Rührschüssel cremig schlagen, dann den Puderzucker darübersieben und nochmals schlagen, so daß man eine lockere Creme erhält.
2 Genügend heißes Wasser hinzufügen, damit die Creme etwas weicher wird, und kräftig schlagen.

Varianten

✿ *Schokoladen-Buttercreme*

50 g Zartbitterschokolade schmelzen oder 1–2 EL Kakaopulver in heißem Wasser auflösen; unter die Creme rühren.

✿ *Mokka-Buttercreme*

2 TL starkes Instant-Kaffeepulver von guter Qualität (oder Espressopulver) in etwas heißem Wasser auflösen; unter die Creme rühren.

✿ *Vanille-Buttercreme*

Einige Tropfen Vanille-Extrakt hinzufügen.

✿ *Zitronen- oder Orangen-Buttercreme*

1 TL abgeriebene Orangen- oder Zitronenschale zu der Creme hinzufügen und 1 EL Wasser durch Orangen- oder Zitronensaft ersetzen.

✿ *Buttercreme mit reduziertem Zuckergehalt*

50 g Puderzucker durch Magermilchpulver ersetzen. Gut schlagen.

Éclairs und Haselnußbaisers

Französische Buttercreme

Ergibt eine ausreichende Menge zum Füllen und Bestreichen oder zum Überziehen einer Torte von 20 cm Durchmesser

Zucker

Zucker wird aus Zuckerrohr und aus der Zuckerrübe gewonnen. Zuckerrohr - in allen tropischen Ländern angebaut - enthält einen dickflüssigen, klebrigen Saft, der aus Wasser, Melasse und Zucker besteht. Dieser Saft durchläuft eine ganze Anzahl von Raffinierungsprozessen, während derer die Zuckerkristalle von der Melasse geschieden werden. Natürliche braune Zuckerarten, wie der inzwischen überall erhältliche braune Rohrzucker, der Muscovado- oder Barbados-Zucker und der Demerara-Zucker enthalten noch Melasse, hellbrauner Rohrzucker am wenigsten und Melassezucker am meisten. Echter brauner Rohrzucker läßt sich leicht von unechtem - raffiniertem weißem Zukker, der nachträglich mit Melasse versetzt wurde - unterscheiden: Normalerweise ist der Name des Ursprungslandes auf der Packung aufgedruckt.

Hinweis d. dt. Red.: Zucker aus Zuckerrüben, der bei uns verbreiteter ist, wird in ähnlich komplizierten Verfahren wie Rohrzucker gewonnen. Das Zwischenprodukt Rohzucker - von braungelber Farbe und siruphaltig - wird raffiniert, das heißt gereinigt und aufgehellt, und zu Raffinade in verschiedenen Feinheitsgraden verarbeitet.

2 Eigelbe
50 g Vanillezucker (S. 125) oder Streuzucker und einige Tropfen Vanille-Extrakt
1/8 l Milch
250 g Butter

1 Die Eigelbe mit der Hälfte des Zuckers zu einer lockeren Masse verschlagen.
2 Die Milch mit dem restlichen Zucker in einem schweren Topf erhitzen, dann auf die Eigelbe gießen. Wieder in den Topf geben und rühren, bis die Masse am Rücken eines Löffels haften bleibt.
3 Vom Herd nehmen und abkühlen lassen, dann durch ein Sieb streichen.
4 Die Butter locker und cremig schlagen, dann nach und nach in kleinen Mengen zu der Eiercreme hinzufügen und kräftig schlagen.

Varianten

Mokka-Buttercreme

Nach obiger Anweisung zubereiten und 2 TL Instant-Kaffeepulver von guter Qualität (oder Espressopulver) zu der Milch geben und rühren, bis es sich aufgelöst hat. Keine Vanille verwenden.

Schokoladen-Buttercreme

50 g Zartbitterschokolade schmelzen und mit der Eiercreme zu der Butter geben.

Frischkäse-Glasur

Ergibt eine ausreichende Menge zum Füllen und Bestreichen oder zum Überziehen einer Torte von 23 cm Durchmesser

250 g Doppelrahm-Frischkäse
50 g weiche Butter
50 g hellbrauner Rohrzucker
Einige Tropfen Vanille-Extrakt

Alle Zutaten in eine Rührschüssel geben; gut schlagen, bis sie gründlich vermischt sind und eine cremige, lockere Masse entstanden ist.

✿ Fudge-Glasur

Die Fudge-Glasur kann wie die einfache Buttercreme (S. 315) verschieden aromatisiert werden.

Ergibt eine ausreichende Menge zum Füllen und Bestreichen oder zum Überziehen einer Torte von 20–23 cm Durchmesser

50 g Butter oder ungehärtete Pflanzenmargarine
250 g Puderzucker
Einige Tropfen Vanille-Extrakt

1 Die Butter mit 3 EL Wasser in einem Topf erhitzen, bis sie geschmolzen ist. Vom Herd nehmen und den Puderzucker darübersieben.
2 Den Vanille-Extrakt hinzufügen und kräftig schlagen. Die Glasur wird beim Abkühlen dickflüssiger und schließlich fest.

Eiweiss-Zucker-Glasur (Fondant)

Ergibt eine ausreichende Menge zum Überziehen
einer Torte von 20–23 cm Durchmesser

500 g Puderzucker
¼ TL Weinstein
1 Eiweiß

1 Den Puderzucker mit dem Weinstein in eine Rührschüssel sieben.

2 Das Eiweiß leicht schlagen und portionsweise unter die Puderzuckermischung rühren, so daß man eine feste, aber elastische Masse erhält.

3 Die Glasur auf einer mit Puderzucker bestäubten Arbeitsfläche ausrollen.

Dekorationen für Kuchen und und Torten

Eiweiß-Zucker-Glasur eignet sich gut für Dekorationen, weil man sie einfach ausrollen und ausstechen kann. Die Spielzeug-Backsets der Kinder enthalten übrigens manchmal sehr interessante Formen.

Mandelpaste

Ergibt eine ausreichende Menge zum Überziehen
einer Torte von 20–23 cm Durchmesser

500 g Mandeln, gemahlen
500 g hellbrauner Rohrzucker oder weißer Streuzucker
1 TL Zitronensaft
Einige Tropfen Bittermandelaroma
2 Eier, geschlagen

1 Alle Zutaten in einer Rührschüssel zu einer geschmeidigen Masse vermischen; nicht zu lange bearbeiten, weil diese sonst ölig werden kann.

2 Sofort weiterverwenden oder in Klarsichtfolie einschlagen.

Gezuckerte Veilchen und Rosenblätter

Dies sind hübsche und aromatische Garnierungen für Speiseeis, Käsekuchen, Sorbets oder Torten: die Veilchen oder Rosenblätter vorsichtig waschen, trockenschütteln. Ein Eiweiß zu grobblasigem Schaum schlagen, dann die Rosenblätter oder Veilchen zuerst in den Schaum tauchen und anschließend in Streuzucker stippen, so daß sie gut damit überzogen sind. Auf mit Backpapier ausgelegten Backblechen verteilen und bei sehr niedriger Temperatur (auf niedrigster Stufe) im Ofen backen, bis sie trocken und knusprig sind. Auf Kuchengittern vollständig abkühlen lassen, dann in einem luftdicht verschlossenen Behälter aufbewahren.

Royal-Glasur

Ergibt eine ausreichende Menge zum Überziehen einer Torte von 20 cm Durchmesser

4 Eiweiße
900 g Puderzucker, gesiebt
1 EL Zitronensaft
2 EL Glyzerin

1 Die Eiweiße zu einem grobblasigem Schaum schlagen, dann nach und nach die anderen Zutaten unterrühren.

2 Schlagen, bis die Masse dick wird und Spitzen bildet. Sofort verwenden.

7-Minuten-Glasur

Diese Glasur wird außen fest und behält innen eine weiche Konsistenz.

Ergibt eine ausreichende Menge zum Überziehen einer Torte von 23 cm Durchmesser

2 große Eiweiße
350 g Streuzucker
¼ TL Salz
¼ TL Weinstein

1 Alle Zutaten mit 4 EL Wasser in einer Rührschüssel schaumig schlagen.

2 Die Schüssel in einen Topf mit kochendem Wasser auf einen Einsatz stellen (damit sie nicht mit dem Wasser in Berührung kommt) und schlagen, bis die Masse weiche Spitzen bildet; das dauert etwa 7 Minuten. Sofort weiterverwenden.

MENÜ

WEIHNACHTSMENÜ

Für 8 Personen

Avocados auf Himbeersauce
148

Paranußbraten in Blätterteig
236

Vegetarische Bratensauce
172

Preiselbeersauce
174

Brotsauce
175

Möhren-Julienne
184

Rosenkohl

Traditioneller englischer Weihnachtspudding mit Weinbrandbutter
296

Dieses Menü enthält alle Geschmacksnuancen eines traditionellen englischen Weihnachtsessens - abgesehen von Truthahn natürlich - , und der Paranußbraten in Blätterteig bildet den attraktiven Mittelpunkt der Tafel. Er kann im voraus zubereitet und 1-2 Tage im Kühlschrank aufbewahrt oder bis zu 4 Wochen eingefroren werden. Natürlich können Sie auch die Nachspeise schon mehrere Wochen zuvor herstellen und an einem kühlen trockenen Ort aufbewahren. Die Preiselbeersauce und die vegetarische Bratensauce macht man am Vortag, auch die Himbeersauce für den ersten Gang, allerdings darf sie nicht früher als 1 Stunde vor dem Essen angerichtet werden.

Der Braten besitzt einen kräftigen Nuß-Kräuter-Geschmack, und als Gegengewicht dazu sollte man einen charaktervollen Wein anbieten, etwa einen Châteauneuf-du-Pape. Wird Weißwein bevorzugt, so wählen Sie eine kräftige, halbtrockene Sorte.

Teegebäck

Plätzchen und Kekse sind leicht herzustellen, und es macht Spaß, sie zu backen. Sie schmecken nicht nur gut zu einer Tasse Tee oder Kaffee, sondern verleihen auch einer Dessertcreme oder Eis eine angenehm knusprige Textur. In hübschen Schachteln oder Gläsern verpackt und mit bunten Bändern, Stoff- oder Papierblumen dekoriert, sind sie ein schönes Geschenk. Es gibt viele Sorten, von den schnellen Gebäckschnitten, wie Flapjacks, Mürbegebäck und Dattelschnitten, bis zu den zeitaufwendigeren, aber köstlichen Ingwerwaffeln (S. 324) oder Mandel-Tuiles (S. 325).

Gebäck einfrieren

Plätzchen und Kekse lassen sich ausgezeichnet einfrieren: vollständig abkühlen lassen, dann auf einem Tablett verteilen und einfrieren, bis sie fest sind; in einem stabilen Behälter verpacken.

Gebäck benötigt nur kurze Zeit zum Auftauen: in einer Schicht nebeneinander auf ein Kuchengitter legen und 30-60 Minuten bei Zimmertemperatur stehenlassen.

✿ Flapjacks

Flapjacks sind schnell zubereitet und halten sich gut in einer luftdicht verschlossenen Dose.

Ergibt 12-16 Schnitten

175 g Butter oder ungehärtete Pflanzenmargarine
175 g brauner Rohrzucker (Barbados)
2 EL Mais-, Rohrzucker- oder Ahornsirup
250 g Haferflocken
Butter oder ungehärtete Pflanzenmargarine zum Einfetten

1 Den Backofen auf 190 °C (Gas Stufe 3) vorheizen.
2 Eine etwa 20 × 30 cm große Form oder ein Backblech mit Rand einfetten.
3 Butter, Zucker und Sirup bei milder Hitze in einem Topf zerlassen. Dann vom Herd nehmen und die Haferflocken unterrühren.
4 Den Teig in der Backform verteilen und gleichmäßig verstreichen. 20-30 Minuten im Ofen backen, bis das Gebäck braun ist.
5 In Schnitten schneiden, solange das Gebäck noch heiß ist, jedoch in der Form abkühlen lassen. Die Flapjacks werden beim Abkühlen fest.

✿ Mürbegebäck

Ergibt 12 Gebäckstücke

175 g Butter oder ungehärtete Pflanzenmargarine
75 g hellbrauner Rohrzucker
250 g Weizenmehl (Type 1700)

1 Den Backofen auf 150 °C (Gas Stufe 1) vorheizen.
2 Die Butter mit dem Zucker gut verschlagen.
3 Dann das Mehl hinzufügen und einen Teig herstellen.
4 Den Teig auf der bemehlten Arbeitsfläche kneten, dann in eine Flanform von 20 cm Durchmesser drücken und überall mit einer Gabel einstechen. 1¼-1½ Stunden im Ofen backen, bis der Teig fest und goldgelb ist.
5 Das Gebäck mit einem scharfen Messer in Stücke schneiden und dann in der Form vollständig abkühlen lassen.

Variante

✿ *Mürbeplätzchen*

Den Teig nach obiger Anweisung zubereiten, dann etwa 3 mm dick ausrollen. Runde Plätzchen ausstechen und etwa 30 Minuten im Ofen backen.

Kühlschrank-Cookies

Ergibt etwa 80 Cookies

100 g Butter
200 g Vanillezucker (S. 125) oder Streuzucker und ½ TL Vanille-Extrakt
1 großes Ei
250 g Weizenmehl (Type 1700)
2 TL Backpulver
1 Prise Salz

1 Die Butter mit dem Zucker schlagen.
2 Das Ei unterrühren, dann das Mehl mit Backpulver und Salz darübersieben. Gut vermischen, so daß man einen Teig erhält.
3 Den Teig auf die leicht bemehlte Arbeitsfläche geben und zu einer etwa 5 cm dicken Wurst rollen. In Klarsichtfolie einschlagen und mehrere Stunden in den Kühlschrank legen.
4 Sobald man die Cookies backen will, den Backofen auf 190 °C (Gas Stufe 3) vorheizen.
5 Die Teigrolle mit einem scharfen Messer in etwa 3 mm dicke Scheiben schneiden und diese mit ausreichendem Abstand auf Backbleche legen.
6 8–10 Minuten backen, bis die Plätzchen an den Rändern Farbe anzunehmen beginnen. Aus dem Ofen nehmen und zum Abkühlen auf Kuchengitter legen.

Tip für Kühlschrank-Cookies

Dieser Teig hält sich im Eisfach des Kühlschranks bis zu 2 Wochen, und Sie können, wann immer Sie frische Plätzchen backen möchten, Scheiben von der Rolle abschneiden.

✿ Dattelschnitten

Ergibt 12–16 Schnitten

250 g ungezuckerte Datteln, gehackt
250 g Vollweizenmehl oder Weizenmehl Type 1700
1–2 TL Backpulver
½ TL Salz
100 g Butter oder ungehärtete Pflanzenmargarine

1 Den Backofen auf 200 °C (Gas Stufe 3–4) vorheizen.
2 Die Datteln mit gut ⅛ l Wasser in einen Topf geben und bei milder Hitze 5 Minuten kochen, bis sie weich sind und die Flüssigkeit absorbiert ist.
3 Die Früchte zerdrücken und harte Stengel- oder Steinteile sorgfältig entfernen. Abkühlen lassen.
4 Das Mehl mit Backpulver und Salz in eine Rührschüssel geben. Mit den Fingerspitzen die Butter mit dem Mehl zusammenreiben, bis die Masse feinen Streuseln ähnelt.
5 3 EL kaltes Wasser hinzufügen, dann die Masse zu einem Teig zusammendrücken. Die Hälfte des Teigs ausrollen, so daß er in eine etwa 20 × 30 cm große Backform paßt.
6 Die Dattelmischung auf dem Teig verteilen. Den restlichen Teig ausrollen, so daß er die Datteln bedeckt, in Position drücken und an den Rändern begradigen.
7 Den Teig überall mit einer Gabel einstechen. 30 Minuten im Ofen backen, bis das Gebäck fest und leicht gebräunt ist.
8 30 Minuten in der Form abkühlen lassen, dann in Schnitten schneiden, aus der Form nehmen und zum vollständigen Abkühlen auf Kuchengitter legen.

Dattelschnitten

✿ Englische Haferkuchen

Dies sind dünne, knusprige Haferwaffeln, die auf einem meiner Lieblingsrezepte beruhen, welches ich für Naturkostanhänger etwas abgewandelt habe. Achten Sie darauf, daß das Hafermehl frisch riecht und schmeckt.

Ergibt 16 Waffeln

Plätzchen servieren

Selbstgemachte Plätzchen sehen besonders hübsch aus, wenn man sie in einem flachen Korb serviert; mindestens zwei Sorten anbieten und großzügig aufhäufen. So präsentiert, können Plätzchen als schnelle Nachspeise gereicht werden.

Plätzchen aufbewahren

Plätzchen sollte man in einer luftdicht verschlossenen Dose aufbewahren, damit sie frisch und knusprig bleiben.

½ TL Salz
1 TL Butter oder ungehärtete Pflanzenmargarine
⅛ l kochendes Wasser
150 g mittelgrobes Hafermehl

1 Den Backofen auf 180 °C (Gas Stufe 2–3) vorheizen.
2 Salz und Butter in das kochende Wasser rühren, dann mit dem Hafermehl in eine Schüssel geben. Gut vermischen und 2–3 Minuten stehenlassen, damit das Mehl quellen kann.
3 Die Hafermasse auf die bemehlte Arbeitsfläche geben und leicht kneten.
4 Den Teig halbieren. Jede Teighälfte zu einer runden Platte von etwa 10 cm Durchmesser ausrollen, dann jede Platte in 8 Dreiecke schneiden.
5 Jedes Dreieck so dünn wie möglich ausrollen, indem man von Schnittkante zu Schnittkante (und nicht etwa vom äußeren Rand zur Spitze hin) rollt, so daß man jeweils ein großes Dreieck erhält.
6 Die Waffeln mit einem dünnen Spatel auf ein Backblech heben und 20–25 Minuten im Ofen backen, bis sie hellgolden, knusprig und an den Rändern etwas gerollt sind; während des Backens einmal vorsichtig umdrehen.
7 Auf Kuchengitter legen und vollständig abkühlen lassen.

Erdnussplätzchen

Diese Plätzchen sind schnell herzustellen und besonders bei Kindern sehr beliebt. Sie lassen sich gut einfrieren und tauen rasch auf.

Ergibt etwa 36 Plätzchen

Erdnußbutter

Wählen Sie eine Sorte, die keine Emulgatoren und andere Zusatzstoffe enthält. Möglicherweise hat sich bei dieser Erdnußbutter an der Oberfläche eine Schicht Öl abgesetzt (weil die Emulgatoren fehlen), doch dies ist normal; rühren Sie die Erdnußbutter vor der Verwendung einfach gründlich durch.

70 g Butter
70 g hellbrauner Rohrzucker
70 g Vanillezucker (S. 125) oder Streuzucker und einige Tropfen Vanille-Extrakt
1 Ei
50 g grobe Erdnußbutter
100 g Weizenmehl (Type 1700)
1 TL Backpulver
½ TL Salz
50 g ungesalzene Erdnüsse, geröstet und gehackt
Butter zum Einfetten

1 Den Backofen auf 180 °C (Gas Stufe 2–3 vorheizen).
2 Die Butter mit Rohr- und Vanillezucker cremig schlagen, dann das Ei und die Erdnußbutter hinzufügen und weiterschlagen, bis eine lockere Masse entstanden ist.
3 Das Mehl mit Backpulver und Salz darübersieben und untermischen (das Salz weglassen, wenn gesalzene Erdnüsse verwendet werden).
4 Die Erdnüsse dazugeben und wieder rühren, bis alle Zutaten gründlich verbunden sind.
5 Jeweils 1 TL Teig zu einer kleinen Kugel formen und auf ein gefettetes Backblech setzen; dabei größere Abstände einhalten, damit der Teig auseinanderlaufen kann.
6 12–15 Minuten im Ofen backen. Die Erdnußplätzchen auf dem Blech etwas abkühlen lassen.
7 Zum vollständigen Abkühlen auf Kuchengitter legen.

Variante

Schokotröpfchen- oder Carobplätzchen

Für diese feine Variante die Erdnußbutter und die Erdnüsse weglassen. 100 g Schokotröpfchen oder Carob-Schokoladenstückchen und 25 g gehackte blanchierte Haselnüsse unterrühren, nachdem man das Mehl hinzugefügt hat.

Knusprige Orangenplätzchen

Ergibt 20-24 Plätzchen

100 g Butter
75 g hellbrauner Rohrzucker
1 Ei
Abgeriebene Schale von 1 unbehandelten Orange
100 g Weizenmehl (Type 1600 oder 1700)
1 TL Backpulver
Zerdrückte Weizenflocken, Corn-flakes oder Mandelblättchen
Butter zum Einfetten

1 Den Backofen auf 180 °C (Gas Stufe 2-3) vorheizen.
2 Ein großes Backblech einfetten.
3 Die Butter mit dem Zucker schlagen, dann das Ei und die Orangenschale unterrühren. Das Mehl mit dem Backpulver hinzufügen und rühren, bis die Zutaten gut vermischt sind.
4 Jeweils 1 gehäuften TL Teig in Weizenflocken, Corn-flakes oder Mandelblättchen wenden.
5 Die kleinen Kugeln auf die Backbleche setzen, dabei ein wenig Abstand einhalten, und etwas flach drücken.
6 15 Minuten im Ofen backen, bis sie goldbraun sind. Zum Abkühlen auf Kuchengitter legen.

Von links nach rechts: Englische Haferkuchen - Erdnußplätzchen - Knusprige Orangenplätzchen - Ingwerkekse (S. 325)

✿ Mürbe Mandelplätzchen

(Abb. S. 337)

Sie schmecken ausgezeichnet zum Tee oder Kaffee oder zu Eis, Pudding und Fruchtsalat.

Ergibt etwa 40 Plätzchen

125 g Butter oder ungehärtete Pflanzenmargarine
70 g Vanillezucker (S. 125) oder Streuzucker und einige Tropfen Vanille-Extrakt
120 g Weizenmehl (Type 1700)
¼ TL Salz
25 g Mandelblättchen, zerdrückt
15 g Mandelblättchen
Butter oder ungehärtete Pflanzenmargarine zum Einfetten

1 Den Backofen auf 170 °C (Gas Stufe 2) vorheizen.
2 Die Butter mit dem Zucker zu einer lockeren, cremigen Masse schlagen.
3 Das Mehl mit dem Salz in eine Schüssel sieben, dann mit den zerdrückten Mandeln unter die Zuckermasse mischen.
4 Jeweils 1 TL Teig zu einer Kugel formen und auf ein gefettetes Backblech setzen, dabei großzügige Zwischenräume lassen. Flach drücken und mit Mandelblättchen verzieren.
5 25 Minuten im Ofen backen, bis sie goldbraun sind. Etwas abkühlen und dann auf Kuchengittern erkalten lassen.

Ingwerwaffeln

Köstlich, wenn man sie allein serviert, aber auch feine Begleiter zu cremigen Desserts oder Obstsalat. Ingwerwaffeln sind leicht herzustellen, wenn man Backpapier verwendet und die Waffeln nicht zu früh aufrollt.

Ergibt etwa 20 Waffeln

Serviervorschläge für Gebäck

Mit Schlagsahne gefüllte Ingwerwaffeln sind eine feine Beilage zu einem einfachen Obstsalat; diese Nachspeise eignet sich auch für besondere Anlässe.

Servieren Sie einmal Fruchtsalat, Eis, Sorbet oder Fruchtcreme in einer dünnen, knusprigen »Schale«, die aus einer Mandel-Tuile besteht.

Wenn Sie nicht die Zeit haben, eine Nachspeise zuzubereiten, oder etwas Leichtes servieren wollen, so richten Sie mehrere Gebäcksorten in einem hübschen Korb an, und reichen Sie dazu Kaffee oder Schälchen mit dickem griechischem Joghurt.

50 g Butter oder ungehärtete Pflanzenmargarine
100 g Streuzucker
50 g (2 EL) Mais-, Rohrzucker- oder Ahornsirup
50 g Weizenmehl (Type 1700), gesiebt
½ TL gemahlener Ingwer
½ TL abgeriebene unbehandelte Zitronenschale
Öl zum Einfetten

Für die Füllung (nach Belieben)

150 g Crème double oder Schlagsahne, geschlagen, nach Belieben zusätzlich mit 1-2 EL Weinbrand

1 Den Backofen auf 180 °C (Gas Stufe 2-3) vorheizen.
2 Butter, Zucker und Sirup bei milder Hitze in einem kleinen Topf schmelzen.
3 Vom Herd nehmen; Mehl, Ingwer und Zitronenschale unterrühren. Die Mischung abkühlen lassen.
4 Ein großes Backblech mit Backpapier auslegen.
5 Jeweils 2 gehäufte TL Teig in ausreichendem Abstand auf das Backblech setzen, damit der Teig auseinanderlaufen kann, und etwas flach drücken. 7-8 Minuten im Ofen backen, bis die Waffeln gleichmäßig gebräunt sind.
6 Auf dem Blech 3-4 Minuten soweit abkühlen lassen, daß man die Waffeln anfassen kann.
7 Schnell aufrollen, indem man sie um den eingeölten Stiel eines hölzernen Rührlöffels wickelt. Abstreifen und auf ein Kuchengitter legen. Wenn die Waffeln schon hart geworden sind, bevor man sie aufrollen kann, sie nochmals für kurze Zeit, 1-2 Minuten, in den Ofen schieben, damit sie wieder weich werden.
8 Die restlichen Ingwerwaffeln auf die gleiche Weise herstellen, wobei man das Backpapier wiederverwenden kann.
9 Die Ingwerwaffeln ungefüllt servieren oder gegebenenfalls von beiden Enden her mit Sahne füllen, die man nach Belieben noch mit Weinbrand aromatisiert; dazu entweder einen Teelöffel oder einen Spritzbeutel mit Sterntülle verwenden.

Ingwerwaffeln

Ingwerkekse

(Abb. S. 323)

Diese stets beliebten Ingwerplätzchen sind leicht herzustellen, knusprig und köstlich. Sie halten sich gut in der Tiefkühltruhe oder in einer Dose.

Ergibt etwa 36 Kekse

50 g Butter
100 g Streuzucker
40 g (1½ EL) Mais-, Rohrzucker- oder Ahornsirup
1 EL geschlagenes Ei
175 g Weizenmehl (Type 1700)
1 TL Natron
1 TL gemahlener Ingwer
Butter zum Einfetten

1 Den Backofen auf 180 °C (Gas Stufe 2-3) vorheizen.
2 Die Butter mit Zucker und Sirup schlagen, dann das Ei hinzufügen und weiterschlagen, bis die Masse locker ist.
3 Mehl, Natron und Ingwer darübersieben und zu einem Teig vermischen.
4 Den Teig in etwa 36 kleine Kugeln formen und mit ausreichendem Abstand auf gefettete Backbleche setzen, so daß der Teig auseinanderlaufen kann.
5 12-15 Minuten im Ofen backen. Etwas abkühlen und auf einem Kuchengitter vollständig erkalten lassen.

Ingwerkeks-Rolle

Aus Ingwerkeksen kann man eine köstliche Sahnerolle herstellen: die Plätzchen mit Schlagsahne zu einer langen Rolle zusammensetzen, mit Sahne überziehen und mit gehacktem kandiertem Ingwer dekorieren. 3-4 Stunden in den Kühlschrank stellen, damit die Plätzchen weich werden und die Aromen sich verbinden.

Mandel-Tuiles

(Abb. S. 282)

Diese dünnen, knusprigen französischen Waffeln passen besonders gut zu Eis und leichten fruchtigen Desserts. Man kann sie auch als größere Schälchen herstellen, in die man dann Eiscreme füllt.

Ergibt 16 Waffeln

2 Eiweiße
100 g Vanillezucker (S. 125) oder Streuzucker und ½ TL Vanille-Extrakt
50 g Weizenmehl (Type 1700)
50 g Butter, geschmolzen
50 g Mandelblättchen

1 Den Backofen auf 190 °C (Gas Stufe 3) vorheizen.
2 Ein großes Backblech mit Backpapier auslegen.
3 Die Eiweiße zu einem grobblasigen Schaum schlagen, dann den Zucker darunterschlagen. Mehl, Butter und Mandeln vorsichtig unterziehen.
4 Den Teig in Scheiben von etwa 10 cm Durchmesser auf das Backblech setzen. 7-8 Minuten im Ofen backen, bis sie einen Hauch Farbe angenommen haben.
5 Die Waffeln 1-2 Sekunden stehenlassen, dann sofort mit einem Spatel vom Blech heben und über den Rand einer großen Schüssel legen, so daß sie beim Festwerden eine gewölbte Ziegelform annehmen (Dachziegel = franz. tuile).
6 Die restlichen Tuiles auf die gleiche Weise herstellen, wobei man das Backpapier wiederverwenden kann. Sobald die Waffeln abgekühlt sind, in einer luftdicht verschlossenen Dose aufbewahren.

Varianten

Cigarettes Russes

Die Mandeln weglassen. Wenn man die Waffeln vom Blech nimmt, sie sofort eng um den eingefetteten Stiel eines hölzernen Rührlöffels wickeln. Etwas abkühlen lassen, dann die gerollten Waffeln vom Stiel gleiten lassen und auf Kuchengitter legen.

Waffelschalen für Speiseeis

Um diese Schalen herzustellen, auf das Backpapier Kreise von 15 cm Durchmesser zeichnen und den Teig auf die Kreise verteilen. 10-15 Minuten im Ofen backen. Die Waffeln vom Blech nehmen und über den Boden eines leicht gefetteten Trinkglases legen, auf den Seiten andrücken und die Ränder leicht nach außen ziehen.

Tips zum Plätzchenbacken

Die Plätzchen müssen alle dieselbe Größe und Dicke haben, damit sie gleichmäßig backen.

Eine flache Backform oder ein Blech benutzen, damit die Ofenhitze auch die Teigseiten erreicht. Beim Backen klebriger Kekse, etwa bei Ingwerwaffeln, erleichtert Backpapier das Lösen der Waffeln.

Lassen Sie genug Zwischenraum zwischen den Plätzchen, damit sie beim Backen noch auseinanderlaufen können. Manche Teige, wie etwa der für Ingwerwaffeln, laufen sehr weit auseinander.

Das Gebäck wenige Minuten auf dem Blech abkühlen lassen, bevor man es mit einem Spatel löst und auf Kuchengitter legt.

Plätzchen, die nach dem Backen gerollt oder geformt werden, wie Ingwerwaffeln und Mandel-Tuiles, müssen auf dem Backblech abkühlen, bis sie fest genug, aber immer noch elastisch sind. Sobald man die erste Portion gebacken hat, sollte man in der Lage sein, dieses Stadium zu erkennen. Falls die Waffeln zu fest werden, kann man sie wieder geschmeidiger machen, indem man sie nochmals 1-2 Minuten in den Ofen schiebt.

Brot und Brötchen

Tee und Kräutertee kochen

Die Methode der Teezubereitung ist die gleiche, ob man nun Kräuter- oder Blütentee oder die üblichen Teeblätter verwendet. Die Kanne anwärmen und, wenn man normalstarken Tee mag, pro Tasse 1 TL Tee sowie zusätzlich 1 TL in die Kanne geben, wenn er für mehr als 3 Personen bestimmt ist. Falls Sie, wie ich, schwachen Tee lieben, nur 1 TL Tee pro Kanne verwenden; das ist eine Frage des persönlichen Geschmacks. Einen Wasserkessel mit frischem kaltem Wasser zum Kochen bringen, dann den Tee damit aufgießen. Chinesischen oder Kräutertee 2–3 Minuten, indischen Tee 4–5 Minuten ziehen lassen, dann durch ein Sieb in die Tassen gießen. Je nach Geschmack Milch oder Zitronenscheiben dazugeben. Bei Kräutertees kann man auch etwas Zimt oder Honig hinzufügen.

Kräutertee

Kräutertee ist in vielen Sorten erhältlich; kaufen Sie ihn in kleinen Mengen und experimentieren Sie, bis Sie diejenigen finden, die Ihnen schmecken. Zur Abwechslung kann man Scones, Muffins oder Kuchen einmal mit Kräutertee statt mit schwarzem Tee oder Kaffee servieren. Die verschiedenen Kräutertees besitzen unterschiedliche Heilwirkungen:

ECHTE GOLDRUTE Harntreibend, ein natürliches Entwässerungsmittel

KAMILLE Beruhigend und schlaffördernd

LIMETTENBLÜTE Entspannend

PFEFFERMINZE Hilft bei Verdauungsstörungen

SCHMERWURZ (BEINWELL) Gegen bronchitische und andere Entzündungen

ZITRONENSTRAUCH und ZITRONENGRAS Belebend, gut als Tonika geeignet

Nichts trägt zu dem Ruf, eine gute Köchin zu sein, mehr bei, als wenn man selbst Brot backt; es macht auch eine besondere Freude, der Familie und Freunden selbstgebackenes Brot anzubieten. Ein einfaches Brot ist zudem nicht schwieriger herzustellen als ein Kuchen. Dieses Kapatel enthält meine liebsten Rezepte für Hefebrote sowie eine Auswahl weiterer Brote und Brötchen, die ebenfalls leicht zu backen sind und für Abwechslung sorgen. Wenn Sie Brot mögen, lohnt es sich, gleich eine größere Menge des schnellen Vollweizenbrotes (S. 328) zu backen; man muß nur die Zutaten verdoppeln oder verdreifachen.

SCHNELLE VOLLWEIZEN-SCONES

Scones sind kleine weiche, brötchenartige Kuchen. Man serviert sie mit Butter und klarem Honig oder mit Marmelade und Sahne.

Ergibt 10 Scones

250 g Vollweizenmehl
2 TL Backpulver
50 g Butter
25 g Zucker
1 Ei, geschlagen und mit Milch zu gut ⅛ l Flüssigkeit ergänzt

1 Den Backofen auf 220 °C (Gas Stufe 4–5) vorheizen.
2 Das Mehl mit dem Backpulver in eine Rührschüssel sieben, dann die Butter mit den Fingerspitzen in das Mehl reiben; den Zucker untermischen. Die Ei-Milch-Mischung hinzufügen und zu einem weichen, aber nicht klebrigen Teig verrühren.
3 Den Teig auf die bemehlte Arbeitsfläche legen und leicht durchkneten, dann flach drücken, so daß er mindestens 1 cm dick ist.
4 Die Scones mit einer runden Ausstechform von 5 cm Durchmesser ausstechen und auf ein bemehltes Backblech setzen.
5 12–15 Minuten im Ofen backen, bis die Scones goldbraun sind und sich an den Seiten elastisch anfühlen, wenn man sie leicht drückt. Auf Kuchengitter abkühlen lassen oder sofort servieren.

Varianten

✿ *Streng vegetarische Scones*

Statt Ei und Milch gut ⅛ l Sojamilch verwenden und die Butter durch 75 g ungehärtete Pflanzenmargarine ersetzen, damit die Scones besonders gehaltvoll werden.

Käse-Scones

Diese Scones schmecken köstlich, wenn man sie als schnelles Mittag- oder Abendessen warm aus dem Ofen ißt. Die Scones buttern und mit etwas Salat, frischen festen Tomaten und knackigen Selleriestangen servieren. Den Zucker weglassen. ½ TL englisches Senfpulver und 50 g geriebenen Käse zum Teig hinzufügen. Die Scones vor dem Backen mit weiteren 50 g geriebenem Käse bestreuen.

Rosinen-Scones

50–100 g Rosinen in den Teig rühren. Auch ½ TL Gewürzmischung oder gemahlener Zimt bereichern diese Scones.

Hellbraune Scones

Das Vollweizenmehl durch Weizenmehl Type 1700 ersetzen oder je zur Hälfte Vollweizenmehl und ungebleichtes Weißmehl (Type 550) verwenden.

Preiselbeer-Scones

Für diese weihnachtliche Abwandlung des Rezepts 100 g gekochte gesüßte Preiselbeeren und 1 kräftige Prise gemahlene Nelken unter den Teig mischen. Nach obiger Anweisung backen.

✿ Muffins mit Kleie, Honig und Sultaninen

Muffins - flache Kuchen oder Brötchen - sind schnell und einfach herzustellen und schmecken köstlich, wenn man sie warm aus dem Ofen serviert. Statt Sultaninen kann man auch Rosinen verwenden oder eine Mischung aus beiden.

Ergibt 12 Muffins

75 g Vollweizenmehl
25 g Kleie
3 TL Backpulver
1 Prise Salz
75 g Sultaninen
50 g (2 EL) klarer Honig
4 EL Sonnenblumenöl
Öl zum Einfetten

1 Den Backofen auf 180 °C (Gas Stufe 2-3) vorheizen. Eine Backform mit 12 Vertiefungen oder 12 Einzelförmchen gut einfetten.

2 Mehl und Kleie mit Backpulver, Salz und Sultaninen in eine Rührschüssel geben. Honig, Sonnenblumenöl und 6-7 EL Wasser hinzufügen.

3 Gut vermischen, so daß man einen dickflüssigen Teig erhält.

4 Den Teig auf die Vertiefungen der Backform oder die Einzelförmchen gleichmäßig verteilen.

5 15-20 Minuten im Ofen backen, bis die Muffins aufgegangen sind und sich fest anfühlen, wenn man sie leicht berührt. Warm servieren.

Im Uhrzeigersinn von oben: Vollweizen-Bananenbrot (S. 330) - Muffins mit Kleie, Honig und Sultaninen - Schnelle Vollweizen-Scones

Kaffee kochen

Die alte Methode, Kaffee zu kochen, besteht darin, daß man den gemahlenen Kaffee in eine Kanne gibt, mit fast kochendem Wasser aufgießt, den Deckel aufsetzt und den Kaffee 4 Minuten ziehen läßt. Für ½ l Wasser rechnet man 50 g Kaffee.

Ich bevorzuge die Filtermethode, indem ich fast kochendes Wasser auf Kaffee in einem Filter gieße und in eine Kanne tropfen lasse. Man kann auch mittelfein gemahlenen Kaffee in eine Cafetière geben, mit Wasser überbrühen, 4 Minuten ziehen lassen und dann das Sieb mit dem Kaffeemehl nach unten drücken.

✿ SCHNELLES VOLLWEIZENBROT

(Abb. S. 331)

Dieses Brot kann in vielen Formen gebacken werden.

Ergibt 1 Laib von 500 g

Brotteig formen

1 Den Teig flach drücken, daß er so breit wie die Form lang ist.

2 Den Teig locker aufrollen.

3 Die Teigrolle mit der Nahtseite nach unten in die Form legen.

4 Den Teig in den Ecken und an den Seiten nach unten drücken, so daß man einen gewölbten Laib erhält.

Gut ¼ l lauwarmes Wasser
1 TL Zucker
2 TL Trockenhefe
500 g Vollweizenmehl
oder 350 g Vollweizenmehl und
150 g ungebleichtes Weißmehl (Type 550)
2 TL Salz
Butter oder Öl zum Einfetten

Zum Bestreuen
Sesamsamen
Haferflocken
Mohnsamen
Weizenschrot oder Vollweizenmehl

1 Die Hälfte des Wassers mit der Hälfte des Zuckers und der Hefe in einen Meßbecher geben; vermischen, dann 5–10 Minuten gären lassen.
2 Eine Kastenform (etwa 500 g Inhalt) großzügig einfetten.
3 Das Mehl mit dem restlichen Zucker und dem Salz in eine Schüssel geben und in die Mitte der Mehlmischung eine Vertiefung drücken.
4 Die gegorene Hefe hineingießen, das restliche Wasser dazugeben und zu einem Teig vermischen.
5 10 Minuten kneten, bis der Teig glatt und elastisch ist.
6 Den Teig zu einem Rechteck flach drücken und behutsam so zusammenrollen, daß er in die Form paßt. Die Rolle mit der Nahtseite nach unten in die Form legen. An den Seiten und in den Ecken nach unten drücken, so daß man einen gewölbten Laib erhält.
7 Mit einem sauberen Tuch, das man in heißem Wasser ausgewrungen hat, bedecken und etwa 30 Minuten an einem warmen Ort aufgehen lassen.
8 Den Backofen auf 180 °C (Gas Stufe 2–3) vorheizen.
9 Wenn der Teig sein Volumen verdoppelt hat und den Formrand etwas überragt, mit einer der vorgeschlagenen möglichen Zutaten bestreuen und 40–45 Minuten im Ofen backen.
10 Aus der Form nehmen. Das Brot sollte hohl klingen, wenn man gegen seine Unterseite klopft. Auf einem Kuchengitter abkühlen lassen.

Varianten

✿ *Kräuter-Zwiebel-Brot* (Abb. S. 153)

1 kleine feingehackte Zwiebel und je ½ TL Oregano (oder Dill) und Rosmarin hinzufügen. Dieses Brot warm servieren.

✿ *Superschnelles Vollweizenbrot*

Für diese noch schnellere Variante die Wassermenge auf 350 ml erhöhen, so daß man einen weichen Teig erhält; nicht kneten. Den Teig halbieren, die Teigstücke zu Laiben formen und jeweils in eine gefettete Kastenform (etwa 500 g Inhalt) geben. Aufgehen lassen, bis der Teig fast den Rand der Form erreicht hat. 30 Minuten bei 200 °C (Gas Stufe 3–4) backen.

✿ *Schnelle Vollweizenbrötchen* (Abb. S. 331)

50 g Butter oder ungehärtete Pflanzenmargarine mit dem Mehl zusammenreiben, dann je gut ⅛ l Milch (oder Sojamilch) und Wasser verwenden, um den Teig herzustellen. 5 Minuten kneten, dann den Teig in eine leicht geölte Schüssel geben, abdecken und an einem warmen Ort etwa 1 Stunde stehenlassen, bis er sein Volumen verdoppelt hat. Zu 8–10 Brötchen oder Kringeln, Zöpfen, Knoten, Stangen oder Brezeln formen und mit genügend Abstand auf ein bemehltes Backblech setzen. Abdecken und 15–20 Minuten an einem warmen Ort stehenlassen, bis die Teigteile gut aufgegangen sind. 15–20 Minuten bei 220 °C (Gas Stufe 4–5) im Ofen backen.

✿ *Kreuzbrötchen*

Den Teig nach der Anweisung für schnelle Vollweizenbrötchen zubereiten. Nach dem ersten Aufgehen je ½ TL Gewürzmischung, gemahlenen Zimt und frisch geriebene Muskatnuß, 75 g Korinthen, 50 g gehackte gemischte Zitrusschalen und 25 g Zucker unter den Teig kneten. Zu Brötchen formen, aus 75 g Mürbeteig Kreuze ausschneiden und auf die Brötchen setzen. 20 Minuten im Ofen backen. 25 g Zucker in 2 EL Milch oder Sojamilch erhitzen, bis sich der Zucker aufgelöst hat, und die Brötchen damit bestreichen.

Aufgehzeiten für Brotteig

Ort	*Erste Aufgehzeit*	*Zweite Aufgehzeit*
Warmer Ort, 23°C, z. B. in Ofen- oder Heizkörpernähe	45 - 60 Minuten	30 Minuten
Bei Zimmertemperatur, 18 - 21°C	1½ - 2 Stunden	40 - 50 Minuten
Kühler Ort	8 - 12 Stunden	2 - 3 Stunden
Kühlschrank (Teig mit Öl bepinseln und Schüssel mit Klarsichtfolie abdecken, damit sich keine harte Kruste bildet; vor dem Backen 15 Minuten bei Zimmertemperatur stehenlassen)	Bis zu 24 Stunden	Bis zu 12 Stunden

Brotteig langsam aufgehen lassen

Im Kühlschrank geht Brotteig sehr langsam auf: mit Öl bepinseln und mit Klarsichtfolie abdecken; 12 Stunden im Kühlschrank stehenlassen. Das Brot vor dem Backen 30 Minuten bei Zimmertemperatur erwärmen, während man den Ofen vorheizt.

Mohnzopf

Dies ist ein wunderbares Brot mit feinem Geschmack und goldgelber Kruste, die mit Mohn überzogen ist.

Ergibt 1 großen Zopf

25 g frische Hefe
oder 15 g Trockenhefe und ½ TL Zucker
½ l warme Milch
750 g ungebleichtes Weißmehl (Type 550)
1½ TL Salz
1½ TL Zucker
50 g Butter
1 kleines Ei, geschlagen
Mohnsamen
Butter zum Einfetten

1 Die Hefe mit der Milch vermischen (bei Trockenhefe auch Zucker hinzufügen) und 10 - 15 Minuten gären lassen.
2 Mehl, Salz und Zucker in eine große Rührschüssel geben und die Butter mit den Fingerspitzen hineinreiben. Die Hefemilch hinzufügen und zu einem Teig vermischen.
3 10 Minuten kneten, in eine Schüssel geben, mit Klarsichtfolie oder einem sauberen Tuch abdecken und etwa 1 Stunde an einem warmen Ort stehenlassen, bis sich das Volumen des Teigs verdoppelt hat.
4 Den Teig wieder zusammendrücken, kurz durchkneten, dann einen Zopf flechten: den Teig in 3 gleich große Stücke teilen, jedes zu einer etwa 30 cm langen Wurst rollen, die in der Mitte dick ist und an den Enden spitz zuläuft. In der Mitte mit dem Flechten beginnen und den Zopf an den Enden in einer schönen Spitze auslaufen lassen.
5 Den Zopf auf ein gefettetes Backblech setzen, abdecken und nochmals 30 Minuten aufgehen lassen. Den Backofen auf 230 °C (Gas Stufe 5) vorheizen.
6 Den Zopf mit Ei bepinseln, mit Mohnsamen bestreuen und etwa 35 Minuten im Ofen backen. Auf einem Kuchengitter abkühlen lassen.

Varianten

✿ *Streng vegetarischer Mohnzopf*

Statt Milch Sojamilch und statt Butter ungehärtete Pflanzenmargarine verwenden. Den Zopf mit Sojamilch bepinseln.

Schwedischer Teering

Den Teig nach obiger Anweisung zubereiten und in der Schüssel aufgehen lassen. Statt einen Zopf zu flechten, ein etwa 25 × 30 cm großes Rechteck ausrollen. Mit zerlassener Butter bestreichen, dann wie eine Biskuitrolle aufrollen und die Enden zusammenfügen, so daß ein Ring entsteht. Auf ein Backblech setzen und mit einer Küchenschere die Oberfläche im Abstand von etwa 2,5 cm diagonal einschneiden. Die Einschnitte etwas auseinanderziehen und öffnen. Den Teig nochmals 30 Minuten aufgehen lassen, dann bei 190 °C (Gas Stufe 3) 30 - 35 Minuten im Ofen backen. Mit Zuckerglasur, kandierten Kirschen und Mandeln verzieren.

Einen Mohnzopf flechten

Vollweizen-Bananenbrot

(Abb. S. 327)

Dieses Brot in Scheiben schneiden und mit Butter bestreichen, dann servieren.

Ergibt 1 Laib von 500 g

50 g Butter
50 g brauner Rohrzucker (Barbados)
75 g (3 EL) Mais-, Rohrzucker- oder Ahornsirup oder klarer Honig
250 g Vollweizenmehl
1–2 TL Backpulver
50 g Walnüsse, gehackt
2 reife Bananen, geschält und zerdrückt
1 Ei, geschlagen
Butter zum Einfetten

1 Den Backofen auf 180 °C (Gas Stufe 2–3) vorheizen. Eine Kastenform (etwa 500 g Inhalt) einfetten und mit einem Streifen gefetteter Backfolie auslegen, der den Boden der Form bedeckt und an den Schmalseiten über den Rand steht.
2 Butter, Zucker und Sirup oder Honig in einem kleinen Topf bei milder Hitze schmelzen. Zum Abkühlen beiseite stellen, bis man den Topf anfassen kann, ohne sich zu verbrennen (wenn man es eilig hat, den Topf in kaltes Wasser stellen).
3 Das Mehl mit Backpulver, Walnüssen und Bananen in eine Rührschüssel geben. Die abgekühlte Sirupmischung und das Ei hinzufügen. Gut vermischen.
4 Den Teig in die Form füllen und 40 Minuten im Ofen backen, bis ein erwärmter Spieß, den man in die Mitte des Brots einsticht, keine Teigspuren mehr aufweist.
5 Zum Abkühlen auf ein Kuchengitter legen. Die Backfolie abziehen.

Varianten

✿ *Streng vegetarisches Bananenbrot*
Ungehärtete Pflanzenmargarine und zusätzlich 1 TL Backpulver verwenden. Das Ei durch 2 EL Sojamilch ersetzen.

Dattel-Walnuß-Brot
Nach obiger Anweisung zubereiten und statt Bananen 100 g gehackte, entsteinte Datteln und 2–3 EL Milch verwenden.

Im Uhrzeigersinn von oben rechts: Jasmintee – Kamillentee – Pfefferminztee

Sirup oder Honig abmessen

Wenn Sie Ihre Küchenwaage einstellen können, so setzen Sie die Rührschüssel oder den Topf auf die Waagschale, stellen die Waage auf Null und gießen bis zu dem gewünschten Gewicht Sirup oder Honig zu.

Sie können auch den Honig oder Sirup im Behältnis auf die Waage stellen, eine Teilmenge entnehmen, den im Behältnis verbliebenen Inhalt wieder abwiegen und erneut eine Teilmenge entnehmen usw., bis Sie die benötigte Menge entnommen haben. Dabei einen erwärmten Löffen benutzen und das Innere der Waagschale zuvor bemehlen, wenn man den Honig oder Sirup in einen anderen Behälter umgießen möchte.

Hinweis d. dt. Red.: Um das Abmessen kleinerer Mengen zu erleichtern, wurden die Gramm-Angaben für Sirup, Honig und Marmelade in den Rezepten durch EL-Maße ergänzt.

Sodabrot

Sodabrot ist mit Natron als Triebmittel gebackenes Brot (Natron = engl. soda). Am besten schmeckt es, wenn man es noch am Backtag verzehrt; getoastet ist es jedoch auch am nächsten Tag noch gut. Ich mag es besonders gern mit klarem Honig.

Ergibt 1 Laib von 500 g

500 g Mehl (eine Mischung aus Vollweizenmehl und ungebleichtem Weißmehl Type 550)
1 TL Salz
2 TL Natron
25 g weiche Butter
Gut ¼ l Buttermilch oder Sauermilch oder Milch, mit 1 EL Essig erwärmt

1 Den Backofen auf 220 °C (Gas Stufe 4–5) vorheizen.
2 Ein Backblech bemehlen.
3 Mehl, Salz und Natron in eine Rührschüssel sieben. Die Butter hinzufügen und mit den Fingerspitzen in das Mehl reiben, bis die Masse feinen Streuseln ähnelt.
4 In der Mitte eine Vertiefung drücken und die Milch hineingießen, dann die Mischung zu einem Teig verrühren.
5 Den Teig auf die bemehlte Arbeitsfläche legen, leicht durchkneten und zu einem runden Laib formen.
6 Den Laib auf das Backblech setzen und mit einem scharfen Messer oben kreuzweise einschneiden.
7 30–35 Minuten im Ofen backen, bis er aufgegangen, goldbraun und krustig ist. Auf einem Kuchengitter abkühlen lassen.

Chapatis

Diese runden ungesäuerten Fladen sind eine ausgezeichnete Beilage zu Currygerichten oder einer Linsensuppe. Vor dem Servieren sollte man sie mit zerlassener Butter oder Butterschmalz bestreichen, wenn man dies mag.

Ergibt 12 Fladen

250 g Vollweizenmehl
1½ TL Pflanzenöl oder vegetarisches Butterschmalz
1 TL Salz

1 Das Mehl mit Öl, Salz und gut ⅛ l kaltem Wasser in eine Rührschüssel geben und zu einem weichen Teig vermischen.
2 Den Teig auf die bemehlte Arbeitsfläche geben und 5 Minuten durchkneten. Mit einem feuchten Tuch abdecken und 2–3 Stunden stehenlassen, dann nochmals einige Minuten kneten.
3 Den Teig in 12 gleich große Stücke teilen. Jedes Stück zu einer Kugel formen und diese jeweils zu einer runden Platte mit einem Durchmesser von 15–20 cm ausrollen.
4 Die Chapatis von beiden Seiten in einer ungefetteten Pfanne backen, bis sie fest sind und einen Hauch brauner Farbe angenommen haben.
5 Nach dem Backen auf einem Teller aufschichten und die Chapatis mit Klarsicht- oder Alufolie abdecken, damit sie nicht austrocknen.

Butterschmalz (Ghee)

Ein Fett zum Kochen und Backen, das bei uns früher häufig verwendet wurde. Um Butterschmalz herzustellen, etwa 250 g Butter in einem Topf langsam schmelzen, dann bei milder Hitze 30–45 Minuten köcheln lassen, bis die Ablagerungen am Topfboden goldbraun geworden sind. Die Butter durch ein Sieb, das mit Gaze ausgelegt ist, seihen. Butterschmalz kann man auch fertig kaufen. Vegetarisches Butterschmalz besteht aus gehärteten Pflanzenölen und ist ebenfalls erhältlich.

Von links nach rechts: Schnelle Vollweizenbrötchen (S. 328) – Sodabrot – Schnelles Vollweizenbrot (S. 328)

Sandwiches und Snacks

Sandwiches sind bei jedermann beliebt, praktisch in der Zubereitung und Aufbewahrung, zudem unbegrenzt variierbar. Sie können waffeldünn sein und nur eine kleine pikante Füllung umschließen oder um köstlichen Spargel gerollt werden; man kann gerollte Sandwiches auch in Scheiben schneiden, die man zu Drinks oder Tee als Snacks serviert. Sandwiches eignen sich jedoch ebenso als sättigender und formloser Imbiß, den man mit Freunden am Küchentisch genießt.

Brot für Sandwiches

Das Brot kann weich und locker oder krustig und fest sein; alle Sorten, von weiß bis schwarz sowie verschiedene Graubrote, mit oder ohne Samen oder Gewürze, eignen sich. Man kann den Brotlaib quer, wie üblich, oder horizontal in Scheiben schneiden, ein Pita-Brot verwenden oder ein Baguette, das man etwas aushöhlt, füllt und dann in Scheiben schneidet, um eine ganze Mannschaft zu füttern. Auch weiche oder knusprige Brötchen und Scones lassen sich schmackhaft füllen oder belegen.

Füllungen für Sandwich-Toasts

Käse, eventuell mit Tomate, eingelegtem Gemüse oder mit dünnen Zwiebelscheiben kombiniert, ist wahrscheinlich die beliebteste Füllung; es gibt jedoch viele andere Möglichkeiten. Die Füllung sollte feucht sein, aber nicht so dünn, daß sie herausläuft. Auberginendip (S. 145), Champignon-Kräuter-Terrine (S. 146), Hummus (S. 144) oder Guacamole (S. 144) eignen sich ebensogut wie rote Kidneybohnen, die man vielleicht mit etwas Tomate oder Tomatensauce zerdrückt. Gekochte Blumenkohlröschen, mit Mayonnaise und frisch geriebener Muskatnuß zerdrückt, oder ein cremiger Krautsalat ergeben ebenfalls gute Füllungen - ausgezeichnet wäre gekochter Spargel mit einer zitronigen Mayonnaise.

Gegrillte Sandwiches

Falls Sie keinen Toaster besitzen, mit dem man ein Sandwich rösten kann, so toasten Sie zunächst zwei Brotscheiben auf einer Seite, bestreichen sie mit der Füllung und grillen sie, bis Brot und Füllung heiß sind; dann zusammensetzen.

✿ Sandwich-Räder

Diese Räder sind leicht herzustellen und eignen sich gut für ein Kinderfest oder als Teil einer Canapé-Platte. Machen Sie sie schon eine Weile im voraus, da sie im Kühlschrank kalt gestellt werden müssen.

Ergibt etwa 50 Räder

100 g weiche Butter oder ungehärtete Pflanzenmargarine
2 EL feingehackte Petersilie
2 EL sehr fein gehackte rote Paprikaschote
½ großes Vollweizenbrot, in Scheiben geschnitten

Zum Garnieren
Thymianzweige

1 In einer Schüssel die Hälfte der Butter mit der Petersilie, in einer zweiten Schüssel die restliche Butter mit der Paprika vermischen.
2 Die Brotkrusten abschneiden und jede Scheibe mit dem Nudelholz flach drücken.
3 Die Hälfte der Scheiben großzügig mit Petersilienbutter, die andere Hälfte mit Paprikabutter bestreichen.
4 Die Scheiben von der Längsseite her, wie eine Biskuitroulade, aufrollen.
5 30-60 Minuten in den Kühlschrank stellen.
6 Die Brotrollen dann mit einem scharfen Messer quer in Scheiben schneiden und so auf einer Platte anrichten, daß der Rad-Effekt zur Geltung kommt.
7 Mit Thymian garnieren.

✿ Club-Sandwich

Mit einem dicken Club-Sandwich aus Toastscheiben und verschiedenen Füllungen wird ein belegtes Brot zu einer kompletten Mahlzeit.

Für 1 Person

3 Scheiben Vollweizenbrot, getoastet
Butter oder ungehärtete Pflanzenmargarine
Körniger Senf
2 Salatblätter
1 kleine Tomate, in Scheiben geschnitten
Mayonnaise (S. 155; nach Belieben)
1 Scheibe Cashewnußbraten (S. 230)
1 EL Chutney oder eingelegtes Gemüse

Zum Garnieren
4 gefüllte Oliven

1 Eine Scheibe Toast mit etwas Butter und Senf bestreichen, dann Salatblätter, Tomatenscheiben und Senf oder Mayonnaise daraufgeben.
2 Die zweite Toastscheibe auf beiden Seiten mit Butter bestreichen, mit dem Nußbraten belegen und mit Chutney bestreichen. Auf die erste Toastscheibe setzen.
3 Die letzte Toastscheibe mit Butter bestreichen und mit der gebutterten Seite nach unten auf das Sandwich legen.
4 Zusammendrücken und das Sandwich in Viertel schneiden.
5 Jedes Sandwich-Viertel mit einem Spießchen zusammenhalten und mit einer gefüllten Olive garnieren.

✿ Getoastetes Avocado-Sandwich

Für 1 Person

½ reife Avocado, geschält und entsteint
1 Frühlingszwiebel, geputzt und feingehackt
1–2 TL Zitronensaft
Salz und frisch gemahlener schwarzer Pfeffer
2 Scheiben Vollweizenbrot
Butter oder ungehärtete Pflanzenmargarine

1 Den Grill anheizen.
2 Die Avocados zerdrücken und mit Frühlingszwiebel, Zitronensaft, Salz und Pfeffer vermischen.
3 Die Brotscheiben auf einer Seite buttern. Die ungebutterten Seiten mit der Avocadomischung bestreichen und zusammenlegen.
4 4–5 Minuten unter dem Grill toasten, bis das Sandwich knusprig und goldbraun ist. Sofort servieren.

Belegte Brote

Für 4 Personen

8 Scheiben Vollweizen- oder Roggenbrot
Butter
8 Radicchioblätter
½ Kopf Frisée
½ Portion rosa Kartoffelsalat (S. 166)
1 Dose Artischockenherzen (etwa 425 g), abgetropft und in Scheiben geschnitten
8 Radieschen, in Scheiben geschnitten
8 Dillzweige
oder 2 EL Schnittlauchröllchen

1 Die Brote dünn mit Butter bestreichen, dann auf eine Servierplatte geben.
2 Je ein Radicchio- und ein Friséeblatt auf die Brotscheiben legen.
3 Auf dem Radicchioblatt etwas rosa Kartoffelsalat, Artischocken- und Radieschenscheiben sowie Dill oder Schnittlauch dekorativ anordnen.

Kombinationen für den Brotbelag

- □ Radicchio, Guacamole (S. 144) oder zerdrückte Avocado, rosa Pfefferkörner
- □ Kopfsalat, Rührei, Spargelstangen, Petersilie
- □ Kopfsalat, Hummus (S. 144), Paprika, schwarze Oliven und etwas Olivenöl
- □ Kopfsalat, Schichtkäse, Birnenscheiben, halbierte blaue Weintrauben
- □ Kopfsalat, Käse- und Tomatenscheiben, gehackte Petersilie, gefüllte grüne Oliven
- □ Brunnenkresse, grobgeraspelte Möhre, Mayonnaise, Tomatenscheiben, Paste aus schwarzen Oliven (S. 258)

Von links nach rechts: Belegte Brote – Sandwich-Räder und Spargelröllchen (S. 334) – Sandwich-Kuchen (S. 335)

Füllungen für Baguettes, Tacos und Pita-Brot

Aus den folgenden Zutaten können Sie leckere, bunte, extravagante Füllungen kreieren:

- ☐ In feine Streifen geschnittener knackiger grüner Salat, Tomatenscheiben, Frühlingszwiebeln, Gurkenscheiben
- ☐ Würfel von kaltem Nuß- oder Linsenbraten
- ☐ Geriebener, in Scheiben geschnittener oder gewürfelter Käse
- ☐ Scheiben von hartgekochtem Ei
- ☐ Englischer Cole Slaw (S. 161)
- ☐ Rote oder grüne Paprikastreifen, Avocadoscheiben, gekochte Spargelspitzen oder Artischockenherzen
- ☐ Geraspelte Möhren, gekochter Blumenkohl, ganze oder in Scheiben geschnittene kleine rohe Champignons
- ☐ Mayonnaise, Guacamole (S. 144), Paprikadressing (S. 156)
- ☐ Saftige schwarze Oliven, gehackte frische Kräuter, Pekan- oder Walnüsse

Feine Sandwich-Füllungen

- ☐ Rührei mit Spargelspitzen
- ☐ Duxelles oder Champignonpastete
- ☐ Frisch- oder Schichtkäse mit gehackten Kräutern oder gehackten Nüssen
- ☐ Hefe-Extrakt oder etwas Miso und waffeldünne Gurkenscheiben
- ☐ Zerdrückte reife Avocados, mit etwas Vinaigrette vermischt
- ☐ Feingeriebener Käse, mit Sahne, Milch oder Schichtkäse vermischt
- ☐ Kräuterbutter (S. 118)
- ☐ Hummus (S. 144) mit ein wenig Paste aus schwarzen Oliven (S. 258)

✿ Gefüllte Pita-Tasche

Für 1 Person

1 Pita-Brot (aus Vollweizenmehl, falls erhältlich)
2 Salatblätter, feingeschnitten
1 Tomate, in Scheiben geschnitten
¼ Portion Linsen-Walnuß-Salat (S. 158)

1 Das Pita-Brot oben zur Hälfte aufschneiden und auseinanderziehen, so daß eine Tasche für die Füllung entsteht.
2 Mit Salat, Tomate und Linsen-Walnuß-Salat füllen.

✿ Gefüllte Baguettes

Für 4 Personen

2 Vollweizen-Baguettes
Butter oder ungehärtete Pflanzenmargarine, Senf oder Mayonnaise
1 Kopfsalat, gewaschen und in feine Streifen geschnitten
250 g Tomaten, in Scheiben geschnitten
100 g Sojabohnensprossen
1 Zwiebel, geschält und in Scheiben geschnitten
1 Dose rote Kidneybohnen (etwa 425 g), abgetropft
Salz und frisch gemahlener schwarzer Pfeffer

1 Die Baguettes längs zur Hälfte aufschneiden und etwas aushöhlen.
2 Innen dünn mit Butter, Senf oder Mayonnaise bestreichen.
3 Mit den Gemüsen und Bohnen füllen und mit Salz und Pfeffer würzen.
4 Die Baguettes zusammendrücken und fest in Alufolie einwickeln; bis zum Servieren in den Kühlschrank legen, dann jeweils quer halbieren.

Schnelle Brotpizza

Für 2 Personen

1 runder oder ovaler Vollweizen-Brotlaib (etwa 500 g)
Olivenöl
2 große Zwiebeln, geschält und in Scheiben geschnitten
2 Knoblauchzehen, zerdrückt
1 Dose gehackte Tomaten (etwa 400 g)
Oregano
Salz und frisch gemahlener schwarzer Pfeffer
100 g Käse, gerieben
8 schwarze Oliven

1 Den Backofen auf 220 °C (Gas Stufe 4–5) vorheizen. Den Brotlaib horizontal halbieren und etwas aushöhlen. Die Laibhälften innen und außen mit Öl bestreichen und auf ein Backblech legen.
2 Die Zwiebeln in 1 EL Öl 10 Minuten dünsten, dann den Knoblauch hinzufügen und weitere 1–2 Minuten schmoren.
3 Vom Herd nehmen und die Tomaten, etwas Oregano, Salz und Pfeffer hinzufügen.
4 Die Mischung auf den Brothälften verteilen und mit Käse bestreuen.
5 15 Minuten im Ofen backen, dann die Oliven auf die Brotpizza geben und weitere 5–10 Minuten backen. Heiß servieren.

✿ Spargelröllchen

(Abb. S. 333)

Schmackhafte Häppchen für eine Tee- oder Stehparty.

Ergibt etwa 40 Röllchen

½ Vollweizen-Brotlaib, in Scheiben geschnitten
Butter oder ungehärtete Pflanzenmargarine
250 g Spargel, gekocht und abgetropft, oder 1 Dose Spargelstangen (etwa 350 g), abgetropft

1 Die Brotkrusten abschneiden und jede Scheibe mit dem Nudelholz flach drücken.
2 Die Scheiben dünn mit Butter bestreichen, dann jede Brotscheibe um eine Spargelstange wickeln, so daß sich die Brotränder treffen, aber nicht überlappen;

sind die Brotscheiben zu breit, ein Stück abschneiden.
3 Jede Rolle in 2 oder 3 mundgerechte Stücke schneiden.
4 Mit Klarsichtfolie abdecken und bis zum Servieren an einem kühlen Ort aufbewahren.

Käse auf Toast

Für 1 Person

1-2 Scheiben Vollweizenbrot
75-100 g Käse, gerieben
1-2 EL Milch
Frisch gemahlener schwarzer Pfeffer

1 Den Grill auf hoher Stufe vorheizen. Das Brot auf einer Seite rösten.
2 Den Käse mit der Milch zu einer Paste verrühren und mit Pfeffer würzen.
3 Die Käsepaste auf der ungetoasteten Seite der Brotscheibe verstreichen und grillen, bis sie aufgegangen und goldbraun ist. Sofort servieren.

Mozzarella in Carrozza

Für 2 Personen

1 Mozzarella
4 Scheiben Brot (ohne Kruste)
2 Eier
Öl zum Ausbacken

1 Den Käse in dünne Scheiben schneiden und auf 2 Brotscheiben verteilen. Mit den restlichen 2 Brotscheiben bedecken.
2 Die Eier schlagen, dann in eine flache Schüssel sieben.
3 Die Sandwiches in die Eier legen, so daß sie die Flüssigkeit aufsaugen, und einmal darin wenden.
4 Die Sandwiches von beiden Seiten in etwas Öl braten, bis sie goldbraun und knusprig sind.
5 Auf Küchenkrepp abtropfen lassen und sofort servieren.

Sandwich-Kuchen

(Abb. S. 333)

Dieser pikante Kuchen schaut hübsch aus auf einem kalten Buffet, wenn er aufgeschnitten wird und man die bunten Schichten sieht.

Für 8 Personen

100 g weiche Butter
1 EL feingehackte Petersilie
1 EL feingehackte rote Paprikaschote
2 hartgekochte Eier, feingehackt
1-2 EL Mayonnaise (S. 155)
Salz und frisch gemahlener schwarzer Pfeffer
10 Scheiben Vollweizenbrot
¼ Portion Hummus (S. 144)
500 g Schichtkäse

Zum Garnieren
Schnittlauchhalme
Dünne Radieschenscheiben
Friséeblätter

1 Die Butter schlagen und in zwei Portionen aufteilen. Die Petersilie unter die eine Butterhälfte rühren, die Paprikaschote unter die andere.
2 Die Eier mit der Mayonnaise verrühren und mit Salz und Pfeffer würzen.
3 Die Brotkrusten abschneiden. 2 Scheiben Brot nebeneinander auf eine Servierplatte legen und mit Petersilienbutter bestreichen.
4 2 weitere Scheiben darauflegen und mit Paprikabutter bestreichen. Auf diese Weise die restlichen Brotscheiben aufschichten, nacheinander mit Hummus und Eiermayonnaise bestreichen und so einen Schichtkuchen herstellen. Mit einer Brotschicht abschließen.
5 Den Kuchen ganz mit Schichtkäse überziehen. Den Schnittlauch in einem Gittermuster auf der Oberseite des Kuchens anordnen. Die Radieschenscheiben halbieren und zwischen die Schnittlauchgitter und am Kuchenrand in den Schichtkäse stecken. Den Kuchen mit Friséeblättern umlegen. Vor dem Servieren 1 Stunde im Kühlschrank kalt stellen.

Beläge für das Schulbrot

Kinder haben ganz eigene Vorstellungen von ihrem Pausenbrot – eine meiner Töchter aß zum Beispiel nur mit Hefe-Extrakt bestrichene Sandwiches –, und gewöhnlich wollen sie, daß ihre Brote aussehen wie die aller anderen Kinder. Hier sind einige Ideen:

- Hefe-Extrakt, Miso, Salatcreme, Erdnußbutter, Sesambutter, Schicht- oder Frischkäse mit Gurke, grünem Salat, Sojabohnensprossen, Tomate oder geraspelten Möhren
- Schicht- oder Frischkäse mit feingehackten Nüssen oder Datteln
- Zerdrückte, gekochte rote Kidneybohnen mit Salat
- Gehackte hartgekochte Eier, mit Salatcreme oder Milch vermischt, oder Rührei mit Kresse
- Geraspelte Möhre mit Mayonnaise und gehackten Kräutern oder Rosinen
- In Scheiben geschnittener oder geraspelter Käse mit Kopfsalat, Tomate oder Gurke
- Bananenscheiben mit oder ohne Erdnußbutter oder Sesambutter
- Honig und feingemahlene Nüsse

Eistee

Den Tee nach Anweisung zubereiten (S. 326), dann durchsieben und kühl stellen. Mit zerdrücktem Ei, 1 Zitronenscheibe und nach Belieben mit einem Minze- oder Melissezweig servieren. Geeister Kräutertee ergibt ein besonders gutes Sommergetränk. Um einen fruchtigen Geschmack zu erhalten, können Sie Leslie Kentons Rat folgen und dem Tee vor dem Erkalten einen in Scheiben geschnittenen Pfirsich zugeben.

Eiskaffee

Filterkaffee zubereiten (S. 327), in den Kühlschrank stellen; in hohen Gläsern mit Eis servieren. Nach Belieben mit 1 EL Schlagsahne garnieren und Zucker getrennt dazu reichen.

MENÜ

MITTAGESSEN FÜR KINDER

Für 4-6 Personen

Kleiner Crudités-Teller
143

Joghurt-Kräuter-Dressing
156

Kartoffel-Käse-Auflauf
200

Frische Tomatensauce
170

Erbsen

Schokoladeneis
mit mürben Mandelplätzchen
280 und 323

Dies ist eine ausgewogene Mahlzeit für Kinder, die ausgehungert von der Schule nach Hause kommen. Der Kartoffel-Käse-Auflauf ist leicht zuzubereiten, braucht aber eine gewisse Zeit zum Garen. Er wird mit Tomatensauce, Crudités und Joghurt-Kräuter-Dressing serviert - viele Kinder mögen Gemüse roh, die sie gekocht verabscheuen.

Ich habe nie ganz verstanden, warum Kinder so verrückt nach Schokoladeneis sind. Sie sind es halt, und da dies ein Eis mit niedrigem Fett- und Zuckergehalt ist, streite ich mich nicht mit ihnen. Die Mandelplätzchen passen gut dazu, Sie könnten aber auch in Scheiben geschnittenes frisches Obst dazu servieren. Bieten Sie als Getränk das an, was ihr Kind zur Zeit gerne mag und was gesund ist. Ein klarer oder naturtrüber Apfelsaft oder ein Traubensaft schmeckt den meisten Kindern.

Marmeladen, Gelees, Chutneys und Pickles

Selbsteingekochte Marmeladen, Gelees, Chutneys und Pickles runden viele Mahlzeiten erst ab. Falls Sie das Glück haben und eigene Obstbäume und -sträucher besitzen, ist es für Sie besonders lohnend; aber selbst wenn Sie Obst und Gemüse kaufen müssen, sind diese zur Haupterntezeit in der Regel nicht teuer. Marmeladen und Gelees schmecken köstlich auf selbstgebackenem Brot und auf Scones, lassen sich aber auch gut als Kuchen- und Tortenfüllungen verwenden. Chutneys und sauer eingelegtes Gemüse passen ausgezeichnet zu kalten Nuß- und Linsenbraten.

Einkochtopf

Zum Einkochen von Marmelade braucht man einen Einkochtopf, einen besonders großen Topf oder einen Dampfkochtopf, weil Früchte und Zucker sehr viel Platz benötigen. Daher ist es auch besser, wenn man nicht zuviel Marmelade auf einmal einkocht. Wenn Sie den Mikrowellenofen benutzen - eine sehr saubere Methode des Einkochens -, sollten Sie die Mengen noch kleiner halten (Rezept rechte S.) und eine große Schüssel verwenden.

Marmeladengläser sterilisieren

Marmeladengläser gründlich spülen und sterilisieren, indem man sie bei niedriger Temperatur, 140 °C (Gas Stufe 1), im Ofen trocknet. Die Gläser füllen, solange sie noch warm sind.

Marmeladengläser verschließen

Verwenden Sie Zellophan für Marmeladengläser und Schraub- oder Knackverschlüsse für Chutneys. Die Gläser nach dem Füllen, wenn sie noch warm sind, reinigen, die Etiketten aber erst aufkleben, wenn die Marmelade erkaltet ist.

Zucker zum Einkochen

Gewöhnlicher Kristallzucker ist am billigsten und genausogut geeignet wie der teurere Gelierzucker (mit dem man jedoch einen besonders klaren Gelee erhält). Auch brauner Rohrzucker läßt sich verwenden; er verleiht Chutneys und Zitrusmarmeladen eine dunkle Färbung und ein mildes Aroma, ist nach meiner Erfahrung jedoch nicht so gut für Marmeladen geeignet. Welche Zuckersorte Sie auch verwenden, achten Sie darauf, daß sich der Zucker vollständig aufgelöst hat, bevor Sie die Marmelade bei starker Hitze kochen, da sie andernfalls nicht richtig geliert.

✿ Rosenmarmelade

Benutzen Sie dazu ungespritzte Rosen, die nicht in der Nähe einer vielbefahrenen Straße wachsen. Das weiße Dreieck unten am Blütenblatt wird abgeschnitten.

Ergibt etwa 1 kg

150 g duftende Rosenblätter, gewaschen und geputzt
180 ml Zitronensaft
600 g Zucker
5 EL Pektin
3 EL Rosenwasser

1 Blütenblätter, Zitronensaft und Zucker mit ¾ l Wasser in einen großen Topf geben und langsam erhitzen, bis sich der Zucker aufgelöst hat.
2 Zum Kochen bringen, dann den Deckel aufsetzen und bei milder Hitze 30 Minuten köcheln lassen.
3 Pektin und Rosenwasser hinzufügen, gut umrühren, dann 5 Minuten bei starker Hitze kochen.
4 Prüfen, ob die Marmelade fest wird (rechte S.); gegebenenfalls so lange jeweils weitere 2 Minuten kochen, bis sie geliert.
5 Etwas abkühlen lassen, dann in vorgewärmte, sterilisierte Gläser füllen (links). Abdecken, versiegeln und beschriften, sobald die Marmelade erkaltet ist.

Pflaumenmarmelade

Verwenden Sie keine beschädigten oder überreifen Pflaumen für die Herstellung von Marmelade; sie könnten bewirken, daß die Marmelade nicht richtig geliert oder später gärt.

Ergibt etwa 2¼ kg

1½ kg Pflaumen
1½ kg Zucker
1 walnußgroßes Stück Butter

1 Die Pflaumen waschen, dann mit etwa ½ l Wasser in einen großen Topf geben und etwa 30 Minuten köcheln lassen, bis die Früchte weich sind.
2 Vom Herd nehmen und den Zucker einrühren, bis er sich aufgelöst hat.
3 Zum Kochen bringen, dann 10-15 Minuten unter häufigem Rühren bei starker Hitze kochen.
4 Prüfen, ob die Marmelade geliert (rechte S.); dann, sobald dieses Stadium erreicht ist, die Butter unterrühren.
5 Mit einem Schaumlöffel die Pflaumenkerne, die auf der Marmelade schwimmen, entfernen.
6 Die Marmelade 15 Minuten abkühlen lassen, dann in vorgewärmte, sterilisierte Gläser füllen (links). Abdecken, versiegeln und beschriften, sobald sie erkaltet ist.

Varianten

Marmelade aus Damaszener Pflaumen

Nach Anweisung zubereiten, aber nur etwa 1 kg Pflaumen verwenden. Nach 7-10 Minuten prüfen, ob die Marmelade geliert.

Schwarze Johannisbeermarmelade

1 kg schwarze Johannisbeeren, 1 l Wasser und 1½ kg Zucker als Zutaten verwenden. Die schwarzen Johannisbeeren 45 Minuten köcheln lassen, bis die Häute der Beeren wirklich weich sind; erst dann den Zucker hinzufügen.

Stachelbeermarmelade

1½ kg Stachelbeeren und 1½ kg Zucker verwenden. Die Stachelbeeren in ½ l Wasser 30 Minuten weich dünsten.

Erdbeermarmelade

Ergibt etwa 2¼ kg

2 kg kleine, nicht ganz reife Erdbeeren, geputzt und abgewischt
1¾ kg Zucker
3 EL frischer Zitronensaft
1 walnußgroßes Stück Butter

1 Die Erdbeeren mit dem Zucker in einen Email- oder Edelstahlkochtopf geben und etwa 1 Stunde oder über Nacht stehenlassen.
2 Den Zitronensaft hinzufügen und die Früchte bei sehr niedriger Temperatur nur langsam erhitzen, bis sich der Zucker aufgelöst hat.
3 Zum Kochen bringen und bei starker Hitze 7–8 Minuten kochen, dann vom Herd nehmen und prüfen, ob die Marmelade geliert (rechts).
4 Gegebenenfalls wieder auf den Herd stellen und jeweils weitere 2–3 Minuten kochen, bis der Gelierpunkt erreicht ist.
5 Vom Herd nehmen und die Butter unterrühren.
6 Die Marmelade 30 Minuten abkühlen lassen, dann nochmals vorsichtig umrühren und in vorgewärmte, sterilisierte Gläser füllen (linke S.). Abdecken, versiegeln und beschriften, sobald die Marmelade erkaltet ist.

Variante

Himbeermarmelade

Auf gleiche Weise zubereiten, wie oben beschrieben, aber den Zitronensaft weglassen, 2 kg Himbeeren und 2 kg Zucker verwenden. Nachdem man den Zucker hinzugefügt hat, die Marmelade etwa 30 Minuten kochen. Prüfen, ob sie geliert, dann die Butter hinzufügen.

✿ Erdbeermarmelade aus dem Mikrowellenofen

Ergibt etwa 750 g

500 g Erdbeeren, gewaschen und geputzt
4 EL frischer Zitronensaft
350 g Streuzucker

1 Die Erdbeeren mit dem Zitronensaft in eine große, mikrowellenfeste Schüssel (etwa 2500 g Inhalt) geben. Auf höchster Stufe 5–6 Minuten weich garen; dann den Zucker hinzufügen und unter Rühren auflösen.
2 Wieder in den Mikrowellenofen stellen und auf höchster Stufe 20 Minuten kochen; alle 5 Minuten umrühren.
3 Prüfen, ob die Marmelade geliert (rechts); gegebenenfalls so lange jeweils 1½ Minuten in den Ofen stellen, bis der Gelierpunkt erreicht ist.
4 Die Marmelade abkühlen lassen, bis sie nur noch lauwarm ist, dann in vorgewärmte, sterilisierte Gläser füllen (linke S.).
5 Abdecken, versiegeln und beschriften, sobald die Marmelade erkaltet ist.

Den Gelierpunkt feststellen

Der Gelierpunkt ist erreicht, wenn Marmelade oder Gelee auf einem Zuckerthermometer 104 °C erreicht oder wenn die Marmelade geliert: Wenn man 1 TL Marmelade auf eine gekühlte Untertasse gibt und für einige Minuten in das Eisfach des Kühlschranks stellt, so wird die Marmelade an den Rändern runzelig, und wenn man mit dem Finger hindurchfährt, läuft sie an dieser Stelle nicht wieder zusammen. Es ist wichtig, daß man den Topf beim Testen des Gelierstadiums von der Kochstelle nimmt, um so zu langes Kochen zu vermeiden.

Den Schaum von der Marmelade entfernen

Wenn man, sobald der Gelierpunkt erreicht ist, ein walnußgroßes Stück Butter unter die Marmelade rührt, so löst sich der Schaum an der Oberfläche auf.

Im Uhrzeigersinn von oben rechts: Rosenmarmelade – Lemon Curd (S. 341) – Erdbeermarmelade – Marys Marmelade (S. 341)

Früchte/Zucker-Verhältnis in Marmelade

Für Obstsorten mit hohem Pektin- und Säuregehalt, wie Kochäpfel, rote und schwarze Johannisbeeren, ist das Verhältnis 625-750 g Zucker auf 500 g Obst. Für Früchte mit einem mittleren Pektin- und Säuregehalt, etwa Brombeeren, Loganbeeren und Himbeeren, sollte man 500 g Zucker auf 500 g Obst berechnen.

Früchte/Zucker-Verhältnis in Gelee

Das grundlegende Verhältnis ist 500 g Zucker auf gut ½ l Fruchtsaft.

Marmelade und Gelee ohne Zucker

Ich bin Jackie Applebee von der »Wholefood Cookery School« für die Informationen über die Herstellung zuckerloser Marmeladen und Gelees zu Dank verpflichtet. Das grundlegende Verhältnis ist 500-750 g Früchte auf 250 g Apfelkraut. Man kocht die Früchte mit gerade so viel Wasser, daß sie nicht anbrennen (weiche Früchte, wie Himbeeren und Erdbeeren, lassen sich im Mixer oder in der Küchenmaschine pürieren und bei schwacher Temperatur ohne Wasser erhitzen), fügt dann das Apfelkraut hinzu und kocht das Obst so lange, bis der Gelierpunkt erreicht ist. Diese Marmelade in kleinen Mengen herstellen und im Kühlschrank aufbewahren.

Apfelkraut

Apfelkraut ist in Naturkostläden, meist auch in großen Supermärkten erhältlich. Mit Apfelkraut oder Birnendicksaft (ebenfalls aus dem Naturkostladen) läßt sich der Zucker in Kuchen, Nachspeisen und anderen Süßigkeiten ersetzen.

✿ Marmelade aus gemischten Beeren ohne Zucker

Diese köstliche, fruchtige Marmelade sollte nur in kleinen Mengen hergestellt und im Kühlschrank aufbewahrt werden.

Ergibt etwa 750 g

250 g Erdbeeren, geputzt
250 g Brombeeren
250 g Stachelbeeren, Blüten und Stiele entfernt
250 g Apfelkraut

1 Die Beeren waschen, dann die Hälfte der Früchte im Mixer oder in der Küchenmaschine pürieren und zusammen mit den restlichen Früchten in einen großen Topf geben.
2 Leise köcheln lassen, bis sie weich sind.
3 Das Apfelkraut hinzufügen und 15 Minuten kochen, dann prüfen, ob die Marmelade geliert (S. 339); gegebenenfalls weiterkochen und häufig testen, bis der Gelierpunkt erreicht ist.
4 Vom Herd nehmen und etwas abkühlen lassen, dann in vorgewärmte, sterilisierte Gläser füllen (S. 338). Abdecken, versiegeln und beschriften, sobald die Marmelade erkaltet ist.

✿ Holzapfelgelee

Ein köstlicher, etwas scharf schmeckender Gelee, der gut zu Nußbraten paßt.

Ergibt 1-1½ kg

2 kg Holzäpfel
2-2¼ kg Zucker

1 Die Äpfel waschen, dann beschädigte Stellen wegschneiden, große Früchte halbieren oder vierteln, so daß alle Stücke etwa die gleiche Größe haben.
2 Mit etwa 1¼ l Wasser in einen Topf geben und bei milder Hitze kochen, bis die Früchte weich und breiig sind.
3 Ein großes Nylonsieb, das mit etwas Musselin oder Gaze ausgelegt ist, bereithalten und auf eine große Schüssel setzen.
4 Die Apfelmasse in das Sieb geben und über Nacht stehenlassen, damit der Saft abtropfen kann.
5 Die Flüssigkeit abmessen und auf gut ½ l Flüssigkeit 500 g Zucker berechnen; zusammen in einen Topf geben.
6 Bei milder Hitze unter Rühren erwärmen, bis der Zucker sich aufgelöst hat, dann zum Kochen bringen.
7 15-10 Minuten kochen. Prüfen, ob die Masse geliert (S. 339); sobald dieses Stadium erreicht ist, vom Herd nehmen und in vorgewärmte, sterilisierte Gläser füllen (S. 338). Abdecken, versiegeln und beschriften, sobald der Gelee erkaltet ist.

Pektingehalt von Früchten und Gemüsen

☆ = hoher Säuregehalt

Hoch	*Mittel*	*Niedrig*
☆Koch- und Holzäpfel	Aprikosen (nicht ganz reif)	Kirschen
☆Preiselbeeren	☆Heidelbeeren	Holunderbeeren
☆Johannisbeeren, schwarz, rot und weiß	Brombeeren	Japanische Quitten
☆Damaszener Pflaumen	☆Reineclauden	Markkürbis
☆Stachelbeeren (nicht ganz reif)	☆Loganbeeren	Mispeln
☆Grapefruit	☆Maulbeeren	Pfirsiche (am besten getrocknete)
☆Zitronen	Nektarinen	
☆Limetten		
☆Orangen		
Pflaumen (nicht ganz reif),	Pflaumen (reif)	
☆besonders gelbe	☆Himbeeren (nicht ganz reif)	Rhabarber
Quitten	☆Schlehen	Erdbeeren (nicht ganz reif)

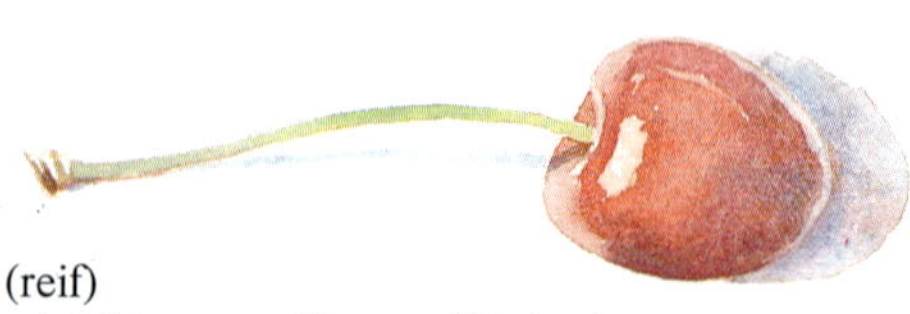

LEMON CURD

(Abb. S. 339)

Diese Zitronencreme schmeckt intensiv und köstlich und ist sehr leicht herzustellen.

Ergibt etwa 500 g

75 g Butter
Abgeriebene Schale und Saft von 2 großen, gründlich abgebürsteten unbehandelten Zitronen
250 g Streuzucker
3 Eier, geschlagen

1 Alle Zutaten in eine feuerfeste Schüssel geben, die man in einen Topf mit kochendem Wasser auf einen Einsatz setzt, damit sie mit dem Wasser nicht in Berührung kommt.
2 Rühren, bis sich der Zucker aufgelöst hat; dann bei milder Hitze etwa 20 Minuten unter häufigem Rühren weiterkochen, bis die Masse eindickt.
3 Durch ein Sieb in Gläser füllen. Abdecken, versiegeln und beschriften, wenn die Zitronencreme erkaltet ist; dann an einem kühlen, trockenen Ort aufbewahren.

MARYS MARMELADE

(Abb. S. 339)

Dieses Rezept, das ich von einer Freundin erhielt, die eine Spezialistin im Einkochen von Zitrusmarmeladen ist, ergibt eine leichte Marmelade mit intensivem Aroma.

Ergibt etwa 4½ kg

12 unbehandelte Blondorangen
1 süße unbehandelte Orange
2 kleine unbehandelte Zitronen
2¼ kg Zucker
1 walnußgroßes Stück Butter

1 Die Früchte waschen und abbürsten, dann vierteln und die Kerne entfernen.
2 Die Kerne locker in ein Stück Musselin einbinden.
3 Orangen und Zitronen mit 2 l Wasser im Mixer oder in der Küchenmaschine pürieren. Mit dem Säckchen Kerne in eine Schüssel geben; über Nacht stehenlassen.
4 Am nächsten Tag die Masse in einen Topf geben und 2 Stunden unbedeckt köcheln lassen.
5 Das Orangen-Zitronen-Püree in einen großen Topf oder einen Einkochtopf umfüllen, die Flüssigkeit aus dem Kernsäckchen dazusieben und zum Kochen bringen. Den Zucker hinzufügen und unter häufigem Rühren kochen, bis der Gelierpunkt erreicht ist (S. 339).
6 Vom Herd nehmen und die Butter unterrühren. Abkühlen lassen, dann in vorgewärmte, sterilisierte Gläser gießen (S. 338). Abdecken, versiegeln und beschriften, sobald die Marmelade erkaltet ist.

ZITRUSMARMELADE AUS DEM DAMPFKOCHTOPF

Das Einkochen im Dampfkochtopf verkürzt die langwierige Zubereitung.

Ergibt etwa 3¼ kg

12 unbehandelte Blondorangen
2 unbehandelte Zitronen
3–3¼ kg Zucker
1 walnußgroßes Stück Butter

1 Orangen und Zitronen waschen und abbürsten, dann mit etwa 1¼ l Wasser in einen Dampfkochtopf geben; 25 Minuten kochen, bis die Orangen ganz weich sind.
2 Den Saft in eine große Schüssel sieben, die nicht aus Metall sein darf.
3 Sobald die Früchte genügend abgekühlt sind, das Fruchtfleisch mit einem Teelöffel aus der Schale schaben.
4 Die Masse durch ein Sieb drücken und das Püree zu dem Saft geben.
5 Die Schale in sehr dünne Streifen schneiden und diese mit etwa 1½ l Wasser ebenfalls dazugeben. Abdecken und über Nacht stehenlassen.
6 Am nächsten Tag die Mischung abmessen und in einen Einkochtopf geben. Zum Kochen bringen, dann pro ½ l etwa 500 g Zucker hinzufügen.
7 Bei niedriger Temperatur erhitzen, bis sich der Zucker aufgelöst hat, dann zum Kochen bringen und weiterkochen, bis der Gelierpunkt erreicht ist (S. 339).
8 Vom Herd nehmen und die Butter unterrühren. 15 Minuten abkühlen lassen; in vorgewärmte, sterilisierte Gläser füllen (S. 338). Abdecken, versiegeln und beschriften, wenn die Marmelade erkaltet ist.

Marmelade in Gläser füllen

Sobald man die noch sehr heiße Marmelade in die Gläser gefüllt hat, sofort ein passendes Stück Wachspapier oder Zellophan auf die Marmelade legen, oder warten, bis sie ganz abgekühlt ist. Wenn man das Papier auf die Marmelade gibt, wenn sie weder heiß noch ganz kalt ist, so kann sich später Schimmel bilden.

Zuckerarme Marmeladen und Gelees herstellen

Bei den Standardrezepten kann man die Zuckermenge um 20% reduzieren, ohne daß dadurch das Gelieren beeinträchtigt wird. Diese Marmelade hält sich dann allerdings nicht länger als 4 Wochen an einem kühlen Ort oder 6–8 Wochen im Kühlschrank.

Wenn man bei sauren Früchten süßen Kerbel mitkocht, so wirkt dies der Säure entgegen, und man benötigt weniger Zucker.

Zitrusmarmelade ohne Zucker

½ l frischgepreßter Orangensaft (gekaufter Orangensaft eignet sich dazu nicht) und die in dünne Streifen geschnittene Schale von je 1 gut abgebürsteten unbehandelten Orange und Zitrone verwenden. Wie bei der zuckerfreien Marmelade aus gemischten Beeren (linke S.) verfahren, die Mischung kochen, bis die Schale weich ist, und dann das Apfelkraut hinzufügen.

Pektin

Pektin ist ein Kohlenhydrat, das in den Zellwänden von Pflanzen vorkommt. Es ist wichtig für das Gelieren von Marmeladen und Gelees. Da der Pektingehalt von Früchten ganz unterschiedlich ist (linke S.), kann Pektin sehr hilfreich sein, wenn man aus Zutaten mit niedrigem Pektingehalt Marmelade herstellen will. Pektin ist in flüssiger und Pulverform fast überall erhältlich.

Die Herstellung von Chutneys

Um ein Chutney herzustellen, kocht man eine Mischung aus gehackten Früchten und Gemüsen - darunter Zwiebeln und Trockenfrüchte, wie Rosinen oder gehackte Datteln - zusammen mit Essig, Zucker und Gewürzen. Das Chutney sollte unbedeckt und bei milder Hitze 1-3 Stunden köcheln, bis der Essig absorbiert ist, so daß sich, wenn man die Masse mit einem Löffel teilt, die dadurch entstehende Rinne nicht sofort wieder mit Flüssigkeit füllt. Das Chutney dickt beim Abkühlen noch mehr ein.

Bei Chutneys und Pickles ist die Wahl des richtigen Deckels von Bedeutung, da Essig Metallverschlüsse rosten lassen und durch Papierdeckel hindurch verdunsten kann. Benutzen Sie also Deckel aus Plastik oder anderen synthetischen Materialien.

Zum Einbinden der Einleggewürze kann man ein Stück Verbandsmull, Musselin oder Gaze aus der Apotheke verwenden. Das Gewürzsäckchen befestigt man am Topfhenkel, damit man es wieder leicht aus der Mischung entfernen kann.

Chutneys sind ziemlich unterschiedlich in bezug auf Würze, Fruchtigkeit, Süße oder Säuerlichkeit. Daher ist es ratsam, ein neues Rezept mit nur kleinen Mengen auszuprobieren. Bedenken Sie jedoch, daß die meisten Chutneys, Pickles und Relishes mindestens 6-8 Wochen zum Reifen brauchen, bevor sich der Geschmack wirklich beurteilen läßt.

✿ Aprikosen-Chutney

(Abb. S. 203)

Dies ist ein süß-pikantes Chutney, das Mango-Chutney ein bißchen ähnelt. Man kann es auch mit Pfirsichen oder Pflaumen herstellen.

Ergibt 2-2½ kg

2 kg frische Aprikosen oder 750 g getrocknete Aprikosen, über Nacht in Wasser eingeweicht, dann abgetropft
2 kleine Kochäpfel, geschält, Kerngehäuse entfernt und gehackt
100 g Rosinen
Gut ½ l destillierter Essig
350 g weißer Kristallzucker oder brauner Rohrzucker (Demerara)
1 EL gemahlener Ingwer
3 Knoblauchzehen, zerdrückt
1 TL frisch geriebene Muskatnuß
¼ TL Cayennnepfeffer
1 TL Salz

1 Alle Zutaten in einen großen Topf oder einen Einkochtopf geben.
2 Zum Kochen bringen, dann bei milder Hitze unbedeckt und unter gelegentlichem Rühren etwa 1½ Stunden kochen, bis die Masse dick und keine überschüssige Flüssigkeit sichtbar ist, wenn man sie mit einem Löffel teilt.
3 In vorgewärmte, sterilisierte Gläser füllen (S. 338) und sofort mit essigresistenten Deckeln luftdicht verschließen. Nach vollständigem Erkalten beschriften. An einem kühlen, trockenen Ort aufbewahren.

✿ Apfel-Chutney

Dieses Chutney ist leicht zuzubereiten und besitzt ein köstlich würziges Aroma.

Ergibt etwa 2¾ kg

1½ kg Kochäpfel, geschält, Kerngehäuse entfernt und gewürfelt
1½ kg Zwiebeln, geschält und gehackt
500 g Sultaninen
750 g dunkelbrauner Rohrzucker
Gut ½ l Malzessig
25 g Ingwer, gemahlen
25 g Salz
½ TL Cayennepfeffer

1 Alle Zutaten in einen großen Topf oder einen Einkochtopf geben und zum Kochen bringen.
2 Die Hitze reduzieren und unbedeckt etwa 1½-2 Stunden unter gelegentlichem Rühren köcheln lassen, bis die Masse sehr dick und keine überschüssige Flüssigkeit sichtbar ist, wenn man sie mit einem Rührlöffel teilt.
3 Die Masse in vorgewärmte, sterilisierte Gläser füllen (S. 338) und sofort luftdicht verschließen (Schraubverschlüsse aus Plastik sind ideal; Metallverschlüsse sollte man meiden, da sie durch den Essig leicht rosten können). Nach vollständigem Erkalten beschriften.
4 Dieses Chutney wird nach längerer Lagerung an einem kühlen, trockenen Ort immer besser.

✿ Gemüse-Pickles

Ergibt etwa 2 kg

1 kg unbehandelte Salatgurken, gewaschen und in Scheiben geschnitten
2 große Zwiebeln, geschält und in Scheiben geschnitten
1 große grüne Paprikaschote, entkernt und gehackt
50 g Salz
½ l Weißwein- oder Obstessig
350 g hellbrauner Rohrzucker
½ TL gemahlene Kurkuma
½ TL gemahlene Nelken
2 TL Senfkörner
½ TL Selleriesamen

1 Gurken, Zwiebeln und Paprika in eine Schüssel geben. Mit Salz bestreuen, gut vermischen und mindestens 3 Stunden stehenlassen; dann die Gemüse gründlich unter fließendem kaltem Wasser abspülen. Gut abtropfen lassen und mit dem Essig in einen großen Topf geben.
2 Zum Kochen bringen und etwa 20 Minuten köcheln lassen, bis die Gemüse weich sind. Zucker und Gewürze dazugeben und leicht erhitzen, bis sich der Zucker aufgelöst hat.
3 Zum Kochen bringen, dann vom Herd nehmen, in eine Schüssel umfüllen, bedecken und abkühlen lassen.
4 Die Mischung in vorgewärmte, sterilisierte Gläser füllen (S. 338) und sofort mit essigresistenten Deckeln (nicht aus Metall) luftdicht verschließen. Nach vollständigem Erkalten beschriften und an einem kühlen, trockenen Ort aufbewahren.

✿ KUMQUATS IN SIRUP

Diese eingelegten Kumquats sehen besonders attraktiv aus. Sie schmecken köstlich zu Eis oder mit etwas Schlagsahne und ein paar Mandelblättchen. In hübschen Gläsern eingemacht, eignen sie sich auch gut als Geschenk; sie halten sich etwa 6 Monate.

Ergibt 2 Gläser mit je etwa 500 g

750 g Kumquats
500 g Zucker
6 EL Weinbrand

1 Die Kumquats waschen und abbürsten, dann rundum mit einem dünnen Spieß einstechen.
2 Den Zucker mit gut ½ l Wasser in einen Topf geben und bei niedriger Temperatur erhitzen, bis sich der Zucker aufgelöst hat, dann zum Kochen bringen.
3 Die Kumquats hinzufügen, den Deckel aufsetzen und bei milder Hitze etwa 15 Minuten kochen, bis sie sehr weich und fast durchsichtig sind.
4 Die Früchte mit einem Schaumlöffel aus dem Sirup heben und in vorgewärmte, sterilisierte Gläser geben (S. 338).
5 Den Weinbrand hinzufügen, dann so viel Kochsirup dazugeben, daß die Kumquats bedeckt sind. Abdecken, versiegeln und nach vollständigem Erkalten beschriften, dann an einem kühlen, trockenen Ort aufbewahren.

✿ GEWÜRZTE ORANGENSCHEIBEN

Diese würzigen Orangenscheiben passen gut zu einem kalten Nuß- oder Linsenbraten.

Ergibt etwa 4½ kg

12 dünnschalige unbehandelte Orangen
1¼ kg hellbrauner Rohrzucker
Gut ½ l Weißwein- oder Obstessig
12 Gewürznelken
1 Zimtstange (etwa 5 cm lang)
½ TL gemahlene Muskatblüte oder 6–8 Muskatblüten

Von links nach rechts: Kumquats in Sirup – Gemüse-Pickles – Aprikosen-Chutney – Gewürzte Orangenscheiben

1 Die Orangen waschen, abbürsten und abtrocknen. In etwa 3 mm dicke Scheiben schneiden; die Kerne entfernen.
2 Die Orangenscheiben in einen großen Topf geben und mit kaltem Wasser bedecken. Zum Kochen bringen und bei milder Hitze im geschlossenen Topf köcheln lassen, bis die Schalen gerade weich sind; das dauert etwa 20–30 Minuten.
3 Die restlichen Zutaten in einen zweiten großen Topf geben und leicht erhitzen, bis der Zucker sich aufgelöst hat, dann 3 Minuten kochen.
4 Mit einem Schaumlöffel die Orangenscheiben aus dem Topf nehmen und zu der Zucker-Essig-Mischung geben.
5 So viel von der Orangen-Kochflüssigkeit hinzufügen, daß die Orangenscheiben bedeckt sind, dann 35–45 Minuten bei milder Hitze köcheln lassen, bis sie weich sind, aber noch nicht auseinanderfallen.
6 Vom Herd nehmen und die Orangen 24 Stunden im Sirup stehenlassen.
7 Die Orangenscheiben mit einem Schaumlöffel aus dem Topf nehmen und in vorgewärmte, sterilisierte Gläser geben (S. 338), die man nur bis zur Hälfte füllt.
8 Den Sirup bis zum Siedepunkt erhitzen, dann ein paar Minuten etwas einkochen lassen.
9 15 Minuten abkühlen lassen, dann den Sirup in die Gläser gießen und diese bis zum Rand füllen. Sofort mit luftdichten, essigresistenten Deckeln verschließen. Nach vollständigem Erkalten beschriften. 4 Wochen an einem kühlen, trockenen Ort aufbewahren, bevor man sie öffnet.

Gewürzessig

Man kann diesen Essig für einige Chutneys und eingelegte Gemüse verwenden: je 15 g Muskatblüte, Zimtstange, Piment und Gewürznelken sowie einige Pfefferkörner in einem Stück Musselin einbinden; mit 2½ l Essig und 1 EL Salz in einen Topf geben. Zum Kochen bringen, dann bei geschlossenem Deckel 5 Minuten köcheln lassen. Abseihen und sofort verwenden oder abkühlen, in Flaschen füllen und aufbewahren. Bei süß-sauer eingelegtem Gemüse dem Essig Zucker zugeben, und zwar 500 g auf gut ½ l, sowie einige Streifen Zitronenschale hinzufügen. Für eingelegte Birnen 1 kg geschälte Kochbirnen (wenn sie klein sind, ganz verwenden, größere halbieren oder vierteln) in Gewürzessig mit 500 g hellbraunem Rohrzucker 30–40 Minuten garen. In Gläser füllen und 6 Wochen reifen lassen, bevor man sie serviert.

Konfekt

Konfekt herzustellen, ist zwar ein Luxus, macht aber auch viel Spaß; wie bei den Nachspeisen bin ich auch hier für das gelegentliche Schwelgen in Süßigkeiten. Die Konfektsorten in diesem Kapitel gehören zu den populärsten, man kann sie zudem ohne spezielles Zubehör leicht herstellen. Selbstgemachte Süßigkeiten sind köstliche Leckereien. Man kann, zum Beispiel, Petits fours als Nachspeise servieren, aber auch verschenken. Als Geschenk sollen sie natürlich besonders hübsch aussehen und möglichst phantasievoll verpackt sein. Hier sind dem Einfallsreichtum keine Grenzen gesetzt: Man kann sie in Papiermanschetten, Gläsern, hübschen Schachteln, Tütchen aus buntem Papier oder Zellophanfolie präsentieren, die mit Herzen, Blumen und Bändern verziert sind . . .

Gesunde Süßigkeiten für Kinder

Trockenfrüchte sind natürliche Süßigkeiten. Wickeln Sie eine Mischung aus sonnengetrockneten Rosinen, Datteln und Aprikosen in Klarsichtfolie ein, und fügen Sie sie dem Schulbrot Ihres Kindes bei. Für Kinder, die älter als sechs Jahre sind, ersetzt man den Stein in den Datteln durch eine ganze Mandel oder eine kleine Paranuß, für jüngere durch eine Paste aus gemahlenen Mandeln und Honig.

Man kann auch Bananenstücke zuerst in klarem Honig, dann in Carobpulver und gehackten Nüssen wälzen; einfrieren, bis sie fest sind. Als gefrorenes Konfekt verzehren oder vor dem Einfrieren Holzstäbchen einstecken und wie Eis am Stil essen.

Toffee-Masse aus einem Topf entfernen

Um einen klebrigen Toffee-Topf zu säubern, den Topf mit Wasser füllen und das Wasser zum Kochen bringen. Das Toffee schmilzt dann und kann mit dem Wasser weggegossen werden.

Konfekt als Geschenk

Selbstgemachtes Konfekt ist ein schönes Geschenk, doch die Verpackung ist dabei fast genauso wichtig wie der Inhalt. Verpacken Sie Konfekt oder Plätzchen in hübschen Gläsern, kleinen Körben, die mit einem Deckchen ausgelegt und mit Zellophan umhüllt sind, in bunten Schachteln, die Sie gesammelt haben, oder in leicht zerknitterter und an den Enden zusammengebundener Zellophanfolie. Verzieren Sie das Geschenk mit bunten Bändern, kleinen Stoffblumen und farbigen Etiketten.

✿ Fruchtkugeln

Eine gesunde Süßigkeit, die ausschließlich Fruchtzucker enthält. Nach meiner Erfahrung mögen Kinder dieses Konfekt sehr gern, wenn sie es nicht zu oft bekommen.

Ergibt etwa 64 Kugeln

350 g gemischte Trockenfrüchte (wie Datteln, Aprikosen, Pfirsiche und Rosinen)
100 g Paranüsse
100 g Kokosraspel
Abgeriebene Schale von 1 unbehandelten Orange oder Zitrone
1–2 EL frischer Orangensaft
Kokosraspel zum Wenden

1 Trockenfrüchte und Paranüsse in der Küchenmaschine feinhacken; oder die Trockenfrüchte mit dem Messer sehr fein hacken und die Nüsse mahlen. Dann in einer Schüssel miteinander vermischen.
2 Zu der Mischung Kokosraspel, Orangenschale und so viel Orangensaft hinzufügen, daß die Masse zusammenhält, dann in der Küchenmaschine oder von Hand verrühren.
3 Die Masse zu kleinen Kugeln rollen und in Kokosraspeln wenden, bis sie ganz damit überzogen sind.
4 Die Fruchtkugeln auf Tabletts legen und im Kühlschrank 1–2 Stunden kalt stellen, bis sie fest geworden sind.

✿ Carob-Konfekt mit Nüssen und Honig

Ein weiteres gesundes Konfekt, das Kinder ganz gern mögen. Diese Schnitten sind gehaltvoll und nahrhaft; man kann nicht allzuviel davon essen.

Ergibt 21 Schnitten

100 g Cashewnüsse
1 EL Carobpulver
Vanille-Extrakt
1 EL fester Honig

1 Cashewnüsse, Carob und einige Tropfen Vanille-Extrakt in der Küchenmaschine zu einem Pulver zerkleinern. Oder die Nüsse feinmahlen, dann mit Carob und Vanille-Extrakt in eine Schüssel geben.
2 Den Honig hinzufügen und die Masse zu einer festen Paste verrühren.
3 Die Paste in eine quadratische Form von 20 cm Seitenlänge geben und flach drücken, bis sie etwa 1 cm dick ist (sie wird nur etwa ein Drittel der Form füllen).
4 In den Kühlschrank stellen, bis die Masse fest geworden ist, dann in Quadrate schneiden.

✿ Variante

Falls man Paranüsse lieber mag, kann man sie statt der Cashewnüsse verwenden, dann das Konfekt nach obiger Anweisung herstellen.

✿ Sirup-Toffee

Ergibt etwa 600 g

175 g brauner Rohrzucker (Demerara)
75 g Butter oder ungehärtete Pflanzenmargarine
250 g Rohrzuckersirup
¼ TL Weinstein
Butter oder ungehärtete Pflanzenmargarine zum Einfetten

1 Eine quadratische Form von 20 cm Seitenlänge einfetten, dann mit Backpapier auslegen.
2 Zucker, Butter, Sirup und 3 EL Wasser in einen schweren Topf geben. Langsam erhitzen, bis sich der Zucker vollständig aufgelöst hat, dann zum Kochen bringen, vom Herd nehmen und den Weinstein hinzufügen.
3 Den Topf wieder auf den Herd stellen und die Sirupmischung kochen, bis sie 119–122 °C, den Fadengrad (rechts), erreicht; dabei von Zeit zu Zeit umrühren.
4 Die Masse in die vorbereitete Form gießen. Stehenlassen, bis sie fast fest ist, dann in Quadrate schneiden.
5 Sobald das Toffee erkaltet und hart ist, aus der Form nehmen und in Quadrate brechen.

Schokoladen-Rum-Trüffeln

Ergibt etwa 36 Trüffeln

250 g Zartbitterschokolade
300 g Crème double
2 EL Rum
Kakaopulver zum Wenden

1 Die Schokolade in Stücke brechen und mit der Crème double in einen schweren Topf geben.
2 Sehr langsam erhitzen, bis die Schokolade geschmolzen ist, dann vom Herd nehmen, in eine Schüssel geben und abkühlen lassen.
3 Den Rum hinzufügen, dann schlagen, bis man eine helle, dicke Creme erhält. Im Eisschrank kühlen, bis die Masse fest genug ist, daß man sie weiterverarbeiten kann.
4 Etwas Kakaopulver auf einen Teller streuen, dann in gehäuften TL die Masse daraufsetzen und die Kugeln mit Kakaopulver bestreuen.
5 Jede Kugel in Kakao wenden, so daß man eine Trüffel erhält, dann in eine Pralinenschachtel oder auf eine kleine Servierplatte setzen.

Weichkaramel

Ich habe viele Karamelrezepte ausprobiert, doch dieses wird immer das beste für mich bleiben.

Ergibt etwa 1 kg

100 g Butter
1 Dose Kondensmilch (etwa 425 g)
450 g Streuzucker

1 Eine quadratische Form von 20 cm Seitenlänge mit Backpapier auslegen.
2 Butter, Milch und Zucker in einen großen schweren Topf geben.
3 Unter ständigem Rühren bei niedriger Temperatur erhitzen, bis sich der Zucker aufgelöst hat.
4 Die Temperatur erhöhen und 5 Minuten unter ständigem Rühren kochen, bis sich die Masse von den Seitenwänden des Topfes löst.
5 Die Karamelmasse in die ausgelegte Form gießen; bei Zimmertemperatur abkühlen lassen.
6 Kurz bevor der Karamel ganz abgekühlt ist, Quadrate markieren. Wenn er erkaltet ist, mit einem scharfen Messer in Quadrate schneiden.

Die Härtegrade des Zuckersirups

Zuckersirup verhält sich bei unterschiedlichen Temperaturen ganz verschieden:

Fadengrad (120 °C) Eine kleine Menge des Sirups bildet einen kurzen Faden, wenn man sie zwischen Daumen und Zeigefinger auseinanderzieht.

Weicher Ballgrad (135 °C) Wenn man eine kleine Menge des Sirups in eine Tasse mit kaltem Wasser gibt, bildet sie eine kleine weiche Kugel.

Harter Ballgrad (140 °C) Eine kleine Menge der Masse bildet eine harte Kugel, wenn man sie in eine Tasse mit kaltem Wasser tropfen läßt.

Bruchgrad (150 °C) Wenn man einen Tropfen des Sirups in kaltes Wasser gibt, wird er brüchig.

Karamel (160 °C) Der Sirup wird dunkelbraun.

Den Zuckersirup beim Testen des Härtegrades vom Herd nehmen, damit er nicht weiterkocht.

Weichkaramel – Fruchtkugeln – Schokoladen-Rum-Trüffeln – Carob-Konfekt mit Nüssen und Honig

Register

Seitenzahlen in *kursiv* beziehen sich auf Abbildungen.

A

Agar-Agar 286
Aïoli 155
Alfalfasamen *35*, 37
Ältere, vegetarische Ernährung für 24
Amaretto 284
Amerikanische Golddattel *86*, 87
Amerikanischer Langkornreis *42*, 45
Ananas *91*, 92
-gelee 286, *287*
getrocknete - *100*, 102
Linsen mit - 211
Anelli *49*
Angelika *115*, 118
Anisette 284
Anissamen *120*, 122
Anone s. Zimtapfel
Apfel, Äpfel *82f.*, 84f.
Brat- 84, *248*
-Chutney 342
-eis mit Brombeersauce *276*, 281
Holzapfelgelee 340
-kraut 340
-kuchen 295
Ländlicher -kuchen 294, *297*
-Möhren-Ingwer-Suppe 129
-Möhren-Koriander-Püree 187
-ringe *100*, 102
Verwertung bei -schwemme 85
Apfelessig 241
Apfelminze *116*, 119
Arame *80*, 81
-Radieschen-Gurken-Salat 164, *165*
Aprikosen *86*, 87
-Chutney *203*, 342, *343*
getrocknete - 101, 102
Hunza- *101*, 102
-Orangen-Creme 282
Reispilaw mit -, Rosinen u. Pinienkernen 242, *242*
-soufflé 290
Arborioreis, italienischer *42*, 45
Arrow root s. Pfeilwurzmehl
Artischocke(n) *62*, 63
Königinpastetchen mit -herzen-Füllung 273, *273*
Paella vegetariana mit - 22, *243*
-Risotto 245
Aubergine(n) *72*, 73
- aushöhlen 192
-dip 145, *145*
Fusilli colbuche mit -Wein-Sauce *178*, 255
Gedämpfte - 180
Gefüllte - à la Provençale 192
Gewürzte - 186
Grüne Taglioni mit Tomatensauce u. - 254
-Nudel-Charlotte 258, *259*
-scheiben in Kichererbsenteig 198f.
Auflauf
Bunter Gemüse- 200, *201*
Käse-Gemüse- 200
Kartoffel-Käse- 200
Pikanter Käse- 226
Pikanter Linsen- 213
Vollkornnudel- mit Champignons 252, *256*
Augenbohne *39*, 40
Austernpilz *78*, 79
Australnuß s. Macadamianuß
Avocado(s) *72*, 73
- auf Himbeersauce 148, *318*
- aufschneiden *149*
- auf zwei Paprikasaucen 148
-Champignon-Salat 163, *254*
-creme 143
-dressing 154
Gebackene gefüllte - *193*, 196
- halbieren *148*
Kalte -suppe 138
Käseroulade mit -füllung 224, *228*
-Sandwich, getoastet 333
-törtchen 263
Azukibohne *38*, 40

B

Babymais *60*, 61
Backform mit Folie auslegen 230
Backpulver 303
Backtriebmittel 303
Baguettes, Gefüllte 334
Bailey's Irish Cream (Likör) 284
Baiser(s) 314f., *315*
zerbröchene - weiterverwenden 314
Ballaststoffe 12
Balsamkraut *114*, 118
Bambussprossen *62*, 63
Banane(n) *90*, 92
getrocknete - *100*, 102
Koch- *90*
streng vegetarisches -brot 330
-Vollweizen-Brot *327*, 330
Basilikum *116*, 118
Basmatireis 45
polierter - *42*
ungeschälter - *42*
Batate *68*, 70
Batavia *52*, 54
Baummelone s. Papaya
Baumstachelbeere s. Karombole
Baumtomate s. Tamarillo
Béarnaise, Sauce 176
Béchamelsauce 175
Beerenobst *88*, 89
Beinwell s. Schmerwurz
Belegte Brote 333, *333*
Kombinationen für - 333
Bindesalat s. Romana
Bircher-Müesli 240
Biriani 244
Birne(n) *82*, 84f.
getrocknete - *100*, 102
- mit pikantem Sahnedressing 148
- mit Roquefortcreme 149
-Porree-Püree 187
-sorbet 282, *283*
-Trauben-Sellerie-Mandel-Salat 169
Verwertung bei -schwemme 85
Birnenkürbis *74*, 76
Blätterkohl *57*, 58
Blätterteig 268f.
Champignonpastete in - 270, *270*
- herstellen *271*
- für Nußbraten zubereiten *236*
Halb- herstellen *268*
Paranußbraten in - 236, *318*
Pilze in Sahne mit - 272
Schneller - 268f.
Blattgemüse 52-55
Blattsalate, grüne 54
Blaubeere *88*, 89
Blauschimmelkäse 112
Bleichsellerie s. Stangensellerie
Blondorangen *97*, 98
Blumenkohl *56*, 58
-Cheddar-Walnuß-Flan 261
Gelber - 185, *185*
Grüner - *56*, 58
-suppe mit Cheddar 132
Blütenessenzen 288
Blutorangen 99
Bockshornklee *115*, 118, *120*, 122
Bohnen *38f.*, 40f., *60*
Farbiger -salat 157, *157*
-salat mit Radicchio 167
Schneller -flan 266
Bohnenkraut *114*, 118
Bohnensprossen
Reissalat mit - und Wildreis 159
Borlottibohne *39*, 40
Borretsch *114*, 118
Bouquet garni 118
Boursin *110*
Brandteig 271
Bratäpfel 84, *248*
Bratensauce
Alternativen zu -n 173
vegetarische - 172, *318*
Brie *111*, 112
Broccoli *56*, 58
roter - *56*
-Paprika-Mandel-Flan 262, *263*
Brombeere *88*, 89
Apfeleis mit -sauce *276*, 281
-sauce 300
-sorbet 282
Brotkrumen herstellen 233
Brotsauce 175, *318*
Brot und Brötchen 326-331
Aufgehzeit für -teig 329
Beläge für das Schul- 335
Belegte -e 333, *333*
-teig formen *328*
Brühe
dunkle Gemüse- 132
helle Gemüse- 129
- selbst herstellen 128
Brunnenkresse *53*, 54
Chicorée-Walnuß-Salat mit - 161, *179*
-suppe *129*, 130
Pfannengerührte Möhren mit - und Sesamsamen 181
Bucatini *46*
Buchweizen (Kascha) *42*, 44
-mehl *42*
Biskuit
Glasierte -finger 304
Schnelle -torte 304, *305*
-Schokoladentorte 303, *303*
-torte 302
-torte verzieren *304*
Bulgur *43*, 44
Tabbouleh 159, *159*
Bunte Limabohnen 206
Bunte Minikuchen 302
Bunte Obsttorte 292
Bunter Gemüseauflauf 200
Bunter Krautsalat 162, *228*
Butterblumenkürbis *75*, 76
Butterbohne s. Limabohne
Buttercreme 315
- mit reduziertem Zuckergehalt 315
Buttermilch *104*, 106
Butterschmalz (Ghee) 331
Butterspinat 55, *276*

C

Calcium 12
Calvados 284
Camembert *111*, 112
Fritierter - 221
Cannellinibohnen *39*, 40
Cannelloni *48*, 51
Cantal *109*, 113
Cappelletti *49*, 51
Carageen *80*, 81
Carob
-Konfekt mit Nüssen und Honig 344, *345*
-plätzchen 322
-Schnitten *306*, 307
Casaba (Melone) 95
Cashewnuß *34*, 36
-braten 230, *231*
-roulade mit Waldpilz-Füllung 237
Cayennepfeffer *120*, 122
Champagnersorbet mit Walderdbeeren *153*, 283
Champignon(s) *78*, 79
- auf chinesische Art 184
-Avocado-Salat 163, *254*
-Croustade 234, *234*
-Flan 261
Grüne Fusilli mit - und Sahne 251
Königinpastete mit -füllung 273
-Kräuter-Terrine 22, 146
-Kartoffel-Pastetchen 264, *264*
-Kastanien-Kuchen 265
-Paprika-Mandel-Flan 262
-pastete in Blätterteig 270, *270*
-pastete herstellen *271*
Pikanter -Oliven-Kuchen 226, *226*
-Risotto 245
-Sauce 170, 174
Schneller -flan 266
Vollkornnudelauflauf mit - 252, *256*
Chantillysauce s. Sauce mousseline
Chapatis 331
Charentais-Melone *94*, 95
Chartreuse (Kräuterlikör) 284
Checkliste für die Planung eines Essens 29
Cheddar *109*, 113
-Blumenkohl-Walnuß-Flan 261
vegetarischer - 109
Chester-Zwiebel-Kuchen, Pikanter 265
Chèvre *110*, 112
-Boucheron 112
Eichblattsalat mit Ziegenkäse und Walnüssen 150, *151*
- Lezay *110*, 112
Chicorée *62*, 63
-Walnuß-Salat mit Brunnenkresse 161, *179*
Chili *120*, 122
- con carne vegetariana 208, *209*
-schote *72*, 73
-Tomaten-Käse-Füllung 190
Chinakohl *57*, 59
chinesische Art
Gebratener Reis auf - 243
Vegetarisches Essen auf - 243
Chinesische Birne *82*, 85
Chinesischer Blätterkohl s. Pak-Choi
Chinesischer Strohpilz *78*, 79
Chinesische Wasserkastanie *34*, 36
Chinesische Wintermelone *74*, 77

Chufanuß s. Tigernuß
Chutneys 342
Herstellung von - 342
Cigarettes Russes 325
Clementine *96*, 98
»Clotted Cream«, Englische *105*, 106
Club-Sandwich 332
Cocktailtomaten *72*, 73
Japanischer Blütensalat 164, *165*
Cointreau 284
Cole Slaw, Englischer 161, *248*
Conchiglie *49*
- rigate *48*, 51
Convighi piccoli *49*, 51
Cookies, Kühlschrank- 321
Cossalat s. Romana
Couscous *43*, 44
- mit würzigem Kichererbsen-Stew *246*, 247
Creme(s)
Aprikosen-Orangen- 282
Butter- 315f.
Frucht- zubereiten 282
Gebackene Eier- 278
Lemon Card *339*, 341
Magermilch- *300*, 301
Tip zum Spritzen von - 314
Crème double *105*, 106
Crème fraîche 106
Crêpes
Farbige - 197
-Füllung 196
- mit Pilzen und Frischkäse 197
- mit Spargel und Frischkäse 197, *197*
-Suzette 299, *299*
Croustade
Champignon- 234, *234*
Porree- 234
streng vegetarische Champignon- 234
Crudités 143, *336*
Curry
Beilagen zu - 202
Gemüse- 202
-kraut *115*, 118
-pulver *120*, 122
-sauce 177, *177*

D

Daikon *66*, 67
-blüten anfertigen 166, *166*
Japanischer Blütensalat 164, *165*
Damaszener Pflaume *86*, 87
Dampfkochtopf, Zitrusmarmelade aus dem - 341
Danablu *111*, 112
Dattel(n) *86*, 87
Amerikanische Gold- *86*, 87
getrocknete - *101*, 102
-schnitten 321, *321*
-Walnuß-Brot 330
Dauphinois, Gratin 14, 190, *191*
Dicke Bohnen *39*, 40, *60*, 61
Dicke Maissuppe *129*, 135
Dickungsmittel 291
Dijon-Senf *121*, 125
Dill *117*, 118
-samen *120*, 122
Dips 143-146
- servieren 146
Distelöl 210
Ditali, Ditalini *47*
Dolcelatte *111*, 112
Doppelrahm-Frischkäse *110*, 112
Drei-Farben-Omelette 140, *142*
Dressing(s) 154-156
- mit wenig Kalorien 161
Tips für - 155
Dulse *80*, 81
Dundee Cake 311, *311*
- ohne Zucker 311

E

Eaux-de-vie (Fruchtweinbrände) 284
Echte-Goldrute-Tee 326
Éclairs 314, *315*
Edamer *109*, 113
Egerling *78*, 79
Eichblattsalat *52*, 54
- mit Ziegenkäse und Walnüssen 150, *151*
Eichelkürbis *75*, 76
Eier *105*, 107
- auf florentinische Art 214, *215*
-braten 107
Gebackene - 214, *215*
Gebackene -creme 278
Gebackene - in Tomaten 215
Gefüllte - 216
hartgekochte - 216
- kochen 107
Kochzeit für - 107
- pochieren 107
Rühr- für zwei Personen 107
-sauce 175, 301
Schottische - auf vegetarische Art 216, *216*
Tips zur Zubereitung von -sauce 301
- trennen 221
Zubereitungsarten für - 216
Eierfrucht s. Aubergine
Eiernudeln *49*, 51
Eiertomate 73
Einfache Buttercreme 315
Einfrieren s. Tiefkühlen
Einkochen 338
Eintopf
Kichererbsen- auf orientalische Art 211, *211*
Graupen- 246
Pikanter Linsen- 213
Eis
Apfel- mit Brombeersauce 276, *281*
Himbeer- 281, *281*
-kaffee 335
Mango- 281
Schnelles Vanille- 280
Schokoladen- 280, *336*
Vanille- 280
Eisen 12
Eissalat, Eisbergsalat *52*, 54
Eiweißkonzentrat s. vegetarisches Eiweiß
Eiweiß-Zucker-Glasur (Fondant) 317
Emmentaler *109*, 113
Endivie 54
krause - *52*
Engelwurz s. Angelika
Englischer Cole Slaw 161, *248*
Englischer Früchekuchen 312f., *312*
Englischer Haferkuchen 322, *323*
Englisches Senfpulver 125
Entenei *105*, 107
Erbsen *38f.*, 40f., *60*
- à la française 183, *183*
-püree 207
-schote *60*, 61
Schneller -Minze-Flan 266
Erdbeere(n) *88*, 89
-marmelade 339, *339*
-marmeldae aus dem Mikrowellenofen 339
Orangenparfait mit Grand Marnier und - 284, *284*
Wald- *88*, 89
Erdnuß *35*, 36
-butter *35*, 322
-küchlein 232, *232*
-plätzchen 322, *323*
Essig 241
destillierter - 241
Gewürz- 343
reiner oder echter Wein- 241
Eßkastanie (Marone) *34*, 36
Estragon *116*, 118f.

F

Farfalle, Farfallini *48*, 51
-Salat 160, *160*
Faserstoffe s. Ballaststoffe
Feigen *90*, 92
getrocknete - *100*, 103
Kaktus- *90*
Felafel
- in Pita-Taschen 208, *209*
Serviervorschlag 208
Feldsalat *52*, 54
Fenchel *62*, 63
Glasierter - 182
-kraut *117*, 119
-samen *120*, 122
Spinatpastetchen mit - *141*, 151
Süßer -Möhren-Salat 162, *163*
Tip für - 162
Feta *111*, 112
Fette 11
- und Öle zum Kochen 217
Fettuccine *46f.*
Fettucelle *46*, 51
Flan(s) 260-266
-boden herstellen 266
-böden im voraus zubereiten 263
-form mit Teig auslegen *260*
- servieren 261
streng vegetarische -beläge 262
Teigmengen für - 262
Flapjacks 320
Fleischtomate *72*, 73
Fiochetti *48*
Flageolotbohne *39*, 40
Fondant s. Eiweiß-Zucker-Glasur
Fondue 217
Fontina *109*
Französische Buttercreme 316
Französischer Zwiebelflan 261
Französische Zwiebelsuppe 132f.
Frischer Fruchtsalat *204*, 286, *287*
Frische Tomatensauce 170, *171*
Frischkäse 112
Crêpes mit Pilzen und - 197
Crêpes mit Spargel und - 197, *197*
-Glasur 316
Spinatroulade mit - und rosa Pfefferkörnern 224f. *225*
Frisée
Japanischer Blütensalat 164, *165*
Fritieren 221
Fritierter Camembert 221
Fromage blanc *110*, 112
Fruchtcremes zubereiten 281
Früchte (s. auch Obst)
Dünsten von -n 84
exotische - *90f.*, 92f.
Frischer -salat *204f.*, 286, *287*
-gelees 286
Grüner -salat 286
- selbst trocknen 103
-salat aus Orangen und Kiwis 286
-salat aus Tangerinen und Litschis 286
-salate und Kompotte 287
tropische - *90f.*, 92f.
Früchtekuchen *309*, 310
alternative Dekoration für einen weihnachtlichen - 312
Englischer - 312f., *312*
- mit Mandelpaste überziehen 312
Zutatenmenge für den englischen - 313
Früchte-Mandel-Finger 304
Fruchtgemüse 72f.
Fruchtkugeln 344, *345*
Frühlingsgemüse, Gedünstetes 181, *181*
Frühlingszwiebel *64*, 65
Lumache mit -n, Fenchel und Mayonnaise 160
Fudge-Glasur 316
Füllungen
- für Baguettes, Tacos u. Pita-Brot 334
- für Crêpes 196
- für Kartoffeln 190f.
- für Käseroulade 224, *228*
- für Markkürbis 194
- für Nußbraten 239, *239*
- für Nußrouladen 237
- für Omeletts 220
- für Pastetchen 264, 273
- für Sandwiches 334
- für Sandwich-Toast 332
süße - für Omeletts soufflés 221
- für Tomaten 195, *195*
- für Zucchini 193, *193*
Fünfgewürzpulver *120*, 122
Fusilli *47*, 51
- colbuchi 47
- mit Auberginen-Weinsauce *178*, 255
Grüne - mit Champignons und Sahne 251

G

Ganzkornsenf *121*, 125
Garam Masala *120*, 122
Gartenkürbis *74*, 76
Gebäck (s. auch Teegebäck)
- einfrieren 320
Serviervorschläge für - 324
Gebackene Eier 214, *215*
Gebackene Eiercreme 278
Gebackene gefüllte Avocados *193*, 196
Gebratener Reis auf chinesische Art 243
Gedämpfter Gemüsepudding 267, *267*
Gedämpfter Pudding 298
Gedeckter schwarzer Johannisbeerkuchen 295, *297*
Gedünsteter Fenchel 182
Gedünstete Sellerieherzen 182
Gedünstetes Frühlingsgemüse 181, *181*
Gefüllte Auberginen à la provençale 192
Gefüllte Baguette 334
Gefüllte Baisers 314
Gefüllte Eier 216
Gefüllte Käseroulade 224
Gefüllte Kohlrouladen in Kokosnußsauce 196
Gefüllte Paprikaschoten *193*, 194
Gefüllte Pita-Taschen 334
Gefüllte Tomaten 195
Gefüllte Viktoria-Torte 304
Gefüllte Weinblätter mit Joghurtdip 141, *141*
Gelber Blumenkohl 185, *185*
Gelees 286, *287*, 340
Früchte/Zucker-Verhältnis in - 340
- ohne Zucker 340
zuckerarme - herstellen 341
Gelierpunkt feststellen 339
Gemüsegurken *74*, 76
Gemüse
-Beilagen 180-192
-Beilagen als Hauptgerichte 190
-brühen 129, 132
Bunter -auflauf 200
-Curry 202
Gedämpfter -Pudding 267, *267*
Gedünstetes Frühlings- 181, *181*
Gestreifte -terrine 147, *147*
Gewürztes Wurzel- 185
-Gougère 272, *277*
-Hauptgerichte 192-203
- im Mikrowellenherd aufwärmen 186
Julienne aus Wurzel- 184
-Käse-Auflauf 200
-Käse-Soufflé *222*, 223
-kebabs mit Rosmarin 201, *248*
-kuchen 260-275
Lasagne mit Misch- 257

-Linsen Suppe 136
Mariniertes - 150, *151*
Mengenangaben für - 180
-pastete 264, *270*, 271
Pfannengerührtes süß-saures - mit Mandeln 199, *199*
Pikanter -Linsen-Flan 262
-Pickles 342, *343*
-rohkost 143
- selbst trocknen 103
Servierplatte mit gefüllten -n 196
-Streuselkuchen 235
-suppe 136, 139, *139*
-Tempura mit Dip *133*, 198
-Tempura, Serviervorschlag 198
Gemüsemais *60*, 61
Gemüsezwiebel *64*, 65
Gerste 45
-nflocken *43*
-nkörner *43*
-nmehl *43*
Gestreifte Gemüseterrine 147, *147*
Getoastetes Avocado-Sandwich 333
Getreide 42-45
-gerichte 240-247
Gewichtsabnahme s. Schlankheitsdiät, vegetarische
Gewürz(e) 120-125
-essig 343
-mischung *121*, 122
-reis 241
Gewürzte Auberginen 186
Gewürzte Kartoffeln 185
Gewürzte Orangenscheiben 343, *343*
Gewürzte Schnittbohnen 186
Gewürztes Wurzelgemüse 185
Ghee s. Butterschmalz
Gjetost *109*, 113
Glasierte Biskuitfinger 304
Glasierte Möhren 182, *183*
Glasierte rote Obsttorte *22*, 292
Glasierte Steckrüben 182
Glasnudeln *49*, 51
Glasuren 316f.
Gnocchi
- alla romana *226*, 227
Spinat- *201*, 203
Gomasio 237
Gorgonzola *111*, 112
Tagliatelle mit - u. Walnüssen 250
Gouda *109*, 113
Gougère, Gemüse- 272, *277*
Granatapfel *91*, 92
Grapefruit *97*, 98
- Rosé *97*, 98
- verzieren *98*
- zum Servieren vorbereiten *98*
Gratin Dauphinois 14, 190, *191*
Graupen *43*, 45, 246
-eintopf 246
Greyerzer s. Gruyère
Griechischer Joghurt *105*, 106
Griechischer Salat 168, *168*
Grieß *43*, 45
Große Klette *66*, 67
Grüne Bohnen *60*, 61
Grüne Fusilli mit Champignons u. Sahne 251
Grüner Fruchtsalat 286
Grüner Salat s. Kopfsalat
Grüne Tagliatelle mit Linsensauce 252f., *252*
Grüne Taglioni mit Tomatensauce und Auberginen 254
Grünkohl *56*, 59
Gruyère (Greyerzer) *109*, 113
Guacamole-Dressing 22, 144, *145*
Guave *91*, 92
Gurke(n) (s. auch Salatgurke) 74ff.
Kalte -Joghurt-Suppe 138
-Radieschen-Arama-Salat 164, *165*
-salat auf skandinavische Art 162, *163*
Gurkenkraut s. Borretsch

H

Hafer 45
-flocken *43*
-körner *43*
-kuchen, Englischer 322, *323*
-mehl *43*
Halbblätterteig 268
- herstellen *268f.*
Härtegrade des Zuckersirups 345
Hartkäse 113
Halb- 113
Haselnuß *34*, 36
-baiser 314, *315*
Kartoffelsuppe mit gerösteten Haselnüssen 135, *136*
-öl 154
-roulade mit Porreefüllung 237
»Hashed Browns« 191, *191*
Hauptgerichte, schnelle 200
Hefe 218, 303
-Extrakt 232
-pizza 218
Heiße Schokoladensauce 300
Heißes Soufflé mit schwarzen Kirschen 290, *290*
Hellbraune Scones 326
Hijiki *80*, 81
-Radieschen-Gurken-Salat 164
Himbeer(e) *88*, 89
Avocado auf -sauce 148, *318*
-eis 281, *281*
-gelee 286
Kalte -suppe 137
-marmelade 339
-sauce 300, *300*
-soufflé 290
Hirse *42*, 45
-flocken *42*
-pilaw mit Nüssen u. Rosinen 245, *245*
Hokidokürbis *75*, 76
Hollandaise, Sauce *173*, 176
Holzapfelgelee 340
Holzohr, getrocknetes *78*
Honig
- abmessen 330
Carob-Konfekt mit Nüssen u. - 344, *345*
Muffins mit Kleie, - u. Sultaninen 327, *327*
Honigmelone *94*, 95
Hörnchen *47*
Hubbard (Kürbis) 76
Hühnereier *105*, 107
Hülsenfrüchte 38-41
Einweich- u. Kochzeit 40
Gerichte mit -n 206-213
-keimen lassen 207
Obst mit -n 211
Salate aus -n 156
Hummus 144, *145*
Hüttenkäse *110*, 112

I

In der Schale gebackene Kartoffeln 190
Ingwer *120*, 122f.
-kekse *323*, 325
-keks-Rolle 325
-minze *116*, 119
-waffeln 324, *324*
Italienische Tomatensauce 171

J

Japanische Quitte *90*, 92
Japanischer Blütensalat 164, *165*
Jasmintee *330*
Jerusalem-Artischocke s. Topinambur
Jod 13
Joghurt *105*, 106
Gefüllte Weinbläter mit -dip 141, *141*
Kalte -Gurken-Suppe 138
-Kräuter-Dressing 156, *336*
-Minze-Dressing 156
Johannisbeere(n) *88*, 89
Gedeckter schwarzer -Kuchen 295, *297*
Marmelade aus schwarzen - 339
rote - *88*, 89
schwarze - *88*, 89
Sorbet aus schwarzen - 282, *283*
Soufflé mit schwarzen - 290
Julienne
- aus Wurzelgemüse 184
-Bündel 184
Möhren- 184, *318*
-Streifen schneiden 184

K

Kaffee
-creme 278
Eis- 335
- kochen 327
-sorten 278
Kaffeesahne *105*, 106
Kaki *91*, 92
Kaktusfeige *90*, 92
Kaleidoskoppizza 218
Kamille *114*, 119
-ntee 326, *330*
Kantalupe (Melone) *94*, 95
Karamel, Weich- 345, *345*
Kardamom *120*, 123
Karombole *91*, 93
Karotten s. Möhren
Kartoffel(n) *68f.*, 70
-Champignon-Pastetchen 264, *264*
Gefüllte - 191
Gewürzte - 185
»Hashed Browns« 191, *191*
In der Schale gebackene - 190
Kalte zweifarbige -Rote-Bete-Suppe 139
-Käse-Auflauf 200, *336*
-Kichererbsen-Füllung für Pastetchen 264
-Linsen-Pastete 210
-Mandel-Kroketten 188, *188*
- mit Kräuterfüllung 191
Pommes frites, Zubereitung 71
-Porree-Suppe 134
-püree 189, *277*
Rosa -salat *165*, 166
Röst-, Zubereitung 71
-salat 166
-Sellerie-Püree mit Pistazien 189
-suppe mit gerösteten Haselnüssen 135, *136*
Kartoffelstärke 291
Kascha s. Buchweizen
Käse 109-112
- auf Toast 335
-fondue als Schnellgericht 217
Gefüllte -roulade 224
-Gemüse-Auflauf 200
-Gemüse-Soufflé *222*, 223
Kalorien in -gerichten reduzieren 214
-Kartoffel-Auflauf 200, *336*
Koch- 217
-Kräuter-Dip 143, *143*
-Limabohnen-Kuchen 265
-Makkaroni 257
-Mürbeteig 260
-Petersilien-Küchlein *205*, 217
Pikanter -auflauf 226
-platte zusammenstellen 113
-roulade mit Avocadofüllung 224, *228*
-sauce 175, *204*
Schneller -Tomaten-Flan 266
Schweizer -fondue 217
Scones 326
Serviervorschläge 113
-soufflé 222f.
-Spinat-Mandel-Flan 261
Weich- selbst herstellen 112
Käsekuchen - abkühlen lassen 289
- einfrieren 289
Rosen- 289, *289*
Schneller Kirsch-Limetten- *178*, 288
Kastanien
-braten 233
-Champignon-Kuchen 265
- schälen 233
Kebab
Gemüse -s mit Rosmarin 201, *248*
Kekse s. Plätzchen
Kenia-Chillies *72*, 73
Kerbel *116*, 119
Süßer - *114*, 119
Kichererbse(n) *38*, 40
Auberginen in -teig 198f.
Couscous mit würzigem -Stew *246*, 247
-eintopf auf orientalische Art 211, *211*
-Kartoffel-Füllung für Pastetchen 264
Kidneybohnen s. Rote Kidney-bohnen
Kinder
gesunde Süßigkeiten für - 344
vegetarische Ernährung für - 19f.
Kirsche(n) *86*, 87
Heißes Soufflé mit schwarzen - 290, *290*
Kalte Suppe aus schwarzen - 137
Schneller -Limetten-Käsekuchen *178*, 288
Kirschtomate s. Cocktailtomate
Kiwi *90*, 93
-Orangen-Salat 286
Klassischer Risotto 244
Kleie *43*
Muffins mit -, Honig u. Sultaninen 327, *327*
Kleine Schokoladensoufflés 279
Kleine Spargel-Timbalen mit frischer Tomatensauce 143
Klößchen für Suppen 135
Knoblauch *120*, 123
-brot 137, *204f.*
-vinaigrette 154
Knollengemüse 68-71
Knusprige Müslimischung 240
Knusprige Orangenplätzchen 323, *323*
Kochbanane *90*
Kochsalz 13, 236
-Ersatz 237
jodiertes - 236
Kohlenhydrate 11
Kohlgemüse 56-59
- zubereiten 59
Kohlrabi *56*, 59
Kohlrouladen in Kokosnußsauce, Gefüllte 196
Kokosnuß *35*, 36
Gefüllte Kohlrouladen in -sauce 196
Pikante -sauce 177
Kombu *80*, 81
Kompott(e)
- aus Trockenobst 14, 103
Fruchtsalate u. - 287
Herstellung von - 85
Kondensmilch 106
Konfekt 344f.
- als Geschenk 344
Königinpastetchen mit Artischockenherzen-Füllung 273, *273*
Kookoo (Omelett) 221
Kopfsalat (grüner Salat) *53*, 54
Gemischter - 22, 54, *228*
- mit Avocado u. Tomaten 163
-suppe 131
Zutaten für einen gemischten - 54, *152f.*
Koriander *115*, 119
-samen *120*, 123
Korinthen *101*, 103

Kräuter 114-119
-füllung 191, 195
-Käse-Dip 143, *143*
Mayonnaise mit grünen -n 155
-vinaigrette 154
Weißer Nußbraten mit -füllung 239, *239*
-Zwiebel-Brot *153*, 328
Kräutertee 326
- kochen 326
Krautsalat, Bunter 162, *228*
Kresse *53*, 54
-kraut 54
-Stilton-Flan 261
Kreuzbrötchen 328
Kreuzkümmel *120*, 123
Krummhalskürbis *75*, 77
Kuchen *178*, 288f., *289*, 292, 294f., *297*, 302-317
Bunte Mini- 302
Dekorationen für - 317
Pikanter Oliven-Champignon- 226, *226*
runde -form auslegen *307*
Tips zum -backen 311
Küchenzubehör 25
Küchlein
Erdnuß- 232, *232*
Linsen- formen 233
Käse-Petersilien- *205*, 217
Macadamia- 232
Mais- 238
Möhren- *248*, 306
Nuß- formen 233
Pikante Linsen- 210, *248*
streng vegetarische - 238
Kühlschrank-Cookies 321
Tip für - 321
Kuhmilch *104*
Kümmel *120*, 123
-kohl 161
Kumquat(s) *96*, 98
- in Sirup 343, *343*
Kürbis 74-77
- aushöhlen *194*
-Ingwer-Püree 187
Koch- u. Servierideen für Winter- 77
-kuchen 292
Kürbiskern *35*, 37
Kurkuma *121*, 123
Kurzkorn-Naturreis *42*
Kuzu 291

L

Lambertsnuß 36
Ländlicher Apfelkuchen 294, *297*
Langkorn-Naturreis *42*
Lasagne 51
grüne - *48*
Linsen- 257
- mit Mischgemüse 257
- natur *48*
Spinat- 256f., *256*
Vollweizen- *48*
Lauch s. Porree
Laver *80*, 81
Lebensmittel s. nährstoffreiche Lebensmittel
Lemon Curd *339*, 341
Liebstöckel *115*, 119
Liköre 284
Limabohne(n) *38f.*, 41
Bunte - 206
-Käse-Kuchen 265
Limette *96*, 98
-nblütentee 326
Schneller -Kirsch-Käsekuchen *178*, 288
Linguine *46*, 51
- mit Tomaten, Basilikum und Sahne 149, *149*
Sommerliche - *254*, 255
Linsen *38*, 41
-braten servieren 235
-Dal *203*, 209
Gelbe -suppe 134, *136*
Grüne Tagliatelle mit -sauce *252*, 252f.
- mit Ananas 211
-Kartoffel-Pastete 210
-küchlein formen 233
-Lasagne 257
Pikante -Küchlein 210, *248*
Pikanter -auflauf 213
Pikanter -eintopf 213
Pikanter -Gemüse-Flan 262
-Pilz-Gratin 207
-Porree-Gratin 207
Serviervorschläge für -Dal 209
Vorschläge für -suppen 134
-Walnuß-Salat 158, *159*
Linzer-Torte 293
Litschi *86*, 87, *91*, 93
-Tangerinen-Fruchtsalat 286
Loganbeere 89
Lorbeer *117*, 119
Lumache *48*
- mit Frühlingszwiebeln, Fenchel u. Mayonnaise 160

M

Macadamia
-küchlein 232
-nuß *34*, 37
Macis s. Muskatblüte
Madeira-Kuchen *306*, 307
- servieren 307
Magermilch
-creme *300*, 301
-pulver *104*, 106
Maggikraut s. Liebstöckel
Magnesium 12
Mais 45
Dicke -suppe *129*, 135
Gemüse- *60*, 61
-grieß *43*
- in Sahnesauce als Füllung 190
-kölbchen *60*, 61
-küchlein 238
-mehl *43*
Schneller -flan 266
Maiskeimöl 210
Majoran *117*, 119
Makkaroni *47*, 51
Käse- 257
kurze -, natur *47*
kurze -, Vollweizen *47*
Schnellkoch- *47*
Spiral- *47*
Malzessig 241
Mandarine 98
Mandel(n) *34*, 37
-Broccoli-Paprika-Flan 262, *263*
Dunkler -braten 230
-Früchte-Finger 304
-Kartoffel-Kroketten 188, *188*
Mürbe -plätzchen 323, *336*
-Paprika-Dip 146, *147*
-pastete 317
Pfannengerührtes saures Gemüse mit - 199, *199*
-Spinat-Käse-Flan 261
-suppe 135
-torte (Pithiviers) 293
-Tuiles *281*, 325
Zucchini mit einer Füllung aus Möhren, Ingwer u. - 193, *193*
Mangetout s. Zuckererbse
Mango *90*, 93
-Chutney-Mayonnaise 155
-eis 281
- vorbereiten u. verzieren *93*
Mangold *53*, 55
Maracuja s. Passionsfrucht
Maraschino 284
Mariniertes Gemüse 150, *151*
Markkürbis *75*, 76
- mit Haselnußfüllung u. Apfelmus 194
Marmelade(n) 338f.
- aus gemischten Beeren ohne Zucker 340
Früchte/Zucker-Verhältnis 340
Gelierpunkt feststellen 339
-gläser sterilisieren 340
-gläser verschließen 338
- in Gläser füllen 341
- ohne Zucker 340
Schaum entfernen 339
zuckerarme - herstellen 341
Marone s. Eßkastanie
Marys Marmelade *339*, 341
Mayonnaise 155
Meeresgemüse 80f.
Vorschläge zur Verwendung von -n 81
Meerrettich 67, *121*, 124
Meersalz 236
Melba-Toast *22*, 146
Melonen *94*, 95
Serviervorschläge für - 95
Menüs
Abendessen auf orientalische Art 144
Abendessen aus der Tiefkühltruhe für sechs Personen 257
Ein Abendessen für Kinder 200
Einfaches Abendessen für vier Personen 252
Einfaches herbstliches Abendessen für sechs Personen 255
Einfaches sommerliches Abendessen 247
Einfaches winterliches Abendessen 213
Ein Essen mit mexikanischem Flair 195
Frühherbstliches Mittagessen für vier Personen 192
Frühlingsparty 22f.
Frühsommerfest 222
- für Kalorienbewußte 199
- für ein Picknick 261
Herbstliche Mahlzeit für sechs Personen 265
Herbstliches Festmahl 272
Herbstparty *276*
Ein italienisches Abendessen 227
Ein japanisches Gericht 132
Lagerfeuer-Party 293
Mittagessen am Familientisch *204*
Mittagessen für Kinder 336
Mittsommer-Hochzeit *208*
Orientalisches sommerliches Abendessen 242
Russisches Abendessen 270
Schnelles Abendessen für zwei Personen 214, 250
Schnelles einfaches Abendessen *178*
Schnelles Essen für zwei Personen zu später Stunde 164
Schnelles herbstliches Abendessen 150
Schnelles Mittagessen 172
Sommerfest *152*
Sommergarten-Brunch 226
Sommerliches Mittagessen für zwei Personen 176
Sonntägliches Mittagessen für die Familie 206
Sonntags-Brunch *14*
Spätes sommerliches Mittagessen 294
Spätsommerliches Abendessen für Freunde 236
Vegetarisches Barbecue *248*
Vegetarisches Essen auf chinesische Art 243
Vegetarisches Weihnachtsessen 285
Wärmendes winterliches Abendessen 208
Weihnachtsessen 233
Weihnachtsmenü 318
Winter-Brunch für acht Personen 189
Winter-Brunch für sechs Personen 244
Winter-Brunch für vier Personen 189
Winterliches Abendessen im Familienkreis 235
Mezzi canneoni *47*, 51
Mignonnette (Pfeffer) 124
Mikrowellenherd 28
Erdbeermarmelade aus dem - 339
Gemüse aufwärmen 186
Milch u. -produkte *104f.*, 106
homogenisierte - 106
ultrahocherhitzte - 106
Mince Pies 297, *297*
Mineola *97*, 98
Mineralstoffe 12f.
Minibaisers 314
Minikuchen, Schnelle *309*, 310
Minze *116*, 119
grüne - *116*, 119
Schneller -Erbsen-Flan 261
Mirabellen *86*, 87
Miso 133
-suppe mit Tofu 133
Mohn
-samen *35*, 37, *121*, 124
streng vegetarischer -zopf 329
-zopf 329
-zopf flechten *329*
Möhre(n) *66*, 67
-Apfel-Koriander-Püree 187
-blüten anfertigen 166, *166*
Glasierte - 182, *183*
- in Form bringen 182
-Ingwer-Suppe 129, *129*
Japanischer Blütensalat 164, *165*
-Julienne 184, *318*
-kuchen *249*, 306
Pfannengerührte - mit Brunnenkresse u. Sesamsamen 181
-püree *188*, 189
-Steckrüben-Püree 187
Süßer -Fenchel-Salat 162, *163*
Mokka
-Buttercreme 315f.
-Walnuß-Torte 304
Mondbohne s. Limabohne
Monterey Jack *109*, 113
Moosbeere s. Preiselbeere
Morchel *78*, 79
Moussaka, vegetarische 212, *212*
Mozzarella *110*, 112
- in carrozza 335
-Senf-Tomaten-Flan 261
Muffins mit Kleie, Honig und Sultaninen 327, *327*
Mungobohne *38f.*, 41
Mürbegebäck, -plätzchen 320
Mürbe Mandelplätzchen 323, *336*
Mürbeteig 260
Muskat
-blüte *121*, 124
-nuß *121*, 124
Müsli
Bircher- 240
Knusprige -mischung 240

N

Nachspeisen 278-301
nährstoffreiche Lebensmittel 18
Natrium s. Salz
Natron 303
Naturjoghurt *105*, 106
Tsatsiki 167, *167*
Naturreis
Kurzkorn- *42*, 45
Langkorn- *42*
Rundkorn- *42*
Navelorange *96*
Nektarine *86*, 87
Nelken *120*, 124
Netzmelone *94*, 95

Niçoise s. Salade Niçoise
Nori *80*, 81
Nudel(n) (s. auch Teigwaren)
-Auberginen-Charlotte 258, *259*
- mit Avocado 51
- mit Bohnen u. schwarzen Oliven 51
- mit Croûtons 51
- mit frischen Kräutern 51
- mit frischer Tomatensauce 51
- mit Kichererbsen 51
- mit Nüssen 51
- mit Sahne 51
- mit Zwiebeln 51
-salat, streng vegetarischer 160
Schnelle -gerichte 51
süße - 51
Vollkorn-auflauf mit Champignons 252, *256*
Nuß, Nüsse 34-37
-bällchen in Ratatouille 238
-bällchen in Tomatensauce *232*, 238
-bällchen, streng vegetarisch 238
-braten in Blätterteig zubereiten *236*
-braten servieren 235
Carob-Konfekt mit - u. Honig 344, *345*
-Gerichte 230-239
Hirsepilaw mit - u. Rosinen 245, *245*
-küchlein formen 233
-milch zubereiten 238, *238*
-mürbeteig 260
-öl 210
Schneller pikanter -braten 235
Weißer -braten mit Kräuterfüllung 239, *239*

O

Obst (s. auch Früchte)
- mit Hülsenfrüchten 211
Trocken- s. dort
Obstbaisertorte, Sommerliche *284*, 285
Obstessig 241
Obstkuchen
Sommerlicher - 295
- verzieren 295
Obsttorte
Bunte - 292
Glasierte rote - *22*, 292
Ogenmelone *94*, 95
Okra, -schote *60*, 61
- mit Kreuzkümmel und Koriander *185*, 186
Öl(e)
kaltgepreßtes - 162
Oliven- 202, 210
Speise- 210
- zum Kochen 217
Oliven 258
-Champignon-Kuchen, pikanter 226, *226*
Pasta mit schwarzen - 258
-Porree-Flan 261
Olivenöl 202, 210
Omelett 220
Drei-Farben- 140, *142*
Füllungen für -s 220
-rollen 220
-rouladen herstellen 220
-soufflé 221
Spanisches - 220f., *222*
Orange(n) *96*, 98f.
-Aprikosen-Creme 282
-buttercreme 315
-Chicorée-Salat mit Brunnenkresse 161
Gewürzte -scheiben 343, *343*
Jaffa- *96*, 98
-Kiwi-Fruchtsalat 286
Knusprige -Plätzchen 323, *323*
-Möhren-Koriander-Suppe 129
-parfait mit Grand Marnier u. Erdbeeren 284, *284*
- schälen *99*
-Schokoladen-Parfait 284
- teilen *99*
Valencia- *96*, 98
Oregano *117*, 119
Osterkuchen, englischer (Simnel Cake) 313

P

Paella vegetariana 243
- mit Artischocken *22*, 243
Pak-Choi *56*, 59
Blühender - 59
Palmenherzen *62*, 63
-Avocado-Salat 163
Pampelmuse *97*, 99
Papaya *91*, 93
getrocknete - *100*, 103
Paprika *121*, 124
Avocado auf zwei -saucen 148
-Broccoli-Mandel-Flan 262, *263*
-dressing 156
Gefüllte -schoten *193*, 194
-Mandel-Dip 146, *147*
-pizza 218
-sauce 172, *173*
-schote *72*, 73
-schote entkernen 194
Süßer -Möhren-Fenchel-Salat 162
Paranuß *34*, 37
-braten in Blätterteig 236, *318*
-ringe mit Peperonata 231, *231*
-ringe mit Champignons u. Kastanien 231
-ringe mit Spargel und Sauce hollandaise 231
streng vegetarische -ringe 231
Parev *105*
Parfait
Orangen- mit Grand Marnier u. Erdbeeren 284, *284*
Schokoladen-Orangen- 284
Weihnachts- 284
Parkin 308, *309*
Parmesan *109*, 113
Parmigiana 202
Paschka *287*, 288
Passionsfrucht *91*, 93
-sorbet 282, *283*
Pasta (s. auch Teigwaren)
- mit schwarzen Oliven 258
- primavera 251, *251*
Pastete(n) 210, 260-275
- formen *151*
-hüllen herstellen 273
Pastinake *66*, 67
gewürzte -nsuppe 129
Pâte sucrée herstellen *292*
Patty Pans (Kürbis) 76
Pecorino *109*, 113
Pekannuß *34*, 37
-roulade mit Ratatouille-Füllung 237
Pektin 341
-gehalt von Früchten u. Gemüsen 340
Penne 51
- rigate *47*
- zite *47*
Peperonata 186, *276*
Paranußringe mit - 231, *231*
Peperoncini *72*, 73
Pesto *171*, 172
Petersilien- 172
Petersilie *116*, 119
-Käse-Küchlein *205*, 217
-n-Pesto 172
-nsauce 175, *205*
Petit Suisse *110*, 112
Pfannengerührte Möhren mit Brunnenkresse und Sesamsamen 181
Pfannengerührtes süß-saures Gemüse mit Mandeln 199, *199*
Pfannkuchen 299
Crêpes Suzette 299, *299*
-Pfanne einfetten 299
süße - 298
Pfeffer(körner) *121*, 124
Mayonnaise mit grünen -n 155
Pfefferminztee 326, *330*
Pfeilwurzmehl 291
Pfifferling *78*, 79
Pfirsiche *86*, 87
getrocknete - *100*, 103
Pflaumen *86*, 87
getrocknete - *100*, 103
-kuchen 294
-marmelade 338
Pflücksalat 55
Phantasiepizza 218, *218*
Pickles
Gemüse- 342, *343*
-Gewürz *121*, 124
Pigeonerbse *38*, 41
Pikante Kokosnußsauce 177
Pikante Linsenküchlein 210, *248*
Pikanter Chester-Zwiebel-Kuchen 26
Pikanter Gemüse-Linsen-Flan 262
Pikanter Käseauflauf 226
Pikanter Linsenauflauf 213
Pikanter Linseneintopf 213
Pikanter Oliven-Champignon-Kuchen 226, *226*
Pilaw
Hirse- mit Nüssen u. Rosinen 245, *245*
Reis- mit Aprikosen, Rosinen u. Pinienkernen 242, *242*
Pilze (s. auch Champignons) 78f.
-cremesuppe 137
Crêpes mit - u. Frischkäse 197
-flan 265
- in Sahne mit Blätterteig 14, 272
-Linsen-Gratin 207
-sauce 174
-soufflé 223
Piment *120*, 124
Pimpinelle *114*, 119
Pinienkern(e) *34*, 37
Reispilaw mit Aprikosen, Rosinen und -n, 242, *242*
-roulade mit Spargelfüllung *152*, 237
Pintobohne *39*, 41
Pipérade 14, 215
Pipe rigate *48*, 51
Pistazie *34*, 37
Pistou 136, *136*
Pita
Felafel in -Taschen 208, *209*
Gefüllte -Tasche 334
Pithiviers 293
Pizza 218
- aus Brotteig 218
Schnelle Brot- 334
Plante *91*, 93
Planung vegetarischer Mahlzeiten 17
Plätzchen 322f.
- aufbewahren 322
- servieren 322
Tips zum -backen 325
Plumpudding s. Weihnachtspudding
Polenta s. Maismehl
Pomelo s. Pampelmuse
Pommes frites 71, *204f.*
Porree *64*, 65
-Birnen-Püree 187
-Croustade 234
Haselnußroulade mit -füllung 237
-Kartoffel-Suppe 134
-kuchen 265
-Linsen-Gratin 207
-Oliven-Flan 261
-soufflé 223
Präsentation des Essens 29f.
Preiselbeere *88*, 89
-sauce 174, *318*
-Scones 326
Prinzeßbohne *60*, 61
Profiteroles *228*, 314
Proteine 10
Komplementär- 10f.
Provolone *109*, 113
Pudding 278-301
Gedämpfter - 298
Gedämpfter Gemüse- 267, *267*
Schokoladen- 279
Traditioneller englischer Weihnachts- (Plumpudding) 296, *319*
Püree
Erbs- 207
Kartoffel- 189, *277*
Kartoffel- mit Knoblauch 189
Kartoffel-Sellerie- mit Pistazien 189
Kürbis-Ingwer- 187
Möhren- *188*, 189
Möhren-Apfel-Koriander- 187
Möhren-Steckrüben- 187
Porree-Birnen 187
Puylinse *38*, 41

Q

Quark *110*, 112
Quiche 265
Quitte *90*, 93

R

Raclette *109*, 113
Radicchio *52*, *55*
Bohnensalat mit - 167
Japanischer Blütensalat 164, *165*
Radieschen *66*, 67
-blüten herstellen *164*
-Gurken-Arame-Salat 164, *165*
Japanischer Blütensalat 164, *165*
Rambutan *91*, 93
Rapunzel s. Feldsalat
Ratatouille 187
-Flan 261
Nußbällchen in - 238
Pekannußroulade mit -Füllung 237
Rauke 55
Ravioli *49*, 51
grüne - *49*
Reineclaude *86*, 87
Rhabarberstreusel 295
Reis *42*, 45
- aus einer Form stürzen 158
-essig 241
- formen 158
Gebratener - auf chinesische Art 243
Gewürz- 241
-mehl *42*
- mit Wildreis 241
- perfekt kochen 44
-pilaw mit Aprikosen, Rosinen u. Pinienkernen 242, *242*
Safran- 241
-salat mit Bohnensprossen u. Wildreis 159
-salat mit Gemüse 158
-salatkranz *157*, 159
Süß-saurer - 241
Tips für das Kochen von - 243
Voll-mehl *42*
Vorschläge für -salate 159
Reisnudeln *49*, 51
Reis-Bandnudeln *49*
Reneklode s. Reineclaude
Rettich *66*, 67
Rhabarber *88*, 89
Ricotta *110*, 112
Riesenbohne s. Limabohne
Rigatoni *47*, 51
Risotto
Artischocken- 245
Champignon- 245

klassischer - 244
Zucchini- 245
Rock Cakes 308, *309*
streng vegetarische - 308
Roggen 45
-flocken *43*
-körner *43*
-mehl *43*
Romana *52*, 55
Roquefort *111*, 112
Birnen mit -creme 149
-dip 146
Rosenblätter, gezuckerte 317
Rosenblüten
Schokoladensauce mit - 305
Rosen-Käsekuchen 289, *289*
Rosenkohl *56*, 59
Rosenmarmelade 338, *339*
Rosinen *101*, 103
Hirsepilaw mit Nüssen u. - 245, *245*
Reispilaw mit Aprikosen, - u. Pinienkernen 242, *242*
-Scones 326
Rosmarin *117*, 119
Rösti 189, *191*
Rote Bete *66*, 67
Eiskalte -Suppe mit Dill 138
Kalte zweifarbige -Kartoffel-Suppe 138, *152*
Rote Kidneybohnen *39*, 41
-Mais-Salat 157
-Salat 157
-Salat mit weißen Bohnen u. schwarzen Oliven 157
-topf 206
-Walnuß-Salat 157
Rotkohl *57*, 58
-kasserolle 180
Roulade
Gefüllte Käse- 224
-rollen 224
Spinat- mit Frischkäse u. rosa Pfefferkörnern 224f., *225*
Royal-Glasur 317
Rum-Trüffeln, Schokoladen- 345, *345*
Rundkorn-Naturreis *42*
Rundkornreis *42*, 45

S

Saatplatterbse *39*, 41
Safloröl 210
Safran *121*, 125
-reis 241, *248*
Sahne *105*, 106
- aus pflanzlichen Fetten *105*
-Senf-Dressing 156
Salade Niçoise, vegetarischer 169
Salade Tiède 150, *277*
Salat 154-169
- anmachen 161
- aus Hülsenfrüchten 156
-dressing 154-156
-dressing mit wenig Kalorien 161
Frischer Frucht- *204*, 286, *287*
Gemischter grüner - 22, 54, 144
- Niçoise, vegetarischer 169
- Tiède 150, *277*
Salatgurke(n) *74*, 76
- mit pikanter Sahne 149
Tsatsiki 167, *167*
Salbei *116*, 119
Salinensalz 236
Salz s. Kochsalz
Samen 34f., 37
Samosas 274f.
- formen *274*
Sandwiches 332-335
Brot für - 332
Füllungen für - 334
Füllungen für -Toast 332
Gegrillte - 332
Sandwich-Kuchen 333, *335*
Sandwich-Räder 332, *333*
Satsuma *96*, 98
Saubohnen s. Dicke Bohnen
Sauce(n) 170-177
- béarnais 176
Brombeer- 300
Eier - 301
heiße Schokoladen- 300
Himbeer- 300, *300*
- hollandaise *173*, 176
- mousseline 176
Schnelle Mahlzeiten mit - 174
- Soubise 173, *173*
Tips für - 172
Verwendung süßer - 301
- warm halten 170
Sauerampfer *53*, 55
-suppe 131
Sauerrahm *105*
-dressing *141*, 156
Säuglinge, vegetarische Ernährung für 18f.
Schälerbse *38*, 41
Schalotten *64*, 65
Schichtkäse *110*, 112
Schlagsahne s. Sahne
Schlangengurken *74*
Schlangenkürbis 77
Schlankheitsdiät, vegetarische 21
Schmerwurz *115*, 119
-tee 326
Schnelle Biskuittorte 304, *305*
Schnelle Brotpizza 334
Schnelle Hauptgerichte 200
Schnelle Mahlzeiten mit Saucen 174
Schnelle Minikuchen *309*, 310
Schnelle Nudelgerichte 51
Schneller Bohnenflan 266
Schneller Champignonflan 266
Schneller Frühlingszwiebel-Kräuter-Flan 266
Schneller Käse-Tomaten-Flan 266
Schneller Kirsch-Limetten-Käsekuchen *178*, 288
Schneller Maisflan 266
Schneller Minze-Erbsen-Flan 266
Schneller pikanter Nußbraten 235
Schnelles Vanilleeis 280
Schnelles Vollweizenbrot 328, *331*
Schnelle Vollweizen-Scones 326, *327*
Schnittbohne s. Stangenbohne
Schokolade(n)
-Caraque 279
-eis 280, *336*
-formen u. -blätter 279
-pudding 279
»-Rum-Trüffel« 345, *345*
Kleine -soufflés 279
-töpfchen 279
-zum Kochen u. Backen 279
Schnittkohl s. Blätterkohl
Schnittlauch *116*, 119
Schotengemüse 60ff.
Schottische Eier auf vegetarische Art 216, *216*
Schulbrot, Beläge für das 335
Schwangerschaft, vegetarische Ernährung 17f.
Schwarzwurzel *66*, 67
Schwedischer Teering 329
Schweinsöhrchen herstellen 268
Schweizer Käsefondue 217
Scones 326, *327*
streng vegetarische - 326
Seespinat 55
Seitan *104*, 107
Verwendungsmöglichkeit 108
Seitling *78*, 79
Sellerie *66*, 67
-Birnen-Suppe 132
Gedünstete -herzen 182
-Kartoffel-Püree mit Pistazien 189
-Kastanien-Suppe 132
-samen *120*, 125
-Stilton-Suppe 132
-Trauben-Birnen-Mandel-Salat 169
Semmelbrösel herstellen 233
Senf, -körner *121*, 125
Dijon- *121*, 125
-kohl s. Rauke
-sprossen 54
-Sahne-Dressing 156
-vinaigrette 154
Sesam
-öl 210
-samen *35*, 37
Shiitake *78*, 79
7-Minuten-Glasur 317
Silberzwiebel *64*, 65
Simnel Cake (Osterkuchen) 313
Sirup
- abmessen 330
- als Süßmittel 308
Härtegrad des -s 345
Kumquats in - 343, *343*
-Toffée 345
-torte nach alter Art 294
Smetana *105*, 106
Snacks 332-335
Sodabrot 330, *331*
Soja
-bohne 16, *39*, 40
-milch selbst herstellen 280
-milch *104*, 106
-öl 210
-produkte *104*
-sahne *105*
-sauce 184
Sommerliche Linguine *254*, 255
Sommerliche Obstbaisertorte *284*, 285
Sommerlicher Obstkuchen 295
Sonnenblumen
-kerne *35*, 37
-öl 210
Sorbet(s)
- aus schwarzen Johannisbeeren 282, *283*
Birnen- 282, *283*
Brombeer- 282
Champagner- mit Walderdbeeren *153*, 283
- formen 283
Passionsfrucht- 282, *283*
streng vegetarisches - 282
Soubise, Sauce 173, *173*
Soufflé(s)
Aprikosen- 290
Gemüse-Käse- *222*, 223
Himbeer- 290
Heißes - mit schwarzen Kirschen 290, *290*
Käse- 222f.
Kleine - 223
Kleine Schokoladen - 279
- mit schwarzen Johannisbeeren 290
Omelett- 221
Pilz- 223
Porree- 223
Spargel- 223
Tips für - 223
Zucchini- 223
Spaghetti 51
- bolognese vegetariana 253
grüne - *46*
lange - *46*
Tomaten- *46*
Vollweizen- *46*
Spaghettikürbis *75*, 77
Spaghettini *46*, 51
Spanikopita 274
streng vegetarische - 274
Spanisches Omelett 220, *222*
Spargel *62*, 63
-Boote *228*, 263
Crêpes mit - u. Frischkäse 197, *197*
Pinienkernroulade mit -füllung *152*, 237
-röllchen *333*, 334
-soufflé 223
-strudel 275, *275*
-suppe 131
-Timbalen mit frischer Tomatensauce 143
-törtchen 263, *263*
Speiseöl 210
Spinat *53*, 55
Butter- 55, *276*
-Gnocchi *201*, 203
-Käse-Mandel-Flan 261
-Lasagne 256f., *256*
-pastetchen mit Fenchel *141*, 151
- richtig kochen 55
-roulade mit Frischkäse u. rosa Pfefferkörnern 224f., *225*
See- 55
-suppe 131
Sprossengemüse 62f.
Spurenelemente 12f.
Stachelbeere *88*, 89
-kuchen 294
-marmelade 339
Stangenbohne, Schnittbohne *60*, 61
Gewürzte - 186
Stangensellerie *62*, 63
Staudensellerie s. Stangensellerie
Steckrübe(n) *66*, 67
Glasierte - 182
-Möhren-Püree 187
Steinobst *86*, 87
Steinpilz *78*, 79
Steinsalz 236
Steline *49*
Sternanis *121*, 125
Sternfrucht s. Karambole
Stilton *109*, *111*, 112
-Kresse-Flan 261
-Sellerie-Suppe 132
Strudel
Spargel- 275, *275*
-teig 151
Sultaninen *101*, 103
Muffins mit Kleie, Honig u. - 327, *327*
Suppe(n) 128-139
- als Hauptgericht 134
- aus frischen Kräutern 131
Garnierung für - 130
Kalte zweifarbige - 139, *139*
Süßer Möhren-Fenchel-Salat 162, *163*
Süßigkeiten für Kinder, gesunde 344
Süßmittel 308
Sushi 142, *142*
Sweetie *97*, 99

T

Tabascosauce 226
Tabbouleh 159, *159*
-kranz 159
Tafel- oder Speisesalz 236
Tagesplan, typischer vegetarischer 17
Tagliatelle *46*, 51
- mit Gorgonzola u. Walnüssen 250
frische - *46*
Grüne - mit Linsensauce 252f., *252*
getrocknete - *46*
grüne - *46*
Tomaten - *46*
Vollweizen - *46*
Taglioni *46*
Grüne - mit Tomatensauce u. Auberginen 254
Tamarinde *121*, 125
Tamarillo *91*, 93
Tangerine(n) *96*, 98
-Litschi-Fruchtsalat 286
Teegebäck 320-325

Teenager, vegetarische Ernährung für 20f.
Tee
Eis- 335
Kräuter- 326
-sorten 310
Teig
Blätter- s. dort
Brand- s. dort
Brot- s. Brot u. Brötchen
Fettarten für die -herstellung 260
Gewicht von -en 260
Mürbe- s. dort
Strudel- s. dort
Teigwaren (s. auch Nudeln)
-gerichte 250-259
Kochzeit für - 50
- servieren 51
Teering, Schwedischer 329
Tempeh *104*, 107
Verwendungsmöglichkeit 108
Tempura mit Dip, Gemüse- *133*, 198
Thymian *117*, 119
Zitronen- *117*, 119
tiefkühlen 26f.
Gemüse - 27
Obst - 27
Tigernuß *35*, 37
Tilsiter *109*, 113
Toast
Avocado-Sandwich, getoastetes 333
Käse auf - 335
Melba- 22, 146
Toffee
-Masse aus einem Topf entfernen 344
Sirup- 345
Tofu *104*, 108
- herstellen 108
Verwendungsmöglichkeiten 108
Tomate(n) *72*, 73
- aushöhlen *194*
-Chili-Käse-Füllung 190
- enthäuten *169*
Frische -sauce 170, *171*, *336*
Gebackene Eier in - 215
Gefüllte - 195, *195*
Grüne Taglioni mit -sauce u. Auberginen 254
Italienische -sauce 171
Kopfsalat mit Avocados u. - 163
Linguine mit -, Basilikum u. Sahne 149, *149*
-mark 253
Nußbällchen in -sauce *232*, 238
Schneller -Käse-Flan 266
-Senf-Mozzarella-Flan 261
-suppe mit Basilikum 130
Topinambur *69*, 71
-suppe mit gerösteten Pinienkernen 128
Tortellini *49*, 51
Torten *284*, 285, 291-294, 302ff.,
Dekorationen für - 317
Traditioneller englischer Trifle 285
Traditioneller englischer Weihnachtspudding (Plumpudding) 296, *318*
- flambieren 296
Trauben *82*, 84f.
-kernöl 210
-Sellerie-Birnen-Mandel-Salat 169
Trifle, Traditioneller englischer 285
Trockenobst 100-103
Kompott aus - 14, 103
Trüffel 78f.
schwarze - *78*, 79
weiße - *78*, 79
Schokoladen-Rum- 345, *345*
Tsatsiki 167, *167*
Tuiles, Mandel- *281*, 325
Turbankürbis *75*, 76
Turmerik s. Kurkuma

U

Ugli *97*, 99
Umeboshipflaumen 142
Urdbohne *38*, 41

V

Vanille *121*, 125
-Buttercreme 315
-eis 280, *281*
Schnelles -eis 280
vegetarisch(es)
-Bratensauce 172, *318*
- Eiweiß *104*, 108
Eiweißnahrung 107
- Gerichte würzen 187
- Moussaka 212, *212*
vegetarische Ernährung
- für ältere Menchen 24
- für Kinder 19f.
- für Säuglinge 18f.
- für Teenger 20f.
- in der Schwangerschaft 17f.
- typischer Tagesplan 17
- zur Gewichtsabnahme 21
Vegetarischer Salade Niçoise 169
Veilchen, gezuckerte 317
Vermicelli *47*, 51
Viktoria-Torte, Gefüllte 304
Vinaigrette 154
Vitamin(e) 13-16
-präparate 16
Vollkornnudelauflauf mit Champignons 252, *256*
Vollweizen-Bananenbrot *327*, 330
Vollweizenbrot, -brötchen
Schnelles - 328, *331*
Superschnelles - 328
Vollweizenmehl *43*
Vollweizennudeln
blattförmige - *48*
getrocknete - *49*
Vollweizen-Scones, Schnelle 326, *327*
Vorratshaltung 26f.
Vorspeisen 140-151

W

Wacholderbeeren *121*, 125
Wachtelbohne *39*, 41
Wachteleier *105*, 107
Waffel(n) 298
-schalen für Speiseeis 325
Waffeleisen 298
Wakame *80*, 81
Walderdbeere(n) *88*, 89
Champagnersorbet mit - *153*, 283
Waldorfsalat *168*, 169
Waldpilzsauce 174
Walnuß, Walnüsse *34*, 37
-Blumenkohl-Cheddar-Flan 261
-Chicoreé-Salat mit Brunnenkresse *161*, 179
-Dattel-Brot 330
Eichblattsalat mit Ziegenkäse u. - 150, *151*
-Linsen-Salat 158, *159*
-Mokka-Torte 304
-öl 154
Tagliatelle mit Gorgonzola u. - 250
-vinaigrette 154
Warmes Kräuter-Zwiebel-Brot *153*, 328
Wassermelone *94*, 95
Weichkaramel 345, *345*
Weichkäse 112
- selbst herstellen 112
Weihnachtsparfait 284
Weihnachtspudding, Traditioneller englischer (Plumpudding) 296, *318*
- flambieren 296
Weinauswahl, Präsentation u. 29ff.
Weinblätter *53*, 55
- füllen 140
Gefüllte - mit Joghurtdip 141, *141*
Weinbrand 284
-butter 296
Weinessig 241
Weinsauce 174
Weinstein 303
Weiße Kohlrübe *66*, 67
Weißer Nußbraten mit Kräuterfüllung 239, *239*
Weißkäse *110*, 112
Weißkohl *57*, 58
Bunter Krautsalat 162, *228*
Englischer Cole Slaw 161, *248*
Gefüllte -rouladen in Kokosnußsauce 196
Kümmelkohl 161
Weißmehl, ungebleichtes *43*
Weizen 45
-flocken *43*
-keime *43*
-körner *43*
-mehl *43*
-schrot *43*
Wiesenchampignon 79
Wildreis *42*, 45
Reis mit - 241
Reissalat mit Bohnensprossen u. - 159
Winterkohl *57*, 58
Winterkresse 55
Winterkürbis s. Kürbis
Wirsingkohl *57*, 58
Wurzelgemüse 66f.
Gewürztes - 185
Julienne aus - 184
-salat 166

Y

Yamswurzel *69*, 71
Ysop *115*, 119

Z

Zabaglione *300*, 301
Ziegenmilch *104*
Zimt *120*, 125
Zimtapfel *90*, 93
Zink 12
Zitrone(n) *96*, 99
-baisertorte 291
-biskuittorte 304
-buttercreme 315
-creme (Lemon Curd) *339*, 341
-Surprise 291
-torte 303, *303*
Zitronengrastee 326
Zitronenmelisse *114*, 119
Zitronenstrauchtee 326
Zitronenthymian s. Thymian
Zitrusfrüchte 96-99
-schalen kandieren 99
Zitrusmarmelade
- aus dem Dampfkochtopf 341
- ohne Zucker 341
Zucchini *75*, 77
- aushöhlen *193*
-Mais-Füllung 195
- mit Frischkäse-Mandel-Füllung 193
- mit einer Füllung aus Möhren, Ingwer u. Mandeln 193, *193*
-Risotto 245
-soufflé 223
Zuchtpilze *78*, 79
Zucker 11, 316
-glasur 315
-sirup s. Sirup
- zum Einkochen 338
Zuckererbse *60*, 61
Zwergorange s. Kumquat
Zwetschge *86*, 87
Zwiebel(n) *64*, 65
Französische -suppe 132f.
Französischer -flan 261
-Kräuter-Brot *153*, 328
Pikanter-Chester-Kuchen 265
Tip für - 169
Zwiebelgewächse 64f.
Zwiebelkürbis *74*, 76